eye
守望者

——

到灯塔去

约瑟夫·康拉德传

Joseph Conrad
A Biography

〔美〕杰弗里·迈耶斯 著
付裕 译

Jeffrey Meyers

南京大学出版社

Joseph Conrad: A Biography
By Jeffrey Meyers
Simplified Chinese translation copyright © 2021 by NJUP
All rights reserved.

江苏省版权局著作权合同登记　图字:10－2016－609 号

图书在版编目(CIP)数据

约瑟夫・康拉德传/(美)杰弗里・迈耶斯著;
付裕译.—南京:南京大学出版社,2021.10
书名原文:Joseph Conrad:A Biography
ISBN 978－7－305－24387－5

Ⅰ.①约… Ⅱ.①杰… ②付… Ⅲ.①康拉德
(Conrad,Joseph 1857－1924)—传记 Ⅳ.①K835.615.6

中国版本图书馆 CIP 数据核字(2021)第 087439 号

出版发行　南京大学出版社
社　　址　南京市汉口路 22 号　　邮　编 210093
出 版 人　金鑫荣
书　　名　约瑟夫・康拉德传
著　　者　[美]杰弗里・迈耶斯(Jeffrey Meyers)
译　　者　付　裕
责任编辑　陈蕴敏
照　　排　南京紫藤制版印务中心
印　　刷　江苏凤凰通达印刷有限公司
开　　本　880mm×1230mm　1/32　印张 18.5　字数 463 千
版　　次　2021 年 10 月第 1 版　2021 年 10 月第 1 次印刷
ISBN 978－7－305－24387－5
定　　价　108.00 元

网　　址:http://www.njupco.com
官方微博:http://weibo.com/njupco
官方微信:njupress
销售咨询:(025)83594756

* 版权所有,侵权必究
* 凡购买南大版图书,如有印装质量问题,请与所购
　图书销售部门联系调换

致 J. F. 鲍尔斯

目 录

插图一览	1
前　言	1
致　谢	3
第一章　波兰遗产	9
第二章　波兰童年（1857—1874）	20
第三章　马赛与卡洛斯派（1874—1878）	48
第四章　英国水手（1878—1886）	67
第五章　从二副到船长（1880—1886）	90
第六章　东行之旅（1886—1889）	101
第七章　深入刚果（1890）	121
第八章　从水手到作家（1891—1894）	144
第九章　恋爱与婚姻（1894—1896）	165
第十章　文学友谊与艺术突破（1897—1898）	201
第十一章　福特与彭特农场（1898—1902）	229
第十二章　J. B. 平克与《诺斯特罗莫》（1901—1904）	261
第十三章　卡普里、蒙彼利埃与《间谍》（1905—1909）	287
第十四章　崩溃与成功（1910—1913）	340
第十五章　重返波兰与《胜利》（1914—1915）	368

第十六章　简·安德森（1916—1917） …… 392
第十七章　战争年代（1916—1918） …… 414
第十八章　名望与美国（1919—1924） …… 439
附录一：简·安德森的后半生（1918—1947） …… 474
附录二：追寻简·安德森 …… 485
注释 …… 489
康拉德的参考文献 …… 541
简·安德森的参考文献 …… 543
译名对照表 …… 548

插图一览

图1　康拉德出生时的波兰 ············· 24
图2　康拉德的东方世界 ············· 106
图3　1890年的刚果 ············· 130
图4　阿波罗·科热尼奥夫斯基（克拉科夫雅盖隆大学博物馆）
　　　 ············· 307
图5　埃娃·科热尼奥夫斯卡（克拉科夫雅盖隆大学博物馆）
　　　 ············· 307
图6　塔德乌什·博布罗夫斯基（克拉科夫雅盖隆大学博物馆）
　　　 ············· 308
图7　康拉德·科热尼奥夫斯基，1874年于克拉科夫（耶鲁大学拜内克珍稀书籍与手稿图书馆） ············· 308
图8　G. F. W. 霍普［选自博雷斯·康拉德的《我的父亲：约瑟夫·康拉德》（London：Calder & Boyers，1907），菲利普·康拉德提供］ ············· 309
图9　阿道夫·克里格［选自诺曼·谢里的《康拉德及其世界》（London：Thames & Hudson，1972）］ ············· 309
图10　康拉德·科热尼奥夫斯基，1883年于马林巴德（华沙国家图书馆） ············· 310

图 11　玛格丽特·波拉多夫斯卡（杜克大学） ………… 310
图 12　罗杰·凯斯门特爵士，1915 年（曼塞尔藏品馆） …… 311
图 13　杰茜·乔治，1896 年（菲利普·康拉德提供） …… 311
图 14　爱德华·桑德森，约 1896 年（C. E. 泰勒太太提供）
　　　………………………………………………………… 312
图 15　约翰·高尔斯华绥，1906 年（伯明翰大学） ………… 312
图 16　爱德华·加尼特，约 1908 年（理查德·加尼特提供）
　　　………………………………………………………… 313
图 17　罗伯特·邦廷·坎宁安·格雷厄姆，约 1905 年［T. R. 安南拍摄，选自锡德里克·沃茨和劳伦斯·戴维斯的《坎宁安·格雷厄姆：一部批评传记》（Cambridge：Cambridge University Press，1979），劳伦斯·戴维斯提供］…………………………………………………… 313
图 18　亨利·詹姆斯，1913 年，约翰·辛格·萨金特拍摄（伦敦国家肖像美术馆） ………………………… 314
图 19　斯蒂芬·克莱恩，1899 年［选自 H. G. 韦尔斯的《自传实验》（New York：Macmillan，1934）］ …… 314
图 20　福特·马多克斯·福特，约 1909 年（外孙约翰·兰姆提供） ………………………………………………… 315
图 21　休·克利福德，1895 年［选自哈利·盖利的《克利福德：帝国殖民总督》（London：Rex Collings，1982），哈利·盖利提供］………………………………… 315
图 22　詹姆斯·布兰德·平克与约瑟夫·康拉德，1921 年于奥斯瓦尔兹（选自诺曼·谢里的《康拉德及其世界》，菲利普·康拉德提供） ……………………… 316
图 23　约瑟夫·康拉德，1904 年［选自伊恩·瓦特的《19 世纪的康拉德》（Berkeley：University of California Press，1979），伊恩·瓦特提供］ ………… 316

图 24　诺曼·道格拉斯，1912 年于卡普里［选自马克·霍洛韦的《诺曼·道格拉斯传》（London：Secker & Warburg，1976），马克·霍洛韦提供］ …… 317

图 25　珀西瓦尔·吉本，1909 年（选自博雷斯·康拉德的《我的父亲：约瑟夫·康拉德》，菲利普·康拉德提供） …… 317

图 26　杰茜·康拉德和康拉德及约翰，1912 年［选自约翰·康拉德的《约瑟夫·康拉德：铭记的日光》（Cambridge：Cambridge University Press，1981），菲利普·康拉德提供］ …… 318

图 27　约翰·奎因，1921 年［选自 B. L. 里德的《来自纽约的男人》（New York：Oxford University Press，1968），B. L. 里德提供］ …… 318

图 28　理查德·柯尔，1923 年（选自约翰·康拉德的《约瑟夫·康拉德》，亚当·柯尔提供 …… 319

图 29　约瑟夫·雷廷格，1912 年［选自兹齐斯拉夫·奈德的《约瑟夫·康拉德：编年史》（Cambridge：Cambridge University Press，1983）］ …… 319

图 30　简·安德森，1910 年［选自琼·吉夫纳的《凯瑟琳·安妮·波特的一生》（New York：Simon & Schuster，1982），珍妮特·科普兰提供］ …… 320

图 31　康拉德、杰茜和博雷斯，奥斯瓦尔兹，1921 年（得克萨斯大学哈利·兰塞姆人文研究中心，照片珍藏馆） …… 320

图 32　热拉尔·让-奥布里，1911 年［选自杰茜·康拉德的《约瑟夫·康拉德及其朋友圈》（New York：Dutton，1935），菲利普·康拉德提供］ …… 321

图 33　罗伯特·琼斯爵士［选自费雷德里克·沃森的《罗伯特·琼斯爵士的一生》（Baltimore：William Wood，1934）］ ………………………………………… 321

图 34　约瑟夫·康拉德，1923 年（T. R. 安南拍摄，菲利普·康拉德提供） ………………………………………… 322

图 35　杰茜·康拉德，1926 年（选自杰茜·康拉德的《约瑟夫·康拉德及其朋友圈》，菲利普·康拉德提供） ………………………………………… 322

前　言

康拉德曾说："我不是个适合被写入正经传记里的人物，不管是自己作传还是他人作传。"因为他精于欺骗之术，讲述自己的人生时常常故弄玄虚。但同时他欣赏文学探秘，尽管这欣赏中还包含一丝担忧，他告诉一位友人："一个对别人刨根问底的人多么可怕！"虽然康拉德的生活与作品都已被深入地考察过，但我本人的研究采用未发表的材料，发掘了许多新的信息：他的波兰背景、西班牙的卡洛斯战争，以及荷兰在马来群岛的殖民统治；康拉德对犹太人和美国的正面看法；他的自杀尝试；三次商船队考试中问过他的问题；他的婚姻；他的痛风；他与珀西瓦尔·吉本（Perceval Gibbon）及罗伯特·琼斯（Robert Jones）爵士的亲密友谊；他与T. E. 劳伦斯（T. E. Lawrence）鲜为人知的会面；还有最重要的，1916 年他与美丽狂野的美国记者简·安德森（Jane Anderson）的恋情（后来安德森在"二战"时叛国）。我发现埃明帕夏（Emin Pasha）是《黑暗的心》（*Heart of Darkness*）里库尔茨（Kurtz）的一个新的原型，谢尔盖·涅恰耶夫（Sergei Nechaev）是《在西方的注视下》（*Under Western Eyes*）里拉祖莫夫（Razumov）的原型，福特（Ford）的妻子和他的朋友阿瑟·马伍德（Arthur Marwood）是《机缘》（*Chance*）里弗洛拉·德·巴拉尔（Flora de

Barral)和安东尼船长(Captain Antony)的原型。我揭示了简·安德森对《金箭》(*Arrow of Gold*)无处不在的影响;展现了音乐对康拉德生活的重要性,以及《救援》(*The Rescue*)里歌剧的重要性;并且首次讨论了他未发表的电影剧本《强壮的人》("The Strong Man")。

致　谢

衷心感谢众多友人及机构的慷慨帮助。弗雷德里克·卡尔（Frederick Karl）和劳伦斯·戴维斯（Laurence Davies）送来了他们优秀的"剑桥版"* 第五到第八卷中还未发表的一千页书信的施乐复印件。伊恩·瓦特（Ian Watt）送来了他与约翰·霍尔沃森（John Halverson）合作的文章的打印稿，很有参考价值，还带来了BBC采访康拉德友人的打印稿。我的老友托马斯·莫泽（Thomas Moser）送来的地址、施乐复印件和照片都很有帮助。《康拉德研究》**的编辑里昂·希格登（Leon Higdon）回答了很多细节问题。凯瑟琳·安妮·波特（Katherine Anne Porter）的传记作者琼·吉夫纳（Joan Givner）带来了有用的信息，以及很多有价值的线索。科罗拉多大学的尤金·彼得里夫斯基（Eugene Petriwsky）阐明了关于波兰-乌克兰的关键问题。洛尔迦***的传记作者伊恩·吉布森

---

* 《康拉德书信集（剑桥版）》[The Collected Letters of Joseph Conrad (The Cambridge Edition of the Letters of Joseph Conrad)]，共九卷，第一卷于1983年出版，第九卷于2008年面世。(本书所有页下注皆为译注；原注序号以上标"[ ]"标示，注释内容见书末"注释"部分。)

** 《康拉德研究》(Conradiana)，创办于1968年的学术期刊，旨在呈现最新、最好的康拉德研究和批评。

*** 费德里科·加西亚·洛尔迦（Federico García Lorca, 1898—1936），西班牙诗人、剧作家、戏剧导演。

(Ian Gibson)从西班牙发来了关于西恩富戈斯侯爵（the Marqués de Cienfuegos）*的资料。已故的凯蒂·巴里·克劳福德（Kitty Barry Crawford）的家人送来了 75 页关于简·安德森未发表的资料。作曲家迪姆斯·泰勒（Deems Taylor）的女儿琼·肯尼迪·泰勒（Joan Kennedy Taylor）与我在她位于马萨诸塞州的乡间别墅碰了面，她给了我关于她父亲与简·安德森的婚姻生活的有趣资料。

尽管康拉德生于 1857 年，我还是采访到了五个认识他的人：菲利普·康拉德、大卫·加尼特（David Garnett）、约翰·罗森斯坦（John Rothenstein）爵士、乔治·塞尔迪斯（George Seldes），以及弗兰克·斯温纳顿（Frank Swinnerton）。我还联系到了他三位好友的子女：亚当·柯尔、康拉德·罗素（Conrad Russell）和韦罗妮卡·韦奇伍德（Veronica Wedgwood）。

能得到关于康拉德的其他书信，我还要衷心感谢已逝的乔斯林·贝恩斯（Jocelyn Baines）、巴兹尔·巴洛（Basil Barlow）、迈克尔·博尔顿（Michael Bolton）、伊恩·博伊德（Ian Boyd）、莫里斯·布劳内尔（Morris Brownell）、基斯·卡拉宾（Keith Carabine）、已逝的博雷斯·康拉德（Borys Conrad）、谢尔登·库珀曼（Sheldon Cooperman）博士、H. M. 达莱斯基（H. M. Daleski）、诺福克公爵、约翰·爱德华兹（John Edwards）、西奥多·埃尔扎姆（Theodore Ehrsam）、休·爱泼斯坦（Hugh Epstein）、凯文·弗罗格特（Kevin Froggatt）、詹姆斯·金丁（James Gindin）、路易·冈萨雷斯-德尔-瓦勒（Luis Gonzalez-del-Valle）、尤金·古德哈特（Eugene Goodheart）、斯蒂芬·格雷（Stephen Gray）、唐纳德·格林（Donald Greene）、阿尔伯特·格拉德（Albert Guerard）、德斯蒙德·哈姆斯沃思（Desmond Harmsworth）、埃洛

---

* 19 世纪西班牙为了巩固统治在古巴授予的众多爵位之一。西恩富戈斯（Cienfuegos），巴西海岸南部城市，也是巴西重要的港口城市。

伊斯·海（Eloise Hay）、大卫·福尔摩斯（David Holmes）、马克·霍洛韦（Mark Holloway）、道格拉斯·赫德（Douglass Hurd）、尼尔·乔伊（Neill Joy）、大卫·肯尼（David Kenney）、耶日·科辛斯基（Jerzy Kosinski）、迈克尔·马克尔（Michael Markel）、约翰·麦卡锡（John McCarthy）、朱丽叶·麦克劳克兰（Juliet McLauchlan）、M. J. 麦克伦登（M. J. McLendon）、小马里奥·梅诺卡尔（Mario Menocal，Jr.）、已逝的伯纳德·迈耶、迈克尔·米尔盖特（Michael Millgate）、宝拉·米洛内（Paula Milone）、兹齐斯拉夫·奈德（Zdzislaw Najder）、比阿特丽斯·奥格尔维（Beatrice Ogilvy）、费利佩·奥兰多（Felipe Orlando）、托马斯·平尼（Thomas Pinney）、约翰·波米安（John Pomian）、S. W. 里德（S. W. Reid）、唐纳德·鲁德（Donald Rude）、托瓦尔德·桑切斯（Thorwald Sanchez）、蒂莫西·塞尔迪斯（Timothy Seldes）、诺曼·谢里（Norman Sherry）、威廉·夏勒（William Shirer）、罗兰·史密斯（Rowland Smith）、乔恩·斯托沃西（Jon Stallworthy）、已逝的桑德拉·斯唐（Sondra Stang）、小雷蒙德·萨顿（Raymond Sutton，Jr）、布鲁斯·蒂茨（Bruce Teets）、休·托马斯（Hugh Thomas）、已逝的弗吉尔·汤姆森（Virgil Thomson）、汉斯·凡·马尔勒（Hans van Marle）、锡德里克·沃茨（Cedric Watts）、兰迪·温斯坦（Randy Weinstein）、彼得·威廉斯（Pieter Williams）、A. N. 威尔逊（A. N. Wilson）、参议员蒂莫西·沃思（Timothy Wirth）。

我从以下机构获得了有用的资料：美国艺术和文学学会*、美国作曲家协会、作家和出版商协会、亚利桑那历史学会、德国外交部、波士顿学院、大英图书馆、德国联邦档案馆、科尔盖特大学、

---

* American Academy and Institute of Arts and Letters，自 1992 年起，该机构更名为 American Academy of Arts and Letters。

美国陆军部、美国交通部海洋委员会、德国广播档案馆、美国联邦调查局、美国联邦通信委员会、船舶和船员登记及记录办公室、佐治亚州人力资源部、德国大使馆、哈佛大学校友办公室、赫弗斯书店、德国当代历史研究所、约瑟夫·康拉德协会(英国)、美国国会图书馆、伦敦图书馆、司法部特赦事务司(马德里)、美国国家海洋博物馆、美国国家声音档案馆、荷兰领事馆、荷兰族谱办公室、纽约市档案馆、纽约公共图书馆、《观察者报》(*Observer*)、皮德蒙特学院、圣伯纳德修道院学校、塞缪尔·弗伦奇有限公司、西班牙大使馆、科罗拉多大学馆际互借部、得克萨斯大学人文研究中心、耶鲁大学、德国中央国家档案馆。

科罗拉多大学的资助支付了我研究的部分费用,使我得以到英国、美国的图书馆参观和采访。我的妻子瓦莱丽(Valerie)审阅了每一个章节并编写了索引。

我们独活于世,正如我们独自做梦。

——约瑟夫·康拉德

康拉德/光明的使者
将欧洲视线的光亮照进
不列颠的黑色沼泽。

——埃兹拉·庞德

第一章

波兰遗产

一

康拉德的生活和性格深受波兰动荡历史及其父受挫的政治理想主义的影响。他的爱国运动和私人生活给他留下了痛苦不堪的回忆，混杂着理想主义、自我牺牲、挫败、被捕、流放、痛苦和绝望，最终导致他心怀愧疚去国离乡，孤苦飘零。他的出生地没有天然的疆界，强邻环伺。波兰自1024年起成了一个罗马天主教王国，经历了瑞典人、鞑靼人、匈牙利人、土耳其人和俄国人的入侵。1772年，正值波兰因内部分裂力量而衰微之际，普鲁士的腓特烈大帝（Frederick the Great）和奥地利的玛丽亚·特蕾西亚（Maria Theresa）急于阻止俄国占领波兰全境，与凯瑟琳大帝*在圣彼得堡签订协议，三方瓜分了波兰80000平方英里的土地（约占国土面积的30%）。奥地利占领了波兰西南部的一大片地区——加利西亚（Galicia）；普鲁士拿走了波兰西北部的波美拉尼亚（Pomerania）；

---

* Catherine the Great，即叶卡捷琳二世，俄国女皇。

俄国得到了波兰东部的一块长条形领土。

20年后，残破的波兰订立了新的宪法，刚显示出重生的迹象就遭到了俄国和普鲁士的东西夹击。在1793年对波兰的第二次瓜分中，凯瑟琳侵吞了波兰东部的一大片地区，几乎占领了整个立陶宛；普鲁士攫取了华沙以西的波兰大部分土地，以及但泽（Danzig）的波罗的海港。波兰成了内陆国家，面积还不到被侵略前的三分之一，其仅剩的中心地区还处于俄国的控制之下。1795年，塔德乌什·柯斯丘什科（Tadeusz Kosciuszko）领导的民族起义失败后，波兰剩下的土地被列强瓜分。凯瑟琳正式吞并了位于波罗的海沿岸的库尔兰公国（Duchy of Courland），攫取了62%的领土，普鲁士夺得了华沙地区，奥地利拿走了最后18%的土地。

诺曼·戴维斯（Norman Davies）认为瓜分波兰并不是列强深思熟虑后制定的政策，而是由于俄国人企图用蛮横粗暴的手段阻止政治进步：

> 他们阻挠一切改革，甚至连温和的改革也不放过，结果却不断迫使改革者走向反叛；他们派兵进驻波兰镇压起义，结果却威胁到了东欧地区的整体均势。因此，为了能在波兰横行无阻，他们被迫同意以领土补偿的方式平复普鲁士人和奥地利人的恐惧。本质上，1772年、1793年和1795年的三分波兰并没有提前计划。它们是俄国人不惜一切代价镇压改革的必然结果，也是为了获得柏林和维也纳方面的默许而抛出的甜头。

经历第三次瓜分后，波兰沦为三大强国落后的边陲之地，波兰人被视为惹人生厌的少数族群，至此，波兰在欧洲地图上消失了123年。1897年，法国剧作家阿尔弗雷德·雅里（Alfred Jarry）创作了一个发生在一个虚构国家的荒谬场景，并为此写下了那句臭名昭著的舞台提示:"En Pologne, c'est-à-dire nulle part(在波兰,或者说哪儿都不在)。"[1]

19世纪的波兰史就是为了重获民族独立所做的一系列灾难性的努力。康拉德的家庭在这段历史中扮演了举足轻重的角色,虽然对成功不抱任何幻想,他们依然献出了财富、自由和生命。拿破仑在欧洲的胜利及1806年华沙大公国(拥有自己的军队)的建立预示了旧波兰在欧洲新自由秩序下的复兴。在1812年的莫斯科战役中,波兰军队与拿破仑并肩作战,直到最后都依然忠诚。康拉德的祖父特奥多尔·科热尼奥夫斯基(Teodor Korzeniowski)于1807年和1809年在拿破仑的军队中担任骑兵中尉,并且参加了俄国战役,时归约瑟夫·波尼亚托夫斯基(Jozef Poniatowski)亲王麾下。1815年拿破仑兵败滑铁卢后,《维也纳条约》以名义上独立的波兰会议王国(Congress Kingdom of Poland)取代了华沙大公国,波兰王国虽然领土更辽阔,但被并入了俄国,受沙皇管辖。曾经瓜分波兰的三大势力恢复了元气,波兰余下的地区再次被全面控制,显然这一次波兰更加难以翻身。

康拉德拥有的讲述拿破仑时期历史的书比其他任何主题的书都多。他终其一生都在研究那个时代,并且在他的三个故事和最后两部小说中都有对它的刻画。《漂泊者》(*The Rover*,1923)发生在纳尔逊*与拿破仑作战期间;未完之作《悬念》(*Suspense*,1925)涉及拿破仑逃离厄尔巴岛(Elba)的故事。虽然拿破仑时代的传奇作为波兰民族主义迷思的一部分得以继续流传,但康拉德在其重要的政治文章《独裁与战争》("Autocracy and War",1905)及其自传《个人记录》(*A Personal Record*,1913)中否认了这一迷思,并

---

* 霍雷肖·纳尔逊(Horatio Nelson,1758—1805),英国著名海军将领及军事家,他在1805年的特拉法尔加战役中击败了法国和西班牙联合舰队,迫使拿破仑彻底放弃从海上进攻英国本土的计划,自己却中弹身亡。

与其划清了界限。他谴责"拿破仑事件微妙且多重的影响力,因为它引人向恶,沦为一种暴力学说,变成了民族仇恨的煽动者,直接激起了蒙昧主义和反动运动,挑动政治独裁与不公",这一风潮在拿破仑失败后重新席卷欧洲。康拉德对这位征服者毫无道德的野心深感恐惧,直抒对拿破仑人品的厌恶,指责他勾起了波兰人民"对民族独立的妄想"。[2]

波兰浪漫主义文学激发了 1830 年的民族主义复兴。其中的典型代表则是亚当·密茨凯维奇(Adam Mickiewicz)的《康拉德·瓦伦洛德》(*Konrad Wallenrod*,1828),一个讲述为国复仇、争取解放的故事。他的《塔德乌什先生》(*Pan Tadeusz*,1834)是一部波兰民族史诗,该书满怀深情地赞颂了波兰乡村生活的盛况,表达了借助拿破仑的军队赶走俄国人、实现民族解放的愿望。康拉德的父亲是一名浪漫主义作家,他写道,浪漫主义文学传统"升华了牺牲和忧伤。波兰被比作国家中的基督,受苦受难以拯救波兰乃至全人类。波兰有一个神圣的使命需要完成:打破专制的枷锁,为全世界带来自由"。

波兰人民受到了民族主义诗歌某种程度的启发,于 1830 年 11 月起义,组建了一支强大的军队,取得了初步胜利。但是次年,俄国人重返华沙,他们也不可避免地走向了覆灭。作为报复,敌人取消了独立的波兰军队,关闭大学,中止宪法,废除议会,将会议王国纳入俄国的版图。

康拉德的祖父是波兰军队中的一名上尉,他参加了 1830 年的起义。他组建了自己的骑兵中队,两次负伤,因其英勇被授予了一枚奖章。罗曼·桑古什科亲王(Prince Roman Sanguszko)也参加了这次起义,他是康拉德的家族极为敬重的朋友。1867 年,年幼的康拉德和他见了一面,后来还以他为原型塑造了自己唯一的波兰小说的主人公。在年轻的妻子死后,时任俄国卫兵军官的罗曼辞去了职位，作为列兵加入波兰起义。他被捕后，一位对革命心怀同情的法官审问了他。法官暗指罗曼是因为妻子之死悲痛欲绝，才在冲动之下鲁莽地加入了叛军。罗曼却高贵地表示他是出于心中信仰才决意从军。他被判终身困守西伯利亚矿井——这一判决无异于死缓。在康拉德为爱国主义牺牲小我的故事中，罗曼"希望不灭之信仰近似于对绝望、死亡、毁灭的疯狂崇拜"。康拉德悲观地认为，波兰"在坟墓中依然坚持思考、呼吸、说话、希望、受苦，尽管四周围绕着百万刺刀，坟墓上封印着三大帝国的三重印章"，它不断需要这样的殉国典范来维持爱国的火焰，即使备显绝望。

起义失败后，一万名将领和士兵离开了波兰，主要定居在巴黎，这个国家大部分的政治、学术精英都在那里，这就使巴黎成了波兰革命运动的中心。然而这次移民甚至受到了流亡者的谴责："自波兰于19世纪早期失去民族独立后，抛弃职责、背信弃义，尤其是流亡的意象常见于波兰文学中。亚当·密茨凯维奇在《塔德乌什先生》中写道，'可悲啊，我们这些在瘟疫盛行之时，抱头鼠窜到国外的人'。另一位民族诗人/先知尤利乌什·斯沃瓦茨基（Juliusz Slowacki）甚至更加直白：'我毫无尊严——我逃离了牺牲。'他们所指的都是自愿流亡。"[3]

二

康拉德的故乡，即波兰治下的乌克兰，波俄边境那一大片肥沃的平原，拥有四种语言、四种宗教。统治阶级说俄语，属于东正教；知识分子、地主、地产经理说波兰语，是罗马天主教徒；农民和仆人说乌克兰语，是东仪天主教会的信徒；商人主要是说意第绪语的犹太人。这个多种族混杂的社会赋予了康拉德多语种能力及世界性视角,他得以适应多种不同的国家和文化。

乌克兰所有说波兰语的居民中,约有10%,包括康拉德的家族,都属于什拉赫塔(szlachta),这个世袭阶级次于贵族,但兼具绅士阶层和贵族的品格。离开波兰后,康拉德理想化了他的祖国和他的阶层,赞美其独立、道德与自由,强调其与西方哲学和宗教的历史联系。在1917年5月写给休·沃波尔(Hugh Walpole)的一封信中,他美化了波兰绅士阶层,歌颂"在这灵魂碾压一般的压迫之下,在那千千万万的房屋之中,如此多高尚的理想主义、骑士传统,以及西方文明的理智与舒适都被英勇地留存了下来"。在1919年波兰终于重获独立之后,他大力颂扬"波兰气质,包括其自治的传统、富有骑士精神的道德约束观,以及对个人权利的过分尊重,更不必说这样一个重要事实:整个波兰精神,外表西化,曾受训于意大利、法兰西,在历史上甚至在宗教事务上,一直以来都紧跟欧洲思想最自由的潮流"。

事实上,现实截然不同。在波兰,只有什拉赫塔拥有政治权利,而这个骄傲但落后的阶层要为国家的混乱、疲弱、衰落负主要责任,正是这些问题导致了18世纪晚期的分裂。虽然他们的理想已遭唾弃,但贵族的精神气质得以留存,激励了19世纪无望的起义运动。戴维斯评价道:

> 分裂前波兰生活的所有产物中,波兰贵族——什拉赫塔及其所有行为——可能看上去是最受唾弃的。什拉赫塔的骑士守则并没有帮助他们对抗、击退共和国的敌人。他们对所谓专属血统孔雀般的骄傲与他们可悲的衰落格格不入,倍显怪诞。他们关于手足之爱和平等的社会理想,与他们对农奴制一直以来的支持难以相符。他们"金色自由"的政治哲学导致了常见的无政府状态……什拉赫塔是欧洲的笑柄,是从笛福到柯布登的

每一个激进派能人都可以嘲讽的对象。用卡莱尔残酷的话来说，如果他们高贵的共和国是"闪着美丽磷火的腐尸堆"，那他们就是上面密密麻麻的寄生虫。人们也许会以为什拉赫塔的理想无用至极，时机一到就会被悄然遗忘。事实上，虽然什拉赫塔的法律地位已于1795年被分裂势力剥夺，但其理想仍流传了下来。贵族的精神气质（kultura szlacheka）已经成为现代波兰思想的核心特征之一。[4]

康拉德的父亲阿波罗·科热尼奥夫斯基（[Apollo Korzeniowski]该姓源于korzen，意为"根"）属于基辅省的一个贫困的乡绅阶级，而基辅省位于波兰属乌克兰的东南边境。1820年，他生于一个波兰爱国者之家，在日托米尔（Zhitomir）当地的一所高级中学读书。20岁时他进入圣彼得堡大学，学习东方语言、文学和法律。6年后肄业，他学会的阿拉伯语寥寥无几。相貌平平的阿波罗头大身小，容貌生硬，厚重的头发从一个宽宽的斯拉夫额头上全部往后梳起。

他的内兄塔德乌什·博布罗夫斯基（Tadeusz Bobrowski）与他相识于学生时代，描述了他的外表、性格，展现了他个性中极端的尖刻与善良：

> 在我们那个地方，他的丑与尖刻众所周知。事实上，他确实不美，甚至算不上好看，但他眼中透露着善意，他的讽刺也只是口头上的，属于客厅里的玩笑，因为我从没在他的情绪或举止中察觉到一丝嘲讽。他坦率热情，怀抱对人真诚的爱。行动时，他不切实际，甚至常做无用功。对于演讲与写作，他毫不妥协，日常生活中，他却经常过于宽容……他还有两套行事法则：一套针对软弱无知者，一套为这个世界的强人而准备。

阿波罗在社会与政治上的不服从及他与生俱来的暴力不仅体现在他的生活中，也表现在他的写作里。他性情火爆，内心暗涌着强烈的悲观主义，"特别关心这个地球上弱势人群的权利"，这使他的心变得柔软。[5]

康拉德的母亲埃娃·博布罗夫斯卡和阿波罗一样，生于基辅西南边约125英里的乡村庄园。她比阿波罗小13岁，是一个六子之家唯一幸存且备受宠爱的女儿。虽然奈德写道，她"以美丽闻名"[6]，但当时的照片显示她其实相当普通，前额低矮，鼻子长，眼距宽，神情胆怯。1847年，阿波罗通过好友塔德乌什遇见了豆蔻年华的埃娃，他诗人的气质、热烈的爱国之心还有他对底层人民的同情立刻吸引了她。而他也为她鲜活的想象力和温暖的心而着迷。

与科热尼奥夫斯基家不同，博布罗夫斯基一家以远离政治抗争来增长财富。基于私人和政治原因，埃娃的父母强烈反对他的求婚。阿波罗无工作，一文不名，看上去懒散、无责任心。他受父亲资助，但父亲的地产在1830年的起义后就被俄国政府没收了。埃娃的父亲甚至试图让阿波罗娶别人，但他拒绝了富有的年轻小姐，始终忠于埃娃，埃娃也劝退了所有其他追求者。父亲死后，体弱的埃娃被父亲的遗愿和她对阿波罗的爱拉扯。终于，她的家人意识到如果无法得到所爱之人，这个意志坚定的女人绝不会出嫁，于是家人便随了她的心愿，他们于1856年5月4日完婚。婚后头几年，阿波罗都在打理乡下的地产。到了1860年，他已经失去了他自己所有的钱，以及他妻子九千银卢布的嫁妆中的一部分。

阿波罗的军人父亲曾用韵文写了一个五幕悲剧并悄悄印刷出来，剧本无聊至极，没人能够读到最后。阿波罗——诗人、戏剧家、翻译家和革命家——也把自己献给了文学和政治活动（都不能赚钱）而不是他表面上的工作：管理田地。他发表了关于政治、社会和文学的文章；两卷诗集，包括爱国宗教主题的《炼狱之歌》（*Purgatorial Songs*）；两部戏剧，即《一出喜剧》（*A Comedy*，1854）和《爱财之心》（*For the Love of Money*，1859）；还有四部其他戏剧，包括标题即点明其悲观哲学的《无望》（*No Hope*，1866）。

阿波罗还是颇有天分的语言学家，他学习了俄语，还把德语、法语和英语作品翻译成了波兰语：海涅的诗；阿尔弗雷德·德·维尼（Alfred de Vigny）的《查特顿》（*Chatterton*，1857）；维克多·雨果的《海上劳工》（*Toilers of the Sea*）、《世纪传说》（*La Légende des siècles*，1860）、《欧那尼》（*Hernani*，1862）、《玛丽昂·德洛姆》（*Marion Delorme*，1863）；莎士比亚的早期喜剧《无事生非》、《维洛那二绅士》和《错误的喜剧》（只有《错误》于1866年出版）；还有狄更斯表现煤矿中的社会压迫的小说《艰难时世》（*Hard Times*，1866）。他还计划写"一部伟大的波兰小说"，揭示俄国对波兰生活方方面面的腐蚀和负面影响，但从未下笔。

阿波罗尖锐的社会讽刺剧《一出喜剧》展现了一个虚伪的老地主与一个贫困但富有同情心的无产者之间的矛盾（这个无产者和他的看护结婚了）。《爱财之心》抨击了暴发户，描写了一个革命理想主义者最终变得愤世嫉俗的故事。维尼的《查特顿》戏剧化了社会对诗人的冷漠，甚至敌意；阿波罗在前言中谴责了"这个为了'充满物质利益的花花世界'牺牲精神价值的时代"。阿波罗的幽默感讽刺意味十足，他对那些自以为是、自私自利的有钱人发起了歇斯底里的攻击。一位与他同时代的批评家把他比作发疯的野兽："他的机锋声声噬骨，他的嘲讽字字诛心。咆哮般大笑后，旋即露出獠牙，重重咬下。"现代波兰批评家认为，"他的诗文常显得过于浓烈激昂，或过于哀婉感伤。夸张的形式与相当简单的思想并不相符"[7]。他对人性持怀疑态度，"他见证过［俄国的］威胁势力从原始的混沌状态中崛起,而它将进而压迫、推翻文明的人类,这暗淡的前景使他难以释怀。1846年的波兰革命与1848年的欧洲革命失败后,他写下了诗作《雷暴来临前》("Before the Thunderstorm"),以表达他标志性的绝望与爱国悲情:

> 日复一日,年复一年,
> 我们似孤儿呻吟
> 在这座我们母亲的坟墓上,
> 伴着雷奏响的音乐;
> 在我们自己的土地上——却无所依傍,
> 在我们自己的家里——却无家可归!
> 这片我们父辈曾引以为傲的领地
> 如今却是一座坟场,一片废墟。
> 我们的盛名与伟大已经流逝
> 流入血与泪的河流;
> 而我们唯一的遗产
> 是我们先辈的灰与骨。[8]

康拉德深受父亲作品的影响。他的翻译激起了康拉德对法语、英语文化的兴趣:雨果的《海上劳工》(写于政治流放时期)引领康拉德投身航海事业;莎士比亚的戏剧是他的船上读物,他在他的小说里提到了数十次;受到狄更斯的《荒凉山庄》(*Bleak House*)影响,他在《间谍》(*The Secret Agent*)中描绘了一个悲凉的伦敦。康拉德的故事《因财而起》("Because of the Dollars",1914)呼应了阿波罗剧本的标题。阿波罗评莎士比亚的文章中有一句谚语式的话:"人类开枪,但子弹在上帝手上!"这句话又出现在《贾斯珀·鲁伊斯》("Gaspar Ruiz")里:"人类放枪,但子弹在上帝手上。"

阿波罗在《查特顿》的前言中讨论了为物质利益牺牲道德价值的现象,这也是《诺斯特罗莫》(*Nostromo*,1904)中突出的主题。他希望在小说中谴责俄国所产生的具有腐蚀性的负面影响,可惜未能成文,但它在《在西方的注视下》(*Under Western Eyes*)中强势回归。康拉德显然继承了父亲的怀疑论与悲观主义,在自己的文章《独裁与战争》中,他重申了阿波罗的论辩《波兰与莫斯科大公国》("Poland and Muscovy")中的论点。虽然康拉德年仅11岁时阿波罗就去世了,但他们建立了一种炽烈甚至刻骨铭心的关系,这位父亲对他的儿子产生了最深远的影响。

第二章

波兰童年（1857—1874）

一

1857年，婚后一年，埃娃怀孕了，为了离她的母亲近一些，这对夫妇从乡村庄园搬到了基辅西南边一百英里远的别尔季切夫。7年前，即1850年3月，奥诺雷·德·巴尔扎克已经游历了乡村——"片片沙土布满丛丛松树"，并在别尔季切夫的圣巴巴拉波兰罗马天主教堂迎娶了埃维莉娜·汉斯卡（Evelina Hanska）。在康拉德小说片段《姐妹》（"The Sisters"）中，那位乌克兰英雄忆起了散布的白色小屋、高高的茅草屋顶、随意摆放的窗户，还有一间乡村教堂绿色的圆顶，顶上矗立着闪光的十字架。在《罗曼亲王》（"Prince Roman"）里，康拉德也回忆起了家乡的风景：篱笆环绕的绿色田野，水坝拦住了溪流，在绿色的草地上形成了一连串湖泊，冰冷、耀眼的太阳"悬挂在层层叠叠的雪山勾勒出的波浪起伏的地平线上"，还有农民隐蔽的村庄和狼群出没的地区。

别尔季切夫就像附近的日托米尔（康拉德童年时也在那里住过），是一座典型的波兰属乌克兰城镇。16世纪时，为了抵御侵略修筑了防御工事，但后来被鞑靼人和哥萨克人摧毁。1630年修建了一座波兰加尔默罗修道院，1739年建了一座罗马天主教堂。1812年拿破仑入侵期间，小城由于为拿破仑军队供给面粉而繁荣了起来，成为一个主要的粮食和牲畜市场，并开始生产鞋子和衣服。别尔季切夫还成了朝圣之地、出版中心，不过在1866年，这些活动都受到了俄国政府的打压。

阿波罗与埃娃结婚时，别尔季切夫，这个乌克兰第四大城市，是俄国第二大犹太人聚集区。自1790年犹太人获准开店后，犹太人就一直占总人口的80%—90%。那里有一家犹太医院和三所犹太学校，并且是一个重要的哈西德派（Hasidic）中心，由18世纪极具感召力的领导人伊萨克·本·列维（Isaac ben Levi）拉比创立。[1]肖洛姆·阿莱汉姆（Shalom Aleichem）在《完整的别尔季切夫》（*Gants Berdichev*，1908）中刻画了这个小城。康拉德成长于受迫害的爱国犹太人中间，虽身处这样的时代与环境，但他出人意料地没有反犹偏见。出于历史、家庭和个人原因，他打从心底里同情犹太人，对《诺斯特罗莫》中的赫希（Hirsch）与《罗曼亲王》里的扬克尔（Yankel）的刻画都是正面的。

约瑟夫·特奥多·康拉德·纳文奇·科热尼奥夫斯基（Jozef Teodor Konrad Nałęcz Korzeniowski）1857年12月3日生于别尔季切夫。约瑟夫是其外祖父的名字，特奥多是祖父之名，纳文奇是什拉赫塔名，康拉德是亚当·密茨凯维奇笔下两个人物的名字：康拉德·瓦伦洛德——同名爱国诗歌的主角，以及《先人之夜》（*The Forefather's Eve*）的主人公康拉德。后来康拉德把这个名字英语化（将Konrad改为Conrad），作为他的姓。对一个波兰人来说，这个名字象征着一名反俄斗士。

康拉德生于克里米亚战争结束后一年，当时英国、法国、土耳其打败了俄国，波兰独立的希望再次燃起。阿波罗用一首典型的爱国宗教诗歌来庆祝儿子受洗:《致吾儿——生于受俄国压迫的第 85 个年头》("To my son born in the 85th year of Muscovite oppression")。诗提到 1772 年波兰被瓜分,给这个新生儿套上了难以承受的重任,激励他为了国家利益牺牲自我(正如阿波罗会做的那样):

> 保佑你,我的小儿:
> 做一名波兰人*!虽然敌人
> 也许会在你眼前展开
> 一张幸福之网
> 放弃这一切:热爱你的贫穷……
> 宝贝儿子,告诉你自己
> 你没有土地,没有爱,
> 没有祖国,没有同胞,
> 而波兰——你的母亲躺在坟墓里。
> 因为你唯一的**母亲已死——可是
> 她是你的信仰,你殉道的棕榈***……
> 这一信念会使你的勇气增长,
> 赋予她与你永生。

安杰伊·布札(Andrzej Busza)解释道,阿波罗对波兰爱国主义的忠诚与其对拒斥这一精神的人的轻蔑都是不可动摇的:"康拉德成长的环境爱国热情高涨,周围的人整天想的都是民族大义、对

---

* 独立成段引文中原文表强调的斜体中译对应以宋体。
** 此处原文为 "For only your",应系作者笔误。这首诗最早由夏莲娜·卡罗尔-奈德(Halina Carroll-Najder)翻译,这句诗正确的英文版本应该是 "For your only"。
*** 在基督教文化中,棕榈树枝代表殉道者的胜利。据说,耶稣骑驴进入耶路撒冷时,信徒们挥动棕榈树枝相迎。

第二章 波兰童年（1857—1874）

国家的责任、为国牺牲，另一方面，不爱国、忽视爱国职责，以及最严重的背叛［在他们眼中都是应受谴责的］。"对待俄国在波兰的统治共有四种可能的态度：忠诚、妥协、抵抗及移民。塔德乌什舅舅选择了第二种，阿波罗是第三种，而康拉德是第四种。康拉德没有听从父亲的劝告，没有跟随父亲的脚步，自愿选择在 1874 年逃离波兰，这成为他一生愧疚的根源。

在波兰的童年时期，康拉德经常搬家，几乎和他在海上漂泊的岁月并无二致，因此他没能在波兰建立任何亲密的友情。他住过别尔季切夫、日托米尔、华沙、沃洛格达、切尔尼希夫（Chernikhiv）、新法斯蒂夫（Novofastiv）、基辅、利沃夫（Lvov）、克拉科夫、克雷尼察（Krynica），在国外度假时去过敖德萨（Odessa）、瑞士、奥地利、德国、意大利。1859 年初，他们一家搬到了北方 30 英里处的日托米尔，康拉德在那里写作，翻译，并在一家不久就倒闭了的出版公司工作过。康拉德记得的第一个童年场景发生于 1861 年初，就在这个家庭的幸福被永远打碎之前。那与他的母亲和音乐有关，那是一段珍贵的经历，走入一扇激动人心的大门，收获了专属于他的母爱的赐福："我最早的记忆就是我的母亲坐在钢琴前，我被领入了一个房间——时至今日仍是我心目中我进过的最大的房间，音乐戛然而止，我的母亲手放在琴键上，转过头看着我。"[2]

阿波罗属于马志尼、加里波第、赫尔岑和科苏特那一辈革命者。* 但作为一场失败的叛乱的失败的策划者，他活在暴力与灾难中，不得不依靠回忆与梦想活下去。19 世纪晚期的右翼民族主义

---

* 朱塞佩·马志尼（Giuseppe Mazzini，1805—1872），意大利政治家，积极参与意大利民族统一运动；朱塞佩·加里波第（Giuseppe Garibaldi，1807—1882），意大利将军、民族主义者，意大利民族统一运动领袖；亚历山大·赫尔岑（Alexander Herzen，1812—1870），俄国作家、思想家，被誉为"俄国社会主义之父"；科苏特·拉约什（Kossuth Lajos，1802—1894。匈牙利语中姓名顺序为姓前名后，故"科苏特"为其姓），匈牙利政治改革者，领导了匈牙利的独立运动。

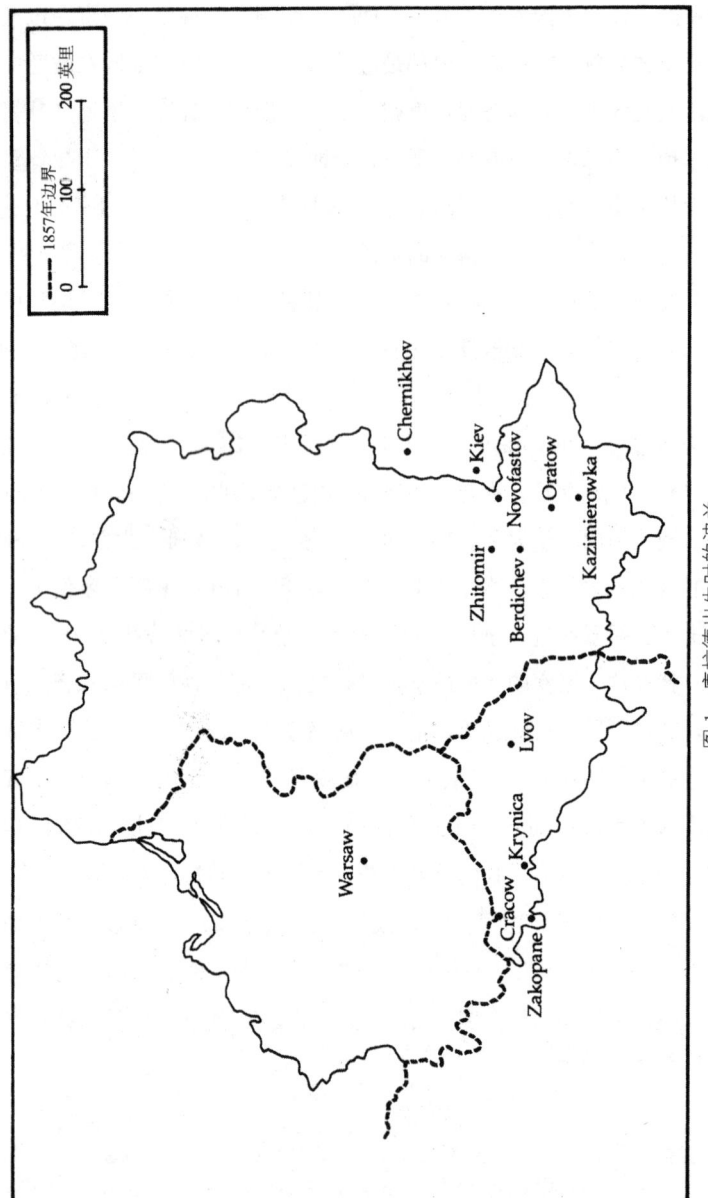

图1 康拉德出生时的波兰

者罗曼·德莫夫斯基（Roman Dmowski）谴责了波兰浪漫主义的自毁性遗产，他以阿波罗为例，指出这一派将"政治前景建立在纯粹虚幻的基础上……眼前毫无明确目标，也没有事先分析过可使用的方法，就开始进行政治活动"。尽管如此，如果要在被动接受与贸然行动之间选择，那么阿波罗肯定会选择行动。

据 A. P. 科尔曼（A. P. Coleman）所述，1855 年沙皇尼古拉斯一世去世后，阿波罗成为一个名为"三位一体"（The Trinity）的秘密社团的主要推动者，该社团反对妥协，鼓励积极反抗俄国压迫："一开始它的目标纯粹是精神性的：培养人们对这样一种思想的反抗意识，即民族解放可以通过与俄国或沙皇的政治合作来实现，当时这一观念正逐渐渗透到大部分［大］学生所属的阶层。因此，其目的是为了让波兰民族之火可以继续燃烧，并且让人们相信，虽然国外势力认为波兰已死，但仍然存在足够多可以拯救这个国家的力量。"[3]

1861 年秋，阿波罗在华沙创办了一家报社，还建立了"红色行动委员会"（Committee of Action of the Red），该秘密组织由多个密谋团体发展而来。他极端的想法并没能被大部分人接受，他还险些丧命于一个名叫"匕首党"（Stilettists）的恐怖组织之手。后来康拉德反对一个批评家（很可能是左翼的爱德华·加尼特）称呼他为"革命分子的儿子"，并坚称"没有别的绰号比它更不适合这个在思想与行动领域有着如此强烈责任心的人"，不过他的话很难令人信服。阿波罗作为最激进的红色阴谋家，显然很推崇暴力反抗与民族起义。

1861 年 9 月 23 日，华沙的镇议会与村委会开始选举，阿波罗呼吁选民不要去投票。他的宣传册《人民的权利》（"The Mandate of the People"）"坚称选举法是对波兰民族团结的攻击，因为它对公民权的限定太狭窄，而且立陶宛与俄属罗塞尼亚［乌克兰］都被剥夺了宪法自由"。尽管阿波罗的立场已极端危险，但他仍然对自身安全毫不在意，还刻意用自己古怪的着装与公共演讲挑衅当局："'他是一个受人尊敬但热情太盛的爱国者，他打扮成农民的样子，在华沙游荡，穿着农民的罩衫与长筒靴，戴着可怕的帽子，吸引了所有人的目光，以他的机智、教养、作家的天赋及雄辩的口才，深深影响了聚集在他身边的青年。'"[4]

二

阿波罗为他不计后果的勇敢付出了惨痛的代价。1861 年 10 月 20 日的午夜刚过不久，在他们的公寓里，他在写作，埃娃在阅读，房子位于新世界路（Nowy Swiat），那是华沙市中心的一条主路，突然，门铃响起。阿波罗被俄国警察逮捕，短短几分钟就被带走了。他被关在华沙城堡长达七个月，受尽风湿病与坏血病的折磨，等待被起诉。

三岁的康拉德记得他站在监狱巨大的院子里，看着父亲的脸透过铁窗紧盯着他。当时母亲——"这个粗眉、沉默的保护者"也在场，她穿着举国默哀时用的黑色衣服，以表达对警察暴力执法的抗议。虽然阿波罗的革命同志提出要帮助他逃跑，但他拒不考虑——表面上是因为他不想他们为了他以身犯险，但还有一个原因是他想要并且渴望为波兰献身。

在后来的写作中，阿波罗突出了他的审判的戏剧性，他写道，俄国当局很清楚他"不仅是参与者，更是整个反抗运动和多场示威游行的主要领导人，妄图推翻我们最仁慈的沙皇的统治"。其实，他仅仅被怀疑是策划起义的共犯。如果上述罪名坐实，他不是会被枪决就是被判流放西伯利亚，在那里，死亡几乎是必然的。

第二章　波兰童年（1857—1874）

　　因为阿波罗没有认罪，也找不到证人指证他，怀疑他有罪的俄国人以没那么严重的罪名指控他：1. 他创办的委员会阻碍了华沙市议会的选举；2. 他是发生在一家糖果店的殴斗的主要唆使者；3. 他曾宣扬立陶宛与波兰的非法联盟（这一联盟存在于1569年到1795年）；4. 他为政治烈士组织过公共祷告。法院宣称，"在他妻子的来信中已找到证实其行为与怪异思想的间接证据"。这些愚蠢的信件是她来华沙找他之前写的，在信中，她告诫"他不要返回[日托米尔]，因为他有可能被逮捕"。

　　虽然在兹齐斯拉夫·奈德口中，埃娃"坚定不移地选择参与他的一切行动"[5]，但其实她是被迫流放。她的信证明了阿波罗有罪。1862年5月9日，她与阿波罗被一同定罪，两人的判决都是无限期流放（按照阿波罗的要求）彼尔姆（Perm）。离开圣彼得堡16年后，他被迫回到了他上大学的国家。然而，在彼尔姆市长的坚持下，流放的地点改了，这位市长是阿波罗在圣彼得堡的旧友。在向东走了几周后，这一家人被转移到了更严酷的沃洛格达，在莫斯科东北方250英里处。就像许多忠于其政治原则和道德信念的波兰爱国者一样，阿波罗和埃娃被抛到荒野，忍受贫困与监禁。

　　康拉德的朋友与合伙人福特·马多克斯·福特后来记录下了发生于1862年5月的一件事："他人生最久远——最初——的记忆就是在一座监狱的院子里，发生在前往沃洛格达的俄国流放站的路途中。'那些押解我们的哥萨克人，'康拉德不断重复着这些话，一遍又一遍，'慢悠悠地骑着马上下坡，雪花纷飞，落在穿着皮草的女人和衣衫褴褛的女人身上。俄国人让男人们住进窗户涂着油脂的营房。他们喂他们吃红色鲱鱼，不给他们水喝。我的父亲就在其中。'"

　　这一家人很快就将遭受比寒冷和干渴更糟糕的事，因为康拉德和埃娃都在途中生了重病。临近莫斯科，康拉德染上了肺炎，但卫兵拒绝批准中途休息。护子心切的父母拒绝前行，一个同行的人很同情他们，从城里请了一位医生，医生及时到达，救了孩子一命。阿波罗说，医生用了水蛭和甘汞（一种泻药），康拉德开始好转后，卫兵就开始给马套马具："我自然是反对离开的，尤其是当医生直言如果我们离开，孩子也许会死。我的消极抵抗推迟了出发，却导致我的守卫去向当地政府报告。那位文明的圣人在听完报告后宣布，我们必须马上出发——反正孩子生来就是要死的。"

埃娃在下诺夫哥罗德（Nizhniy Novgood）病倒时，他们仍在前往彼尔姆的东行途中。他们请求留在那里，直到她康复。虽然请求被驳回，但在北进去沃洛格达之前，他们还是得到了几天时间。走了五周后，他们于6月16日到达。在《在西方的注视下》中，康拉德描述了那广阔、缥缈的俄国风光，他曾在那里走过，生活过："在天空的浩瀚无垠之下，雪覆盖着无边的森林、冰冻的河流、广阔乡村的平原，抹去了地标与这土地之上的种种意外，使这一切都在一致的白色中归于统一，就像一张巨大的空白页，等待着记录下一段不可思议的历史。"[6]

虽然不清楚为什么科热尼奥夫斯基夫妇选择带着康拉德流放，而不是让他舒适地留在波兰，同他的祖父或舅舅待在一起，但可能是埃娃无法忍受与她柔弱的独子分离，而阿波罗也许也想让苦难把他变成一个波兰爱国者。不论理由如何，康拉德肯定分担了他们的焦虑、悲痛、贫穷、艰苦与疾病。沃洛格达的市长斯坦尼斯瓦夫·霍明斯基（Stanisław Chomiński）为人友善，既能履行他的公职，又能对他治下的21个波兰人（大部分是牧师）奉行人道主义。虽然他对待囚犯很宽容，但恶劣的气候让他们伤亡惨重。

这个关押流放者的小镇地处圣彼得堡以东、莫斯科以北，位于莫斯科到西伯利亚的公路沿线，分布在沃洛格达河两岸。小镇创建于12世纪，当时修建了一座修道院和一间木质教堂；大教堂与罗马天主教堂后来才建。沃洛格达最初的防御工事是木栅栏，后来建造了石头堡垒。安全得到保障的沃洛格达在16世纪与英国和荷兰进行了皮草与木材贸易。它巨大的市场贩售兽皮、烟草、鸡蛋、粮食与咸鱼,工厂生产蜡烛与皮草。1861年人口总数为16500,包括大量因1830年与1846年的起义被流放至此的波兰人,1855年亚历山大二世即位后,他们获准回家,但他们已经结婚,适应了当地的生活,所以留在了俄国北部。

在一封写于1862年6月27日的长信中,阿波罗以自己痛苦的亲身经历讲述了那严酷恶劣的生存条件:

> 沃洛格达是什么?基督徒无须知道。沃洛格达是一片巨大的沼泽,绵延3俄里(2英里),腐烂的木质人行桥在脚下摇摇晃晃,它们形成的平行线与交叉线把地面切割得支离破碎:这是当地人唯一的交通方式……这里一年有两个季节:白色的冬天与绿色的冬天。白色冬天长达九个半月,绿色冬天则是两个半月。现在是绿色冬天的开始:已经连续下了21天的雨,并将一直下到这个季节结束。
>
> 到了白色冬天,气温会下降到零下25或零下30摄氏度,还有风从白海吹过来……
>
> 空气散发着泥土、桦树焦油和鲸鱼油的臭味:我们呼吸的就是这种空气……我们整天做的就是满怀信心与盲目的信仰祈祷,虽然常识告诉我们这里的祷告永远到不了天堂,上帝总是视而不见,如果他看了,这世界的景象会令他极度反感……
>
> 死在这里岂不更好?比起被思乡之情逼至绝境,腐烂发臭,并带着腐臭的气息回国,流放与死亡作为一种回忆,将更好、更充分地证明我们为真理、为深爱的祖国所做的奉献……我们不把流放当作一种惩罚,而是把它看作一种新的报国方式。既然我们无罪,也就谈不上惩罚。[7]

10月，白色冬天已至，阿波罗记述了刺骨的寒冷，以及他们多么艰难地加热那个粗糙、低矮的木头房："我们在这儿实在冻得受不了。前几天已经下了很多雪。柴火的价格跟华沙的一样高昂，炉子的数量与窗户的数量一样多，所以我们必须发了狂似的加热。但是即使炉子红得发烫，几天的霜冻之后，一层白色的苔藓依然会出现在房子最暖和的角落。"20世纪的历史学家爱德华·克兰克肖（Edward Crankshaw）去了沃洛格达，证实了那里落后的状况和有损健康的气候："那里曾是，现在很大程度上仍然是，一座木头城，木头的道路与人行道建在遥远的沼泽地上，还有一个火车站，就在从圣彼得堡或列宁格勒向东驶向乌拉尔的铁路线上。周边地区的居民确实非常贫穷，冬天的气候糟透了，并且非常不健康。"[8]

科热尼奥夫斯基一家在沃洛格达受到了埃娃的兄弟卡齐米日（Kazimierz）的资助。在这偏远的罪犯流放地，对阿波罗来说如温室一般的宗教爱国主义，是希望破碎之际的主要安慰。他的民族情感让康拉德在一张摄于沃洛格达的照片背后，写下了最早的文字（很可能是在阿波罗的指示之下，也可能是他把着康拉德的手写下的）："致我亲爱的祖母，您帮助我给狱中的可怜父亲送去了蛋糕——他是波兰人、基督徒、绅士。1863年7月6日，康拉德。"在《金箭》里，布伦特（Blunt）船长是来自南卡罗莱纳州的联盟国支持者，他也有类似的自我描述，他宣布："Je suis Américain, catholique et gentilhomme"（我是美国人、基督徒与绅士）。虽然阿波罗一心一意想在他儿子心中引发这些高尚的情感，但是康拉德后来把它们划归于"所有流亡者共有的荒谬幻想"，对他父亲的理想不屑一顾，他宣称："一个阶级，受禁令限制数年，依靠热情与偏见活着，这些情绪的滋长不仅扼杀了它的智慧，而且让它看不清现实。"[9]

第二章 波兰童年（1857—1874）

三

阿波罗可以接受自己的牺牲，他认为那是波兰爱国主义传统必不可少的一部分，只要他认为他的牺牲并非完全徒劳，只要他策划但以失败告终的起义仍有些许希望。波兰人在过去的一百年里，经受了种种政治挫败——18世纪晚期的民族衰落、被三次分割、1812年拿破仑进攻俄国带来的空欢喜、1815年的维也纳议会后俄国重新掌权、1830年与1846年的起义失败、1848年的欧洲起义，以及1856年的克里米亚战争后波兰人的失望——1863年1月爆发的起义本可以（阿波罗以为）一雪前耻，可当时他正在承受零下30摄氏度的极寒气候。

1863年的起义被科尔曼称为"波兰有史以来最英勇的——如果说是有欠考虑的——武装起义"。但是——就像1794年、1830年、1846年的反叛——这场运动注定失败，因为它挑战的是专制主义俄国难以撼动的力量。据一个兴起于18世纪的传说记载，大部分波兰男人都梦想着，在带领骑兵绝望地向着外国侵略者冲锋时，死在枪林弹雨中。巴尔扎克很熟悉波兰人，他在《贝姨》（*Cousin Bette*，1846）中也证实了他们的自杀式勇敢："带一个波兰人去悬崖，他就会往下跳。作为一个民族，他们就像骑兵。他们认为他们可以克服一切障碍并凯旋。"（这个勇敢的传统一直延续到1939年9月，当时波兰骑兵在闪电战中直面纳粹的坦克部队。）康拉德在写给他亲俄的朋友爱德华·加尼特的信中，一如既往地试图把波兰人与其他斯拉夫人区分开来，他将波兰的"勇者的癫狂"与英国对胜利的自信满满进行对比："你似乎忘记了我是一个波兰人。你忘记我们已经习惯于不抱任何幻想进入战场。只有你们大不列颠人相信'此去必胜'。过去一百年，我们不断地'去'，但等待我们的只有致命一击。"[10]

1863年的起义开始于1月22日，失败的原因不仅是外部镇压，还有内部分裂，因为在华沙有两个水火不容的政党：白党与红党。两派都反对与俄国政府妥协，希望重建分割前的波兰边界。但是白色军为了维护自己的物质利益，试图动摇革命情感并将起义推迟到不确定的未来，而红色军——阿波罗的党派——提倡进行土地改革、废除农奴制并且马上开始革命。支持白党的是绅士阶层和富裕的中产阶级；红党的支持者是学生、知识分子、牧师、工人和较贫穷的中下层人民。在《虹》（*The Rainbow*，1915）里，D. H. 劳伦斯（D. H. Lawrence）描写了莉迪亚·兰斯基（Lydia Lensky）及其丈夫的政治背景，他们是在1864年的起义失败后逃往英国的："他们在波兰代表着刚刚在俄罗斯开始的那个新运动。可他们非常爱自己的祖国；同时也颇带'欧洲气'……接着就发生了大起义事件。充满热情而又能说会道的兰斯基到处奔跑，去唤醒他的同胞。华沙街头年轻的波兰人风起云涌，他们要打死每一个莫斯科人。"*

弗拉基米尔·纳博科夫（Vladimir Nabokov）的祖父季米特里（Dimitri）——他是沙皇弟弟康斯坦丁的副官，康斯坦丁曾在1862年被任命为波兰总督——帮助镇压了康拉德父亲煽动的起义。戴维斯解释了这次起义的直接原因和最终影响：

[俄国总督可以]嗅到叛乱，但无法追溯其源头。他决定将地下革命逼到明处。他选择的工具是"强制征兵"（Branka）。在为帝国塞入了10万名士兵后，他预备再招3万青年入伍……征兵时间定于1863年1月14日，直接导致了公

---

* D. H. 劳伦斯《虹》，黄雨石译，上海译文出版社，2011年，电子版，第二章。

第二章 波兰童年（1857—1874）

开冲突……

[波兰人民]已经有了成熟的政治纲领、一个颇具规模的经济组织（已经开始筹款），以及维系这个地下国的若干骨干……一场游击战给了他迎头一击，看不见的手操控着这一切，牵制住了这支欧洲最庞大的军队长达六个月，而这股力量正是来自他治下的首府……

据估计，起义期间共有20万波兰人携带武器，但其中不会有超过3万人出现在同一战场上。大部分人分散在成百上千个游击队中，在全国各地的树林和荒野间穿梭行动。在起义持续的16个月期间，共有1229次交锋——其中959次发生在俄国，237次在立陶宛，其余发生在白俄罗斯与乌克兰。

1863年，康拉德唯一欣赏的俄国作家屠格涅夫告诉一位友人："我特别希望能以最快的速度镇压这场愚蠢的起义。"[11]波兰人民希望国外势力介入的愿望落空了；华沙因动荡混乱陷入瘫痪；乡村的游击队分崩离析，最终被消灭。镇压十分严酷，所有的领导人都被捕并处以绞刑。这次起义失败损失惨重，国家的精英全部牺牲，并导致了更加可怕的镇压。

1864年，俄罗斯化政策施行："沙皇与政府机构决议将波兰地区作为占领区管理，说波兰语的居民享有最低民权。"这次起义为波兰留下了永久的伤痕，整整一代人被剥夺了事业与未来。1864年之后再无革命成功的希望，"70年代的普法战争和东方危机最终将波兰问题移出了欧洲外交议程"。[12]

起义失败使得科热尼奥夫斯基家族的直系亲属受尽苦难。阿波罗的父亲死在参加游击队的路上，他的哥哥罗伯特（Robert）在起义中被杀，他驼背的弟弟希拉里（Hilary），恰在起义开始前被捕，1878年死于流放地西伯利亚。科热尼奥夫斯基家族剩下的财产被俄国政府没收。他的舅舅塔德乌什反对起义，他喜欢将博布罗夫斯基家人小心谨慎的保守主义与科热尼奥夫斯基家人不顾一切的反抗精神进行对比。他天真地相信波兰人应该将希望寄托在亚历山大二世的"贵族冲动"（noble impulses）之上，认为毫无希望打败俄国，他写道："也许可以毫不夸张地说，1861年到1863年的事件从头至尾就是一场错误。"

不过他的弟弟卡齐米日和斯特凡（Stefan）与阿波罗一样激进、崇尚暴力。卡齐米日在起义期间被囚禁，斯特凡则是华沙的地下党指挥官，领导革命政府，让反抗运动得以继续。奈德断言斯特凡"在［1863年］4月12日一场由其右翼对手挑起的决斗中被杀"，但其实挑起争端的人是斯特凡。他称格拉博夫斯基伯爵（Count Grabowski）为反动分子，指责他密谋破坏革命、希望行动失败。格拉博夫斯基在荣誉法庭上洗脱了通敌罪，要求斯特凡撤回指控。但斯特凡拒绝这么做，还不断谴责他，两人爆发争执，一场对决不可避免，斯特凡受了致命伤。[13]

阿波罗写了一篇杂乱冗长但充满热情与预见性的政论来表达他对这次起义的看法。这篇题为《波兰与莫斯科大公国》的文章被偷运出俄国，于1864年发表在莱比锡的一本流亡者杂志上。其目的是让欧洲列国警惕俄国对文明的威胁。开篇，阿波罗言辞激烈地讲述了他被囚禁、被审判的事；他谴责俄国"可怕，堕落，破坏性强"，是野蛮与混乱的化身，是"人类的瘟疫"，"否定了人类的进步"；他描述了俄国在过去的一个世纪对波兰实施的恐怖镇压；在总结时他提出信奉天主教的人道、民主的波兰，其历史使命就是保护他们在西欧的天然盟友，使他们免受莫斯科那些破坏分子的侵扰——这一观点也出现在康拉德的文章《独裁与战争》中：

> 整个莫斯科就是一座监狱。从留里克（Ryurik）家族（俄罗斯君主统治的创始人）开始，然后是鞑靼人的奴役，还有伊

凡的高压统治，经历了各式各样的沙皇与女皇的鞭笞，俄国过去、现在、将来一直都是一座监狱——否则俄国将不再是俄国。在那座监狱里，犯下的罪行与盛行的欺骗苟合；法律与官方宗教认可这样的结合。它们的后代即所有宗教及所有社会、政治、国家和个人关系中的虚伪与可耻……

90年前，成群的蝗虫降落在最富饶的土地上，最肮脏、最致命的瘟疫的瘴气四处弥漫，一片片污秽的淤泥浇灌在大地的果实之上，荒蛮、无知、背叛吞噬了文明、光明及对上帝与人类未来的信念；简而言之，这一切都发生在俄国占领波兰之际。欧洲政府与国家却消极地袖手旁观。

阿波罗眼中的俄国"不受束缚且组织力强，准备向欧洲吐出它成百上千万的罪犯"，这骇人的构想在康拉德的《间谍》和《在西方的注视下》中都有展现。野蛮的"鞑靼之笞与沙俄之鞭"这一概念出现在托马斯·曼（[Thomas Mann]极其推崇康拉德）的《魔山》(*The Magic Mountain*)里，书中的自由主义者塞塔姆布里尼（Settembrini）在提及圣彼得堡臭名昭著的监狱时说，"亚洲包围了我们……成吉思汗，还有草原狼、大雪、伏特加、皮鞭、施吕瑟尔堡、神圣俄罗斯*。他们应该为智慧女神雅典娜设立一个祭坛，就在这里的前厅——以避开邪恶的诅咒"。[14]

四

1863年爆发了那场毁灭性的起义，同年1月，阿波罗由于健康

---

* 神圣俄罗斯（Holy Russia），东欧与中亚人眼中的天国，这一重要的宗教、哲学概念兴起于8世纪。

堪忧，获准南迁到气候没那么极端的地方。一家人重新在距离基辅80英里的切尔尼希夫定居，接下来的五年都住在那里。住在一个极度仇视波兰人的氛围之中，阿波罗继续着翻译工作。尽管条件得到改善，他妻子的健康却开始恶化。那年夏天，埃娃曾做过俄国卫兵的兄弟利用他的影响力安排了三个月的休假，好让她和康拉德能够得到治疗，还能到新法斯蒂夫的家宅住一段时间——就在别尔季切夫和基辅之间。

那年夏天，康拉德与他的表亲玩耍，一开始骑了骑小马，还见到了他的舅姥爷尼古拉斯·博布罗夫斯基［他与拿破仑打过仗，后来成了康拉德的故事《战士的灵魂》（"The Warrior's Soul"）的主角］，那似乎是他人生中最快乐的时光。不过在《个人记录》中，他回忆起他母亲生病的往事，并将其与高压的政治现状联系起来：

> 当时我完全无法理解那件事的悲剧意义，虽然我真切地记得医生也来了。她身上完全看不出生病的痕迹——但我想他们已经宣布她无药可医，除非她能搬到南方的天气中，那或许能使她重新恢复日趋衰弱的体能……在这一切之上笼罩着伟大俄罗斯帝国高压的阴影——与这阴影一同降临的还有新生的民族仇恨的黑暗，正是1863年那场凶多吉少的起义之后莫斯科派记者反波兰人的浪潮催生了这份仇恨。

休假期满，埃娃病重无法重回流放地，省长威胁要把她押送到基辅的监狱医院。他们坐在由三匹马拉着的敞篷双轮车上离去，曾教他读、说他的第一门外语的法国女教师含泪喊道："亲爱的，不要忘记你的法语。"*

---

* 原文为法语："N'oublie pas ton français, mon chéri."

第二章 波兰童年（1857—1874）

1865年2月末，阿波罗描述了他妻子身患绝症的样子，他将这病归咎于精神上的痛苦折磨及缺乏正确的治疗，他还提到了这件事对小康拉德灾难性的影响：

> 我可怜的妻子在过去两年里因我们这个大家庭的成员接连遭受打击而被绝望摧毁，在过去的四个月里重病缠身，危在旦夕，她几乎连看我的力气都没有，就连空洞的声音也很难发出。这样的状态是由于身体与灵魂的一无所有——无医生也无药品。今天她获准到基辅接受治疗，但由于她力气全无，难以成行……我无法满足、帮助或是安慰我可怜的病人。康拉德克（Konradek）自然被忽视了。

十天后，病情加重，阿波罗更详细地描述了她的大出血，他写道："突如其来的高烧，肺出现了问题，还有一个内肿瘤，病因是血流不规律，需要摘除……［医生］认为手术势在必行，但由于她体力衰微无法进行……肺病变得更加凶险，各个方面都有可能导致死亡。"[15] 1865年4月18日，埃娃在切尔尼希夫死于肺结核，年仅32岁。7岁的康拉德眼睁睁看着她痛苦地走向死亡，因失去母亲伤心欲绝。阿波罗也被内疚折磨着，认为他的被捕与流放是埃娃之死的主要原因。

母亲的死是康拉德童年的第二个转折点（首先是流放），使得本就体弱的他更加虚弱，也让他与父亲形成了病态的同盟。小时候的康拉德苍白，纤弱，状况不稳定，还会发癫痫；成年后的他高度敏感，极度紧张，经常生病。1862年5月，在去往沃洛格达的途中他得了肺炎，1863年又得了一次。三年后，他连续癫痫发作。1868年6月他遭受了阿波罗所谓的旧疾复发：膀胱里的尿沉渣经常导致胃痉挛。10岁刚出头，他就有严重的偏头痛和惊恐发作。

阿波罗记叙了他与康拉德极其压抑的独处。革命失败,妻子故去,他的勇气渐失,绝望占了上风。他全身心投到儿子身上,但他不是一个好老师;他试图保护康拉德免受俄国的毒害,但同时也意识到他切断了孩子与正常生活的联系,这其实是在扼杀他;他想永远铭记埃娃,但被悲痛、内疚折磨,这是任何苦行忏悔都无法消解的,无论他对自己多么严苛:

> 可怜的孩子:他不知道与他同龄的玩伴是什么样的;他看着我因悲伤而衰老,谁能知道这会不会使他年轻的心生出皱纹或使他觉醒的灵魂发灰。正是这些重要的原因迫使我让这可怜的孩子远离心灰意冷的我……
>
> 去年秋天起,我的健康状况急剧恶化,是我亲爱的小娃照料着我……
>
> 现在,我的人生只有康拉德克。我教授他所有我所知道的——唉,我所知甚少啊;我守护着他,不让他受当地氛围的影响,我的小娃就像在修道院里长大;我们永远铭记的亲人的坟墓是我们的死亡象征(momento mori),所以每一个字母……对我们来说都是斋戒、刚毛衬衣*和鞭打。

阿波罗在家教他的儿子,部分原因是他不想他纤弱的孩子在俄罗斯学校受教育。但阿波罗太过严苛,而几乎完全与世隔绝的康拉德,只能埋首书中,怕是陷得"太深"。虽然阿波罗经常请朋友给他寄教学材料,但他在1868年提到康拉德糟糕的健康状况,尤其是他的癫痫,让他在过去的两年里都无法学习。

从1866年5月到1867年秋,有一年半的时间,康拉德被迫与

---

* 刚毛衬衣(hair-shirt),是由粗麻布或粗糙的动物皮毛制成的衣服,通常是宗教人士在苦修忏悔期间贴身穿着,好时刻感觉那种不舒服的痛感。

阿波罗分离,到基辅、日托米尔和新法斯蒂夫接受治疗。1866 年 11 月,阿波罗带着一丝自怜写道:"我很孤独,康拉德克和他奶奶在一起……我们遭受着同等的痛苦:想想吧,这孩子如此愚笨,他竟会怀念与我在一起的孤独,尽管他看到的都是我愁云密布的脸,而且他 9 岁的生活中仅有的娱乐就是繁重的课业……这孩子日渐憔悴——他肯定很笨,而且我担心他一生都会如此!"[16]

阿波罗是个糟糕的财产管理人、平庸的诗人,还是一个非常失败的革命家——简言之,一个失败者。这些失败增强了他为爱国主义献身的热情,加深了他绝望的神秘主义,并让他陷入了对亡妻病态的膜拜中,所有这一切都让小康拉德过着令人难以忍受的凄惨生活。阿波罗的宗教——除儿子外,他唯一的生之希望——"建立在某种基督教禁欲主义而非合乎逻辑的信仰之上。'我周围的一切,'他在切尔尼希夫写道,'都叫我怀疑神圣全能者的存在,尽管如此,我仍全心信仰着他,并将我幼子的命运交托到他的手上。'"

康拉德到了 13 岁(阿波罗死后两年)拒绝了他父亲绝望的宗教的教义、仪式、节日,这丝毫不会让人意外。后来,他将这些信仰和仪式等同于俄国人,尤其是他的眼中钉陀思妥耶夫斯基,他将俄国人贬斥为"由拜占庭神学中的某种生命概念形塑而成的原始生物,偏好堕落的神秘主义"。1914 年,康拉德给信奉无神论的加尼特写了一封信,想起他被蛊惑、受尽折磨的父母,他在信中责骂基督教"让我倒胃口":

> 我并非看不见它的贡献,但它的起源,那荒谬的东方寓言,令我恼怒。它也许伟大,能提升、软化人心,怜悯众生,却惊人地极易被人残酷曲解,而且它设立的标准常人根本无法企及,给无数的灵魂带来了无尽的悲痛,这样的宗教,只此一家。[17]

1868年1月,切尔尼希夫的长官加利钦亲王(Prince Gollitzen)宣布,在俄国待了五年、行将就木的阿波罗不再有危险性,无须再流放。阿波罗获得准许,可以前往阿尔及尔与马德拉,但他们生活拮据,只靠着埃娃的遗产、他微薄的稿费及家人的救济过活,他既没有资金也没有精力长途跋涉。

　　奥地利属波兰*认可波兰的民族身份,虽然无法实现政治上的独立,但赋予了波兰人民权,比起德国和俄国统治的地区,已经自由得多了。比如,在乌克兰,整个教育体制自1864年后已经彻底俄化;教学楼中禁止使用波兰语,甚至私人交谈中也不能用。因着如此种种原因,父子俩搬到了西边的加利西亚(Galicia),1868年1月到2月在省会利沃夫住了六周,后搬到了克拉科夫,这座古老的皇家故都、文化之城。1868年,阿波罗写道,康拉德正在上德语课,为上学做准备。他通过了圣安娜高级中学(St. Anne's Gymnasium)的入学考试,不过很可能去了圣亚采克学校(St. Jacek's school)。

　　等他们到了克拉科夫,阿波罗已经病入膏肓,虚弱不堪——理想破灭、痛失爱妻、前景黯淡,这一切压垮了他。加利西亚对波兰解放大业的冷漠刺痛了阿波罗,他告诉一位友人:"我已经支离破碎了,什么都做不了,累得连吐口唾沫的力气都没有。"康拉德见证了母亲缓慢的死亡,如今又要眼睁睁看着父亲死去,在《重访波兰》("Poland Revisited",1915)一文中,他伤感地描述了阿波罗在世的最后几周。

　　最后一次有人看见阿波罗下床是他要去看着他的手稿被烧毁。当时他坐在一把深深的扶手椅中,由好几个靠垫支撑着,还有几个头戴白帽的护士照顾。他临终之时心神难安,混杂了遗憾、无奈与沉默:

---

* 即加利西亚及洛多梅里亚王国,1772年成立,领土包括今天的波兰的南部和乌克兰的西部,奥地利皇帝兼任该国的国王。

第二章 波兰童年（1857—1874）

> 等我的预科学习结束，我就无事可做了，只能坐着，望着病房里那可怕的寂静从紧闭的门后流出，然后冷酷地包围我惊恐的心……
>
> 深夜，但不总是如此，我可以踮着脚走进病房，向俯卧在床上的那个身影道晚安——他通常不会对我的到来做出反应，唯有缓慢地移动眼睛，我会恭敬地把我的唇贴上床罩上那无力的手，然后再踮着脚走出去。

1869年5月23日，阿波罗与埃娃一样，死于肺结核。他的葬礼变成了几千人参加的爱国游行。康拉德已经精疲力竭，再也哭不出，他带领着"长长的队伍走出那条窄街，走下一条长长的路，走过圣玛丽教堂不对称的塔楼下哥特风格的前门，走向弗洛里安城门（the Florian Gate）"。阿波罗的墓碑上刻着："俄国暴政的牺牲者"。

30年后，康拉德向加尼特讲述他父亲时，给出了一个理想化但本质上负面的描述：

> 内心纤细敏感，性情高尚的梦想家；极善讽刺，天性阴郁；加上强烈的宗教情感，这种情感在他妻子死后恶化为散发着绝望气息的神秘主义。他的观点卓然不同，他的谈话引人入胜；他的脸冷若冰霜，他（难得地）微微一笑便能点亮脸上的光彩。我清楚地记得他。他生命的最后两年只有我陪伴在侧。

阿波罗是《胜利》（*Victory*，1915）里海斯特（Heyst）父亲的原型，他就像三流的叔本华，其著作被世人无视，唯一的门徒就是他可怜的儿子。

索伦·克尔凯郭尔对其父毁灭性的爱有过极具洞察力的分析，这也正好可以用来阐述康拉德与阿波罗最后的关系，以及康拉德在

《胜利》中对阿波罗的描写：

> 曾几何时，有这样一对父子。他们都天赋异禀，聪慧过人，尤其是那位父亲……在一次很偶然的情况下，父亲看着他的儿子，发现他内心煎熬，于是他站在儿子面前说："可怜的孩子，你一直默然活在绝望之中。"（但他并没有进一步询问他，唉，他问不出口，因为他自己就一直默然活在绝望之中。）除此之外，他们再没谈论过这个话题。也许，父子俩都属于人类有史以来最忧伤的人之列。
>
> 父亲认为自己是儿子忧伤的根源，而儿子觉得自己是父亲忧伤的根源，所以他们从未就此讨论过……这件事的意义是什么？准确地说，就是他使我不幸——却是因为爱。他的过错不在于不爱我，而是错把儿童当作老人。

克尔凯郭尔家和科热尼奥夫斯基家无所不在的阴郁体现为忧伤的气氛、彼此的不幸、理解的缺乏、心碎的沉默与苦涩的绝望。"康拉德的父亲在康拉德的眼里肯定既令人肃然起敬又荒谬可笑；他对他的态度充满了敬仰与不屑的怜悯。而且因为母亲的死，他永远都无法原谅他的父亲。"[18] 阿波罗留给康拉德的只有反复无常的性情、充满痛苦的爱国之心、希望破灭的苦涩、失败的创伤，以及根深蒂固的悲观主义。

五

阿波罗死后，舅舅塔德乌什·博布罗夫斯基成了康拉德的监护人。塔德乌什在日托米尔东南边30英里左右的卡齐米罗夫卡

(Kazimierowka)种植小麦与甜菜。塔德乌什个子矮小,头发日渐稀疏,长着罗马人突出的五官,留着浓密的络腮胡。他大惊小怪,性格迂腐,但本质善良,他的性格与阿波罗天南地北,并且他还有会计的头脑与谨慎性格。他1857年结婚,十个月后,他的妻子死于难产,他成了鳏夫,守着他柔弱的小女儿。她在各个温泉疗养地治疗过,1871年去世,年仅13岁。塔德乌什有着一套完全不同的价值观,他代替了阿波罗,成为康拉德的养父。他将他所有的爱转给他亲爱的妹妹的遗孤,关注他的教育、道德进步与物质享受。1876年,塔德乌什在一串长长的账单后写道:"把小主人康拉德抚养成男子汉已经花了(除去已经给了他的3600卢布)17454卢布"——约25000美元。塔德乌什死后,康拉德评价他智力超群,有强大的人格魅力,为好几个小孩带去了关爱,在乌克兰的保守地主中有巨大的影响力。

康拉德还留在克拉科夫:第一年住在弗洛里安斯卡街上的男子寄宿学校,学校的经营者是1863年起义的老兵卢德维克·乔志昂(Ludwik Georgeon);这之后的三年住在外祖母位于施皮塔尔纳街(Szpitalna Street)的公寓。这段时间他的身体状况一直很糟糕,上学不规律,他跟着克拉科夫雅盖隆大学(Jagiellonian University)的医科学生亚当·普尔曼(Adam Pulman)学习。1870年到1872年的夏天,他和他的老师待在克雷尼察,就在克拉科夫东南方的喀尔巴阡(Carpathian)山脉;1873年的春天和夏天,他们去了瑞士、巴伐利亚、奥地利和意大利北部旅行。在瑞士的一家旅店里,康拉德第一次听到了一群英国人说英语,他们是帮忙建造圣戈特哈德隧道(St. Gotthard Tunnel)的工程师。虽然康拉德声称在他和普尔曼来到威尼斯之前,从没见过海,但其实1867年的夏天他和舅舅塔德乌什去过黑海边敖德萨。但在他的记忆里,他希望将这次重要的经历与地中海而非俄国联系起来。1881年,塔德乌什写信给康拉德说普尔曼骗了很多人的钱,并拒绝偿还任何欠款。但5年后,普尔曼去世,年仅40岁,康拉德写道:"这个街区无亲无故的所有穷人,不论是基督徒还是犹太人,就在墓地的入口,围着这位好心医生的棺材呜咽,恸哭。"[19]

在克拉科夫的那些年里,孤独、异常敏感、博览群书的少年康拉德令朋友大为惊叹,他能记住并背诵密茨凯维奇《塔德乌什先生》里的长篇大段,还会写爱国话剧,比如《扬·索别斯基的眼睛》(*The Eyes of Jan Sobieski*),在那部剧里波兰的爱国主义者打败了俄国的敌人。康拉德对自己很是满意,而且习惯了他的父母全心全意的关注,有一次他打断了一场大人的谈话,自大地问:"你们觉得我怎么样?"得到的回答是:"你是一个愚蠢的年轻人,竟敢打断长辈们说话。"1873年到1874年,他和他的远房表亲一家住在利沃夫,后来他的表亲谈起了康拉德的聪颖、野心、阿波罗式的反讽、对自由的渴望、不拘礼节,以及糟糕的健康状况:

> 他和我们一起待了十个月,当时他在高级中学读七年级。他的智力超群,却讨厌在他看来难熬、无趣的学校生活;他过去常说他天赋异禀,打算成为一个伟大的作家。如此狂言,加之他常常面带嘲讽,对身边事物大加批判,令他的老师大为震惊,也激起了同学对他的嘲笑。他讨厌一切束缚。不论在家还是在学校,或是在客厅里,他都会四仰八叉地躺着。他过去常常遭受严重的头痛和神经性发作;医生认为待在海边可能会治愈他。[20]

1874年,康拉德没有完成课业就提前离开了高中。他是一个平庸的学生,学了一点希腊语、拉丁语,以及德国、波兰浪漫主义文学,还有数学、历史和他最爱的科目地理。不过他自己的阅读面很广,尤其爱读关于远航和异域探险的书。雨果的《海上劳工》及马里亚特船长(Captain Marryat)和费尼莫尔·库柏(Fenimore Cooper)的冒险小说激励他成为一名水手。和吉姆老爷一样,航海生活的刺激冒险深深吸引着他,"在脑海中过着通俗文学里的海洋生活。他想象自己将人从沉没的船只中解救出来,在飓风中斩断桅杆……他总是忠于职守的典范,如书中的英雄一般毫不畏缩"。或许康拉德喜欢库柏是因为他在《致美国人民》("To the American People")一文中为1831年革命后的波兰复国理想仗义执言,库柏呼吁:

> 波兰的罪是过多的自由。她独立的存在,被那些以独裁意志建立统治的邻国视为眼中钉。同胞们,波兰古老的制度与古老做法都无人理解。波兰的制度虽然与整个欧洲一样,继承了封建思想的缺陷,但它仍是这个半球最自由的。[21]

六

虽然康拉德离开波兰的动机极度复杂,但不论是出于政治上的考虑还是私人的原因,他都有理由走上自我放逐之路。他认为1863年的起义是一场毫无意义、不自量力的灾难。1874年,他离开俄国统治下的波兰时,他的国家已经受了超过一百年的奴役,独立遥遥无期。和阿波罗一样,庞大的俄国驻军、小官僚的专制统治,以及对所有带有波兰印记的东西的极端仇视,让康拉德备感压抑,难以忍受。

康拉德的屈辱感、内心的苦涩与愤怒,无法平息。后来谈到波兰,他对友人说:"[我]来自一个受压迫的民族,这样的压迫并不是存在于历史之中,而是所有人每天都必须面对的沉重现实,公然的仇恨与轻视,让生活更加苦闷……我无法经常回忆波兰,那感觉太糟、苦涩、痛苦,那会让生活变得难以忍受……我一直厌恶〔俄罗斯式〕思维及他们的感情用事,这种厌恶是来自遗传的个体体验。"[22]康拉德认为他们家族受的罪已经足够了,他想要逃离这个他认为无望的政治困局,事实也确实如此。他深爱的波兰是他记忆中的从前,她现在的样子让他害怕,她的未来一眼望去就是黑暗的深渊。必须要强调也必须要记住康拉德早年生活至关重要的大事件:俄国人奴役了他的国家,禁止了他的语言,没收了他的遗产,把他当作罪犯一样对待,杀了他的父母,迫使他流亡。

他走向大海的目的既实际也浪漫。一位家庭医生担心康拉德会像他父母一样死于肺结核,他认为住到海边、进行大量体育运动可以救康拉德一命。敖德萨的黑海及威尼斯的亚德里亚海曾经让他兴奋不已。受海洋冒险小说的启发,孩童时期的他就想加入普拉(Pola)的海军军官学校,就在威尼斯对面、奥地利治下的克罗地亚。他发现奥地利是当时统治波兰的三大势力中最开明、最不令人反感的,他比较认同哈布斯堡王朝,希望在奥地利海军中服役。但是他加入奥地利国籍的申请被拒绝了,他也就没能进入那个学校。

康拉德的命运还被另一个现实考量所决定。作为政治犯之子,到了25岁,他必须加入俄国军队,服役25年。康拉德不得不离开波兰。他和《在西方的注视下》中的拉祖莫夫有一样的疑问:"去哪儿?"

自从亚当·密茨凯维奇和弗雷德里克·肖邦选择在1831年的起义后离开波兰,俄国和奥地利的敌人——法国,便成了波兰流亡者传统、舒适的庇护所。康拉德会说法语,他的家庭在马赛有一些帮得上忙的朋友,他能在那个怡人的地中海海港加入法国商船队。所以他决定丢弃阿波罗牺牲小我的遗产("做一个波兰人!"),斩断他那被陆地包围的祖国悲剧的过去。1874年10月13日,16岁的康拉德成了350万移民中的一员,这其中还包括与他关系亲近的同代人,如伊格纳齐·帕德雷夫斯基*和玛丽·斯科沃多夫斯卡·居里,以及纪尧姆·阿波利奈尔(德·科斯特罗维茨基)**、刘易斯·纳米尔***和布罗尼斯拉夫·马林诺夫斯基****,他们都在1870年到1914年间离开了波兰。就像《七岛之芙蕾雅》("Freya of the Seven Isles",1912)里英俊的主人公贾斯珀·艾伦(Jasper Allen)一样,康拉德,"一个老人之子,很早就失去了母亲,年纪轻轻就被抛到无人问津的大海上,从没有感受过任何形式的温柔"。[23]

---

* 伊格纳齐·帕德雷夫斯基(Ignacy Paderewski,1860—1941),波兰钢琴家、作曲家、政治家、外交家,19世纪末20世纪初杰出的世界级钢琴大师之一,1919年曾出任波兰总理,并兼任外交部部长。
** 纪尧姆·阿波利奈尔(Guillaume Apollinaire,1880—1918),法国诗人。户籍上,他随母亲姓德·科斯特罗维茨基(de Kostrowicki)。
*** 刘易斯·纳米尔(Lewis Namier,1888—1960),英国历史学家。
**** 布罗尼斯拉夫·马林诺夫斯基(Bronislaw Malinowski,1884—1942),英国著名人类学家,现代人类学的奠基人之一。

第三章

马赛与卡洛斯派（1874—1878）

一

1874年10月，塔德乌什舅舅与博布罗夫斯卡外婆同康拉德道别，一个为康拉德揪心不已，一个早已泪眼婆娑。尽管有很多担心，一遍遍警告康拉德可能遇到的危险，他们还是默许了他的心愿，给予他祝福，放他去自由探索这个世界，去追寻他几乎一无所知的职业。他将自己抛入"无牵无挂的存在"之中，那种状态不可思议地吸引着他，斩断了他与他的语言、历史、文化、传统及身为波兰人的爱国义务之间的联系，他不必再忠于这些东西。他让自己与他剩下的家人本能的关爱远隔千山万水。他脱离了他的根，"承受了来自四面八方暴风雨般的指责，其实那些人根本没有丝毫发表看法的权利"。脱离了波兰的康拉德成了无根的漂泊者："受盲目的情势所迫［而不是因为有什么合理的、预先筹谋的计划］，在接下来的［二十］年，大海将成为我的全世界，商船队将是我唯一的家。"[1]

他乘火车，从克拉科夫出发，南下维也纳后，向西去了苏黎世

第三章 马赛与卡洛斯派（1874—1878）

和里昂，然后经过罗讷河谷到达了伟大的地中海海港马赛。康拉德在法国待了三年半，掌握了第二门语言，学习了航海的基本知识，并且过上了挥霍无度的生活——从他自己第一次赚到了钱开始。法国给了康拉德实现他浪漫抱负的机会，让他有机会在一个自由的国家过上独立、经济稳定的生活。马赛文化生机勃勃，有着丰富的食物、美酒，有硬皮面包和马赛鱼汤，有南部的温暖与生机，还有迷人的年轻黑发女郎。靠海而居，有时就生活在海上，脱离了他的家庭和祖国带给他的心理压力，康拉德的健康如医生所预料的那样，有了明显好转。

《个人记录》里多次提到马赛，将这里的生活描绘得有声有色。康拉德提到了马赛海湾的两座岛屿，那里有普拉尼耶灯塔（Planier lighthouse）和伊夫堡（Chateau d'If），即大仲马的基度山伯爵的囚禁地；老镇毗邻老港口的矩形港湾，圣让要塞与圣尼古拉要塞矗立两边，把守着入口；轮渡码头旁还有若利耶特防波堤（Quai de la Joliette），公共汽车摇摇晃晃地开下若利耶特码头，开向要塞处那群瘦骨嶙峋的人；宽阔时髦的普拉多大道（avenue du Prado），自老港口向东延伸；还有拉加尔德圣母大教堂（Notre Dame de La Garde）白红色带相间的建筑，矗立在山丘上，俯瞰这座古老的城镇。1878 年，康拉德住在法戈夫人（Madame Fagot）所有的寄宿屋里，就在圣徒街 18 号，一条微微倾斜的街道，靠近与老港口一侧平行的歌剧院。

康拉德在马赛交的朋友分属三个不同的阶级——贵族、波希米亚人、海员，他们反映了他的性格中社会、知识和职业三个层面：他的贵族出身、他对艺术的兴趣，以及他对成为水手的渴望。康拉德初识富有的船主德莱斯唐（Delestang）一家时，夫妇俩都年近八旬："德莱斯唐夫人是位专横、俊朗的女士，宛如一尊雕像。到了上流人士兜风的时候，她偶尔会让我坐到她的马车前排，把我带去普拉多。"注意到他恣意挥霍的习惯，她好意提醒他不要毁了他的生活。她的丈夫，一位"冰冻的木乃伊贵族"，心念波旁君主国的复辟，他有一个"嶙峋的鼻子，一副全无血色、五官拥挤的面相，好似被脸颊两边对称的短胡须夹到了一起"。贵族圈聚集在圣费雷奥尔街（St. Ferréol）的博杜尔咖啡馆（Café Bodoul），那条街自卡纳比埃（La Canebière）主干道向东延伸。

康拉德在马赛时的名号是"年轻的尤利西斯"（Young Ulysses）和"乔治先生"（Monsieur Georges），他的波希米亚朋友包括他的挚友理查德·费希特（Richard Fecht），他是一个来自符滕堡（Württemberg）的清醒明智的德国人，充当康拉德与塔德乌什舅舅的银行家与联络人；还有克洛维斯·于格（Clovis Hugues），一名记者、诗人、政治家；雕塑家弗雷蒂尼（Frétigny），他就是康拉德马赛小说《金箭》中的普拉克斯（Prax）；以及亨利·格兰德（Henry Grand），他偶尔做做康拉德的英语老师，他是《在西方的注视下》中的语言教授以及《金箭》中米尔斯（Mills）的原型。

有了这些好友的陪伴，敏感的青年学徒第一次看了维克托里安·萨尔杜（Victorien Sardou）与欧仁·斯克里布（Eugène Scribe）的戏剧，第一次听了罗西尼与威尔第震撼人心的歌剧，在他弥留之际，他仍记得当时的情景，难掩喜悦。他必定也会被一位同胞的吟唱深深吸引："马赛的戏剧生活当时正欣欣向荣，尤其是歌剧，置身于大剧院恢宏的建筑中；就是从这一时期……康拉德记得他开始听梅耶贝尔*的作品，听他最喜欢的歌剧《卡门》（Carmen）**。科热尼奥夫斯基居留马赛期间，这出歌剧的首席男高音是瓦迪斯瓦夫·梅日温斯基（Władysław Mierzwiński），他演唱唐·

---

* 贾科莫·梅耶贝尔（Giacomo Meyerbeer, 1791—1864），19世纪德国杰出的犹太裔歌剧作曲家。

** 法国作曲家比才（Bizet）的最后一部歌剧。

何塞的部分。"[2]到1893年,康拉德已经看过这出歌剧14次了。

康拉德的第一个海事联系人是在法国商船队工作的维克托·霍吉科(Wiktor Chodzko)。霍吉科把他介绍给了德莱斯唐夫妇的表亲巴蒂斯坦·索拉里(Baptistin Solary),一艘船上的杂货商,他与海上贸易中的每一个人都有联系,他好心地承诺会帮助这位年轻人在一艘体面的船上开启航海生活:"这个索拉里(巴蒂斯坦),我看到他本人才发现他是个相当年轻的小伙子,长相英俊,留着齐整的黑色短胡子,外貌清爽,长着一双温柔含笑的黑眼睛。"康拉德刚到,他就冲进康拉德的旅馆房间,打开百叶窗,迎接普罗旺斯的太阳,并催促康拉德"立马行动,在南太平洋遨游三年"。康拉德与西班牙反叛者的联系囊括马赛社会三大阶级:支持起义的贵族朋友,偷运武器到西班牙的波希米亚人走私集团,以及在这次任务中操控"特雷莫里诺号"(Tremolino)帆船的水手。

康拉德的航海生活如鱼得水。刚开始他是领航艇(引导船只停泊港湾)的观察员,到那里还不到两个月,他就开始了自己的第一次海洋航行。那些水手欢迎他,引领他走进船上的生活,在他的回忆录中,康拉德理想化了那些他信赖的水手:

> 我第一次在咸水上待上整整一天便是受他人之邀登上了一艘巨大的半甲板领航艇,站在瞭望台上,巡游于珊瑚丛中,雾弥漫,风阵阵,船帆和蒸汽机的烟雾从普拉尼耶灯塔那边升起,瘦长的灯塔仿佛一道白色的竖线,切断了被风吹乱的地平线。这些结实的普罗旺斯水手都是好客的人。大家都叫我"巴蒂斯坦的小朋友"(le petit ami de Baptistin),我被这群水手奉为上宾,不论日夜都可自由上下他们的船。

康拉德还回忆了他第一次靠近一艘英国船的经历,他们用英语与他对话，他注定就是要用这门语言来工作，写作。他划着一艘小艇准备登上"詹姆斯·韦斯托尔号"（James Westoll），那是一艘巨大、动力十足的蒸汽货船，一个胖子在他头上声音粗嘎地咆哮着："小心点！"当他靠近那艘奇怪的船时，它看起来就像是有生命的："我靠着船的左舷，这是我生平摸过的第一艘英国船，我已经感觉到它在我张开的手掌下跳动。"[3]那三个字和康拉德在瑞士听到的修建圣戈特哈德隧道的工程师说的英文一样，对康拉德而言有着魔法、符咒般的效力。

在领航艇上工作了六周后，康拉德开启了他在德莱斯唐家所有的法国船舰上的三次远航的第一次——从马赛到加勒比地区。在第一次长达五个月的航行中，他的身份是游客，这艘名为"勃朗峰号"（Mont-Blanc）的老旧三桅帆船，造于1852年，重达四百吨。船于1874年12月11日起航，在马提尼克的圣皮埃尔（St. Pierre, Martinique）——位于西海岸，首府法兰西堡（Fort de France）以北——停留了六周，于1875年5月23日返航。在《大海如镜》（*The Mirror of the Sea*，1906）里，他描述了他们在前往直布罗陀海峡的西行之旅途中所遭遇的风暴，在描写船体大漏水时，化用了弥尔顿在《利西达斯》（"Lycidas"）中对名望的定义〔"高贵头脑最后的弱点"（that last infirmity of noble mind）〕：

> 我生平远离陆地过的第一个圣诞夜就被用来与里昂湾的狂风搏击，老船在破碎的海面上迎风颠簸，船上的每一块木板都在狂风中嘎吱作响，直到我们把遍体鳞伤、气喘吁吁的她带到马略卡岛（Majorca）的背风处，狂风暴雨大作的天空下，这里平滑的水面也被锋利的猫爪撕碎。
>
> 我们——或者说他们，因为在此之前，我都没见过几眼这咸水——那天一直忙着让船离岸靠岸，而我则抱持着我这青葱

之年的好奇心，生平第一次听着一艘船上的索具在风中歌唱……风雨已歇，但那天我们没有再奔波。

那个东西（我不会在半小时内两次称她为船）漏水了。她漏得彻底，慷慨，毫无保留，大量的水灌了进来，到处都是——就像一个篮子。高贵船只最后的弱点让我兴奋不已，欣喜若狂，没有费心去思考究竟为了什么。

第二次远航，从 1875 年 6 月 25 日到 1875 年 12 月 23 日，长达六个月，目的地马提尼克岛，这次康拉德是"勃朗峰号"上的实习水手。他们在圣皮埃尔待了八周，载着一船木材和糖，经由圣托马斯（位于丹麦维京群岛）和海地返航。冬季的返航之旅几经风暴，抵达勒阿弗尔（Le Havre）* 时，船只严重受损。康拉德不等维修工作结束就在那个港口下了船，结果丢了行李，随后乘火车返回马赛，中途在巴黎停留了几天。

在他第三次也是最重要的一次航行中，康拉德担任乘务员，每月可挣 35 法郎。"圣安托万号"（the Saint-Antoine）也是一艘三桅船，她只比另外两艘大一点，但新得多，船长是埃斯卡拉（Escarras），船于 1876 年 7 月 8 日从马赛出发，1877 年 2 月 15 日回港。回程途经圣皮埃尔、哥伦比亚的卡塔赫纳（Cartagena）、委内瑞拉的卡贝略港（Puerto Cabello）和拉瓜伊拉港（La Guayra）、圣托马斯和海地。他对南美洲海岸的短暂一瞥孕育了《诺斯特罗莫》的故事背景。"如果我提过 12 个小时，那一定和卡贝略港有关，当时我就在那里的岸上。"他后来如是告诉他年轻的朋友理查德·柯尔（Richard Curle）。"在拉瓜伊拉港，我爬上山远眺加拉加斯（Caracas）时，我肯定已经待了两天半到三天了。这真是好久之

---

* 法国的港口城市。

前的事了!在委内瑞拉那片沉闷的海岸边,我还去其他地方待了几小时。"

船上的大副是42岁的科西嘉人多米尼克·塞沃尼(Dominic Cervoni),他是诺斯特罗莫的原型,也是《漂泊者》中的佩罗尔(Peyrol)和《悬念》里的阿蒂利奥(Attilio)的原型。《大海如镜》中,康拉德将多米尼克描绘得勇猛刚健,有才能,有勇气:

> 这世上没有任何事能让多米尼克措手不及。他长着厚重的黑色胡髭,每天早上,他都会让码头一角的理发师用发烫的钳子帮他烫卷,那胡子下似乎藏着永恒的微笑。但我相信无人见过他真正的唇形。那个胸膛宽阔的男人,慢条斯理,泰然自若,他严肃的样子会让人以为他一生中从未笑过。他的眼睛里潜藏着冷酷十足的嘲讽,就好似他的灵魂已历经沧桑;即使是他鼻孔微不可察的张大也会给他古铜色的面庞带去一种超乎寻常的勇敢无畏的神色。身为一个全神贯注、从容不迫的南方人,这似乎是他唯一能展现的表情。他两鬓的乌发微卷。他可能已年届四十,他是[地中海]内海伟大的航海员。[4]

康拉德还在这次航行中看到了《胜利》中海斯特、琼斯(Jones)和里卡多(Ricardo)的原型。海斯特是瑞典男爵、丽娜(Lena)的救星,康拉德称,孕育这个虚构人物的现实基础源自"1876年看到的那个男人给我留下的印象;就是在圣托马斯(西印度群岛)的一间旅馆里的那几个小时。旅客中有一些人在讨论他(他前一天已经离店);不过——所有我听到的关于他的事很可能就写在一张卷烟纸上。除了这些细节,他是完全'虚构的'"。康拉德为《胜利》写的作者注揭示了这样一件事:仅仅看一眼一个肮脏的男人(或者甚至一个国家)就足以激发他的想象力,引领他创作出他作品中可怕残忍的反派:"正是在……圣托马斯岛上的一家小旅馆我们发现他在炎热的下午舒展地躺在三把椅子上,独自在一群嗡嗡的苍蝇中间,死尸一样一动不动,有一种阴森可怕的感觉……正好就在同一年,里卡多,物理意义上的里卡多,成了我在一条极小极脏的纵帆船上的同行乘客,那是在墨西哥湾两处名字不值一提的地方之间一段为期四天的航程。"*[5]

结果"圣安托万号"成了康拉德最后航行的法国船。三年后,在塔德乌什舅舅的要求下,船主给康拉德寄了一封推荐信:

> 我们,即签字人德莱斯唐家族公司、前任船主,证明,康拉德·德·科热尼奥夫斯基,波兰人,1874年2月到我们公司工作,在我们的"勃朗峰号"船只上担任见习船员,后在我们的"圣安托万号"上担任副官,并且在为西印度群岛及南美洲贸易兢兢业业工作三年后,于1877年2月14日离开了我最后提到的那艘船。在履行职责时,他的冷静克制、一贯的行事作风,以及严格按要求执行任务,都令他的上级十分满意。
>
> 马赛,1880年4月26日,德莱斯唐家族公司[6]

这封推荐信很有可能是基于康拉德提供的信息,是为了证明他有资格通过考核,担任英国商船的二副,不过这封信与一些其他讲述他航海时期的文件一样,极度不准确,极富误导性。这封信为康拉德加上了一个贵族称谓——"德",然而他根本没有资格获得这个称谓;信中说他1874年2月参加工作,可那时他还在克拉科夫的学校里,比他登上"勃朗峰号"的时间整整早了十个月;信上说他的职位是见习船员、副官,但事实上他做过乘客、实习水手和乘务

---

* 约瑟夫·康拉德《胜利:荒岛上的爱情》,何明霞、王明娥译,新华出版社,2015年,"作者注",第5—6页。有改动。

员；信上赞扬他在南美洲的工作，但他只在非洲大陆的海岸上待了三天；并且信上还夸他"兢兢业业工作三年"，但他的三次远航一共只有十三个月，其中有五个月都在加勒比地区的各个港口。

二

连续三次远洋航行之后，康拉德厌倦了糟糕的食物和天气，船上长时间的枯燥与无趣的伙伴或许也让他感到有些幻灭，所以第二年他便留在马赛岸上。塔德乌什注意到康拉德在海上总是表现良好，但"留在岸上总是会让你罹遭祸患"。从1877年2月到1878年2月，康拉德肆意挥霍钱财，偷运枪支到西班牙，第一次病倒，在投机买卖和赌博上输了更多的钱，然后深陷抑郁，不得不铤而走险。

结束"圣安托万号"的航行回来后，康拉德看到了两封塔德乌什舅舅的警告信。第一封信写于1876年10月9日，当时康拉德还在加勒比地区，塔德乌什采用了他标志性的絮絮叨叨的说教口吻。他把他最爱的外甥当作小孩在教训，向他抛出了一连串的自问自答："去年，你弄丢了满满一行李箱的东西——告诉我，你连你自己和你的物品都不看好，你还需要记住什么，照看什么？你需要保姆吗？——我得充当这个角色吗？现在重申一下，你已经弄丢了一张家庭大合照还有一些波兰书籍——而你却叫我来帮你补上这些东西！凭什么？这样你就可以有再一次弄丢它们的机会吗?！一个人如果珍惜某样东西必定会照看好它。"然而，塔德乌什的"斥责"，并没能阻止他"全心全意地爱你，祝福你"。

康拉德每年都会收到一大笔零用钱，有两千法郎（四百美元）——相当于一个法国海军上尉的年薪。[7]然而，不仅他的花销大大超出了他的零用钱,而且他还有一个恼人的习惯——不解释一个字,就发电报要更多的钱。这自然招来了不堪其扰的塔德乌什连珠炮似的谴责信。1876年10月26日的信很典型。在信的开头,塔德乌什还保持着冷静客观,他提议:"让我们……问问自己我们各自履行了多少自己的职责;通过回答这个问题,反思过去,我们可以改正在我们的行动中或许能找到的不足。"说得有道理。但是塔德乌什显然没有任何不足之处,他立马开始细数康拉德的不负责任。他总结道,自从离开波兰,康拉德已经额外花了1919法郎:"总而言之,两年内,你的越轨行为已经让你花光了整个第三年的生活费!!!……想想这些吧,亲爱的——你得承认我是正确的——拍拍你的胸膛——发誓改正……如果是我的儿子,在警告了那么多次后,我必定会断然拒绝他,但对于你,我妹妹的孩子,我母亲的外孙……我,这个所有荒谬行为的受害者,真心实意地原谅你,条件是,这是第一次也是最后一次!"[8]无论多少长距离的说教康拉德都乐意忍受,只要他可以继续挥霍无度,并让塔德乌什来负担这些费用。他也许偶尔拍了拍胸膛起誓,但不论舅舅给了他多少警告,他也无意——不论是在现在还是将来的任何时刻——改变他挥金如土的作风。

通过上流社会的德莱斯唐贵族家庭及风流社会的蛇蝎美人丽塔·德·拉斯陶拉(Rita de Lastaola,她后来成了《金箭》女主人公的原型),康拉德开始了与卡洛斯支持者(领导了右倾革命)花销不菲的交往。尽管其背景显得不可思议,但丽塔确有其人,不过,她并不是康拉德后来声称的他的情人。康拉德老于世故的朋友约瑟夫·雷廷格(Joseph Retinger)谈起这段马赛岁月时,说道:"我认为女孩并没有在他当时的生活中扮演什么重要角色。"[9]

在康拉德的小说中,丽塔出生于巴斯克(Basque)的乡村,童年时期她就在托洛萨(Tolosa)附近的山坡上照看羊群。13岁时，她狂热的牧师舅舅将她从西班牙送去了巴黎，去和另一位做橘子商贩的舅舅住。几年后，她遇到了一位富有的画家阿莱格尔（Allègre），成了他的模特和情人，还摇身一变，成了风情万种的交际花。阿莱格尔死后，她成了唐·卡洛斯——西班牙王位的觊觎者——的情妇。

1833年，关于斐迪南七世的长女是否有资格继承西班牙王位，争议四起，这成了卡洛斯战争的直接导火索。斐迪南七世属意女儿为王，便废除了禁止女性继承王位的《撒利法》（the Salic Law），也就有了女王伊莎贝拉二世。斐迪南之弟唐·卡洛斯拒绝承认伊莎贝拉，认为自己才有资格坐上王座。随后内战爆发，巴斯克地区和加泰罗尼亚支持极端反动、教权至上的卡洛斯一派，然而他们于1840年战败。

雷蒙德·卡尔（Raymond Carr）认为卡洛斯派既反动又浪漫：

> （19世纪）30年代的卡洛斯派奉行消极负面的信条，发动了一场"旨在消灭自由贱民（canaille）"的改革运动……所谓暴民即他们认为的16世纪异教与18世纪无神论的遗毒……
>
> 这是一场遭到挫败的起义，落后时代者的革命，参与者包括从被宫廷内斗排挤的亲王到躲到加泰罗尼亚和阿拉贡（Aragon）山上的暴民。他们被囚禁在一个不容妥协的理想中：皇室正统及西班牙的天主教统一。与伊莎贝拉朝堂相对立的是正统国王查尔斯五世的严酷朝堂。查尔斯王作息习惯规律，对待事业一丝不苟，其军队受痛苦圣母无上权威的统治……
>
> 因此卡洛斯派的政治运动化作一曲浪漫史诗，为理想无私的奉献却被背叛、逃兵和无能玷污。[10]

1873年，西班牙国王阿马德乌斯（King Amadeus）退位，共和国宣布成立，随后卡洛斯派占领了西班牙东北部大部分地区。第二次卡洛斯战争于1876年结束，即伊莎贝拉之子阿方索十二世被立为王后一年。唐·卡洛斯战败，逃往法国。但卡洛斯派直到1939年一直是西班牙政治中不可小觑的势力，后来他们还在西班牙内战中支持佛朗哥。

《金箭》开篇，康拉德就描绘了这部小说的历史背景和他自己与这件事的牵连。在谈到1873年寿命仅两年的共和国的成立及巴斯克地区的起义时，他宣称"70年代中期全欧洲普遍反对盛行的共产主义共和国政治（自1871年的巴黎公社后），唐·卡洛斯·德·波旁受此激发，武器在手，于吉普斯夸（Guipuzcoa）的山脉和峡谷中，向西班牙王位发起挑战"。起义的支持者想要"组织海量的武器和弹药，输送给南部的卡洛斯分支"。

康拉德1877年对卡洛斯派的拥护颇为天真烂漫，就像丁尼生（Tennyson）加入了曾在1830年反抗斐迪南七世的西班牙革命组织一样。丁尼生与好友阿瑟·哈勒姆（Authur Hallam）把钱和用无形墨水加密的信件带给聚集在比利牛斯山的革命者，而他剑桥的朋友则买了一艘船来载反抗者去西班牙，船上装配了武器和供给。起义被残酷镇压，他们的冒险也悲剧收场，丁尼生的一位剑桥好友被捕，后遭处决。[11]

康拉德加入卡洛斯派的动机奇怪地混合了权宜、机遇、理想和奉献。"我们都是热血的保皇党，有着正统拥护者的雪白面庞——只有天知道为什么！"康拉德写道，颇具讽刺意味。布扎指出他［残留的］天主教信仰曾让他变成"奥地利拥趸"，也让他十分支持诸如卡洛斯战争这种极度符合孟他努教派（montanist）精神的冒险。福特很了解康拉德，他强调了浪漫与冒险的吸引力："卡洛斯派的运动对康拉德有十足的吸引力：他们拥护皇室正统，古雅别致，且行动至少还有点效率。"[12]在波兰时，痛苦的经历就已经让康拉德了然命定的败局的吸引力,他仍和阿波罗一样,决心把自己奉献给一种理想——就像 1863 年的波兰起义——那"被背叛、逃兵和无能玷污"的理想。少年康拉德投身这场激动人心的冒险的原因可能比我们想的更简单:他的朋友鼓动他加入他们,而他也想挣点钱,好讨好丽塔,还能推动当代历史轨迹的改变。

不论他的动机是什么,康拉德与三个好友组成了一个小团伙,一起买了一艘有着漂亮名字的单桅帆船——"特雷莫里诺号",意为"风沙沙作响",他们就是用这艘船从马赛附近海岸的隐蔽小海湾开到西班牙东北角的罗萨斯湾(the Gulf of Rosas),将武器送给卡洛斯派。最年长的搭档是一位年近三十的南方绅士——美国人、天主教徒和贵族*,他声称以剑为生,最终却在一场牵涉塞尔维亚人和巴尔干人的巴尔干风波中死于剑下。约翰·梅森·基·布伦特(John Mason Key Blunt)"神情炙热,身形优雅瘦长,高贵不凡,自带迷人的会客厅主人气质,有着黝黑、致命的眼神"。在《金箭》里,他以本名出现,和乔治先生一起追求丽塔,坏事做尽却没能成功。小说结尾,他在一场决斗中弄伤了乔治。

第二名成员亨利·格兰德,就是住在圣徒街、与康拉德只隔几户人家的英语教师,他"从食古不化的家庭中挣脱出来,如果我没记错的话,牢牢扎根在一处富饶的伦敦城郊……他高大,肩窄,近视,阔步走在大街小巷,身子还未动,长长的脚丫就早早伸了出来,他白色的鼻子和姜黄的胡子埋在一本打开的书里:他有边走路边看书的习惯"。这个小团伙的第三名成员,康拉德在回忆录里简短提起过,但随后就消失了,"即罗杰·P. 德拉·S(Roger P. de la S)——他有着最具斯堪的纳维亚风情的普罗旺斯侍从的面孔,皮肤白皙,身高六英尺,仿佛漂泊海上的北欧人的后代,威严,敏

---

* 原文为法语:"Américain, catholique et gentilhomme."

锐,狂傲中透着机智"。

这艘船的船长当然是可靠的多米尼克·塞沃尼。康拉德说,他将多米尼克介绍给丽塔,征求她的同意,多米尼克厚重的胡髭和冷酷的眼睛让她印象深刻:"他看上去[恰如其分地]颇有海盗和苦行僧的样,暗暗掌握了大海最可怕的奥秘。"她立刻惊呼,但仍保持着她最佳的贵妇人姿态:"简直完美,这个男人。"*

据康拉德《大海如镜》中的叙述,"特雷莫里诺号",名义上是一艘水果、软木商船,实际上却在走私违禁武器,被多米尼克的侄子塞萨尔·塞沃尼[(César Cervoni)第三名船员]揭发了。他们的小船被一艘西班牙巡逻船追赶时,康拉德大叫"她永远追不上'特雷莫里诺号'",但多米尼克发现船帆的绳索已被割断,他明白他们被奸诈地出卖了。多米尼克没有选择投降,而是决定撞向岩石毁掉船只,然后拿着他藏在船上的一万法郎逃走。可塞萨尔还背着他偷走了那笔钱,盛怒之下,多米尼克将他扔下了船,而塞萨尔就带着腰带里所有的钱沉入了大海。"没有一艘船会这般欣然赴死,"康拉德如此描述那场命悬一线的冒险,"某一刻全速冲向急流,船身被猛然抛起,下一刻便是狠狠摔落,死亡,静止……'特雷莫里诺号'无畏的心被一拳重击击碎,滑入深深的水里,沉入永恒的睡眠。"[13]

康拉德的研究者没能在马赛的航海日志中找到任何关于"特雷莫里诺号"的踪迹,他们发现塞萨尔与多米尼克并不是亲戚,而且他根本没有带着装满钱的腰带沉没,而是继续航行了好多年。虽然这个故事的细节可疑,但康拉德的一位英国旧友 G. F. 霍普(G. F. Hope)未发表的回忆录证实了这起事件确实发生过,他本人有着丰富的海上经验,而且早在康拉德成为作家前就在 1880 年

---

* 原文为法语:"Mais il est parfait, cet homme."

见过他。康拉德没有理由向一位亲密的朋友撒谎,而且他根本不可能骗过他。在霍普的故事版本里,第四位搭档不是法国人,而是西班牙人,船也不是单桅帆船,而是三角帆船〔(lateen)一种类似的地中海船,三角形的帆装在一根长长的斜帆桁上〕:

> 康拉德讲述了他18岁年少时的故事,当时他参加了一伙四人团体,除了他自己还有一个英国人、一个美国人和一个西班牙人,加入了唐·卡洛斯党派,那时西班牙人正试图发动起义。他们运送了两船的货物,但在运送第三船货物时,一艘西班牙海关巡逻船突然出现,开始追逐他们,最终他们不得不将他们的三角帆船开到岸边的岩石上,才勉强死里逃生。

1919年,年龄渐长的康拉德以更实际、更平淡的眼光看待这件事,强调这类冒险、危局,他的父亲也在波兰经历过:"军火走私其实非常无聊,或许有那么一点危险……至于阴谋诡计,就算有,我也丝毫不知情。但事实上,卡洛斯派的入侵是一场简单直白的冒险,全靠不可思议的愚蠢推动,从一开始就注定失败。"[14]

三

1879年3月24日,塔德乌什给阿波罗的好友兼传记作者,同时也〔短暂地〕当过康拉德监护人的斯特凡·布什琴斯基(Stefan Buszczyński)写了一封信,在这封极其重要的长信中,塔德乌什解释了康拉德的各种危机如何在前一年爆发。1877年3月,康拉德刚从"圣安托万号"上回到马赛一个月,即将踏上他的第四次远航(为此,塔德乌什慷慨地给他预支了三千法郎),但他痔疮发作,病

第三章 马赛与卡洛斯派（1874—1878）

了四周，无法与埃斯卡拉船长一起航行。船长在一封给塔德乌什的信中表达了遗憾。舅舅解释道，康拉德"不愿意签入另一位船长名下，决定待在马赛从事理论研究，等待首领归来再一起环游世界"。康拉德的理论研究不仅包括英语和航海技术，还包括游手好闲和走私赌博。

虽然康拉德确定他会陪伴埃斯卡拉船长踏上下一次远航，但在1877年秋天，法国征兵办禁止他出海，据塔德乌什说，"理由是作为一名21岁的外国人，他有义务履行他自己国家（俄国）的兵役"——即使康拉德（实际上是19岁，但他很可能为了得到更好的工作机会在出生日期上撒了谎）要到1878年12月才年满21。当局发现康拉德并没有从俄国领事处获得航海许可证；马赛港的督察员受（也许是德莱斯唐家族——他们很乐意通融）劝诱，官方承认了这一许可证的存在，为此，他受到了严厉申斥，差点丢了工作。康拉德大发脾气，与德莱斯唐吵了一架后，被迫让步，再也无望在法国舰船上工作。

在法国当局处受挫后，康拉德又遭遇了一场经济灾难。当时康拉德还拿着塔德乌什预支给他的三千法郎，他遇到了"勃朗峰号"的迪泰伊（Duteil）船长，"他劝他加入在西班牙海岸开展的某项事业——某种走私！他投资了一千法郎，赚了四百多，这让他非常高兴，所以第二次他投入了全部身家——结果输了个精光"。似乎是迪泰伊船长力劝他加入"特雷莫里诺号"的走私团伙，而那艘船在首次短航成功后，于1877年10月14日后的某一天撞毁了。

康拉德无法再在法国船上工作，且身无分文，负债累累——因为他为预期的航行购买了装备，走私时就是靠贷款为生，1878年3月初，他向他信赖的朋友理查德·费希特借了八百法郎，并试图加入维勒弗朗什*的美国海军分舰队，但没能成功。为了挽救他巨大的损失，他在蒙特卡洛的赌场孤注一掷，结果输光了从费希特那儿借来的八百法郎。

在一封更早期的信中，塔德乌什谈起康拉德早先的荒诞行径，他说："当然，一个人没有理由自我了结……仅仅因为他做了蠢事。"然而，那正是康拉德的打算——塔德乌什后来或许因为提及了这件事而心生愧疚。在蒙特卡洛输了个精光后，康拉德回到了马赛，他邀请费希特喝茶，并在醒目的地方留下了塔德乌什的地址，以便费希特可以在事发后立即通知他，塔德乌什说，"[费希特]到来之前，他试图用一把左轮手枪了结自己的性命……子弹在靠近心脏的地方径直穿过，没有损伤任何重要器官"。

塔德乌什原本十分肯定康拉德正在澳大利亚和新西兰地区心满意足地航行，然而他在基辅的春日集市忙着农事时，突然"接到电报：'康拉德受伤，寄钱——速来'（Conrad blesse, envoyez argent—arrivez）……[3月8日]我立刻从基辅出发，于[3月11日]到达马赛。我发现康拉德已经能下床了，先前我已与他的朋友理查德·费希特先生聊过，那是一位最谨慎、可敬的年轻人（与康拉德形成鲜明对比），然后才亲眼见到了受害者"。塔德乌什弄清楚了事情的原委，告诉所有人康拉德是在一场决斗中受的伤，然后"考虑到我们的国家荣誉"，付清了康拉德可观的债务。[15]这些债总共又让塔德乌什给了三千法郎：1700给了费希特；1000给了另一位朋友博纳尔（Bonnard）；230给了房东法戈夫人；70给了医生。

"自杀，"康拉德后来在《机缘》中归咎于衰弱而非兴奋，他写道，"通常仅仅是精神衰弱的结果——并非充满野蛮之力的行为，

---

* 维勒弗朗什（Villefranche），法国小镇，位于靠近摩纳哥的法国和意大利边界附近。

而是完全崩溃的最后症状。"阿波罗在俄国经受了比康拉德在马赛更多的痛苦,但即使在最悲观绝望的时刻,他也从未屈从于自杀的诱惑。缺乏信仰且不受父亲信念的束缚,加之离乡背井,康拉德感到极度孤独。他的航海事业毁于一旦,还愚蠢地挥霍掉了一大笔钱财,沉思及此,他感到他背叛了舅舅的信任,玷污了他的名声,从而陷入病态的绝望之中。

但康拉德并非一心求死。后来反思他的人生经历时,他写道,比起生活的糟糕境遇,他更害怕死亡的终局:"有人说起话来总像行将自杀之人。可总是缺了点什么,有时是力量,有时是坚持,有时是勇气,去实现成功的勇气,或承认自己无能的勇气。永远残酷、永远抹不去的是对终结的恐惧。有的人顺应命运,有的企图欺骗欲望,有的试图与自己的人生玩游戏。人啊总是懦弱,他们害怕说出'永不再'。"

后来康拉德的儿子约翰揭露,他"看到就在[康拉德]右肩下方的胸肌处有一些伤疤,[他想]这些白色的疤痕看起来就好像是剑或短刀造成的。有两条约一英尺长,越往上痕迹越淡"。[16] 虽然康拉德告诉约翰他曾在一次刀剑决斗中受伤,但其实他是被子弹所伤,伤口靠近肩膀而不是心脏,子弹径直穿过他的胸肌,没有伤及重要器官。塔德乌什还没离开基辅,就从电报中得知康拉德好转了。费希特救了他,等他的舅舅到达马赛,他已经可以下床了。康拉德鲁莽但不十分凶险的行为是一个极其有效的求救信号。它把塔德乌什从俄国召唤过来,解决了他在法国的财政问题,引领他开启了在英国的新生活。

后来,回到乌克兰后,塔德乌什重申了他必要但徒劳的警告:"你已经游手好闲了一整年——你身陷债务,故意射伤自己……真的,你已经远超你这个年纪许可的愚蠢极限!"——不过塔德乌什从来没明确一个少年到底可以愚蠢到什么程度。神经高度敏感的少年极度愚蠢，自私，不负责任，但慷慨的塔德乌什——多亏他活着——却倾向于原谅他。见证了他在马赛的行径后，塔德乌什告诉布什琴斯基，康拉德没有染上一点水手常见的恶习。他不喝酒，不赌博（除了在蒙特卡洛马失前蹄），他举止优良，既受水手又受主管欢迎，而且他职业技能娴熟："他不是个坏孩子，只是极度敏感，自负，内敛，还容易激动。简言之，我在他身上看到了所有科热尼奥夫斯基家族的缺点。"[17]

　　康拉德急需改变国籍，以免服俄国兵役。早年间，他多次想过入奥地利、法国、瑞典、美国——甚至日本或南美洲某个共和国的国籍。最后，怀着成为英国公民的愿望，他决定加入世界上最庞大的舰队——英国商船队，这里没有任何针对外籍海员的烦琐程序。1878年4月24日，康拉德打伤自己后不到两个月，签约登上了"梅维斯号"（Mavis），这是一艘764吨的英国汽轮，负责将煤炭从马赛运往君士坦丁堡。当他在回忆录中重新梳理他的一生时，康拉德想让这一切看起来似乎是他早已注定要在英国船上服役："如果要做海员，那就做一名英国海员。"[18]事实上，从他双臀间的感染开始，一系列事件让他的生活经历了数次剧变——这是第三次。

第四章
英国水手（1878—1886）

一

康拉德于1878年到达英国，时年二十，只会几个英文单词，却在八年内通过了船长考试。虽然有很多外国人在英国船上工作，但少有人立志成为主管，且无人有康拉德高贵绅士的血统、有教养的背景、良好的教育、文雅的举止、优雅的服饰、学术旨趣及罕有的感性——所有这一切使他区别于海员与主管，让他成了一个孤独的外人。

航海二十年，他在职业上追求多姿多彩而非从一而终。他在18艘不同的船上工作过，没有与任何一家公司或航线成功保持合作。他在船上工作的时期正值帆船转向蒸汽船的过渡期，他发现越来越难找到合适的差事。他和他的多位船长吵过架，在岸上度过了许多漫长、沮丧的日子。获得船长资质后，康拉德仍不得不担任大副。他只有过一次指挥权——还是他偶然获得的，并且在冲动辞职后，再也没能指挥另一艘船。

毫无浪漫可言的汽轮"梅维斯号"于4月离开了马赛，康拉德作为普通船员随船离开，经停马耳他和君士坦丁堡。俄国刚刚在1878年的战争中打败土耳其，船靠近博斯普鲁斯海峡*时，康拉德在和平协约签署地圣斯特凡诺［现在的耶西勒廓伊（Yesilkoy），伊斯坦布尔西南方的村庄，临马尔马拉海］看到了胜利大军的尖顶帐篷。这艘船随即进入俄国水域，在克里米亚的刻赤（Kerch）和亚速海的叶伊斯克（Yeysk）靠岸，装了一货舱亚麻籽，然后船只途经地中海回到了诺福克（Norfolk）海岸的洛斯托夫特（Lowestoft）。康拉德和船长威廉·芒宁斯（William Munnings）吵了一架，在被罚没了部分学徒保证金后离开了这艘船。1878年6月，他第一次踏上了英国国土。

从7月11日到9月23日，康拉德在一艘名为"海上燕鸥号"（The Skimmer of the Sea）的运煤纵帆船上完成了三次往返洛斯托夫特与纽卡斯尔的航程。他也许是认出了这个名字是费尼莫尔·库柏的小说《水巫》（*The Water-Witch*，1830）的副标题，所以才深受吸引。虽然康拉德头几次在英国船上的航行只挣了3先令，但他和诺福克的船员相处融洽，他们叫他"波兰佬"，后来康拉德在他的作品中美化了他们的形象。

康拉德认为他待在"梅维斯号"上的两个月不太愉快，也无法被浪漫化，于是他刻意忽略那段时光，声称他在"海上燕鸥号"的航行才是他的英国舰船初体验。在康拉德于1898年写给密友坎宁安·格雷厄姆（Cunninghame Graham）的信中，他将那儿的水手描述为身强体壮、灿烂多彩的北欧人："在那艘船上，我开始向那些来自东海岸的家伙学英语，他们一个个都长得仿佛将长存于世，而且就像圣诞贺卡那样多姿多彩。皮肤晒得黝黑，还带点粉色——金色的头发，蓝色的眼睛，长着一副可一目了然的北方人样貌！22

---

* 即伊斯坦布尔海峡。

岁（实际是 20 岁）的年纪！往返于洛斯托夫特与纽卡斯尔。那是培养一名水手的好学校。"

1923 年在给救生艇协会的演讲中，他强调那些水手对他这个渴望学习航海要领和英语的外国学徒有多么亲切、耐心。在《重访波兰》中，他也回顾了他在北海上度过的青葱岁月：

> 那片海对我来说不只是一个名字，它意义重大，让人难以忘怀。它一度是我学习航海的教室。我大可说，我的第一句英语也是在那上面学的。那浅海中幽闭的航海学院，有时是一个狂野、波涛汹涌的居所，我就是以那里为跳板，投身宽广的海洋。我的老师曾是诺福克岸的水手，他们在海边长大，眼神坚定，四肢有力，声音温柔；话虽少，但至少不会空无意义。[1]

两个月后，当他离开"海上燕鸥号"去谋求一份能在宽广的大洋上航行的差事时，他学会的英语已足够让他写（也许在他人帮助之下）一封寄往伦敦的信，询问一份工作的详情。

《重访波兰》中有一段有趣的轶事，康拉德强调他很孤独，并将第一次到访伦敦的经历描述得仿佛他并不是在探索城市深处，而是在深入黑暗之心：

> 我是从洛斯托夫特上来的——这是我第一次在英国坐长途火车——为了"签约受雇"登上一艘将展开南半球航行的深水船。一下火车，我就走入了这个伟大的城市，感觉就像一个旅人闯进了一片庞大的荒野秘境。没有探索者会比我更加孤独。成百上千万的人充斥着神秘的大街小巷，而我一个人都不识。

手握折叠的伦敦地图，口袋里装着航运代理人的地址，他独自探索这个陌生的城市,没有向任何人求助。

最终,他找到了狄更斯书中的隐秘角落,办公处就藏在一个不起眼的拱门下:"时值下午一点,但天色阴郁。凭借熏黑的天花板上垂下的一盏煤油灯的光亮,我看到了一个老人,穿着一件黑色绒面呢长外套……他站在简陋倾斜的高桌后,银边眼镜高高地架在额头上,正吃着羊排。"康拉德咕哝了几个不成句的英语短语后,詹姆斯·萨瑟兰(James Sutherland)认出了他,惊呼:"哦,就是你前几天从洛斯托夫特给我写信说要找一艘船工作。"代理人告知康拉德法律禁止他为水手获取船上的工作("我到伦敦还不满半小时就被一条议会的法案撞得头破血流!")。但他收了不菲的费用,避开法律,帮康拉德在"萨瑟兰公爵号"(Duke of Sutherland)上找到了一份普通海员的工作,但每个月只有可怜的1先令。

这艘重达十吨、装备齐全的木质高速帆船于1878年10月12日离开伦敦,穿过赤道,绕过好望角,花了109天到达悉尼,一年又一周后回到家乡。康拉德注意到了帆船与蒸汽船隐含的风险和所需技巧的差别,他在一次访谈中回忆了让他痛不欲生的岁月,高高立在主桅上,于黑暗中挣扎着铺展繁荣皇室的旗帜:"情况没改变多少,变的是人。并非他们没那么浪漫了,仅仅是因为他们属于另一类。蒸汽船上的人神经没那么紧绷,他的工作更简单。"他回忆起他如何在装配帆与索具时经历了可怕的两小时,他努力尝试破除帆上的冰,身边只有一个担惊受怕的澳大利亚小伙子,飞扬的帆布让这个小伙子惊慌失措,失控大叫。"帆船能塑造人,"康拉德说,"今天的水手和工厂的帮工没什么两样。"[2]

一次,"萨瑟兰公爵号"停泊在悉尼环形码头,康拉德是船上的守夜人,他碰到一个奇怪的男人请求在船上待一夜。当康拉德义愤填膺地拒绝时,这个闯入者突然将他击倒,给他留下了发青的眼圈。待在悉尼的五个月里,他遇到的另一个问题是每晚都要帮

第四章 英国水手（1878—1886）

A. G. 贝克——一个醉醺醺的大副上船。十年后，当康拉德指挥"奥塔戈号"（Otago）时，他又遇到了贝克，他已经戒了酒，但是穷困潦倒。康拉德明白，如果他把贝克安排在他手下工作，他将处境艰难。所以虽然心怀同情，但他不能伸出援手。

从悉尼回来两个月后，康拉德渴望在地中海航行，过上更轻松的生活，于是他到了 676 吨的铁质蒸汽船"欧罗巴号"（Europa）上担任普通海员。该船于 1879 年 12 月 12 日离开伦敦，造访了热那亚、里窝那（Livorno）、那不勒斯、希腊的帕特雷（Patras）、西西里的墨西拿（Messina）和巴勒莫（Palermo），经过七周航行，最后于 1880 年 1 月 30 日返回伦敦。

康拉德在"欧罗巴号"上的经历与在"梅维斯号"上的一样不愉快。俄国革命时，家业被毁，康拉德写给塔德乌什舅舅的信也遗失了，只有六封他在 1889 年之前写的信留存了下来，于是关于康拉德航海岁月的主要——虽然不是直接——信息来源便是塔德乌什写给他的信。塔德乌什的信件总是和钱有关，充满了老生常谈。面对康拉德的抱怨，他的舅舅在 1880 年 2 月 12 日的回信中，就像希腊合唱队一样，只给了这个愤恨不平的水手几句少得可怜的安慰。他认为海上的生活可以料想肯定条件艰苦，他说他——而不是康拉德——早已预见。他同时担心这个父母均死于肺结核的小孩正表现出令人忧心的病症，并且过于一本正经地评价了康拉德所抱怨的疯子船长：

> 我并不太担忧你在"欧罗巴号"上遇到的麻烦，虽然我明白你肯定深受其害，因为这些都与生活及人际交往密不可分。它们让你痛苦，因为你感觉你不应承受这些，你受到了剥削。我明白，也部分同意你的看法。但是在你这个位置，一切都需要靠工作与忍耐获得，你的职业就注定了条件极其艰苦，那么

所发生的一切都是可以预见的——而我确实也预见了。或许现在你已经初尝了这种滋味，它们也不太会让你吃惊，虽然还是会让你受伤——而受伤是必需的！我更担心的是听到你说你"咳嗽，有时还发烧"，因为这些症状，如果持续下去，会危害你的健康，甚至你的生命……

你因为那个疯子船长芒罗而慌乱不安，这同样也让我担忧，程度不亚于你，虽然我不太懂英语的逻辑，不过既然这个船长是疯子，他的证书和任命就应该被撤销。[3]

二

康拉德倾注于帆船——在他的小说、自传与访谈中——的魅力与浪漫，以及他对船上的残暴、肮脏无可厚非的沉默不应让我们忘了两个至关重要的事实：商业海运就是流动的生意，主要的目的还是赚钱，而且其条件就如塔德乌什意识到的那样艰苦卓绝。船上恶气熏天；船员忍受着潮湿、寒冷和炎热；船舱拥挤且简陋；毫无安静与隐私可言；工作单调，辛苦，还经常有危险。罗伯特·福克（Robert Foulke）说道，"航海二十年，据他自己所言，生活'本身［并非］危险重重'，但康拉德自己就遭遇了被掉落的木杆砸伤［在'高地森林号'（Highland Forest）上］，碰到了搁浅、碰撞、起火、沉没（在'巴勒斯坦号'上），并且在一艘敌船上死里逃生"。

受污染的食物和馊了的水造成了高患病率。当康拉德自问"我为什么要……在广袤的海上追求有腌牛肉和压缩饼干的美味佳肴？"时，他无法给出一个令人满意的答案。在东方，食物短缺时，他吃过鲨鱼、蛇和海参——蠕虫一样的水生动物，就像软体动物，中国人用这个做汤。塔德乌什告诉斯特凡·布什琴斯基：康拉德"报怨英国舰船(比法国船差多了)上艰苦的条件,没有一个人哪怕有一丝在意船员舒适与否"。[4]

或许比物质条件的艰辛更糟糕的是经济、社会、心理和智识上的困难。薪资低,晋升慢,工作不稳定,不安全。海员总是不缺,他们在港口拿到结清的工资,然后就得为回程——几个月后——再次签约。船员包括船长的水准,普遍都相当糟糕。《"水仙号"的黑水手》(The Nigger of the "Narcissus")里的唐庚(Donkin)代表了水手生活的谷底,展现了一个人的邪恶如何能波及整船人。

商船海员的社会地位不可靠,很多水手发现很难结婚成家。[康拉德在《台风》(Typhoon)中逗趣地讲述了马克惠(MacWhirr)夫人害怕她陌生的丈夫不频繁但突兀的到访。]"航海旅程最显著的特点,"福克说,"就是近乎完全隔离——这种隔离封闭了与岸上生活的任何接触,造成了一种疏离感……他们无法避免一个微观社会的局限与枯燥。"约瑟夫·雷廷格证实,康拉德确实感到隔离与倦怠带来的压力:"他不是一次而是经常告诉我他在海上感到无比无聊,连续数月,他没有意气相投的伙伴,没有书可读,没有可供冥想的主题。"大海让康拉德"熟悉了长时间的沉默",加上与世隔绝,这可能会让他想起与垂死的父亲共处的那漫长压抑的几个月。康拉德童年时的孤独延续至青年时期。他在《吉姆爷》(Lord Jim)中充满真情实感地袒露道:"他得忍受人们的指摘,大海的暴虐,还有为了混饭糊口每天做的那份工作的枯燥……没有比海上生活更诱人、更令人清醒又更令人无奈的了。"*[5]

每次航程的间隙,康拉德在岸上待的时间越来越长,但也没能有效缓解海上生活的艰辛。他没有像其他人那样放肆大醉,纵欲狂欢。他就待在港口,不到内陆去观光或探索欧洲和亚洲各个国家。

---

* 约瑟夫·康拉德《吉姆爷》,熊蕾译,人民文学出版社,2004年,第6页。

他没有家人可以拜访，在英国几乎一个人都不认识。他在曼谷或新加坡都没有可以联络的人，而且觉得这些社会关系"对海员来说[不]太实际"。他基本都住在水手旅店或伦敦偏远、不受欢迎地区的破旧公寓里。

康拉德在岸上做什么呢？当他成为船上的主管，住在停在港口的船上时，他为他的职责奔忙。他需要向船主报告，卸载老货，找到并装载新货，雇船员并为他们发薪水，监督维修，补充备用品与供给品，给船只经销商结账，处理医疗问题，处理与港务长和领事的法律纠纷。"在曼谷，"康拉德写道，"当我指挥'奥塔戈号'时，除了去找我的船主，我几乎从不离船……我真的忙到没空去打听岸上的人在干什么。"

住在岸上时，他从紧张的工作中放松下来，散散步，买几本书，尝试一下不同的烹饪方法。食物比海参好一些，但在廉价的伦敦公寓中也好不了多少。他一次次忍受耻辱，找航运代理人找工作，他会去伦敦东区芬彻奇街（Fenchurch）60号的船长协会看看他们是否帮他找到了差事。他为船长考试做准备，大量阅读英语和法语文学，并且（早在1886年）开始尝试小说创作。他未来的妻子杰茜（Jessie）后来总结道："他在岸上的日子就是彻底的孤独的间隔期。"[6]

在航程间的长时间间隔里[7]，幻想逐渐破灭的康拉德有足够的机会思考其他谋生的方法，他探索了多种可能性，但最终都没有结果。康拉德的父亲教他鄙视金钱，但康拉德不一样，他为钱着迷。他花光了手里的钱，盘算着要去挣更多钱，但总是现金短缺，要依靠塔德乌什填补财政赤字。刚开始工作时，他每年的津贴大约80英镑或400美元，比他在船上挣的还多，一直到1887年他成为"高地森林号"上的大副，每个月挣8英镑（虽然不是一年中的每个月都有）。1881年，塔德乌什将康拉德的津贴削减至50英镑，以

第四章 英国水手（1878—1886）

便资助他贫困的兄弟卡齐米日（曾资助过流放的阿波罗）的多个孩子。

在海上的那几年，除了依靠商船海运，康拉德想出了诸多不靠谱的赚钱计划，包括捕鲸业、在苏伊士运河领航、澳大利亚采珠业、日本海军、加拿大铁路、在纽芬兰做生意，以及为一个美国政客工作。这些计划通常是在与偶然相识的人的闲聊中酝酿的，遭到了塔德乌什强烈的质疑与警告："如果你在你的事业上稳步发展，不去追寻那些新的计划，你不会步［科热尼奥夫斯基］家的后尘，亲爱的孩子。"然而，1885年康拉德在加的夫告诉一位朋友："驱动我的并不是能赚多少钱，仅仅只是想为自己而工作的愿望。我已经厌倦了不用过多思考，为了一点点钱四处航行。"他实际在岸上做过的工作只是在仓库做苦力，以及在19世纪90年代做了两个月的斯拉夫语翻译。有时他的报酬不超过每周九便士。[8]

1880年年初，康拉德的商业机遇增加了。离开"欧罗巴号"后，他从威廉·沃德（William Ward）手里租了一间公寓，位于伦敦北部芬斯伯里（Finsbury）公园托灵顿（Tollington）公园街，后来他遇见了他的头两位英国朋友：G. F. W. 霍普（G. F. W. Hope）和阿道夫·克里格（Adolf Krieger）。霍普后来成了他一生的伙伴，他生于1854年，是一个律师之子。他少年时在"康韦号"（Conway）上受训，在非洲钻石矿度过了充满冒险的一年，还曾是一艘商船的负责人。他也在"萨瑟兰公爵号"上工作过，当过南非商品公司的主管。他已婚，长着高额头，留着修剪整齐的胡须和尖尖的小胡子。霍普爱好雪茄、游艇。后来他带着康拉德乘坐他的巡航小艇"内莉号"（Nellie）出游，他也是《黑暗的心》开头提到的那个几家公司的负责人。

康拉德与霍普相识与1880年1月，介绍他们认识的是航海代理人詹姆斯·萨瑟兰，他的办公室经常有商船队的人光顾。霍普后来写道："在他找到差事之前，我就见过他好几次了，每次见都让我越来越喜欢他。"他们一起到伦敦小酒馆吃午餐，霍普很难听懂康拉德"支离破碎的英语"。理查德·柯尔称霍普为"头脑最简单的人之一"，缺乏智识与艺术爱好，他还说"康拉德让他相当费解"。[9]霍普还给康拉德介绍了他未来的妻子。后来康拉德投身文学界，也依然保持着他们的友谊。1900 年，他将《吉姆爷》献给"霍普夫妇，满怀多年友谊凝结成的感激之情"。

阿道夫·克里格来自一个德裔家族，于 1850 年生于印第安纳州诺克斯市。他是一个粗犷英俊的男子，长着浓密的头发，蓄着长胡子。他也在沃德位于托灵顿公园街的房子里租了几间屋子。他于 1881 年结婚，并成了航运代理人公司巴尔-默林（Barr, Moering and Company）的合伙人，办公地点在甘菊街 36 号，靠近利物浦街车站。1883 年的夏天，塔德乌什与康拉德在马林巴德*碰面后，给了外甥 350 英镑，用于投资克里格的公司。克里格经常借钱给康拉德，还帮助他在刚果河上找到了工作。1898 年，康拉德将自己的第一本小说集《不安的故事》（*Tales of Unrest*）献给了克里格："致阿道夫·克里格，敬旧时光。"然而，到了 19 世纪的末尾，康拉德与这两位朋友都陷入了经济纠纷。他与霍普合伙炒南非黄金股，输掉了遗产，还因无法偿还借款与克里格争吵。

三

1880 年 8 月 24 日，在岸上待了七个月后，康拉德乘坐"埃蒂夫湾号"（Loch Etive）第二次踏上了前往澳大利亚的航程。这是一

---

* 马林巴德（Marienbad），玛丽亚温泉市的旧称，是捷克以温泉疗养闻名的城镇。

艘1287吨的全帆装备的船，速度可达12海里每小时。虽然康拉德在1880年通过了二副考试，但他不得不作为三副签约，领取每月3英镑10便士的薪水。

"埃蒂夫湾号"是一艘木质高速帆船，号称"只要有可以使一片羽毛飘动的风，就永不会失去前进的动力"。该船由威廉·斯图尔特（William Stuart）指挥，他身材高大，皮肤黝黑，长着白色胡髭，在"特威德号"（Tweed）帆船上进行的极速冒险航行让他一战成名，他以一天半的优势打败了从香港开往新加坡的蒸汽邮轮。

威廉·珀杜（William Purdu）任大副，他听力相当差，听不清风力大小，总会拿过多帆布。他"天性开朗，喜欢木偶剧《潘趣》中的笑话，[还有]一点怪癖，比如他热爱借镜子"。后来，在一次从新西兰到好望角的艰难航行中，珀杜被海上巨浪冲下了船。

在穿越大西洋中部时，"埃蒂夫湾号"搭救了一艘丹麦双桅横帆船上的九名船员，他们的船在从西印度群岛返航的途中经受了狂风暴雨的袭击。当英国船员看到那艘船时，他们一开始还以为是船舱进水的弃船，但很快便发现船上有人。当他们放下救生船时，斯图尔特船长警告康拉德："你快靠近船舷的时候注意点，[如果她沉了，]可别被她一起拖下去。"在怪异的沉默中得救后，丹麦船长解释说他们没了桅杆，在一阵飓风中船裂了口，在恶劣的天气中漂流了两周，经过的船都没看到他们，也没有制作救生艇的材料。就在他们划船返回"埃蒂夫湾号"时，那艘丹麦双桅横帆船沉没了，只留下一个愤怒的白色污点，在钢铁般灰色的水面上起起伏伏。

"埃蒂夫湾号"在悉尼停留了七周，装满了一船舱羊毛，于1881年4月24日抵达伦敦。回程途中，在圣诞节那天，他们遇到了一艘美国捕鲸船"阿拉斯加号"（Alaska），他们驶离纽约已经两年了。英国船员大方地装了一个木桶的澳大利亚旧报纸及两箱无花果，扔到美国船上，作为节日礼物。[10]

回到伦敦，康拉德不是和航运代理人詹姆斯·萨瑟兰一起用信贷搞投机，就是在困守船上那么久之后开始挥金如土。无论是哪种情况，结果都是他半年的薪水打水漂了。为了拿回钱，他在给塔德乌什的一封信中，捏造了一个精彩的故事：航行中出了意外，损失惨重，他的船"安妮·弗罗斯特号"（Annie Frost）沉了，他也受伤入院。

尽管康拉德和那艘船没有任何关联，好心且好骗的塔德乌什还是甚感安慰："你有着不同寻常的运气，能从那艘惨遭厄运的船上死里逃生"，立刻给"悲痛的水手"汇了款。他还告诉康拉德听到最近这起灾祸的消息后他得了痢疾，并警告康拉德，作为科热尼奥夫斯基家的人，"小心仅凭希望就铤而走险的投机买卖"。在信的结尾，塔德乌什建议康拉德协助某位科佩尔尼基（Kopernicki）教授做一件不同寻常的事："他恳求你在航行时收集土著人的头骨，在每个头骨上写上主人为谁，祖籍何处。当你集了十二个左右的头骨时，就给我写信，我会向他征得将头骨送往克拉科夫的最佳方式，那儿有一个专门研究头骨学的博物馆。"《黑暗的心》中，一排惊悚的头骨出现在库尔茨的篱笆桩上；《间谍》中出现了切萨雷·龙勃罗梭（Cesare Lombroso）的头骨分类理论。

在康拉德踏上他最具灾难性的航程——他的第一次远东之行——前，塔德乌什动情感召康拉德做一份更实际的工作（康拉德依然置若罔闻）：作为"对你父亲回忆的致敬，他一直以来都渴望用笔为他的国家服务，他也确实是这么做的……［你应该］从你的航行中搜集一些回忆，将它们作为样章发［给］《漫游者》（一家华沙的周刊）……一年里，从世界不同的地方发去六篇报道，不会占用你太多时间；他们会给你回报，让你得以愉快游玩，同时将快乐带给他人。"[11]

四

"巴勒斯坦号"是一艘重达 427 吨的木质三桅帆船,康拉德任二副,月薪 4 英镑,1881 年 9 月 21 日从伦敦起航前往曼谷。《青春》(*Youth*,1898)中,他相当详尽地记述了这次充满冒险但厄运连连的航行。这艘船[小说中名为"朱迪埃"(Judea)]"浑身铁锈,盖满了尘埃和污垢——桅杆和帆桁上是烟灰,甲板上是烂泥"*。船上行至纽卡斯尔,途中遭遇了狂风,船在那里搭载了新的船员和满满一船棉花。远离英国三百英里时遭遇了另一阵狂风,船帆丢失,船体裂了口——"小艇没了,甲板被一扫而空,船舱一片狼藉,大伙除了脚下站着的一方地,身无分文,藏货受损,船搁浅了"——随后返航法尔茅斯**,在那里待了八个月进行维修。在康沃尔郡等候期间,康拉德请了短假,到伦敦挥霍光了所有的钱:"我花了一天时间到那儿,然后又差不多花了一天时间回来——但三个月的薪水还是就这样没了。我也不知道怎么花了。我想我是去了一个音乐厅,在摄政街某个一流餐厅吃了午餐、下午茶和晚餐,然后便回到了原来的生活,除了一整套拜伦作品集及一条新的铁路图样的地毯,三个月的劳动成果已经没了踪影。"

1882 年 9 月 17 日,初次启航一年后,"巴勒斯坦号"带着第四批新船员终于离开了法尔茅斯。六个月后,船上的危险货品——煤炭自燃了。船员们用水扑火,然后却不得不将水从货舱中抽出,以免沉船。3 月 14 日,煤气爆炸了,甲板被炸裂,康拉德也被烧伤:

---

* 康拉德《青春》,薛诗绮译,选自薛诗绮编《康拉德海洋小说》,上海文艺出版社,2012 年,第 4 页。
** 法尔茅斯(Falmouth),英国一港口城市,位于康沃尔郡(Cornwall)南部海岸。

"我当时不知道我没了头发、眉毛、睫毛,我的小胡子也被烧掉了,满脸黢黑,一边脸颊被划破,鼻子被割伤,下巴还流着血。"

燃烧的船后来被"萨默塞特号"(Somerset)拖走,但后来火势蔓延,"萨默塞特号"自己也面临危险,于是不得不切断了拖索。船员被迫弃船而走,放下了救生小艇;康拉德"第一次任船指挥"便是在一艘十四英尺的皮划艇上,统领的船员仅三人。他们划船离开时,大船突然下沉,从船头开始,引起了一大片水蒸气的嘶嘶声。划了十二个时辰,他们抵达了邦加岛(Bangka Island)上的门托克(Mentok),临近苏门答腊的东南海岸,康拉德就是在这儿第一次看到了异域东方,他的浪漫绮梦也就此破灭。

《青春》中有一段精彩片段,描述了这些被烧得黢黑的水手受到了岸上的人怎样的接待:

> 于是我看见了东方人——他们正对我望着。整个码头上挤满了人。我看见棕色、古铜色、黄色的脸,黑色的眼睛,我看见东方民众的光彩和颜色。所有的人都目不转睛地看着我们,不讲一句话,不呼一口气,也没有一点动作。他们望着水里的小艇,望着正在酣睡的水手,这些不速之客在夜深人静时从海里来到他们这儿。一切都是静止的。棕榈树背负蓝天静静地站立着。沿海岸没有一根树枝在摇动,藏在树丛中的房屋,从绿叶后隐约露出棕色的屋顶,巨大的叶片明亮而宁静,像是用重金属铸造成的。*[12]

理查德·柯尔写作一篇关于康拉德的文章时,这位小说家反对柯尔提及他登陆之地的名字,他认为应该暗示而非明言:"你所引

---

* 《青春》,第 50 页。

用的讲述东方遇见叙述者的段落本身没有问题；然而一旦与蒙托克[（Muntok），现更名为"门托克"（Mentok）]直接关联，那就变得不值一提。蒙托克是个破烂地方，没有沙滩，也没有任何闪光之处……因此这个段落一旦落实到某个具体的地点，便失去了价值——虚假。然而那其实是真实的。"

康拉德在门托克待了六天；乘坐"茜茜号"（Sissie）去了新加坡，并在那里停留了一个月；搭乘汽轮返回伦敦，途经塞得港*；于1883年6月上旬到达。虽然康拉德深受混血女郎的吸引，并且他的马来小说的部分女主人公是欧亚混血，但他并未真的为新加坡、曼谷或婆罗洲（Borneo）的东方女性着迷。"在白人身上增添一抹东方意蕴很是迷人，至少对我而言是如此，"康拉德坦言，然后又正经地补充道，"不过我得说纯正的东方人并没有使我偏离正直之路的能力；不过逢场作戏罢了。"[13]

康拉德正追寻着他的"正直之路"时，针对"巴勒斯坦号"的调查法庭于1883年4月在新加坡开庭，主管和船员被判无罪。详细的报告记叙了事情经过，后来康拉德经过强化，把这些事件写成了小说。故事中的情景比现实中更加恶劣。小说中的"朱迪埃号"在两次狂风间隙于黑夜中遭到了汽轮撞击；小艇漂荡了"几天几夜"，而非在十二个小时内就抵达了门托克。"巴勒斯坦号"上，

> 由于持续不断的微风，旅途单调乏味，没有发生任何不同寻常之事，直到3月11日午时，有人觉察到一股类似石蜡油的强烈气味；彼时，舰船地处……邦加海峡。第二天，主货舱口飘出煤烟。人们往煤上泼水，煤烟减弱，并放下救生艇，装上水。13日，大约4吨煤被扔下船，更多的水被倒入船舱。14

---

* 塞得港（Port Said），埃及港市。

日，船舱着火，没能扑灭，甲板爆炸，从船头至船尾均受波及。救生艇准备就绪，舰船驶向苏门答腊口岸。约下午 3 时，"萨默塞特号"收到信号赶来，大约 6 时，拖索已挂好。不久火势迅速增强。"巴勒斯坦号"的船长请求"萨默塞特号"的船长将帆船拖到港口，但遭到拒绝，挂绳被解除。晚上约 11 时，火势大作，所有人以 3 人为一组被疏散至小船上。大副带 4 名海员坐一艘船，二副带领 3 名海员坐另一艘，船长和 3 名海员坐大艇。救生艇一直停留在主舰附近，直到 15 日早上 8：30。船依然浮在水上，但内部已一片火海。救生艇于 15 日晚 10 点抵达门托克，船长向港务长报告伤亡情况。3 月 22 日，主管与船员乘坐英国汽轮"茜茜号"抵达新加坡。

康拉德在这一系列灾难中的表现令人钦佩。他离船后，大副 H. 马洪（H. Mahon）告诉 G. F. W. 霍普，康拉德是一个"杰出的伙伴、优秀的主管，我航行生涯中碰到的最好的二副"[14]。

五

1881 年，塔德乌什预备给康拉德在威斯巴登*弄一场"葡萄疗法"。1883 年七八月间，距上次他们在马赛的那场凄凉会面五年后，康拉德终于打算与塔德乌什共度一个月——一开始在马林巴德，然后去了特普利茨［（Töplitz）如今的特普利采（Teplice）］**，那儿属于波希米亚地区，在德累斯顿以南。拜访塔德乌什使他得以摆脱严酷的海上生活，享受被奉为上宾的奢华与舒适。他有机会说说家乡

---

* 威斯巴登（Wiesbaden），德国中部黑森州的州府。
** 特普利采和马林巴德一样，都是捷克以温泉疗养闻名的城市。

话，听听亲朋好友的消息，与舅舅聊聊过去，塔德乌什是他最亲爱、最亲近的家人，他牵挂康拉德的幸福，同时还负责所有开支。舅舅和外甥二人享受着欧洲大陆的美食、舒适的环境，以及安排得当的舒缓水疗、按摩和矿泉水，还会去小赌怡情，听听晚间音乐会，搭乘马车游行，与上流人士漫步于光鲜整洁的疗养胜地。

康拉德回伦敦后，塔德乌什又在温泉疗养地待了一周，他写信告诉康拉德他很享受二人的旅行，并且很欣慰康拉德给他写了一封异常体贴的来信："你想的没错，一旦回到特普利茨，我就变得伤感凄凉，夜晚独坐饮茶，空对着我那海军上将的座椅！！！……我发现你竭尽全力让我开心，这件小事比最动听的话更能让我心生愉悦。"身处特普利茨的康拉德写信给父亲的好友斯特凡·布什琴斯基，讲述了他最近在"巴勒斯坦号"上遭遇的艰难险阻，并高谈他对祖国的拳拳忠心："我的环游并不是太顺心。我差点被淹死，还差点被烧死……我时刻谨记我离开克拉科夫时你说的话：'记住……无论你驶向何处，你总是朝着波兰航行！'这句话我从未忘记且永不会忘！"[15]事实上，康拉德一直都在背离波兰航行——那地方充满了如此多悲伤的回忆和暗淡的前景。1874年离开后，他只回去了三次：分别于1890年和1893年去探望塔德乌什；然后便是在间隔了二十年后，于1914年带他的家人去看看克拉科夫。

1883年9月10日，康拉德以40基尼的月薪，受雇为"河谷号"（Riversdale）上的二副。这艘全帆装备的帆船重达1490吨，它绕过好望角于1884年4月8日到达马德拉斯*。航程中，船长劳伦斯·麦克唐纳（Lawrence McDonald）表现得如同一位暴君，他疏远主管，对待他们"如同机器，供他随心所欲随地使用"。抵达马德拉斯时，麦克唐纳时发抽搐痉挛，康拉德和一位船长的朋友被

---

* 马德拉斯（Madras），南印度东岸的城市，现称金奈。

派往岸上找医生。医生询问船长的病情时，康拉德脱口而出，说他是饮酒过量，医生于是以为病人正处于震颤性谵妄的状态。然而检查后，医生并没有发现酗酒的症状，麦克唐纳的好友就告诉了他康拉德当时说的话，船长自然为他以下犯上之举气愤不已。尽管康拉德写了封毫无诚意的道歉信（后来他后悔这么做了），收回了他的指摘，表达了悔意，并向船长担保他"绝对无心影射麦克唐纳船长的人品和职业操守有任何问题"，4月17日，他还是被船长开除了。由于找人顶替康拉德还需额外的费用，康拉德承担了部分责任，赔付了60卢比。

麦克唐纳还在康拉德的解聘书上给了他一个糟糕的操行评价："拒绝［回复］"。这在他的职业生涯中还是第一次。R. L. 康沃尔-琼斯（R. L. Cornewall-Jones）解释说这个评价的负面效果是显而易见的："虽然按照法律规定，对一个海员来说，如果他的解聘书上有可能被评'差'，他是能够拒绝解聘者在上面写任何评价的；不过，由于没人会拒绝'良好'和'优秀'，没有任何评价意味着什么，就显而易见了。"

4月28日，离开马德拉斯24小时后，没有康拉德的"河谷号"在天气晴好的情况下偏离航道60英里，在印度海岸触礁。这次事故归咎于麦克唐纳疏忽冒进的领航，他的航海执照被吊销一年。在调查法庭上，麦克唐纳指控康拉德在值守时三次睡着，但也承认他把康拉德开除了，"因为［他］对汤普森医生说了某些话"。康拉德最终洗去了这些严重的指控，获准参加大副考试。1919年，他已经能笑谈这起事件，他对小说家休·沃波尔"绘声绘色地讲述了他与'河谷号'的醉酒船长共度的日子"[16]。但在1884年，这件事本有可能毁掉他的事业。康拉德当时为什么会做出——后来又试图撤回——如此鲁莽的指控，原因不明。不过虽然汤普森医生做检查时，麦克唐纳并没有喝醉，但他似乎经常醉醺醺的，所以康拉德误

第四章 英国水手（1878—1886）

以为是酒精导致他痉挛发作。

康拉德急于寻找另一条船并洗清自己的名声，他从陆路穿越印度，从东南部的马德拉斯来到西海岸的孟买。刚到那儿，他就惊喜地看到了一艘优雅、全帆装备的铁质帆船，该船离开威尔士时就没有二副，整个航程中船员带来的麻烦不断：

> 一天晚上他正与海运局的官员坐在孟买水手之家的阳台上，眺望港口，他看到了一艘可爱的船，它有着游艇的优雅，正驶入港湾。她就是"水仙号"，重1300吨，七年前由格里诺克（Greenock）的一家炼糖厂建造。她的建造者本打算用她来开展与巴西的糖品贸易。这项事业没能做成，随后他决定将她投入印度洋和远东的航海事业。

康拉德以月薪5英镑受雇为二副，1884年6月3日船驶离孟买，10月16日，抵达法国海岸的港口城市敦刻尔克。"水仙号"，这是他在小说中运用的唯一真实的船名，她的回家之旅困难重重，启发了他的第一部伟大作品《"水仙号"的黑水手》。8月，临近开普敦的厄加勒斯浅滩（Agulhas Bank）边缘受西向大风驱动，变得异常凶险。"水仙号""侧翻，在这些险峻的水域中保持侧躺的姿势长达30个小时，其危险程度不容小觑，险恶的急流也得时时小心"。

小说中描写的大部分人物——包括阿吉（Archie）、白耳发（Belfast）、唐庚和辛格尔敦［（Singleton）真名为沙利文］——都出自现实中的"水仙号"。康拉德后来告诉他的第一位传记作者，与书同名的主人公是一个名叫约瑟夫·巴伦（Joseph Barron）的35岁美国人，他于9月24日葬身北大西洋：

我记得我最后一次见到那个黑人的情景，仿佛事情就发生在昨天。那天清晨我担任物需官，约5点，我进入了双层床客舱，他正拉长身子睡觉，下铺放着绳索、硬木钉（锥形木钉）和几块布，这样如果他们被紧急召唤到帆具舱就不用再把东西拿下来了。我问他感觉如何，但他几乎没有回答。不一会儿，一个人拿来了咖啡，杯子自带钩子，以便挂在床沿。大约6点，执勤主管跑来告知我他死了。我们刚刚才在开普敦以南的尼德尔斯（Needles）经历了一场猛烈的暴风。[17]

康拉德和大部分水手一样，从印度带回了一只宠物猴。但他没办法在他寄宿的房子里养它，也不知道该拿它怎么办。他对这只猴子也没什么感情，所以当它撕碎了克里格办公室的文件时，他只得将它卖掉。

六

康拉德在岸上待了两个月，为大副考试做准备，最终于1884年12月通过了考试。但合适的船难找，他只得接受了"蒂尔赫斯特号"（Tilhurst）的二副工作，月薪5英镑，和他在"水仙号"上挣的一样。"蒂尔赫斯特号"是一艘全帆装备的铁质帆船，重达1527吨（康拉德最大的帆船），1885年4月27日驶离赫尔*，到加的夫装载了一船煤炭，并停留了一个月才前往新加坡。

一名波兰水手曾请康拉德转交他欠一个钟表匠的钱，那个钟表匠名叫斯皮里迪恩·克利什切夫斯基（Spiridion Kliszczewski），

---

* 全称赫尔河畔的金斯顿市（Kingston Upon Hull），英国约克郡东区的港口城市。

第四章 英国水手（1878—1886）

1830年的起义后移民到了英国，就住在加的夫。康拉德受到了热情欢迎，并与和他同龄的钟表匠的儿子约瑟夫建立了亲密的友谊。约瑟夫的小儿子注意到康拉德在英国显得格格不入，"他们的客人奇异的服装——长礼服搭配平毡帽，就是英国国教教士的那种传统帽饰——他浓重的外国口音、得体的举止让他印象深刻"。康拉德到达加尔各答后，写了几封信给斯皮里迪恩，他在信中批评了阿波罗的自由主义思想，抒发了纠缠他一生的抑郁之感，这些信也是现存最早康拉德谈论政治的信件："现在的生活，你很容易理解，对我来说了无生趣。我带着绝望的平静与不屑的淡漠蔑视周围发生的事。政教分离、土地改革、世界大同，不过是通往毁灭之路上的几座里程碑。结局必定十分糟糕，毫无疑问！"[18]

从新加坡启程前往加尔各答的航行前夜，"蒂尔赫斯特号"上发生了一起醉酒斗殴，一个名为威廉·卡明斯（William Cummings）的一等水手头部遭受重击。他变得精神错乱，尽管被水手看管着，他还是在安达曼海（Andaman Sea）跳下了船。很可能康拉德正是在"蒂尔赫斯特号"上，意想不到地获得了对他航海技术的夸赞。"一天［康拉德］让甲板上正在装帆布的人把帆拿走，因为他看到可能要变天了，他的指令被下方的船长透过敞开的天窗听到了，他听到船长对那名船员说：'那个二副了解天气。''那让我很高兴，'他解释道，'因为他沉默寡言，我之前完全不知道他对我的看法。'"

"蒂尔赫斯特号"的船长是来自普利茅斯的 E. J. 布莱克（E. J. Blake），五十好几，体形矮壮，自尊甚至有点自大。他们装着一船从加尔各答运来的黄麻停靠敦提*港后，布莱克询问了康拉德接下来的打算。他后来对他大加夸赞："如果你恰好要找一份差事，记住，只要我有船，你就有船。"[19] 但这次交谈不久后，布莱

---

* 敦提（Dundee），英国苏格兰东部港口城市。

克就病了,被迫退休。康拉德到船长家拜访了他,但再也没和他一同出航。

康拉德还在马赛的时候,塔德乌什正在谋求赚钱的机会,他让他的外甥打听一箱当地利口酒和一万只哈瓦那雪茄(康拉德在克拉科夫时很喜欢)的价格和运输费用,以方便他进口到俄国。1886年6月17日离开"蒂尔赫斯特号"之后,康拉德通过克里格的巴尔-默林公司,开始洽谈面粉和糖的进口贸易,塔德乌什担任他的俄国代理。但就像他之前所有为逃离大海所做的事一样,这次计划也无疾而终了。

接下来在岸上的八个月里,康拉德变得比平常更加忙碌,也更有成果。夏天时,他看到了一则刊登在1886年5月1日《花絮》(*Tit-Bits*)杂志上的广告,它宣传"为水手[准备了]特别奖励……我们将授予最佳命题作文《我的水手生涯》("My Experience as a Sailor")20基尼(比'蒂尔赫斯特号'上四个月的工资还多)"。康拉德没有得奖,他的第一版故事的原稿遗失了,但修订版出现在1908年的《伦敦杂志》(*London Magazine*)上,后又收录在康拉德过世后出版的《传闻轶事集》(*Tales of Hearsay*, 1925)中。《黑人大副》("The Black Mate")是康拉德最弱的故事之一,它运用了一个小戏法,借助了当时正流行的唯灵论。故事的主人公大副邦特(Bunter)经历了一次令人心碎的求职,他因为年龄太大被拒,之后他便将头发染成如乌鸦般的黑色。在一次海上风暴中,他头发上染的颜色没了,摔倒在镀黄铜的台阶上。琼斯船长是个易怒、好骗的神灵论者,他讨厌邦特自然生长的白头发,为了掩饰这一点,邦特声称他被一个魂灵吓了一跳,在楼梯上摔了一跤,这件事让他的头发突然改变了颜色。

8月18日,康拉德终于逃脱了俄国的掌控,成了一名英国公民。一名警长在报告中称:"申请人,30岁,自称12岁离开俄国。

至今在英国商船队工作十年，现在的职位是大副。"事实上，28岁的康拉德离开俄国时10岁，只工作了8年，还从没担任过大副。

11月，康拉德实现了他长久以来的抱负。他通过了船长考试，成为世界上最强大的国家的商船队中唯一的波兰裔船长。塔德乌什舅舅一开始反对，后来支持康拉德的航海事业，投资终于有了回报，他欣喜若狂："亲爱的孩子！'英国商船队的普通船长'万岁！愿他长命百岁！愿他身强体健，愿他海上、陆上的每一项事业都大获成功。听说你的证书上盖上了'红印'，这真让我高兴。我自己也不是什么司令，没有权力给新晋船长下命令……作为这项事业一个不足道的赞助人，我只能欢庆我微薄的钱财非但没有浪费，还助你登上了自己所选事业的顶峰。"[20]

第五章

从二副到船长（1880—1886）

19 世纪 80 年代，康拉德参加了二副、大副、船长共三次资格考试。这些考试既有笔试也有口试，难度不低且常常耗时良久，考试所需的实务知识，他通过海上的历练和陆地上填鸭式的课程都掌握了。考题生动地概述了康拉德在船上所知、所做之事——他的职责、任务和风险。这些考试还阐明了康拉德 1887 年在"高地森林号"上背部受伤的原因、他在《走投无路》（"The End of the Tether"，1902）和《吉姆爷》中展现的技术专长、他对受训学徒的态度，以及他爱用的帆船与蒸汽船的对比。

康拉德多次描写过他的痛苦煎熬，不仅是《个人记录》的第六章，还有《机缘》的开篇及《文学之外》（"Outside Literature"，1922 年 12 月）；他还在《关于"泰坦尼克号"之殇的沉思》（"Some Reflections on the Loss of the *Titanic*"，1912）中戏仿了一场考试。他的考试地点在伦敦港，考场在伦敦塔山上的圣凯瑟琳坞房，由贸易局的海运部监管。虽然他在考试中从容不迫，但他两次提到"有很多好汉［在伦敦塔山上］阵脚大乱"。

为了在写作中区分三次考试的不同时期，康拉德给了每个考官不同的样貌、迥异的性格和问询方式。1880 年 5 月 28 日的第一场（二副）考试中，康拉德毕恭毕敬地描述（未指名）詹姆斯·兰金船长（Captain James Rankin）"高大、瘦削，头发、胡子花白，举止温柔亲切，散发着智慧的气息，但不露锋芒……他苍老、精瘦的双手轻扣在一起，放在交叠的腿上，他先轻柔地抛出一个基础问题，然后再一个问题一个问题地问……"[1]康拉德忽略了考试内容，主观描述了他所承受的冗长、密切的审视。康拉德的外貌似乎给兰金留下了不好的印象，虽然康拉德不怕失败，但当那位严肃的老绅士沉默地递给他代表通过的蓝色纸条时，他还是感到头晕，觉得脑子一片混乱，就像一颗被挤压的柠檬。康拉德和看门人简短地交流了一会儿（还大方地给了他一先令小费），他得知这场折磨持续了近三小时。只有在走出了大楼后，他才卸下精神上的重担，体验到如坠云雾的飘然之感。

稍作改动，康拉德又在《机缘》中重现了这一场景。对鲍威尔的审问（只持续了一个半小时）比康拉德经历的更加激烈。他"与R船长度过了他一生中最焦灼的时刻——，三位航海专业资格考试考官中最可怖的一位……我们所有［上课］准备考试的人……一想到要站在他面前，都瑟瑟发抖"。与《个人记录》中静默的老男人不同，沉默寡言的R船长吼出了三句完整的话："你能行！……早上好。祝你好运！"鲍威尔给了门卫半克朗，门卫感叹了一下他的考试时长，并告诉他那天上午已经有两个人二副考试失败，每一个都不超过二十分钟。鲍威尔仿佛是飘下了楼梯，感觉"那是我一生中最棒的一天……第一次做船指挥也完全不能与之相提并论……那一天简直比与国王称兄道弟还要快乐"[2]。

康拉德于四年后的1884年11月28日参加了大副资格考试。不同于高大、头发花白的兰金船长（他从简单的问题开始问），P. 汤普森船长又矮又壮，面如土色，不够亲切，穿着正式的礼服。他倚靠在手肘上，遮着双眼，不拿正眼看康拉德。此时康拉德才第一次描述了同一间考场里那些熟悉的实用装备："船只和滑车索具的模型,墙上的信号板,铺满了各种制式表格的大长桌,桌边固定着未装配的桅杆。"做作、浮夸的汤普森船长——"一动不动,神秘莫测,拒人于千里之外,如难解之谜"——果然名副其实地惹人讨厌,甚至可以说如魔鬼一般,他试图让康拉德胡说八道。汤普森接着问了个实在的问题,假定了一系列可能发生的灾难,以测试康拉德的智谋:

> 让我置身海上某个体量的船上,设定了某种天气情况、季节、地点等等——一切都清楚准确——[他]命令我执行某个操作。我才做了一半,他就对船搞了点破坏。我刚解决这个难题,他就让另一个问题浮现,那个问题也解决了,他就又塞了一艘船给我,设定了一个危险的情景。

然后汤普森额外附加了浓雾、沙堤偏远的背风岸、一根丢失的锚索。没完没了的灾祸触怒了康拉德,他解释道:"如果可以的话,我会拉回[船首锚],在把锚抛出去之前,把船上最重的缆绳绑在锁链的一端,如果船挣脱了锁链,这是很可能发生的,我就什么都不会做了。她只能随波逐流了。"[3]在几个关于光线、信号的常规问题后,康拉德通过了考试——在短短的四十分钟内。

在《文学之外》中,关于这次考试的笔试部分,康拉德添加了一些有趣的细节。他犯了一个无关紧要的错误,却危及他的航海事业:

> 在一页写满数字的试卷底部,写了字母W(西),而不是E(东)。这是一场考试,我本该被无情踢出局。但我猜想,考虑到我所有的答案都正确,考官助理还是将那张方位(即天文导航)表递还给我,还沉着地说了一句:"你还有14分钟。"[4]

第五章　从二副到船长（1880—1886）

康拉德一开始以为考官是个好挖苦人的畜生，因为要在14分钟内完成所有计算可以说毫无希望。但他很快明白了考官的提示，将"西"改成了"东"，然后用颤抖的手递交了他的蓝色纸条。

1886年10月29日，康拉德经历了他的第三次磨难，即他的船长资格考试，这次的狄更斯式考官"体形矮胖，毛茸茸的灰色胡须围绕着柔软的圆脸，鲜润的嘴唇总是喋喋不休"。康拉德只详述了两个问题："告诉我你所知道的关于船舶租赁合同的一切"，以及"你认为一个［临时］应急舵应该是什么样的"。他尽职尽责地回答了第二个问题，给出了"教科书里两种典型的应对方案"。然后这个亲切的船长描述了他自己的发明和经历，那还要追溯到克里米亚战争*时期，他还询问康拉德，来自一个内陆农业之国的他怎么会进入商船队，并且强烈建议康拉德转投蒸汽船。汉斯·范·马尔勒（Hans van Marle）称，与《个人记录》相反，"1884年和1886年的申请表上的签名确凿无疑地证明了康拉德不得不面对同一个人两次"。但是康拉德在1916年11月证实了他在《个人记录》中的陈述——这也意味着马尔勒的断言可能是错的，他告诉萨瑟兰船长："参加船长考试时，考官是伦敦贸易局的斯特里（Sterry）先生（不是汤普森先生），他被问到他会如何'迅速做一个应急舵'。"[5]

康拉德在《台风》里写到了想象力贫乏的马克惠船长——他因为从没亲身经历过台风所以无法相信台风存在。"他在负责带船以前应该能够回答些简单的问题，关于圆形的风暴，就像飓风、旋风、台风等类；他明明已经回答了。"**不幸的是，马克惠船长关

---

*　克里米亚战争，开始于1853年，结束于1856年。为争夺巴尔干半岛的控制权，奥斯曼帝国、英国、法国、撒丁王国等先后向俄罗斯帝国宣战，战争以俄国的失败而告终，进而引发了俄国国内的革命斗争。

**　康拉德《台风》，袁家骅译，选自薛诗绮编《康拉德海洋小说》，上海文艺出版社，2012年，第73页。

于风暴中逃生的理论知识，对于他毫无用处，因为他驾驶蒸汽船闯入一个致命台风，差点摧毁了他的船。

《关于"泰坦尼克号"之殇的沉思》中，康拉德尖刻地驳斥了建造者自负的想法，他们认为"只要依循新的航海技术进行操作"，"泰坦尼克号"就不可能沉没。他还为未来的船长和船员设想了一场考试：

> 一名谦逊的年轻人来到头发斑白的考官面前："你是否精通现代航海技术？""先生，我希望是如此。""唔，让我们来瞧瞧吧。夜晚，你在驾驶台上操控着一艘15万吨重的船，船里有马达传送带、风琴台等等，还有整整一船乘客、共计1500名的餐厅服务员、2名水手和一个小伙子、依照贸易局规定配备的3艘折叠小艇，你按照时速40海里的四分之三行驶。你突然观测到就在前方不远处有个东西，看上去像一座大冰山。你会怎么做？""让船舵正对前方。""很好，为什么？""为了让船径直撞上去。""究竟是什么原因让你胆敢径直撞上去？""因为造船师和船长都教过我们撞得越重，破坏越小，对材质的要求也应该考虑到。"
>
> 诸如此类，说了一通。新兴航海技术：有疑虑时，试着全力冲撞——你面前的一切。就这么简单。[6]

尽管船尺寸惊人，但颇具讽刺性的是，服务生与船员的数量不成比例，满满一船数千人的越洋乘客只配了三艘救生艇，康拉德对现代人单纯依赖物质与新兴航海技术（"全力冲撞"）的批判（此时战争临近），既有预见性也是极其严肃认真的。

"根据1854年商船贸易法案制定的船长、船员、工程师考试公告"（1870），以及阿尔弗雷德·亨利·奥尔斯顿（Alfred Henry

Alston)的《航海技术》(*Seamanship*，1860)一书，都为康拉德对其苦难的描述提供了重要注脚。1851年的一条议会法案首次规定了从事航海贸易的船员必须参加考试。"考试公告"上说，考试每周一在伦敦、每月一次或两次在大不列颠的重要港市举行。当局鼓励船员靠港时为考试学习并参加职业学校。康拉德接受了约翰·纽顿(John Newton)的指导，纽顿在伦敦东区的码头街开办了一间航海学校，[7]他还编写了这个科目的参考书。二副和大副资格考试的费用为1英镑，船长资格考试为2英镑。无照航行的罚款为50英镑。

贸易局管理章程规定二副需要4年海上实践，大副需要5年，船长6年。资格证考试的最低年龄似乎设置得较低：二副17岁，大副19岁，船长只需要年满21岁。（一个以最小年龄参加二副考试的年轻人必须在年仅13岁时离开学校，他肯定会觉得这个考验相当磨人。）参加沿海贸易的工作经历也算在内，所以康拉德可以加上他乘"海上燕鸥号"往返洛斯托夫特和纽卡斯尔的10周。奈德指出，"他［在法国船上］工作的所有时间共计13个月零5天，而不是［他说的］3年"，康拉德"通过欺骗迈上了职业生涯的第一个台阶"。

康拉德在《个人记录》里谈到，"根据第一部商船贸易法案制定的规章，必须写上'清醒'这个词，否则满满一袋、成堆、成山的最热情的赞美也对你毫无用处"，这一点也在"公告"中进行了明确，"公告"强调："所有申请人都必须有在船上的品格、意识清醒、经验、能力、良好表现的证明，任何无法出示上述证明的人都不能参加考试。"[8]

考生要参加导航和航海技术测试。如果科目二失败，不仅他们的考试费打了水漂，还得到海上实践6个月才能再次参加考试。考生有整整5个小时去完成笔试。身为专业侦探的汉斯·范·马尔勒揭示了康拉德在大副考试和船长考试中都没能通过导航测试的 24 小时船位观测计算（根据航海簿上的所有记录测算船的位置、速度等），但康拉德并没有在《个人记录》中提过这件事。他花了 11 天通过大副考试，船长资格考试因为刚开始失败了几次花了 3 个月。如果考生通过，他会从考官手里接过蓝色纸条（康拉德提到过），这让他可以在任何他要求的港口找商船队办公室的主管领取他的合格证书。有了证书他就能立马按他的新品阶找新的工作，还可以让负责人把证书寄到他的下一个目的地。

"公告"还详述了每个品阶需要掌握的知识。就导航这一项，二副需要理解算术和对数、工作方位和到目的港口的距离，能运用太阳的子午线高度确定维度，懂得怎么使用六分仪。在航海技术方面，他需要就一系列问题给出满意回答，如装卸船只、装载货舱、记程仪绳的测量、玻璃液位计和测深索、航路规则、光信号和雾信号，以及信号代码。

康拉德曾设想装配一艘帆船用于培训商船队的主管，他把这一点记在了他的备忘录（写于 1920 年）里，在这篇备忘录中，康拉德就上述几点中的一点说道："正确的装船方法是船只航海准备的重要环节，这会影响她的航行动力、船上每个人的舒适度，甚至船本身的绝对安全。"[9]康拉德担任"高地森林号"的大副时就负责装船。在《大海如镜》中，康拉德叙述了他的失误带来的后果。前大副问道："你把船只以前后的协调平衡处理得很好。那么你们的重量呢？"康拉德告诉他："我觉得我把重量平衡得很好，三分之一的重量都放在上部，'平衡梁以上'。"前大副苦笑着，显然不太相信，他预测道："这次的航程我们一定会过得相当愉快。"因为康拉德的装船方式，船疯狂颠簸，他为自己的过失付出了代价："一小块木杆真的失控了，飞起来撞到了大副（即康拉德）的背上，让他脸朝地在主甲板上滑行了相当长一段距离。"这次严重的背伤让他一到

第五章 从二副到船长（1880—1886）

新加坡就被送到了医院。

大副、船长的考试对专业知识的要求更加严格：航海技术、船舶装配、货舱装载、导航、航海天文学等。就导航而言，大副需要观测方位角并计算差值，校对精密时计并保持时间一致，参照太阳找经纬度，以及参照太阳使用六分仪。就航海技术而言，他要能够移动大型木杆和帆布，在狂风暴雨中操控船只，收帆和扬帆，移动帆桁和桅杆，装卸重物和收放船锚，以及在背风岸停靠并在发生意外情况时稳定桅杆。

除此之外，船长还需要能够通过星星确定维度，了解船上的铁对罗盘的天然吸引力，能够调整线路和对比表格上的深度测量数据，制造应急舵和应急桨，在船失事时保全船员，了解如何预防坏血病，能看懂货单和表格，并且懂得船舶抵押契约的性质和航道灯。

铁对船上罗盘上的天然吸引力是康拉德动人的故事《走投无路》中的关键情节。老船长惠利（Whalley）就是海上的高老头，为了抚养他千里之外相当贪财的女儿，卖掉了船，投资500英镑，与邪恶的马西（Massy）成了一艘汽轮的合伙人。为掩饰自己眼盲，他雇了一名忠诚的马来舵手，以便履行合同条款并拿回投资。但是马西发现惠利瞎了，他在衣服里装满了软铁片，让船上的罗盘针发生了偏转，企图让船失事然后领取保险金。装满铁片的外套没挂住，掉到了甲板上，惠利这才发现了这场阴谋，但已经来不及拯救这艘船——它偏离航道，撞上了珊瑚礁。绝望的惠利将铁片放进了自己的口袋，与他的船一起沉没。[10]

还有一场可自愿参加的船长加试，但康拉德（在两次失败后）没去。这场考试是"为那些希望证明自己资质超凡、渴望获得由贸易局颁发的最高等级证书的人而打造的"。为了考取这个证书，船长需要对导航和航海天文学有更深刻的了解，包括几何学和三角法、墨卡托*的图表，还要对航行技术中的事故有着更广泛的研究。爱德华·布莱克莫尔（Edward Blackmore）1897 年注意到英文考试比法文考试简单得多："就考试中展现的教育水平而言，我们远低于其他我们自称为学习榜样的国家……欧洲大陆的沿海国家认为一位船长的教育应该由 13 门学科构成，但英国贸易局认为有其中的 5 门就足够了。"英国要求的考试内容包括风与水流、导航、航海天文学、仪器与观测，而法国除了上述 5 条，还会考查代数、几何、三角法、机械学、物理学、蒸汽机、语言和水文测量。[11]

奥尔斯顿的《航海技术》在题为《船只装备》（帆布、绳索、打结、捻接）和《海上实践》（紧急情况）的两章中很实用地列举了 530 个问题。其中有很多问题都含有极其专业的词汇。[12] 虽然康拉德是直接学习的英语术语，而不是通过波兰语学习对应的英语单词，但对于一个只学了两年英语的人来说，这必定还是相当困难的，而且他只能用浓重的外国口音回答诸如怎样"设置航标（航道浮标）"或如何"将一个钩子（一截短小的编织绳，用于固定一根麻质缆绳）穿过去"等问题。"如何将系索（lacing）穿过后纵帆（spanker）前缘的下部？"[13]（即，如何将一根绳子穿过最靠近船尾的低处的桅杆上的一块纵帆的前缘低处的洞？）这样的问题很容易混淆，很可能会把 lacing 和 spanker 与性爱而非航海技术联系到一起。**

下面列举了 8 个具有代表性的难题（就像康拉德在其大副考试中遇到的那个灾难性问题），考试难度由此可见一斑：

为了在冬季绕过好望角，给你的船准备一艘护卫舰。（29）

---

* 墨卡托（Gerardus Mercator, 1512—1594），16 世纪的地图制图学家，精通天文、数学、地理，是近代地图学的奠基人。

** lace 在英文中作动词意为"捆绑"；spank 作动词意为"打屁股"。

起航时你侵犯了另一条船,你的艉柱失控,吊锚杆随着船头晃来晃去:你会如何固定船锚,操控前桅帆?(34)

你的桅杆几乎全都折断,无法操控:如果海水冲击船尾、船腹,你将如何使船免于倾倒?(24)

你发现主桅即将腐坏;卸下旧的主桅,换上新的,但船上没有,也无法从别处取得适合用于确定舷弧的木杆。(39)

你受雇指挥船只,负责将船拖出港口,但是你还未脱离其他船,一片浓雾来袭:没有罗盘的你将如何找到返回的路?(36)

两艘船在风平浪静的海上漂向彼此;它们都放下了小船,试图向相反方向拉开彼此,但两艘船还是在靠近:它们应该怎么做?(25)

有两艘船面对面,每一艘都承受着来自正横方向偏后1个罗经点*的风。如果它们继续按原航线行驶,必定会相撞。一艘船向东偏南转向,另一艘向西偏南转向,风在北方:两艘船应该怎么做?(16)

你正驾着船沿河而上,遭遇退潮,撞上了岩礁。你试图把木杆拿来做支柱,但各种方法都因为水流过快而失败。船完全不受控制,任何努力都无济于事,船倾倒了22°。已经按常规操作封了舱,但由于链泵上的一个缺陷,水灌入船内,船倾倒,倾斜角度保持在45°:你会如何将船扶正?(30)

康拉德的学习提升了他在"巴勒斯坦号"和"水仙号"真实发生类似灾难时的处理能力。这也增强了其很多作品中常有的技术专业性。比如《吉姆爷》中就有相当精彩的一刻:一群船员虽然很接

---

* 一个罗经点(point)等于11.25°。

近"帕特纳号"（Patna），但他们没有看见灯光，便以为船已经沉了，于是放弃了那艘船。康拉德的解释揭开了事实的真相。那艘船的船尾"高高地翘起，船头两边压得很低，埋到水里，因为前舱都进了水。由于如此失态，当那飑云稍稍打到它的船舷后部时，船头就一下子迎着风摆过来了，好像它抛了锚似的。大船的位置这么一变，从小船往下风处看去，大船上的灯就是很快就全灭了的样子"*[14]。

1917年，康拉德很高兴收到了来自一名前学徒的信，他们曾在"高地森林号"上共事。他夸赞康拉德待人温和，很乐意指导年轻人，好让他们能和他一样为考试做好准备（甚至更好）："除了我的父亲，您是我最敬爱的人。那段记忆对于当年那个最不负责任的人、那个小学童而言弥足珍贵，我有幸成为您的徒弟时才刚离开校园。我清晰地记得在热带的一天晚上，我们一起静静守夜，您费心教我绳索的不同类型。"[15]能在英国商船队一路攀升至船长，康拉德理应自豪，对他而言，尤其重要的一点是他"向英国人证明了，一位来自乌克兰的绅士也可以成为一名和他们比肩的优秀水手"。[16]

---

* 《吉姆爷》，第96页。

第六章

东行之旅（1886—1889）

一

1886 年 12 月 28 日，在通过船长资格考试两个月后，康拉德开启了他最短的航程——五天时间，从伦敦到加的夫——在 2000 吨重的"福尔肯赫斯特号"（Falconhurst）上担任二副，月薪 5 英镑，到达加的夫后，他在伦敦的代理人告诉他阿姆斯特丹有一艘 1000 吨重的三桅帆船需要一名大副。正好他还没有签约"福尔肯赫斯特号"上的第二段航程，于是他离开了加的夫，上伦敦与霍普在霍尔本（Holborn）地铁站碰面。他们一起用餐，康拉德"情绪高涨，因为他拿到了'高地森林号'上的大副一职"，月薪 7 英镑。[1]

康拉德跨洋来到阿姆斯特丹后发现，这里的情况很像沃洛格达。船冰冻着，水道还硬邦邦的，货物也还没到——直到晚春才有解冻的希望。《大海如镜》中，康拉德描述了他的沮丧、不安，以及——一如往常——他的孤寂；他还回忆起他如何到城中心的华尔木斯街（Warmoesstraat）上的克拉斯诺波尔斯基大饭店〔（Grand Hotel Krasnopolsky）由一名波兰流亡者创办〕繁华的周边寻求庇护：

> 我不耐烦地咬我的拳头，怒火中烧，货物还困在内陆，水道凝固不动，所有的船都呈现出萧瑟、荒芜的冬天景象，她们渴望冰消雪融，似乎就要在这无望的等待中绝望了。我是船上的大副，茕茕孑立……
>
> 尽管有小小的铁质火炉，船舱工作台上的墨水还是冻住了。我发现我还不如上岸，在这极寒荒原上蹒跚前行，在镶着玻璃的电车里瑟瑟发抖，只为到宜人舒适的咖啡馆，给老板写封晚间信……那地方十分宽阔，宏伟壮丽，金光闪闪，家具包着红色长毛绒，电灯通明，供暖充足，甚至大理石桌都有温热的触感。有我完全的孤寂作衬托，给我送咖啡的服务生都带有一丝密友的亲切。

当船东命令康拉德以惩罚威胁租船人，并坚持要求立马用铁路将货物送过来，康拉德便会前往扬·许迪赫（Jan Hudig）先生温馨的办公室，许迪赫是一个"高大、黝黑的荷兰人，留着黑胡须，眼神直白"，他和蔼可亲地跟康拉德保证他无计可施。最终，在阿姆斯特丹待了一个月后，终于开始融雪，货物也到了。但是康拉德（我们在前文已经看到）错误估计了载货量，于是船在前往爪哇三宝垄（Smarang）的路上剧烈颠簸个不停，每次摆动都会带来巨大的拉扯力，仿佛要把人抛出去，船上的桅杆也会疾速挥动，令人眩晕"。[2]

康拉德在被一块飞来的木杆击中后背后，遭受了令人费解的倦怠期及一阵阵突发的离奇疼痛。他身体的僵痛与吉姆爷的一样，持续存在。6月20日，船到达三宝垄，康拉德被要求静养三月并与"高地森林号"解约。7月2日，他乘坐"天空号"（Celestial）汽轮

第六章 东行之旅（1886—1889）

离开三宝垄，于4日后抵达新加坡，随后便直接住进了欧洲医院空气清新的病房，任由自己沉浸在东方的感官享受中：

> ［医院］坐落在山上，窗户总是大大敞开，微风徐徐吹入，给空空的房间送入天空的温柔、大地的悠然及东方水域令人着迷的气息。空气中满是馥郁芬芳，邀人进入无尽长眠，赋予人无边美梦……
>
> 我躺在床上，在欣赏窗外摇头晃脑、沙沙作响的棕榈叶的同时，有大把闲暇来回忆阿姆斯特丹可怖的寒冷与飘雪。[3]

康拉德一个月内便康复了，他试图寻找一艘要求不那么高的船，以便有时间恢复体力，还能欣赏更多东方风景。詹姆斯·克雷格（James Craig）是一艘300吨的铁质轮船"维达尔*号"的船长，他回忆道："1887年8月中旬，我在新加坡海运事务所第一次见到了康拉德。他的举止高贵且矜持，立刻给我留下了好印象。他最开始告诉我的事之中有一件就是他是外国人，其实我已经通过他的口音猜到了。我回答这丝毫没有关系，只要他有资格证书。（在当时的东方很难找到不爱喝酒的船员。）"

8月20日，康拉德签约成为大副。在接下来的四个半月，他四次往返新加坡和婆罗洲东岸："她是一艘东方船……她航行在满布礁石的蓝色大海上，在暗黑的岛屿间开展贸易。艉栏杆上方飘扬着红色英国商船旗，桅顶处还有一面公司旗，也是红色的，但有一条绿色的边以及一枚白色新月。因为她的主人是一个（在新加坡的）阿拉伯人。""维达尔号"往东南方航行，穿过卡里马塔海峡［（the Karimata Strait）位于苏门答腊岛和婆罗洲之间］到达婆罗洲南部

---

* 维达尔（Vidar），北欧神话中的原始森林之神，奥丁之子。

海岸的马辰港（Banjarmasin），再前往劳特岛（the island of Laut）装载煤炭，随后跨过望加锡（Macassar）海峡至西里伯斯岛（Celebes）西部海岸的栋加拉（Donggala），然后绕回婆罗洲的东海岸，再先后前往伯劳河（Berau River）沿岸的丹戎勒德布（Tangjung Redeb）及北部的丹戎塞洛（Tanjung Selor）。"维达尔号"随后回到新加坡，回程停靠的还是同样的港口。1887年下半年穿梭于马来群岛的短途航行赋予了康拉德最丰富的文学素材，也让他灵感迸发，创作了《走投无路》与四部早期小说：《阿尔迈耶的愚蠢》（Almayer's Folly）、《海隅逐客》（An Outcast of the Islands）、《吉姆爷》和《救援》（1896年开始创作，但直到1919年才完成）。

一天晚上，"维达尔号"沿岸航行，误入一片暗礁，那是她熟悉的路线，她本可以避开，但那一处的测绘图做得很糟糕，她偏离了1.5英里。风雨大作，闪电眩目，康拉德刚好有足够的时间夺过船舶车钟的把手，改变航线，让船安然无恙地躲过礁石堆。康拉德直到第二天破晓，了解了他们的位置，才完全理解他们当时面临的致命危险。[4]

康拉德后来告诉他的出版商，在"维达尔号"工作时，他在港口总是忙得脚不沾地，对海滨居民所知甚少："并且不管怎样，就算当时有机会和时间，我也不会费心建立社会关系。"但至少有这么一个人——他就在伯劳河上游的贸易站——给康拉德留下了难以磨灭的印象。威廉·查尔斯·奥尔梅耶（William Charles Olmeijer）——他是康拉德前两部马来小说中的卡什帕·阿尔迈耶（Kaspar Almayer）的原型，他是一个荷兰裔的印欧混血，1848年生于东印度群岛。他于1870年到达婆罗洲，四年后娶了一个马来人，生了五个儿子和六个女儿。他与有着猎头传统的陆地达雅族（Land Dyaks）保持着良好关系，这引起了荷兰当局的怀疑，而且他确实建造了一座特大宅邸,当地人称之为"愚蠢之所"(The Folly)。

康拉德第一次看到奥尔梅耶不协调的身影是当"维达尔号"停靠在"婆罗洲某条河上游约 40 英里处的破烂小码头时……他简单地穿着松松垮垮的睡衣,印花棉布样式(一片扎眼的蓝色土地上长着带有黄色花瓣的硕大花朵),还有一件薄薄的短袖棉汗衫"。奥尔梅耶吹嘘他拥有婆罗洲东海岸上唯一一群鹅,并且宣布了他的宏大野心——进口一匹小马(卸下这匹马费了康拉德好大劲,然而它立马就钻进了丛林),虽然这片殖民地上只有四分之一英里的路适合这种动物。

奥尔梅耶买卖的是杜仲胶、藤条和橡胶,并通过他的恩主威廉·林加德(William Lingard)船长运输货品,林加德是一位颇有影响力的商人,他拥有一艘双桅纵帆船,在新加坡有着优秀的商业联络网。林加德与奥尔梅耶的妹妹成婚,还帮助他的侄子吉姆·林加德在奥尔梅耶的殖民地经商。林加德被称为海洋之王(Rajah Laut),他发现了一条可以沿伯劳河而上的秘密路线并因此发家致富。威廉·林加德是康拉德的马来小说中汤姆·林加德的原型。一位与林加德同时代的人说他是"一个近乎神话般的显要之人,有点像一个无处不在的海洋英雄,或许有时他还能让作恶之人闻风丧胆,声震从新加坡到托雷斯海峡(Torres Strait)及从帝汶岛(Timor)到棉兰老岛(Mindanao)的东方水域。我们〔在 1887 年〕碰面时,〔他〕已经是 52 岁左右的成功人士了。行动机警、果断,身高中等偏上,头发、胡髭斑白,都按照海军的风格剪短了"[5]。

康拉德的婆罗洲之旅让他首次体验了东印度群岛上的荷兰殖民统治,意义非凡。大部分国土,包括河流,都不适合人类定居。而且内陆(当时;现在也一样)仅部分得到了开发:"地处热带,被

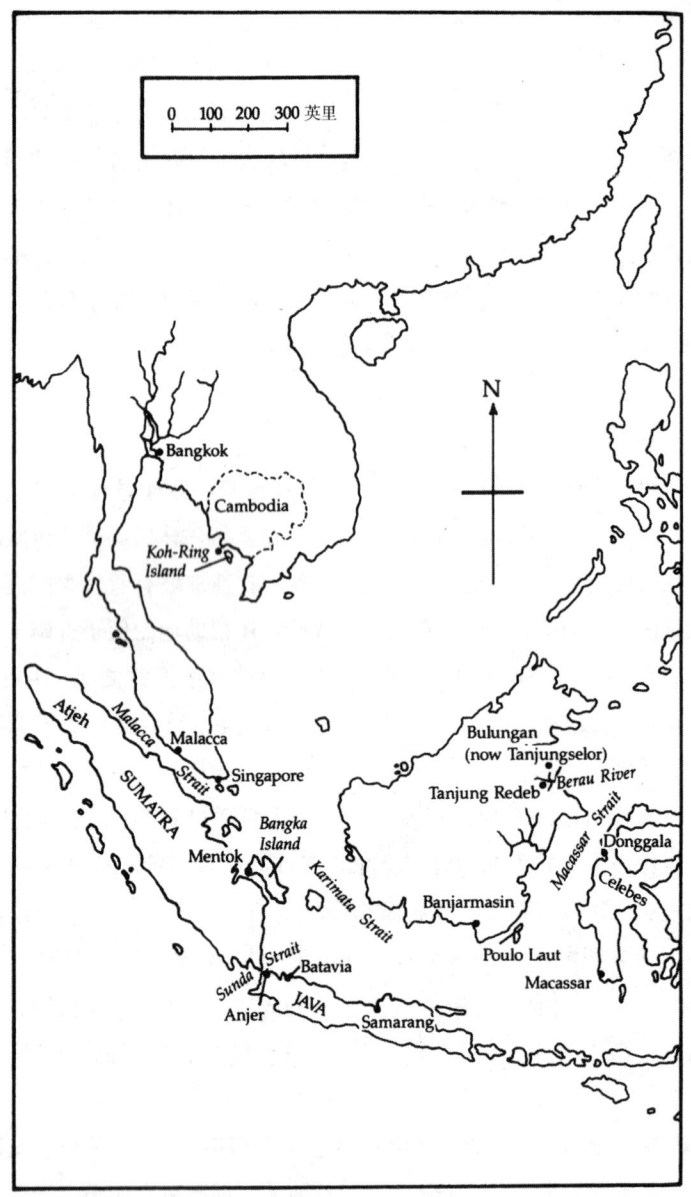

图2 康拉德的东方世界

第六章　东行之旅（1886—1889）

浓密的热带雨林覆盖，多为山地，四周是红树林沼泽，土地经过炎热与倾盆大雨过滤，这片地区完全不欢迎大规模人群居住。只有河流——不断深深地侵蚀、雕塑着海岸线——使得复杂政体的发展……成为可能。"当地人口包括内陆信仰异教的土著达雅族、海岸边的马来人和阿拉伯穆斯林，以及被安置在河边贸易站中岌岌可危的欧洲探险者——通常处于高度腐败状态。

荷兰人曾与土耳其人和英国人争夺这一大片群岛的控制权，并且经过一系列英荷冲突后，于1623年成为那里的统治国。整个17、18世纪，荷兰东印度公司（Dutch East India Company）逐步掌控了整片地区。1798年，公司进行清算后，荷兰政府接管了它的资产。由于拿破仑战争中多次被法国打败，荷兰势力崩解，而此时英国人在莱佛士爵士*的带领下，侵占了荷兰在东南亚地区的领地。但到了19世纪，荷兰复兴，开始了打造帝国的宏图大业。根据1824年的英荷协定，荷兰获得了在苏门答腊岛上的行动自由，英国人则在马来半岛上拥有行动自由。荷兰为了扩大其在爪哇、苏门答腊岛、西里伯斯岛、马鲁古群岛（the Moluccas）和婆罗洲的政治势力，与土邦进行了数次战争，亚齐特（Atjeh）是苏门答腊北部最富有、最强大的苏丹国，它与荷兰的战争从1873年持续到1904年。荷兰的入侵始于贸易及与出让主权的苏丹签订条约；其最终目的便是侵占领土，建立政治统治。

1817年，荷兰政府重掌婆罗洲（世界第三大岛屿）。格雷厄姆·欧文（Graham Irwin）如此描述荷兰人不稳定的统治：

> 借助1817年到1826年间商定的协约，荷兰获取了马辰大部分领土的全部主权权力，这片地区后来成为南部和东部的分

---

*　莱佛士爵士（Sir Stamford Raffles），英国殖民地官员，东方学家。

野。割让的地区由西南、东部海岸及内陆部分省份构成，然而这些地区在协约签订时，都不隶属于这个［穆斯林］苏丹国，荷兰对于这些地区只能行使名义上的统治，至少在19世纪40年代之前是如此……

19世纪中叶，婆罗洲的东海岸被诸多或多或少独立的土邦王公统治……伯劳苏丹国是一个古老的王国，经历了一场内战后，于1770年遭分割；苏禄国（Sulu）的苏丹与马辰国的苏丹夺取了伯劳地区的宗主权。

荷兰仍保有这一地区的主权，但统治名存实亡，荷兰人基本上已经忽视了他们刚刚收复的领土，直到1839年詹姆士·布鲁克*出现在西北海岸，英国人让他们的对手重整旗鼓。接下来的四十年"见证了两国影响力与统治权的逐步强化，直到1888年（康拉德抵达婆罗洲一年后）这座岛被这两个国家瓜分"[6]。

荷兰自由的统治并未实现其早期的承诺。经历了1883年至1885年严峻的经济危机后，起初的发展转向停滞与崩盘。英国和荷兰的评论者都批评过荷兰的殖民统治。J. S. 弗尼瓦尔（J. S. Furnivall）辩称，马来人民经受了社会的动荡混乱，但并没有享受过相应的经济福利："欧洲人的数量与财富都在急剧增长，在更大的程度上，中国人也是如此，而当地人比以往更严密地被封锁在不断收缩的经济边界之内，眼见自己的社会生活被搅得一团乱，却无法在一个更包容的社会秩序中获得解放。"阿姆里·范登博什（Amry Vandenbosch）的谴责更加严厉，他指责荷兰严重违反当地人的传统政策——通过有权势的苏丹和当地首领实行间接统治："荷兰东印度政府被控对待土邦毫不负责，朝令夕改，还残酷地强行推行其

---

* 詹姆士·布鲁克（James Brooke，1803—1868），英国士兵、冒险家，建立了砂拉越王国（Sarawak），成为第一任国王（Rajah）。

第六章 东行之旅（1886—1889）

意志。依据'至上主权'干预土邦内政……已经成了所有形式的干预之借口。"[7]

康拉德有着波兰人对受压迫者的同情，他有多厌恶荷兰在东印度的统治，他就会有多厌恶比利时在刚果的殖民主义。他笔下的荷兰当局常常是无能、好战、武断的。1899 年，他的爱国热情被打压布尔人的战争*点燃，他告诉他的波兰表亲："事实［就是］他们根本不知道自由为何物，在世界各地飘扬的英国国旗之下才有自由。这是一个本质即独裁的民族**，整个荷兰民族就是如此。"康拉德在《七岛之芙蕾雅》中创作了邪恶的荷兰海军上尉海姆斯凯克（Heemskirk），他利用职权恐吓芙蕾雅的父亲，摧毁了芙蕾雅未婚夫的船，对芙蕾雅进行性剥削。芙蕾雅的父亲老尼尔森（Nielsen）"对荷兰人的恐惧并没有他对［菲律宾的］西班牙人的恐惧深，但他对荷兰人更加不信任。可以说是毫无信任可言。在他的眼里，只要有人不幸惹荷兰人生气了，他们就能够'对他使出任何下三烂的手段'。他们的法律、规章写得明明白白，但他们压根不想公正地运用它们"[8]。

在"维达尔号"上待了四个半月后，康拉德恢复了健康（他没再受背伤的折磨），世界上未知的这片土地还使他收获了宝贵的文学素材。1888 年 1 月，明知工作难找，他还是放弃了大副这一职位。在《阴影线》（*The Shadow-Line*）中，康拉德将其当时冲动的决定归因于"不时感到的无聊、疲倦和不满。突然的冲动。我是说在那些时刻，仍然青春少年之人（康拉德当时 30 岁）总是会做些轻率之举，比如突然结婚，或者毫无理由就放弃一份工作"。

---

* 布尔人，源于荷兰语 Boer（农民），是南非和纳米比亚的白人种族之一，以 17 世纪到 19 世纪移民南非的荷兰裔为主，现称阿非利卡人；此处所说的战争即第二次布尔战争（1899—1902），是英国人同布尔人建立的德兰士瓦共和国和奥兰治自由邦为争夺南非领土和资源而进行的战争。

** 原文为法语："C'est un peuple essentiellement despotique."

尽管康拉德声称他的决定纯粹是非理性的，他的这一冲动行为还是有理可据的。他对蒸汽船毫无忠诚可言，他已经从这些航行中学到了他能学习的东西，而且这艘似乎没有未来的船上与世隔绝的状态与日复一日的生活让他备感无聊。在《吉姆爷》的开头，对于一些水手贪图安逸，放弃了狂暴的大海上更为艰苦的条件与更为严峻的挑战，康拉德表达了强烈的不赞同，他们已然"与东方海天那永恒的平静融为一体了。他们喜欢短距离的航行，喜欢甲板上那舒适的座椅，喜欢大群的本地水手（'维达尔号'载着12名马来人和82名中国人在刚果的上游港口登陆），喜欢显示他们是白种人"。他们过着岌岌可危的轻松生活，"为中国人、阿拉伯人、混血儿效力"。康拉德害怕他会习惯于这种温和、颓废的生活，所以坚决拒绝"安安稳稳地得过且过"* 的诱惑。

1888年1月5日，康拉德离开了这艘船，33岁的英国船长夸大了康拉德这段时间的工作表现，大力举荐他："此信为证明科热尼奥夫斯基先生作为大副，与我在'维达尔号'汽轮上共事了七个月，其间，我发现他从始至终都是一名坚定、冷静、专注的船员。我可以向任何船主和船长推荐他来负责诸多事宜，做好一名优秀海员，詹姆斯·克雷格，船长。"

1909年，卡洛斯·马里斯（Carlos Marris）船长到英国拜访康拉德，并告诉他东方海域的水手读了他的小说，约书亚·林加德（威廉的另一个侄子）察觉到这个奇怪的波兰人迥异于其他商船船员，猜到他就是这些书的作者："这一定是克雷格的'维达尔号'上的大副。"[9]

---

* 《吉姆爷》，第8页。

第六章　东行之旅（1886—1889）

二

1888年1月9日，康拉德待在新加坡的船员之家时，从港务长亨利·埃利斯（Henry Ellis）那儿听说英国驻曼谷的领事在征寻一名得力的船长来取代死于"奥塔戈号"上的船长。那晚，康拉德乘坐"梅莉塔号"（Melita）汽轮，于四天后抵达曼谷。

在《阴影线》中，他生动地描述了当他沿湄南河蜿蜒而上，进入独立的曼谷王朝的首都时，他对那些闪闪发光的破旧建筑［包括19世纪的大皇宫（Grand Palace）］及摇摇欲坠的房屋（它们继续存在于这个炎热、下沉的城市）的第一印象：

> 我们乘坐汽轮绕过无数的弯，穿过雄伟的镀金佛塔投下的阴影，抵达了这座城的郊外。
>
> 它就那儿，那座东方之都，大部分沿两岸延伸开去，还未遭到白人占领；大片棕色的房子，有竹子造的、席子铺就的、树叶覆盖的，都是某种植物风格的建筑，从泥泞河岸的棕色泥土中冒出来。想一想，在这些几英里长的人类居所，很可能只有不到6磅钉子，真是不可思议。其中一些房子由树枝和草构成，就像水栖物种的巢穴，紧贴着低浅水岸。另一些仿佛是从水里长出来的；还有一些一个连一个，长长一条，漂浮在溪流中间。远处，在那片拥挤不堪、乱糟糟的低矮棕色屋脊之上，堆叠着一层层砖石建筑——国王的宫殿、寺庙，华美但残破，在当空之月的照耀下摇摇欲坠，宏伟，威严，几乎触手可及，似乎用鼻子吸一口气就会进入人们的胸膛，并且通过皮肤上的每一处毛孔渗透进人们的四肢。

他在城内看到了更多快要散架的房子,"宽阔的主干道灰蒙蒙一片废墟,不断向远延伸,两侧是风化的石头建筑、竹栅栏、一列列由砖块和石膏砌成的拱廊、板条和泥巴筑造的茅舍、木雕而成的庄严庙宇的大门、藤席做的小屋——一条宽阔无比的主干道,目之所及只有几个黝黑的人赤着脚在齐脚腕深的灰土里跋涉"[10]。

康拉德刚一到达就把埃利斯推荐他任职的信交给了领事:

> 我接洽的人是康拉德·科热尼奥夫斯基先生,他有贸易局颁发的船长资格证书。他在从该港口驶出的几艘船上修炼了良好的品格。我赞同他列出的条件:月薪 14 英镑,从抵达曼谷之日算起;由贵船提供航海所需食物和所有必备品。他从新加坡到曼谷的行程由贵船支付,此外,等他到达墨尔本后,如果不再需要他的服务,船主需要为他准备带客舱的航程,送他回新加坡。

在准备船长考试的 14 个月里,康拉德已经在较小吨位的船舶上获得了更高级的职位:从 200 吨的"福尔肯赫斯特号"上的二副,到 1000 吨的"高地森林号"上的大副,再到 345 吨的铁质三桅帆船"奥塔戈号"(以新西兰南岛上的某个省命名)上的船长。康拉德第一次做船指挥的经历启发他写下了《福克》("Falk")、《幸运一笑》("A Smile of Fortune")和《阴影线》三个故事。

在波兰,农奴和仆人称呼某块地产的所有者为"主人";在"奥塔戈号"上,水手和船员都以相同的充满敬意的词称呼他们的波兰船长。康沃尔-琼斯在界定船长的职权时解释道:"他的话就是律法,无人可质疑,不允许有争论……他无须值班站岗,随意来去,除了他的船主,他无须对任何人负责。他全权掌控船上的秩序,他手下的船员无人有权惩罚海员或未经船长同意使用任何武力,除非有不容迟疑的紧急情况。"[11]

康拉德一登上"奥塔戈号"就碰到了几个严峻的问题。船员饱受热带热病、痢疾和霍乱的折磨,而康拉德由于被租船人耽搁了,16天都无法离港。新上任的乘务员(或许是某位当地旅店老板推荐的)看不出年纪,是一个"长着一张骷髅脸的中国人……第三天还没结束,他就暴露出自己吸鸦片成瘾,是一个赌徒、胆大无畏的贼,以及一个一流的短跑运动员"——他偷了康拉德的所有积蓄——32金镑,然后溜之大吉。这起盗窃及那个乘务员鬼鬼祟祟的行事作风给康拉德留下了深刻印象,他在后来的谈话中两次提起。他将儿子的狗狡诈的行为比作"那个偷了我所有钱的中国人做的事。当面满脸堆笑,但一背过身就夺走了一切"。另一次,康拉德与刚从东方回来的伯特兰·罗素交谈,提到曼谷东南方的一个小镇时,康拉德说道:"我一直都很喜欢中国人,即使是那些试图在庄他武里(Chanthaburi)的某个私人住宅的院子里杀我(以及其他人)的人,甚至(但没那么喜欢)那个在曼谷的一个夜晚偷走我所有钱的家伙,在遁入暹罗的茫茫人海之前,他早上还会为我整齐地叠好我要穿的衣服。"[12]

康拉德后来发现"奥塔戈号"的前船长约翰·斯纳登(John Snadden)卖了船上的物资奎宁*,用毫无价值的粉末来替代。而且上一段航程期间,大多数时候他都将自己锁在船舱里拉小提琴。当时的德国大副查尔斯·博恩(Charles Born)将船带到了曼谷(而不是有许多资质合格的船长的新加坡),他期望在缺乏合适候选人的情况下,被任命为临时指挥。康拉德的到来破坏了他的计划,从而激起了他的怨憎。

1888年2月9日,"奥塔戈号"终于离开了,带着满舱的柚木

---

* 奎宁(quinine),俗称金鸡纳霜,是重要的抗疟疾药。

和七个病恹恹的船员（只有船长和厨师是健康的）。在没有强风助力她南下的情况下，她花了 21 天才驶回新加坡。大部分船员都因发烧住院，于是招了六名新海员。船从爪哇岛和苏门答腊岛之间通过，于 5 月 7 日到达悉尼，康拉德之前乘坐"萨瑟兰公爵号"和"埃蒂夫湾号"来过这儿。

8 月 7 日，在悉尼和墨尔本来回航行过几次后，"奥塔戈号"带着满舱肥料、肥皂和脂油向毛里求斯驶去。在晚期的一篇文章中，康拉德解释说他受纵横太平洋的冒险探索者的启发，决定走一条更快但更长、更危险的线路——从新几内亚和澳大利亚北端的中间走。他还有可能是因为急欲在第一次做指挥时考验自己。他回忆道："几乎没有再多想，我就坐下来给我的船主（在阿德莱德）写了封信，建议放弃常规的南方线路，转而取道托雷斯海峡（Torres Strait）到毛里求斯。"船主出人意料地同意了之后，康拉德"坚持要求顶着强劲的西南风离开悉尼。领航员和拖船船长都为我的冥顽不灵震惊不已，还在悉尼角内他们就赶紧离开了，留我操控自己的设备。凶猛的东南风助我乘风破浪，才第九天我就到了托雷斯海峡的入口"。通过海峡时，他在礁石上看到两艘失事的船，但他带领自己的船安全通过了。

毛里求斯是印度洋上的一个热带岛屿，在马达加斯加东边，盛产甘蔗，被珊瑚礁包围着，火山带纵横交错。它最开始在 1721 年被法国人殖民，1810 年，在拿破仑战争期间，被英国人占领。康拉德于 9 月 30 日到达路易斯港，为了等黄麻袋（毁于一场火灾；康拉德需要用黄麻袋来装蔗糖和土豆等货物），在英国殖民地待了两个月。康拉德作为文化人的背景、高贵的举止和优雅的外表让他在岛上这个说法语的天主教社会感觉如鱼得水。这是除 19 世纪 70 年代的马赛之外，唯一让他拥有愉悦社交生活的港口，也仅仅是在这个地方，他对女性表现出了一点点兴趣。

第六章　东行之旅（1886—1889）

当地租船主保罗·朗格卢瓦（Paul Langlois）对 31 岁身处毛里求斯的康拉德的描述是对这个被称为"俄国伯爵"的年轻水手最早的记录（塔德乌什的记述除外）。不论这个称谓有多么恼人和讽刺，就那个熟悉，或许还显得纡尊降贵的称呼"波兰佬"来说，还是相当大的进步了。

> 他有着生机勃勃、极度灵活多变的特质，可以迅速从温文尔雅转变成临近愤怒的兴奋激动；大大的黑眼睛一般来说都是哀愁、迷蒙和温柔的，除了在他频繁生气的时候；坚毅的下巴，形状优美的英俊嘴巴，还有修剪整齐的浓密的黑棕色胡髭……
>
> 科热尼奥夫斯基船长与他的同事截然不同，总是衣着华丽。我仿佛仍能看到他（正是因为他与其他水手迥异，我的记忆才如此准确）每天穿着黑色或深色外套、马甲（通常是浅色的）和"花俏"的裤子来到我的办公室，所有衣物都剪裁精美，优雅得体；他会戴一顶黑色或灰色的圆顶礼帽，微微斜向一边，总是戴着手套，拿着金头手杖……
>
> 至于他的品格，他拥有完美的教育背景，心情大好时——这并不常见——他有着各式各样有趣的谈资。这个未来以"约瑟夫·康拉德"之名大受欢迎的人通常都十分沉默，易怒。在这样的日子里，他的肩膀和眼睛会神经性抽搐：任何意料之外的事，任何掉落到地上的东西或者摔门声都会让他气急败坏。他就是人们所说的那种"神经衰弱者"；那些时候，人们都会谈论"神经紧张"。[13]

对朗格卢瓦而言，康拉德不同于商船队那些不修边幅、爱酗酒的水手，他也因此更欢迎康拉德。康拉德的穿着进步了，现在可以说已经显得十分优雅,而不是像1885年在加的夫时那样令人尴尬。他未完成的高中教育由勤奋的阅读弥补,似已"完美"。他极端的(近似炮弹休克症的)神经紧张是贯穿其一生的特征,但对一名需要频繁处理突发危机的船长来说,似乎是危险的累赘。

在《幸运一笑》中,康拉德对毛里求斯社会进行了批判性回顾,这个社会无意中伤害了他的感情,它的本质特性让他想起了乌克兰的什拉赫塔家族,唤起了他的悲痛之情:"古老的法兰西家族〔是〕旧殖民者的后裔;贵族血统,穷困潦倒,困居家中,在枯燥、高贵的衰败中度日。通常男人会在政府部门或商行担任下等职位。女孩几乎总是美丽可爱,不闻窗外事,善良,可人,一般都会两门语言,她们会用英语和法语天真地谈天说地。她们的存在之空虚,令人难以置信。"

在一阵突然迸发的热情驱使下,康拉德向岛上的两名年轻淑女求爱。第一位是闷闷不乐的艾丽斯·肖(Alice Shaw),芳龄十七,她的父亲是一名航运代理人,他培育了一座人人称道的玫瑰园。"我对这个女孩的关心比较特别,"康拉德在他的毛里求斯故事中写道,"诱惑我的是她脸上喜怒无常的表情、固执的沉默、轻蔑的三言两语。"[14]故事和现实一样:艾丽斯的父亲强迫船长不情不愿地运输一船土豆,等他到了墨尔本,竟发现由于土豆奇缺,其价格陡升,他也因此大赚了一笔。

他的第二位淑女好友更严肃也更活力四射二十六岁的欧仁妮·勒努夫(Eugénie Renouf),一名法国商船队主管之女。康拉德会邀请勒努夫一家饮茶,带他们参观"奥塔戈号",与他们乘坐敞篷马车,前往这个国家一间优雅的咖啡馆,或者造访他们家,带着他的金头手杖,以一口完美的法语向他们施展魅力,讲述他激动人心的海上冒险。欧仁妮逗趣的方式就是与康拉德调情,让他回答她的"坦白簿"上的问题。虽然这些问题(和对话一样)都是法语,但

第六章 东行之旅（1886—1889）

康拉德轻率地用英语有些逃避但更正式地给出了回答："棕黑发女郎和金发女郎，您更喜欢哪一种？"* "都喜欢。"不过他的一些答案还是吐露了点实情：

> 您性格的主要特征是什么？
>
> 懒惰……
>
> 您更偏爱女性身上的什么品质？
>
> 美丽……
>
> 您希望被赋予哪种天赋？
>
> 自信……
>
> 什么最令您厌恶？
>
> 惺惺作态。

11月底，自信满满的年轻船长，航海事业再上一层楼，以其融合魅力与勇敢的奇特气质给这个守旧的家族留下了深刻印象，他向欧仁妮求婚——结果发现她与他调情都是惺惺作态。他看上去并且感觉自己就是个十足的傻瓜，竟会相信他已经赢得了她的心，但事实上她已与当地的药剂师订婚，并在两个月后——1889年1月——成婚了。受到羞辱的追求者不愿上门道别，自尊心受挫的他给女孩的父亲写信说他永不再回毛里求斯。他在《幸运一笑》中解释道："海洋之珠于短短的几小时内在我眼中变得面目可憎。我也不想再见任何人。我的声誉受损。我知道自己成了无情、嘲弄之语的靶子。"[15]

终于弄到了黄麻袋后，康拉德于11月2日离开了路易斯港，于1889年1月5日抵达墨尔本。接下来的三个月他运送小麦，往

---

* 原文为法语；以下问句的原文均为法语。

返于墨尔本与阿德莱德港之间。3月26日,他辞去了"奥塔戈号"船长一职——与他离开"维达尔号"时一样突然,一样难以理解。"黑钻航线"的船主,如克雷格船长一样大力举荐他:"我们对于你在现在辞职空出的职位上表现出的能力及你的整体成就,都有着高度评价,期盼听到你未来成功的消息。"

辞职的表面理由是他想到中国海域航行,而不是如船主希望的那样重返毛里求斯。但经历了"奥塔戈号"上的一切后,他或许觉得自己可以操控一艘更大、更重要的船。在东方待了两年多后,他终于想要回欧洲,去见塔德乌什舅舅——他的健康开始恶化。"你没在信里告诉我,"塔德乌什写道,"你觉得你会在澳大利亚水域待多久,但这对我来说意义重大。如果你感觉心满意足,我不希望影响你延长或缩短你逗留的时间。但对一个命不久矣的老人(他59岁)而言,时间颇有意义,同样意义深远的是知道他能再次见到他至亲之人——也就是你!"[16]康拉德乘坐德国汽轮"纽伦堡号"(Nürnberg)离开阿德莱德,穿过苏伊士运河——就像他1883年结束狂暴的航行,乘坐"巴勒斯坦号"返回时一样,5月14日抵达南安普敦,他在皮姆利科(Pimlico)的贝斯伯勒花园(Bessborough Gardens)租了一间简朴但更靠近中心地带的房间,沃克斯霍尔桥路(Vauxhall Bridge Road)与泰晤士河在此处交叉。

三

1889年的夏天,康拉德基于他与婆罗洲那位衣衫褴褛的欧亚商人的短暂交往,开始创作第一部小说《阿尔迈耶的愚蠢》,这是他从水手转向作家的重要过渡。在《个人记录》中,他说他是在一个无所事事的假期开始投入这本书的创作,还说在那之前他除了几封信外,没写过什么东西,从没记笔记或日记的习惯,从没打算要成为作家:"当我坐下来写作时,我完全想不到一本经过周详设计的书应该是什么样的。"虽然他称"推动他写作的是一种隐秘、模糊的需求,是一种不见踪影、难以解释的现象",但他的动机并不难看透。小时候的他写过爱国戏剧,还以《黑人大副》参加过比赛。并且他父亲强大的榜样力量必定激发了他的创作冲动。孤独的童年时期,他都在看着阿波罗文思泉涌地创作诗歌、戏剧、短文并进行翻译;而且他热爱阅读三个国家的文学。他给小说中的伯劳取名桑比尔(Sambir)——源自桑博尔(Sambor),加利西亚省的一个小镇,他原来的老师亚当·普尔曼曾在那儿行医。

他写小说的决定——如果说并不是要成为作家,引出了两个重要问题。首先,他为什么从《阿尔迈耶的愚蠢》的主题开始?康拉德认识一些马来人,近距离观察过沿河而居的达雅族和阿拉伯人,并且发现他能理解他们的文化。他希望延续吉卜林描写印度的作品和史蒂文森描写南太平洋的作品的成功,并且在小说中开辟一片无人讲述过的领域——婆罗洲东岸一条无人知晓的河流。他深受热带地区白人的堕落这一主题的吸引,而且考虑到社会和政治方面的原因,描写荷兰人比描写英国的帝国主义者更为安全。

其二,康拉德为什么用英语写作?他来自乌克兰一个种族混杂的社会,有相当数量的多语种作家会用几种语言写作。十年后,一名波兰人问康拉德为什么不用波兰语写作,他回避了这个问题,不真诚地贬低了自己及英语文学传统:"先生,我太过珍重我们美丽的文学,以至我无法把它用在我笨拙的胡言乱语中。但就英语而言,我的能力足够,还可以维持我日常的生计。"虽然他把福楼拜和莫泊桑列为他的文学偶像,但他的书面法语还远不够完美。[17]

康拉德已经用英语思考了 11 年,他的整个东行之旅都是用的英语,所以他创作他的海洋小说时并没有踌躇该用什么语言。正如托马斯·曼所说，英语是"航海之人的经典语言"。比起他对语言的选择，更不同寻常的是作为一个成年人，康拉德在通过阅读莎士比亚和拜伦学习文学英语的同时，从洛斯托夫特的渔夫和水手那儿学习英语口语。他后来说他"来到英国的时候，对英语一无所知，航行间隔，他会待在洛斯托夫特一间水手经常光顾的小酒馆里，正是在那里，他通过苦苦摸索《标准》杂志上的文章，学懂了第一堂英语课"。

他当时选择的外语很独特。后来，弗拉基米尔·纳博科夫、阿图尔·克斯特勒（Arthur Koestler）、伊萨克·迪内森（Isak Dinesen），以及萨缪尔·贝克特和欧仁·尤内斯库，这些用外语写作的作家都取得了卓越成就。康拉德在1918年解释了这个问题，他告诉休·沃波尔："我写下《阿尔迈耶的愚蠢》的第一个字时，我已经用英语思考了好多好多年了。早在我掌握——我不敢说风格（我还没能做到这一点）——但至少是口语之前，我就开始用英语思考了……你可以相信我，如果我不了解英语，在我的人生里，我是不会写出一行会出版发表的文字的。"[18]康拉德对英语的选择展现了他对英国的拳拳之心。

第七章

深入刚果（1890）

一

从康拉德在阿德莱德离开"奥塔戈号"到他在金沙萨（Kinshasa）登上"比利时国王号"（Roi des Belges），共有长长的17个月（1889年3月—1890年8月）。在此期间，康拉德有足够的时间来反思他失败的航海事业。"身处英国皇家海军海员中的波兰贵族"通过非比寻常的努力，一路从普通海员奋斗到船长。但他的事业陷入停滞，要找到工作极其艰难。有正确的关系网、刚好的运气，合适的船招人时要正好在场，有必需的资格证书，还要留下恰到好处的印象，同时具备所有这些条件太困难。

通常来说，在船上有了不好的经历后，紧接而来的就是找差事的挣扎。"特雷莫里诺号"在马赛失事；他因为政治原因被禁止为法国船队工作；他和"梅维斯号"的船长争吵，丢了保证金；被"欧罗巴号"上的疯子船长剥削。他没能完成"巴勒斯坦号"和"河谷号"的往返航行。他在前一艘船上经历了一系列灾难——包括一次爆炸和火灾，后一艘船上醉酒的船长把他开除了，还给了他负面推荐语。他在"高地森林号"上被一根飞来的木杆打伤,还辞去了"维达尔号"和"奥塔戈号"上的工作。康拉德在东方水域指挥过远洋航行的船。但现在,身处逆境的他不得不找一份过得去的工作,在一艘15吨重的破旧淡水汽轮上任船长——他把这艘船称为"迟缓的甲虫",航行在非洲中部一条地图上未标明的凶险河流上。

康拉德少年时期最喜欢的科目就是地理。他兴致勃勃地钻研地图,阅读有关芒戈·帕克(Mungo Park)在尼日尔、詹姆斯·布鲁斯(James Bruce)在阿比西尼亚、理查德·伯顿(Richard Burton)和约翰·斯皮克(John Speke)在中非的非洲探险。十岁时,他看到了一张非洲地图,地图上有一片空白,那代表着"那个大陆的未解之谜",他用手指指着那片空白,"带着绝对的自信和令人惊异的无畏[对自己发誓]……等我长大了,我要去那里"。

英国探险家、记者亨利·莫顿·斯坦利(Henry Morton Stanley)新近的冒险掀起了铺天盖地的宣传,这也进一步激发了康拉德对黑暗之心的兴趣。1871年,斯坦利在非洲大陆腹地找到了利文斯通博士[*]。五年后,他从西海岸开始穿越非洲,追寻刚果河流经的路线。1889年他发现并带回了德国人埃明帕夏[**],埃明帕夏本是西苏丹赤道省(Equatoria province)的总督,1882年的马赫迪起义(Mahdi Revolt)后被孤立。1879年到1884年,斯坦利作为探险家和行政官为比利时国王利奥波德二世(Leopold Ⅱ)服务,他写了一篇用于宣传的报告,题为《刚果及其自由国的建立:一个劳作与探索的故事》(*The Congo and the Founding of its Free State: A Story of Work and Exploration*,1885),被翻译成17种语言,巩固了国王的威望。

---

[*] 即大卫·利文斯通(David Livingstone,1813—1873),著名的苏格兰探险家和传教士。
[**] 帕夏指奥斯曼帝国行政系统里的高级官员,如总督、将军等。

第七章 深入刚果（1890）

康拉德说在《黑暗的心》中"经验［被］向前推进了一点（仅有一点），超越了这一情况的实际事实"。在那部中篇小说中，自传主人公查理·马洛描述了他从东方回来后找工作的过程："那时我刚回到伦敦，在跑了很多趟印度洋、太平洋和中国海之后——那是东方的常规航线——这条航线我跑了有六年左右。回到伦敦后，我无所事事，在你们的上班时间去打搅你们工作，上你们家去找麻烦，仿佛我身负神圣的使命，要去教化你们。刚开始很开心，但不久我就感觉闲得烦透了。然后我开始去找一艘船——我想尝试一下地球上最艰苦的工作。但没人理我。我对这个游戏也烦透了。"*[1]

阿道夫·克里格的巴尔-默林公司帮助康拉德与根特（Ghent）的航船代理搭上了线。他们认为康拉德拥有出色的雇主证明书、卓越的教育及完美绅士的教养，把他推荐给了上刚果比利时商会有权势的主管阿尔贝·蒂斯（Albert Thys）。蒂斯留给康拉德的印象是"身穿罩袍、苍白丰腴的一团"。1889 年 11 月，蒂斯在布鲁塞尔面试了康拉德，测试了他的法语（这是获得这一职位的重要条件），含糊表示未来有合作的可能。下一个月，康拉德的舅舅邀请他去他乌克兰的家，康拉德问蒂斯在被召唤前往刚果之前，他是否有时间进行这次昂贵的长途旅行。

因为蒂斯并不是急需他开始工作，所以康拉德便按原计划去了波兰。虽然他在 1886 年 8 月取得了英国国籍，不再是俄国公民——经过与内政部的漫长斗争——到了 1889 年 3 月，他还是需要签证。这需要频繁前往位于贝尔格雷夫广场（Belgrave Square）的俄国大使馆［《间谍》中维罗克（Verloc）对弗拉基米尔先生的多次拜访就是基于此写成的］，才能在时隔 16 年后，平安回到波兰。

与此同时，为了帮康拉德在比利时当局那儿谋得一个职位，塔

---

* 约瑟夫·康拉德《黑暗的心》，叶雷译，译林出版社，2016 年，电子版，第一章。

德乌什让他与一位远方亲戚联系,即亚历山大·波拉多夫斯基〔(Alexander Poradowski)他外祖母的堂兄弟〕,他与他颇有影响力的法籍妻子玛格丽特住在布鲁塞尔。亚历山大曾是俄国军队的军官,在 1863 年灾难般的起义中指挥过一个波兰连队。他被俘,被判死刑,但在一名俄国军官同僚的帮助下逃脱。在利沃夫住了几年后,余生他一直在流亡。他在布鲁塞尔成立了一个慈善机构来帮助波兰难民。

他的妻子玛格丽特〔本姓加谢(Gachet)〕比康拉德大 9 岁,是一位在比利时皇家档案馆工作的中世纪学者之女。她的伯父保罗·加谢——一名乡村医生,塞尚和毕沙罗之友,业余画家——在 1890 年 5 月同意照顾凡·高。加谢是一位忠诚、有同情心的朋友,他欣赏并收藏凡·高的作品。凡·高对医生的描述是"一个自身非常紧张的人,行为怪异",他给这位斜靠着、备受折磨的医生画的画像展现了"我们时代心碎的表情"。当凡·高在 1890 年 7 月开枪自杀,加谢不得不把死讯告诉他的家人。一年后,当康拉德看到加谢拥有的凡·高搅扰人心的画作时,他将加谢的公寓比作巴黎附近一家著名的疯人院,他宣称:"在沙朗通*画派的画作衬托下,它有一种噩梦般的氛围。"[2]

玛格丽特是一个机智、聪颖、有文化、有教养、有同情心的女人。她与康拉德的家族、与他的过去有千丝万缕的联系,她曾和丈夫住在加利西亚省,了解流亡的痛苦。或许最重要的是,对于立志成为作家的康拉德来说,她出版了两部讲述加利西亚生活的小说——《雅加》(*Yaga*,1888)和《米希亚小姐》(*Demoiselle Micia*,1889),都曾在颇负盛名的杂志《两个世界评论》(*Revue Des Deux Mondes*)上连载。玛格丽特与亚历山大的姻侄阿妮埃

---

* 此处或指 1645 年在法国沙朗通-圣莫里斯建立的精神病院。

拉·扎古尔斯卡（Aniela Zagorska）长得惊人地相似，康拉德与扎古尔斯卡家族终其一生保持着亲密的关系。杰茜·康拉德后来说玛格丽特"是我认为我见过的最美丽的女人"。[3]

1890年1月16日，在一封致亚历山大、抬头写着"我亲爱的舅父"的信中，康拉德回忆了他在克拉科夫度过的童年时光中，亚历山大给予他的巨大善意，他还提议在前往乌克兰的途中顺道去布鲁塞尔探望。亚历山大欢迎他的到来，但回信说他病入膏肓，即将做手术。由于被俄国当局耽搁，康拉德直到2月5日才到达布鲁塞尔，两天后，亚历山大就过世了。毫无疑问，这起悲剧性事件将康拉德和玛格丽特紧紧联系到了一起。接下来的五年中，他的"姨妈"（他如此亲切地称呼她）成了他最亲近的联络人、红颜知己、挚友。

在《黑暗的心》中，马洛描述了在找男性帮忙找工作无果后，他如何绝望地寻求一名女性亲属的帮助：

> 男人们说完"我亲爱的老朋友"便全无下文。然后——真难为情——我尝试向女士们下手。我，查理·马洛，打发女人们去替我跑腿——帮我找一份差事。天啊！要怪就怪那个念头。我有一个姨妈，一个可亲的热心人。她给我写信说："定然是一件令人愉悦的工作。我必定竭尽所能祝你成功。该想法极佳。我认识一位公司高管的太太和另一位有头面的先生……"等等。她下定决心，不畏艰难，一定要帮我当上内河船长，让我得偿所愿。*

康拉德深深感激玛格丽特的帮助与爱；她成了他在非洲的那些日子

---

* 《黑暗的心》，第一章。

里（及以后）的情感生命线。"你赋予了我的生命新的趣味与情感；为此，我非常感激你，"他告诉她，"我知道在这个世界上有人关心在意我，她的心向我开放，她让我快乐。"[4]康拉德从刚果回来后去见了玛格丽特——这是马洛去见库尔茨的未婚妻这一情节的原型，这表明早在1891年1月他就将玛格丽特当作自己的未婚妻。

在布鲁塞尔待了几天后，康拉德途经柏林前往华沙和卢布林（Lublin），去拜访亲朋好友。然后他坐火车驶向东南方的卡扎京（Koziatyn），就在别尔季切夫附近，在那儿待了几个小时后，换乘速度更慢的货运、客运两用列车，到达奥拉蒂夫（Oratów），这是最靠近塔德乌什位于卡其米鲁夫卡（Kamierowka）的庄园的车站——仍有28英里的距离。塔德乌什的仆人——戴着羊皮帽，穿着系皮带的短款外套以及高筒靴——很惊讶这位"外国"访客竟然说波兰语。他给了康拉德一件巨大的熊皮外套，用于在八小时的车程中保暖，然后把他塞进了带雪橇的车厢里，车由四匹高大的红棕马拉着。在寒冷但快乐的旅程中，康拉德细细观察着熟悉的乡村，"一片为人们提供生计的亲切的土地，由低矮的圆形山脉构成，现在全白了，除了凹陷处有几块黑色，那是堆放木材的地方"。2月16日，康拉德的出现让塔德乌什备受感动，他拥抱了康拉德，将他迎进石头砌的宽阔大厅，白瓷砖做的大火炉温暖着屋子。"你和我在一起是不会有太多独处的时间的，"塔德乌什在兴高采烈、充满温情的一刻警告道，"我会不停进来找你聊天。"

两个康拉德的同辈记录了他们对康拉德于1890年初到访这个偏远地区的印象。新法斯蒂夫——1863年，康拉德与他生病的母亲一起在那儿住过——的一位妇人被这位刚离开澳大利亚、即将前往刚果的冒险家的故事深深吸引："那是难以忘却的时光——团坐在熊熊燃烧的火堆边，我们可以用好几个小时听康拉德谈论他的航行与见闻；他用波兰语说，但偶尔想不起用什么词的时候，他会用英语或法语替代。"另一位男性友人对康拉德的冷淡与漠然颇有微词，但其实那可能只是康拉德为了掩饰自己重回故乡的惴惴不安："显然所有的男士都已准备好要与康拉德交好，但他的态度给大家泼了盆冷水。他回答所有问题时都带着克制的礼貌。他谈话时全神贯注，倾听时也专心致志，但人们没法不注意到他的百无聊赖……他说话带着一丝外国口音，偶尔还会蹦出我们边陲地区特有的语调。"[5]

二

来了乌克兰两个月后，康拉德于 4 月 18 日离开。11 天后，他抵达布鲁塞尔并发现一个意外事件（以及玛格丽特为他所做的努力）让他不得不立刻前往刚果。名叫约翰内斯·弗赖斯莱本（Johannes Freiesleben）的丹麦船长在一起因小事而起的争端中，被非洲人杀死，而康拉德正是被雇来代替他的——就像他在曼谷被雇来代替"奥塔戈号"死去的船长。1891 年 7 月，刚果的《官方公报》（*Official Bulletin*）通报了弗赖斯莱本之死，并承诺会进行严厉的报复："唯一真正麻烦重重的地方是博洛博［（Bolobo）金沙萨北边］的琼比里地区（Trumbiri）。持续一年多的敌意和攻击行为最终演变成对上刚果商会一名汽轮船长的刺杀，面对此情景，必须罚一儆百。为了保证白人的安全，此类暴行必须被大力镇压。"

康拉德描述了他马不停蹄往来海峡两岸，只为在 5 月 10 日出发前往非洲前集齐装备，与朋友道别：

> 天知道我简直忙得团团转！从伦敦到布鲁塞尔，再回到伦敦！然后，我再次全速重回布鲁塞尔！天知道总共有多少锡铁

盒和左轮手枪、高筒靴和温馨的道别；再握一次手，再拿一条裤子！——如果你知道我总共带了多少瓶药和多少热切的祝愿，你就会明白我是在怎样的台风、旋风、飓风、地震中——不！是一场世界大洪水中——在混合了购物、工作、动人场景的奇妙氛围中，度过了整整两周。[6]

康拉德签了三年的合约——他最长的工作合约期，还带着他的《阿尔迈耶的愚蠢》的手稿去了刚果，但那里的情景并不利于文学创作。

从 1865 年一直到 1908 年，刚果都不是比利时这个国家的领地，而是国王利奥波德二世的个人财产。康拉德由于急于找工作且不熟悉非洲的情况，一开始相信了高尚的政治宣传——为黑暗大陆带去文明的仁慈之光。等他到了刚果，看到了对那里的资源和人口的无情剥削，他才意识到正是"争夺战利品这种最卑劣的行为扭曲了人类良心和地理探索这一段历史的面貌"。康拉德与福特·马多克斯·许弗 ［(Ford Madox Hueffer) 他后来改了姓，以福特·马多克斯·福特之名最为人所知］合著的《继承者》(*The Inheritors*，1901)，讽刺地将利奥波德二世刻画为贪得无厌、寡廉鲜耻的梅尔施公爵 (Duc de Mersch)。谈到利奥波德二世的外交成就——从占领刚果到康拉德在那儿时正在修建的从马塔迪（Matadi）到金沙萨的铁路，他们写道：

> ［他］以行慈善之名干妄自尊大之事。出于某种国际原因，他获准私自占领这片怡人的格林兰岛（刚果）。那里有金子、火车机油，以及其他能带来财富的东西……没有一个强国会让任何其他强国占有这个国家，所以它被献给了梅尔施公爵……
>
> ［他］想要财富，他想要一条横贯格林兰岛的铁路……

第七章 深入刚果（1890）

[所以他办了报纸，其目的]是歌颂梅尔施公爵道德的出发点，恭维政府，影响民众的看法，以及全面推动复兴北极（非洲）地区的国家事业。[7]

5月10日，康拉德乘坐"马塞约城号"[（Ville de Maceio）名字取自巴西海岸线上的一座小城]离开了波尔多。船首先去了加那利群岛的特内里费（Tenerife），而后沿着非洲西海岸向南航行，经停（现名为）塞内加尔的达喀尔（Dakar）、科纳克里（Conakry）、几内亚、塞拉利昂（Sierra Leone）的弗里敦（Freetown）、象牙海岸的大巴萨姆（Grand Bassam）、贝宁的科托努（Cotonou, Benin）、加蓬的利伯维尔（Libreville, Gabon）、法属刚果的卢安果（Loango）、刚果河河口的巴纳纳（Banan），以及自1886年起的刚果政府所在地博马（Boma）。与船上一些非洲老帮工聊过后，康拉德从弗里敦写来了一封信，信上的数据披露了惊人的人员伤亡率："让我不太舒服的是我得知我们公司60%的员工工作时间不满6个月就返回了欧洲。发烧和痢疾！年底会有一些人被紧急送回国，以防他们死在刚果……总而言之，只有7%的人能完成3年的工作期。"[8]康拉德看见一艘"不可理喻的"法国军舰停泊在岸边，向大陆发射小炮弹，这其实标志着针对强大的非洲达荷美王国的反抗运动开始，该共和国于1893年被法国征服。

航行了一个月后，康拉德于6月12日抵达博马，第二天，他又乘汽轮上行至马塔迪——下刚果地区最远的通航点，并在那里见到了与众不同的罗杰·凯斯门特（Roger Casement）——后来他在非洲唯一喜爱、尊重的人。凯斯门特1864年生于都柏林。和康拉德一样，他的父母在他小的时候就去世了；他被北爱尔兰的一位叔叔带大，在巴利米纳学院（Ballymena Academy）受教。18岁时，他成了一家利物浦贸易公司的职员，两年后，即1884年，他

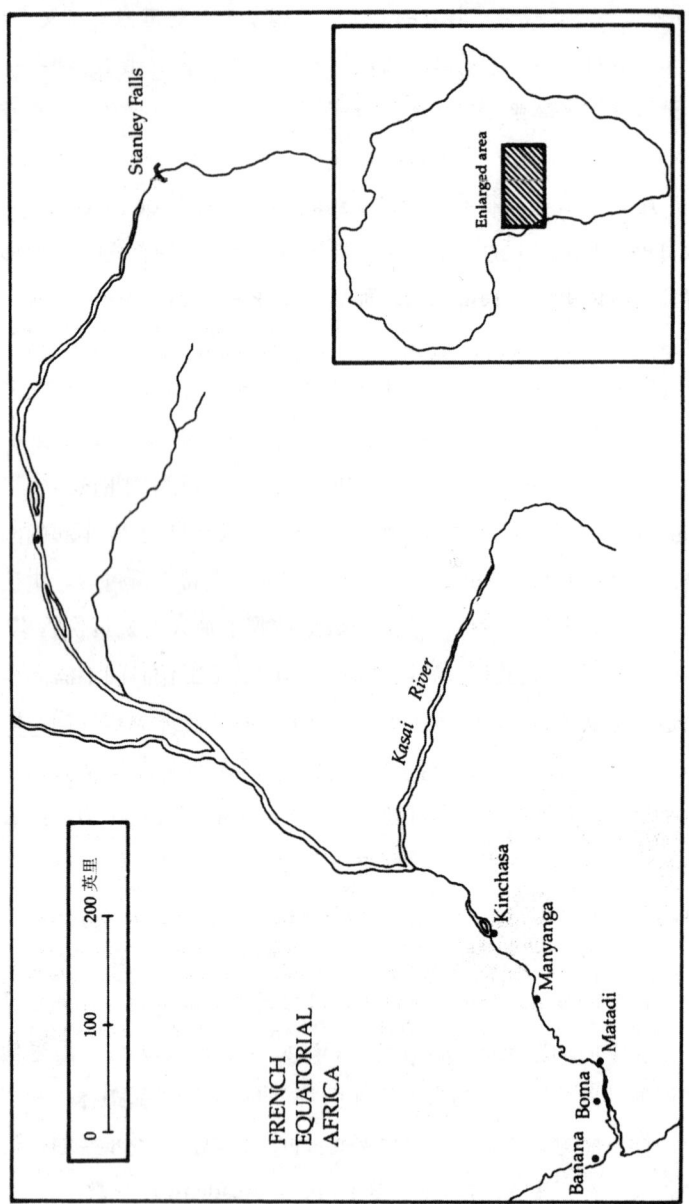

图3 1890年的刚果

驶向非洲，在利奥波德国王统治的刚果自由邦（Congo Free State）担任猎人、探险家、勘探员和行政官。工作两年后他回到了英国，但第二年他又被外派到下刚果，为比利时当局安排运输事宜。康拉德在6月13日的日记中热情满满地记录了他与有文化、经验丰富的凯斯门特见面的场景："结识了罗杰·凯斯门特先生，我认为这不管在任何情况下都是乐事一桩，如今这成了一种好运。好思考，善表达，聪明绝顶，极富同情心。"

凯斯门特身材高大，帅气逼人，举止得体，额头有皱纹，体瘦骨干，但有肌肉，由于长时间在热带工作脸部黝黑，头发浓密卷曲，长满了长长尖尖的胡子，还有明亮的蓝眼睛。他很理想主义，慷慨无私，魅力十足，但同样高度紧张，情绪不稳定，容易陷入一阵阵强烈的悲伤与自怜。他是《继承者》中外貌给人留下深刻印象的索恩（Soane），爱尔兰贵族之子，这个爱尔兰贵族与梅尔施公爵正好相反："他有着高贵华丽的特征——如今已有些模糊——以及一丝高尚品格的遗风。他的鼻子是古典工艺的奇迹之作，但时间的洪流使它染上红色、布满斑点——这并非冒犯了他，而是有一丝嘲讽；他的头发变得灰白，他的眼睛充血，他厚重的胡子参差不齐。他会激起人们的崇敬之情，让人们像尊敬一个完全活过、毫不在意咒骂的人那样尊重他。他时不时就会有些奇思妙想。"[9]

康拉德与凯斯门特（别人都觉得他性格难以捉摸）有两周共住一间房，他们很快就亲近起来。"他很了解海岸语言，"康拉德告诉爱尔兰-美国艺术赞助人约翰·奎因（John Quinn），"我和他一起进行过几次短途旅行，去和临近的村镇酋长'闲谈'，他们的目的是要获得可以让篷车从马塔迪驶到……金沙萨的通路。"1903年，康拉德给他好虚张声势、反帝国主义的朋友坎宁安·格雷厄姆写信，描述了凯斯门特的有勇无谋，以及他的一个习惯，即在不佩带武器、无人陪伴的情况下穿过危险重重的雨林：

他是信奉新教的爱尔兰人，也很虔诚。但皮萨罗（Pizarro）也是。其余的我可以向你保证，他是个很容易看透的人。他也有一点西班牙征服者的感觉，因为我曾见过他冲进一片环境恶劣的荒野，带着两条狗，挥舞着一根手柄弯曲的木棍当作全部武器：帕迪（白色）和比迪（有斑纹）在他脚边，还有一个罗安达小男孩给他拿行李，这就是他的全部随从。事情发生几个月后，我看见他走出来了，清瘦了些，黑了些，带着他的棍子、狗和罗安达男孩，而且安详平静，好似他刚在公园里闲逛了回来……他可以告诉你各种事情！我试图忘记的事；我永远不会知道的事情。我在非洲度过的几个月，于他而言，就好像过了好几年——相差无几。

康拉德满心赞叹地描述凯斯门特在环境恶劣的荒野平静漫步，这表明凯斯门特可能是《黑暗的心》里难以捉摸、令人费解的身穿杂色服装的俄国人。6月28日，康拉德"与凯斯门特温情告别"，向河的上游跋涉去指挥他"破破烂烂的汽船"。[10]他们直到1896年才在伦敦的约翰逊学会晚宴上再度相见，该学会是由康拉德的出版商费希尔·昂温（Fisher Unwin）创立的。但康拉德对刚果的态度，以及他小说中对他糟糕的非洲之行的描写都深受凯斯门特影响。

1895年，凯斯门特为英国领事馆工作，先后在莫桑比克、安哥拉和开普敦任职。五年后，凯斯门特被任命为博马的领事。1903年，他对上刚果地区橡胶工人的待遇的调查使他蜚声世界。凯斯门特实事求是、令人锥心的长篇报道记录了施加在他所称的"贫穷、赤裸、逃亡、被捕、被折磨、奄奄一息的刚果男男女女身上的暴行"。

凯斯门特的报道称，非洲人被皮条绑缚，那些皮条遇雨收缩，勒进骨头，他们肿胀的双手被来复枪枪托击打，直到他们摔倒在地。被铁链捆绑的奴隶被迫咽下白人的排泄物,为了拿走他们的戒指,砍掉他们的手和脚,男人排成一排,一管弹药射向他们,受伤的囚徒被蛆虫啃噬,直到死去,随后便被丢给饥饿的野狗或被食人部落吞食。一个女孩扛着父母的骸骨,骨头装在破烂的帆布口袋里,叮当作响,并且她证实,饥饿的人会吃从老建筑上扒下来的墙皮,然后吐出满是水蛭的绿色胆汁。另一个男孩向凯斯门特描述他是如何在一次对他村庄的突袭中受伤的,他"摔倒在地,应该是昏过去了,但当他的手被齐腕砍下时,他清醒了。我问他怎么能做到安静地躺着不露痕迹。他回答他感觉到了切割,但他不敢动,知道他只要暴露了一丝生存的迹象,就会被杀死"[11]。

虽然凯斯门特得到了国王的布鲁塞尔政府的官方许可,但是他每天都要遭受自由邦官员的阻挠,因为由于他的调查,他们自身的存在都受到了威胁。他对暴行的详细记录通过节制的语气和客观的风格产生了巨大威力,这也展现了凯斯门特对受压迫者赤诚的奉献。1908年,刚果改革协会成立,凯斯门特终于取得了胜利。他对丑闻的揭露激起了世界舆论,迫使利奥波德国王放弃了他对刚果的私有,刚果因此成为比利时的殖民地。心怀感激的国家付了国王五千万法郎;凯斯门特受到英国政府嘉奖,被任命为圣迈克尔和圣乔治骑士团司令。

凯斯门特的调查帮助压制了刚果残酷、剥削无度的殖民主义,是那个世纪伟大的人道主义成就。就像同样在道德上感到义愤填膺的康拉德,凯斯门特是第一批质疑西方进步观(从文艺复兴到第一次世界大战,一直是欧洲的主导思想)的人,他向殖民主义虚伪的正当性发起攻击,在纪实文献中揭露白人在非洲的野蛮堕落。

凯斯门特的《刚果日记》("Congo Diary")证实了《黑暗的心》所描述的情景是准确无误的:被铁链锁住的劳工、死亡之林、以铜丝做报酬、人吃人和篱笆庄上的人类头骨。凯斯门特证实康拉德没有夸大或捏造这些恐怖场景，它们为他对殖民主义的攻击提供了政治的、人道主义的基础。

在金沙萨和斯坦利瀑布之间的科基拉维尔（Coquilhatville），凯斯门特报告称"两个人被铁链锁在一起，被迫搬运沉重的砖和水。还频繁被看管他们的士兵打"，很多非洲人，包括酋长，就这样死在了铁索中。在一片死亡之林中（与康拉德笔下的类似），凯斯门特"发现了17个生着病的男女在睡觉，他们就这样躺在尘污中。大部分人就直接躺在光秃的地面上——有几个躺在门前的路上，还有一个女人掉入了火中……我见到的17个人全都行将就木"。

在《黑暗的心》中，马洛饥饿的食人族船员的工资是铜丝，而不是钱，甚至不是食物。凯斯门特写道："上刚果的大部分地区公认的货币是看长度，每个地区各不相同。有一段时间，公认的铜丝长度是18英寸，但现在，铜丝的平均长度不会超过8或9英寸……事情就是这样，不得当且肮脏，这是上刚果众所周知的主要货币形式。"

虽然马洛船上的食人族有定量扔上船的腐烂河马肉，但他们展现出惊人的、出乎意料的克制。可在19世纪80年代到90年代，比利时政府平定刚果期间——平定行动不受道德、法律或政治控制，更冲动的食人部落的军队站在敌对双方交战，被俘士兵和死亡的敌人被切开，当场吃掉。及至1903年，凯斯门特证实还发生了几起雇佣兵"夺过一个女人，切开她的喉咙，分尸，吃了她"的事件。就像马洛惊恐地看到装饰一户欧洲人篱笆的是人类头骨，受到惊吓的凯斯门特"看见在几个大城镇的[城邦橡胶]桩四周的草地上，散布着人骨、头骨，甚至有时是整副尸骨"[12]。

凯斯门特注意到"如今的象牙贸易已经全部脱离了上刚果本地人的掌控"，记录下了那些不择手段的狂热欧洲人——他们很可能也是库尔茨的原型:"如果一个官员的辖区可以产出最优质、量最大的商品,那他就是值得称赞的;只要能成功做到这一点,他实现产量增值的手段就不会——可以相信——受到严密审查。"但凯斯门特的(也是康拉德的)目的就是要进行严密审查。凯斯门特给他的好友、了不起的刚果改造者埃德蒙·莫雷尔(Edmund Morel)写信说他决定"如果我再次回家,我会拼尽全力让我的同胞了解我们白人种族把我们本有义务去保护的黑人的家园变成了怎样的人间地狱,日复一日。"凯斯门特在他最后的几封信中的一封里,质疑欧洲文明的价值,他的表述呼应了《黑暗的心》最重要的思想之一。他将残暴的殖民者与他们"野蛮"的受害者并置,就像康拉德把克制的食人族与掠夺成性的白人"朝圣者"对比:非洲"已被'打开'(好像它就是一只牡蛎),文明开化的使者现在正忙着用血培育它,互相残杀,并且胸中熊熊燃烧着对我的仇视,只因我认为他们的工作就是有组织的谋杀,比野蛮人在他们之前所做的任何事都更糟糕。"[13]

三

与凯斯门特在马塔迪的交谈加深了康拉德对刚果理由充分的怀疑。而且他对这个国家的第一印象就预示了他会受到比利时殖民者的刁难。6月13日,到达这个国家的第二天,他记录道:"对未来相当疑惑。刚刚在想我和一群[白]人一起在这里生活,不会很舒服。打算尽量避免与人深入交往。"11天后,当他参与把象牙装进木桶这一项"白痴的"、耻辱的任务时,他发现贸易站百来号欧洲人主要的社交活动就是在背后嚼舌根。

1888年,康拉德到这里之前两年,阿尔贝·蒂斯本人就沮丧地宣布:"一到达马塔迪就像到了一片被诅咒的土地,自然亲自在这里设下障碍,阻止一切进步。"[14]因为汹涌的大瀑布,马塔迪到金沙萨之间的这一段河不能通航。因为铁路还没有建成,康拉德不得不走路通过这一段230英里的艰难路程。

6月28日,他离开了马塔迪,从7月8日到25日都待在马尼扬加[(Manyanga)中途点],8月2日达到金沙萨。他的《刚果日记》记录了这段时间,而且那是他到那时为止,内容最丰富的英语创作。康拉德记录火热、阴沉的白天,以及寒冷、难以成眠的夜晚;长途跋涉,爬上陡峭、寒冷的峡谷;咬人的蚊子、肮脏的饮用水,还有在夜晚响起的威胁性鼓声。在往河上游行进的途中,他路过了一副绑在杆子上的尸骨,正在腐烂,"又一具躺在路边、作沉思状的静止死尸"。他还得照料他发烧的同伴普罗斯珀·阿鲁(Prosper Harou),阿鲁与他一起从波尔多航行过来,似乎注定要和其他人一起走进亡人之站。8月1日当他们正靠近金沙萨时,康拉德记录道:"阿鲁不太好。蚊子、青蛙,野蛮凶残。很高兴眼见这次愚蠢的跋涉就要到头了。感觉没精打采。"在马洛以他惯常的轻描淡写的讽刺说的一段话中,康拉德影射了阿鲁:"我还有一个白人同伴,人倒不坏,但有点儿胖过头了,有一个不断加剧的毛病:一爬上炎热的山坡就要晕过去,而最近的一点树荫和水源还在好几英里之外⋯⋯后来他发起烧来,我们只好把他放进吊床,挂在木杆上抬着他走。为此搬运工跟我吵了不知道有多少次,因为他足足重十六英石[224磅]。"*[15]

经过18天令人精疲力竭的跋涉,到达金沙萨后,康拉德就和卡米耶·德尔科缪内(Camille Delcommune)有了不太愉快的会面,德尔科缪内是比利时商会的经理,也是他的顶头上司。他比32

---

* 《黑暗的心》,第一章。

第七章 深入刚果（1890）

岁的康拉德还要大两岁，自 1883 年就一直待在刚果。"我和经理的第一次会面相当奇怪。"马洛在《黑暗的心》里讲述道："当天早上，我走了二十英里的路才见到他，他却没有请我坐。他的表情、五官、仪态和声音都平淡无奇。他不高不矮，不胖不瘦。他那双蓝眼睛的颜色很普通，眼神却冷漠得过分，他盯着人看的时候，无疑能把这眼神变得跟沉重的利斧一样劈向人。"* 德尔科缪内很不耐烦，被激怒了，他批评康拉德从马塔迪过来竟然花了这么长的时间，并通知他本来由他指挥的"弗洛里达号"（Florida）在凶险的河水中损坏了，被拖到金沙萨进行大修。

因为康拉德必须学会操控湍急、变化多端的河流（为此，他记了第二个细节充分的技术日记），德尔科缪内把他派去了"比利时国王号"。那艘船的指挥是年轻的丹麦人卢兹维·科克（Ludvig Koch），船于 8 月 4 日去了河上游的斯坦利瀑布。这艘名字如此恢宏的船是破旧的双层船，两个甲板都围着脆弱的木围栏，覆盖着方形的铁皮顶，由摇晃的柱子支撑着。这艘烧木头、由船尾明轮推进的汽船上除了一个比利时商人，还有四名包括德尔科缪内在内的乘客。它拖着两艘装满木头的驳船，夜晚停靠，以便砍树做燃料。30 名非洲船员包括一群名副其实的食人族。康拉德还在马塔迪时，塔德乌什就开玩笑地说："我相信我迟早都会收到你的来信，前提是你没被串起来烤熟、当烤肉被吃掉。"虽然康拉德往上游行进的旅程没有小说中马洛前往未知之地的旅途那么凶险，但食人族是千真万确的威胁。有一个非洲人"当被问到吃不吃人肉时，他回答：'啊！我希望我能吃掉地球上所有人。'"[16]

向上游进发的途中，康拉德和凯斯门特一样，能够观察到比利时统治的灾难性影响。凯斯门特的好友埃德蒙·莫雷尔写道："这

---

*《黑暗的心》，第一章。

个国家被毁了。'比利时国王号'汽船上的乘客已经能亲眼看到从距我们在乌波托（Upoto）的工厂下游半天路程的邦提亚（Bontya）开始，包括乌波托，没有一个有人居住的村庄——这就是说，四天来，我们坐着汽船穿行的这个国家，原本如此富饶，如今完全毁了。"

9月1日，康拉德抵达斯坦利瀑布，这里是他深入非洲之旅的最远端，距离大西洋将近一千英里。他后来提到他曾十分接近阿拉伯奴隶贩子，他回忆道："斯坦利瀑布沉闷的轰隆声飘荡在上刚果最后一个可通行河段夜晚沉重的空气中，而不到10英里远，就在瀑布上的雷希德（Reshid）营地里，刚果阿拉伯人坚不可摧的统治不安地沉睡着。"[17]

9月6日，德尔科缪内命令康拉德接管"比利时国王号"，因为科克船长病了。第二天，汽船载着生病的科克和食人族船员离开了斯坦利瀑布，开启了速度更快、驶向下游的金沙萨的航行。到了9月15日，科克恢复了健康，再次接管了这艘船。斯坦利瀑布的商业代理乔治·安托万·克莱因（Georges Antoine Klein）因为痢疾病重，死在了下行的旅途中。虽然克莱因显然是库尔茨的一个原型，但他的人生并没有库尔茨职业生涯中那些耸人听闻的方面。这些方面是受另一名代理的启发，他名叫阿瑟·霍迪斯特（Arthur Hodister），库尔茨折磨别人，而他是被人折磨。1892年12月8日，《泰晤士报》报道了霍迪斯特"和他的同僚被抓并被处死，他们的头被插在杆子上，身体被吃掉"。

船于9月24日抵达金沙萨时，康拉德也病倒了，他受到了疟疾引发的高烧和痢疾的猛烈侵袭，严重呕吐加便血。这个病在他待在刚果的剩下的日子里一直折磨着他，也为他仅在非洲待了6个月就提出终止合同——就像60%的雇员一样——提供了理由。使他日渐虚弱的疾病必定影响了他和德尔科缪内糟糕的关系。这也激起了

第七章 深入刚果（1890）

他对玛格丽特大肆倾吐悲痛，这悲痛之情很像阿蒂尔·兰波对他1888年在阿比西尼亚感受到的无法忍受的孤独和堕落的怨愤。兰波写道：

> 我孤独且无聊。我从没见过和我一样那么孤独又无聊的人。这难道不悲惨吗？我过的这生活，没有家人，没有朋友，没有智识上的同伴或消遣，迷失在这群黑人中间，你想改变他们的命运，他们却试图剥削你……被迫说他们的胡言乱语，吃他们恶心的脏东西，忍受一千零一种由他们的懒散、背叛、愚蠢引发的烦心事。但那还不是最糟的。最糟糕的事是担心自己也变成蠢货，与世隔绝，远离任何智识上的陪伴。[18]

康拉德以类似的话告诉玛格丽特，来刚果是他犯下的大错，他和德尔科缪内争吵，自己毫无前途可言，健康也崩坏了。（他的疾病让一切都变得比实际上更糟。）康拉德曾作为一个在俄国的波兰人而受尽折磨，如今他因作为一个在刚果的英国人而被谴责。他还告诉玛格丽特，他没有船，只能在森林深处干伐木工的活儿：

> 我在这里的日子苦不堪言。自欺欺人也不管用！真的，我后悔来这里了。这份后悔甚至让我悲痛万分……
>
> 这里所有的一切都让我反感。人、事、物都是，但尤其是人。他们也反感我。上到非洲的经理——他不辞辛苦地四处告诉别人我对他大不敬，下到最底层的机修工，他们都有让我心神不宁的本事，所以对于他们而言，我并没有我应该表现的那么讨喜。经理就是个有着卑劣本能的普通象牙贩子，他自认是商人，其实他不过是个非洲小店主。他名叫德尔科缪内。他讨厌英国人，而在这里我自然被当成此类人。只要他在这儿，我

就不要指望升职或加薪了。另外,他还说过在欧洲许下的承诺,如果没有写到合同里,在这儿是没有任何分量的。沃特斯(Wauters)先生(布鲁塞尔公司的重要人物)给我的承诺就没有写在合同里。不仅如此,我还没有任何东西可指望,因为没有船可供我指挥。新船或许要直到明年6月才能完工。与此同时,我在这儿的职位也不明确,我深受其扰。所以事情就到了这个地步!"锦上添花"的是我的健康也很糟糕……

向上游行进的途中,我在两个月内发了四次烧,然后在瀑布(这次行进的目的地),我又患上了持续五天的痢疾。我感觉我身体很虚弱,但没有一点意志消沉……

我将在一小时内乘坐独木舟离开前往巴莫(Bamou),去挑选树木,叫人把它们砍倒,用于这里贸易站的建筑工程。我会在森林里驻扎两到三周,除非我病了。我很喜欢未来的发展。我无疑有机会抓到一些水牛或大象。

康拉德从非洲写来的最重要的信件预演了他的积怨和他想要离开的理由。他唯一的希望是指挥一艘驶向大海的比利时舰船。他再次请求玛格丽特帮他得到这份工作("你能相信吗?——我尝试向女士们下手"),并承诺等船抵达安特卫普(Antwerp)港就去看她。康拉德在写到马洛谈论古代大英帝国的三层划桨战船的罗马船长时,暗指了这个流产的计划,它的前提是要在刚果战胜发热:"而也许正是因为他一心想着升职,认为只要在罗马[布鲁塞尔]有靠得住的好兄弟,并能够熬过这该死的气候,有朝一日总能被调到拉文纳[安特卫普]去指挥舰队,才能一直那么兴冲冲。"*[19]

虽然康拉德与德尔科缪内不幸发生争吵的确切原因,我们不得

---

* 《黑暗的心》,第一章。

而知，但显然康拉德被他在金沙萨的粗鲁态度冒犯了，认为他是低等人，有着"卑劣的本能"，并且厌恶他的绝对权威。那天在树林里走了20英里的康拉德（被迫打包了象牙）已经精疲力竭，他或许过于直白地强调了他高人一等的社会地位，突出了他作为船长的重要性，没能对他的主管表现出足够的尊重。甚至他可能在和凯斯门特交谈过并看到了比利时人的掠夺痕迹后，提到了他们的虚伪，批评了他们的殖民主义。不管细节如何，德尔科缪内粗暴直白地告诉康拉德，只要自己在刚果一天，他在这儿就没有前途可言。当康拉德发现，在准备带着卡米耶的哥哥亚历山大的探险队沿洛马米河〔(Lomami River) 靠近斯坦利瀑布〕而上的诸多汽船中，没有一艘是他可以指挥的，他意识到他的处境已无法忍受，于是放弃了前往刚果的计划，决定回家。

康拉德给塔德乌什和他卢布林的表亲卡罗尔（Karol）与阿妮埃拉·扎古尔斯卡及玛格丽特都写了同样一封灰心丧志的信。对于康拉德指控德尔科缪内"剥削"——十年前，康拉德对"欧罗巴号"的船长提出了相似的指控——他的舅舅回以他标志性的警告和"我早就告诉过你"的忠告。他忘了死亡也会危害康拉德未来的事业，力劝他敏感的外甥履行他的契约义务：

> 从你的上一封来信我看出，比利时人如此残酷无情地剥削你，你感到义愤填膺！通常来说，你的心中并无对于拉丁族裔的爱，但这一次，你得承认，没人逼迫你到比利时人手下做事……如果你稍微注意过你和我讨论这个话题时我的意见，你肯定能发现我对这件事兴致缺缺……
>
> 且让我提醒你，如果撕毁协议，你会遭受数量可观的经济损失，而且你必定会给他人指责你不负责任的机会，这很可能于你未来的职业生涯有害。

那一年11月，正当康拉德拖着自己生病的身体行进在从金沙萨到马塔迪的陆路上（他10月19日出发，12月4日到达），他的卢布林表亲如父母般给上刚果商会写了一封愤愤不平但基本上没有意义的投诉信。他重复了康拉德的建议，即他应该被安排去指挥一艘往来于安特卫普和巴纳纳的汽轮，并总结道："康拉德·科热尼奥夫斯基先生已经熟练操控汽轮长达15个年头（实际上，他只操控过'比利时国王号'一个星期），一想到像他这样一位有能力的人竟沦落到这样次要的职位且生了（和其他所有在刚果的人一样）如此致命的疾病，真是令人悲痛万分。"[20]

10月23日，康拉德离开金沙萨四天后，丹麦的杜斯特船长（Captain Duhst）在他的日记中写道："驻扎在一个名叫富门巴（Fumemba）的黑人小镇。同行的有一个来自金沙萨公司的英国船长康拉德：他因痢疾和发烧一直病着。"在《个人记录》中，康拉德讲述了他可怕的疾病让他对他珍贵的手稿可能丢失、对凶险万分的河水都无动于衷；在描述中，康拉德把金沙萨和利奥波德维尔（Leopoldville）弄混了（它们分别是同一个地方的非洲名和比利时名）。他差点淹死在

> 金沙萨与利奥波德维尔之间，刚果河一个特别棘手的弯道处——尤其是当你驾驶着一艘大独木舟在夜晚通过弯道，划桨又只有标准数量的一半……我半死不活地通过了弯道，虽然我病得太重，根本没心思关心我到底有没有通过，而且我的行李在逐渐缩小，但《阿尔迈耶的愚蠢》总在其中，带着这份手稿，我抵达了博马怡人的首都，在要带我回家的汽轮启程之前，在那里我有时间去一遍遍真诚地祈祷自己死去。[21]

12月的第二周，康拉德离开博马，驶向比利时。在布鲁塞尔

停留了几天去探望玛格丽特后,他于 1891 年 2 月 1 日到达伦敦,开始了他低沉阴郁的恢复期。"他回来的时候,"霍普回忆,"因为发烧已经半死不活了,克里格认识多尔斯顿(Dalston)的德国医院的医生,所以把他带到了那里,我和他经常去看他。护士说她以为他会死,但他死里逃生,短短几个星期就能回到维多利亚车站附近他位于吉灵厄姆街的房间了。"[22]那里是他接下来六年在伦敦的基地。

塔德乌什注意到康拉德的字迹变化很大,看到他因发烧和痢疾的影响,日渐衰弱,精疲力竭,塔德乌什忧心忡忡。他在德国医院度过了 2 月下旬和 3 月的大部分时间,在医院里他提到他左腿有风湿,右手臂神经痛,血管和腿肿胀,头发日渐稀疏,并且心神不宁,因为心悸疲惫不堪,还受一阵阵痛苦的气绝侵扰。从 5 月 21 日到 6 月 14 日,他待在比利时的一个郊区尚佩尔(Champel),住在玫瑰园酒店——四层楼的正方形建筑,矗立在阿尔沃河(the Arve)两岸郁郁葱葱的公园里,有百叶窗,石柱门上方还有一个带石栏杆的露台。在这里,康拉德完成了他在水疗研究所的神经治疗,治疗方法就是忍受高压水管喷出的冰冷的水的冲刷。

康拉德在刚果因为疟疾引发的高烧永久地损害了他的健康。但心理的影响甚至更深远。在医院、疗养院度过的漫长的几个月让他有时间沉思他的悲剧性经历,并思考如何将它转化到文学中。康拉德将这次经历看作他智识发展的转折点,他曾经告诉爱德华·加尼特:前往刚果之前,"我是一个完美的动物"。后来,他对恶之本性的洞察将他与生俱来的悲观主义变成了一种悲观的眼光:"我以这样的绝望看待一切事物——一片漆黑。"[23]

第八章

从水手到作家（1891—1894）

一

康拉德感觉他在刚果丢失了一年的生命,他迫切想恢复健康,重启事业,但他花了14个月才找到一份差事。那段时间,遭受羞辱和拒绝的康拉德愈加消沉。他的悲观、阴沉、忧伤不仅是因为他在刚果见证了人性的脆弱、卑劣和贪婪,还因为其悲观的天性、疾病的影响,以及找工作无门。在《大海如镜》中,他不无讽刺地描述寻找一份差事就是要找"一份和赌博一样让人着迷的工作,它一点都不利于思想的自由交流,只会摧毁和同类随意交流所需的温和性情"。

塔德乌什因为康拉德悲观的信件和荒唐的事业追求而沮丧,他直白地提到外甥的航海生涯并不太成功。他告诫康拉德悲观无用,并且用典型的说教,将他的缺陷归咎于有害无益的科热尼奥夫斯基思想:"抉择时,你总是缺乏忍耐力和坚持不懈的精神,这是由于你的目标和欲望没有定数……你让你的想象力与你一起自由奔跑时,你成了一个乐天派;但当你灰心失意,你将轻易地滑向悲

第八章 从水手到作家（1891—1894）

观——而且由于你自尊心强，面对失望，比起想象力平庸但更具忍耐力的人，你更受伤。"似乎是为了证实塔德乌什的指责，敏感脆弱的康拉德告诉玛格丽特·波拉多夫斯卡："一桩前景良好的买卖在最后一刻告吹。整整一周我都在吞咽苦涩的面包。"[1]

康拉德在刚果时有志于要找一份亲王航运公司（Prince Shipping Company）的工作，该公司运营着一支往返于安特卫普和非洲的舰队，他尝试通过玛格丽特来实现这一抱负。这个及其他许多理想都没能实现后，他继续以龟速推行着《阿尔迈耶的愚蠢》的创作，为一家伦敦公司做过一些薪资微薄的商业翻译，管理着巴尔-默林公司位于上泰晤士河街 95 号脏兮兮的河边仓库。他将这份无聊的工作比作劳役——还没有犯了罪的快感。

终于，1891 年 11 月 19 日，旧相识 W. H. 科普（W. H. Cope）船长给康拉德提供了"托伦斯号"（Torrens）上的大副一职。由于康拉德当时的健康依然糟糕，他坦白了他对自己的身体状况是否能胜任这一职位的担忧。但科普说在岸上无聊度日也无济于事，他鼓励康拉德在"托伦斯号"上工作，康拉德便欣然接受了。在一艘载客轮上，他的文化和教养会是明显的优势。"托伦斯号"是一艘全帆装备的高速帆船，重 1334 吨，建造于 1875 年，是那个时代速度最快、最有名的船之一。巴兹尔·卢伯克（Basil Lubbock）在《殖民时代的高速帆船》（*The Colonial Clippers*）中写道："在向东航行的天气情况下，她可以一路驰骋，像一块骨头一样干燥，日行 300 英里，甲板都不会沾湿……她 24 小时行驶的最远距离是 336 英里；据日志记载，她在水上通行的最快速度是每小时 14 海里。"康拉德也认为"托伦斯号"很诱人，"以操控轻松而闻名，在恶劣的天气下也依然是一艘优秀的海船"。

1891 年 11 月到 1893 年 7 月，康拉德在"托伦斯号"上完成了两次前往阿德莱德的往返航行。第一次驶向海外的航程中，他结交了 60 名乘客中的一位，魅力四射、沉默寡言、富有同情心的 20 岁少年 W. H. 雅克（W. H. Jacques），他刚从剑桥下来，正通过旅行恢复健康。他的晚期疾病反映在他蜡黄、深陷的脸及他沉思、内省的表情上。行经好望角，康拉德请雅克——他见过的第一位有教养的英国人——看看《阿尔迈耶的愚蠢》未完成的手稿。雅克"耐心地读着，永恒的阴影已经聚集在他善良、坚定的双眼凹陷处"。

如果这个言简意赅、垂死的英国人给出的是负面、打击性的评价，他很可能会终结康拉德刚刚起步的文学生涯。但面对作者的询问，他给出的正面回应给了康拉德完成其第一本书的勇气：

"那么，你觉得怎么样？"我终于问了，"这值得写完吗？"这个问题恰好表达了我的全部想法。

"显而易见。"他以其沉着、含糊的声音答道，然后轻咳了一声。

"你觉得有趣吗？"我以近乎耳语的声音追问。

"非常有趣！"……

"那么让我再问你一件事：在你看来，这个故事成立且清楚明了吗？"

他抬起他温柔的黑色眼睛看着我的脸，似乎很惊讶。

"当然！完美。"[2]

在《个人记录》中，康拉德说雅克"最后突然死了，要么是死在澳大利亚，要么可能是在回家途中，通过苏伊士运河的时候"。事实上，雅克回到了英国，于 1893 年死于肺结核。第一次回程途中，"托伦斯号"在圣赫勒拿岛停留了 4 天；不知道康拉德是否有时间去探寻拿破仑*的历史，那是他直到生命尽头都一直着迷的事。

---

* 1815 年，英国政府选定圣赫勒拿岛（the island of St Helena）为拿破仑的流放地。

第八章 从水手到作家（1891—1894）

第二次从阿德莱德（康拉德 1889 年乘坐"奥塔戈号"到过这里）返航，他和两位英国青年发展出了重要的友谊，这两个年轻人在哈罗和牛津都做过同窗。他们去过南太平洋找寻罗伯特·路易斯·史蒂文森，但没能找到去萨摩亚的船，所以也没能觅得他的踪迹。高大、英俊、留着胡子的特德·桑德森（Ted Sanderson）——吉姆爷的一个原型——是赫特福德郡（Hertfordshire）埃尔斯特里（Elstree）预备学校的校长。他出生在一个生机勃勃但不好铺张炫耀的知识分子家庭，是 13 个活下来的孩子中最大的，他们家会经常邀请朋友聚餐或共度周末。后来他会与布尔人作战，在东非度过 10 年，然后继承父亲的校长一职。

约翰·高尔斯华绥（像桑德森一样）生于 1867 年，比康拉德小 10 岁，其父是一名事业蓬勃发展的律师。他受教于牛津大学新学院。虽然被迫参加律师资格考试，但他无意做律师。他正通过环游世界完成自己的学业，他需要为海军律师考试学习航海，和船长一起忠实地计算船每天的位置。"高大，长相冷峻，有着罗马人的侧脸，双唇紧闭，总是穿着得体，"威廉·罗森斯坦（William Rothenstein）写道，"高尔斯华绥就算身处唐宁街也显得恰如其分。"他的举止也和他的穿着一样井井有条，不容有错。与随和的桑德森相比，高尔斯华绥显得呆板，拘谨。

1893 年 3 月 18 日，桑德森和高尔斯华绥与其他 15 名乘客在阿德莱德登上了"托伦斯号"，遇见了康拉德，和他一起航行了 56 天，直到高尔斯华绥下船去开普敦参观煤矿。船上的封闭和亲密促使他们的友谊快速发展，这样的环境在英国是不可能的。在写给家人的一封信中，高尔斯华绥提到了康拉德的奇怪之处，还评价了那些总是让其朋友着迷的惊奇故事："大副是个波兰人，叫康拉德，这是一个重要的家伙，虽然看起来奇怪，他游览过世界上许多地方，经历丰富，积累了一箩筐的故事任我挑选。他曾深入刚果，去过马六甲、婆罗洲和其他偏僻的角落,更别提他年轻时还干过一点走私。"[3]

在《低潮》("The Doldrums",1897)中——这是高尔斯华绥第一本书中的故事,还得罪了康拉德的妻子杰茜——高尔斯华绥将康拉德描绘成大副阿曼德(Armand),突出了让他看上去有些怪异的忧伤的斯拉夫特质,还试图展现他独特的英语发音:

"折鞋(这些)家佛(家伙),你知道的(他的发音是zidao),"大副用他略带鼻音的外国腔调说着,他明显整理了一下声音,重新说道,"这很奇怪,你知道吗,'沓'(他)们(中国人)真的没有任何感情。"……

大副猛地向上看,以他棕色、扁桃仁形状的斯拉夫眼睛,锐利地审视着说话人幽暗的身影;他精心修剪的尖胡子和下垂的小胡子之间的嘴巴,极度讽刺而悲伤地弯了一下……

他悲伤的眼睛[是]去过世界边缘多次的人所拥有的眼睛,他们的视线越过边界——再收回来……

他的脸上有着悲伤的宿命感——源于他的斯拉夫血液,蒙上了一层凄凉的关切神色。

高尔斯华绥在康拉德死后为好友写的回忆录生动地呈现了他眼皮沉重、手臂纤长的外貌,他紧绷的精神、糟糕的健康,以及他在海上的职责:

他在炙热的阳光下显得非常黑——黝黑,尖尖的棕色胡子,近乎黑色的头发,黑棕色的眼睛,上面的眼皮有深深的褶皱。他很瘦,不高,手臂纤长,肩膀宽阔,头部相当前伸……

我从没见过康拉德停下来休息。他的手、脚、膝盖、嘴

第八章　从水手到作家（1891—1894）

唇——敏感，有表现力，带着讽刺——总是在运动中……

他在"托伦斯号"上担任次要职位（大副）只是因为他还在恢复期，刚果的经历几乎杀死了他……

整个第一晚他都在扑灭船舱里的火……他是名优秀的海员，关注天气，操控船只迅速敏捷，对学徒也很体贴。[4]

他们回到英国后，康拉德和高尔斯华绥经常在桑德森家碰面，虽然在艺术上有分歧，性情也不同，他们还是成了一辈子的挚友。康拉德给高尔斯华绥的早期作品提出了有用的建议，并且对于他短小但受欢迎的小说，也以典型的奉承之语给出了好评。高尔斯华绥给了身处困境的康拉德很多慷慨的借款和礼物，并且将《乔斯林》（*Jocelyn*，1898）和《骑虎》（*In Chancery*，1920）献给了康拉德，康拉德也投桃报李，将《诺斯特罗莫》献给了他。

康拉德很幸运能成功在"托伦斯号"——他所有的船中最优等的——上交到这两位朋友，他对此很满足。但第二次航行后，这艘船被搁置了一阵；科普船长离开了，康拉德也再一次没有了工作。于是，他决定再去乌克兰探望他生病的舅舅塔德乌什。虽然塔德乌什不希望康拉德因为离开"托伦斯号"而毁了前程，说不定他有机会替代科普，接管这艘船，但他也不想放弃最后一次会面的愉悦："我一如往常渴望并等待你的来访，我亲爱的孩子——因为对于我这个年纪，任何延迟都有可能意味着最后一击！！"康拉德选择对家庭忠诚，满足舅舅的愿望，也屈从自己的内心，他还是去了乌克兰，途径荷兰和柏林（在那里他差点把《阿尔迈耶的愚蠢》的手稿落在弗里德里希火车站），并从1893年的9月一直到10月在那里待了一个月。"这是一个生病的好地方（如果没法不生病的话），"他告诉玛格丽特，"我的舅舅对我关怀备至，仿佛我还是个小孩。"[5]

二

康拉德无法恢复他在"托伦斯号"上的职位,花了13个月才找到地位低下的二副一职——那是他早在1881年在"巴勒斯坦号"上的职位!——在一艘从未起航的汽轮上。"阿杜瓦号"(Adowa)(以1896年埃塞俄比亚战胜意大利的城镇命名)是一艘重2097吨的英国属汽轮,被租赁给法-加运输公司,计划用于载法国移民前往蒙特利尔和魁北克,每两周一次。康拉德是通过弗劳德船长(Captain Froud)得到这份工作的,弗劳德是芬彻奇街上的船长协会的一员,他当时正需要一位法语流利的船员。

1893年11月26日,他在伦敦加入了这艘船。维多利亚码头勤奋的木匠已经组装好了每一层的床,共计460个,"一些来自法国的绅士……真的现了身,把船从头到尾从尾到头看了一圈,用他们的丝质帽残酷地敲打甲板梁……他们上岸时面带犹疑,但还是流露出喜色"。康拉德于12月4日跨越海峡前往鲁昂,在停靠的船上停留了6周,一开始在镇中心,后来到了小镇边缘。在老城区,作为船上的守夜人,他会支着手肘靠在栏杆上,凝视商店橱窗和耀眼的咖啡馆,看着观众进入和离开剧院,想着福楼拜的《包法利夫人》——那个故事就发生在鲁昂。在城镇的郊区,他深受码头这一带恶劣天气的影响——就像1887年他在"高地森林号"上一样。透过镶着铜边的舷窗,他看到"放置在冰冻地面上的一排木桶,以及一辆大货运马车的尾部,一个鼻子通红、穿着宽松上衣、戴着羊毛睡帽的车夫斜靠在车轮上"[6]。

12月初,他本以为会驶向拉罗歇尔(La Rochelle)、哈利法克斯(Halifax)、新斯科舍(Nova Scotia),但没有一个移民出现在鲁昂。法-加公司打破了与船主的协定，航行先是延期，而后被取消了。这次经历就是彻头彻尾的灾难，他们没能驶向加拿大。"阿杜瓦号"最终回到了伦敦，康拉德于1894年1月18日解约，而且——虽然他当时不知道——不光彩地结束了他的航海事业；在他去刚果之前，他的事业一直都是蒸蒸日上，但从那以后便一落千丈。

康拉德难以忘怀高速帆船的浪漫传奇，比起蒸汽船，总是更喜欢帆船。但在19世纪90年代，每年都会诞生800名持有资格证的船长，而职位越来越少。到了1897年底，英国船比起1892年减少了42艘。汽轮可以携带更多货物，需要的船员更少，正在逐渐取代帆船。弗兰克·布伦（Frank Bullen）写道，所有船长相信"就算做一个五等汽轮的船长，比起在一艘最精良的海上帆船担任同样职位，也算是一大进步……按照行规，一艘汽轮上的大副的工资高得多，那么他自然认为他的地位比一艘帆船上的水手高得多"。爱德华·布莱克莫尔注意到，虽然外国人增强了工作竞争，但他们也并没有身处劣势。船主通常认为外国人"'是更好的船长人选'，理解他的事业；他们更专注，更温驯，而且总的来说，[比英国船员]更有教养，更懂礼貌"。

虽然拥有这个可能的优势，但康拉德再也没能找到另一份差事。尽管直到1898年9月，他仍在努力尝试在格拉斯哥找船长的工作，他最终还是意识到他花了20年学习的这门技艺，再无用武之地。正如大卫·波恩船长（Captain David Bone）注意到的，那时，"他已经离开大海很久了，很多都变了：登记在册的英国船已经所剩无几，仅存的都破破烂烂，上上下下的装备都是些破铜烂铁（磨损或坏掉的装置）"[7]。

虽然航海生涯的结束从根本上来说并非康拉德自愿，但他在岸上待得越长，越为成为作家而努力，他就越难回到海上。写作生涯开始的同时，令人痛苦不堪的痛风也开始了，痛风常常让他的手脚动弹不得。他经常对自己的文学作品感到失望，但糟糕的健康又让他觉得此时让他去指挥一艘船不太光彩。当约翰·萨瑟兰问康拉德是什么促使他成为作家，"他沉默了几分钟，然后他就好像思考过这个问题，说道：'唉，司令，我长时间在岸上。'"康拉德放弃了水手的贫穷生活，代之以同样动荡不安的"见习"作家的生活。

福特·马多克斯·福特十分了解康拉德，他指出了一个至关重要但经常被忽略的事实：康拉德讨厌海上的与世隔绝、单调乏味、辛苦劳作和艰难险阻：

> 一连串90天的航行、劳作不停的船、可怕的天气、过于沉重的职责和工作、连续不断的不适和剧烈的身体疼痛——加之在航行间隙度过的几天岸上普通人的生活，他的整个人生都是在这些事物中度过的。事实上那就是康拉德的人生……
>
> 他厌恶大海，就好像一个男人厌恶被抛弃的情妇。那是一个小男人的仇恨，他曾在夜晚刺骨的狂风中与巨大的帆桁和湿淋淋的绳索搏斗；带着这份恨意，他热切地想远离大海，抛下所有关于它的记忆。

康拉德和很多老水手不一样，他从没拥有过一艘船；他更喜欢在陆地上坐车旅行。康拉德一半时间待在岸上，海上生活对他来说常常是一种无聊的失败。比起亲身经历大海，他更喜欢他回忆中的大海。就像他对马里亚特船长的描写："他喜欢的首先是他的国家，其次是工作，对于大海，可能一点都不喜欢。"[8]康拉德的海上岁月为他的文学事业奠定了基础，给了他技术专长，使他得以体验异国风光，赋予了他巨大的责任，塑造了他的品格，使他拥有了光荣的行为准则。

康拉德试图将两种截然不同的生活联系起来,他喜欢将甲板(deck)和书桌(desk)进行对照。他声称他去大海和他开始写作都是源于同样难以解释的原因:"推动我的那种迫切需要是潜藏的、模糊的,那是一种完全隐秘的、无法说明的现象。"他的航海和文学生涯都导向了一种巨大、压抑且常常无法忍受的孤独。对康拉德而言,这两种与世隔绝的职业都对他提出了高强度的体力要求,他还将创作艺术作品的痛苦过程比作波涛汹涌、危险重重的航海:"精神、意志和良知都需全情投入,每时每刻,日复一日,远离世俗,隔绝一切让生活变得温柔、可爱之物——只有在绕过合恩角的冬日西行之旅中永恒的阴郁重压下,才能找到可与之匹敌的有形之物。"

在关于备受推崇的亨利·詹姆斯的文章中,康拉德将对经历充满想象力的再创作比作海上救援,因为两者都是在拯救很可能会就此遗失的东西:"本质上就是一种行动,一个小说作家的创作艺术可以类比成在黑暗中开展的救援行动——乖戾的狂风让一大群人摇来晃去。这就是拯救行动,抓住即将消失的动荡词句,以美丽的词汇为掩饰,穿过当地的混沌,进入……光明。"1906年,亨利·詹姆斯在读了《大海如镜》后,爱社交、好久坐的他一针见血地指出:"从没有人知道——就智识上的用途而言——你知道的东西,而你作为这整个创作的艺术家,有别人都无法企及的权威。"[9]

康拉德人生中另一个至关重要的时期也在1894年结束。1月28日(康拉德离开"阿杜瓦号"十天后),塔德乌什上床睡觉,那时的他看起来身体健康,可第二天起来就感觉气短,他让男仆用酒精给他擦拭,然后那天早上7点,他大喊了一声"进攻!"后,突然辞世,享年64岁。"似乎我内心的一切都死去了,"悲痛万分的康拉德告诉玛格丽特,"他好像把我的灵魂也一同带走了。"虽然康拉德没有参加他舅舅的葬礼,但他将《阿尔迈耶的愚蠢》献给了他:"以此怀念 T. B."。他还在《个人记录》中向塔德乌什的善良与慷慨致敬:他"是四分之一个世纪以来最睿智、最坚定、最宠溺的监护人,给予了我父母般的关爱和喜爱,即使是身处地球上最遥远的角落,我似乎也能感觉他的精神支持就在身边"[10]。塔德乌什的死切断了康拉德和波兰接下来 20 年的联结;他死后一年,康拉德收到了 15000 卢布[4000 英镑或 20000 美元]的遗产,这给了他经济上的安全感,使他可以安心开始作家的职业生涯。

塔德乌什死后,康拉德和玛格丽特——家族最后一个亲密成员——更亲密了,不顾舅舅先前的告诫:与她产生感情纠结会有危险。在很多方面,玛格丽特对康拉德来说都是理想的女人。她有魅力,聪明,有教养,有钱,有社会地位,在文学界也有名望。他与她频繁的法语通信包含了他对自己的健康、航海生涯、文学创作的剖白,他绝望的呐喊、爱意满满的调笑,以及他表达崇敬之情的宣言。比如,1891 年 7 月 8 日,他写道:"我越来越仰慕你,爱你。亲吻你的手。"十天后,塔德乌什(他曾说过玛格丽特是"一个 16 岁的浪漫女孩")提到她已经过了生育年纪,指出布鲁塞尔的行政长官更适合和她结婚,并告诉康拉德他没办法支撑她的生活:"我建议你放弃这场游戏,它不会有任何明智的结果。一个历经沧桑的女人,如果她要和某人结合,那将会是能给她地位和爱的布尔斯(Buls)——他已经证明他确实能给予她想要的。你们的结合将成为挂在你脖子上的石头——对她也是如此。如果你够聪明,你会放弃这份欢愉,仅以朋友的身份分开;然而如果你不够聪明,反正我已经告诫过你了!"当康拉德于 1893 年 9 月来到乌克兰,玛格丽特听传言说他要娶一个本地女孩。她痛苦不已,逼得康拉德情绪激烈地否认:"玛丽西卡(Marysienka)是要结婚了,这千真万确,但是滑天下之大稽,我和这桩婚事有什么关系!不过,我不敢相信你会如此严肃地在信中谈论这件事,因为如果有个人突然从澳大利亚内陆冲出来,没有告诉任何人,径直进入乌克兰内陆,只为了投入〔女人〕的怀抱,你肯定会觉得奇怪——这整个想法就很荒唐。"[11]

康拉德和玛格丽特的关系前六年主要是他在不断试图建立亲密感,一开始是给他的姨妈打电话,最后是提议一起进行文学创作。他经常去看她,请求她的同情与帮助,表达他的悲观主义哲学,大力奉承她有实力但其实平庸的小说。虽然玛格丽特拒绝了查尔斯·布尔斯,但康拉德正如塔德乌什信中揭示的那样,在严肃考虑要娶她。不过他惮于年龄、社会地位、财富的差距。他或许没有勇气向她求婚,或者也有可能这么做了,但被拒绝了。(如果他真的娶了她,他很可能会搬去巴黎,变成一个法国而非英国作家。)无论是哪种情况,他们的通信在1895年6月中断了5年——那段时间他正在追求杰茜,即他未来的妻子——因为不是杰茜就是玛格丽特吃醋了。

三

《阿尔迈耶的愚蠢》是一行行而非一页页写成的。他最短的小说花了五年来写——在伦敦、刚果、澳大利亚、乌克兰、瑞士、法国,只赚了20英镑(康拉德在"托伦斯号"上做两个半月的大副就能赚到这笔钱)。但在1894年前几个月,为了弥补失业的损失,他草草写完了小说的结尾。康拉德最重要的文学偶像,如果说并不算直接影响他的人,就是古斯塔夫·福楼拜。他仰慕福楼拜对艺术超越世俗甚至苦修般的奉献,钦佩他的技巧和出色的技艺,以及他将具体的现实和视觉印象转化成文字的能力。"没人会有一刻质疑他的人物和事件,"康拉德告诉玛格丽特,"他只会质疑自己的存在。"福楼拜,加上他的朋友伊万·屠格涅夫和亨利·詹姆斯,是康拉德最崇敬的三位作家。

玛格丽特也听康拉德袒露了他写作方法的秘密,以及——正如他一辈子都会向朋友悲叹的那样——他的创作之苦。当康拉德盯着空白的纸页,存在于他想象中的人物逐渐有了具体的形象,可以用语言进行描绘:"我吝惜远离纸页的每一分钟。我并不是说远离笔,因为我几乎没写什么,但当我凝视着稿纸,灵感就会袭来。景色不断延伸,直到消失在视线外;我的思绪在满是模糊形式的广阔空间中游荡。一切都还是混沌,但渐渐地,幽魂转变成活生生的肉体,飘浮的蒸汽固化,接着——谁又知道呢?——也许在模糊难辨的思想的碰撞中,会诞生些什么。"普鲁斯特的技巧和康拉德很像——通过记忆还原过去。这个法国小说家认为人物"攫取色彩和独特的形状,变得……永恒,可辨认……〔并且〕获得恰当的形状,变得具体实在,迸发了生机",他将这个过程比作日本人将纸屑浸在装水的瓷碗中,纸屑逐渐成形的过程。[12]

当事情进展不顺,人物没能迸发生机,康拉德就会饱受神经衰弱症折磨,失去写作的欲望:"我的神经紊乱折磨着我,让我悲惨不已,无法行动,无法思考,一切都不能做!我问自己我为什么会存在。这是一种可怕的境况。即使在发作间隙,我本该感觉良好的时候,我还是活在这磨人的疾病复发的恐惧中……我再没有勇气做任何事。我甚至连给你写信的勇气都几乎丧失了。这需要努力,突然想在我处于完全灰心丧志的绝望中,笔从我的手中滑落之前,加速写完。"

1894年4月,康拉德与桑德森一家在埃尔斯特里共度周末。高尔斯华绥的姐姐记得"特德和他的母亲……共同参与,花费了巨大的精力来编辑他们的波兰好友英语已经非常完美的《阿尔迈耶》手稿,并帮助康拉德鼓起勇气解决出版这一关键难点"。为了表达感激之情,康拉德将他的下一本书《海隅逐客》献给了特德·桑德

第八章 从水手到作家（1891—1894）

森，把《大海如镜》献给了特德的母亲凯瑟琳。4月24日，当康拉德小说中的人物都变成了活生生的人，他——随着他的创造物消失，恢复鬼魅的形状——终于可以向玛格丽特宣布小说完成了："我很遗憾地告诉你卡什帕·阿尔迈耶先生死了，就在今早3点。小说完成了！挥动笔唰唰写完最后一个字，然后突然所有曾在我们耳边低语、在我的眼前比画着、与我一起住了那么多年的人，变成了一群鬼魂，他们后退、消失、消解了。"[13]

一旦小说完成了，他就要想办法出版。康拉德对小说的优点没有太大信心，为了增加出版希望，他在1894年的7月和8月，向玛格丽特提出了两个特别的提议。他首先建议她将《阿尔迈耶的愚蠢》翻译成法语，然后把它作为合著，在负有盛名的《两个世界评论》杂志上发表，她的小说就曾在那儿连载。"如此对你说话，我简直毫无脸面可言，我亲爱的老师！"他带着讨好的讽刺写道。下一个月，已经采用了笔名"科穆迪"〔（Kemudi）马来语中表"船舵"的词〕的康拉德提议，玛格丽特的名字作为作者放在扉页上，加注说明科穆迪（真正的作者）仅是该书的合著者。

康拉德在7月4日将这部小说提交给了费希尔·昂温，然后去欧洲大陆度假，通常他完成一部重要作品后都会这么做。他回到了水疗院，在日内瓦外的尚佩尔度过了8月。或许由于玛格丽特不愿意与他合作这部小说，康拉德在去瑞士和从瑞士回来的途中都没有停留去看望玛格丽特。

9月初回到伦敦后，康拉德发现出版商没有回音，康拉德昏了头，用他最生硬、最奇怪的英语给费希尔·昂温写了封信，这必定会给昂温留下坏印象，而康拉德还指望着这个人能出版他的作品。在详尽但毫无意义地描述了包裹如何被打包、系紧后，他说（带着虚假的谦虚）虽然这本无价值的书不值得一读，但他忘记把这珍贵的作品复制一份，而他（像所有作家一样）荒谬地对这份唯一的书稿恋恋不舍:"我斗胆请问您,是否还有一点点渺茫的可能,在将来的某一刻,我的马来故事(讲述在马来的生活,约 64000 字)能被评阅?如果没有可能,那么——很可能——它就活该有此命运,然而,如果是那样,我相信您肯定不会见怪,如果我提醒您,不管这部作品有多么不值得出版,对我来说它很珍贵。一种奇怪的感觉——确实如此——但我相信并不是前所未见。在这种情况下,一个意外让事情更糟了,那就是我没有副本,不管是手写的还是打印的,都没有。"

费希尔·昂温终于在 10 月初接受了这部小说,他说康拉德可以选择用自己的钱资助出版,然后分红,或者保留法语版权,以 20 英镑卖掉。康拉德选择了后者,以吝啬而臭名昭著的出版商解释道:"我们付给你的钱非常少……但是记住,亲爱的先生,你没有名气,你的书只能吸引十分有限的大众读者……写点短的东西——同样类型的——给我们的"笔名丛书",如果作品合适,我们会很乐意给您更高额的支票。"[14]

费希尔·昂温的首位审读人 W. H. 奇森(W. H. Cheeson)提醒爱德华·加尼特注意《阿尔迈耶的愚蠢》的优点。加尼特是个富有同情心的世俗的波希米亚人,"最优美地脱离了世界的习俗"(据 D. H. 劳伦斯所言),他不仅理解康拉德的小说,而且能理解他的感受。在推荐这本书出版后,他成了康拉德的密友、顾问、文学导师,替代了塔德乌什舅舅。

高大、稍有些古怪的爱德华生于 1868 年,他是大英博物馆纸质图书馆馆长之子。康拉德的儿子约翰说爱德华的"脸缺乏色彩,他黑色的眼睛和不羁的黑灰色头发让他的外貌看起来粗糙,不修边幅"。加尼特的儿子大卫说"爱德华凭直觉行动,没有逻辑,而且在很多方面都显得缺乏教养……他都是通过直觉和认同感总结出自己的观点,尤其是他的美学观点"[15]。爱德华拥有批评的能力,但

第八章　从水手到作家（1891—1894）

缺乏想象力。他是众所周知的失败诗人、剧作家、小说家，但他是具有杰出洞察力的出版商审读人，他发掘了高尔斯华绥和劳伦斯，还帮助过 W. H. 哈德森和 H. E. 贝茨。

爱德华的妻子康斯坦丝（Constance）比他年长 6 岁，是一个多产、有影响力的俄译英小说译者。她曾获得剑桥纽纳姆学院的奖学金，在那里她取得了希腊语一级学位；她向流亡者学习俄语，在去俄国的短途旅行中也学习了俄语，还在俄国遇见了托尔斯泰。她和无政府主义者、杀手谢尔盖·斯捷普尼亚克（Sergei Stepniak）保持着婚外情，爱德华和内莉·希思（Nellie Heath）同样也有一段婚外情，希思还在 1898 年给康拉德画了第一幅肖像画。加尼特夫妇和他们的小儿子一起住在萨里（Surrey）的乡间别墅塞尔尼（Cearne），康拉德经常去那里。

加尼特惊叹于《阿尔迈耶的愚蠢》与众不同的场景和风格，尤其让他着迷的是"年迈的独眼政治家巴巴拉奇（Babalatchi）以及阿尔迈耶夫人和她的女儿［尼娜］夜晚在河边的场景。奇异的热带氛围，这个浪漫叙事的诗意'现实主义'，激起了我对作者的好奇，我想象他或许血管里流着东方血液"。1894 年 11 月，他们第一次在全国自由俱乐部（National Liberal Club）见面时，加尼特注意到康拉德性格中复杂、矛盾之处。他是"一个黑发的男人，矮小，但他神经质的姿态极其优雅，他有着黑色的眼睛，一会儿眯着眼，目光如炬，一会儿又满是温柔与温暖，警惕但又亲密，他的谈话有时迷人，有时谨慎，有时唐突。我之前从没见过像他这般的人，既有阳性的敏锐，又有阴性的敏感"。康拉德晚年回忆起加尼特曾鼓励他——当他还被艺术的人生和行动的人生拉扯时——他夸赞《阿尔迈耶的愚蠢》，坚称康拉德有成为专业小说家的风格和气质："如果他对我说'为什么不继续写？'，我很可能就无法继续了。我不可能做到。但他对我说：'已经写了一本书了，那非常好，为什么不再写一本？'你看见他的话对我有着怎样的影响了吗？再来一本？是的，我会这么做。我可以做到。再写很多本，我不行。再写一本，我可以。那就是爱德华让我继续写作的方法。那就是我得以成为作家的原因。"

两位好友也会在康拉德位于吉灵厄姆街17号的单身寓所碰面，房间里有一面高大的屏风、一把轻便的椅子、一团温馨的火、一排法语小说，壁炉台上有家庭照片和雕刻品。康拉德以他的冒险故事深深吸引着加尼特（就像他曾吸引过高尔斯华绥），他告诉加尼特，有一次他"必须阻止一个拿着剃刀当武器的暴怒黑人顺着一块十英寸的厚木板上船，只得手拿一根短木棍把他赶回码头"。康拉德为加尼特大声朗读他的第二部小说《海隅逐客》的前几个章节，他读错了好多字——他在书上学过这些字，但从没听别人说过，爱德华根本听不懂他在讲什么。加尼特预见康拉德的职业生涯将会出现一个至关重要的问题，他鼓励他跟随自己的艺术理想，忽略大众的品位，这位37岁的小说家变得担忧又沮丧，宣称："我不会活在阁楼里……我过了那个阶段，你明白吗？我不会活在阁楼里。"[16]康拉德的作品（如加尼特预期的那样）没能吸引广大读者；虽然从未真的被逼入阁楼，但在做作家的前20年，他一直经济十分拮据。

加尼特和坎宁安·格雷厄姆（康拉德在1897年见过他）是仅有的两个让他可以在往来信件中做到彻底诚实、真诚的人。加尼特读过康拉德所有早期作品的手稿：不仅是他的头两部马来小说，还有他的《不安的故事》、《"水仙号"的黑水手》（献给爱德华）、《救援》的第一部分及《姐妹》未完成的草稿。康拉德很感激加尼特的坦诚、批评、欣赏、鼓励和友谊。他珍惜这个比自己年少的男人的出色建议，把他（就像对塔德乌什）当作道德的试金石，会在没能达到加尼特的预期时道歉："我在你面前感觉就像一个做了错事的儿子，满心羞愧，不顾一切，保持着沉默——不过这也让他心怀复原的希望,让他的眼睛定定地盯着获得宽恕和拥抱的遥远的那一天。"康拉德在《继承者》中将加尼特刻画成利(Lea),以此向他致以最高敬意,他赞扬了加尼特的慷慨与洞察力,表达了他为自己无力报答好友的担忧:

> 旧日里,利帮了我很多——说到这一点,他帮助了所有人。你很可能会发现我这一代的每个作家刚起步时都受到了利的影响,每一个曾做过体面事的人和那些没能体面度过萌芽期的人,在开始时都受到过他的影响。他给过我出版商的审读人才能够给予的实在帮助,直至他的职业声誉岌岌可危,而且他曾给过我没有几个人能给予的更珍贵的帮助。我为这单方面的友谊而羞愧。[17]

四

虽然加尼特作为一个阅历极其丰富的审读人,认为《阿尔迈耶的愚蠢》如此真实,他甚至相信康拉德的血管里有东方血液,但其他的权威都质疑这部作品的真实性。在1898年9月6日的《新加坡自由西报》(*Singapore Free Press*)上,对马来殖民服务有长期经验的休·克利福德(Hugh Clifford)称赞了河流与丛林的氛围传递出的力量,但他称这部小说的缺点就是无知:"现实中的尼娜是不会回归本地人的生活方式的,一个真正的巴巴拉奇不敢在有贵族在场时打哈欠或挠自己。"克利福德后来成了康拉德的朋友,但他还是在科伦坡的一场演讲中重复了这些指责:"作者对马来的习俗、语言和人物只有浅显的了解。这本书从头到尾几乎没有一个固有名词或马来语没有拼错。"[18]

康拉德只在婆罗洲的陆地上待了 12 天左右，就算运用他所有的感知能力，他也不可能在那段时间就对当地人口有太多了解。[不过，他在马六甲海和新加坡观察过马来人，还和他们在"维达尔号"上共事过：在《走投无路》中，一个值得信赖的东印度水手长（serang）为盲人船长惠利掌舵。]但他参照"无聊、广博的"原始资料查找马来名字（包括听起来有些匪夷所思的巴巴拉奇）、语言、人物和习俗，以此对自己缺乏广泛深入的了解做出弥补。[19] 因为康拉德为了让自己的小说精确无误大费周章，所以当编辑和评论家挑战他的权威时，他出奇地（也是心甘情愿地）表现得很恭敬——在书信中和出版发表的作品中都是。在回应克利福德的评论——"赞不绝口但实际上告诉了我我一无所知"——时，他告诉威廉·布莱克伍德〔（Willian Blackwood）出版过《卡瑞恩》（"Karain"）及其他马来故事〕："我从没把自己树立成马来西亚的权威。"他在《个人记录》的作者注里也重复了这句话。在给克利福德写信时，康拉德屈从了他的权威，他怀疑"我在我的小说中对马来风貌的臆测，必定会惹真正懂得的人生气"[20]。不过康拉德的写作并不是为了那帮精选出来的马来老水手。既然英语读者无法区分克利福德的精确与康拉德的精确，最根本的关键点就在于小说对马来人的描写有多么逼真和有效。克利福德的人物或许是出自专家之手，他们的名字还带有学究式正确的变音符，但他们也无聊至极。康拉德笔下的马来人虽然是康拉德思想的载体，但有说服力，是活生生的人。

《阿尔迈耶的愚蠢》描绘的不仅是土生土长的马来人、达雅族人、阿拉伯人（及他们的奴隶），还隐含了当地王公邦主、岛另一边偏远地带的苏丹，以及遥远的巴达维亚（Batavia）的荷兰统治者（他们的炮艇偶尔来访时会升起他们的旗帜）中的政治等级分化。从真实的查尔斯·奥尔梅耶的性格开始，康拉德大幅改动了他的人生细节：康拉德给了他悲剧的命运，给了他一个不忠诚的独女而非一大家 11 个小孩。小说的标题暗指阿尔迈耶狂妄自大地梦想着得到汤姆·林加德的赞助，自己能和一个欧亚混血女人收获一段和美的婚姻，尼娜能有了不起的未来，收获惊人财富，逃离婆罗洲，在阿姆斯特丹（他从没见过这个城市）有高人一等的社会地位，标题还暗指了他富丽堂皇但破败的家。

小说的情节充满怀疑、欺骗和阴谋，围绕着阿尔迈耶发现金矿的徒劳希望、他的非法火药贸易，以及他企图通过美丽的印欧混血女儿救赎自己的尝试。尽管父亲是荷兰人，而且她在新加坡接受了修道院教育，尼娜还是回到了她原始母亲的种族，选择做一个马来人，在一个歌剧般的场景中，她选择忠诚于她的贵族恋人戴恩·马鲁拉（Dain Maroola）而非她的父亲。马鲁拉是小说的浪漫主人公，这一点很重要，而阿尔迈耶和其他所有荷兰人都被刻画得愚蠢又唯利是图。写这部小说的时候，康拉德想象，如果当初他屈从于自己不负责任的冲动，留在"维达尔号"上，被一个当地女人迷住，那又会是怎样的光景。他的主题是一个人被东方、被自己腐化的野心摧毁。

这第一本小说里有两个场景尤其令人难忘，具有强烈的康拉德风格，第一个场景的特点是悲剧性的感染力，第二个是讽刺性的幽默。在阿尔迈耶被尼娜抛弃，接受了这悲剧的真相，即"没有哪两个人类能彼此理解"后，康拉德反转了鲁滨孙·克鲁索发现"星期五"的著名场景，展现了阿尔迈耶为他的失去创造了一个可悲、病态的纪念仪式。让他的仆人深感震惊的是，阿尔迈耶"双手撑地，双膝跪地，在沙地上爬行，小心翼翼地用手抹去尼娜的脚步留下的所有痕迹。他堆起了一些小沙堆，在他身后留下了一串小坟包，一直延伸到水里"。

在第二个场景中，康拉德巧妙地将马来国王拉坎巴（Lacamba）

的邪恶阴谋与威尔第《游吟武士》（*Il Trovatore*）的主人公曼里科（Manrico）的哀歌并置。拉坎巴告诉他满脸麻子的总管兼谋士巴巴拉奇，他必须毒死阿尔迈耶以阻止他向荷兰人吐露金子的秘密，说完，拉坎巴要求来点音乐。而巴巴拉奇就得不情愿地放起不协调的音乐。转动手摇风琴的时候巴巴拉奇差点睡着了，毫无反应的丛林飘扬着舒缓人心的异域之声。拉坎巴舒服地在他的扶手椅里打瞌睡，音乐流泻着，曼里科在战斗中被捕，即将被砍头，他歌唱着（在《游吟武士》的最后一场第一幕）向生命、向莱奥诺拉（Leonore）告别：

> 威尔第音乐的音符通过打开的挡板流泻而出，飘浮在河流与森林之上的巨大沉静里。拉坎巴闭眼倾听，带着愉快的微笑；巴巴拉奇转动着，不时睡过去，倒向一边，然后惊恐万分的他把自己拉起来，迅速转动几下手柄。自然睡着，经过激烈的骚乱，精疲力竭地陷入沉睡，与此同时，在桑比尔政客颤抖的手下，游吟武士断断续续地哭泣，恸哭，一遍遍向他的莱奥诺拉告别，在泪流满面的哀伤中，不停重复。[21]

事实证明，1894年的重要事件和他1874年离开波兰一样，对康拉德的人生至关重要。1月中旬他已经与"阿杜瓦号"解约并结束了他的航海生涯。1月下旬，塔德乌什的死切断了他和波兰的联结。4月，他完成了《阿尔迈耶的愚蠢》。10月，他的第一本小说得以出版，他成了职业作家。11月，他遇见了终生挚友爱德华·加尼特和他未来的妻子杰茜·乔治。

第九章

恋爱与婚姻（1894—1896）

一

1894年11月，康拉德第一次见到杰茜·乔治时，年近37，而她才21岁。关于他外貌的诸多描写都统一展现了他的几大本质特征。在填写船长资格考试报名表时，康拉德将他低于平均水平的身高拉长到了5英尺9.5英寸*，说他的肤色黝黑，头发是深棕色的，眼睛是淡褐色的。到了1883年，他与塔德乌什在马林巴德碰面时，康拉德留起了黑色的海员络腮胡。到了1896年他结婚时，他粗硬的黑胡子在下巴那儿留得很尖，胡子的尾端弯成小点，从脸上支出来。

康拉德最突出的特点是他的短脖子、高肩膀和宽胸膛，给人一种紧实的力量感。他有一张土黄色、饱经风霜、大力雕刻而成的三角形脸，宽额头，眉毛粗浓杂乱，眼睛清澈、闪耀，有着斯拉夫人的高颧骨，鹰钩鼻，动个不停的薄嘴唇，坚毅、突出的下巴。他会

---

* 约1米76。

突然做一些痉挛性的手势，大笑时，习惯向后仰头。评论家德斯蒙德·麦卡锡（Desomond MacCarthy）强调康拉德长得像鹰的一面，以及他半遮掩的眼睛流露出来的深思熟虑的神色：

> 他的头从下巴到头顶的长度让我吃了一惊，他发灰的尖胡子更突出了这一点，他的头在高高的肩膀上向后一动，他的胡子朝前伸了出来。黑色的眉毛、钩状的鼻子、佝偻的肩膀让他本人看起来比照片上更像一只鹰。他睁大双眼时，眼睛异常明亮且深沉，但只有在兴奋不已、义愤填膺时，双眼才会睁大、闪光，其他时候眼睛都半遮着，就好像隔着一层膜，仿佛在沉思某些深奥之事，如睡着了一般。

他的法语译者亨利-迪朗·达夫雷（Henry-Durand Davray）也强调了康拉德明亮的眼睛里的光影变幻：

> 他的身高比平均水平稍矮一点；他的头陷在耸起的宽厚肩膀里，这肩膀似乎缩短了躯干，从而拉长了他的腿。但头太令人难忘了，人们不会注意其他的。他高耸、开阔的额头、大大的鹰钩鼻，鼻翼两边深深的线条消失在尖胡子里，这胡子进一步拉长了他完美的鹅蛋脸。他两条浓密的眉毛下棕色的眼睛吸引了我们的注意。当他恰好大大地睁开眼睛时，它们会闪烁着奇异的神色，但通常它们都被头发半遮着，似乎是为了过滤一半的光线或一波波袭来的太阳光。他看着与他说话的人时，目光变得犀利，敏锐，深邃；而后突然目光没有那么强烈，好像他看到了刚刚一直在寻找的东西。[1]

福特写道，康拉德的"企盼是被当作——成为！——［维多利亚时代中期］帕默斯顿勋爵（Lord Palmerston）时期的英国乡村绅士"，但是从他的外貌、举止、姿态、言语、穿着上看，他骨子里始终是个外国人。他的格子纹套装、常穿的哈夫洛克大衣、压低在头上的圆顶高帽及单片眼镜——来辅助他小时候不小心被鞭子抽打受伤的右眼——这些是他仅有的英国属性。美国雕塑家乔·戴维森（Jo Davidson）和其他很多朋友一样，觉得他的"穿着打扮很怪异。在他的大衣下，你会看到马裤，而且他的腿上有绑腿（虽然康拉德从不骑马或射猎）。他戴着圆顶礼帽，自以为很有英国范儿"[2]。

虽然没有康拉德的声音录音，但通过他许多朋友的讲述，我们可以重现他说话的方式。福特同意高尔斯华绥和加尼特所说：康拉德的读音错误百出，经常听不懂他在说什么。他对副词、shall、will 的使用非常古怪，随意。他觉得英语中 th 的发音很麻烦，所以他像很多外国人那样，会说 dis（this）、dat（that）。他颠倒了 v 和 w 的读音，所以 vowel 成了 wowvel；把"used a sword"（用一把剑）说成了"úsit a súword"。他把 iodine（碘酒）读成了 uredyne，他的儿子有一次把这个词听成了"你要死了"（you are dying）。休·克利福德认为康拉德说法语比说英语更流利，更完美（他经常在英语口语中加入很多法语表述），听过他描述一个编辑是一个"*Horréeble* Personalitee！*Horréeble* Personalitee！"（可敬的人）*。他还会说："我以为他很'哈一怕'［害怕（afraïd；afraid），读音同 Port Saïd（塞德港）］，所以我问（askèd；asked）他，但我完全［*ütterly*（ooterly）；utterly］错了"，还有"这让人很不舒服。让他们不舒服（*On komm for tarble*；uncomfortable）"。他还会经常纠正自己："I buyed it—I bought it（我买了它）。"康拉德的好友理查德·柯尔的儿子亚当·柯尔回忆起发生在卡佩尔（Capel）之家

---

* 英文应为"honorable personality"。

的一件事："他的发音带有浓重的外国口音。有一次，他们在欣赏他房前的风景——我母亲很喜欢，他不太赞同他们的看法，晦涩地说：'太多香树（awks）了。'他说的当然是"橡树"（oaks），它们挡住了开阔的景色，而那正是这位水手喜欢的。"H. G. 韦尔斯（H. G. Wells）解释道："在他开始说英语之前很久，他就开始学习阅读英文了，他对很多熟悉的词形成了错误的发音印象；比如，他老是无法控制地要读出 these 和 those 的最后一个 e。他会说：'*Wat* shall we do with *thesa* things？'（What shall we do with these things；我们应该如何处理这些东西）……当他谈论航海的时候，他运用的术语很完美，可一旦转向不那么熟悉的话题，他就常常不知该如何措辞。"不过当康拉德让杰茜朗读《海隅逐客》手稿中的几页内容时，他听不懂她的发音，于是他大声说："说清楚些……不要吃字。你的英语都很相似，你每个字母的发音都一样。"[3]康拉德的波兰口音随着他年岁的增长逐渐加重，他激动异常或生病时，总是用波兰语大吼大叫。

  康拉德对自己拙劣的口音极度敏感，他还在自己的小说里戏仿自己说英语的方式。他如此描写带吉姆爷去帕图森（Patusan）的船的欧亚混血船长："从他嘴里流出来的英语似乎出自一个疯子编的字典。"* 在《福克》中，德国商人西格斯（Siegers）先生的英语发音"如此夸张，我都无法试图再现"。比如，他说 Fferie strantch［(very strange) 非常奇怪］。在《救援》里，一个德国商业代理人有很多康拉德自己语言中的特点。他用德语的方式读英文单词；在英语句子中加入德语词［Hase（野兔）和 Monat（月）都加上英语的复数形式］，用 d 代替 th，用 v 代替 w，甚至还会用洋泾浜英语（"first chop"，一级的）："'Nefer mind him, shentlemens, he's

---

 * 《吉姆爷》，第 170 页。

第九章　恋爱与婚姻（1894—1896）

matt, matt as a Marsh Hase. Dree monats ago I call on board his prig to talk pizness. And he says like dis—"Glear oudt." "Vat for?" I say. "Glear oudt before I shuck you oferboard." Gott-for-dam! Iss dat the vay to talk pizness? I vant sell him ein liddle case first chop grockery for trade and—.'"* 康拉德告诉他的一名法语翻译约瑟夫·德·斯梅（Joseph de Smet）："我的发音至今都错漏百出。很不幸，我听觉不灵敏，我的重读不确定，尤其是当我在谈话的时候，我会变得很不自在。"[4]

在海上漂荡了 20 年，康拉德的口味、习惯和性格已经完全成形且相当僵化。他喝茶，斯拉夫式的，用高玻璃杯喝，加上柠檬和大量糖。他最喜欢的水果是樱桃和树莓。约翰·康拉德讲述了他喜欢的其他食物口味，那是在马赛和印度形成的，杰茜成了一个出色的厨师，完全满足了他的胃口："他特别偏爱法式烹饪，尤其是地中海海岸的传统佳肴。他很喜欢辣菜，让人汗流满脸的辣咖喱、弄得很甜的辣根酱、塔巴斯科辣酱油、西班牙甘椒，以及其他任何辣的食物；上帝会垂怜那些上软稠米饭的人。他对意大利小方饺、面团、蘑菇鸡蛋饼毫无抵抗力。"[5] 但他有一个坏习惯（是由于在海上没办法正式进餐而形成的）——搓面包球，吃饭时如果生气了，就算是在餐厅，在一群陌生人面前，他也会把面包球扔得到处都是。

19 世纪 90 年代，康拉德喜欢和好友 G. F. 霍普一起出航，但他不会游泳。作为一个有教养的欧洲人，他讨厌英国人对大开的窗

---

* 正确的句子应是："'Never mind him, gentlemen, he's mad, Mad as a Marsh Hare. Three months ago I call on board his prig to talk business. And he says like this—"clear out." "What for?" "Clear out before I chuck you overboard." Gott-for-dam! Is that the way to talk business? I want to sell him a little case first-class crockery for trade and—.'" 意为："'先生们，不用在意他，他疯了，就像沼泽地的野兔一样疯。三个月前，我到船上找这个自以为是的家伙谈生意。而他是这样说的——"走开。"我问："为什么？""在我把你扔下船之前，赶紧走开。"我的天啊！那是谈生意的方式吗？我想卖给他一件一等的陶器用于贸易——。'"

户、冷水澡、长途行走和户外运动的热情。他对园艺、耕作和乡村生活没有兴趣。虽然他保持着对帆船而非汽轮的浪漫依恋，但他更喜欢陆路旅行，倾向于坐在机械车里尽快赶路，而不是选择马拉车。20世纪早期，他就拥有了一系列车，他的俱乐部——蓓尔美尔街（Pall Mall）上的皇家汽车俱乐部（RAC）——的会员资格仅基于拥有汽车，不考虑个人、教育、社会、艺术、政治、职业等方面的共同兴趣。

康拉德神经紧绷，敏感，热情。他的性情阴晴不定，个性呈现神经衰弱的特质；是一个长期的忧郁症患者，经常会狂躁性抑郁；婚姻中有过几次精神崩溃。他的性格中有着根本的矛盾，他喜欢冒险，但又喜欢使一切秩序井然；他有产生情感共鸣的强大能力，但他难以表达情感。作为船长，康拉德需要对他工作中的法律、医学、商业等层面负责，还要对其船员的生命、船只的安全、货物的照管负责。然而他发现自己很难处理日常生活中的问题。康拉德情绪化，易怒，心不在焉，懒惰，不切实际，深深依赖他的妻子和朋友，每当频繁发作的痛风袭来，他就会彻底变得无助。

康拉德在神秘的礼貌面具下保护着他的内在自我。几乎无人能刺破他精心打造的礼貌举止；很多采访和回忆录最多只能记录下他混杂着对交谈者的崇敬、奉承的琐碎谈话。仰慕康拉德作品的阿诺德·本涅特（Arnold Bennett）在世纪末见过他，他或许是将他的礼貌、圆滑、交谈、风格和手势描述为"东方的"的第一人；这一修饰语福特、柯尔、亨利·纽博尔特（Henry Newbolt）甚至杰茜都说过。韦尔斯注意到："他给我留下的最初印象，就像他留给亨利·詹姆斯的印象一样，即他是所有生物中最奇怪的……［他有着］因烦恼而紧锁的额头、饱受困扰的深邃眼睛，他的手和胳膊的舞动源自肩膀，的确非常东方。"[6]

康拉德有时将自己不稳定的性情、情绪化的爆发归因于他的波

第九章 恋爱与婚姻（1894—1896）

兰遗产中反浪漫主义的浪漫主义、爱国主义与怀疑论的奇异结合。"我们波兰人是可怜人，"他在1898年告诉坎宁安·格雷厄姆，"全国性的焦虑削弱了我们的道德品质……这不是错误，而是厄运……我并不会为我的遗产的本质而懊恼，但它时不时会变得过于沉重，让人发不出一声呻吟。"他显然很乐意细致描述他的灾难。他饱含痛苦有时充满自怜的信件——绝望的宣告混合着令人心碎的请求（请求别人来看他，给予他同情和金钱）——很像他流亡的父亲所写。

他的抑郁通常都是由于写作遇到了瓶颈。他与难以把握的外语做斗争，将自己的作品与文学大师的作品进行比较，努力满足自己强迫症似的完美主义。他向玛格丽特抱怨："我身体抱恙时，一阵阵悲伤袭来，让我的思想和意志瘫痪。"1896年的夏天，在挣扎着创作《救援》第一版时，他告诉加尼特（从玛格丽特手上接过塔德乌什的"衣钵"，承受着康拉德绝望的哀号）："我长期经受着抑郁症发作，在疯人院里那就叫疯病。我不知道那是什么。它从无中蹦出来，非常可怕，持续一个小时或一天；当它离开时，留下了一种恐惧……我怀疑我在经历严重的精神疾病。"[7]

1905年，画家威廉·罗森斯坦试图帮助康拉德度过又一次财政危机，他告诉埃德蒙·戈斯（Edmund Gosse）——一位颇有影响力的文人，康拉德失去理智的爆发榨干了朋友的情感："当然他极度歇斯底里——确实，去年我为他的理智感到害怕。"罗森斯坦提及康拉德"容易激动的病态头脑"，然后补充道："我为他深感遗憾，但有时保持耐心真的很难——一旦有人付出了情感，他那样的本性会要求——仿佛理应如此——那个人付出大量的时间和精力。"

当康拉德发脾气，"像猴子一样喋喋不休、尖叫呐喊"时，他会强迫性地梳头，以此让自己冷静。他在两个早期故事中描写了这一习惯。在《福克》里，唯一一艘拖船的船主不合理地扣留了船长，被困港口的船长相信他最终能够驶离曼谷:"这一想法大大鼓舞了我,于是我抓起发梳,看着镜子里的自己开始梳头发。"在《返航》("The Return")里,阿尔万·埃尔韦(Alvan Hervey)发现自己看似忠心耿耿的妻子,为另一个男人抛弃了他,他尝试以类似的方式让自己冷静:"只是他的头发稍微有点乱,而那种混乱,不知怎的,似乎暗示了烦恼,于是他快速跑到桌前,开始用梳子梳头,焦急地想要消灭那有损体面的痕迹——他唯一残留的情绪。"[8]

虽然康拉德有时可以和理查德·柯尔这样的朋友塑造"一种坚定的沉默,仅这份沉默就能在两个享有语言天赋的生物之间营造交融共通的感觉",但就算是在婚姻里、和朋友在一起、作为一名作家,他都一直处在同样难解的孤独状态,他作为波兰孤儿与海员的前半生,同样被孤独占据。他告诉一个年轻的美国朋友:"由于我的错——或者说那只是命运?——我失去了所有亲密接触的机会。"但就像吉姆爷的孤独一样,"他的孤独提升了他的高度"[9]。

二

自1894年11月起,康拉德就一直在和杰茜·乔治约会。但1895年5月,他中断了对杰茜的追求,第三次去了瑞士尚佩尔,期望山里的空气及高压消防软管每天两次的冲刷(在他看来这既是精神层面也是肉体层面的)可以在某种程度上改善他的健康状况和他的工作。他在尚佩尔碰到了埃米莉·布里凯尔(Émilie Briquel),她来自洛林的吕内维尔一个富裕、有教养的中产家庭,正与父母一起度假。20岁的埃米莉,年轻得可以做康拉德的女儿,比杰茜·乔治小2岁,比康拉德在毛里求斯遇到的1888年的欧仁妮·勒努夫小6岁,比玛格丽特·波拉多夫斯卡小27岁。

第九章 恋爱与婚姻（1894—1896）

就像亨利·詹姆斯笔下的温特伯恩和黛西·米勒，康拉德和埃米莉（由她的母亲陪伴着）在廉价公寓里一起用餐，到当地的风景区远足，租一艘船，由康拉德船长熟练地操控，在日内瓦湖上泛舟。虽然埃米莉长相粗糙——厚嘴唇、上翘鼻、丰满的耳朵、高高的卷曲的头发——他们还是很快亲密起来，开始了认真的调情。康拉德护送她到当地的借阅图书馆，教她玩桌球；她为他歌唱，又是弹钢琴又是拉小提琴的。

5月末，因他们的陪伴而欣喜不已的康拉德十分感激，他告诉埃米莉的哥哥保罗："命运以一种特别的方式眷顾我，让我能在这里见到您母亲和埃米莉小姐。"他们的相遇后来启发康拉德写出了《在西方的注视下》中拉祖莫夫和娜塔莉·哈尔丁（Natalie Haldin）及其母亲在日内瓦的相遇。在尚佩尔，康拉德给了她一本刚出版的《阿尔迈耶的愚蠢》，并提上了奉承之语："致埃米莉·布里凯尔——其迷人的音乐天赋和永远光辉灿烂的存在为他点亮了尚佩尔无聊的生活，本书由她最谦卑、感恩、顺从的仆人——作者敬上。"他献上这本书不仅证实了他的作家资历，还勾起了她将这本书翻译成法语的兴趣。康拉德以其标志性的夸张方式告诉埃米莉，她对他的书的兴趣"给了我一生中所经历过的最极致的愉悦之一"[10]。但她的英语水平可能不是太高，因为她错把康拉德当成了英国人。

康拉德5月末离开时，答应会在秋天拜访吕内维尔，而她也承诺着手翻译他的小说。埃米莉为与这位有文化且彬彬有礼的同伴分别而伤心，她感觉"就像失去了一个真正的朋友，我再也不会遇见像他那样的人"。她将与康拉德的友情与她对家人、对未来丈夫的爱区别开来；她1895年7月20日的日记揭示，这位体贴、有趣的船长（没有一艘船）在她极度传统的心里激起了一种喜爱之情而非激情："今天在尚佩尔，我遇到了康拉德先生，我经常谈论关于他的点点滴滴,还给他写信,我觉得自己非常喜欢他!或许是这样,但我是把他当作一个朋友、一个让人舒心的熟人来喜欢,不能把这种感情比作爱!我梦想着能拥有一个安静的小窝、两个人与世界隔绝的幸福及夫妻之爱的极致幸福。"

1895年的7月和8月,这名老水手换上了活力满满、爱冒险的一面,他先是告诉易受影响的埃米莉他要和霍普乘坐"伊尔德贡德号"(Ildegonde)前往挪威,后来又说他在设得兰岛、奥克尼群岛(苏格兰以北)一带航行,"在没有斜桁帆(用于让船迎风前行)的情况下,在大西洋的浓雾和汹涌波涛中度过了好几天。小小的'伊尔德贡德号'(23吨的小快艇)就像一块果壳,在巨浪之上跳动"。实际上,这次乏味的航行最远只到了荷兰。康拉德试图让埃米莉心生钦羡,显然他想向她求婚——与她度过余生。她梦想的"安静的小窝"不会存在——和性格狂暴的康拉德在一起是不可能实现的,即使他们依靠她的财产在洛林生活。奈德仔细研究过这段浪漫情史,他称:"显然,康拉德被迫明白由于两人的年龄差(在那个年代并不少见)和他漂泊的生活方式(虽然他已经离开了大海),他是不可能求婚成功的。"[11]他发出了情人的叹息,像一个男人那样屈从了。

三

到1895年的秋天为止,康拉德已经被几个法国女人拒绝了:毛里求斯的欧仁妮·勒努夫、尚佩尔的埃米莉·布里凯尔,很可能还有巴黎的玛格丽特·波拉多夫斯卡。这些让人颜面尽失的拒绝不仅增强了他长达一生对女人的厌恶和恐惧,还让他转而把注意力放到了杰茜·乔治身上。朴素的杰茜不仅迥异于那些有文化、有艺术

第九章　恋爱与婚姻（1894—1896）

品位的异国女人，还截然不同于他的女性理想：马赛撩人、热情的丽塔·德·拉斯陶拉。如果说玛格丽特比康拉德年长很多，寡居，聪明，高雅，美丽，与康拉德因婚姻和她在乌克兰的经历而联系在一起，那么杰茜则年轻很多，是个处女，没受过教育，出身乡村，长相平平，对康拉德的背景和兴趣完全陌生。正如他在《吉姆爷》中所说："海员的婚姻关系是个很有意思的课题。"*

康拉德曾在马赛用过乔治先生的这一笔名，而他正好在1894年11月通过好友霍普一家认识了杰茜·乔治。杰茜生于1873年2月22日，在9个孩子中排行第二，她的工作是打字员，在肯宁顿路牧羊人公寓10号楼过着安静、受局限的生活，1889年康拉德开始创作《阿尔迈耶的愚蠢》时住在贝斯伯勒花园，从沃克斯霍尔桥过泰晤士河，走一小段路就能到杰茜住的地方。杰茜已逝的父亲曾是仓库管理员（康拉德有时也做这份工作），很势利，在她的结婚证上，父亲的职业被提升成了"书商"。她的母亲简几乎没有受过正规教育，她的外孙博雷斯发现很难对她产生喜爱之情，据他所说，她是"一个表情严肃的老太太，总是习惯性地带着厌恶和不赞同的神色"。她一方面急切地想摆脱没有嫁妆傍身的5个女儿中的一个，一方面她极其厌恶康拉德怪异的行为，被这两种思想拉扯的她很快便成了未来女婿厌恶之人。他们结婚几年后，她被永远禁止进入他们家。

康拉德既有一个孤儿对团结大家庭的渴望，又害怕卷入其中。杰茜的妹妹多莉（Dolly）在康拉德眼中是"一个头发垂到背上的小孩，无比温顺"[12]（乔治家的女孩儿都是按那个样子塑造的），她有时和另一个姐妹埃塞尔（Ethel）一起在康拉德家做女佣兼保姆。她们是杰茜的手足中仅有的两个与他的家庭生活有重要联系的

---

*《吉姆爷》，第110页。

人。1900年到1904年间,康拉德帮多莉·乔治和奈莉·乔治(Nelly George)支付了位于斯劳(Slough)的圣伯纳德修道会女校的学费;战争期间,杰茜母亲的儿子都远在前线,是康拉德在赡养她。

杰茜大约5.2英尺高,很黑,嘴很大,上嘴唇薄,眼睛微微凸出。在她早年的照片里,她看上去还是相当有吸引力;中年时期,有些异域甚至斯拉夫人的长相;晚年时,胖得畸形,戴满了首饰,就像一个吉卜赛占卜师,戴着戒指、手镯和串珠。她主要也是最有价值的特质就是其平静、温和的性情和可以忍受所有挑衅的自制力。福特的情人维奥莱特·亨特(Violet Hunt)有一次和康拉德讲述一个引起热议的政治议题,她略带讽刺地说:"康拉德夫人总是不动声色,从来都是面不改色,真是一名作家最完美的妻子。"而对母亲心怀崇敬的博雷斯也认为她的性情很不自然,让人紧张不安:"绝对的沉着冷静,在任何情况下都表现得没有情绪,就算经常疼痛、身体不适(由于1904年膝盖受过伤)也一样,这种状态她维持了一生。这种稳若泰山的平静有时显得很可怕。"

当康拉德向爱德华·加尼特介绍杰茜时,他的这位顾问立刻为他们之间教育和教养的差距而震惊,惊讶于她无法理解他的精神世界、他充满想象力的生活和他对工作的狂热投入。加尼特委婉地论述康拉德不适合过家庭生活,试图说服他不要娶杰茜。后来,加尼特(他不是个势利小人)给坎宁安·格雷厄姆写了封言辞粗野的信,期盼着格雷厄姆能赞同他对他们的好友之妻的评价:"杰茜本该做四流酒店或酒吧女侍之家的女经理。第一次见我就知道了。康拉德对英国女人的社会阴影面一无所知。他想要一个管家,最终要为自己的实验付出代价。"[13]

第九章　恋爱与婚姻（1894—1896）

四

乔斯林·贝恩斯出人意料地评论道，"毫无迹象表明是什么促使他想在这个时候结婚，以及他为什么选择杰茜"，虽然有很多证据可以解释他的动机。塔德乌什舅舅过世的那一年，康拉德遇见了杰茜，而且1895年在追求未来的妻子时，他确实断了和玛格丽特的联系。切断了与祖国、家人、职业的联系，多病、孤独的怪人，年近四十，在英国没什么朋友，作为作家的前途尚不明朗，如此境况下的康拉德迫切需要婚姻和孩子带来的安全感与情感。他不认识其他女孩，她也没有其他追求者。波兰水手和城郊打字员以一种奇特的方式满足了彼此的需求。杰茜的阶级和背景很适合康拉德微薄的收入和他当时所能为她负担的生活方式。她所擅长的恰好就是他所需要的家政之术（做饭和打字），还能给予他一直缺乏的母性关怀和安稳的中产阶级家庭。最重要的是，那些轻佻的法国女孩似乎都先是引诱了他，然后再拒绝他的求婚，而杰茜不是这样，她完全被康拉德主导，臣服于他的年纪、权威和经验。

康拉德不仅是杰茜当时认识的唯一一个外国人，而且是第一个对她有感情兴趣的成年男性。他的求爱方式必定是文学史上最奇异的求爱方式之一。这位挑剔的、（杰茜也用了这个描述）"近乎东方的"贵族显而易见的怪异、浓重的口音和浮夸的姿态，让杰茜震惊不已。尽管他长年待在海上，待在亚洲海港，尽管他有顽固的习性，从本质上来说，他们之间能产生情感共鸣。她相信她可以"在与一个拥有如此性格魅力的人的频繁接触中，感到幸福，即使他常常高度敏感，陷入深思般缄默不语"，事实也确实如此。

在15个月悠闲的交往中，他们不经常碰面，但约会轻松愉悦。

由她众多兄弟姐妹中的一个陪同,他们会租一辆马车,驶到伦敦市中心,欣赏风景。1896年2月,他们在维多利亚车站碰面,康拉德一见面就批评杰茜的服装和外表。然后他们坐着出租马车到特拉法尔加(Trafalgar)广场的国家美术馆,爬上台阶到了入口处。他们向四周看看,确保只有他们两人,然后康拉德突然说出了他尴尬的求婚词:"看这儿,我亲爱的,我们最好结婚,摆脱这种境地。看看天气。我们会立刻结婚,然后就渡海去法国。你多久能准备好?一周内——两周?"康拉德着实把杰茜吓了一跳,他接着解释他之所以这么急迫是因为他渴望逃离英国的气候,并命令她而非请求她嫁给自己。他告诉杰茜,他急不可耐的另一个原因是"他时日不多了,也没有要孩子的打算;但即使他的生活已经到了这般田地〔他的(法式)耸肩是他的典型特征〕,他还是想我们或许能一起过几年幸福的生活"。

他们在一家小咖啡馆吃午餐,结果食物中毒,他们大病了一场。在康拉德求婚三天后,杰茜没有收到哪怕一点点康拉德的消息,一点也不确定他是不是认真的。她的母亲(对外国人有强烈的偏见)在和康拉德谈过话后,很明智地说她不明白为什么他想要结婚。杰茜也不明白,但就算他描绘了令人灰心的前景,她还是接受了他的求婚。

康拉德这么迫切地要结婚或许还有另一个重要的原因。福特的讽刺性小说《受限的简单生活》(*The Simple Life Limited*)出版于他与康拉德决裂后不久的1911年,在这部小说中,他的老友是懒惰、目光短浅的作家西蒙·布兰斯登(Simon Bransdon),西蒙雇了一个年轻的打字员,和她一起工作到深夜,然后很快就勾引了她。她成了他的情人,他们结婚了,所以他就不用再给她付薪水了。康拉德说"我们最好结婚,摆脱这种境地",那么可能指的就是他担心杰茜有可能会怀孕。在他未发表的关于婚姻的一个片段

第九章　恋爱与婚姻（1894—1896）

里，他写道："我可以想象那个端正的年轻男人完全有能力故意让一个心烦意乱的女孩焦虑到屈服。"[14]

欧仁妮·勒努夫问康拉德喜欢女性身上的什么品质，他回答："美貌。"但他也强调人类情绪飘忽不定且自相矛盾的本质，他在《因财而起》中写道："女人因为各种原因而被爱，甚至包括那些你会觉得反感的特点。"1896年3月10日，他写了一封奇怪但重要的信件——用的是他在讨论其最高深的思想时采用的弯弯绕绕的风格——宣布他即将结婚。在信中，康拉德将婚姻描述成一场危险的冒险，他还发现很难向他的表弟、依然健在的最亲密的亲人卡罗尔·扎古尔斯基证明他古怪的选择是正确的，于是他讽刺性地强调杰茜缺乏外在吸引力，出身低微，有一个正直（但讨厌）的母亲和热闹的大家庭——还突出了他自己的愚蠢：

> 没有人比我自己更觉得吃惊。然而，我一点都不害怕，因为你知道，我习惯了过冒险的生活，习惯了面对可怕的危险。不仅如此，我得承认，我的未婚妻完全不会给人一种"她很危险"的印象。她姓乔治，名杰茜。她个子矮小，长相完全不出众（唉！实话实说吧——相当平庸！），不过她对我敬爱有加。一年半之前，我初见她时，她还在城市里谋生，在一家"书法"*公司的美国营业部当"打字员"。她的父亲3年前去世了。家里有9个孩子。母亲是个得体的女人（我毫不怀疑她还非常正直）。然而我必须坦承，这对我来说都一样，因为——您懂吗？**——我又不是娶整个家庭。婚礼会在这个月24号举行，然后我们将立刻离开伦敦，以便在布列塔尼海岸的荒野和美丽

---

*　原文为Caligraph，拼法错误，正确的应为Calligraph。此处康拉德或许是在讽刺杰茜的公司是个不入流的地方。

**　原文为法语："Vous comprenez."

中，隐藏我们的幸福（或我们的愚蠢），我打算在某个渔村租一个小房子。

康拉德接受了杰茜的相貌平平和自己的愚蠢，这似乎证明他至少还没有被爱情愚弄。他病态的求婚，他感到有必要为正常的情感道歉，他对杰茜及婚姻让自己都不自在的嘲讽态度，都表明他对从冒险生活转变到家庭生活有着深深的担忧。为了进一步隐藏他温和但不同寻常的激情表现，康拉德坚持要求杰茜烧掉他在恋爱期间写给她的情书。杰茜沾沾自喜地写道："一个真正胆怯、平庸的妻子，一旦失去了自己的个性，就会失去对丈夫的所有吸引力。"但这并不适用于康拉德，他想要的恰好就是这种妻子，他在《走投无路》中写到惠利船长的亡妻时，如此描述杰茜："很可能生性勤于家务而显得俗气，完全无足轻重。"[15] *

康拉德在追求杰茜的同时还在寻求舰船船长一职，甚至想拥有一艘船，他计划在船上航行两到三年，以此为婚姻打下坚实的基础。为了实现这一目的，1894 年 10 月，他在利物浦就"漂亮的小船""普里梅拉号"（Primera）进行商谈，1894 年 11 月去了安特卫普，1895 年 2 月计划前往纽芬兰，1895 年 10 月考虑过一艘南方捕鲸船。1896 年 3 月，他结婚的这一个月，他得到了"温德米尔号"（Windermere）上的船长一职，于是他带着霍普、杰茜和她的妹妹，上行至位于爱丁堡西边、福斯湾（Firth of Forth）上的格兰奇茅斯（Grangemouth），去看看那艘船。杰茜虽然毫无与大海接触的经验，但她"喜欢大海"，打算陪伴他航行。但因为康拉德认为妻子在船上，总是很麻烦，所以他很可能打算独自返回大海，（和惠利船长一样）让杰茜保持安全距离，做一个兼职妻子。然而，这

---

* 康拉德《走投无路》，外研社编译组，外语教育与研究出版社，2012 年，电子版，第 12 章。

第九章　恋爱与婚姻（1894—1896）

老旧、笨重的赫然巨物带着一丝不祥之感，而且"温德米尔号"的合约条件太让人难以接受了，所以他拒绝了船长的职位，只得被打回文学，以此维生。

杰茜和康拉德一样，她名义上是天主教徒，实际上是无神论者。所以1896年3月24日，他们没有选择教堂，而是在汉诺威广场的圣乔治登记处成婚，只有霍普、克里格和杰茜的母亲到场。康拉德的婚姻不仅连接了他和杰茜，还将他和英国、英国人、写作事业、家庭生活及孩子连接了起来。

康拉德的新婚之夜和蜜月与他的求爱和求婚一样奇怪。他人生前37年的性生活极其隐秘。他的稚嫩、自尊和内敛让他无法在外国港口或地区眠花宿柳，而且他更倾向于理想化如丽塔·德·拉斯陶拉这般的女性，而非真的与她们上床。东方那些乐意与人发生关系的东方人和欧亚混血，似乎让康拉德望而生畏，他在毛里求斯和欧洲追求的女孩身边总是有人陪护。虽然他也有可能在遇到杰茜之前发生过性关系，但没有证据可以证实。

新婚之夜，康拉德如果不是对与杰茜的性爱没有兴趣，那就是对夺去新娘童真这件事备感焦虑。无论是哪一种情况，他都觉得有必要推延圆房，比起与妻子上床，他对读信回信更有兴趣。他写着不甚重要的信（3月24/25日的信都没有保留下来），一直熬到凌晨两点，然后在大半夜出门寄信。他的焦虑持续到第二天他们穿过海峡前往圣马洛（Saint-Malo）的时候，康拉德和杰茜都晕船了。

康拉德让杰茜远离家人、家乡及其文化，长达六个月，带她去了一个陌生的地方，他懂那里的语言，但是她不懂——只为掌控全局，这一切都让蜜月中的杰茜更加难以适应。1896年4月，在写给特德·桑德森和爱德华·加尼特的信中，他描写了布列塔尼北部的拉尼永（Lannion）附近荒凉的景色及格朗德岛（Île-Grande）上的农舍，这是他所拥有的第一个房子，由一条狭窄的堤道与海岸相连：

> 海岸多石、多沙、狂野，充满了肃杀之感。在宽广的大海背面，荒凉群岛环抱的土地，一片绿色，美好，和煦……海滨住着一群女人——穿黑衣戴白帽……
>
> 我们有一个小房子，楼下就是厨房，楼上就是卧室，矗立在贫瘠的岩石岛上，一个[思维正常的]人都会渴望拥有一个如此荒凉、坚硬的心脏。还有那里的人！他们肮脏，快乐，还是十足的天主教徒。大部分是女人。男人在冰岛[以及]纽芬兰的大海岸捕鱼。

他们租用了4吨重的快艇"长春花号"（La Pervenche），沿着海岸航行。但有一个法国人将杰茜误认为康拉德的女儿，并请求康拉德允许自己追求杰茜，对此康拉德愤愤不平。他们15岁的年龄差让康拉德很不安，他不喜欢任何人记得——更别说庆祝——他的生日。蜜月期间，他写了《傻瓜》（"The Idiots"），这个故事讲的是一个女人生了四个智力有缺陷的孩子，她在反抗丈夫的性要求时用剪刀杀死了他。

康拉德的蜜月完全不是田园牧歌式的，而是像他剩下的婚姻生活一样，充满了频繁的危机、严重的焦虑、重大的疾病和身无分文的绝境。初到达拉尼永的两周内，杰茜不时会昏厥，有一次病了三天，吓坏了康拉德。"虽然我还不习惯婚姻的种种可能，"他自大地给特德的母亲写道，"我受了惊吓——虽说还不算惊恐不已！不过她令人信服地证明了我的护理能力：毫无疑问，在一两年内，我只得更加镇定沉着地处理大小事务。"[16]

康拉德回敬以一轮激烈的发热和痛风，将自己置于了被动的依附角色中。复发的发热源于他在刚果时毒害了他的身体系统的黑尿

第九章　恋爱与婚姻（1894—1896）

热（疟疾的一种，会使尿液变黑），痛风则是由疟疾感染引发的。康拉德的慢性痛风可能源于膀胱里的沙质尿沉渣，他十岁时，这个病引发了剧烈的胃痉挛。痛风则是由于尿酸过剩导致的关节里的钠沉积物。病症即高血压，以及脚趾、踝关节、膝盖、手腕或手肘处严重的炎症性关节炎："一开始的疼痛可能来得很突然，让病人从梦中痛醒。受影响的关节发热、发红，表皮肿得发亮，疼痛异常，一碰就痛……一阵阵剧烈的疼痛还会伴随着……情绪的变化。"

康拉德的痛风发作从根源上来说，部分源于心理原因。痛风让他的双手伤残，但他先前并没有受到疾病的严重困扰，直到他不得不以作家这一职业供养自己和妻子。1896年5月杰茜在格朗德岛见证了康拉德第一次痛风发作，整整一个星期他都高烧不退，胡言乱语，不时浑身颤抖："大多数时候，康拉德都神智错乱。眼看着他躺在带华盖的白色床上，面色发黑，牙齿和眼睛闪着光亮，这已足够让人心惊，还要听着他用奇怪的语言对自己咕哝（他说的肯定是波兰语），无法穿透云遮雾绕的思想，无法抓住一个听得懂的文字，这对一个少不更事的女孩而言真是可怕至极。"[17]

如今，痛风可以简单用药物治疗，药物可以降低身体里的尿酸水平。但是在康拉德的时代，令他痛苦万分的疾病无药可医，他只得采用当时收效甚微的疗法：用碘酒涂抹手和手腕，戴羊毛痛风手套（手指部位被裁掉了）来增加热量。他咨询了很多英国、法国、意大利、瑞典的医生，尝试各种治疗和饮食方案，结果发现——就像攀附在垂死的树上的藤蔓——"药师的咒语"无法驱散痛风。痛风发作时他常常大发雷霆，这有助于缓解折磨人的疼痛，但会令他人不快。

7月的一场经济灾难加剧了康拉德的医疗危机，那时他还在度蜜月。1895年2月，他获得了塔德乌什舅舅的遗产——15000卢布加1200卢布的利息，但是霍普的内兄所有的一家南非掘金公司破产了,让康拉德几乎血本无归,只剩下几百英镑。这次损失、1904年他的银行破产,以及他以作家的低薪长年累月地艰苦工作影响了他的创作,使他对《诺斯特罗莫》中的物质利益和《机缘》中的经济投机极尽讽刺之能事。

五

这次经济危机让康拉德加紧了离开的步伐,他于1896年9月底前往英国。他们想住在霍普一家附近,在斯坦福-勒-霍普(Stanford-le-Hope)凄凉的小村庄找了一栋简陋不堪的房子,距伦敦约一小时火车车程,在泰晤士河河口北岸往内陆几英里远的地方,地处埃塞克斯的滩涂之中。这里的环境很像《远大前程》开头几页描写的湿地风景:"我们家乡是一片沼泽地,附近有一条河;顺河蜿蜒而下,到海不过二十英里……墓地对面那一大片黑压压的荒地就是沼地,沼地上堤坝纵横,横一个土墩,竖一道水闸,还有疏疏落落的牛群在吃草;沼地的那一边,有一条落在地平线底下的铅灰色线条,就是河流;远处,那阵阵紧吹的急风有个老窝,就是大海。"* 康拉德在《黑暗的心》的第二段和《大海如镜》中也描绘了这一河边的风景,在后者中,他相当消极地写道:"泰晤士河河口并不漂亮;没有任何高贵的特质,没有浪漫的壮丽之姿,没有让人亲近的温暖之感;但第一眼看上去,它开阔,宽广,诱人,好客,带着一种神秘的气质。"

他们能找到的最好的房子是一栋新修的半独立别墅,位于沿火车站而下的维多利亚街尽头。杰茜在母亲的帮助下打理村舍的时

---

* 狄更斯《远大前程》,王科一译,上海译文出版社,2011年,电子版,第一章。

第九章　恋爱与婚姻（1894—1896）

候，康拉德仍住在吉灵厄姆街的住所。他告诉加尼特，"我命令她在一周之内把一切准备妥当"，这就定下了他们独特的角色。"她做了超人的努力。我就坐着不动，动动嘴皮子抱怨。"杰茜详述了康拉德赋予她的戏剧角色，角色设计就是为了表现一种完美的家政榜样："他写下了巨细靡遗的指令。我要为晚上的活动打扮得体，在家具到达三天后，在客厅安逸地休息；新任女仆需要被教导如何接他的电话，带领他进入房间；餐食要适时出现；他需要有人领他进入他的书房。"但到了他大驾光临的那一刻，杰茜"幼稚的冲动"破坏了预期的效果："无法克制自己，我冲到门边去迎接他……面对我时，他十分冷漠，开始满怀怨恨地指责我……接着是一些十分伤人的批评，真的，我所做的一切或几乎一切，都被他全盘否认。"

很早就来拜访的加尼特记得"嘎吱作响的木板、如纸般薄的楼梯，以及那临时住所的破旧狭小，这里和这个颇具上流社会之风的街区的其他房子别无二致"[18]。虽然康拉德习惯了船上封闭的隔间，他对这个一眼看上去就相当可怕的房子的反应却是："该死的偷工减料的兔笼……这该死的洞里连转身的余地都没有。"在维多利亚街上度过的五个月让他再也不想住在村庄或小镇。从那以后，他总是待在乡间，与世隔绝。

这件事似乎强化了杰茜和她的儿子们眼中康拉德作为家庭暴君的形象——有强迫症、死板、苛刻、严厉——总是在对他的"船员"下命令。就算是仰慕康拉德的理查德·柯尔也说："他从没放下航海船长的做派，他认为发出的命令就得被遵守，并且一个房子的运作应该和海上船只的运行一样井井有条。"

康拉德就像萧伯纳的《伤心之家》（*Heartbreak House*）里的肖特非船长（Captain Shotover），他保留了海上生活的习惯，在家里也会习惯性地使用航海术语。博雷斯称，他保留了 4 小时休息周期的习惯（源于他在海上值守的经历），白天得空时他还会在高背椅上睡觉。有时，他还会为了儿子们"笨拙的举止"而责备他们，督促他们变得"聪明，像海员一样"。他称杰茜的拐杖为舷外支架，而且相当令人费解地把长礼服配大礼帽称为"方形主帆外套配斜桁上桅帆帽"。约翰注意到"我的父亲不喜欢他的盘子装得太满，'看上去就像不定期货船上的甲板货'。他坚持认为，为了享受美食，人们应该总是'留一些储物空间'，这比从桌边起身发现'载货量达到了船舷上缘'要好得多"[19]。

自他们的婚姻伊始，杰茜就与这个孤独的孤儿、流浪者发展出了一段既是母亲又是妻子的关系，康拉德没有享受过母亲的关怀和安稳的家，于是他很快便极其依赖杰茜。康拉德想要且需要一个乐于奉献的妻子和母亲的替身，在长子出生后，他在给编辑的信中写道："我真的应该找一个保姆——因为我的妻子还得照顾另一个小孩。"杰茜记录了一件很有代表性的事，很能说明问题，事情发生于 1905 年他们在卡普里度假的时候，康拉德（他的牙齿反复出问题，但他害怕牙医，一直没去看牙）表现得就像一个小孩，他的健康和卫生全靠她的悉心照顾才能维持："一天晚上，他把他可怜的头靠在我的肩膀上，嘴里全是水（我一直醒着，拿着玻璃杯，准备好在他需要的时候递给他）。他会在嘴里包满水，把水杯递给我，然后睡去，水流得我全身都是。天亮之前我就已浑身湿透。当他终于能够唤醒自己，意识到他感觉不舒服时，他宣称我们昨晚一直睡在潮湿的床上。"[20]

他们口头和书面称呼彼此的方式强化了他们的母子关系。杰茜一直都直呼孩子的名字，但她从来不叫她的丈夫"约瑟夫"或"康拉德"，而是——像塔德乌什舅舅一样——一直叫这个大男人"亲爱的孩子"。他叫杰茜"Chica"（西班牙语，意为"女孩"）或"康太太"——这两个称谓定义了他们之间的关系。有时，他满怀爱意地叫她"老熟人"（you old image）——就像《文明路上先锋

第九章　恋爱与婚姻（1894—1896）

站》（"An Outpost of Progress"）中凯耶茨（Kayerts）对非洲土著戈比拉（Gobila）的称呼。康拉德给杰茜的信表达了关切之情，但极其生硬而且古怪地冷淡，就好像他在给一个陌生人而非妻子写信。即使到了晚年，他在信中仍温柔地称她为"最亲爱的、最棒的女孩""小咪""咪咪""喵喵""小猫猫"，以及"宝贝、心肝、绝无仅有的最亲爱的女孩"，认为她魅力十足，难能可贵，甜美可人，讨人喜欢，世间最好。康拉德虽然很清楚她的局限，但仍深深依恋他的妻子。

康拉德大多数朋友都认为杰茜无趣，最多只能礼貌地容忍她。福特、奥托琳·莫雷尔夫人（Ottoline Morrell）、埃伦·格拉斯哥（Ellen Glasgow）和（我们已经看到的）爱德华·加尼特大肆抨击她的贪吃和无知。然而不知道杰茜是在否认现实还是没有察觉到他真正的感受，她贸然称加尼特"毫无异议地接受了我……所有［康拉德的］朋友都无可争辩地接受了我……我丝毫没有怀疑过他们对我的真情实感"。她和加尼特一家的关系逐步恶化。加尼特家的儿子大卫回忆道，有一次康拉德在塞尔尼别墅过夜，和爱德华喝了一瓶红酒，杰茜在他们家里等待，她嫉妒他的朋友，很容易生气，于是"和康斯坦丝大吵大闹。我母亲最讨厌大吵大闹，所以我相信杰茜再也没来过我们家"[21]。

H. G. 韦尔斯称杰茜为"来自滩涂的一个佛兰德佬"，暗指了康拉德一家位于埃塞克斯的沼泽住地，以及杰茜无趣、冷淡的天性。布鲁姆斯伯里团体丝毫没有嘴下留情。苗条的弗吉尼亚·伍尔夫称她为康拉德的"胖老婆"（lump of a wife）。地位显赫的奥托琳夫人是最难以礼待人的，但她明白自己需要对杰茜表达恰当的尊重，承认她的优良品质，并且她敏锐地洞悉了她和康拉德的婚姻："她似乎是个善良、长得不错的胖姑娘，还是出色的厨子……对这个高度敏感、精神崩溃的男人来说，确实是一个良好、平稳的床垫,这个男人不要求他的妻子智商高,只要她做迎接生活的震动的缓冲物。"韦罗妮卡·韦奇伍德夫人还是孩子时就意识到"我们父母觉得她很无趣,但康拉德待她彬彬有礼,礼貌殷勤,十分保护她,他还期望每个去看望他的人都能如此"[22]。威廉·罗森斯坦和康拉德的门徒理查德·柯尔理解康拉德对杰茜的殷勤和关心。康拉德虽然总是以自我为中心,但他一直都很在意她的幸福。他会认真考虑能让她开心的礼物和节日,他令人感动地很喜欢她的陪伴,不喜欢在没有她的情况下受邀去任何地方。

善良热心的杰茜忍受贫穷,容忍他大发雷霆。但她的陪伴丝毫没能缓解他的孤独,他在婚姻中仍保留着他孤独的内心生活。就像马洛对待库尔茨的未婚妻的态度,康拉德相信当"黑暗降临舞台",他必须保护杰茜,让自己独自深陷痛苦之中。结婚19个月后,他感觉比之前更寂寞,他以他最喜欢的一个航海隐喻哀叹道:"我过得如此孤单,以致我常常幻想自己愚蠢地紧紧抓着一艘被先前的船员遗弃的破船。"38岁才结婚的康拉德在《机缘》中进行了一番自我反思,他深刻地写道:"'芬代尔号'(Ferndale)的安东尼船长必定是在大约35岁的年纪第一次让他的孤独占领心头,人到了那个年纪已经成熟到能够感受这一发现带来的悲痛。"[23]

六

康拉德在《胜利》、《艾米·福斯特》("Amy Foster",1901)及(我们后面会看到的)《间谍》中,都描绘了他对婚姻的敌意和对被抛弃的害怕。阿克塞尔·海斯特、扬科·古拉尔(Yanko Goorall)、阿道夫·维罗克都与世隔绝,却注定要为与他人接触的渴望而受苦。在这三部作品中都是一名年轻的英国妻子(或情人)

第九章　恋爱与婚姻（1894—1896）

要为其年长的外国丈夫之死而负责。

《胜利》描绘了海斯特对孤独的渴望与对情感联系的需求之间的冲突。丽娜渴望以自我牺牲的方式保护他，这仅仅加深了他情感的缺乏，让他更加无法回应她。小说被改编成戏剧后，杰茜打扮得像丽娜一样，大声朗读丽娜的台词。康拉德这一奇异的幻想——一个爱沉思的知识分子和一个谦卑、没读过书、心怀感激的女孩之间痛苦的关系——部分基于他自己的婚姻。

杰茜拒绝承认她和传记体的《艾米·福斯特》中的女主人公之间的相似性，这是一个凄凉的故事，着重表现了波兰人和英国人之间不可逾越的鸿沟。她甚至故意误导，坚称"真正的主人公艾米·福斯特在我们这儿工作了好多年，正是她那如牲口一般任劳任怨的承受力启发了康拉德。事情就是这样，别无其他"。

《艾米·福斯特》，这个康拉德最私人的故事，描绘了杰茜负面的品质、两人思想上的隔阂，以及康拉德暗流汹涌的孤立、寂寞、绝望和他对于被女人利用而后即遭抛弃的恐惧——就像他母亲在流亡时亡故，抛弃了他一样。故事中，扬科·古拉尔的斯拉夫姓氏意为"山里人"，到了海上他完全无法适应。在迁至美国的途中，他在英国的南部海岸遭遇海难，被冲到了一个未知的国度。他对英语一无所知，既说不清楚也看不懂字，引起了人们的怀疑、厌恶和恐惧。他"发现自己成了迷失的陌生人，在地球上某个无名的角落，出身神秘，孤立无援，无人能懂"。这个漂流者遭受了普通肯特人的野蛮对待，这也解释了康拉德为何渴望结婚，渴望融入新环境，渴望成为一名英国绅士。

艾米·福斯特相貌平平，被动消极，愚笨呆傻，是大家庭中最大的孩子，15岁就开始了工作。走投无路的扬科追求她是因为她是唯一一个同情他孤立无援的境地，挽救了企图自杀的他的人。不过，"只要看看这对短手臂末端挂着的红手，看看这双迟缓、突出的棕色眼睛,就能知晓她毫无生气的思想"。虽然艾米的父亲(像杰茜的母亲一样)不信任外国人——他们对待女性有时表现得非常怪异,可能想"把她们拐到某个地方去——或者自己逃跑"(就像康拉德本人在求婚、结婚后所做的那样),扬科最终还是娶到了温柔、深情的艾米。

杰茜讲述了在他们蜜月期间,康拉德疟疾发作时

> 神情凝重地胡言乱语,只说他的家乡话,丝毫没有显露出他认识我的迹象。我守在他身边好几个小时,看着他眼睛因发烧闪闪发亮……听着毫无意义的词句和长篇大论,一个字都听不懂。

《艾米·福斯特》中,扬科发烧时

> 抖动,呻吟,时不时咕哝着抱怨一句。而她隔着桌子坐在沙发旁,看着每一个动作,听着每一声响,对那个她无法理解的男人,她感到惊恐,无比惊恐。

这两段话都展现了受到惊吓的英国妻子照看着精神错乱的外国丈夫,既不能帮助他,也听不懂他胡乱嚷嚷的斯拉夫语。

虽然被谴责抛弃了祖国的康拉德,对于博雷斯空有一个斯拉夫名字却不懂斯拉夫语,备感遗憾,但扬科通过和儿子说一种"激昂、怪异、令人不安的"语言来维持与祖国文化的联系。扬科逐渐疏远了艾米,最初吸引艾米的那种陌异感现在让她厌恶,害怕,她的无知也让她表现得残忍又野蛮。她最终在扬科发烧时抛弃了他,带着他们的孩子远走,独留这个无辜的男人在痛苦中死去:口渴,生着病,走投无路。他的儿子偷走了他妻子的爱,而他"莫名

［被］大海驱逐，只得在孤独与绝望的灭顶之灾中亡去"[24]。

七

在恋爱和蜜月期间，康拉德不仅一直在寻找船，而且更加成功地继续开展他的文学事业。1895年4月，《阿尔迈耶的愚蠢》以约瑟夫·康拉德这一笔名出版，印了2000册。他的第一本小说大受好评，康拉德甚是满意。《每日新闻》（*Daily News*）说他已经"吞并了婆罗洲岛"；《T. P. 周刊》热情惊叹道："在讲述这个故事的天才作家的魔法下——他确实是天才作家——我几乎了解了这个陌生、遥远的地方全部神秘与核心之处。"最重要的是，弗兰克·哈里斯（Frank Harris）颇有声望的《周六评论》（*Saturday Review*）上，有一位匿名评论家十分肯定地宣称："《阿尔迈耶的愚蠢》确实是一个非常有力量的故事，其魅力必定能抓住读者的想象，萦绕在他们脑海……故事构思出众，文笔出色，它必定能助康拉德先生在当代故事讲述者中脱颖而出。"[25]

在加尼特读完《阿尔迈耶的愚蠢》的打字稿并鼓励康拉德继续写作后，他们在伦敦街头夜游，走了好久。康拉德11点回到处所，虽然很疲惫，但因他们的谈话而备受激励，他坐下来写了半页《海隅逐客》才去睡觉。他感觉这让他开始投入另一本书中，如果说那不算开启了另一种生活。在这部小说的自序中，他回溯了与彼得·威廉斯（Peter Williams）的原型第一次见面的情形，以及他对这样一个男人的矛盾状态的好奇——在婆罗洲东部一条遥远河流上，精神和身体都孤立无援：

给了我威廉斯这个人物灵感的人并不特别有趣。激起我兴趣的是他从属的地位，以及他奇怪、可疑的状态——在那只有我们这艘白人的船才能到达的阴郁的河流上游，林地深处藏着一个定居点，这个不被信任、不受喜爱、疲惫不堪的欧洲人只能勉强忍受这个地方才能活下去。凹陷的脸颊刮得干干净净，灰白胡子十分厚重，眼睛毫无情绪，总是穿着纤尘不染、前面有很多盘花纽扣的睡衣，这衣服让他纤瘦的脖子完全暴露在外，赤裸的脚穿着一双草拖鞋，白天他就这样安静地在房子间晃悠，沉默得就像一只动物，但显然比动物还要无家可归。

康拉德被告知这个他很熟悉的"贱民"背叛了欧洲人，把阿拉伯人带进了河道。然而康拉德第一次和奥尔梅耶进餐时，小说里的威廉斯的原型"和我们一起坐在桌边，一举一动都极其扫兴，每个人都避之不及，没有人和他说话"。面对这一康拉德自己都害怕的情形（这也部分解释了他决定离开"维达尔号"的原因），他通过想象可以解释威廉斯的背叛和不幸的情景，创作了这部小说。

康拉德直到1894年8月中旬才开始认真写这本书［最初名为《两个流浪者》（*Two Vagabonds*）］，那时他写信给玛格丽特讲述他最初的构思、他对戏剧性结尾的思考，以及——预期会出现一个关键性的问题——在没有女人的陪伴下写作的困难：

我想概述两个被放逐者，就是那种人们会在世界迷失的角落发现的人的故事，不用渲染或隐藏，也不在细节上着墨。一个白人和一个马来人。你也看到了马来人如何紧抓我不放！我热爱婆罗洲。最令我困扰的是我的人物都太真实。我太了解他们，以致我的想象力受到了局限。这个白人是奥尔梅耶的朋友——马来人则是我们的老友巴巴拉奇——荣升总理、成为国王心腹谋臣之前的他。人物就在那儿。但我找不到一个戏剧性

第九章　恋爱与婚姻（1894—1896）

的高潮。我的脑袋空空，就连开头都进展困难。我不会再折磨你了。我已经感觉我把所有苦水都向你倾倒。你认为有人可以在一个女人都没有的情况下创造出有趣的东西吗?!

两个半月后，他告诉玛格丽特他已经梳理清楚了主题，打算写一个自杀的高潮，并引入艾萨（Aissa）一角："首先，故事的主题是一个无知的男人不受控制的强烈虚荣心，他获得了一些成功，但既无原则也无任何行为准则，只有虚荣心的满足。此外，他甚至无法对自己忠诚。于是他陷落了，突然坠入一个绝对无法驯服的女人设下的肉体囚牢中。我见过这种事！这一灾祸将由一个小小的马来邦国的阴谋引发，撒手锏就是下毒。故事的结局*即自杀，还是因为虚荣。"

1894年4月，康拉德在给玛格丽特的一封信中宣布了小说角色阿尔迈耶的死亡；1895年9月，经历了13个月的创作后，他戏仿葬礼的措辞，告诉加尼特："我不得不沉痛地告诉你一件悲伤的事：彼得·威廉斯先生过世了，他此前一直住在鹿特丹和望加锡（在西里伯斯岛），于本月16日下午4时被谋杀。"康拉德会一直继续这一习惯，他还会告诉加尼特"水仙号"上的黑水手"本月7日下午6时逝世"。他还向窗外喊道："'她死了，杰丝**！''谁？'［杰茜］问道，突然觉得很难受。'为什么这么问，当然是丽娜，书名我也想好了：《胜利》。'"[26]

《海隅逐客》是《阿尔迈耶的愚蠢》的两倍长，但只有它一半精彩，故事发生在桑比尔，他写第一部小说前二十年。书中有很多相同的角色（林加德、阿尔迈耶、巴巴拉奇和拉坎巴），也描写了背叛和复仇的主题。虽然这部小说辞藻过度堆砌，有些装腔作势，

---

*　原文为法语 dénouement。
**　杰茜的昵称。

没有生动呈现直接的体验,而采用了过多间接描写,但其沉重、复杂的风格有力地表现出了幽闭恐怖的丛林。威廉斯偷东西被抓,同情他的林加德派他去婆罗洲协助阿尔迈耶,结果威廉斯看不起阿尔迈耶。他娶了一个欧亚混血的女人,热带的环境和与世隔绝之感淹没了威廉斯,致使威廉斯被他的马来情人艾萨奴役。他向林加德的敌人阿拉伯商人透露了林加德隐藏的河道这一宝贵秘密,最终被满腔愤恨、图谋报复的艾萨射死。

小说的主题——也反复出现在康拉德的生活和作品中——是"那不可毁灭的孤独包围、覆盖、遮蔽每一个人类灵魂,从生到死,或许死后依然"。康拉德把结局从自杀改成了谋杀,他告诉加尼特他如何营造了一种宁静的氛围,与暴力的结尾(威廉斯的妻子乔安娜扇了艾萨一巴掌,将故事推向了高潮)形成对照。威廉斯向艾萨冲过去,结果被她射倒,但他无法接受自己即将消亡这一事实。康拉德通过碎片化的内心独白展现了他最后的疯狂思绪:"他满嘴都是又咸又热的东西。他试着咳嗽,吐痰……谁在尖叫:以上帝之名,他死了!——他死了!——谁死了?——必须继续——夜晚!——什么?……夜已至……"

出于版权的原因,小说必须于同一天在英国和美国出版。所以当纽约的一场火毁掉了所有的美国版时,英国的出版商也得被迫等待重印。1896年3月16日——康拉德结婚前8天,这本书终于由费希尔·昂温出版,首印3000册。虽然《海隅逐客》没有受到《阿尔迈耶的愚蠢》那样的热情称赞,但大多未署名的评价都盛赞"他描写痛苦场景的出色能力",并且承认,"大可宽恕天才,而这部小说里就展露了天才"。其他的评论家不喜欢主人公可憎的本性和这本书的冗长:"康拉德先生太啰唆:他的故事与其说是讲出来的,不如说是不时透过语言的迷雾看到的。他的风格就像河边的雾。"

第九章 恋爱与婚姻（1894—1896）

批评完康拉德模糊不清的风格后，《周六评论》上的那则匿名公告矛盾地总结道："《海隅逐客》或许是今年出版的最优秀的虚构作品，而《阿尔迈耶的愚蠢》则是1895年的最佳……只有最伟大的天资才能写出这样的书，其精细的写作技艺就算糟糕，也有丰富的价值，十分值得一读，十分令人信服，十分激动人心。"[27]

后来康拉德在布列塔尼的时候谦恭地写信感谢评论者给予他的夸奖与批评："在我无知的混沌中，我没能看到您如此慧眼独到却又如此友善地指出来的缺点。"当得知此篇评论出自 H. G. 韦尔斯之手时，他十分惊讶却也心满意足。"如果我猜到了就让我像一只可悲的蛾子那样被活活烧死！"他兴高采烈地告诉加尼特，"无论如何，他从他的'时光机'上走下来，为了尽他所能友善待人。"韦尔斯在给康拉德的回信中，略带优越感地写道："我不明白当一个评论者给了你你应得的，你为什么觉得需要表示感谢……如果我真的在你写作技艺的盔甲上点出了一处破绽，使你能因此强化盔甲以应对下一次战役，那么我是做了一个评论者所能做到的最棒的事。你已经具备了一个杰出小说家的全部技能，只欠熟练，而那通过练习就能获得。"[28]

这次友好的通信让他们后面有了更多的信件往来，也让康拉德在1899年初，搬到肯特郡的彭特农场（Pent Farm），两人比邻而居后，能通过福特结识韦尔斯。韦尔斯是商店店主和女仆之子，靠自己打拼，做过布商的学徒，后来还接受过成为科学家的培训，D. H. 劳伦斯对他的评价一针见血："作为一个有趣的小伙子：他说话就像在持续喷射一股股细小的弱酸：有意思，但辐射面不广。"韦尔斯比康拉德小9岁，刚刚凭借两部新颖的小说崭露头角，其写作风格清晰，直接：《时光机器》（*The Time Machine*，1895）和《莫罗博士岛》（*The Island of Dr. Moreau*，1896）。康拉德欣赏韦尔斯的诚实和聪明，称他为"奇幻世界的现实主义者"，并告诉他的波兰表亲韦尔斯是"一个有独创性的作家，奇幻小说家*，对所有事情都有与众不同的见解，有着惊人的想象力"。《机缘》中，康拉德在描写法因（Fyne）时，暗指了韦尔斯短小的身材、远足的嗜好及其婚外情：法因是"一个面色凝重、胸膛宽广的小男人""狂热的徒步者"，他"对这个地球上的女人的命运、我们凡俗之爱的本质、这稍纵即逝的人生的义务有着严肃的看法"。

韦尔斯是少数几个似乎不喜欢康拉德的人之一。在其自传中，他写道，康拉德不可调和的外国人特性、他们个性及人生观的根本差异，使他们之间产生了无法弥合的裂缝。

> ［我们］认识时间很长，关系十分融洽，但总是有些紧张。康拉德会带着康拉德太太及他眼睛明亮的金发小男孩（博雷斯）到桑盖特（Sandgate）来。他们会驾着一辆黑色小马车，仿佛那是一辆敞篷四轮马车，一路上皮鞭甩得噼啪响，用波兰语大喊大叫，给这匹茫然的肯特小马说着亲昵的话，鼓励它前进，这让所有旁观者惊愕不已。我们从来没有真的"合得来"。或许我对康拉德比他对我更有同理心，也更让他无法理解。我猜他觉得我很市侩，愚蠢，英国人做派十足；他难以相信我竟然能如此严肃对待社会、政治议题。[29]

康拉德后来表达了他的悲观主义哲学，界定了他们之间的根本差异。"你不在乎人类，"他告诉韦尔斯，"而是认为他们需要被改进。我热爱人类，同时知道他们不需要被改进！"但他依然喜爱韦尔斯，还在 1907 年将他最黑暗的政治小说《间谍》献给了他。

当康拉德紧紧攥着他的手，皱起眉头问"简·奥斯汀到底有什

---

* 原文为法语 romancier du fantastique。

么好？人们到底看上了她哪一点？到底哪里好？"时，这其实揭示了他与英国文化的疏远。韦尔斯还嘲讽康拉德的贵族人设（其他人都觉得这一点很真诚，很有魅力）："一个浪漫、爱冒险、不唯利是图、极有艺术性的欧洲绅士带着无瑕荣誉之高雅准则，穿行在一个卑贱的宇宙中。"韦尔斯的讽刺小说《恩典》（Boon，1915）的主人公"无法忍受"康拉德，嘲笑美国人更喜欢康拉德而不是克莱恩，欣赏康拉德"华丽的精神姿态……这表明康拉德'在写作'"。1925年，韦尔斯遇见反战诗人西格夫里·萨松（Siegfried Sassoon）时，重复起了他先前的批评，说道："康拉德的书真的是过度写作。"萨松同意，但特别指出："我希望H. G. 也能花同样的精力来完成自己的书。"[30]

八

在收到了那些鼓舞人心的评价——韦尔斯和其他人的——并且相对轻松地完成了《海隅逐客》后，康拉德或许已经在期待继续在评论界大获成功。然而，他走了霉运，两次出师不利。1895年秋，在完成第二本书后，他写了35页《姐妹》，小说讲述了一个乌克兰画家和一个名叫丽塔的巴斯克女孩一起住在巴黎的故事。康拉德意识到这部小说写得很失败，所以听从加尼特的忠告，放弃了它。二十年后，丽塔重新出现在《金箭》中。

1896年，康拉德请费希尔·昂温给他送来一本马来语字典后，便开始了他第三部马来小说《救援者》（The Rescuer）的创作。但在布列塔尼的那个夏天，他由于心怀疑惑而停滞不前，并向加尼特抱怨"召唤"——像一个发狂的通灵人——其小说的情节有多困难：

> 现在我已经有了所有的人物,但我不知道拿他们怎么办。我混乱的感觉无法孕育出故事的情节发展。我无法清楚地感知任何事。一想到我必须把这一切从我脑子里拉出来,我就感到害怕……
>
> 已经写了12页了,每天早上我就坐在它们前面,日复一日,此前的两个月皆是如此,一句话也写不了,一个字也写不了!我因为疑惑无法动弹,只能勉强感觉到痛苦,但无力想出一条出路。这是冷酷的事实。写《逐客》时也有这样的时刻,但绝没有现在这般可怕——也没有现在一半的绝望。面对这致命的手稿,我似乎已经忘记该如何思考了——更惨!忘了如何写作。

1896年3月到1899年2月,他一直在断断续续焦躁不安地创作,第四部分只写了一点点(小说几乎已经过半),1918年重拾半途中断的工作,次年完成了小说,最终定名《救援》,于1920年出版。

为了从《救援者》的创作中抽身出来休息一下,还在度蜜月的康拉德开始写(由杰茜打字)他最早期的短篇小说。《傻瓜》受莫泊桑影响,背景就设在布列塔尼;接下来是《潟湖》("The Lagoon"),一个马来故事,据他描述是"一件棘手的事,还是常见的森林、河流——星星——风、日出,等等——还有很多二手的康拉德风格在其中"。早在那时他就可以嘲讽自己过于繁复的风格,马克斯·比尔博姆(Max Beerbohm)在《盛宴》("The Feast")[收入1912年出版的《圣诞花环》(*A Christmas Garland*)]中打趣地进行了戏仿:"密集的树林的顶部,痛苦地扭动着,隐秘又永恒,在天空中留下了晦暗、变幻的剪影。"[31]

康拉德承认他写于1897年的《卡瑞恩》,与《潟湖》有着几乎相同的背叛母题。两者都是故事套故事,有着相似的马来背景和主题。《潟湖》中,阿萨特(Arsat)偷走了国王的女儿,受到追捕,于是背叛了他的兄弟,丢下他,任他死亡。《卡瑞恩》中,一个荷兰人偷走了一个当地女孩,被卡瑞恩追捕,卡瑞恩不小心射中了他忠诚的朋友。在两个故事里,自然与人为敌,对人类的苦难漠不关心。《卡瑞恩》是康拉德第一篇发表在权威的《布莱克伍德杂志》上的作品,杂志社付了 40 英镑丰厚的稿酬,后来还连载了《青春》《黑暗的心》和《吉姆爷》。

《文明路上先锋站》是康拉德目前为止最优秀的早期故事,也是《黑暗的心》的前作,其充满讽刺意味的标题是(康拉德说)"我从非洲腹地夺走的最轻松的战利品"。故事发生在一个寂寞的贸易站,离最近的贸易站 300 英里,坐落在开赛河(Kasai River)上,这里是刚果的进贡国。随着康拉德从马来亚到非洲,从传奇故事到讽刺文学,"那些岁月的苦涩,对于我眼见的一切的困惑与好奇——我对伪装慈善(以理想主义包装的剥削)的满腔愤慨——在我写作的时候,又再次向我袭来……我已经放下了所有,只剩怜悯——以及一些轻蔑"。在这个故事里,欧洲人个体的虚弱和文明的价值无法抵御恶劣的环境,他们被腐蚀、摧毁:

> 与彻底的野性、原始的自然和人接触,给人的内心带来了突如其来、影响深远的困扰。无人做伴的孤独感受,对自己的思想和感觉之孤独的清楚认知——对习以为常的拒绝(这更安全),加上对不同寻常之事的肯定(这很危险);感觉像模糊不清、无法控制、令人反感之物,它们令人不安的入侵激发了想象,考验了文明的神经(蠢人和聪明人亦同)。[32]

康拉德意识到,真正的危险就在这些假大空的人身上。故事结尾,在经历了因一小块糖这样的琐事引发的争端后,凯耶茨射杀了他没有武器的同伴卡利耶(Carlier),迟来的公司汽轮终于到达,但他被人发现吊死了,舌头都伸出来了。这四个故事——加上糟糕的《返航》(写于 1897 年),这是康拉德自发的仅为追求精湛技艺所做的尝试,没有杂志编辑愿意碰,后来康拉德自己也批评这个小说——都被放到了他出版的第四本书也是最弱的一部小说集《不安的故事》中。

康拉德得到了《阿尔迈耶的愚蠢》20 英镑的版权费,以及《海隅逐客》按 12% 的版税支付的 50 英镑的预付金。这两本书让昂温损失惨重,可他仍给了《"水仙号"的黑水手》50 英镑,但康拉德在加尼特(他既是昂温的读者又是雇员,所处的位置很微妙)的鼓励下,索要 100 英镑。被昂温拒绝后,加尼特在试过了史密斯·埃尔德(Smith Elder)后,把康拉德介绍给了威廉·海涅曼(William Heinemann)的搭档悉尼·保林(Sidney Pawling),保林满足了康拉德的要求。《继承者》(同样由海涅曼出版)中,康拉德和福特表达了他们对自视甚高的出版商的鄙视,还讽刺性地将昂温刻画成波尔汉普顿(Polehampton),那是一个贼眉鼠眼的庸人,对他而言,书只是很棒的商品:

> 他相当瘦,他尖尖的灰白发虽然其实梳得很整齐(一个很有康拉德特点的细节),但看上去似乎没那个必要。他甚至有一种焦虑的表情……
>
> "我……呃……想是我出版了你的第一本书……它让我亏了钱,但我可以向你保证我没有不满——差不多一百英镑。我没有不满……
>
> 这个人很古怪,他完全不知道我可能会感觉受到了侮辱;确实,他真的想表现得开心,居高临下,心胸宽广……
>
> 他天生就不适合做出版。他不知不觉就做起了这门生意并获得了成功,但在一种熟悉的光彩之下仍保留了这种对书的崇敬。[33]

第十章

文学友谊与艺术突破 （1897—1898）

一

1897年3月13日，康拉德从维多利亚街搬到了"常春藤墙"，这是一幢15世纪的农舍，年租28英镑，就在斯坦福-勒-霍普周围。这个更大、更舒适的家有一个毗邻的果园，由一列菩提树和榆树守护着。从二楼的窗户看出去能看到泰晤士河。康拉德和杰茜在乡间过着离群索居的生活，霍普就在他们附近，康拉德会和他进行周日航行之旅，那段时间《救援者》的写作也停滞不前，既不能完成也不能放弃，康拉德感觉被隔绝在智识与文学生活之外。

他几乎不与其他作家见面，除非有人介绍或他人主动。但在1897年至1898年这一年间，他迅速发展出了一张丰富的社交网——这是爱德华七世时代的一个文学横截面——作家们阅读、欣赏他的作品，给他寄去热情洋溢的信件，进而与本人见面。他从霍普转移到克里格，从高尔斯华绥到桑德森，从爱德华·加尼特到与其时最优秀的四大作家的友谊：亨利·詹姆斯——他们于1897年2月相识，10月结识的斯蒂芬·克莱恩，11月结识的罗伯特·邦廷·坎宁安·格雷厄姆，以及（我们在下一章将会看到）1898年结识的福特·马多克斯·福特。

康拉德的朋友包括给予他实际帮助、赏识他的文学同好加尼特和福特，同时代的韦尔斯和吉卜林，经验丰富的实干家凯斯门特、克莱恩、格雷厄姆、休·克利福德和珀西瓦尔·吉本，年轻的门徒和干儿子理查德·柯尔、让-奥布里、休·沃波尔。高尔斯华绥、加尼特、福特、韦尔斯、克利福德，以及阿瑟·西蒙斯（Arthur Symons）和悉尼·科尔文［(Sidney Colvin) 这是后来认识的］他们给康拉德的作品写了许多好评。康拉德还在世时，柯尔和沃波尔就出版了关于他的奉承之作，安德烈·纪德翻译了他的作品，让-奥布里是第一个为他作传的人。康拉德是个极度忠诚、真情投入的朋友，他的大部分友谊都维持了一生，他与克里格及（后来）与福特的争执让他痛苦不已。1897年12月，克里格很生气，因为康拉德不能借给他一大笔钱，为此，康拉德向加尼特哀叹道："我的灵魂就像我体内的一块石头。我正在经历失去朋友的痛苦……当生活让人失去了一个他信赖了20年的人，这样的错误太过面目可怖，让人难以忘怀。"

二

康拉德很欣赏几位比他年长的同时代作家的思想、技巧和风格：坎宁安·格雷厄姆、W. H. 哈德森和托马斯·哈代。但他认为亨利·詹姆斯更为突出。詹姆斯认识康拉德的三大艺术偶像——屠格涅夫、福楼拜和莫泊桑，并效仿他们对艺术的投入与对完美的追求。福特也承袭了这一传统，1914年出版了一本论詹姆斯的书，他回忆道："詹姆斯大概是康拉德欣赏的唯一一位在世的英语创作

第十章 文学友谊与艺术突破（1897—1898）

者，康拉德认为只有詹姆斯才能与自己相提并论，且只有他的作品才能带给他无法解决的技术难题……他会合上一本亨利·詹姆斯的书，深深地叹一口气后说：'我不知道这个老头是如何做到的。他无事不晓，无所不能。那就是你有幸能与屠格涅夫同行的收获。'"詹姆斯与福楼拜一样，"让人不由得心生敬佩——这大概是一个艺术家能为另一个艺术家做的最重要的事"[1]。

虽然康拉德渴望与詹姆斯见面，但他羞于靠近他。在犹豫了7个月后，从来不会主动释出善意的康拉德，于1896年10月给詹姆斯寄去了一本《海隅逐客》，并写上了极度谦卑、极尽奉承的题词。谈及詹姆斯的小说创作，康拉德在白页上洋洋洒洒大书溢美之词，全篇都是大写字母："有着跳动心脏的**精致影子**，身着**您的**散文编织的华服，他们同我站在诸多天空下，给人以慰藉。他们与我一起生活，忠诚且**平静**——有着**不朽者**璀璨的宁静。向**您**致谢，感谢**您**给了我如此荣耀的陪伴。我想谢谢**您**所写的每一个字的魔力、**您**每一句话带来的乐趣，以及**您**每一页的美丽！"这些溢美之词对于行事讲究的詹姆斯来说，或许过于浮夸。他一直等到1897年2月才回赠以题了字的《波因顿的珍藏品》（*The Spoils of Poynton*），并委婉地邀请他于2月25日到伦敦共进午餐。"他说得很逗趣，"康拉德高兴地告诉加尼特，"他说只有我们俩——如果我们起了争执，也没人来拉开我们。这是我收到过的最精妙的恭维，我甘愿沉沦。"康拉德在这次拜访中发现了塞缪尔·佩皮斯（Samuel Pepys）的日记，佩皮斯在17世纪的海军部工作，创造了一番辉煌的事业。康拉德在翻看日记的时候发现其中一篇描写了他于1660年登上"纳斯比号"（Naseby）去接流亡的国王查尔斯二世回家的经历——"我的君主在他的谈话中发现了对这艘船深深的爱"，他把这句话作为《"水仙号"的黑水手》的题词。

亨利·詹姆斯的侄子比利讲述了康拉德和福特后来去拉伊

(Rye)的兰姆之家拜访詹姆斯的趣事："詹姆斯会拉着康拉德的手，和他一起开路，留下[福特]和比利殿后。沮丧的侄子说：'许弗喋喋不休，但我没有在听。我想听听前头的那两个伟人在说些什么，却只能和许弗待在一起。偶尔有一两个字往后飘来，但我听到的总是——法语！'"福特谈起那些会面，会轻轻地嘲讽这两位"大人"的做作与客套。他们习惯用法语交谈，康拉德面对本人就像他写题词时那样，溢美之词滔滔不绝："康拉德对詹姆斯及詹姆斯对康拉德的礼貌属于最让人印象深刻的那一种。即使他们是在法兰西学术院（Académie Française）的讲坛上向对方致辞，他们的语句也不可能更精致或表达得更优美巧妙。詹姆斯总是称康拉德为'我亲爱的同仁'（mon cher confrère），而康拉德以马赛人准备夸人时常用的那种怪异语调低声说'我亲爱的大师'（mon cher maître）……每30秒来一次！"保罗·瓦莱里（Paul Valéry）注意到康拉德有令人愉快的普罗旺斯口音，而爱德华·罗迪蒂（Edouard Roditi）发现："他法语说得很慢，不过不会犹犹豫豫开不了口。他有点外国口音，遣词造句特别注意。"[2]

詹姆斯比康拉德更谨慎，内敛。康拉德的紧张不安、独特的性情和深入骨髓的病态，让詹姆斯很困扰，和他在一起时，他既感到亲切，又觉得焦虑。康拉德和福特把詹姆斯刻画为《继承者》中的卡伦（Callan），夸大了他颇有戏剧性的矫揉造作：

> 他——说话——非常——慢——并且——非常——有威严，就像一个伟大的演员企图尽可能久地吸引台下的目光。门打开，他抬起沉重的眼皮，给人一种阴郁的精神疲乏之感，并且似乎不知怎的，让他的白色鼻子更长了。我感觉他短浅的棕色胡子正逐渐变得灰白。他那宽大的额头、那高傲却又讨好的笑容，我自是很熟悉……他的整张脸都很严肃，但他的眼睛鬼

第十章　文学友谊与艺术突破（1897—1898）

鬼祟祟，令人不安。

四年后，康拉德在《北美评论》（*North American Review*）上发表了一篇极其含糊的文章，夸赞詹姆斯复杂深奥的小说（长达2500字，却几乎没有说出任何实质性或有意义的东西）。饱受折磨的吉姆爷的创造者盛赞詹姆斯是"拥有高尚道德感的历史学家"，还反复提到"在他可被尊为大师的领域自己的卓越成就"。美国收藏家约翰·奎因后来问康拉德，他是否在那篇文章里贬低了詹姆斯，康拉德无力地回应："我说他很伟大，无与伦比——还有什么好说的呢？"1899年3月，康拉德给高尔斯华绥写了一封更真诚、更坦白的信，他反对他人指责敏感内敛的詹姆斯冷酷无情："他属于全世界的文明人，非常接近'世界人'*……对我来说［《真品》（'The Real Thing'）］甚至就像是从心里流淌出来的，因为且仅仅因为这部作品如此接近完美，但不会让［我觉得］冷酷……我坚持认为H. J.有一种光芒，而且那光芒并不暗淡……其写作技巧的精妙就展现了他的真心。"[3]

1902年6月，康拉德申请皇家文学基金（Royal Literary Fund）的资助时，詹姆斯慷慨的支持帮助他获得了能解燃眉之急的300英镑。詹姆斯在埃德蒙·戈斯面前夸奖康拉德，而戈斯把这件事报告给了总理，詹姆斯想到自己也无法获得广大读者的认可，便说正是康拉德作品的优点让他难以受大众喜爱：

> 《"水仙号"的黑水手》在我看来，是我们的语言所拥有的对大海和海上生活最精美、最强有力的描绘——是这一伟大门类中的杰作；《吉姆爷》则非常接近。我进一步想到这样的完

---

* 原文为法语 homme du monde。

成度、如此强大的表现力竟是由一个并非生于我们的语言环境中的人所实现的,他出于迫切的需要和对这门语言的赞同,带着相似的勇气开始学习,并英勇、投入地努力练习,我同样震撼于他持之以恒的良好品质和内在的成功。生而为波兰人,在大海上漂泊,他塑造出了一种英国风格,不仅有板有眼,而且有品质与独创性。这个事例在我看来十分独特,尤其值得受到认可。可叹,严肃与微妙并非通往财富的道路。因此,我万分希望皇家文学基金能为他做点什么。

虽然詹姆斯十分敬佩康拉德的人品和成就,也无法在他的作品中找到任何技术上的问题,但他确实不太喜欢他晚期的作品,他告诉福特它们给人一种不太舒服的感觉。詹姆斯面对康拉德时的不自在及其艺术上的保留意见,由于1904年2月的一次相遇而加强,那一次康拉德抛弃了他惯常的阴郁及他对詹姆斯习惯性的顺从。爱德华·加尼特的妹妹奥利维娅(Olivia)出席了一场 W. H. 哈德森、高尔斯华绥、康拉德(他的书终于有了销路)和亨利·詹姆斯都参加的聚会。康拉德一时兴起,他高呼:"我身处树顶。"詹姆斯回以过度自谦,以表达他不赞同康拉德不当的吹嘘:"我是被碾压的蠕虫;我现在甚至不再旋转,我已经停止转动。"这个小插曲或许影响了詹姆斯对《机缘》的批评,在这部作品中,康拉德运用了,或许还戏仿了詹姆斯弯弯绕绕的复杂叙事技巧,并凭借它们做到了比大师更受欢迎。詹姆斯谈论年轻一代的文章发表在1914年4月2日的《泰晤士报文学增刊》上,他将他的朋友刻画成偏离正道的信徒(康拉德彼时56岁),说康拉德"做事必定大费周章、百般折腾,他肯定是这条路上唯一的殉道者"。两年后,受伤的康拉德仍然对大师保有崇高的敬意,他告诉约翰·奎因,詹姆斯相当随意地批判他精心设计的叙事方法有问题,他坦承:"我可以说,秉承实事求是的谨慎原则,这是唯一一次有批评能让我痛苦不已。"[4]

在人生的最后几年,詹姆斯对康拉德作品的评价持续走低。在1914年2月写给他的同事兼同胞伊迪丝·华顿(Edith Wharton)的信中,他对《机缘》的反应比两个月后在《年轻一代》中的反应要热烈一些。他表示(没有点明书名)《诺斯特罗莫》和《间谍》是康拉德最后的成功之作,紧接着便是一连串的失败[《六部一套》(*A Set of Six*)、《在西方的注视下》《陆地与海洋之间》(*'Twixt Land and Sea*)]:"最后一本书(《机缘》)绝对更可行、更有趣且更有可读性[实际上确实难懂(但还是能理解)且迷人],它的前三四部作品完全行不通,就是凄凉的废品,再之前的两三部作品是他早期最后的佳作。"詹姆斯对康拉德的最后评价(在1915年7月写给伊迪丝·华顿的一封信中)奇怪地强调了他的写作瓶颈:"我对康拉德没抱太大希望,他在极大的痛苦中,以每月一字的速度,呕心沥血地创作。"

康拉德可能没意识到(也可能是在自我欺骗)詹姆斯的不自在和对其作品的严厉批评,詹姆斯还是一直"让人心生敬佩"。1916年5月,詹姆斯过世不久,他告诉约翰·奎因:"在我们的私交中,他总是能亲切地赞赏他人,拥有不变的满满善意。我十分热爱他,他知道我对他的爱,也乐于接受,仿佛那是值得拥有的东西。"[5]

三

亨利·詹姆斯比康拉德年长14岁;斯蒂芬·克莱恩——詹姆斯的美国对立面——比康拉德小14岁。詹姆斯谨慎,文雅,在会客厅里如鱼得水;克莱恩轻率,鲁莽,属于战场。克莱恩1871年生于新泽西州的纽瓦克,是一名卫理公会牧师的第14个也是最小的孩子，反叛家族上流社会的价值观。他成了纽约的一名记者，做了西南部和墨西哥、古巴及希腊的通讯员；1893 年出版了《街头女郎玛吉》（*Maggie: A Girl of the Streets*），两年后出版了《红色英勇勋章》（*The Red Badge of Courage*）。他在漂泊期间与科拉·泰勒（Cora Taylor）结成了普通法婚姻*，泰勒是佛罗里达州杰克逊维尔市（Jacksonville）一家妓院的前店主，该店恰好叫梦想旅店。科拉或许影响了康拉德对《胜利》中的丽娜——一个困囿于爪哇的妓女——的刻画。

克莱恩在报道了 1897 年短暂的希土战争（The Greco-Turkish War）** 后，携全家在英国安顿下来。他们一开始住在萨里的雷文斯布鲁克（Ravensbrook），而后搬到肯特郡的布雷德庄园（Brede Manor），据福特所说，那里非常潮湿，偏远得令人绝望，充满了邪恶的影响。出版商悉尼·保林问克莱恩在英国是否有他特别想见的人，克莱恩提到了康拉德，彼时他的《"水仙号"的黑水手》正在威廉·欧内斯特·亨利（William Ernest Henley）颇具影响力的《新评论》（*New Review*）上连载。克莱恩——"一个中等身材，体格纤瘦的年轻人，有着沉着、有穿透力的蓝眼睛"——与罗伯特·路易斯·史蒂文森极其相像。两人都是椭圆脸，留着八字胡，长着瘦削的长鼻子，脆弱，身患结核病。一次与康拉德和保林在伦敦共进午餐时，克莱恩挑衅地宣称，史蒂文森，这个英语文学世界的宠儿（近期于萨摩亚亡故），让他觉得无趣。康拉德也认为史蒂文森名不副实，他的名声更多是基于他富有魅力的性格和异域生活，而非他的传奇小说，他同意克莱恩的批评。保林在四点离开的时候，康拉德和克莱恩已经建立起了异常亲密的关系。他们都为对方的谈

---

* 普通法婚姻（common-law marriage）即事实婚姻，是法律认可的婚姻，但并没有正式登记为民法或宗教婚姻。

** 又被称为"三十日战争"，是希腊王国与奥斯曼土耳其帝国为争夺克里特岛而进行的战争。

第十章 文学友谊与艺术突破（1897—1898）

话着迷，不愿意分离，当夜剩下的时间他们一起在伦敦漫步，谈天说地，从战争中的希腊谈到巴尔扎克的《人间喜剧》。

克莱恩与康拉德一样，曾是个行动派，冒过险，接近过死亡。1896年，他在佛罗里达海岸附近遭遇海难，在救生艇上存活了几天。那场灾难正好对应康拉德在"巴勒斯坦号"上的经历，也成了克莱恩最优秀的短篇小说之一——《海上扁舟》（"The Open Boat"，1897）的原型。"船的事非常有趣，"康拉德告诉克莱恩，"我并不是指这个词的普遍意义。对我来说，这种有趣至关重要。"虽然在克莱恩坚毅地忍受着他致命的结核病时，康拉德抱怨过自己那些相较而言不那么严重的病痛，但他们都认为两人性情中有深层次的相似之处。即使康拉德感觉不适，有亲爱的史蒂维*（他从没叫过詹姆斯"汉克"）在，他就能忘记忧虑，还一度拥有了一段"愉快的时光"。康拉德相信克莱恩身上有"一种骑士的品格，可以让人放心地把命交付给他"[6]。1899年的夏天，康拉德和克莱恩从G. F. W. 霍普手上买了一艘22英尺的帆船"王后号"（*La Reine*），他们把船停泊在拉伊，用它在海峡里航行。

克莱恩不像詹姆斯，他全情回应康拉德的钦慕和友谊，不断在信中、发表的作品中、谈话中赞美康拉德。当他读到康拉德对身患肺结核的吉姆斯·惠特（James Wait）之死的精彩描写（"一种近似红线的东西从唇角挂到下巴——他已经停止了呼吸"**）——这对他个人而言有特别的意义***，他以主人公的名字为双关，给康拉德写了一封信："那条从那人的嘴角挂到下巴的红线让我不太舒服。眼前真实的死亡沉重****得可怕。"克莱恩在1898年3月的一篇文

---

* 斯蒂芬的昵称。
** 康拉德《"水仙号"的黑水手》，袁家骅译，上海译文出版社，2011年，电子版，第五章。
*** 克莱恩死于结核病。
**** 原文为 weight，与主人公的姓 Wait 同音。

章里认同詹姆斯对《"水仙号"的黑水手》的高度评价,并(以某种美式夸张)赞其为"优秀叙事文中的奇作。毫无疑问,这是在世的作家所写的最优秀的大海故事,事实上,人们只能在寻遍墓地后才能找到比他更杰出的人"。另一位美国书迷詹姆斯·吉本斯·赫尼克(James Gibbons Huneker)评论说,克莱恩谈起康拉德如此虔诚,仿佛他就是神圣的圣母玛利亚。[7]

克莱恩对康拉德作品的满满热情促使康拉德提议两人合作一部戏剧,故事主题就是(据加尼特所说)在某座岛上搁浅的船或(据康拉德所说)"一个人为了赢得姑娘芳心而模仿他的'前辈'(已经去世)。我记得场景包括落基山山脚的一座农场,至于情节,我恐怕可能会是显而易见地烂俗"。康拉德向克莱恩发誓他毫无戏剧天赋,而克莱恩本人就拥有戏剧所需的精炼、洞察力和丰富的想象力。那时,康拉德向格雷厄姆坦承,他"黑暗、隐秘的志向"就是要写一部戏剧。但他们两家的距离、克莱恩混乱的生活方式,以及他突然离开(康拉德帮助他从海涅曼那里拿到了一笔预付金)去报道美西战争,让写作这部剧的计划泡了汤。在康拉德写作生涯末期,他一直试图实现他的戏剧抱负,当年如果和克莱恩合作了,毫无疑问他会大有收获。

克莱恩虽然才20来岁,但他的作品早就得已出版,比康拉德还早几年。克莱恩的文思泉涌让康拉德深受触动,与他自己痛苦不堪的文思枯竭形成了惊人的反差。康拉德写道:"我见过他坐在一张白纸前,沾了沾笔,立刻就写出了第一行字,接着毫无迟疑地写了下去,一刻不停地写了好几个小时。"但他之所以对合作有所顾虑可能也是由于他对这位年轻好友作品中太过丰富的想象力、艺术上的不完美及引人共鸣的深度的缺失持保留意见。"我无法解释他为什么令我失望,"他告诉两人共同的好友爱德华·加尼特,"为什么我一合上书,热情便逐渐消失。当然,投入阅读的时候,他无可

第十章 文学友谊与艺术突破（1897—1898）

指摘。他能一直操控读者直到最后一行——然后——显然毫无道理可言——他的掌控力便消失了。"[8]

康拉德真心欣赏克莱恩，而且克莱恩的性格也很讨人喜爱，但不知为何，康拉德第一篇谈论他的文章（1919）竟是负面的批评。康拉德写道，克莱恩不知道巴尔扎克，但能诚实地向康拉德请教，"对文学一无所知，不仅不知道他自己国家的文学，而且对其他任何国家的文学都不了解"。虽然克莱恩把短暂的一生过得很充实，云游四方，体验过大千世界，但康拉德强调"他不了解世界的全貌——连其中的分毫都还没见识过"。康拉德称克莱恩"对自己的非凡成就，只有一知半解"，他坚称他的英年早逝"让其好友悲痛不已，于文学而言，却无关痛痒"。康拉德强调克莱恩善良的本性及他性格中的羸弱，正是这份弱让他身边尽是"不了解其天赋的人，他们仇视他本性深处的美好"。在一份写给一位美国记者的未发表的信中，康拉德大肆斥责克莱恩那群寄生虫一般，甚至还背信弃义的扈从。他们不欣赏他的作品，他们对克莱恩和他的妻子阿娜奉承，居高临下，诽谤中伤。康拉德强烈反对这群人，但他无法说服好心的克莱恩相信他的"朋友"并不像他本人那样正派。[9]最后，克莱恩的作品及其性格都让康拉德大失所望。

康拉德第二篇关于克莱恩的文章是给托马斯·比尔（Thomas Beer）1923年的传记所写的序，在这篇长得多的文章里，他再次强调了克莱恩的不幸与病态："从克莱恩的面相就可以看出他不是幸运之人……［他的］笑容属于那种自知不会久存于世的人。"1900年5月23日，康拉德最后一次到多佛看望他，他亲眼见过阿波罗逐渐死于肺结核，所以他明白克莱恩也在劫难逃了："他病得很重，克莱恩太太要带他去德国的某个地方，但只消看一眼那憔悴不堪的脸就能明白那是最遥不可及的愿望。他最后对我吐露的几个字是：'我累了。请向您的妻子和孩子转达我的爱意。'"

克莱恩在英国的最后一天见过康拉德后，立刻写了他最后一封信，在信中，他颇有骑士风范地请求桑福德·本内特（Sanford Bennett）帮助他的朋友。（如果康拉德早就知道这封信，他肯定会在那两篇谈论克莱恩的文章中表现得更慷慨，给出更正面的评价。）克莱恩写道："你或许已经知晓我的状况……刚刚我一直想着康拉德。加尼特认为他的作品不可能在文人圈子外受到欢迎。他贫穷，绅士，骄傲。他的妻子也不够强壮，他们还有一个孩子。如果加尼特请你帮忙牵线搭桥，好让康拉德能在国民津贴名单（Civil List）上有一席之地，还请你帮我最后一次……我相信你会的。"[10]两周后，克莱恩在巴登韦勒（Badenweiler）的黑森林逝世，享年29岁；1904年，契诃夫也因同样的疾病死在了那里。

克莱恩之死是世纪之交所发生的一系列残酷变故之一，康拉德深受触动。1899年12月，霍普17岁的儿子遭受了性侵犯并被谋杀。他不着一物、伤痕累累的尸体被抛在埃塞克斯沼泽的阴沟里，距离"常春藤墙"农场不到1英里。杰克·霍普被谋杀后还发生了几起令人心惊的死亡：1901年2月，杰茜女仆的丈夫死于血栓，1901年7月，康斯坦丝·加尼特的弟弟死于马特峰（Matterhorn）上的登山事故，1902年2月，福特的岳父自杀。

四

坎宁安·格雷厄姆在1897年6月到7月于《大都会》（*Cosmopolis*）上读完了康拉德讽刺殖民主义的小说《文明路上先锋站》，而后他写了一封表达钦慕的信，就此引出了两人11月在伦敦的会面，以及一段长达一生的友情。福特笔下的格雷厄姆是"杰出的散文作家、苏格兰的正统国王、格雷厄姆宗族的首领、议会的社

第十章 文学友谊与艺术突破（1897—1898）

会党成员［以及］囚徒"——因其政治抗议。他还是旅行者、马术师、农场主、贩牛商、拓荒者、击剑大师、记者、探矿者、历史学家，以及苏格兰民族主义者。

虽然上议院已驳回格雷厄姆父亲对蒙蒂斯（Monteith）伯爵爵位的所有权（已于 1694 年失效），格雷厄姆仍不切实际地坚持自己拥有自中世纪国王罗伯特二世传下来的爵位。格雷厄姆的外祖父是一名海军上将，曾在西印度群岛指挥舰船，他还是南美解放者玻利瓦尔和派斯*的好友，后来成为 1832 年改革议会**的斯特灵郡（Stirlingshire）议员。格雷厄姆的外祖母是西班牙人，在委内瑞拉海岸附近的海军上将旗舰上生下了他的母亲。格雷厄姆的父亲是苏格兰皇家灰骑兵团（Scots Greys）中富有的少校，1845 年，他从马上跌落，头骨骨折。这次受伤导致脑部受损，让他不时就会大发雷霆，1878 年，他的家人被迫将他关在一间狩猎小屋里。

格雷厄姆（比康拉德年长 5 岁）1852 年生于伦敦，8 岁时到加的斯（Cádiz）拜访亲戚期间学习了西班牙语。他上了哈罗公学，但是他不喜欢，后来在布鲁塞尔的一所学校学习了德语、法语和击剑。17 岁时，父母给了他一笔钱让他和两个苏格兰人（他们在阿根廷有一个农场）一起合作。他于 1870 年到达布宜诺斯艾利斯，接下来的 13 年，他一直生活在美洲。在这段冒险时期，他收获了强健的体格，成了一名专业马术师。他珍视活力与生机，厌恶传统行为方式，开始喜欢上了暴力和革命政治。

1883 年，格雷厄姆的父亲过世，他被召回苏格兰的家。1886 年，他以高级自由党成员和自治主义者的身份，参加拉纳克郡

---

* 即何塞·安东尼奥·派斯（José Antonio Páez, 1790—1873），委内瑞拉革命领导者，与玻利瓦尔一起反抗西班牙王室。

** 1832 年，英国通过了关于扩大下议院选民基础的《改革法案》（Reform Act），改变了保守派独占议会的情形。

(Lanarkshire)西北地区（该地区包含格拉斯哥的贫民区）的选举，成功当选，做了6年出色的议员。弗兰克·哈里斯形象地刻画了这名花花牛仔："身高中等偏上，神经质，体格强壮，衣着相当考究，腰部线条匀称，宽松的领带或软帽增添了一丝异域风情；肤色是栗子那种带红的棕色；红褐色的头发竖立着，非常浓密；棕色的胡须修剪成尖尖的、上扬的八字胡；椭圆的脸蛋稍长了一些；长着希腊人的鼻子；一双大大的蓝色眼睛。"T. E. 劳伦斯揭穿了这个浪漫化的形象，他宣称："没有多少脑子，你知道的，但有一颗大心脏和大帽子；还有，那是怎样一头头发啊！"[11]尽管格雷厄姆出自这样的阶级，拥有财富，且骄傲，像个纨绔子弟，但他是一个民主的贵族，同情保守党的激进派，同时是一名理想主义者和人道主义者。他有着雇佣兵的气质，而且他的社会主义是基于对自由的浪漫化设想以及对底层人民的深切同情。

尽管两人政见不同，康拉德依然认同格雷厄姆的很多价值观和信念。两人都有贵族的、封建的家族背景，信仰忠诚、荣誉等骑士思想。两人都是行动派，曾游历四方，并且对实际事务有着丰富的经验。两人都对异域文化感兴趣，热爱法语，欣赏地中海文化。两人都仇视暴政和剥削，强烈反对帝国主义，相信苏格兰和波兰应该自治。格雷厄姆的性情和阿波罗·科热尼奥夫斯基及康拉德很相似，并且他和阿波罗一样，专门投身无望的事业。

康拉德把格雷厄姆作为《诺斯特罗莫》中唐·卡洛斯·古尔德（Don Carlos Gould）的原型，并开始在写作中赞美他。他总是坚称格雷厄姆是生不逢时的大贵族*，并将格雷厄姆的理想主义与自己的悲观主义进行比较："在这个为物质欲望裹挟的时代，你拥有真诚、勇气、真理等理想，竟然显得格格不入……你的勇气、信念及

---

* 原文为法语：grand seigneur。

第十章 文学友谊与艺术突破（1897—1898）

希望，在我看来都是悲剧性的……你是最无望的理想主义者——你的抱负无法实现。你希望人能有信仰、荣誉，忠于自己及他人信奉的真理……你毫无道理地相信你的渴望或许会实现，正是这一点让你很危险。那是我俩之间唯一的不同点。"康拉德也珍视信仰、荣誉和忠诚，但他看了太多革命造成的后果，他相信格雷厄姆理想化的激进主义只是幻想。

威廉·罗森斯坦认为格雷厄姆性格中也有负面、愤懑、矛盾的一面："康拉德明白坎宁安·格雷厄姆身上愤世嫉俗的一面多过理想主义的一面，深知他的本质是贵族，他的社会主义象征着他对孱弱的贵族统治及明目张胆的财阀统治的轻视。"即使是爱德华·加尼特那样的忠诚拥趸，也会谈起格雷厄姆对人类种族冰冷的轻蔑及充满讽刺的轻视。因为未能作为工党候选人实现连任，他愤怒地谴责议会，嘲讽地承认："我竟然愚蠢到用政治的污秽玷污我自己，竟然在威斯敏斯特无能者的庇护所忍受了六年高浓度愚蠢。"[12]

格雷厄姆的理想主义激发康拉德写出了他最严肃也最有趣的信件。他对格雷厄姆的社会主义-共和主义思想报以哲学上的轻视，他阐述了（甚至为了格雷厄姆，夸大了）源自其波兰遗产的悲观主义思想、其父亲的遗赠、海上的经历、他当时的科学信仰——宇宙正趋向惯性——以及他对叔本华《作为意志和表象的世界》（*The World as Will and Idea*）的解读。

康拉德在给格雷厄姆（他引出了康拉德天性中最阴郁的一面）的信中讲述了那些成就了他最伟大的作品的信念：生活是一场梦，信仰是虚妄，这个世界由无意义的受苦构成，没有绝对的道德准则，人类的悲剧命运注定将在无望的虚无中终结。

> 信仰是个谜，而信念就像海岸的雾，变幻不定；思想消失；文字一旦说出，便死去；昨日的记忆与明天的希望一样朦

胧……

于此世——正如我所知道的——我们生来就是要受苦的，毫无缘由，也无须作恶……

没有道德、知识、希望；只有自己的良知，它驱使我们在这世间四处奔波……世界总不过是虚幻、流动的表象……

一瞬，一眨眼，什么都没留下……只剩一块泥土，冰冷的泥土，无生命的泥土被抛向黑暗空间，在寂灭的太阳四周滚动。虚无。既无思想，也无声音或灵魂。一无所有。

康拉德相信，唯一可能的解药即深刻的怀疑论，他称之为"思想的灵药，生命的灵药，真理的中介——艺术与救赎之途"[13]。

康拉德的作品开始出版时，格雷厄姆也推出了他的第一批书：《蒙蒂斯区笔记》（*Notes on the District of Monteith*）、《致旅游者及其他》（*For Tourists and Others*，1895）、《苏格兰大天使神父及其他散文》（*Father Archangel of Scotland and Other Essays*，1896）。在他人生的最后 40 年里，格雷厄姆洋洋洒洒地写了 200 部短篇小说和随笔——其中超过一半投到了弗兰克·哈里斯的《周六评论》上——以及 11 部关于南美洲的历史作品。后来，D. H. 劳伦斯揭露并谴责了格雷厄姆的轻率、粗心和不真诚（与康拉德充满焦虑的完美主义截然不同），这些都是其作品的致命缺点："坎宁安先生，啊，踏着征服者的步伐，虚弱地阔步前行……他的写作毫无想象力，没有充满想象力的洞见或引人共鸣之处，毫无色彩，缺乏真情实感……他举起虚张声势的墨水笔，大笔一挥。其结果就是一篇劣质、零散、不太真诚的作品。"

康拉德如此敬仰格雷厄姆，所以他虽然察觉了这些瑕疵，但在写信谈论他的作品时，他选择无视问题，以其特有的方式展现忠诚、阿谀奉承。1903 年，他将《台风》献给了格雷厄姆，而格雷厄姆则在1905年将《进步》（*Progress*）献给了康拉德，回赠他的敬意。"我一直认为有某些事情我可以讲给你听，"他告诉格雷厄姆，"因为比起我认识的任何其他人，你的感受范围更广，你的思想更独立。"格雷厄姆和康拉德亲近到能指正他的英语发音。理查德·柯尔发现格雷厄姆像克莱恩一样，激发了好友最佳的一面："在彼此的陪伴下，他们似乎变年轻了；他们彼此嬉闹玩笑，这种愉快的氛围只能源自一份完整、无条件的古老友谊。我怀疑是否有人能像罗伯托先生那样让康拉德如此快乐。"[14] 虽然康拉德只是偶尔和詹姆斯、克莱恩及格雷厄姆见面，吃吃饭聊聊天，一直通信往来，但他们的友情及他们对康拉德作品的欣赏，对他来说至关重要。

五

1897年7月，与詹姆斯共进午餐后，与克莱恩会面前，康拉德郁闷地告诉特德·桑德森杰茜怀孕了，他做好了最坏的打算，而他曾告诉杰茜他不打算要小孩："没有别的消息——只有这则消息或许还能让人眼前一亮：即将迎来某个后代。我并没有过度兴奋。约翰逊（医生）说这或许能永久改善杰茜的健康——如果这个孩子没有终结她的生命。"杰茜感觉康拉德没有为即将到来的子嗣而高兴；他完全没有尽责照顾她，还表现得就好像她"欺骗了他"。孩子们（他们早年一直疾病缠身）的降临总是让他措手不及。

杰茜临产，康拉德被派去找医生，但他觉得这没什么可着急的，还接受了医生的邀请，悠闲地吃起了第二顿早餐。据杰茜所说，他们不得不另派了两个急得快发疯的人来寻他们，丈夫和医生这才返回"常春藤墙"准备接生。1898年1月15日，康拉德在写给格雷厄姆的信中抒发了他的恼火,将自己与这件事拉开距离,掩藏了他最深层的感受:"这封信没能在今天早上邮寄,因为一个性别为男的婴儿降生,搞得闹哄哄的,我没能听到邮差的口哨声。"康拉德在向他波兰的表亲描述这个相当惹人厌的婴儿时,强调他外貌丑陋(正如他当年对杰茜的描述):黑发,大眼,长得像只猴子。他对杰茜惊呼:"哎呀,这不过就像个人。"

45岁的康拉德害怕失去杰茜的爱与关注,不情不愿地接受了儿子的降临。1898年3月,他几乎无法忍受与家人一起乘坐短途火车前往萨里探望斯蒂芬·克莱恩。杰茜喜欢把康拉德描述得就好像某种高傲的傻瓜,她活灵活现地回忆道:

> 他取好了我们的车票,一等座,打算和我们坐同一个车厢,但是——他着重强调——我们绝不能透露他和我们是一起的……[他]远远地坐在角落里,装腔作势地把自己藏在报纸后,完全无视他的家人……小婴儿在呜咽,无法安抚。我看到他越过报纸警告似的看了我一眼。我使尽了浑身解数安抚婴儿,但都不奏效,整个车厢都回荡着他震耳欲聋的号叫。报纸被他丢到一边,四周传来其他人惊恐的喃喃低语,还有人对他这个唯一的男性表示同情;车厢里的陌生人……后来当我的妹妹(多莉)转向康拉德,不顾他的禁令,要求他把装着宝宝奶瓶的箱子拿下来,整个车厢都在窃笑。

于是这个深沉的天才被迫扮演起帮忙照顾孩子的父亲这一屈辱的角色。一年后,在写给海伦·桑德森(1898年4月嫁给了特德)的一封信中,康拉德表示他仍然觉得无法与儿子亲近,他把成人的缺点强加在儿子身上:"我不介意承认我想要的是女儿。我禁不住想她应该会更像我,可能也更容易理解……他才13个月大就已经是个小有成就的迷人野人了，满肚子可爱的花招和无情的自私。"[15]父女之间矛盾重重，甚至悲剧性的关系，是康拉德作品中一个常见的主题。

康拉德希望能向他的波兰遗产致敬，他告诉阿妮埃拉·扎古尔斯卡，他的孩子将在南华克（Southwark）加尔默罗会修道院的礼拜堂受洗（虽然这座礼拜堂位于肯辛顿北部，而且他也不是在那儿受洗的）。他还解释道："我想要一个纯斯拉夫语的名字，但这个名字要无法在说话或写作中被扭曲——同时，外国人（非斯拉夫民族的人）也不会觉得这个名字太难。因此，我不得不放弃诸如瓦迪斯瓦夫（Władysław）、博古斯瓦夫（Bogusław）、韦恩齐斯瓦夫（Wienczysłław）等名字，我也不喜欢博赫丹（Bohdan）。所以我决定用博雷斯，因为我想起好友斯坦尼斯瓦夫·扎列斯基（Stanisław Zaleski）给他的长子取的就是这个名字，显然这是波兰人可能会用的。"

康拉德自己的名字（约瑟夫和特奥多），包括其父亲和舅舅的名字（阿波罗、罗伯特、希拉里、塔德乌什和斯特凡），都可以用英语轻松读出，但都赫然不在考虑范围内，这真是出人意料。博雷斯（Borys）这个名字的英语写法很奇怪地用了 y 而非 i，康拉德的传记作者猜测这本来是个典型的俄语名，在波兰不常见，取这个名字是因为他错误地以为"乌克兰地区的人和住在那儿的波兰人会用这个名字"。然而，如此憎恶俄国人的康拉德似乎不太可能会无知地给他的长子取一个俄国名，而且不明缘由地在里面用了一个 y。事实上，名字是经过康拉德认真筛选的，他很清楚乌克兰-波兰的博雷斯［而非俄国-保加利亚的"鲍里斯"（Boris）］——基辅-斯拉夫的第一位殉道者、乌克兰教会的圣徒，在康拉德出生的波兰属乌克兰，过去是、现在仍是一个重要的名字。[16]

六

到 1897 年康拉德创作他的第一部杰作《"水仙号"的黑水手》时，他已经发展出了他自己的创作方法、散文风格和艺术理论，这部作品受到了他新结交的文学圈好友的热情赞赏。虽然他（在《六部一套》的作者注中）否认他在写作小说前做了笔记，但他确实从原始资料中记下了大量笔记，让他在创作马来小说、拿破仑小说和《诺斯特罗莫》时，可以重新回顾。他的"刚果日记"及关于普法战争的笔记（可能是为和斯蒂芬·克莱恩的合作所做的准备）都保留了下来。康拉德需要以事实为基础来创作小说，他相信："想象，而非创造，才是艺术及生活的至高主宰。"他对真实记忆充满想象力的准确呈现都是基于阅读和自己的实际经历。

康拉德通常用一支普通钢笔写作，有时笔磨损不能用了，多愁善感的他会把笔留下来。然而，《青春》的手稿是他趴在"常春藤墙"的一棵栗子树下，用铅笔写在一个小小的笔记本上的。虽然康拉德总是在 9 点准时下来吃早饭，但他总要磨蹭很久，才不情不愿地开始工作。步入中老年的他，经常在早上读报纸，回信。但他通常从晚上八点半一直工作到凌晨两三点，一口气工作好几个小时，他就这样，在午夜完成了很多部小说。

他无法承受花好几年完成一部长篇小说的痛苦。所以他在构思诸如《吉姆爷》这样的作品时仅把它们当作故事，他声称自己就快完成了，其实依然长途漫漫。创作时，他试图想象连续变换的场景。他会就小说进行长时间沉思冥想，直至他能抓住人物和情节精髓，让它们得以通过笔端，跃然纸上。正如他在《"水仙号"的黑水手》的前言中所说，他志在重现、强化现实，"通过书写的文字的力量,让你听到,感受到——尤其是要让你看到。这——别无其他——便是全部"[17]。

康拉德写作又慢又费力,完成了三百字———一页半稿子,而且这差不多就是他每天的完成量——他就感觉完全精疲力竭了。写作《海隅逐客》时,他拿着笔痛苦挣扎,6 天只写出了 6 行字。有时他写得比这还少。比如,《救援者》的创作瓶颈时,他 8 小时写出了 3 句话,但他在绝望地离开座位前又把它们擦掉了。福特后来告诉罗伯特·洛厄尔(Robert Lowell):"康拉德花了一天寻找贴切的字眼*;然后又把它否决了。"

康拉德认为文学写作是一种精致的折磨。他将兴奋之力转换成词句,仿佛每一页都是从他灵魂中抽出来的,他需要危机和疯狂来完成他的作品。他就像 D. H. 劳伦斯一样,运用挖煤这一比喻来象征对无意识领域的探索,他告诉加尼特:"我必须像一个在矿井中劳作的矿工一样,从黑夜中开采出我所有的英语句子。"康拉德在鼓励好友,以及评论高尔斯华绥、加尼特、福特、休·克利福德、诺曼·道格拉斯和沃林顿·道森(Warrington Dawson)等人的手稿时,鼓励他们探寻自己的内心深处,努力达到最高标准。他如此告诉爱德华·诺布尔〔(Edward Noble)同样生于 1857 年,在商船队工作,将在 1905 年到 1929 年间出版 15 部海洋小说〕:"你必须从自身中挤出每一种感受、每一个想法、每一幅画面——毫不留情,毫无保留,无怨无悔;你必须搜寻心中最黑暗的角落、脑海里最隐蔽的深处。"[18]

康拉德的写作天赋从未让他满足,这天赋给他带来了许多痛苦、怀疑、自省的时刻。康拉德承袭尼采和兰波的浪漫主义传统,他告诉道森——一位年轻的美国门徒,折磨和痛苦是创作的根本:

---

* 原文为法语 mot juste。

"受苦是一种品质,几乎是一种伟大、一种奉献,完全就是一种忘我的牺牲,就算冒天下之大不韪,也要忠诚于自己的真实感受,对我而言,这也就是一名艺术家的全部信条。"《"水仙号"的黑水手》即将完成之际,他说他吃不下饭,遭受着噩梦的折磨,吓坏了妻子。在挣扎着创作《救援者》时,他有想死的冲动,感觉自己经历了一次精神崩溃:"对这种恐怖的害怕又回来了,让我颤抖。实际上,它已经摧毁了我曾有的那一点自信。"在创作《诺斯特罗莫》时,他因痛风发作痛苦不已,他大喊:"就算我用我的血书写每一页,我也不会感到更精疲力竭。"他就像罗伯特·洛厄尔的诗《被砍下的头颅》("The Severed Head")中那个爱伦·坡一般的艺术家:他"滴下/一滴红色墨水在我们身上,当他挤压/那截下的小小一条塑料管/从他的心上汲取墨水"[19]。1904年后,康拉德雇了丽莲·哈洛斯(Lillian Hallowes)做秘书,情况稍有好转。她高挑,纤弱,是一名造船工程师的妹妹,她(据博雷斯所说)一脸茫然,举止高傲,但她能减轻康拉德的负担。

康拉德在艺术创作上遭受巨大痛苦的一大原因是他一直在与英语斗争。他抱怨评论家看穿了他的假名,认为他是"一个怪人,一个用英语写作的令人吃惊的该死的外国人"。但即使他已经出版了《吉姆爷》和《诺斯特罗莫》,他仍感觉英语是一门外语,需要投入可怕的精力。一次,一个熟人很好奇,"一个像康拉德这样在性情、长相和说话上都不像英国人的人,是如何能写出如此完美的英语的",康拉德回答:"啊,要是我能把英语写好就好了!不过你会看到的,你会看到的。"[20]

另一个困难是康拉德保留了很多波兰语和法语散文风格的特点,这就给他的英语奠定了一个异域的基础,即使他的英语语法正确,也显得不同寻常。波兰语的句子更长,"有大量形容词,节奏更平缓,含糊不清的地方更少,辞藻更倾向于华丽"。康拉德(尤其是在其早期作品中)对三重平行结构("所有那些谜一样的生活,充满了在森林里、丛林里和土人心里蠢蠢欲动的野性")和修辞抽象化("那是一股无法抗拒的力量所表现出来的沉静,笼罩着迷一样的意图"[21])*的过度喜爱更多是波兰语的特点,而非英语的特点,这也揭示了他的斯拉夫文学遗产。

康拉德的书广受好评。但与他同时代的批评家,包括詹姆斯和克莱恩,都意识到那些让康拉德大受好评的特质——他的异域风格、复杂叙事、深刻的主题、悲观的思想——让普通读者退避三舍,降低了图书的销量。一位书评人在1897年12月的《旁观者》周刊(*Spectator*)上评论《"水仙号"的黑水手》时如此说道:"康拉德先生是一个天才作家,但他对主题的选择及寸步不让的写作方法,让他无法获得大众的喜爱。"不过当20世纪发生的事件证明了康拉德的想法正确时,他受到了当代批评家的推崇,他的信念与其时代格格不入,倒是更符合我们的时代。

图书的惨淡销量让他在1895年到1913年一直饱受金钱困扰,因为他总是花的比挣的多。康拉德既不是高产作家也非成功作家,他有一个人口仍在增长的家庭需要赡养,还喜欢过着经济能力无法负担的生活,于是他发现自己无法维持一个中产阶级的体面,也无法靠写作收入生存。他被迫向朋友和编辑借钱——阿道夫·克里格、斯皮里迪恩·克利什切夫斯基(加的夫的波兰人)、高尔斯华绥、加尼特、福特,以及威廉·布莱克伍德、大卫·梅尔德伦[(David Meldrum)布莱克伍德的伦敦编辑]和美国出版商S. S.麦克卢尔(S. S. McClure),但他无力偿还债务,并为自己不光彩的行为感到愧疚。康拉德在与昂温协商《"水仙号"的黑水手》的合约条款时,谈到自己写作速度慢,他气愤地告诉昂温:"我无法负

---

* 这两句话出自《黑暗的心》。

担以少于每小时10便士的薪资工作,而且要获得如此可观的收入,我必须以相应的方式工作。"以250美元的价格将未完成的《救援者》的美国版权卖给S. S. 麦克卢尔后,他懊悔地告诉特德·桑德森,麦克卢尔"定期寄送支票,这在他看来是正确的,我平静地收下这些钱——这在我看来,异常像一场诈骗"[22]。尽管有种种顾虑,康拉德还是留下了钱。

当写作沉重到让人难以忍受,康拉德梦想重拾商船上的生活。博雷斯出生两周后,他再次感受到了大海的召唤,想象着他能带家人一同前往。1898年8月,仍被麻烦重重的《救援者》折磨的他,恳求格雷厄姆给他找一艘苏格兰船:"去往大海将给我救赎。真的,我的精神状态糟糕透顶。"下一个月,他在格拉斯哥花了三天时间在海运事务所四处走动,(最后一次)寻找指挥舰船的机会。但逐渐消失的克莱德高速帆船不缺船长,于是康拉德被迫返回他的"酷刑室"。

虽然康拉德试图重返大海,但他厌恶他所获得的"海洋小说家"的名声,因为这似乎限制而非定义了他的成就,也阻碍了读者接受他关涉其他主题的作品。他十分恼怒地告诉好友:"在这一片赞誉声背后,我可以听见某种低语:'就坚持在大海上吧!别登陆!'他们想把我放逐到大海中央。"他热切地希望"能摆脱舰船的恶魔尾巴,摆脱对我的海洋生活的执着"[23]。

康拉德不被接受的"海洋小说家"头衔解释了他对赫尔曼·梅尔维尔的作品毫无理性的厌恶。康拉德尊称费尼莫尔·库柏——一个小作家,康拉德小时候读过他的作品——为永恒的伙伴、难得的艺术家、他的文学大师之一。但他讨厌梅尔维尔的浪漫主义、假意伪善、神秘主义,不想和梅尔维尔被并列为异域(但没有那么野蛮的)海洋作家。《每日纪事报》(*Daily Chronicle*)在评论《海隅逐客》时写道:"或许除了梅尔维尔的作品,我们想不出还有什么能比得上他对热带岛屿的风景描写,而且说它们让人想起《泰比》(*Typee*,1846)和与之同类的传奇小说[《奥姆》(*Omoo*)],这便是给出了最高等、最公正的赞美与夸奖。"牛津大学出版社请康拉德为《白鲸》写序,他拒绝了,称这部小说"不过是一部以捕鲸为主题的牵强附会的狂想曲,整个三卷本中没有一句真诚的话"。而且当雕塑家雅各布·爱泼斯坦(Jacob Epstein)不小心提到这本书时,康拉德猛然爆发,大肆贬斥:"他对海洋一无所知。不可思议,可笑荒谬……神秘个什么劲!我的旧靴子就挺神秘。"[24]

D. H. 劳伦斯在其先锋之作《经典美国文学研究》(*Studies in Classic American Literature*,1923)中,赏析了梅尔维尔的作品,他还在康拉德的伤口上撒盐,将两人的作品进行比较,认为梅尔维尔更胜一筹:"他的视野……比约瑟夫·康拉德更深远,因为梅尔维尔对海洋和大海的不幸者的刻画没有流于感伤。像吉姆爷一样拿着濡湿的手帕,哭得一把鼻涕一把泪。"劳伦斯不喜欢"康拉德作品中弥漫的[悲观主义和失败主义],以及像他这样的人——废墟中的作家。我无法原谅康拉德如此悲伤,轻言放弃"。《查泰莱夫人的情人》(*Lady Chatterley's Lover*,1928)开篇,劳伦斯就(形成鲜明对比)大胆宣称:"大灾难既已发生,我们周围是一片废墟,我们着手建起小小的新住处,怀着小小的新希望。"* 面对劳伦斯的"赞美",康拉德回以(在《查泰莱夫人的情人》出版之前)对《虹》(这部作品因涉淫秽被禁)的贬斥:"D. H. 劳伦斯头开得不错,但已误入歧途。污秽。全是淫言秽语,别无其他。"[25]

---

* D. H. 劳伦斯《查泰莱夫人的情人》,杨恒达、杨婷译,上海三联书店,2014 年,电子版,第一章。

七

《"水仙号"的黑水手》自1897年8月到12月在亨利的《新评论》上连载,并在同年12月由海涅曼以1500册的首印数出版。在这部中篇小说中,康拉德的风格变得更加简洁、锐利,他将故事场景从陆地转换到大海,开始打造其"海洋小说家"的名号。暴动的船员、狂野的风暴、侧倾的船都是基于"水仙号"(1884年6月到10月)136天的航行,船从孟买出发,向东驶往马达加斯加和毛里求斯,绕过好望角和亚速群岛西部到达敦刻尔克(小说中的"水仙号"驶向伦敦)。故事里,狂热的宗教信徒厨师包特莫(Podmore)的名字取自吉姆爷的实际原型奥古斯丁·波德莫尔·威廉斯(Augustine Podmore Williams)的中间名。德高望重的长者辛格尔敦在暴风雨中掌舵36个小时,其名字出自爱德华·加尼特的母亲——这是在暗暗向她的儿子致敬。

书名中的黑水手吉姆斯·惠特的原型是约瑟夫·巴伦(Joseph Barron),一个不识字的35岁美国黑人,他在船到达敦刻尔克前三周死在了大海上。他的名字〔(Wait)由来自西印度群岛的惠特读出来,听上去就像"怀特"(white,意为"白色")〕让他在第一次登船时可以使用一个充满戏剧性的双关——既是在喊出他的名字,显然也是在命令大副停下来。他的名字暗示,在他作为船上的累赘(weight)等待死亡来临的时候,船员们会伺候(wait on)他。惠特的过度自恋和他对自身安逸自私自利的关注,将他与纳西索斯的神话联系在一起。

康拉德对这个故事的构思或许受到了梅尔维尔《贝尼托·塞莱诺》(*Benito Cereno*,1856)的影响,梅尔维尔的故事讲述了一艘西班牙船上的黑奴的反叛。他将惠特的"黑"运用到了极致。黑，突出了惠特的孤立与不同，让他更为戏剧化，更神秘，颠覆了他的传统社会地位。因为他傲慢，粗鲁，装腔作势，说着优雅的英语，吹嘘自己如何抢走了一个白人的女孩，还说服全体船员来服侍他。惠特与邪恶、魔鬼和黑魔法有关，而且显然死于肺结核的他，也与死亡、棺材和坟墓联系了起来。他长期装病逃避差事，他欺骗船员，让他们以为他病得很重（这样他就不用工作），而且他既是真的相信，也是自欺欺人地说服自己病情并不严重。惠特测试船员对死亡的反应，让他们表现出愧疚，迫使他们将自己的生存等同于他的生存，并且（借助其邪恶的密友唐庚）煽动叛乱，毁了船上的团结。

小说中除了可与《台风》匹敌的风暴描写，还有两个最杰出的时刻，即两次"葬礼"。在第一个场景中，猛烈的暴风雨将惠特埋在了他狭小的房间里，船员们不得不推倒墙，然后像遭遇难产一样，抓着他"又短又软的瘟毛"* 将他拉出来。在第二次即最后一次葬礼上，在风暴中"重生"的惠特于风平浪静中死去，纹丝不动的大海阻碍了回家的路，人们迷信地以为这与他的病有关。当他们用船板抬起惠特的尸体，准备让他滑入大海时，看上去仍有生气的惠特拒绝移动。最终，当他的朋友尖叫着"吉密，带点丈夫气啊！"** 时，他们发现裹尸布钩在了钉子上，而后把他推下了倾斜的船板，让他滑入大海。通过他们与惠特的遭遇，合谋一气的船员从单纯变为老练，被迫与自身的邪恶达成和解。

1897 年，几乎很少对自己的作品感觉满意的康拉德告诉克莱恩，他不满意这篇小说的结尾："然而，我认为从艺术层面上来讲，这本书的结尾还差点劲儿。我是说在死亡（克莱恩认为这场死亡令

---

* 《"水仙号"的黑水手》，第三章。
** 同上，第五章。

人难以忘怀)之后。通篇关于葬礼及船返航的胡言乱语,似乎失控、烂尾了——草草结束。"但事实上结尾写得很好。惠特平安入水后,他邪恶的咒语终于解开,风突然起了,带着船驶向港口。船员最后领工钱的场景呼应了开头的队伍集结。陆上船员的讽刺视角突出了大海的独特价值。睿智的老辛格尔敦现在看起来就是"多讨厌的一个老蛮汉"*,而唐庚,上船时穿得破破烂烂,因煽动叛乱[被阿里斯笃船长(Captain Allistoun)镇压]被解雇,档案留下污点,但他找到了自己人生的恰当位置。到1914年,康拉德已经完成了大量重要作品,获得了更多自信,他在这部作品的美国新版中,修正了前言中的严苛评价,有理有据地坚称:"或许不是作为一个小说家,而是作为一个追求至诚表达的艺术家,我的成败就系于此书。"[26]

---

* 《"水仙号"的黑水手》,第五章。

第十一章

福特与彭特农场（1898—1902）

一

1898年9月初，康拉德在萨里郡林姆斯菲尔德村（Limpsfield）附近的塞尔尼拜访加尼特一家期间，遇见了福特·马多克斯·福特（当时名叫许弗），两人的文学友谊就此开启，这段关系对他的作品影响至深。身为杰出的拉斐尔前派画家*之外孙、《泰晤士报》德裔乐评人**之子，福特与维多利亚时期的英格兰的艺术界与文学界关系紧密。他又高又瘦，是个热心肠的25岁青年，长着一头金发，皮肤粉白，有一双醒目的淡蓝色眼睛，张着嘴，露出兔牙，柠檬黄色的小胡子参差不齐。十几岁时，他就出版了自己的第一本书，后来成长为一位颇有影响力的编辑和重要小说家。

20岁时，福特冲动地娶了威廉·马丁代尔（William Martindale）

---

* 即福特的外祖父福特·马多克斯·布朗（Ford Madox Brown，1821—1893）。拉斐尔前派是1848年在英国兴起的艺术改革运动，旨在改变当时的艺术潮流，反对那些在米开朗琪罗和拉斐尔时代之后偏向了机械论的风格主义画家。

** 即福特的父亲弗朗西斯·许弗（Francis Hueffer，1845—1889）。

医生的女儿。马丁代尔是经典指南《药典大全》（*Extra Pharmacopoe*）的作者，还是著名医生约瑟夫·利斯特（Joseph Lister）的好友。大卫·加尼特觉得埃尔茜·马丁代尔（Elsie Martindale）魅力十足，有异域风情："高挑，胸部高挺，皮肤黑，眼神勇敢无畏，散发着浓郁、明亮的色彩，就像成熟的油桃。她穿着五颜六色的威廉·莫里斯*风格的服装，戴着耳环和一条硕大的琥珀项链。"

福特想住在加尼特一家附近，业余时间干干农活，于是他大方提出要转租他租住的房子——位于肯特郡波斯特林村（Postling）的彭特农场，而正好康拉德一家很满意这个房子，10月26日就搬了进来。虽然康拉德似乎理所应当滨海而居，但他已经看够了海上风景，更乐意住在内陆。他就像"水仙号"的阿里斯笃船长，"愿意在一所小小的房屋里结束他的岁月，房屋旁边要附带一块空地——在内地乡间——还必须望不见海的所在"***。康拉德试图活得像一个乡绅，但他和他的封建先辈不同，房子和房子周边的土地都不属于他。

从南海岸的海斯（Hythe）沿着蜿蜒小路走三英里便能到达彭特农场，那里可一览斯陶尔（Stour）河谷的美景。这个房子小巧，历史悠久，且可爱迷人，但不太方便，缺水、气、电。厨房砖地板凹凸不平，一根橡木横梁横跨大纵深客厅的低矮天花板。在写给波兰表亲的一封信中，康拉德描述了安静、多彩的自然环境："房子背后是一片丘陵（肯特丘陵），山坡呈之字形，一直延伸到大海，就像大堡垒的城垛……寂静的小花园向外延伸，荒原上树篱纵横，不时就会看见一棵橡树或一片小白蜡树。三个小村庄掩藏在小丘之间，只能看见教堂的尖塔。乡村的主色调是棕色和浅黄色——远

---

* 威廉·莫里斯（William Morris，1834—1896），英国19世纪的纺织品设计师、诗人、小说家、社会活动家，是工艺美术运动的主要实践者。

** 《"水仙号"的黑水手》，第二章。

第十一章　福特与彭特农场（1898—1902）

处，在这两种色彩之中，人们还能看见草地的翠绿。"[1]

彭特农场还有许多拉斐尔前派的遗迹，使得这里的传统氛围更加浓厚：福特·马多克斯·布朗和丹蒂·加布里埃尔·罗塞蒂（Dante Gabriel Rossetti）的画作、威廉·莫里斯设计的桌子、诗人克里斯蒂娜·罗塞蒂的写字台。比起"常春藤墙"，彭特农场更宜人也更舒适。前租客画家沃尔特·克莱恩（Walter Crane）留下了一副对句："我们不想要食宿或帐篷，/只要头顶上方仍有彭特为我们挡风"。康拉德住在那儿的时候也保留了其波兰祖先的好客传统。福特住在附近的奥尔丁顿（Aldington），韦尔斯住在桑盖特，克莱恩在布雷德庄园，詹姆斯在拉伊，吉卜林在罗廷丁（Rottingdean），他们可以轻松往来，进行有趣的交流。康拉德在彭特农场的十年里，写下了他最优秀的几部小说。除了在贝德福德郡（Bedfordshire）短暂住过一阵，康拉德的余生都在肯特郡度过。

二

见过福特之后不久，康拉德就提议和他一起进行文学创作，这也是他一直以来的习惯了。吉卜林和妹夫沃尔科特·巴莱斯蒂尔（Wolcott Balestier）合著了《瑙拉卡》（*The Naulahka*，1891），史蒂文森和继子劳埃德·奥斯本（Lloyd Osbourne）合著了《失事船只》（*The Wrecker*，1892），萨默维尔和罗斯*的爱尔兰小说也是成功合作的产物。康拉德在玛格丽特·波拉多夫斯卡和斯蒂芬·克莱恩那儿受挫的合作计划，终于在福特这里得以实现。康拉德需要的可能并不是合著者的艺术贡献，而是他的激励。在其职业生涯中，

---

* 萨默维尔（Somerville）和罗斯（Ross）是一对爱尔兰表姐妹，两人合著了一系列小说和短篇故事，以风趣、生动的笔触刻画了19世纪晚期的爱尔兰社会。

他向多位年轻后辈提出过合作计划，包括爱德华·诺布尔、理查德·柯尔、珀西瓦尔·吉本、约瑟夫·雷廷格、麦克唐纳·黑斯廷斯（Macdonald Hastings）和詹姆斯·布兰德·平克（James Brand Pinker）。

他们第一次见面时，41岁的康拉德是功成名就但囊中羞涩的作家，创作了《阿尔迈耶的愚蠢》《海隅逐客》《"水仙号"的黑水手》和《不安的故事》，这些作品都获得了其同时代佼佼者的赞赏。福特已出版三部儿童童话、一卷诗歌、一部小说，以及一部他为身为艺术家的外祖父所做的传记，但在严肃文学界还是籍籍无名。他的传记作家说："《流动的火》（*The Shifting of the Fire*，1892）中的人物不真实，情节荒谬……这部小说试图呈现精致优雅的风格，却显得滑稽可笑。"爱德华·加尼特认为他对福特·马多克斯·布朗生平的刻画就是"德国——累赘——散乱——含糊"，他还说福特喜欢"一笔带过他一无所知的东西"[2]。

康拉德可以发表所有他写的东西，但他想增加产出和收入。他希望有了福特的帮助，他能获得有助于小说创作的点子，更精通英语方言中的细微之处，克服那折磨人的缓慢写作进程，创作更加流畅，建立自信心。在《塞拉菲娜》[（*Seraphina*）《罗曼史》最初的名字]的手稿中，福特已经有了一个有可能大受欢迎但不宜出版的故事。康拉德认为，把这个作品润色一下，再把自己列为合著者，他们便能将其付梓并获得收益。

有了这一想法，康拉德找各种朋友咨询，还向威廉·欧内斯特·亨利解释自己的动机："和许弗聊天时，我首先想到的是眼前这个人找不到出版商，但他有一些好东西可以利用，如果我俩一起把它打磨一下，或许可以凭借我的名声找到出版商。另一方面，我觉得和他合作可以压制某个特别的魔鬼——我刚刚有所产出，它就会立刻毁了它（这就是为什么我的工作进程如此缓慢，无法履行对出版商的承诺)。既然他的素材能激发我的想象,而且这个人是个诚实的工匠,我们或许能够做出点过得去的东西。"为了讨好福特,康拉德说亨利也赞同这一想法,而且亨利还说:"为什么不找许[弗]和你合作?他是当今英语这一语言最杰出的文体学家。"福特知道这是假的,因为亨利曾在一次争执中对他大喊:"你算个什么东西?我甚至从没听过你的名字!"福特相信亨利不会那么谄媚、热情,他应该是随口告诉康拉德:"我敢说其他人能做好的,他也能做。"

虽然亨利和加尼特鼓励他与福特合作,但詹姆斯和韦尔斯强烈反对。詹姆斯说两位作家的风格大相径庭,他觉得合作的想法简直匪夷所思:"对我而言……这就像某个人早餐时讲述的噩梦。"韦尔斯同样认为合作前景堪忧,从桑盖特骑着自行车找到福特,恳求他别毁了康拉德的风格:"那神奇的东方风格……就像发条一样精妙,你插手只会毁了它。"不过韦尔斯(他曾告诉康拉德只要他一直努力就能在艺术上"熟能生巧")后来转变了想法。在福特英语化了康拉德的散文后,韦尔斯确定康拉德是主要受益人:"我认为他们早期的联盟让康拉德受益匪浅;许弗帮了康拉德大忙:使他和他的习语'英语化',为他照亮了英语文学世界,与他合作了两次,不断和他讨论用哪个词最准确、如何使写作臻于完美。"[3]

尽管两人都有经济问题、家庭纷争,性格暴躁,身患疾病,精神崩溃,但康拉德和福特相处得特别融洽。福特和詹姆斯与韦尔斯一样,也觉得康拉德非常奇怪,认为他永远成不了英国绅士。福特与康拉德在伦敦不期而遇,一开始还没认出他来,出现在眼前的是一个寒酸、"年迈、干瘪、枯瘦的男人,戴着乱糟糟的圆顶礼帽,穿着绽线的过时大衣,一只手腕缠着法兰绒,另一只手帮助他靠在浅褐色的手杖(从树篱上砍下来,在家里自制的)上。[他]一只饱含苦难的眼睛上戴着一片脏兮兮的圆形窗玻璃镜片"。

但他们同样有很多相似之处。两人都出身欧洲大陆，都有欧洲（与"岛国"相对）倾向，而且由于福特最近改变了宗教信仰，他们都是名义上的天主教徒。当帝国剧院整个音乐厅的观众都在欣赏一个矫揉造作的喜剧演员表演，他们备感无聊，康拉德（总是弄不懂英式"幽默"）转向与他同为局外人的福特，说道："难道人们不会觉得自己终究是这个野蛮国家的外来者吗？"——这正是福特一直在想的。他们欣赏相同的文学大师：屠格涅夫、福楼拜、莫泊桑和詹姆斯。他们常常用法语交流，遵循法国小说的美学传统：讽刺、疏离的叙述者，复杂的情节展开，苦苦追寻恰好能表达语义的细微差异的"贴切的字眼"。两位作家不仅强调故事本身，而且同样强调叙事技巧。

早在福特在其主要作品《好兵》（*The Good Soldier*，1915）和《队列之末》（*Parade's End*）中大展才华之前，康拉德就发现了他的潜能。福特的年纪差不多都能做康拉德的儿子了，康拉德还亲切地叫福特"亲爱的孩子"——塔德乌什和杰茜都是这样称呼康拉德的。他说福特成了他的每日习惯，他似乎很惊讶为什么没人在意他的搭档。两人热爱交谈，经常聊到午夜，但他们也会一起打老鼠，玩刺激的多米诺骨牌，享受丰盛的美食和一年一度的圣诞晚餐（一次，康拉德不小心点燃了福特的安哥拉猫）。他们互相拜访，欢迎对方到来，还会彼此邀请一起去见贵客，一起度假，两人几乎同龄的孩子克里斯蒂娜和博雷斯也有共同的兴趣，两人也因此更加亲近。1903年1月，康拉德为博雷斯五岁生日操办了颇为正式的超长"庆祝仪式"。想想杰茜当年在维多利亚街的"兔笼"忙活，等待康拉德大驾光临时，他给杰茜下达的严格命令，这次的生日庆典有趣、异常轻松地重现了那个场景："你们将从正门进入（穿着大衣），走入会客厅，那里放着茶和小食……3点40，刚好有足够时间梳妆打扮的年轻女士将前往（出席的是摄政王夫人——摄政王有五十分钟可以随意意乱情迷),前往男爵厨房(将在那里享用大餐)和年轻的骑士一起迎宾。"[4]

斯蒂芬·克莱恩对福特让人恼火但本质上还算得体的个性进行过有趣但夸张的描述:"你一定不能为许弗先生的举止而生气。他对詹姆斯先生、康拉德先生都一副纡尊降贵的样子。当然,他对我也是如此,如果他见到全能的上帝,他也会觉得自己高神一等,不过上帝会习惯的,毕竟许弗还不错。"然而,面对康拉德,福特收敛了他一贯的傲慢,表现完美,绝不逾矩。他深感与康拉德合作是一种荣幸,态度一直是"近似谄媚的恭敬",而且他明白自己在那个世纪之交才初出茅庐,坦承:"我的所有文学知识都是从康拉德那儿学来的。"替代埃尔茜·马丁代尔成为福特情妇的维奥莱特·亨特说,福特对康拉德甚至比康拉德对詹姆斯还要恭敬:"[福特]崇拜康拉德。他在我面前说起康拉德从来都充满了最虔诚的情感……对与文学有关之事,他的态度绝对是毕恭毕敬。在詹姆斯面前,他只摆出谦逊的年轻人*的姿态,但只要康拉德在场,他天生的傲慢消失无踪。他模仿康拉德,甚至试图让自己得上康拉德的一两个恐惧症。"[5]

与康拉德共事,让福特学到了很多,而且在康拉德的帮助下,他两部蹩脚的小说也得以出版(两人共享少得可怜的版税)。但据韦尔斯所说,康拉德才是受益最大的那个人。两人的友谊经历了以下几个阶段:五年巅峰期,六年平缓期,1909年断交,在康拉德生命的最后几年谨慎地恢复交往。在此期间,福特全身心拥抱外祖父的训诫:"放低姿态,不要拒绝任何人的帮助,只要你认为他拥有可能超越你的天赋。"如果说福特仰慕康拉德,那么对康拉德来说,福特虽然有用,但也是可有可无的。他真诚地相信康拉德,赞

---

* 原文为法语 le jeune homme modeste。

赏那些康拉德自己觉得不够好的作品,增强了他的自信,并且还为他提供了很多实际的帮助。福特不仅低价出让彭特农场,而且在康拉德无力付租时慷慨解囊。不仅如此——他自己并不富裕,他的律师也反对他这么做——他还借钱给康拉德,预付了 100 英镑《罗曼史》的稿酬给他。

福特在文学上给予的帮助更意义深远。他为康拉德打气鼓劲,为他提供良好的工作条件,建议他如何遣词造句,提醒他遗忘的大事小情,记下他的口述,听他朗读,评阅他的手稿,修改校样。而且两人关于文学和共同兴趣爱好的智性交流给了康拉德无限欢乐。

福特给康拉德提供了几个好想法,而且当康拉德有可能被疾病、疲劳和绝望击倒时,他能神奇地激励他写下去。英国海岸上不被理解的外国漂流者这一情节就出自福特的《五港同盟》(*The Cinque Ports*, 1900),也为他的《艾米·福斯特》提供了灵感。康拉德说他的故事《明日》("Tomorrow", 1902)就出自福特的建议和设想。《走投无路》的手稿意外损毁,是福特帮助康拉德(我们将在下文看到)重写了小说,甚至当康拉德赶不上《诺斯特罗莫》的连载时,也是福特帮他写了几页。在帮助康拉德回忆往事时,福特听康拉德口述写下了《大海如镜》;他认识无政府主义者(康拉德在前言中承认了这一点)也给了康拉德写《间谍》的灵感。福特还参与了《救援者》的创作,帮助康拉德将《明天》里的对话改编为戏剧《只待明日》(*One Day More*, 1905)。

杰茜·康拉德说两人经常在让人分心的妻子和孩子睡下后,一起在拥挤的小屋里工作:

> 有时,这两人会选择在我和许弗太太就寝后开始工作。我已经上床好几个小时了,依然能从门缝中听到他们的声音……

第十一章　福特与彭特农场（1898—1902）

身材高大的 F. M. H. 会敲打横跨天花板下方的橡木横梁，以此抒发情绪……

有时，小屋显得过于拥挤，有时，这两位艺术家的奇思妙想、脾气秉性和热烈讨论，似乎让房间都变得温暖了。有一说一，F. M. H. 是两人中性格不那么暴躁的一个，他本来就生于一个没那么容易激动的国家。他慢吞吞的声音与其合作者快速、不正宗的英语形成了鲜明对比。

当两人的情绪过于激动，康拉德变得过于尖刻时，就连福特也会大发脾气。康拉德假装福特无事可做，虚伪地试图安抚他："你的信透露出你受到了精神刺激，语气充满愤怒，让我有些难过。我可以和你感同身受。我很抱歉，你的妻子似乎认为是我诱导你浪费时间。我不知道你有什么有利可图的事可做。"此时权力的天平会暂时倾斜。等一切平静下来后，康拉德说比起自己家，在福特家里那和谐的氛围中，他能更好地工作，并表示有幸能与他在温奇尔西（Winchelsea）共度了几日。《罗曼史》完成时，谈及两人建立起的紧密联系，他对福特说："我以极其荒谬可笑的方式怀念我们的合作。我希望你没打算完全把我抛下。"[6]虽然比起与高尔斯华绥、加尼特、克莱恩、格雷厄姆的友谊，康拉德没那么重视和福特的友谊，但他和福特一起工作了很久，与他共处的时间更长，而且两人的亲密度远超其他朋友。

三

两人为了一起工作经常往来，他们的合作也关涉双方的妻子和孩子。因为杰茜与福特和埃尔茜都合不来，她也给这两个高度敏感之人的友谊增添了另一个麻烦。杰茜嫉妒埃尔茜的家庭背景、出色的外貌、教育、才智、文学天赋，以及她和康拉德在智识上的和谐融洽——康拉德帮助埃尔茜翻译《莫泊桑的故事》（*Stories from de Maupassant*，1903）。她也厌恶自大、倨傲的福特，他把杰茜当佣人一般使唤。（康拉德可能也是这样对她的；1900年，玛格丽特·波拉多夫斯卡来拜访他们，康拉德示意杰茜像女仆一样帮玛格丽特整理裙子。）

福特让杰茜觉得她在社会地位和智识上都低人一等，两人之间一直以来的剑拔弩张，或许是不经意间，给这个极易让人怒火中烧、精神崩溃的火热氛围，带去了少有的喜剧感，让人得以喘息。以家为傲的传统主妇和不修边幅的波希米亚客人之间爆发了几次滑稽剧一般的冲突。有一次福特的巴拿马草帽被雨淋湿了，他随意把帽子扔进杰茜的烤箱去烘干。帽带上的油脂沾到了她的周日烤肉大餐上，她罕见地暴怒。还有一次，福特决定在康拉德家睡觉，但他发现单薄的窗帘透入了太多光线，于是把床上的毯子拿去挡住窗户。后来他又觉得冷了，到处找可以盖的东西，他发现了杰茜整齐叠好放在抽屉里的康拉德的双排扣长礼服和条纹裤，便用它们来保暖。第二天早上，杰茜气愤地发现衣服皱巴巴，不成样子，愤懑地向康拉德抱怨福特"随意对待"他的衣服。

福特则调侃起1907年出版商奥尔斯顿·里弗斯（Alston Rivers）给杰茜的烹饪书的严词拒信（他拒绝买"一堆只适合——我忘了适合什么——的纸"），如何错误地送到了狂怒的康拉德而非投稿的福特那里。福特还会在杰茜的地盘上挑衅她，扬言他不仅是全世界最好而且是最勤俭节约的厨师。福特悄悄代替了他的德国厨师，做了一顿巴黎风味的野兔炖肉，患有痛风的康拉德虽然被警告过不要大鱼大肉，但还是欣喜若狂："我亲爱的朋友……了不起的约翰娜（Johanna）显然超越了自己……如此美味，亲爱的*。"

1900年7月，完成《吉姆爷》后，康拉德带着家人开始了他四次灾难性的海外游中的第一次。他们打算边旅行边工作，与福特一家在比利时布鲁日碰面，然后继续前往克诺克（Knokke），就在奥斯坦德（Ostend）上方的北海海岸上。但博雷斯因为痢疾生了重病，情况凶险，假期也就毁了。"有个小孩病得很重，只有比利时医生在，"福特回忆道，"下颌脓肿，没有牙医；痛风；寒冷的房间还会吹进来自荷兰的沙砾；难以忍受的风；雨下个不停。"康拉德告诉高尔斯华绥，面对这让人沮丧的危险状况，"整个旅馆都陷入了混乱；荷兰人、比利时人、法国人都徘徊在走廊打探消息。自己也带着孩子的妇女主动提出可以守夜……埃尔茜帮了点忙，但可怜的H并没有得到太多和我一起工作的机会"。杰茜（她在康拉德死后出版的书中重燃对福特的敌意）热情夸赞他在病房里的表现："在这次危机中，我对F. M. H.只有赞美。他真切地表达了同情，赢得了我的［罕见的］感激和认同。他总是在身边帮忙移动我的小病人、找医生或帮忙护理。"[7]

四

20世纪初期，康拉德和福特合作了两部小说：《继承者》，献给博雷斯和克里斯蒂娜；《罗曼史》，献给埃尔茜和杰茜。康拉德企图减少他在这些失败之作中的占比，声称他基本没参与实际写作，而是和福特进行了大量热烈的讨论。而且在一封写给加尼特的信中，他吹嘘他和那位受尽虐待的信徒是主人和奴仆的关系："我让

---

* 原文为法语："Une telle succulence, mon cher."

自己把这件事看作针对政治（?!）小说的讽刺文……可怜的 H 严阵以待！天呐，他工作多么投入！没有哪一章我没让他写了两次——大多数写了三次以上……他比天使都还要有耐心。我就像个恶魔，对他相当粗暴。就算我没有对他破口大骂，我也在我的评论和我们的讨论中暗含了最无礼的话。但他没发现。说实话，这真的很感人。毫无疑问，在这段痛苦的时期，我数次几欲落泪。不过不是为他，不是为他。"

《继承者》的主人公格兰杰（Granger）因为爱上了一个"第四维主义者"而被摧毁，第四维主义者是一群手握大权但没有情感的人、未来的地球继承者。小说融合了最近因韦尔斯而流行的科幻小说元素和当代政治讽刺，批判利奥波德国王对刚果的剥削，以及约瑟夫·张伯伦在布尔战争中的帝国主义；它对凯斯门特（索恩）、加尼特（利）、昂温（波尔汉普顿）和亨利·詹姆斯（卡伦）都有突出的刻画。康拉德在这个毫无生气的失败之作的制造过程中所起的作用比他说的更重要。因为去刚果、见过凯斯门特的是康拉德，而非福特；而且小说中展现的是康拉德而非福特与加尼特、昂温的关系。

康拉德合作创作《罗曼史》的 1901 到 1902 年，正是他发现无法继续进行自己更严肃的小说创作之时，并且他在《继承者》中错误地为了商业牺牲了美学。这个故事是福特从大英博物馆中翻找出来的，基于亚伦·史密斯（Aaron Smith）的真实经历——无辜的英国青年在老贝利街*以海盗罪受审，差点就上了绞刑架。这个相当荒谬的情节发生在 1820 年左右的西印度群岛——康拉德去过那里，而福特没有——旨在描绘"'侠盗'** 传奇中最激动人心的故事，青春岁月中如此重要的桅桁臂和登船矛的罗曼史"，康拉德会

---

* 英格兰和威尔士中央刑事法院所在地。
** 原文为法语 de cape et d'épée，意为"斗篷和剑"。

在谈论亨利·詹姆斯的文章中嘲讽这一点。虽然康拉德不喜欢史蒂文森,但《罗曼史》确实试图利用并在销量上胜过历险小说——海盗和绑架,牙买加和古巴淫荡、鬼祟的西班牙人——但做得很差劲,《金银岛》和《绑架》的作者则使这个题材臻于完美。

很多福特风格的文章完全是伪造的,比如这篇卡斯特罗的演讲:"告诉殿下,她的命令已执行。已经警告过英国骑士。我已经不眠不休地监视着房子的客人,正如小姐希望的那样——为了列戈(Riego)家族的荣耀。"在第四部分里——好人约翰·肯普(John Kempt)和塞拉菲娜逃离了里约-梅迪奥(Rio Medio)的恶人奥布赖恩(O'Brian),康拉德加入了大量关于船的技术细节。恐惧是直接说出来的而不是表现出来的,这与他们的美学原则相悖:"我不需要去过洞口才能了解我们命运的所有恐怖。"而且爱意也无法表现:"我的想象力已被那年轻女孩的倩影俘获,任其支配,她称我为她的英国表兄,那个带着蜥蜴的女孩,带着匕首的女孩!她吐露的每一个字都是浪漫传奇。"[8]

但这本冗长的小说还是有几个闪光之处。卡斯特罗"前臂的木头假肢上装了一个铁质刀片",后来詹姆斯·巴里才通过《彼得·潘》中的虎克船长让这种假肢流行起来。威廉斯太太〔英国船"雄狮号"(Lion)的船长〕是虔诚的卫理公会派教徒,与邪恶的海盗形成了有趣的对照。福特创作了一个短小的场景,康拉德习惯性地、莫名其妙地觉得很滑稽。一名法官询问一个无名的农民的职业,农民简洁但颇有暗示性地塑造了自己的形象,答道:"阁下——有几只羊。"福特刚在纸上写下这些文字,"康拉德就一阵爆笑。'这个,'他终于能说话时大喊道,'是神来之笔!'这之后20年,康拉德在写给福特的每两三封信中,都会重温这一乐事。'阁下,有几只羊……'他写道,'你记得吗?'"《金箭》中,年轻的丽塔,塞拉菲娜的直系后人,相当严肃地回忆道:"我过去常把我的羊带到那儿去过一天，有时带12只，有时带其中几只。"[9] 阿瑟·迈兹纳（Arthur Mizener）在其传记中复制了一张福特务农的照片，他站在一块荒地上，旁边是彭妮——他的"赛级"羊。

就《继承者》和《罗曼史》而言，康拉德浪费了大量时间与福特合作。他们的小说暴露了两人最薄弱的方面，比他们各自写的任何一部小说都更糟糕，是艺术品质与商业价值上的失败之作。但是在他们合作的那几年里，康拉德确实如他所愿，学会了如何更流畅地写作；带着福特振奋精神的激励搬去彭特农场，促使他写出了他最好的几部作品——《黑暗的心》《吉姆爷》《台风》《福克》《艾米·福斯特》和《走投无路》。1896年到1904年间，福特只产出了三部二流作品；在两人的合作结束之后，他才终于有所收获。在《诺斯特罗莫》和《在西方的注视下》之间（1904—1911），康拉德只出版了1部小说，而福特有11部。1906年，福特将《第五位女王》（*The Fifth Queen*）献给了康拉德；康拉德曾把书献给年长的女性爱慕者、他几乎不认识的航海船长，但他从没将某本书献给那个给予他最宝贵帮助的人。

五

康拉德不时与福特往来的同时，也在拓宽自己的朋友圈，写自己的书。他鼓励并帮助高尔斯华绥出版了他的第一部小说《乔斯林》；一直到1914年，高尔斯华绥都不断找康拉德给他的手稿提意见。高尔斯华绥家境富裕，而且以后还会更富有，经常帮助康拉德——一直到1909年——借钱给他，为他支付就医账单和保险费。1910年，他利用自己在官僚中的影响力，帮有燃眉之急的康拉德拿到了每年100英镑的国民津贴。康拉德很感激高尔斯华绥的帮

第十一章 福特与彭特农场（1898—1902）

助，直到康拉德去世，两人都一直亲密友爱。

1895 年，高尔斯华绥爱上了堂兄之妻埃达（Ada）。埃达是个敏感、美丽的女人，有着一头偏灰的黑发和一双淡棕色的眼睛。但他们被迫维持着表面的体面，不越雷池，只能在去国外度假的短暂时间里单独见面，两人在极度痛苦中过了九年。一直到 1904 年 12 月高尔斯华绥的父亲去世，她才终于可以离婚，嫁给高尔斯华绥。康拉德喜欢埃达，帮助她翻译莫泊桑的故事，就像他曾帮助埃尔茜·许弗，并在 1904 年为她的《伊薇特及其他故事》（*Yvette and Other Stories*）作序。

高尔斯华绥并不总是如他看上去那般古板，而且他对埃达的爱并不妨碍他拈花惹草——甚至在康拉德家里。杰茜隐忍地回忆起世纪之交的一个周末，在彭特农场，高尔斯华绥突然少见地开始头痛，吃过午饭就回房了："我当时有一个新女仆，非常漂亮，那个周日的整个下午她都在楼上。她终于出现时，我问她去哪儿了。她头垂着，看上去有些尴尬地用手指搅弄着围裙，没有抬眼，呢喃着：'高尔斯华绥先生让我留下，帮他打包行李。'惺惺作态，让人愤怒。"

康拉德和休·克利福德评阅过彼此的书，并在 1899 年夏，克利福德回家探亲时见了面。克利福德 1866 年生于一个天主教家庭，父亲是一名少将，在克里米亚战争中赢得了维多利亚十字勋章。他 17 岁离开学校，同年到马来亚的殖民地工作，后来成了马来语专家、颇有成就的外交家，成功领导了军事远征。他体格庞大，秃顶，长相粗粝，直率，精力充沛，鲁莽。他在北婆罗洲、特立尼达（Trinidad）、锡兰工作过，后来获得了爵位，还成了四个殖民地的总督：英属黄金海岸*、尼日利亚、锡兰、马来亚。1899 年，他开始在

---

* 位于西非的几内亚湾，1957 年独立，成立加纳共和国。

《布莱克伍德杂志》和其他文学杂志上发表小说。1896年到1929年间，他的创作和殖民事业齐头并进，产出了16本书，大部分都是关于马来亚的。虽然康拉德只能在克利福德偶尔回家时见到他，而且强烈反对他的帝国主义观念，但他们都有共同的马来经历，康拉德为他能结交一个有行动力的作家而自豪，他将《机缘》献给了令人钦佩的"总督"，正是他帮助这部小说在美国取得了成功。[10]

康拉德和哈丽雅特·凯普斯（Harriet Capes）小姐的友情与众不同，展现了康拉德交际范围之广。早在1895年，凯普斯就给康拉德写信夸赞他的作品，四年后两人见面。这位"迷人的温彻斯特老太太"生于1849年，是励志童书作家。1908年，康拉德将《六部一套》献给了她。他很尊重她的意见，就她对《胜利》的批评，给出了长长的回答。1915年她编著的康拉德选集由安德鲁·梅尔罗斯（Andrew Melrose）的小公司出版，但由于她侵犯了版权，书立刻被禁。1922年，她的《康拉德的智慧与美丽》（*Wisdom and Beauty from Conrad*）以原标题再版，她在书中正式感谢了康拉德的出版商。

1899年，康拉德正在英国广交好友之时，一名波兰作家攻击他的人品和名誉，这次意想不到的攻击让他备受困扰。1897年6月，波兰民族主义者、哲学家文岑蒂·卢托斯瓦夫斯基（Wincenty Lutosławski）匆匆拜访了康拉德，他写了一本讨论柏拉图的书，当时正在伦敦学习，后来在日内瓦、洛桑、巴黎和维尔纳（Vilna）任哲学系主任。尽管康拉德告知了他详细的路线，卢托斯瓦夫斯基还是晚了6个小时，到彭特农场时已是饥肠辘辘。他痛快地吃了一顿，在康拉德面前脱得精光，然后直接上床睡觉，第二天一大早就冲去了车站。康拉德觉得这次拜访就是"一场好玩的噩梦"。

在圣彼得堡出版的波兰杂志《乡村》（*Kraj*）"自1882年创刊起，便成为推动波兰人民与俄国政府和解的中坚力量"。（康拉德自然是反对这个策略的。）在 1899 年的 4 月刊里，卢托斯瓦夫斯基对他与康拉德的会面给出了完全误导性的描述。他声称，康拉德说自己之所以用英语写作是因为他的天资不足以让他用波兰语写作，而且用习得的外语写作能赚更多钱。

卢托斯瓦夫斯基的诽谤文章重新点燃了人才移民这一始于密茨凯维奇和肖邦的议题。很多人相信不可能在国内发起有效的政治行动，于是自 1830 年革命失败起，移民便成了波兰政治生活的主要元素。卢托斯瓦夫斯基自己就是个著名的文化移民*，他的文章激起了伊莉莎·奥热什科瓦［（Eliza Oreszkowa）1841—1910］的恶意攻击。奥热什科瓦是波兰文学的贵妇人**，她"支持妇女参政，是奥古斯特·孔德***那一脉备受推崇的人道主义小说家"。她认为移民就等于背弃了对祖国的责任，傲慢地谴责康拉德背叛了波兰，把自己的才华卖给了英国人：

> 既然说到书，我必须要说，那位先生用英语写小说，名利双收，简直让我快要精神崩溃。每次读到关于他的东西，我都有某种滑腻、恶心之感，有什么东西涌上了我的嗓子。真是的！有创造力的天才竟然出逃！……创造力是树之冠，是塔之顶，是祖国心脏的核心。从自己的国家拿走这朵花、这个顶、这颗心，然后送给甚至连鸟的乳汁都不缺的盎格鲁-撒克逊人，只是因为他们能付更高的价钱——所有人就连想到这件事都会觉得羞愧。[11]

---

* 原文为法语 émigré。
** 原文为法语 grande dame。
*** 奥古斯特·孔德（Auguste Comte, 1798—1857），法国著名哲学家、社会学和实证主义创始人，被尊称为"社会学之父"。

康拉德努力以写作为生，负债累累，生活贫困，还要饱受背叛（其小说中的主要主题）的指控。指控里的那一点真相足以让人不安，完全的扭曲又让他愤怒。15年后，他回波兰拜访表亲时，想找一些波兰小说，一个不明真相的人给他拿来了一本奥热什科瓦的书，他怒火中烧："不要给我那个老太婆写的任何东西！……你不知道她给我写过一封怎样的信。"1901年2月，康拉德给与他同名的历史学家约瑟夫·科热尼奥夫斯基写信为自己正名："我认为通过向英国人证明，一位来自乌克兰的绅士可以成为和他们一样优秀的水手，且能以他们的语言告诉他们某些事情，并不意味着我不忠于我的祖国。"[12]

六

1897年11月，年代悠久、受人尊敬的大家长式爱丁堡公司布莱克伍德，在其杂志上发表了康拉德的《卡瑞恩》，开启了双方长达五年的合作，硕果累累。就像在他职业生涯的关键时期，加尼特和亨利接受了《阿尔迈耶的愚蠢》和《"水仙号"的黑水手》，威廉·布莱克伍德连载了《青春》（1898）、《黑暗的心》（1899）、《吉姆爷》（1899—1900）和《走投无路》（1902），以图书的形式出版了《吉姆爷》，将三部关于青春、成熟、衰老的小说结集成《青春》（1902）。

《青春》基于康拉德在"巴勒斯坦号"上的真实经历，那是1881年，他开始了第一次朝向神秘东方的希望之旅。故事的叙述者是康拉德的另一个人格，即42岁的查理·马洛，那是他第一次在康拉德的作品中登场，意义重大，而后又出现在《黑暗的心》《吉姆爷》和《机缘》里。在叙述过程中，马洛讽刺地将二十年前青春时期的特质——考验自己的渴望、对他破旧的船的爱、对异域经历的向往、天真的希望、对力量不切实际的信念、浪漫的期盼——与历经苦难后幡然醒悟的现实相对照。

故事的结构围绕一系列灾难展开：10月的大风，与蒸汽船相撞，第二次大风迫使船员让泵一刻不停地工作，第三次回港，装载的煤炭自燃，沼气爆炸，被一艘汽轮拖走，因火势变大割断了牵引绳，燃烧的锚和链丢失，"朱迪埃号"被遗弃并沉没，烧毁的三桅帆船上遇难的船员请求搭乘汽轮。这艘船的座右铭是"干或死"（Do or die），但船上的人被迫既要干还要死。不过马洛年轻时的希望让他能保持乐观，逃脱所有的艰难险阻。他为自己在极端情况下的表现而自豪，一种全能之感油然而生。但他明白这种幻想只能存在于青春年代，经历会让他不可避免地对人的弱点有更现实的认识。

正如"一战"小说家花了十年来吸收、理解、阐释他们的创伤经历，康拉德也花了整整十年来思考刚果的悲剧现实，才能最终将之写入他最具震撼力、最有影响力的作品《黑暗的心》，即《青春》中的第二个故事。[13]吉卜林的小说开始出版的大约十年后，帝国主义思想大行其道，英国即将开始布尔战争，康拉德批驳了读者大众根深蒂固的观念。他揭露了欧洲人及其文明并不比非洲人及其文化更高等；殖民主义本质上是伪善的物质利益至上；所有人心中都存在邪恶；只要有足够的自由，理想主义者会犯下最野蛮的暴行。虽然现在看来康拉德的观念很有说服力，但维多利亚晚期的读者无法接受。很多与他同时代的人都误读了这本书，他们认为，天赋异禀的库尔茨是个精神错乱的异类，本就不应该被送去非洲；如果刚果能将一个文明的聪明人变成未开化的野蛮人，那它就应该尽快被殖民；虽然比利时的殖民统治很腐败，但英国是公正的。

《黑暗的心》是英国文学史上第一部批判统治欧洲思想长达四

百年的进步观、质疑西方文明的根基的重要之作。它展现了文明和殖民的利益冲突，描绘了白人和非洲人的灾难性碰撞，提出了从这场争斗中全身而退所需的人道主义价值观。马洛代表了库尔茨抛弃在丛林深处的欧洲良知，他从人性和道德层面衡量了殖民现实。他和库尔茨不一样，他对西方物质主义能为非洲人民做些什么持怀疑态度，他认识到殖民主义是彻头彻尾毁灭性的实践。他蔑视见过的所有白人，一直与他们保持距离。但他同情他在深入腹地之旅中遇见的非洲人，选择与他们站在一起。他们的受苦受难映射了白人的残酷入侵，而他们可敬的克制代表了欧洲人没能达到的道德标准。

随着马洛向上游深入，非洲人——靶子、奴隶、骨架、尸体和受害者——标记了其受难之路（via dolorosa）的各个阶段。罗杰·凯斯门特的领事报告和埃德蒙·莫雷尔掷地有声的论著《红色橡胶》（*Red Rubber*）证实了装饰库尔茨的篱笆的人类骷髅头确有其事——"有人带了21颗人头去斯坦利瀑布，"莫雷尔写道，"罗姆船长用它们来装饰他家前面的花坛。"

在《泰比》（记述了梅尔维尔的南太平洋之旅）中，对于欧洲对热带地区的残忍入侵，以及给传统社会带来的灾难性影响，梅尔维尔深感遗憾："哎呀，可怜这些野蛮人暴露在这群乌合之众面前。他们淳朴轻信，很容易上当受骗。欧洲的文明使者毫无悔意地让他们遭受毁灭，人性在这片废墟之上痛哭。相比之下，生活在海洋深处未被发现的岛屿上，从未受到白人不良影响的人们会幸福许多倍。"* 但是正如 J. A. 霍布森（J. A. Hobson）在《帝国主义》（*Imperialism*，1902）中所写，理应文明的欧洲人通过殖民统治发泄他们本能的侵略性，而且"追逐猎杀不管是大型猎物还是其他人的欲望，只能通过扩张和尚武好战来满足"。威廉·康沃利斯·哈里斯

---

* 译文参考赫尔曼·麦尔维尔《泰比》，马惠琴、舒程译，文化艺术出版社，2006年，第16页，有改动。

（William Cornwallis Harris）的《南非的野外运动》（*Wild Sports of Southern Africa*，1838），第一本广受欢迎的非洲狩猎指南，以启蒙之名，残忍地为库尔茨"斩绝土人！"的号令辩护："受理性、正义、人性支配，迫切需要让这一［非洲］野兽种族消失在地球表面，他们是不分青红皂白的毁灭者，是女王陛下的基督教臣民无法和解的仇敌，他们不配受到怜悯或关心。"[14]

《黑暗的心》中，除了马洛，唯一表现出道德约束的，就是他的食人族船员。他们的工资是铜丝，他们少得可怜的食物是腐烂的河马肉，这些食人族在慢慢饿死。白人"朝圣者"即使将大部分腐烂的河马肉扔下船也无法消除的恶臭，是康拉德在隐喻刚果的腐败。就像蒙田的高贵食人族，这些人保留了原始的荣誉准则，这给了他们对抗饥饿的力量，他们的行为驳斥了欧洲人所声称的自己拥有更高等的文明。马洛唯一能与之建立人类关系的就是和他的非洲舵手。当舵手被库尔茨狂热的崇拜者刺死时，马洛的鞋里装满了他的血。虽然受同伴之死触动，但马洛病态地急着去换鞋袜。[15]

马洛和库尔茨是正好相反的两个角色，故事开头，罗马统治下的英国被比作比利时统治下的刚果，他们的帝国主义原型就影射了两人的关系。而康拉德对吉卜林的有力呼应——"这个地方……也一直是世界上最黑暗的地方之一"——暗示了英国曾经和非洲一样野蛮。三桨战船的船长和马洛一样，罗马帝国最偏远地区的沼泽、森林、土人也让他心生厌恶；他没有上岸就察觉了黑暗的威胁。然而身穿托加袍的市民和库尔茨一样上了岸，感觉被荒蛮包围着，"憎恶的魔力［席卷而来］……那不断增长的悔恨，那逃走的渴望，那令人彻骨地疲惫的厌恶，那自暴自弃和那怨毒"*。塔西佗的《阿古利可拉传》（*Life of Agricola*）讲述了罗马征服英国的历史，

---

* 《黑暗的心》，第一章。

在这本书里,一个高贵的苏格兰酋长——按罗马标准是"未开化土人"——对入侵者的看法是(就像康拉德对比利时人的看法):"你无法通过服从和自我约束躲开他们的傲慢无礼。"[16]

库尔茨长期独自一人身处荒野,这唤醒了他对野蛮的激情和残酷的本能的返祖记忆,亨利·梭罗在马萨诸塞州的森林里也有过类似的经历:

> 我瞥见一只土拨鼠偷偷地横穿过我的小径,就感到了一阵奇怪的野性喜悦的颤抖,我被强烈地引诱了,只想把它抓住,活活吞下肚去,倒不是因为我那时肚子饿了,而只是因为它所代表的是野性……[我]发现自己在林中奔跑,像一条半饥饿的猎犬,以奇怪的恣肆的心情,想要觅取一些可以吞食的兽肉,任何兽肉我都能吞下去。*

但不同于梭罗,库尔茨最终屈从于疯癫;荒野进入了他的"血管,吃净他的肉,通过某种邪恶得不可思议的入会仪式,把他的灵魂牢牢地据为己有"**[17]。由此,18 世纪由《鲁滨孙漂流记》建立的与世隔绝之人征服大自然的神话,被康拉德逆转,他指出其实是狂野之力释放了人类邪恶的本能。库尔茨失去了精神信仰、道德感和理智——这些都是区别人与野兽的特质。

如果如卡尔·荣格所说,文明和文化的发展关键"在于逐步压制人性中的动物性",那么库尔茨的退化则代表着"渴望自由的动物本性的反叛",以及文明人屈从于本能冲动所导致的混乱和侵略。荣格写道:"与本性分离,不可避免地使文明人陷入意识与无意识、精神与自然、知识与信仰的冲突中。一旦意识无法再忽视或压制人

---

* 亨利·戴维·梭罗《瓦尔登湖》,徐迟译,上海译文出版社,1982 年,第 195 页。
** 《黑暗的心》,第二章。

本能的一面,这种分裂就会变得病态。"[18]库尔茨的本能压制他有意识的意志,库尔茨屈从于野性,这象征着对进步观的反转,以及现代人向《黑暗的心》里古代英国人所代表的野蛮和无序的回归。库尔茨的自我谴责,即他简单但充满含混意义的"好可怕!好可怕!",展现出关于他自己,关于侵蚀了他人格中文明一面的黑暗的真相。他最后的话表明他虽然仍保有良知,但行动已失控,同时也是在指涉那片黑色丛林、他对那可憎之物的着迷、他的声名狼藉、他即将到来的死亡,甚至马洛被误导的忠诚。

尽管库尔茨很残暴,割下了人祭的头,尽管他是马洛在刚果亲眼所见的恐怖的化身和原因,但马洛仍能称库尔茨的自我谴责为"一种肯定,一个道德上的胜利,用无数的失败、可憎的恐惧和可憎的满足作为代价换来的。但它是一个胜利!……他那滔滔雄辩的回响,仿佛是一个像水晶悬崖般透亮的灵魂向我发出来的"。他认为库尔茨毫不遮掩的邪恶比同事的虚伪和恶毒更让人舒服,于是继续忠诚于他"选择的噩梦"。马洛看到了库尔茨最糟糕的一面,并通过库尔茨看到了所有人心中的邪恶,他欣赏库尔茨为道德意识和自我认识所做的努力。*

不过在小说最后,马洛再也无法评判库尔茨最后的呐喊。马洛相信,库尔茨的道德观并不能赦免他犯下的恶行。马洛也在丛林里变得精神错乱。他一直在发烧,通过凝视库尔茨疯狂的灵魂,他遭遇道德冲击,经历精神崩溃,濒临死亡。

马洛对库尔茨的强烈认同促使他回到了布鲁塞尔,即《马太福音》23章27节所说的"粉饰的坟墓,外面好看,里面却装满了死人的骨头和一切的污秽",并去看望了库尔茨的未婚妻。康拉德告诉布莱克伍德,"最后的事件之后,充满细节描写的整个故事将尘

---

* 引文出自《黑暗的心》,第三章,有改动。

埃落定——获得价值和意义"。就像帮马洛找到这份在刚果的工作的姨妈,未婚妻也受自己的幻想保护,远离非洲的现实。垂死之际,库尔茨要求一个公道,但是马洛——库尔茨罪恶感的秘密分享者,选择忠诚于他的回忆,给予他怜悯。虽然他讽刺地告诉未婚妻,"他最后说的是('好可怕')——您的名字",他相信可怕的真相必须隐藏,男人必须帮助女人一直活在纯洁的世界,"以防我们自己的世界变得更糟"。他对她说谎,保护她,不让真相摧毁她的生活,让她保留她那堕落的未婚夫最理想的形象。虽然 V. S. 奈保尔在他杰出的康拉德风格的小说《河湾》(*A Bend in the River*)中写道,"丛林足以掩盖屠杀的声音,泥泞的河流和湖泊足以冲走淋漓的鲜血"*[19],但邪恶一直在刚果和布鲁塞尔阴魂不散。

刚果的比利时代理人乔治·安托万·克莱因和阿瑟·霍迪斯特据传是库尔茨的原型。但 1889 年 H. M. 斯坦利着手营救的埃明帕夏甚至是一个更重要的原型。四种宗教塑造了埃明帕夏,他生于西里西亚(Silesia)时名叫爱德华·施尼策尔(Eduard Schnitzer)。他的父母有犹太血统,他受洗成为新教徒,上过天主教学校,最后成为穆斯林。他在布雷斯劳(Breslau)** 大上过学,在柏林获得医学学位。他看上去就像个教授,有着高额头,戴着钢圈眼镜。他是个杰出的知识分子,博学多才,很会下象棋,也是个天赋极高的钢琴家;懂二十种语言(包括土耳其语、阿拉伯语和阿尔巴尼亚语);在植物学、鸟类学、昆虫学、地质学、气象学、民族学、地理学等领域从事过专业的科学研究。他一路从查尔斯·戈登将军麾下的医疗官晋升为苏丹国赤道省(Equatoria Province)的总督,并且在丛林里做过各式各样的工作。他是个探索者、外交家、"行政官、军队指挥、科学家;他还是自己的医生、积极的农业开发商"。斯坦

---

* 奈保尔《河湾》,方柏林译,译林出版社,2002 年,第 53 页。
** 波兰西南部一城市。

利为埃明帕夏所折服,就像比利时人为库尔茨所折服。他发现埃明"极其善良、和蔼,有文学造诣,是令人愉快的交谈对象,还是一名尽职敬业的医师……尽管他有外国口音,但他声音洪亮,语气拿捏得当,所以[他的演讲]听上去非常舒服。我发现报纸上谈论的任何政策,不论是哪国的,他都了如指掌"[20]。

库尔茨和埃明帕夏一样,也是受过高等教育的理想主义者、知识分子、演说家、作家、探险家、商人、统治者。"整个欧洲都为[世界主义者库尔茨]的横空出世贡献了力量"*,他是一个"全面的天才"**,怜悯、科学、进步的特使,代表着"更高的智慧、广泛的同情心和团结一致的目标"***。除了二人的背景和给人留下深刻印象的个人特质,埃明和库尔茨还有很多相同的非洲经历。两人都为外国政府工作,远离文明世界,消失了很长一段时间。两人都在欧洲有一个妻子或未婚妻,都传说他们储藏了好多珍贵的象牙,两人都开辟了自己的私人王国,成了食人部落的首领。两人都在经过了长时间危险重重的搜寻后获救,沿着同一条刚果河上的路线被带了出来。尽管他们的追随者激烈地想保护他们,他们还是被带离了丛林,留下了巨大的混乱和无序。

七

1900年7月20日——就在和福特一起出发前往比利时海岸、开启那个不幸的假期之前,康拉德(是个老烟枪,手指都染成了棕色)给高尔斯华绥写了一封信,生动地记述了舒适的天气和昼夜的

---

* 《黑暗的心》,第二章。
** 《黑暗的心》,第三章。
*** 《黑暗的心》,第一章。

自然交替如何见证了他完成第一部重要小说的壮举：

> 《吉姆爷》的结尾我不慌不忙地拖了 21 个小时。我把妻子、孩子送出家门（去伦敦），早上 9 点坐定，下定决心要完成它。我不时在房子周围转转，从一个门出去，从另一个门进来。10 分钟吃饭。非常安静。烟蒂高高堆起，就像埋葬过世英雄的石冢。月亮升起，挂在谷仓上方，月光照进窗户，消失在视线外。破晓，天亮了。我关掉灯，继续写，清晨的微风把纸稿吹落满屋。太阳升起，我写完最后一个字，走入餐厅。6 点。我和［我的狗］埃斯卡米洛（Escamillo）共享一块冷鸡肉……感觉良好，只是很困；7 点洗了个澡，8 点 30 启程去伦敦。

《吉姆爷》基于康拉德在东方水域航行时听过的真实事件。1880 年 8 月 7 日，载着 950 名穆斯林朝圣者从新加坡驶向阿拉伯半岛的"吉达号"［（Jeddah）小说里叫"帕特纳号"］，遭遇事故，有沉船危险。白人船员选择在瓜达富伊角［（Cape Guardafui）靠近非洲之角，亚丁湾的门户］弃船。但"吉达号"没有沉没，8 月 11 日，"安特诺尔号"（Antenor）救了它，将之拖入亚丁湾。"吉达号"的克拉克船长报告完全体船员和船一同沉没的消息，正准备离开英国领事馆时，"安特诺尔号"的布拉格船长来到领事馆报告船已获救。新加坡调查法庭经审理认为，这艘船并没有遭遇极端危险，因此克拉克船长被判了轻刑，吊销航海执照三年。弃船时"吉达号"的大副是牧师之子奥古斯丁·波德莫尔·威廉斯，他后来在一艘船上的杂货店工作，他是吉姆爷的原型。在后来一篇名为《轮船保护》（"Protection of Liners"，1914）的文章里，康拉德强调了这一罪行的严重性，他宣称："如果一个船员被指控在生命救援上玩忽职守、冷漠旁观，这将是对他最残酷的打击。"[21]

第十一章　福特与彭特农场（1898—1902）

吉姆和大部分康拉德的主人公（马来小说中的汤姆·林加德、诺斯特罗莫、《七岛之芙蕾雅》中的贾斯珀·艾伦）一样，都很帅，而他的反派角色（唐庚、《走投无路》中的马西、《芙蕾雅》中的海姆斯凯克）都很丑陋。吉姆高大，体格强健，纤尘不染，很受欢迎，既是个理想主义者，也是个偏执狂。他容易犯错，但本质上还是个正派之人，就像马洛反复说的那样，"和我们一样"——典出《创世记》3 章 22 节，亚当吃了禁果后，上帝对天使说，"那人已经与我们相似，能知道善恶"。就像马洛能理解库尔茨，他也能理解吉姆，但同时他能客观看待吉姆。他能原谅两人是因为他们有良知、道德感和自知。

《台风》里的马克惠船长"想象力不多也不少，刚够他一天又一天地活下去"*。而吉姆恰恰相反，他的想象力太过丰富。关键时刻，他在小伙子们的训练船上动弹不得时，幻想自己会在未来表现英勇。在"帕特纳号"和一艘漂流的弃船相撞，吃水线以下被撞了个洞，已经锈蚀、鼓起的舱壁隔板似乎岌岌可危之时，吉姆"在不知不觉中相信，现实不会像他的想象所臆造出来的恐怖那么糟糕，那么令人痛苦，那么骇人听闻，那么会报复，连一半都不到"**。慌乱之下，他跳船逃跑，背弃了他的理想，丢掉了自尊。正如海明威在他的《战争中的人》（*Men at War*，1942）的前言中所感："怯懦……永远只是缺乏让想象力停止发挥作用的能力。学会悬置你的想象力，完全活在现在这一分钟的这一秒，没有过去，没有未来，这是一名军人（或水手）所能获得的最伟大的馈赠。"[22]

《吉姆爷》的重要主题源于完全可以理解（如果船要沉了，仍然留在船上也没什么实际的作用）但应受道德谴责的行为：猛然意

---

* 《台风》，第 54 页。
** 《吉姆爷》，第 79 页。

识到荣耀已失,"对一种规定的行为准则所赋予的神圣权力的怀疑"*,对自知、道德认同、宽恕、自我牺牲、救赎的追寻。

在《"水仙号"的黑水手》中,阿里斯笃船长提醒大副"明天早晨别忘了把表转紧"。在《吉姆爷》里,吉姆庭审的四名陪审员之一是布莱尔利船长(Captain Brierly),他的航海记录完美无瑕,他小心地把他的计时金表(精确记录时间)挂在栏杆上,然后像吉姆爷一样跳入大海。布莱尔利表面上动机不明的自杀在吉姆的心里投下了阴影。布莱尔利和被他审判之人有着强烈的共鸣。他认为吉姆不该面对屈辱的公开审判,而应该"往地底下爬二十英尺,待在里面好了!看在老天爷的分上!我会的"**[23]。他同样为过度丰富的想象力而痛苦不已。失去理性的布莱尔利对吉姆的罪恶感感同身受,他认为如果面对同样的危机,他也会暴露出他的恐惧与怯懦,他宁愿死去也不愿受辱。

在《吉姆爷》的后半部分,主人公回到了早期马来小说的故事发生地——婆罗洲河。富裕、受人尊敬的商人,鳞翅目昆虫学家斯坦因〔(Stein)康拉德小说中最严肃、最有悲悯之心的角色之一〕,在新加坡帮助吉姆摆脱了不断循环的自我折磨,在帕图森帮助他重建自尊。善良的斯坦因是年长、睿智、乐于助人的仰慕者与拯救者,如父如友,鼓励吉姆与现实和解,其原型是康拉德的塔德乌什舅舅。他甚至用了塔德乌什在1891年11月9日写给他的信里所用的那句拉丁语 usque ad finem(即通行本《希伯来书》3章14节中的坚持"到底")。

斯坦因神秘地建议吉姆"把你自己交给这个具有破坏性的物体,在水里伸开你的手脚,让那深深的、深深的大海把你托起",***即要面对现实,不要逃避。斯坦因运用了游泳的隐喻,康拉德(不会

---

* 《吉姆爷》,第35页。
** 《吉姆爷》,第46页。
*** 《吉姆爷》,第151页。

游泳)在其后来的作品中将游泳等同于存在的本质模态:不只有生还,还有孤立和自杀。《在西方的注视下》中,拉祖莫夫"在世上孤单得像是一个在深海里游泳的人"*。在《马拉塔的种植园主》("The Planter of Malata")的结尾,杰弗里·伦瓦尔(Geoffrey Renouard)自杀,选择"平静地游出生命的界限——一下一下地划着——眼睛凝视着一颗星!"但在《秘密的分享者》("The Secret Sharer",1910)的最后一句里,莱格特(Leggatt)离开了,作为"一个自由人,一个骄傲的游泳者努力向一个新的命运游去"**。

1900年11月,《吉姆爷》出版两周后,康拉德给加尼特写了一封信,承认小说有结构上的缺陷:"你直指要害。你的批评将书一分为二(1—20章;21—45章),再次向我展现了你出色的洞察力。"小说的前半部分道德观模糊不清;后半部分发生在帕图森的故事展现了吉姆与罪恶的入侵者"绅士布朗"之间的截然对立。因为后半部分在主题和结构上都没能和第一部分产生紧密的关联,这本令人印象深刻但有缺陷的书一分为二,变成了一个传奇冒险故事。尽管小说有这一缺点,亨利·詹姆斯的信让康拉德倍受鼓舞,他把信寄给加尼特来反驳他的批评,称这封信为"出自常青之泉的一股清流。难道你不会认为是一个小男孩写的吗?如此热情四射!绝妙的老人,还有他那绝佳的著作!"[24]

八

《青春》里第三个故事《走投无路》的创作,因一场巨大的灾

---

* 约瑟夫·康拉德《在西方的注视下》,许志强译,浙江出版集团,2017年,电子版,卷一第一节。
** 康拉德《秘密的分享者》,裘小龙译,选自薛诗绮编《康拉德海洋小说》,上海文艺出版社,2012年,第232页。

难而中断。1902年6月23日晚,小说开始在《布莱克伍德杂志》上连载前一个月,彭特农场突发大火,将小说手稿的最后一部分付之一炬。"昨晚,这里的〔油〕灯爆炸,"他告诉福特,"我还没来得及返回房间,整个圆桌都烧起来了,书、香烟、手稿——天呐。《走投无路》整个第二部分,已经准备要送去爱〔丁〕堡。所有!大火持续蔓延,我和杰丝把毛毯扔上去,在上面踩个不停;波斯特林村的人都透过窗子看到了里面的火光,然后一切都结束了,只留下可怕的恶臭。"

福特一如既往前来救场,在接下来的几个月里帮助康拉德重写了手稿。到了10月中旬,《布莱克伍德杂志》正等着最后几页,康拉德和福特彻夜写作直到最后一分钟,这种危机重重的恐慌状态总能帮助康拉德完成他的作品:

> 凌晨2点……作家(福特)和马倌给母马装上马鞍。马倌要带着手稿骑马到枢纽站,赶上早晨6点的邮政列车。汤一直温着;作家们一直在写。到了3点,作家已经做完了所有他能在房间里做的事。他穿过马路去找仍在奋笔疾书的康拉德。康拉德说:"看在上帝的分上……再给我半小时;就快写完了……4点,作家站在康拉德身后观望。他正在写〔倒数第三句话〕:"那一击来了,因地球上的空间和消失的岁月而变得柔和。"作家说:"你必须现在完成……"〔最后,福特〕大喊——他突然想到了这一点:"我的天呐,难道你不知道等你拿到返稿后就可以把这两段写在校样里?"

《走投无路》基于康拉德在新加坡的时光和他乘"维达尔号"前往婆罗洲的航行。虽然故事冗长,重复,还有些伤春悲秋,但它生动有趣地记述了马来半岛的航行,深刻地刻画了一个好人遭遇的道德冲突——他牺牲了自己的专业准则和个人诚信,只为给他疏远但依赖他生存的女儿赚钱。这位对邪恶毫无防备的理想主义者,被无耻的工程师马西打败,康拉德以此描绘了惠利船长身与心的盲。康拉德暗指,对温良的上帝的信仰徒劳无用,表达了一个索福克勒斯式悲剧主题:"没人应认为自己不会被同类伤害,除非身处悲惨的深渊。"[25]

九

《黑暗的心》《吉姆爷》的大获成功并没有解决康拉德的财政困境。1899年1月,就在他即将完成这部中篇非洲小说之前,他获得了第一个也是唯一一个文学奖:《不安的故事》获得了《学院》期刊〔(*Academy*)他曾在上面给休·克利福德的书写过评论〕奖励的50英镑。接下来的那个月(在伊莉莎·奥热什科瓦攻击他用英语写作是为了赚钱之前不久),他告诉《布莱克伍德杂志》慷慨的伦敦编辑大卫·梅尔德伦,阿道夫·克里格逼他偿还之前的一笔贷款。他根本还不了钱,这笔债已经毁了他们的友情:

> 要么这个人特别焦急,要么是他想向我施压——或者他也自身难保。无论如何,这种事会把我逼疯的。在我收到这些信之后,我就无法工作。已经把《学院》的50英镑汇给他了,但我还欠他130英镑。我宁愿欠别人钱。你明白友谊破裂这件事多么荒谬,痛苦——没有受到挑拨,也没有任何我能猜到的缘由。他14年前用我的钱创办的生意运行良好——资金充足。但现在我不得不为这些悲催的信件忧心……

> 他在信中提到的那个人(霍普)已经完全毁了(因为投机

南非的黄金股）。即使我能狠心去压榨他，我也无法从那块石头里挤出一滴血来。

虽然《布莱克伍德杂志》的报酬丰厚——给《吉姆爷》300英镑连载版权费，200英镑的预付稿酬，但工作进度慢、出价保守的康拉德依然无法赚足生活所需的钱。他为拖稿道歉，对布莱克伍德说："我一心一意全身心投入《吉姆爷》。我发现我没办法同时创作两个故事。这是某种文学的一夫一妻制。"[26]但其实，他还在断断续续地创作《救援者》，和福特一起写《继承者》。

威廉·布莱克伍德对康拉德非常耐心，慷慨，常常给予鼓励。他曾为还没写的故事借钱给康拉德，也曾因为康拉德的稿子没能及时送到，为《布莱克伍德杂志》的版面大费周章。1902年5月末，康拉德提议布莱克伍德借给他300英镑，额外预付50英镑买《青春》和《吉姆爷》的版权，以及一份价值400英镑的保险单的保障。这一要求让布莱克伍德的耐心到了崩溃的极点。他告诉康拉德——就像费希尔·昂温曾做的那样——他对公司来说是一笔亏钱买卖，并拒绝了他的要求。

布莱克伍德觉得康拉德特别靠不住，又常常狮子大开口。他把短篇小说扩写成长篇，还要求给他还未完成的作品的连载版权支付预付金。尽管《黑暗的心》《吉姆爷》得以出版，但他的作品其实不太适合《布莱克伍德杂志》的保守派帝国主义。康拉德和布莱克伍德的决裂让他更加依赖另一个苏格兰人——J. B. 平克，平克在1900年9月成为他的文学经纪人，后来还成了他最亲密的朋友之一。

第十二章

J. B. 平克与《诺斯特罗莫》(1901—1904)

一

康拉德前 11 部书由 6 个不同的出版商出版,直到 1907 年的第 12 本书,他才和梅休因(Methuen)固定合作了一段时间——虽然直到去世他都一直在这家出版社、昂温、登特(Dent)之间徘徊。他的前 8 部美国版图书由 7 家不同的公司出版,他直到 1912 年才最终换成道布尔迪(Doubleday)。[1]康拉德不擅长和出版社打交道,如果他们拒绝了他提出的条件,他就会觉得很受伤,如果被告知他的书赔了钱,他简直要崩溃了。为了保护自己,他学着如贵族一般,对出版商和利益嗤之以鼻,宣称那些商人的行径十分可耻,并称他们为"怪异的牲畜"。加尼特经常给出好的建议并且充当善变的艺术家和冷静的商人之间的缓冲,康拉德对他半炫耀半坦白地说,他已经成了利用经纪人和编辑的专家。但这是一个耗费精力的冗长过程。

1899 年 8 月,文学经纪人 J. B. 平克第一次接触康拉德时,康拉德坦率地承认自己个人及职业上的问题,并警告他选择自己做客户有风险:"我的写作方式非常不商业化,所以我认为你不会需要这样一个无法让人满意的人。我通常在写一部作品之前就开始售卖,写了一半就要收款,而且只有灵感来临时我才能动笔写剩下的那一半。我必须补充说明,我完全无法掌控灵感——付钱的人也不行。你可能会觉得以上这些稀奇古怪,但冰冷的现实即如此。"平克无视这些警告,等了一年,然后说服康拉德让他来理清康拉德所有出版商的混乱情况。此时,平克接替塔德乌什舅舅、玛格丽特"姨妈"、爱德华·加尼特,成了监护人,如塔德乌什支持康拉德的航海事业那般,支持他的文学事业。平克看到了康拉德卓越的天赋,对他的未来很有信心,想要帮助他,并且相信他终会成功。

詹姆斯·平克——白手起家,有一点暴发户*的感觉——1863年生于苏格兰,父母家境贫寒,没受过多少正规教育。他在蒂尔伯里(Tilbury)码头公司做了一段时间的职员,然后去君士坦丁堡做记者,娶了一个富有的女人,1891年回到英国。后来他成了一家插图周刊《黑与白》(*Black and White*)的助理编辑。1896年,他成为文学经纪人,办公室位于阿伦德尔街(Arundel)格兰维尔公寓。他能慧眼识人,其早期客户包括王尔德、韦尔斯、克莱恩、詹姆斯和阿诺德·本涅特。

平克体格健壮但很活泼,脸颊红润,粗哑的嗓音很是突出——衣冠楚楚,还会打领结,对自己相当满意。福特说这副亲切可爱的眼镜后面是他坚毅的双眼发出的寒光。弗兰克·斯温纳顿也强调其温和的外表下藏着坚韧:"他是个别样的斯芬克斯,又矮又壮,长着红润的圆脸,胡子刮得干干净净,头发发灰,下嘴唇突出,独自驾驶四马马车,有着近乎耳语的低哑嗓音,握手时手要举到肩膀,

---

* 原文为法语 arriviste。

第十二章　J. B. 平克与《诺斯特罗莫》(1901—1904)

大笑时岿然不动,深谙作者的财政秘密和出版商的弱点,吓到了一部分出版商,还有一些出版商拒绝接纳他,他掌控着编辑,而且当然,享受着大权在握的感觉。"平克精通商贸,与欧洲、美国的出版商关系紧密,讨价还价精打细算,竭尽全力维护客户的权利。

康拉德不像 D. H. 劳伦斯(他后来成了平克的客户),他不愿意为低收入降低生活标准,也不愿削减开支来维持独立。他毕竟是一名贵族;他必须像绅士一样生活,(即使负债、急需用钱)还要有女仆、园丁、秘书、护士、家庭教师、私人学校、一家伦敦俱乐部、汽车、海外假期和昂贵酒店。他相信,"一名艺术家应该得到他的工作所能获取的每一个铜板——不是为了物质满足而仅仅是为了休闲——这在我看来是出色工作的必要条件"[2]。似乎因为康拉德的创作过程极其痛苦,他就应该花的比挣的多。康拉德写给平克——他肯定很害怕收到信——的几乎每一封信都是在找他帮忙或要钱,这让平克很是焦虑。

1901年1月,康拉德最初的警告果然应验了,他为自己与几家出版商的纠缠向平克道歉,解释说他希望能完成《救援者》,但不得不同时进行其他能赚钱的工作,并且让平克为他还没卖出去的作品付钱,这使得他们的商业合作从根基上就摇摇欲坠:

> 因此,你能依据这个故事[《台风》]将来可能卖出的价钱,给我预支相应数量的钱吗?——不会让你亏本。我感觉我把我的作品版权保留给其他某些出版商,对你来说不太公平。不过,等后面我明确了立场——主要是对于海涅曼而言,我们的合作就能够有一个更加坚实的基础,就你而言。
>
> 现在这个情况的"症结"在于完成《救援》。完成了便能消除误会——但另一方面,我现在必须写一些能立刻给我钱买面包黄油的东西。

尽管有《学院》杂志的奖金，皇家文学基金分别于 1903 年、1908 年资助的 300 英镑和 200 英镑，1905 年皇家奖励基金*给的 500 英镑，以及 1910 年国民津贴给的每年 100 英镑，但康拉德完全不敢去想他究竟欠平克多少钱，平克经常给他预付一大笔钱。康拉德估计他每年的生活花费是 650 英镑，到了 1908 年，他欠平克的钱高达 1600 英镑。第二年，他的所有欠债累计达 2250 英镑，为此他每年要支付 100 英镑的利息。平克管理康拉德的财政；为牛奶、香烟、酒店及杰茜的一件新外套付钱；当康拉德的钱被偷了时，他甚至帮他补上了这部分钱。当康拉德的理财银行沃森公司于 1904 年破产时，平克帮忙填补了透支的 200 英镑。1907 年，康拉德希望能在 3 年内有一个比较稳定的财政基础，但 1908 年，他的 13 本书赚到的版税不足 5 英镑。1912 年，他向富有的伊迪丝·华顿抱怨，写了 16 年，他还在数着日子过活。平克一直到 1919 年还在为杰茜支付医疗费。

康拉德经常说他在关于钱的事情上已经无可救药了，他和恩主说话的感觉就像面对的是塔德乌什舅舅一样，他请求平克不要责骂他。但这极不稳定的情形不可避免地让双方都怒火中烧。1902 年 1 月，康拉德收到平克严厉的警告信后十分生气，他自大地抱怨自己没有受到应有的尊重："眼下我没有办法以正确的心态欣赏一顿说教……恳请你给我写信时不要把我当［成］一个在黑暗中摸索的傻瓜……不要把我当成一个迷失在懒惰、物质、愚蠢中的人。"平克妥协了，付了钱，这场争吵一周内就烟消云散了。

康拉德半道歉半抱怨地坦白，"我感觉我每次写信都是在乞讨。我不喜欢这样。这越来越难以忍受"，尽管如此，他还是一直在乞讨。一次，杰茜声称她有权外出，坚持要和丈夫一起去伦敦，康拉

---

* Royal Bounty Fund，一个特别的英国政府基金会，1782 年由埃德蒙·伯克创立。

第十二章　J. B. 平克与《诺斯特罗莫》（1901—1904）

德就像一个找人要糖吃的男学生，请求平克支付这笔花销。他断言这负担不会太重，不过他轻松了，平克的负担肯定就重了。这名经纪人必定怒火中烧，不仅因为他的客户逻辑不通，还因为他被要求为杰茜的突发奇想买单。或许就是这一次，康拉德再次像一个婴儿一样大发脾气（杰茜喜欢把这些轶事记在回忆录中）：

> ［他］快速走进另一家宾馆，粗暴地要求侍者去"告诉我的妻子我在这儿"。侍者很自然地一问——"什么名字，先生？"——这激怒了他，他狠狠地说"当然是康拉德太太"。侍者离开了不久就回来报告宾馆里没有人叫那个名字，康拉德找来经理，当时的他已然盛怒，他对经理发难，要求"变出我的妻子！"对方花了好大的力气才让他相信他走错了宾馆。[3]

1904年7月，康拉德被迫找威廉·海涅曼借了一英镑买火车票回家，致使他文学圈的朋友认为平克对他的管控十分严格。面对这一指控，平克为自己辩护，他告诉韦尔斯，一些人或许"认为康拉德生活拮据，而我完全没把他当人看。事实上，他每次来都要借一金镑……真相是，无论康拉德索要多少钱，我都从没拒绝过"。康拉德为了掩饰这一窘境，向高尔斯华绥（另一个恩主）吹嘘："那个奴隶照例沉默不语地听从我的号令。"但他不仅感谢平克给他钱，还很感谢平克对他的信任，他明白两人的关系是基于友情而非生意，他说："他英勇地踏入由我的银行破产所打开的缺口；不仅是英勇，而且是真的成功了。他不仅体贴周到地照顾我的情绪，甚至还有我的各种心血来潮。"[4]康拉德后来告诉他年轻的波兰好友约瑟夫·雷廷格，如果没有平克，他可能会饿死。

二

这个世纪初，康拉德继续拓宽朋友圈。他不仅（通过韦尔斯）见到了欧内斯特·道森少校〔(Major Ernest Dawson)他在东方做过治安官，做过仰光自愿步枪队的军官，还为《布莱克伍德杂志》写过关于缅甸的故事〕，还见到了部分最成功的同代人：阿诺德·本涅特、萧伯纳和鲁德亚德·吉卜林。1899年，康拉德在韦尔斯的家里第一次见到了本涅特。著名的斯塔福德郡小说家于1903年给他寄去了《莉奥诺拉》(Leonora)，康拉德的作品十分契合他的趣味，在接下来的十年里，他对《"水仙号"的黑水手》《诺斯特罗莫》《间谍》和《机缘》都赞不绝口。

韦尔斯回忆起他在1902年春把康拉德介绍给萧伯纳的情景。那个机智但轻佻的爱尔兰人"以他一贯无拘无束的方式聊天。'你知道吗，我亲爱的朋友，你的书不行'——说了一些萧伯纳式的原因，我已经忘了——诸如此类。我走出了房间，突然发现脸色惨白的康拉德迅速跟了出来。'那家伙是想侮辱我吗？'他逼问。我很想火上浇油地说'是的'，让两人大斗一场，但我克制住了。'只是一种幽默。'我说，然后带康拉德到花园里冷静一下。只要说'幽默'就能唬住康拉德。这是其中一个他一直没能学会该如何应对的该死的英语小技巧"。永远一脸严肃的康拉德一直没忘记萧伯纳的批评，他后来告诉加尼特："这家伙装得深沉，但他从来没有对事情追根溯源，只是凭借某些狡猾的托词溜之大吉。"[5] 这话倒也有几分道理。不过他尊重萧伯纳的好建议，他告诉高尔斯华绥，萧伯纳（不知怎么的）特别喜欢康拉德的戏剧《只待明日》，还赞其为"真正的戏剧家"。

第十二章　J. B. 平克与《诺斯特罗莫》(1901—1904)

康拉德和他最著名的对手吉卜林的关系更为复杂。他们是在帝国主义的权力和影响力到达顶峰时仅有的两位在书中刻画帝国主义的大作家。康拉德作品中陌生的主旨和异域场景，以及他关于自律和为职责献身的主题，让他的第一批评论家把他定位为海洋故事的编织者、"马来群岛的吉卜林"。两位作家都在各自的小说中运用了专业知识，但吉卜林是从书本上学来的，而康拉德的知识来自亲身经历。康拉德理所应当地认为他的作品更有野心，更深刻，讨厌被拿来和吉卜林比较。康拉德将自己的作品和同时代作家的作品比较，他对一位法国友人说："比如，像吉卜林那样的国民作家翻译起来很简单。他志在主题，而我的作品志在作品产生的影响力。他讲述关于他的同胞的故事。而我为他们写作。"

1898年1月，阿瑟·西蒙斯在《周六评论》上评论加布里埃尔·邓南遮（Gabriele D'Annunzio）《死亡的胜利》（*Il trionfo della morte*）的一个译本时，将《"水仙号"的黑水手》和《勇敢的船长》（*Captains Courageous*）与大陆小说进行比较，他说这两本书背后毫无思想。第二个月，康拉德写了1500字的文章为吉卜林（和自己）申辩，并将文章寄给了《展望》周刊（*Outlook*）——1898年，他在这本周刊上发表了论阿尔封斯·都德（Alphonse Daudet）和论马里亚特与库柏的文章。这篇文章一直没被发表，而且再也找不到了。[6]

查尔斯·卡林顿（Charles Carrington）称"两人都很欣赏对方的作品"，但这句话有待验证。虽然康拉德向他的波兰表亲推荐过吉卜林的作品，但在写给坎宁安·格雷厄姆（他不赞同吉卜林的保守派观点）的两封信中，康拉德表达了对吉卜林根深蒂固的（或许还有些含混难懂的）保留意见：

吉卜林先生拥有过去那几代人的智慧——并且真诚地秉持

着这种智慧。他的一些作品有着完美无瑕的形式,因为这微不足道的一点,他只会在地狱逗留很短的时间。有了剩下的那些优秀作品,他便能眯眼斜视……

因为印刷的混乱,吉卜林的草稿(ébauches)看起来反而完成度更高,更完美无缺。我把他放在他的时代——和空间——里进行评价。那是一个小小的空间——至于他的时代,我留给你们裁判。我不会为了给他辩护,糟蹋用于制造一枚针的那一点钢材。

康拉德一方面肯定吉卜林的艺术造诣,认为他高于同时代的平庸之辈,另一方面批评他恼人的自作聪明和肤浅的道德观。到1911年《在西方的注视下》问世时,两位作家的差别更加明显,评论家可以恰如其分地宣称:"康拉德先生代表否定的天才,吉卜林则代表肯定的天才。"[7]

吉卜林的政治观和他对殖民主义的辩护深深冒犯了《黑暗的心》和《诺斯特罗莫》的作者。康拉德总是同情、支持受压迫者,他如此评价布尔战争:"这真是一种骇人听闻的愚昧,如果我相信吉卜林所说的这是为了民主大业而发动的战争。真要笑死个人也!(C'est à crever de rire.)"让福特震惊的是,一贯爱国的康拉德竟"宣称法国人(没有英国人那么多种族歧视)是唯一懂得如何殖民的欧洲民族;他们丝毫没有吉卜林先生'你该死的黑鬼人权主义'那种想法"。雷廷格指出,康拉德也"和大部分同代人一样,对他们所谓的吉卜林的记者风格和'新闻文体'有成见"。

然而当雷廷格说"康拉德从未理解这位伟大的帝国主义者,而且确实极其讨厌他"[8],这其实是他弄错了,因为两人政治观的分歧——正如康拉德和加尼特与格雷厄姆政治上的分歧——并不会影响他们的友谊。吉卜林太太十分赞赏康拉德,1904年8月30日,

第十二章 J. B. 平克与《诺斯特罗莫》(1901—1904)

她在日记中夸大了他的身材:"康拉德先生,即《吉姆爷》的作者,前来拜访。这位伟岸(large)的波兰水手有着说不完的新奇故事。"两年后康拉德在一本《大海如镜》上题字:"致两年前您令我十分难忘的友好接待。恳请您再行善举,收下这本小书——微不足道但确实由我所写。请相信,我对您有着最崇高的敬意,您忠诚的J.康拉德,1906年10月4日,于彭特农场。"5天后,吉卜林给他回了一封热情洋溢的短笺,夸赞《台风》和新书。

20世纪20年代,康拉德也去伯沃什(Burwash)拜访了吉卜林。康拉德的儿子约翰记得他度过了愉快的时光,回家路上心情大好。吉卜林对康拉德的仰慕报之以李。据一名1928年在马德里见过他的波兰外交家兼作家记载:"他如此宽宏大量地夸赞、讨论康拉德的杰出才华,即使康拉德的天赋使他近几年的作品黯然失色,这令我大为震惊……'他的英语口语有时很难懂,但只要手里拿着笔,他便是我们之中的第一。'……[不过]据吉卜林所说,康拉德的思想意识里完全没有英语的影子。'每当我读他的作品,'他继续说道,'我总感觉我在读一个外国作家的优秀译本。'"[9]

1903年到1904年间,康拉德还结交了两位来自艺术、文学界的朋友——他们建立了卓越的事业,后来还被授予爵位。威廉·罗森斯坦——又矮又壮,秃顶,戴着厚厚的眼镜,比康拉德小15岁——人脉很广,是巴黎和伦敦艺术、文学圈有头有脸的人物。他的好友马克斯·比尔博姆写道:"他戴的眼镜比其他任何眼镜都更能反光。他风趣幽默,有各种奇思妙想……他认识每一个人。"罗森斯坦同样也是坎宁安·格雷厄姆的朋友,两人还曾一起到摩洛哥旅游。1903年7月,罗森斯坦来到彭特农场,给康拉德画了两幅肖像画,一幅是粉笔画,另一幅是彩色蜡笔画(前一幅现藏于伦敦国家肖像美术馆),两人的友情迅速升温。罗森斯坦借钱给康拉德,帮他在1905年获得了一笔资助。康拉德夸赞他"惊人的智慧",

1906年他住在伦敦时，还主动让罗森斯坦使用彭特农场。在《故人与回忆》（*Men and Memories*）中，罗森斯坦以艺术家的眼光描述了康拉德的外貌，并将他的神经敏感和繁复精致的行为举止归因于他的波兰背景：

> 他犀利的眼神和锐利、棱角分明、长着胡子的脸，让他在某些方面看上去就像航海船长，但他紧张的动作，急速、激昂的言谈，他的躁动不安，他高耸的肩膀，都无法让人联想到水手。我一见他就觉得他是艺术家；我想我从没见过有谁的领悟力比他更强，如他那般拥有知识分子的怜悯之心所传递出的温度……
>
> 康拉德身上总有一丝紧张——情绪容易激动，这可能是他个人的原因，也可能是波兰人的特性……虽然康拉德本质上十分谦恭，善解人意，但他的神经有时让他变得有攻击性，近乎暴力；而且和大部分敏感之人一样，他会受到他人的强烈影响，不论是积极正面的还是消极负面的，他都会有很大反应……面对他喜欢的人，他看不到一点问题；他确实倾向于奉承——或许这是波兰人的特点——不论是说话还是写作。

1904年2月，康拉德遇见了悉尼·科尔文，一个瘦削的秃头男人，留着尖尖的白色胡子，长着一张学者般的温柔面庞，五官柔和。科尔文生于1845年，其父是乡村绅士、伦敦的东印度商人，他受教于剑桥三一学院。他是艺术评论家，济慈和兰多[*]的传记作者，史蒂文森的编辑和密友，罗斯金[**]、罗塞蒂、亨利·詹姆斯的朋友，他还是剑桥大学的斯莱德美术教授（Slade Professor of Fine

---

[*] 即沃尔特·萨维奇·兰多（Walter Savage Landor, 1775—1864），英国诗人和散文家。
[**] 约翰·罗斯金（John Ruskin, 1819—1900），英国作家、艺术评论家。

Art)、菲茨威廉博物馆的主管,后来在1884年成为大英博物馆(他在那儿有一间公寓)印刷品与绘画部的管理员。他认真,保守,没有幽默感,"在日常生活中,他(和康拉德一样)一切都要讲求传统,礼仪要完美无瑕,坚定不移地践行荣誉法则,行为举止礼貌得体,回避现代生活中的粗糙之物"[10]。

科尔文年长的妻子弗朗西丝·西特韦尔〔(Frances Sitwell)曾受史蒂文森钦慕〕长期与她的牧师丈夫分离。但一直到西特韦尔主教死于1903年,她才能嫁给相识20年的科尔文。虽然科尔文和西特韦尔太太分居伦敦的不同地方,但她是公认的他家里的女主人,而且两人的关系(奇妙地类似高尔斯华绥和埃达的关系)受到两人众多好友的认同。尽管康拉德鄙视科尔文崇敬的史蒂文森,两人还是很快成了亲密的朋友。科尔文提议将《只待明日》搬上舞台,后来他真的做到了,1905年这部剧在伦敦的宫廷剧院(Court Theatre)上演,他还在《观察者报》《每日电讯报》《生活年代》*上给《机缘》《胜利》《阴影线》《金箭》写好评。

三

1904年1月中旬,康拉德一家在肯辛顿区戈登公寓17号租住了两个月,这里靠近福特的家,两家人共担家庭支出,共享伙食。在此期间,康拉德继续创作《诺斯特罗莫》,写了《只待明日》,而且他告诉文笔流畅的韦尔斯,他能以4小时3000字的速度向福特口述他海洋故事的草稿。在《回到昨日》(*Return to Yesterday*)里,福特详述了他作为敦促者和记录者的双重角色:

---

* 《生活年代》(*Living Age*)是利特尔公司(Littell)出版的周刊,刊行于1844年到1941年。

《大海如镜》和《个人记录》的大部分内容都是由康拉德口述,我一字一句写下来的。他叙述的时候,我会提醒他有哪些事情——我是说他曾告诉我的他之前的人生故事,但由于种种原因,他没能想起这些事——他当时有心理问题(即抑郁),且急需用钱,而且最重要的是,他很怀疑我向他提议的回忆往事的形式是否有用。事实是,我能在康拉德因为绝望和疲乏完全无法写作时让他写作。他会躺在沙发上或在屋子里踱步,抱怨生活和当时英国盛行的文学,而我会在他不停胡言乱语的时候拿来一个写字本和铅笔,打断他说:"现在我们来谈谈你刚刚说的上行到海峡后差点撞到一艘突然出现在船头下方的渔船,那是怎么回事?"慢慢地便有了"登陆和启航"*。

到了4月15日,康拉德告诉哈珀出版社的社长乔治·哈维(George Harvey):"我有一本书快完成了,一卷海洋故事集,有点像屠格涅夫的《猎人笔记》(*A Sportsman's Sketches*),但讲的是舰船和大海,主要是为了记录对往事的感想,有独特的自传性,有各种轶事趣闻……标题我想的是《水手笔记》(*A Seaman's Sketches*),如果不想那么具体,可以用《大海如镜》。"[11]《大海如镜》1904年到1905年连载,1906年10月,以书的形式出版,这是一本有点啰唆、带点说教、漫无边际的回忆录(考虑到他的创作模式,这并不出人意料)。它不按时间顺序展开,随机讲述了发生在康拉德船上的几个有启发性的故事:"蒂尔赫斯特号""埃蒂夫湾号""高地森林号""萨瑟兰公爵号""奥塔戈号"和"勃朗峰号"。书中的核心隐喻是船有生命,有各自不同的品质特征。书里有趣的地方主要在最后几章,讲了康拉德的马赛英雄多米尼克·塞沃尼及他们的船

---

* 《大海如镜》的第一部分。

第十二章　J. B. 平克与《诺斯特罗莫》(1901—1904)

"特雷莫里诺号"被毁的故事。

他们到达伦敦几天后发生了一个影响康拉德余生的意外。杰茜走出肯辛顿高街（High Street）的约翰·巴克百货商场时，"摔伤了〔双膝〕软骨"，跌倒在人行道上，曾在1889年的滑冰事故中脱臼、受损的那边膝盖，在这次事故中受伤严重。这次摔倒让她半残疾，并在接下来的30年里，经受了12次昂贵但失败的手术。行动不便导致她肥胖，肥胖又反过来进一步削弱了她残疾的膝盖。

1904年11月，一名外科医生用氯仿麻醉杰茜后，给她做检查，据博雷斯所说，这名医生搞砸了第一次手术。康拉德告诉福特"受伤的位置没有找准——甚至没有找到。事实上，布鲁斯·克拉克〔（Bruce Clarke）我猜他也是个好人〕把他的病人当成了养尊处优的愚蠢小女人，认为她只是为了简单的关节僵硬瞎操心。你或许能想象，他基于这一假设，让她遭了多少罪"。

一年后的1905年10月，之前一直沉着冷静的杰茜，面对糟糕的经济状况，以及与神经衰弱的艺术家共同生活的焦虑，不堪重压，终于在康拉德和自己的病的压力下崩溃了。"她早上会有严重的心悸，"康拉德告诉埃达·高尔斯华绥，"这让我有点担心。我去找来了医生。他的诊断是有点像精神崩溃；这个病本身没有危险，但心脏有缺陷，情况就很不理想了……事实是，我们的生活或者说就是生活本身开始对她产生影响。生活一成不变，但我想，我的〔哮喘〕和痛风发作引发的焦虑让她有点承受不住"。到1908年，康拉德产生了最悲观的想法，他向玛格丽特·波拉多夫斯卡吐露杰茜的膝盖伤更加严重了，她无法拖着伤腿自己行走，很可能最后要截肢。

行动不便、痛苦万分的杰茜选择用丰美的蛋糕、大量巧克力和酒来补偿自己，酗酒有时还让她陷入尴尬境地。随着她越长越重，她的五官就像布丁里的葡萄干，深深陷进了她扁胖的脸。康拉德在写到《诺斯特罗莫》里的这一处时,很可能就是想到了他的妻子:"眼睛里流露出那种暴饮暴食者刚吃完大餐后的懒洋洋劲儿。"*[12] 仆人接管了她的家务活后,杰茜靠写信、编织、读烂俗小说度日。她玩比齐克纸牌和多米诺骨牌,喜欢别人开车带她穿越乡村、带她去见母亲(母亲似乎从来不喜欢这样的远行)。约翰·康拉德抱怨老乔治太太对他们开车去玩的任何地方都不感兴趣,但她期待他们每到一个村子就有人给她买一份礼物。一旦杰茜的突发奇想没能被满足,她就开始泪水涟涟,"固执地沉默不语"。

四

1903年4月,康拉德出版了他的第二本小说集《台风》,除了与书名同名的小说,还收入了自传性的《艾米·福斯特》,以及没有那么重要的《明日》和《福克》。最后一个故事发生在曼谷(生动描述了寺庙、城镇和河流),基于康拉德在"奥塔戈号"上的经历。故事的叙述者在船长死后受命接管这艘船,他发现船上物资短缺,很难让船投入航行。在求爱期间一言不发的侄女、令人不安的残酷与道德敏感,以及食人的主题,都让这本书无法连载。甚至连平静的杰茜"在打下这些文字后都〔感到〕生理性的恶心。烹煮人类这一想法让她觉得恶心,厌恶"。

故事里,拥有这条凶险的河流上唯一一艘拖船的福克,误以为叙述者是他的情敌,两人都想赢得德国船长赫尔曼侄女的芳心。福克拒绝拖叙述者的船,船也没办法自己启动,一直到叙述者在赫尔

---

* 约瑟夫·康拉德《诺斯特罗莫》,何卫宁译,新华出版社,2015年,电子版,第三部分第四章。

第十二章 J. B. 平克与《诺斯特罗莫》(1901—1904)

曼面前为福克的案子辩护，事情才有转机。但福克——像吉姆爷和《在西方的注视下》中的拉祖莫夫一样——觉得必须做到问心无愧，于是冒着失去爱情的风险坦白他犯下了应受谴责的罪。在他的船失去了螺旋桨，漂入南极圈的浮冰中之后，福克决定"最优秀的人才能活下来"，于是杀了船上试图射杀他的木工，并吃了这个可怜人。这个过长但有趣的故事的优点在于它诙谐幽默地处理了福克对那个沉默的女人的迷恋，并展现了他粗鲁的行为和他的良知之间的讽刺对照。

康拉德真的在"高地森林号"上的一位麦克惠船长（Captain McWhirr）船长手下工作过，把他暴风雨般的名字（拼写不同）给了《台风》中的主人公。《台风》与《吉姆爷》在主题上是互补的。两部作品都关注人口运输，即朝圣者和苦力；吉姆的想象力过于丰富，而马克惠缺乏想象力；吉姆在该留下的时候逃跑，而马克惠在该逃跑的时候留下。当各种迹象表明南中国海肯定会有台风时，马克惠——他苏格兰人的实用主义和顽固的性格让他难以想象任何没亲身经历过的事情——拒绝更改前往南山（Nan-Shan）的路线。他为自己古怪的行为辩护，声称他不能浪费煤炭，并且必须保护他在船主那儿清醒、冷静的名声。马克惠就像《黑暗的心》里穿着花团锦簇的衣服的俄罗斯人，毫无想象力，不知道危险将近，虽然能力有限，但能够逃过一劫。对狂风暴雨的描写是精彩绝伦、名副其实的杰作，在那个场景里，马克惠展现了他令人印象深刻的信仰、斯多葛主义和勇气——以及他惊人、危险、代价高昂的愚蠢。

船舱内的苦力完成了在东南亚的工作后，踏上了回家的旅程，暴风雨来袭，撞开了他们的储物柜，他们像野兽一样奋力抢救积攒了好久的薪资。此处，人的狂暴和暴风雨形成对比呼应。航程最后，钱的平均分配恢复了很可能被暴风雨摧毁的团结。马克惠的信仰是"风暴只是风暴……一艘开足马力的轮船只好迎面承当。这样恶劣的天气变化到处都是，合适的办法就是直穿过去"*，这讽刺地、盲目地、滑稽地重申了康拉德在《做得好》（"Well Done！"）中传达的商船的传统价值："人就是劳动者。如果他不是劳动者，那他什么都不是……人类需要的唯一优点就是在每一次人类奋进的短暂时刻，坚定不移地忠诚于近在咫尺、紧贴心灵之物。用更精妙的话来说，我们需要的是临危受命之感，以及一种无形的约束感。"[13]

1902年12月到1904年8月间，康拉德一直在创作《诺斯特罗莫》——他最长、最复杂、最有野心的小说。他之前的作品都是基于亲身经历。但这部小说（和许多其他小说一样，一开始都是短篇故事）是基于想象。1876年到1877年，康拉德乘"圣安托万号"去过南美洲，但只在那片大陆上待过很短的时间。他看过一眼哥伦比亚的卡塔赫纳（Cartagena），在卡贝略港待了12小时，在委内瑞拉海岸上的拉瓜伊拉待了3天。他的创造性想象总是需要真实事件的刺激，他谨慎细致地在个人和历史回忆录中搜寻精确的细节，以便让他的作品真实可靠。[14]

在写给评论家埃德蒙·戈斯的信中，康拉德解释了小说中的"复合"场景："正如你所看到的，地理上，主要是委内瑞拉，但还有一点墨西哥元素，而山脉呈现的感觉更像智利的沿海地区。云层总是盘旋在伊基克［（Iquique）在智利］上空。剩下的天气特征属于巴拿马湾，更广泛地说，是一直延伸到马萨特兰（Mazatlán）的墨西哥西海岸。"

在《个人记录》里，康拉德描述了他如何创造了科斯塔瓦那（Costaguana）的整个世界：山脉、城镇和"大草原"；历史、地

---

* 《台风》，第90页。

第十二章 J. B. 平克与《诺斯特罗莫》(1901—1904)

理、政治和经济;煤矿主查尔斯·古尔德(Charles Gould)的财富,其妻伊米莉亚(Emilia)的理想主义,记者德科德(Decoud)的愤世嫉俗,饱受折磨的蒙汉姆(Monygham)医生的心酸和诺斯特罗莫的骄傲,以及"即使在死后依然统治着漆黑的海湾——那里藏着他掠夺而来的财宝和爱人"*的搬运工监工。写作过程中,康拉德感受到了他在凶险的海域航行时曾体会到的孤独、专注、紧张、责任和权力:

> 无视赐予这地球上最谦卑之人的普通生活之乐,我如《旧约》先知[雅各]那般,"与耶和华摔跤",为了我的创作,为了海岸的岬,为了普拉西多海湾的黑暗、雪上的光亮、天空中的云,为了那必须被吹入男人和女人、拉丁人和撒克逊人、犹太人和非犹太人的躯体之中的生命。或许这样的言辞过于激烈,但若非如此则很难凸显创作中情感的密度和压力,精神、意志和良知都需全情投入,每时每刻,日复一日,远离世俗,隔绝一切能让生活变得可爱、温柔之物——只有在绕过合恩角的冬日西行之旅中永恒的阴郁重压下,才能找到可与之匹敌的有形之物。[15]

1904年2月到3月,康拉德住在伦敦福特家附近,彼时这部小说正在《T. P. 周刊》上连载,但他赶不上连载的日期。于是,他找福特帮忙,聪明的福特模仿康拉德的风格,让小说继续发展但又没写到任何重要的事件,他就这样写出了16页稿子,完成了第二部分第五章的部分内容。后来福特向从他手里买了这份手稿的美国收藏家乔治·基廷(George Keating)解释道:

---

* 《诺斯特罗莫》,第三部分第十三章,有改动。

> 我住在伦敦的时候，康拉德几乎就住在隔壁，他基本上每天都来吃饭，当时他痛风急剧发作且精神抑郁，无法继续《诺斯特罗莫》的连载……因此，我只能时不时尽量帮忙写几页，让周刊有稿可用——这工作对我来说没有什么难度……考虑到可能会引起的误解，我向康拉德发过誓不会透露这些事，世界上也没有任何东西能让我泄密，但如今被逼无奈，为了卖出这些手稿，我只得这么做。

这部讲述一个南美洲共和国的腐败政治和徒劳革命的巨著，创作过程漫长，比以往更折磨人。康拉德很害怕牙医，最后36小时的奋力工作被痛苦的拔牙打断，以一个近乎超现实的事件收尾：

> 30日在埃塞克斯郡斯坦福镇的霍普家（全家人都外出拜访了）完成，我得让我似乎变成一团糨糊的脑子休息一下。我熬了整整14个晚上，一直忍受着剧烈的牙痛。27日不得不发电报找医生（不能放下工作），医生两点到，开始拔似乎扎根在我灵魂里的恶魔。可怕的东西终于离开，然而在牙龈里留下了一个根。然后他又开始翻找那个东西，我从椅子上跳了起来。老沃尔顿（牙医）随即告诉我：我认为你的神经无法再经受这种折磨了……
>
> 11:30，睁开眼看了一下钟，我就倒下了。然后我就不知道了：两个小时的空白，在那期间，我肯定是走出了房间坐在——（不是倒在）门外的混凝土上。我清醒过来的时候就是那个样子；然后爬回房间记下了时间：1点已经过了好久了。[16]

《诺斯特罗莫》延续康拉德始于《黑暗的心》的对殖民主义的攻击，展开探讨了私权、个人责任和社会正义等主题。在这两部作品里,国家和英雄独立于文明之外,被贪婪、剥削和物质利益支配。二者都描绘了自然的暴戾威胁、不真实感、道德黑洞、人道主义价值观的崩解、梦魇的选择、具有救赎力量的女性,以及最后一句话里平静但意味深长的结尾。

《诺斯特罗莫》提出了几个重要问题:文明和进步的意义是什么?当物质主义替代人道主义价值观,会发生什么?殖民主义如何影响传统社群?

康拉德通过讲述科斯塔瓦那历史中的无序与混乱,为这个地方注入了暴力精神,其特质完全不同于那平静、阴沉的海湾。小说开头描述了恍然大悟的里比热(Ribiera)及其追随者如何逃离残暴的蒙泰罗起义,以此发出对激进政府的命运的强烈警告。对善良的政治家何塞·阿韦兰诺斯(José Avellanos)先生的残酷折磨,以及对蒙汉姆医生的恐怖拷打,有力证明了政治狂热的愚蠢,这种狂热让另一个暴君古兹曼·本托(Guzman Bento)用暴政统治国家。科斯塔瓦那的历史,贫穷、镇压的残酷史,让人想起波兰的历史。

故事中的人物建立的模式——奴役、腐败、背叛——始于查尔斯·古尔德的父亲,由其子、德科德和诺斯特罗莫继承,他们是首当其冲受银矿影响的人。老古尔德准确预测到他会被圣托梅(San Tomé)银矿杀死,请求儿子再也别回科斯塔瓦那。尽管受到了警告,尽管他的叔父在一场血腥革命中被枪决,尽管一场相似的商业冒险(阿塔卡马沙漠硝酸盐项目)也以悲剧收场,古尔德仍为银矿着了魔。他自以为是地相信,银矿作为道德惨案的起因,必须取得物质和精神上的成功,以维护家族的名声和荣誉。

小说前面古尔德讽刺的宣言概括了他的资本主义雄心壮志(故事发展到后面,古尔德显然没能达成目标,蒙汉姆医生对他的这番话做出了回应),他的野心有双重意义且彼此矛盾:

> 这里需要法律、信仰、秩序、安全。任何人都能夸口说他能提供这些，但我把信仰放在物质利益上。只有物质利益有保障后，其他理想才能有条件存在。面对眼前这种无法无天的情况，赚钱是第一位的，因为受压迫的人群必须能享有安全感。此后才会有正义。这就是希望的光芒。*

不幸的是，这些古尔德渴望、国家需要的理想与他的信仰所依赖的物质利益互不相容，于是"法律、信仰、秩序、安全"便让位于银矿的繁荣与成功。最终，安全已不能为赚钱正名（要与民共享的是安全而非财富），而人民大众依然受各方面压迫。"正义"没有到来，一切都不可能实现，因为银矿的安全仰仗国家政治的稳定，而历史已反复证明永恒的稳定不可能实现。

古尔德最大的局限在于，他没能彻底领会其行为会带来的社会影响。虽然炸开银矿（他威胁要这样做）或许符合他自己的利益，但这必定会危及受他庇护的工人的性命，以及整个国家未来的经济形势。"苏拉科之王"（El Rey de Sulaco）权势滔天，就像一个不负责任的私人王朝。古尔德从未考虑过银离开苏拉科之后被用在了何处；他从未完全意识到银矿的潜在罪恶，也绝对想象不到妻子拥有多少银子。对他而言，银矿的价值毋庸置疑。他完全相信霍尔罗伊德（Holroyd）的金融王国，霍尔罗伊德把活生生的美国雇员变得像机器一般，这也是古尔德在科斯塔瓦那所做的。霍尔罗伊德利用他巨大的收益来推进帝国主义投机事业和剥削，并希望让全世界都臣服于正在摧毁科斯塔瓦那的不可阻挡的历史进程。当古尔德认同霍尔罗伊德所说的，采矿的利益将统治包括科斯塔瓦那在内的全世界，伊米莉亚惊愕不已，称这一想法为最可怕的物质主义，毫无道

---

* 《诺斯特罗莫》，第一部分第六章。

第十二章 J. B. 平克与《诺斯特罗莫》(1901—1904)

德原则可言。

古尔德危险地沉迷于他眼中的银矿,银矿救国的想法也诱惑着他,于是他牺牲了妻子的幸福。伊米莉亚意识到从矿井中喷薄而出的财富吸干了丈夫的感情,而她被夺去了爱情和孩子。她相信她的使命就是拯救他,帮助他摆脱执念的掌控,远离物质进步的罪恶。她的失败是小说中的一大悲剧,因为她永远无法让查尔斯理解、认同她对银矿的看法:"[似乎]自己早期的热情已经被恶魔变成一堵银砖墙,把自己和丈夫分离开来。他似乎被贵重的金属包围着,自己[……]被排斥在那堵墙之外。"*[17]

诺斯特罗莫堕落的过程,他对吉塞尔·维奥拉(Giselle Viola)的爱的减少与消亡,都让伊米莉亚看到了自身悲剧的影子。在无比沉痛的时刻,她告诉悲伤的吉塞尔自己也曾被爱。当伊米莉亚任由从山上开采出来的银锭被运送到北方换取财富,她也堕落了。她告诉将死的诺斯特罗莫放弃那笔财富,"让它永远地消失吧",只有在这时她才终于救赎了自己。

德科德展现了欧洲价值观无法存在于科斯塔瓦那的野蛮之地。他认识到了这两个世界的冲突,但无法调和两者,"这对我们的品格是一种无谓的诅咒:堂吉诃德和潘沙,骑士精神和实利主义,浮夸和散漫的精神状态,习惯于用暴力解决争执和沉默纵容各种腐败行径"**。正面的特质是欧洲带给科斯塔瓦那的错觉:古尔德的信仰、诺斯特罗莫的行为准则、德科德的野心。负面的特质则是粉碎这些理想的这个国家的恐怖现实。此双重性体现在科斯塔瓦那的社会结构、上层阶级的好逸恶劳和下层阶级的精神黑暗中。它同样体现在对德科德之死的不同解读上,普遍认为他是意外死亡,但真相是他死于孤独,因为渴望拥有对自我的信念而死。

---

* 《诺斯特罗莫》,第二部分第六章。
** 《诺斯特罗莫》,第二部分第四章,有改动。

与德科德相对应的是理想主义的何塞·阿韦兰诺斯先生，他是一个讽刺、可悲之人，生活在古兹曼·本托的阴影下，承受着不可名状的恐惧的折磨，结果却在逃离蒙泰罗的入侵时死亡。阿韦兰诺斯天真、热情地投入国家大事，却遗憾地不合时宜，与他在《五十年的错误统治》中记录的经验背道而驰。他的死代表了贪婪对高尚的胜利。

不同于何塞先生，德科德利用物质利益来实现他个人的野心。他利用银矿的财富找来全副武装的巴里奥斯（Barrios）将军，企图发起一场里比热反革命，成立一个独立的殖民共和国。他虽然实现了这些抱负，但背叛了他对安东尼娅·阿韦兰诺斯〔（Antonia Avellanos）年轻版的伊米莉亚·古尔德〕的爱，并失去了生命。

对德科德的内心力量和欧洲价值观的试炼，对他对安东尼娅的爱和对革命的忠诚的试炼，出现在小说最精彩的一幕——他发现自己受到了普拉西多海湾黑色沉默的威胁：

> 对德科德来说，这是一次新体验，宽阔的海面异常平滑地向四周延展，让人感到神秘，就好像不平静的大海被浓密的黑夜给压碎了。……孤独是能被感觉到的。这时风停了，黑暗似乎像一块大石头一样压在德科德身上。* ……由于智力是他自信的来源，当这个他能有效使用的唯一武器被剥夺之后，他感到很难过。但无论什么样的智力也穿透不了海湾的黑暗。**[18]

经过十天与世隔绝的日子后，德科德再也不受其习惯性的讽刺和怀疑所保护，被孤独击溃。他开始质疑自己的个体性，失去了对过去的现实及对未来的行动的信念，并把世界看成一连串令人费解

---

* 《诺斯特罗莫》，第二部分第七章。
** 《诺斯特罗莫》，第二部分第八章。

第十二章 J. B. 平克与《诺斯特罗莫》(1901—1904)

的图像。他的精神痛苦微妙地与饱受折磨的商人赫希相通：赫希被吊在一根绳子上，手腕被绑着，拉到扭曲的肩胛骨上方，直到被审讯他的索蒂略（Sotillo）射杀。德科德的"孤独好像变成了一片巨大的空虚，海湾的寂静则像是一条绷紧的细绳索，捆着他的双手，并把他吊起来。……他幻想那绳索折断时的声音会像是手枪的射击——发出尖锐的一声就断裂了"*。同样的，两船在海湾相撞时，德科德"感觉到被猛地拉了一下，驳船因而［被拽着］摆脱了被撞毁的命运"**，这感觉近似琳达·维奥拉对妹妹吉塞尔的嫉妒——"一种被拽时才有的痛苦，好像有人正野蛮地拽着她"***[19]。这些类似的描写让所有欧洲受害者经受同一种精神和肉体的毁灭，理想主义或物质利益可以推延这一毁灭，但无法避免。赫希受到的折磨让人想起蒙汉姆的遭遇，而蒙汉姆的崩溃又与阿韦拉诺斯的抵抗形成对照。古尔德排着队等待被射杀的这一幕，几乎重复了处决古尔德叔父的场景；蒙汉姆差点被索蒂略吊死，也呼应了赫希的结局。

德科德在对抗自然之力的过程中，被毁灭性的人类的无力之感击溃，于是他开枪自杀，用银锭让自己沉入海湾。德科德的死和消失的银锭，让诺斯特罗莫深陷财宝无法脱身，成了财宝的奴隶。康拉德写给戈斯的信阐明了他对这个主要人物的构思和呈现：

> 诺斯特罗莫一直以来因为膨胀的自尊心****受尽了折磨。我给他设计的出场方式是抱怨自己在把英国老人（约翰·霍尔罗伊德爵士，他完全有钱负担全程火车费用）从山里带回来后，荷包里连买一根雪茄的钱都没有，因为他的工资下周才会

---

* 《诺斯特罗莫》，第三部分第十章。
** 《诺斯特罗莫》，第二部分第八章，有改动。
*** 《诺斯特罗莫》，第三部分第十三章。
**** 原文为法语：amour propre。

发。他有着能成就宏图伟业的天性。他在普罗大众中的威望，是他的生之根本。他在聚集的人群面前割下（更确切地说是让那个女孩割下）他衣服上的银色纽扣这一幕，可以很好地表现他的心理状态。后来他或许应该表现出"我为人人"那类人的心理：是的，我是个伟人，但我从中得到了什么？

诺斯特罗莫羡慕（并被用来与之做比较）"加里波第的信徒"乔治奥·维奥拉（Giorgio Viola）的理想主义，正如查尔斯羡慕伊米莉亚的理想主义；而特里萨·维奥拉（Teresa Viola）对背叛和毁灭的警告则呼应了古尔德父亲的告诫。虽然维奥拉的理想主义值得赞扬，但它无用，甚至可悲。西蒙·玻利瓦尔说那些为独立而奋斗之人在大海中开辟了道路，这句话是对维奥拉的南美洲事业的讽刺评价。体现共和国原则的高尚战士，无法忍受国王的统治，让家人去流亡，在科斯塔瓦那经受糟糕百倍的暴政。不过维奥拉确实遵循了手足互爱的原则，而诺斯特罗莫则靠着阿谀奉承独自繁荣。

诺斯特罗莫功绩繁多。他从暴徒手中救下了里比热，拯救了维奥拉一家，将考比兰神父（Father Corbelan）的信息带给疯狂的赫尔南德斯（Hernandez），带着霍尔罗伊德越过了山，为将死的特里萨找来了医生，并带着银锭驶入海湾。但所有这些功绩都是缺乏思想的行动。他受到了召唤，他的声望让他必须接受挑战，他就这样去做了——依循本能，没有反思。

诺斯特罗莫的巨变从他获得了这批银锭开始，他在废弃的城堡经历了亚当式的觉醒，重获新生。他的身体和精神觉醒同时发生，开启了他的思考反思阶段，也更让他确信他被"绅士们"背叛了。声誉尽毁的诺斯特罗莫在财富中寻求补偿。他一直活在华丽美好的宣传中，但孤独的觉醒让他突然感觉一无所有："主观判断发生了剧变，突然气愤得几乎疯狂起来，在他眼里世界不再有信仰和勇气。他被欺骗了!"*[20]

诺斯特罗莫和古尔德一样,为了挽救失去的荣誉,将信仰寄托在物质主义上。这毁了他,他的生活也和那批被盗的财宝捆绑在了一起。他见不得光的贪婪掠夺迫使他不顾乔治奥的妻子特里萨的遗愿,在她临终之际抛下了她,他还扔下德科德在孤独中苟活,致使他最终自杀。他背弃了他对吉塞尔的爱(正如古尔德背叛了伊米莉亚),同意娶她的姐姐琳达,这样他就能在大伊莎贝尔岛上继续"开采"埋在地下的银锭。

在这个岛上,维奥拉用一把老来复枪守护家人,就像他在里比热逃离蒙泰罗时所做的那样;但这次,诺斯特罗莫回来了,不是为了救乔治奥,而是来被他杀死。这起意外的谋杀是对维奥拉暴力的南美事业最后的讽刺注解。如果说理想主义消灭了堕落,那它也消灭了自身的一部分。

蒙汉姆医生因自己对古尔德夫人的忠诚和热爱,对她发表了可怕的宣言,传递出了这部小说的思想内核。他的演讲从科斯塔瓦那和圣托梅银矿的历史延伸开去,从进步对人们传统生活的可怕影响,以及银矿对欧洲人的腐蚀延伸开去。他的宣言不仅是对古尔德的"物质利益"演说的回答,也回应了那些如迟钝的米切尔船长一样,选择继续相信银矿的人:

> 在争取物质利益的过程中,没有和平,没有安宁。他们有他们的法律和正义。但他们的法律和正义是建立在权宜之计上,是不人道的;没有公正,没有连续性,他们不知道只有道德原则才能给人真正的力量。古尔德夫人,过不了多久,他们就会像几年前一样再次说古尔德矿正在野蛮地、残酷地、暴敛

---

* 《诺斯特罗莫》,第三部分第八章。

地压榨人民。……那矿山将会引发严重的不满、流血、复仇，因为矿工的内心在发生变化。你认为矿工现在仍然会向镇子进发去救他们的矿主吗？*

科斯塔瓦那的人民面对一个罪恶的选择，即对他们的传统文化毫无原则的剥削和摧毁所导致的不可避免的后果。

《诺斯特罗莫》的核心悲剧即物质利益和道德原则互不相容。伊米莉亚意识到，在科斯塔瓦那，"事业成功必然引发道德理念的退化"**。[21]古尔德对银矿的理想化迫使他违背了自己的原则，而这群欧洲人的教化使命腐蚀了银矿，出卖了国家。

书评人和广大读者对这部"呕心沥血"的小说的反馈都让康拉德失望透顶。小说的连载激起了读者愤怒的抗议，他们抱怨这"完全不值一读的玩意儿"占用了这么多版面。这部小说太复杂，道德取向太过模糊，对资本主义的批判太尖锐，以致很难获得成功。杰茜说，《诺斯特罗莫》的"反响或许是康拉德有生以来最大的挫败——文学挫败"。他过去常说那是"一片死寂的冰封"。唯一引人注目的例外是爱德华·加尼特在《发言人》杂志（Speaker）发表的颇有洞见的评论，他在文章里赞扬了书中的欧洲视角、复杂的结构、生动的人物和雄心勃勃的主题："康拉德先生的这一伟大天赋，即他对情景心理（psychology of scene）的独特感知，是他和许多伟大的诗人、艺术家的共同点，他们按照各自选定的路径探索这一思想，而正是它让康拉德在小说家中显得卓尔不群。"[22]

---

* 《诺斯特罗莫》，第三部分第十一章。
** 《诺斯特罗莫》，第三部分第十一章。

第十三章

卡普里、蒙彼利埃与《间谍》（1905—1909）

一

在康拉德完成《诺斯特罗莫》，杰茜从第一次膝盖手术（在康拉德的坚持下，在入院经受这次严酷折磨的前夜，她临时准备了30个人的夜宴）中恢复后，他们又度过了一个可怕的海外假期，1905年1月中旬到5月中旬都待在那不勒斯湾的卡普里岛。康拉德不喜欢火车、汽船和酒店，每次出国都焦虑不安，觉得旅行不适合工作，工作所需的安静和专注他只能在家里找到。但他需要改变，而且由于写作的压力和过去十一个月的五次痛风发作，他也需要休息一下，而他觉得地中海地区温和的气候能使他重焕生机，也能帮助杰茜恢复健康。

旅途一开始就十分糟糕。在多佛，一帮人抬着行动不便、沉甸甸的杰茜上船，杰茜的座椅撞到海峡渡轮的舷梯栏杆上，夹到其中一人的手，那个人差点把她扔进船和码头之间的水里。到了罗马，他们只有15分钟换乘火车，干劲十足的搬运工人匆忙间，过早搬走了杰茜的座椅，让她悬吊在车厢边。康拉德吓坏了，她的护工杰克逊小姐差点昏倒。那不勒斯寒冷、多风,海上风大浪急,航运公司不允许杰茜在卡普里下船,除非天气好转,船可以安全驶入大港口。在那不勒斯待了五天,花费不菲,康拉德写道:"船长大胆让轮船靠近,然后放下一艘特别的大划艇进行转运。这一阵喧闹着实闹心,但我不得不说虽然他们大喊大叫,但这帮意大利人的工作做得十分出色……这件事花了我40法郎,给了卡普里人民看热闹的乐趣。"行程延误和搬运杰茜的额外开支,大大超出康拉德的预期,于是他很快就急切地写信求助平克,要他拿出更多的钱。

康拉德一家住在村中心的玛丽亚别墅,高尔斯华绥一家曾乘船从阿马尔菲(Amalfi)前来拜访。杰克逊小姐(康拉德很讨厌她)得了流感和肺炎,得由她的病人照顾。康拉德得了流感和支气管炎,神经衰弱和失眠也让他痛苦不已。后来严重的牙痛又让他的脸肿了起来。因为卡普里没有牙医,康拉德两次跨越海湾到那不勒斯拔了两颗牙,他感觉第三颗牙也要保不住了。

5月初,康拉德彻底受够了这美丽岛屿上的一切,任何事情都让他心烦。酷热的天气、来自沙漠的热风和来自山脉的冷风、悬崖峭壁和湛蓝的大海——就连大海也包含在内,全都"难以忍受"。但他至少成功让杰克逊小姐打包回了英国,毕竟她也让人难以忍受。他给福特写了一封有趣的信,提到了这里的同性恋风气,抱怨占领这个地方的吵吵嚷嚷的游客,并祈求上帝让他不要再经受这样的假期:

> 卡普里岛的耻辱——恶劣、无法言说、有趣、国际性、世界性、亵渎《圣经》的耻辱……所有这一切是一场蓝色噩梦,穿插着恶臭与芬芳,满是屋顶平台、葡萄园、拱形通道、巨大的陡峭岩石、花架,还有一群喧闹的德国游客在整个岛上

第十三章 卡普里、蒙彼利埃与《间谍》(1905—1909)

随心所欲*，他们穿着白色的卡普里风情鞋，足迹遍布湿滑的卡普里石头，柯达相机，漂浮的帆船，怪异飘扬着的胡须，奇异的帽子，四处流动，撒泼打滚，横冲直撞，人潮从索拉罗山[（Monte Solaro）云漂浮的地方]山顶退去，涌向天生桥（Arco Naturale）壮观的岩石深坑——意大利人在那里"砰"的一声打开拉格啤酒。这是一个噩梦，还掺杂着对未来的担忧。

康拉德在卡普里和诺曼·道格拉斯（Norman Douglas）建立了重要的友谊，道格拉斯在康拉德如此厌恶的可耻环境中扮演了重要角色。博雷斯提过，他们在音乐厅见到的一群衣着暴露的女人让他的父亲觉得"恶心"，约瑟夫·雷廷格（后来成了康拉德的情敌）强调康拉德道德观保守，称他"私下是一个坚守原则、刚正不阿的人，[他]鄙视性格缺陷（在马赛时，他肯定也展现了这一面）和不道德的行径。因而，他也讨厌奥斯卡·王尔德的作品，因为他深深蔑视他的生活方式"。诺曼·道格拉斯宣称康拉德"是我所见过的诚实正直的品质最坚定的拥趸"。

然而，康拉德爱冒险和艺术性的一面却让他乐于容忍密友们极度不正常、不道德的性生活，甚至能间接获得快感。爱德华和康斯坦丝·加尼特都有情人；高尔斯华绥（在彭特农场做客时和康拉德的女仆发生了关系）与堂兄之妻有婚外情；悉尼·科尔文有一段维持了很久的不伦之恋；福特和韦尔斯的私生活也异常混乱，还与婚外情人同居；斯蒂芬·克莱恩的伴侣之前是妓女。很多康拉德的朋友是同性恋——他的法语翻译维孔特·罗贝尔·德于米埃尔（Vicomte Robert d'Humières），青年作家斯蒂芬·雷诺兹（Stephen

---

* 原文为法语 lâchés à travers tout cela。

Reynolds)、休·沃波尔、罗杰·凯斯门特、安德烈·纪德和诺曼·道格拉斯——后三位极其放荡不羁。[1]

高大、英俊、如雄狮般的道格拉斯——时髦、高贵的美食家，波希米亚人，花花公子，情场浪子——是意大利的情人、男孩的情人。他1868年生于苏格兰，在德国接受了部分教育，是一名语言学家兼外交家，在圣彼得堡开始了前途无量的事业。他是野蛮人和科学家的奇异结合，也会写动物学和地质学领域旁征博引的专著。他后来成了旅行家和旅游作家；写了《南风》（*South Wind*，1917），一本推崇享乐主义、毫无道德可言的卡普里小说；和佛罗伦萨的皮诺·奥廖利（Pino Orioli）一起出版自己的作品，事业成功。道格拉斯坚信，"做你想做的，让其他人见鬼去"，他坦率地承认对同性之爱的追求能让他获得快感。他的生活杂乱无章，只根据一个实际的需求而动：一旦暧昧关系变得危险，那就"蹦"过边界。"烧船！"他宣称，"这一直是我面对压力时的策略。"D. H. 劳伦斯在《亚伦的权杖》（*Aaron's Rod*）中将儒雅、浮夸的道格拉斯描绘成詹姆斯·阿盖尔（James Argyle），书中的他是个"明显很寒酸的绅士，长着邪恶的红脸和浓密的眉毛"。理查德·奥尔丁顿（Richard Aldington）称他"睿智，精神饱满，理智看待生活，兴趣广泛，知识渊博"[2]。

康拉德1905年3月遇见道格拉斯，立刻被他吸引，他告诉平克，道格拉斯是语言学家兼科学家，博学、聪明、新颖的思想家，散文风格优美精致。康拉德相信道格拉斯的天赋（正如他也这么相信福特），给了他宝贵的建议、鼓励和帮助。他让道格拉斯的作品登上了福特的《英国评论》（*English Review*），并牵线让他成为那本杂志的助理编辑。1908年2月，康拉德告诉同样是临近四十才开启写作事业的道格拉斯："我看得很清楚，你作为作家，未来一定不同凡响。困难的时期你也会碰到。认真考虑写小说这件事……我

第十三章 卡普里、蒙彼利埃与《间谍》(1905—1909)

向你保证，我和另外两三位必将竭尽所能为这部小说锦上添花，让它得以出版。"

道格拉斯后来讲述了康拉德如何帮助他修改他的突尼斯游记《沙漠喷泉》(*Fountains in the Sand*，1912)："一个故事贯穿全书，某个浪漫故事。我把我写的东西就这样拿给约瑟夫·康拉德，他认真看完后说，'这个女人在这里做什么？把她删掉！'删掉这个女人和所有与她有关的元素后，这本书就变成了现在的样子。"道格拉斯从自身经历知道"康拉德多么有鉴赏力，多么能鼓励人，他会为了其他作家的作品花费无尽的心力"。在为理查德·柯尔的康拉德研究写的好评中，道格拉斯称他的朋友是"最复杂且——对英国人的头脑而言——最难以捉摸的现代作家之一"[3]。

1907 年，道格拉斯到塞尔尼别墅小住，当时 15 岁的大卫·加尼特知道父亲清楚道格拉斯的"品味"，感觉他很担忧这次拜访，"密切注意着他们俩"，康拉德似乎对博雷斯没有这样的担忧。到了英国他和道格拉斯也维持着友情。1905 年到 1916 年间，道格拉斯经常从伦敦过来待一天，也会和康拉德一家共度周末，他们都很欢迎他来做客。1910 年，康拉德称其为"我最亲密的两位朋友之一"。

第二年 8 月，刚从意大利回到伦敦的道格拉斯到塞尔尼度周末，结果大病了一场，似乎是中暑了，或得了伤寒，或染上了脑膜炎，但实际上是疟疾发作：

> 他来的时候发着高烧，站都站不起来了。我们把他安置在床上，找来了医生。周一，我们找了一个护工（我和杰茜已经连续照顾了他一天两夜）。现在他认不出任何人，他的体温在经过骇人的忽上忽下后，达到了 105 华氏度*……

---

* 约 40.6 摄氏度。

不能挪动他,但真的,我们又能把他挪到哪儿去呢?房子里处处都能听见他的呻吟和乱语……要是他死了,我想我还得埋葬了他……我见过也照料过死在刚果的白人,但我从没像现在这样感觉如此可恨地无助。[4]

1903年,道格拉斯的婚姻破裂,第二年他因为通奸,和妻子离婚。他在卡普里照顾了两个年幼的儿子——阿奇(Archie)和罗宾〔(Robin)后者生于1902年,比博雷斯小4岁〕——两年,然后将他们托付给伦敦的朋友照管。罗宾10岁时被送到寄宿学校,接下来的四年里,他的大部分假期都是和康拉德一家度过的。他叫杰茜"妈",也是康拉德儿子约翰的亲密伙伴。据罗宾后来回忆,康拉德将书桌的紧张带到了餐桌上,开饭前,"没有交谈。康拉德太太上菜的时候,她的丈夫用左手的大拇指和食指搓着面包小球。在搓了一堆小球并暴躁地把它们扔进壁炉后,康拉德开始吃饭。在妻子烹饪的食物影响下,他慢慢变得更有人味了"。

康拉德很喜欢英俊的罗宾,待他如儿子一般,为这个"聪明、有男子气概的小家伙"的未来担忧。他很高兴罗宾想成为水手,于是为他支付服装费和阿什福德(Ashford)文法学校的学费,一直到罗宾跟随博雷斯于1916年秋登上了皇家海军的训练船"伍斯特号"(Worcester)。同年4月,康拉德告诉理查德·柯尔:"如果我们把这个孩子赶走,我们一辈子都无法安眠。"

二

道格拉斯很可能把康拉德介绍给了医生兼学者伊尼亚奇奥·切里奥(Ignazio Cerio),卡普里最受爱戴的家族中的一员。岛上最

第十三章 卡普里、蒙彼利埃与《间谍》(1905—1909)

重要的广场之一就是为纪念他们而命名的。伊尼亚奇奥允许康拉德接触他涉及卡普里历史的藏书,而康拉德对拿破仑在地中海地区的战役的研究最终让他写出了他的晚期小说《漂泊者》和《悬念》。[5]

康拉德同样希望能在卡普里岛上完成一些写作,却发现写作没有让他平静下来,反而让他分心(劳伦斯称卡普里为"半文艺范儿的猫咪大杂烩"),所以他就像曾经在比利时平坦的海岸上一样,很少在这个岩石岛上工作。他向埃德蒙·戈斯解释道,身为外国人,他需要英语语言和英语环境的刺激:"生来就有这些文化传承的英国人可以轻松把韵文、散文从意大利扔回本国海岸。而我这个还算体面的'养子',发现我需要精神支持,需要英语环境持续,甚至是日复一日的影响。"

康拉德在卡普里岛上写成的《独裁与战争》是他对当时的日俄战争*的回应。早在日本在对马岛海战中打败俄国之前,他就在这篇他最长且最重要的政论中,敏锐地预测了这场战争的胜利(正如第一次世界大战的胜利)"不是因为胜利者获得了压倒性优势,而是因为参战者精疲力竭"。他甚至预见了人民大众对电视上播放的现代暴行的无动于衷:"比起对数以万计的腐败尸体的持续报道(这种单一重复本身就十分骇人),街上一个在车轮下打滚的男人能唤起更真挚的情感和更多的恐惧、遗憾和愤慨。"但康拉德同样有一些盲点。他无知地赞扬日本人性格里"天生的温和"。他错误地预言俄国势力被最终消灭了:"俄国威权的鬼魂已被打倒……它终于永远消失了,而且……没有新的俄国来代替那不祥的造物。"他推崇俾斯麦的言论,"俄国,什么都不是"***,虽然这更适合用来描述波兰的境况。文章结尾,康拉德谴责德国是欧洲和平的主要

---

* 日俄战争(Russo-Japanese War, 1904—1905)是日本和俄罗斯为争夺朝鲜半岛和中国辽东半岛的控制权,在中国东北进行的战争。

** 原文为法语"La Russie, c'est le néant"。

敌人。

康拉德的文章呼应了阿波罗义愤填膺的《波兰与莫斯科大公国》中的诸多主题,他和阿波罗一样,辩称俄国是野蛮的亚洲独裁统治,与西方文明的人道主义传统不可调和地背道而驰:

> 一百年来,俄国威权的鬼魂以其不可思议的庞大身躯,将欧洲中西部议会笼罩在其阴影之下,它坐在独裁统治的墓碑上,使数百万俄国人民无法呼吸,不见天日,无法认识自己,也无法认识世界……
>
> 这可怕、怪异的幽灵,愤怒地竖起满身刺刀,武装着锁链,挂满了圣像;那非此世之物,就像一个贪婪的食尸鬼……仍以其原来的愚蠢和怪异、神秘的自大来面对我们。[6]

《独裁与战争》是康拉德的重要政治声明,为他在下两部小说《间谍》和《在西方的注视下》中对俄国的处理,打下了意识形态基础。

康拉德一家回城的第一段旅途选择从那不勒斯坐不定期轮船到马赛。据杰茜所说,康拉德在那段旅程中丢了钱包,嚷嚷着找不到了,表现得就像个无助的婴儿。等他上床睡觉,杰茜在他的衣服里找到了钱包,想了一个很明显的借口来掩饰他的尴尬,防止他不可避免的大爆发。

1905年3月,还在卡普里时,康拉德得知威廉·罗森斯坦和埃德蒙·戈斯成功帮他拿到了皇家奖励基金的500英镑资助。康拉德自然希望这笔丰厚的钱可以一次性立即汇给他,可两个月后他惊恐地得知这笔钱将由两个托管人——罗森斯坦和爱国诗人亨利·纽博尔特——管理,他们觉得康拉德挥霍无度,明智的做法是谨慎些,一点一点发。5月,自尊心受伤的康拉德向戈斯抱怨,这笔资助本

第十三章　卡普里、蒙彼利埃与《间谍》(1905—1909)

来是对他天赋及他对文学做出的贡献的肯定,结果却变成了他必须讨要才能得到的奖励,他的话不无道理,"这整件事被进行了包装美化,比我任何生活必需品的压力都更灰暗,更令人沮丧:他们表面上说'必须避免康拉德坑害自己'——这种事难免会让人怀疑这个人的责任感,怀疑他是否能分清对错,是否知道什么是正确的行为"。这个贵族船长-水手或许想到了弗朗西斯·汤普森对梅内尔一家的病态依赖及斯温伯恩对沃茨-邓顿的依赖,* 他疾呼:"我承认我——我并不希望我是个特例——厌恶堕入这些混乱无序的天才之列,不想和他们有哪怕一丝关联,他们的波希米亚作风、违规逾矩、普遍不为自身行为负责,既不符合我的传统和训练,也不符合我的性格。"继塔德乌什和平克之后,戈斯再次让他落入如孩童般依赖他人的屈辱角色中。这笔资助非但没有缓解焦虑,反而让焦虑愈演愈烈。

5月中旬康拉德从卡普里回到英国时,他和亨利·纽博尔特进行了一次会面,随后又寄去一封信索要250英镑解决眼下的债务。他详细列举了这些债务,包括在沃森银行透支的60英镑,以及拖欠房东6年的房租、出租车费、4名医生及本地商贩的账单,共计50英镑。当纽博尔特提议康拉德和债主私了——这相当于宣布破产,康拉德提到当年做船长让他有了丰富的经商经验,他不无道理地说纽博尔特的建议会毁了他在当地的信誉,并宣布"为了已获得的帮助而宣告破产,无法贯彻这笔资助的宗旨"[7]。最终,当康拉德执着于至少要维持住所富裕的表象(这是他在这件事里频繁使用

---

* 弗朗西斯·汤普森(Francis Thompson, 1859—1907),英国诗人、神秘主义者,曾有三年时间,他在伦敦街头潦倒度日,靠打零工过活,还染上了毒瘾,威尔弗里德·梅内尔(Wilfrid Meynell, 1852—1948)是一名出版商和一家文学杂志的主编,他发掘了汤普森,为他发表诗作,将他带回家照顾,带他去戒毒;阿尔杰农·查尔斯·斯温伯恩(Algernon Charles Swinburne, 1837—1909),英国诗人、剧作家、小说家、评论家,西奥多·沃茨-邓顿(Theordore Watts-Dunton, 1832—1914)是斯温伯恩的朋友兼文学经纪人,帮助病重的斯温伯恩解除酒瘾,让他得以继续写作。

的字眼），时而愤怒时而谦卑之时，他们同意纽博尔特可以给他开给债主的支票，康拉德要在上面签字同意然后寄给他们。剩余的钱每次 15 英镑分期支付，一直到 1906 年 4 月。

三

1905 年后半年，康拉德看了《只待明日》五场伦敦演出的其中一场，一直在创作《机缘》的早期版本，又给《大海如镜》写了几个小篇章，写了三个后来被收入《六部一套》的故事，并试着治疗家人患的重病。他告诉韦尔斯"我坚持在这儿和疾病与潜行的愚蠢抗争——就像被逼到角落的老鼠，过不了几天，大棒必定会落下，砸开我的头骨，这便是我的命运"，不久之后，10 月，杰茜"有点精神崩溃"，博雷斯患上了猩红热，必须在 11 月住进一家伦敦疗养院。两个月后，小孩即将离家之际，一个护工在他沐浴的水中放了过多消毒剂，导致他皮肤烧伤，肿得像个气球，全身爆发出紫色斑点。康拉德，"灵魂中有死亡"，脚上有痛风，为自己长年体弱多病、灾祸不断而感到十分愧疚。得知杰茜怀孕后，他告诉罗森斯坦："我感觉很羞涩，老年得子还真是不好意思。"1906 年 2 月，康拉德一家离开英国前往法国南海岸附近的蒙彼利埃，在那里温和的气候中待了两个月休养生息。

他们住在最好的富丽大陆酒店（Hôtel Riche et Continental），就位于小镇的主广场喜剧广场（Place de la Comédie），在瞭望台和城堡下面。康拉德开始在佩鲁步道写《间谍》，那里满是喷泉，黑天鹅漂浮在装饰池塘上，或许就是这个地方让他想到了《漂泊者》主人公的名字——佩罗尔。亨利·詹姆斯对佩鲁的评价是："其震撼、不朽，世间无与伦比。它由一块'升高的平台'构成……在小

第十三章　卡普里、蒙彼利埃与《间谍》(1905—1909)

城最高处，一块巨大的平台铺展开去，成了一片花园，在晴好的天气里，从各个角度看去，都必定是绝世美景。"康拉德抵达蒙彼利埃时，当地正爆发由政教分离引发的暴动：

> 整座城镇被声势浩大的喧嚣骚动淹没，狂欢节和政治暴动同时进行，真是奇异的结合。同一条街上，步兵和骑兵列队站在教堂前面，面对着呼喊、尖叫和冲击——头破血流的人们被抬进药房，在这一片喧嚣之中，还能听到一群群穿着制服、戴着面具的狂欢者唱着歌，讲着粗俗的笑话。这景象真是极其稀奇，独特。[8]

旅行似乎让康拉德焦躁不安。1906年4月中旬，他回到彭特农场，然后5月中旬在温奇尔西待了两周，与福特一起创作《犯罪的本质》(*The Nature of a Crime*)，据福特所说，讲的是"未被发现的罪犯这一永恒主题"。这部中篇小说是第一人称自白：一个富有、可敬的男人挪用了好友之子的钱，打算自杀以躲避耻辱和牢狱之灾，他向身在罗马的已婚情人坦白了一切。最后，朋友的儿子决定不去查这笔账，他也就因此得救了。然后他将自己交由情人处置，说如果她同意嫁给他，他愿意改过自新，安排、打理好一切。这部本质上是福特风格的小说是静态的，没有任何重要的行动。它有限的有趣之处在于风格和叙事模式——后来的《好兵》就有它的影子，而且它不加掩饰地暴露了福特打算与妻子埃尔茜分开。这部篇幅短小的中篇小说于1909年4月到5月间发表在《英国评论》上，他们选了一个荒谬的假名——伊格纳茨·冯·阿申多夫〔(Ignatz von Aschendorf) 阿申多夫是一处德国男爵领地，福特幻想他有天能继承这片土地〕，1924年（在康拉德不情不愿的同意下）成书出版。

1906年7月和8月间,康拉德借用高尔斯华绥位于肯辛顿艾迪生街14号的伦敦房屋,那儿有一个花园,能俯瞰荷兰公园(Holland Park)。8月2日,他的次子就出生在那里。他们没有费尽心力给约翰·亚历山大起斯拉夫名字,因为他是以高尔斯华绥命名的。杰茜注意到,康拉德逐渐习惯了父亲的身份,约翰出生时,他比博雷斯出生时更高兴。但他觉得自己必须强调约翰不出众的外貌——正如他第一次向朋友介绍杰茜和博雷斯时,也突出了他们的长相,他在给埃达·高尔斯华绥的信里写道——用的是他为这种场合准备的调皮语气:"我最近认识了一个安静、谦逊、奇丑无比,但总的来说相当合意的年轻人。"约翰比博雷斯长得更好看,更有魅力,更快乐,也健康得多。他和父亲的关系很好,是个聪明的学生,不论是童年还是青年时期都比哥哥更成功,哥哥总是或多或少地让康拉德失望。

第一次蒙彼利埃之旅逃过了他们之前经常碰到的灾难,康拉德一家(已经可以带着小婴儿一起旅行)10月中旬重返富丽酒店,准备在那里度过6个月,结果那成了——到那时为止——最糟糕的海外之旅。旅途一开始让人心生向往,1907年1月8日,康拉德给福特(他热爱南法)写了一封格外热情、狂喜的信,再次提到需要一个英语氛围才能写作:

> 沐浴在这里的阳光中,我感觉好些了。周遭的风景有一种魔力,一片繁忙,满眼五彩斑斓。村落栖息在圆锥形的丘陵之上,在雄伟、连绵不绝的紫罗兰色山脉的映衬下,十分夺目,仿佛身处魔法国度。这座岛的美无法言传,日落、日出时的色彩之微妙,超出人类的想象……每天,我迷醉地漫步其间,愈发思念你。你应该看到这一切……色彩让我沉醉,我很希望能

第十三章 卡普里、蒙彼利埃与《间谍》(1905—1909)

亲密依偎在你身旁。我很肯定,我无法与其他任何人分享我的狂喜。工作暂停。各种计划涌进我的脑海,但我的英语全都离开了我。

但康拉德的快乐很短暂。到这个月底,年仅九岁但极其容易生病的博雷斯,先是扁桃体出了问题,而后又可怕地接连患了麻疹、支气管炎、风湿热和脑膜炎,两个脚踝都有了风湿。而且他被怀疑患上了结核病——这个疾病杀死了康拉德的双亲,他病得很重,发烧、消瘦长达五个月。面对危机,杰茜拿出了她最好的一面,而康拉德则表现出他最糟糕的一面。他如此告诉罗森斯坦,她"在这场可怕的蒙彼利埃冒险中,英勇至极,从未表现出焦虑,不仅在孩子面前如此,不在孩子面前亦是如此;总是冷静,沉着,平和,在各个人之间周旋,表面上从未表现出疲倦,尽管她的腿伤残严重"[9]。康拉德不甘"落后"于杰茜和博雷斯,以其多病之身和痛风湿疹爆发"迎头赶上"。他对这次危机的"贡献"是钱包被偷了("请即刻寄送10英镑纸币,"他告诉平克,"因为没有零花钱的生活不值得过。"),以及因为拿着点着的烟上床把床垫点燃了。

5月中旬,康拉德听从法国医生的建议,举家搬到尚佩尔住了三个月,1891年他拖着仅剩的半条命从刚果回来后,曾到这里进行水疗,1894年又来了这里,1895年追求埃米莉·布里凯尔时也来过。"尚佩尔曾救过我的命,"他向平克索要更多钱时如此乐观地说,"现如今我的健康总体有了好转的迹象,它或许能再次让我的精神生活重焕生机。"但在日内瓦,小婴儿得了百日咳,需要一罐氧气让他能在剧烈咳嗽间隙呼吸,这病让他变得(正如疾病让博雷斯变得)皮包骨头。在尚佩尔,他们必须和有传染性的婴儿隔离,只得住在玫瑰园酒店的配楼里。虽然博雷斯最终在尚佩尔康复了,康拉德还是受够了这个小镇,这里曾是他的避难所,但现在有了诸多不堪回首的痛苦回忆:"再也不出国旅行了,我厌倦了……我渴望离开这里。这个地方在我眼里面目可憎;各种焦虑、巨额花费压在我身上,真是噩梦般的回忆。"[10]康拉德最后一次不愉快的日内瓦之旅影响了他在《在西方的注视下》里对这座城市的负面刻画。

漫长的病房危机和博雷斯从凶险的疾病中缓慢恢复的过程,让父子俩第一次靠近。康拉德会给博雷斯读(后来给约翰读)他最喜欢的传奇故事——爱德华·利尔(Edward Lear)的《胡诌诗集》(*Book of Nonsense*)和刘易斯·卡罗尔的《爱丽丝漫游仙境》——还有查尔斯·金斯利(Charles Kingsley)引人入胜的《英雄》(*The Heroes*),以及他自己小时候读过的书:库柏的《最后的莫西干人》(*The Last of the Mohicans*)、《探路人》(*The Pathfinder*)和《猎鹿人》(*The Deerslayer*),马里亚特船长的海洋故事《彼得·辛普尔》(*Peter Simple*)和《海军候补生伊齐先生》(*Mr. Midshipman Easy*)。但康拉德(如托尔斯泰)是一个严苛的老师,在他的儿子因为紧张显得有些迟钝时,就会变得脾气暴躁。1905年,他们从卡普里回来后,看到博雷斯学习阅读有困难,康拉德大喊:"令人作呕!在他这个年纪我都能看懂两种语言了。难道我是一个蠢蛋的父亲吗?"[11]

1908年1月,从尚佩尔回来5个月后,博雷斯扮演了康拉德在阿波罗将死之际扮演的凄惨角色。康拉德告诉高尔斯华绥:"他没有生气勃勃的时候:他扮演着我忠诚的儿子,一天会来几次,看看他是否能为我做点什么——因为我行动不便(因为痛风),一旦被固定在桌前,就不便移动。"几年后,博雷斯既没通过能让他获得大学教育的考试,也没通过汤布里奇(Tonbridge)一家私立学校的入学考试,康拉德非常失望。虽然博雷斯对航海专业没表现出多

第十三章　卡普里、蒙彼利埃与《间谍》(1905—1909)

少兴趣，也没展现出这方面的天资，而且糟糕的视力让他无法加入海军，康拉德还是帮他在训练船"伍斯特号"上找到了一个职位。1911年9月，他动情地讲述了留儿子在船上的感受："可怜的B先生，在我眼里，是那巨大甲板上小小的、孤独的人儿，身处熙熙攘攘的人群里，一个人都不认识。这对他而言是巨大的改变。是的。他确实看上去就是个小男孩。无法下决心离开他，最后我仓皇逃离。他在我脑海里挥之不去。"

虽然康拉德给了博雷斯他的精装版作品集，但博雷斯从没读过一本。两个儿子都对文学不感兴趣；他们只对实务感兴趣。博雷斯对汽车的热爱甚至发展成了恋车癖，世纪之交，康拉德一开始租、后来买的一系列汽车——从四又二分之一马力的德·迪翁*到曾属于康诺特公爵的戴姆勒**——成了两人共同的热爱。

1913年，康拉德直率地告诉罗森斯坦，博雷斯保留了一点猿猴的外貌，不"漂亮，可怜的孩子，但心肠好"。而且他向伯特兰·罗素坦承："他发现很难和他的孩子们或年轻人沟通，因为他不喜欢虚伪，与此同时，他也不敢用自己的生活经历和知识给他们施压。"康拉德在孩子面前的拘束有更深层的原因——他总是客套地虚伪，而且他喜欢谈论他的冒险经历，传授他广博的生活智慧。除了他性格拘谨、内敛，即使在自己的家庭内部亦是如此，他或许还害怕教育他的儿子，正如深度悲观的阿波罗也害怕教育年幼的康拉德。

约翰·康拉德讲述了一个罕有的和父亲亲近的感人故事。虽然康拉德没有爱好，但他喜欢下国际象棋，而且会和约翰一起钻研何

---

*　即德·迪翁-布东（De Dion-Bouton），法国汽车、轨道车制造商。
**　Daimler，德国汽车制造商。

塞·卡帕夫兰卡*书中的棋局。有时，半夜写作陷入瓶颈，他会叫醒约翰，让约翰"下楼和我下一局棋"。走了几步激动人心的棋后，康拉德会走回书桌，开始写作。他的笔在纸上唰唰作响，而男孩则在椅子上睡着了。当文思重新开始泉涌，他会碰碰约翰的肩膀，告诉他："该上床睡觉了。轮到你休班了。"[12]

1907年8月中旬，康拉德从尚佩尔回到彭特农场后，医生和朋友都建议他离开肯特潮湿的环境，这里的气候似乎损害了家里所有人的健康。这个月月底之前，他就找到了一间"宜人的旧农舍"，是南非德兰士瓦（Transvaal）矿业巨头尤利乌斯·韦恩赫尔（Sir Julius Wernher）的地产，据贝德福德郡卢顿市（Luton）2.5英里，沿中部铁路线乘45分钟火车就能到伦敦。"房子不大，但就其面积来说还算宽敞，房前还有带围墙的花园，"他告诉平克，"还有一个有果树的家庭菜园，篱笆装得好好的，还有能上锁的门——所以可以期待一下，里面或许能产出些好东西。位置完美，海拔500英尺，建在泥土和碎石上。井深200英尺……最吸引我的是既靠近城镇，又能完美享受乡间的与世隔绝。我希望能更靠近所有人。"

萨默里之家（The Someries）——房子的名字——有6个卧房，比彭特农场大多了。但那里也很吵，菜园锁住的门也没能阻止附近的农场工人来偷蔬菜水果。到了1908年1月，康拉德意识到他犯了大错（虽然他又在这个房子里住了15个月），他向朋友抱怨："自从我们搬进了这个新房子，我就记不得有哪一刻身体是舒服的……你完全想不到，东风吹过时，灵魂腐朽，天地一片苍凉。"[13]

---

* 何塞·劳尔·卡帕夫兰卡（José Raúl Capablanca，1888—1942），古巴棋手，1921年到1927年的世界象棋冠军。

第十三章　卡普里、蒙彼利埃与《间谍》（1905—1909）

四

　　1906年2月，杰茜刚怀孕几个月，康拉德在蒙彼利埃开始创作《间谍》，1907年6月，博雷斯正从各种大病、重病中康复时，康拉德在尚佩尔完成了这本书。这部小说融合了对底层伦敦内部的潜心观察及更庞大的政治主题——无政府主义者威胁爱德华七世时代的英国的表面稳定。阿道夫·维罗克经营着一家商店，卖些色情书刊、照片，娶了一个年轻女人温妮（Winnie），她牺牲自己，给了她的母亲和十几岁的弱智弟弟史蒂夫（Stevie）一个家，她爱弟弟，待他就像对待自己的孩子。维罗克的店是为了掩饰他的革命活动。核心情节是他笨拙地企图炸毁格林尼治天文台，以及无辜的史蒂夫的毁灭——他不知情地带着那致命的炸弹。温妮谋杀了丈夫为史蒂夫的死复仇。

　　谋杀的场景是这本康拉德最精心打造的小说中最出彩的一瞬，在那一幕里，维罗克宣称温妮同样要为史蒂夫的死负责，这样的挑衅让温妮忍无可忍。当他说"过来"时——"用一种奇怪的声音说道……维罗克夫人［深知］这是他求爱的信号"*——他回想起之前她被迫与肉体令她深深厌恶的丈夫发生性关系。当温妮问（呼应《奥赛罗》）"我能熄灯了吗？"，而维罗克因为性欲急不可耐地厉声说"熄灯吧"时，这预示了他被刺身亡的那一幕。**温妮的刀没有

---

* 约瑟夫·康拉德《间谍》，何卫宁译，新华出版社，2015年，电子版，第十一章。
** 《间谍》，第八章；《奥赛罗》第五幕里，奥赛罗决定杀死德斯底蒙娜，于是熄灭了烛火，掩饰自己即将犯下的罪恶，他弯腰亲吻她时自语道，"熄灭了灯火，然后再扑灭生命的火"（《莎士比亚全集34：奥赛罗》，梁实秋译，中国广播电视出版社，2001年，第229页）。

遇到任何阻力，维罗克瘫在沙发上，血滴落的声音与钟的滴嗒声交融，暗示如果维罗克成功炸毁了天文台，时间就会停止，前进将会遭遇阻碍。小说结尾，政治现状得以维持。史蒂夫、维罗克和温妮（她自杀了）白白死去。而俄国大使馆一等秘书弗拉基米尔先生也没能煽动英国驱逐密谋反抗沙皇政权的无政府主义者。

虽然小说的政治主题足够残酷，但维罗克和温妮的"家庭纷争"也表达了康拉德对自己妻子的仇视和对孩子的嫉妒。与此同时，它也旨在为康拉德在绵长的家人集体生病期表现出的沮丧和愤怒赎罪。杰茜以为康拉德会为约翰的出生而欣喜，在谈到这部小说时她写道："因为我完全不知道这本书是关于什么的，所以我无法向自己解释，为什么每次他顺道来看我一眼时，我常常在他脸上看到冷酷嘲讽的表情。书里是否会提到这个备受期待的婴儿？"

1906年12月，约翰出生4个月后，在前往蒙彼利埃的火车旅途中，康拉德突然失去理性，打开了火车窗户，而且让杰茜惊恐万分的是，他把装着婴儿所有衣服的行李扔出了窗外。杰茜咬了咬嘴唇，冷静地说："我敢肯定找到那个包袱的人会开始寻找婴儿的尸体。"[14]这次对约翰的象征性谋杀显然对应了《间谍》里维罗克对"继子"史蒂夫的摧毁。温妮骗了维罗克，为了史蒂夫嫁给了他，这个人物则代表了康拉德对这样一类女性的恐惧：她们更想为孩子找一个父亲，而不是为自己找一个丈夫。

温妮的母亲是平静的杰茜的虚构化身，杰茜怀孕时特别胖，她的残疾也考验着康拉德的耐心，耗尽了他的钱财。温妮的母亲"是个矮胖子，喘着粗气，有一张棕色的打脸"，"她腿部有浮肿的毛病，行动不便"。*"她有三重下巴，年老体胖，腿脚不灵活，这样

---

* 《间谍》，第一章。

第十三章　卡普里、蒙彼利埃与《间谍》(1905—1909)

的外在之上却有［一种］庄严的平静。"* 小说中所有悲惨的主题——维罗克家庭中的贫穷、残酷、堕落和虽生犹死，以及由此引发的牺牲、错置的母性和人类情感的倒错——都浓缩在温妮的母亲坐着灵车被送去救济院那一段精彩的描写中：

> 女人到她这个年龄，又考虑到她是个很谦卑的人，再加上她经受过逆境的锻炼，本来是不会脸红的，但此时确实在女儿面前脸红了。此时此刻，她躲在四轮出租马车中，正在去救济房（一长排中的一个）的路上。这些救济房很小，里面的设施很简单，但仍然比生活条件更加拮据的坟墓要仁慈一些。这让她在自己的孩子面前脸红了，因为她感到自责和羞愧。她不得不掩盖自己的脸红。**

经过《间谍》中的艺术升华，康拉德通过摧毁不受欢迎的孩子，把丑陋、令人反感的妻子抛弃在死一般的救济院，报复了他的家人。但他也表达了他的敌对情感悲剧的一面。

小说还以残酷的讽刺刻画了阿波罗·科热尼奥夫斯基那乌烟瘴气的地下革命世界。阿道夫·维罗克这个无可奈何的卧底***，部分基于康拉德的旧友阿道夫·克里格，克里格虽然生在英语国家，但他总有一点外国气质。康拉德曾和克里格一起住，了解他家庭生活的细节，而且因为克里格在他穷困潦倒时逼他偿还一笔借款而憎恨克里格。迫使维罗克尝试去炸毁格林尼治天文台的弗拉基米尔先生的原型是19世纪90年代在巴黎遇刺的俄国将军谢尔韦尔索夫

---

* 《间谍》，第八章，有改动。
** 《间谍》，第八章。
*** 原文为法语 agent provocateur。

(Seliversov)。他代表以文明的文雅做派为伪饰的俄国的野蛮。

在1920年的作者注中,康拉德提到了启发他写这部小说的素材来源。告诉他伦敦有无政府活动的朋友就是福特。现实中,1894年2月15日,马夏尔·布尔丹*企图炸毁天文台;大卫·尼科尔(David Nicholl)在《格林尼治谜事》(*The Greenwich Mystery*,1897)这本小册子中讲述了这个故事。警察局副局长写的自传源自罗伯特·安德森**的《自治运动杂闻》(*Sidelights on the Home Rule Movement*,1906)。

在书中重要的一幕,史蒂夫恳求马车夫不要鞭打他虚弱的马——"不要"(这也是维罗克被温妮刺杀之前说的最后一句话),这展现了他的柔情,但康拉德没提到这一幕(就出现在温妮的母亲被送去救济院之前)引人入胜的私人、传记、文学源头。杰茜写道,1904年11月,她在伦敦做膝盖手术期间,康拉德"在等待的部分时间里,必定潜意识地做出了反应,等他回过神来,他发现自己站在一匹拉货的老马前面,双手确确实实地环在马脖子上"。康拉德或许知道尼采1890年在意大利都灵(Turin)陷入永久精神崩溃之前,就看到了一匹马被鞭打,他双手抱住这凄惨的牲畜,当街崩溃。写到这一幕时,康拉德必定想起了陀思妥耶夫斯基《罪与罚》(*Crime and Punishment*,1866)里拉斯科尔尼科夫的梦,即童年时看见主人残酷地打他的老母马:"可怜的小男孩愤怒异常。他尖叫着穿过人群来到母马身旁,双手抱着死去的马浸透了血的口鼻,亲吻了这可怜的牲畜的眼睛和嘴巴。"[15]值得注意的是,数年后,康拉德(不喜欢这些病态的细节)写作自己的《罪与罚》,即

---

* 马夏尔·布尔丹(Martial Bourdin,1868—1894),法国无政府主义者,1894年2月15日,他携带的化学炸药在格林尼治天文台外被提前引爆,他被严重炸伤,最终死亡。

** 罗伯特·安德森(Robert Anderson,1841—1918),英国神学家、作家,1888年至1901年任伦敦警察厅大都市警察厅副厅长。

图4 康拉德的父亲,阿波罗·科热尼奥夫斯基:"内心纤细敏感,性情高尚的梦想家;极善讽刺,天性阴郁。"

图5 康拉德的母亲,埃娃·科热尼奥夫斯卡:一个"粗眉、沉默的保护者"。

图6 康拉德的舅舅和监护人塔德乌什·博布罗夫斯基:"最睿智、最坚定、最宠溺的监护人,给予我父母般的关怀和喜爱……[及]精神支持。"

图7 康拉德·科热尼奥夫斯基,1874年于克拉科夫:"他过去常常遭受严重的头痛及神经性发作;医生认为待在海边可能会治愈他。"

图8 G.F.W.霍普:"已婚,长着高额头,留着修剪整齐的胡须和尖尖的小胡子。霍普爱好雪茄、游艇。"

图9 阿道夫·克里格:一个粗犷英俊的男子,长着浓密的头发,蓄着长胡子。

图10 康拉德·科热尼奥夫斯基，1883年于马林巴德："他有着生机勃勃、极度灵活多变的特质，可以迅速从温文尔雅转变成临近愤怒的兴奋冲动。"

图11 玛格丽特·波拉多夫斯卡：杰茜认为她"是我见过的最美丽的女人"。

图12 罗杰·凯斯门特爵士:"他是个很容易看透的人。他也有一点西班牙征服者的感觉"。

图13 杰茜·乔治,1896年:"她个子矮小,长相完全不出众(唉!实话实说吧——相当平庸!),不过她对我敬爱有加。"

图 14 爱德华·桑德森,约 1896 年:高大、英俊的桑德森是吉姆爷的一个原型。

图 15 约翰·高尔斯华绥,1906 年:"高大,长相冷峻,有着罗马人的侧脸,双唇紧闭。"

图16 爱德华·加尼特,约1904年*:"他黑色的眼睛和不羁的黑灰色头发让他看起来粗糙,不修边幅。"

图17 R. B. 坎宁安·格雷厄姆:"身高中等偏上,神经质,体格强壮,衣着相当考究,宽松的领带或软帽增添了一丝异域风情。"

---

* 插图目录作"约1908年"。

图18 亨利·詹姆斯，1913年，约翰·辛格·萨金特摄。他有"宽大的额头……高傲却又讨好的笑容……他的整张脸都很严肃，但他的眼睛鬼鬼祟祟，令人不安"。

图19 斯蒂芬·克莱恩，1899年："一个中等身材、体格纤瘦的年轻人，有着沉着、有穿透力的蓝眼睛。"

图20 福特·马多克斯·福特,约1909年:"又高又瘦,是个热心肠的……青年,长着一头金发,皮肤粉白,有一双醒目的淡蓝色眼睛。"

图21 休·克利福德,1895年:"体格庞大……长相粗粝,直率,精力充沛,鲁莽。"

图22　J.B.平克与约瑟夫·康拉德，1921年于奥斯瓦尔兹。平克"是个别样的斯芬克斯，又矮又壮，长着红润的圆脸，胡子刮得干干净净，头发发灰，下嘴唇突出"。

图23　约瑟夫·康拉德，1904年："黝黑，尖尖的棕色胡子，近乎黑色的头发，黑棕色的眼睛，上面的眼皮有深深的褶皱。"

图24 诺曼·道格拉斯,1912年于卡普里:"明显很寒酸的绅士,长着邪恶的红脸和浓密的眉毛。"

图25 珀西瓦尔·吉本,1909年:"个子虽小但充满活力,皮肤黝黑,阳刚,有时显得野蛮,长着厚重的蓝黑色头发和细腻的嘴巴。"

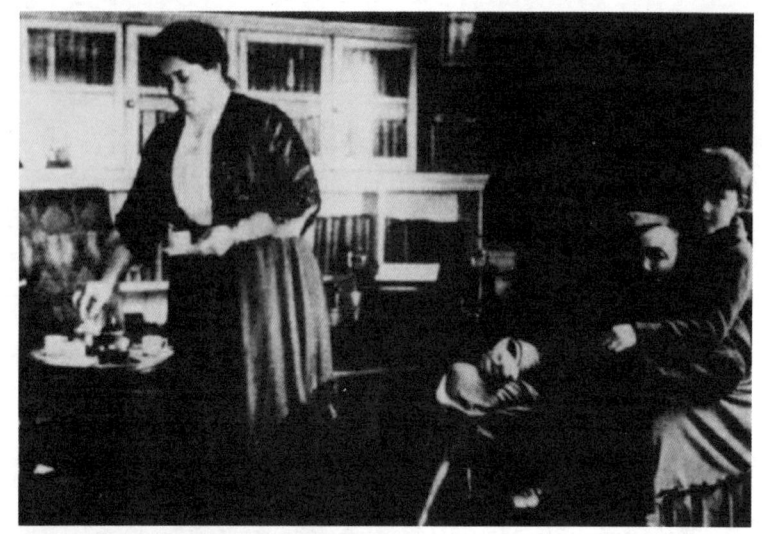

图26　丰满的杰茜披着披肩，在满是图书的书房里奉茶，而穿着高筒靴的康拉德和神情可爱的约翰直视镜头，1912年。

图27　约翰·奎因，1921年：秃头、薄嘴唇、神色严肃的律师，在现代艺术与文学领域品位高雅。

图28 理查德·柯尔,1923年:康拉德告诉高大的苏格兰人柯尔,"除家人外,你就是我在思想和情感上最关心的人"。

图29 约瑟夫·雷廷格,1912年:"他是个体格较小、脸色惨绿的年轻男子,在光下看,他的眼睛是猪肝色的。"

图30 简·安德森,1910年:"她穿着黑色长裙,双腿交叠,以某个角度对着照相机,她的手肘放在膝盖上,戴着蕾丝手套的手托着下巴,她光彩照人的脸对着镜头,巨大的黑色软帽下,如瀑的黄褐色头发垂落肩头。"

图31 康拉德、杰茜和博雷斯,1921年于奥斯瓦尔兹。

图32 热拉尔·让-奥布里，1911年："他长着高额头、间隔很远的小眼睛、挺拔的鼻子和饱满的嘴唇，留着大胡子。"

图33 罗伯特·琼斯爵士："身宽体胖，面容柔和，额头宽大，眼睛是蓝色的，白色胡子修剪得整整齐齐，戴着活泼的领结。"

图34 约瑟夫·康拉德,1923年:"黑色的眉毛、钩状的鼻子、佝偻的肩膀让他本人看起来……像一只鹰。"

图35 杰茜·康拉德,1926年:"胖得畸形,戴满了首饰,就像一个(戴着沉重珠链的)吉卜赛占卜师。"

第十三章　卡普里、蒙彼利埃与《间谍》(1905—1909)

《在西方的注视下》时，深受陀思妥耶夫斯基影响。

正如《黑暗的心》传递的思想与维多利亚后期流行的帝国主义背道而驰，1907 年的《间谍》同样以其超前、有预见性的政治思想让读者颇感不安。康拉德在小说里提出：相信"科学是物质繁荣的源泉"很愚蠢；罪犯和警察的思维及方法本质上相同；"如今大家已经都知道国家领导人有被刺杀的可能性。这几乎变成了惯例——因为已经有许多总统被刺杀了（如 1901 年遭暗杀的威廉·麦金莱*）"***；倔强地摸着裤子口袋里的炸药并威胁要炸死自己的教授，象征着无政府自由的危险，以及（像神风特攻队飞行员和阿拉伯恐怖主义者一样）为自己执行死刑的现代人的荒诞；还有教授消灭弱者的热望（呼应了库尔茨"斩绝土人！"的呼号）将会导致对种族灭绝的狂热，"他们是我们不祥的主宰——弱者、胆小鬼、傻子、懦夫、心肠软弱的人、具有奴性思维的人。他们有权力。他们的人数很多。他们统治着世界王国。灭绝他们，必须灭绝他们！这是社会进步的唯一途径"****[16]。

讽刺意味十足的是，康拉德的作者注为小说中那些于当代读者而言最有意义的品质而道歉：将伦敦负面地刻画为"世界光明的残酷吞噬者"（与歇洛克·福尔摩斯小说中煤气灯通明带来的安全之感截然不同）；描写了迟缓但来势汹汹的革命派的道德败坏及其身处的肮脏环境；将史蒂夫炸成碎片的那场爆炸那荒诞的残酷和无端暴行［启发了安德烈·纪德《拉夫卡迪奥的冒险》(*Lafcadio's Adventures*)**** 中的"无端行为"(acte gratuit) 这一概念］；以及温妮悲观的信念——"生活经不住深究"［启发艾略特写出了《燃

---

*　威廉·麦金莱（William McKinley, 1843—1901），美国第二十五任总统，在布法罗被无政府主义者刺杀，是美国立国后被刺杀身亡的第三位总统。
**　《间谍》，第二章。
***　《间谍》，第十三章。
****　即《梵蒂冈地窖》。

毁的诺顿》（*Burnt Norton*）* 中的那句"人类/忍受不了太多的现实"］。

《间谍》——远不是康拉德在给 H. G. 韦尔斯的赠言中所说的，"简单的 19 世纪的故事"——创造了心理-政治侦探小说这一流派，深深影响了诸如奥威尔、格林、凯斯特勒**、西洛内***、萨特、勒卡雷****等现代作家。奥威尔发现，他"对阴谋政治有相当程度的了解。他常常表达对无政府主义者和虚无主义者的恐惧，但他对他们同样有着某种同情，因为他是波兰人——或许一方面是国内政治的反动派，另一方面却是俄国和德国的反抗者"。

康拉德后来试图最小化《间谍》的力量，他坚称："过于强调阴暗、压抑和悲剧之感了……我自己就不相信我的故事很阴郁，或悲剧感十足，我并不是有意表现得悲观。"不过小说出版之际，他承认，他对通俗剧主题的讽刺化处理、他令人不安的思想、他阴郁的意识形态，于英国人的性情而言，显得陌生且格格不入，英国人相信（正如在他小说中所写）一种"理想化的合法性概念"。一位书评人说这本书"太肮脏，难成悲剧；太惹人厌恶，难令人感伤"。1908 年 1 月，康拉德向高尔斯华绥坦言，对这本书的批评和平平的销量都没能达到他的预期："现在可以宣布《间谍》光荣地失败了。它既没给我带来爱，也没给我光明的文学前景。我承认我很沮丧。我还曾抱有别的期待，真是傻。我想我身上有某种东西很难赢得大众认可……我想就是一种外邦性。"[17]

---

* 出自艾略特晚期诗集《四个四重奏》（*Four Quartets*）。
** 即阿瑟·凯斯特勒（Arthur Koestler，1905—1983），匈牙利裔英籍作家，他的作品关注政治和哲学问题。
*** 即伊尼亚奇奥·西洛内（Ignazio Silone，1900—1978），意大利政治领袖、小说家，以其"二战"时期强有力的反法西斯小说闻名世界。
**** 即约翰·勒卡雷（John le Carré，1931—2020），英国作家，以其独特的侦探小说闻名。

第十三章　卡普里、蒙彼利埃与《间谍》(1905—1909)

五

康拉德在交友方面很有天赋，他孤独的职业和身处这个国家所感到的心灵的孤独，让他格外有同理心，能回应他人的需求且热情好客。1906 年 5 月，在两次前往蒙彼利埃的旅途间隙，与福特在温奇尔西合作期间，他碰到了福特的朋友兼邻居阿瑟·马伍德。在接下来的几年里——在他和福特发生争执之前——康拉德还见到了托马斯·哈代，并与阿瑟·西蒙斯及最重要的珀西瓦尔·吉本建立起新的友谊。

马伍德生于 1868 年，来自一个古老的托利党家庭，在布里斯托尔（Bristol）的克利夫顿学院（Clifton College）上过学，在剑桥三一学院读过数学，不过糟糕的健康状况迫使他在第二年离校，没能获得学位。马伍德身患膀胱结核，妻子负责照顾他，两人安静地居于乡间。马伍德凑了 2000 英镑创办福特的《英国评论》，他在这本杂志上发表了《无名氏的保险精算计划：投保对抗生活的跌宕起伏》("Actuarial Scheme for Insuring John Doe against All the Vicissitudes of Life") 一文。他是福特的四部曲*中理想主义主人公克里斯托弗·蒂金斯（Christopher Tietjens）的原型，也是《受限的简单生活》中杰拉尔德·勒斯科姆（Gerald Luscombe）的原型："身高六英尺**，体格庞大，宽肩膀，胸膛开阔，留着小胡子，长着睿智的眼睛、平整的白色牙齿。"

马伍德是个魁梧的约克郡人，却有着细腻、深邃的思想，不管是体格还是智力都让人印象深刻。约翰·康拉德称他为"性格开

---

*　即福特的小说四部曲《队列之末》。
**　超过一米八。

朗、声音悦耳的大块头，但行动相当缓慢，有条不紊"。维奥莱特·亨特注意到他有裤子熨烫机和玳瑁壳发梳，觉得他有点像花花公子。而福特十分尊敬马伍德，描述他为：

> 体格庞大的约克郡乡绅，满头黑发闪着夺目的银光，长着敏锐的蓝眼睛，面色红润，巨大的手十分有表现力，长相丑陋。他过去常把自己和康拉德颤颤悠悠的小身板相比："我们是造人的两个极端：他就像个颤抖的蚂蚁，而我则是饭袋做成的大象！"……
>
> 总的来说，在我见过的人里，[他]最博学，静水流深……[他]如此博闻强识，智慧非凡，他的知识储备就像百科全书。[18]

康拉德还欣赏马伍德的分析思维、文学知识和敏锐的判断力，两人一直关系亲密，直到马伍德1916年5月因癌症早逝。

康拉德写信给高尔斯华绥谈论《间谍》的负面评价，他提到自己的作品和托马斯·哈代的小说有着某种相似性，哈代的作品"总体来说都悲剧性十足，且笔调阴郁——不过它们不仅当年出版时在卖，而且畅销至今"。1903年初，在惠灵顿俱乐部的午餐宴上，康拉德通过休·克利福德与哈代有了第一次会面；1907年5月在伦敦图书馆馆员哈格贝里·赖特（Hagberg Wright）博士的家里举办的一次晚宴上，两人再次见面，出席的还有韦尔斯和萧伯纳。不过当雅克·里维埃*请哈代为1924年10月《新法兰西评论》的康拉德纪念刊写点什么时，他要么忘了两人早年的会面，要么是为了推脱

---

* 雅克·里维埃（Jacques Rivière，1886—1925），法国作家、评论家、编辑，"一战"后法国知识分子圈的重要人物。他从1919年开始担任《新法兰西评论》的主编，直到他去世。

这件烦人的差事而选择忽略往事。哈代告诉里维埃"虽然他很欣赏康拉德先生,但他们没有私交"[19]。没有对两人的交流的记录,这可能是因为在一大群人中间没有机会深入交谈,或是因为这两位文坛巨匠对彼此谨慎小心,有所保留,两人之间的交谈只局限于客套话。

比康拉德小 8 岁的诗人阿瑟·西蒙斯将康拉德和吉卜林这两位英国小说家同邓南遮进行比较,这极易引起反感的行为激起了康拉德对吉卜林的防备之心。西蒙斯承袭 19 世纪 90 年代的美学和颓废传统,他为《黄皮书》* 供稿,担任《萨沃伊》杂志**(1896 年,康拉德在上面发表了自己的第一个故事《傻瓜》)的编辑,写出了重磅著作《文学中的象征主义运动》(*The Symbolist Movement in Literature*,1899)。他将《世纪名人》(*Figures of Several Centuries*,1916)献给康拉德,并写道"致约瑟夫·康拉德,以表达朋友的欣赏",还出版了一本相当肤浅的书册《约瑟夫·康拉德笔记(附未发表信件)》(*Notes on Joseph Conrad with Some Unpublished Letters*,1925),他在其中称康拉德为"天才侏儒",还令人费解地说康拉德和图鲁斯-劳特累克***一样高。康拉德曾用西蒙斯的一首诗作为《陆地与海洋之间》的题词,但他害怕好友周期性的精神错乱,所以总是以各种借口避开西蒙斯。

就像之前被斯蒂芬·克莱恩和坎宁安·格雷厄姆的生活所吸引一样,康拉德同样深受珀西瓦尔·吉本冒险生活的吸引。和克莱恩一样,吉本也是公理教会牧师之子,1879 年他生于威尔士的特里莱赫村(Trelech),在德国巴登-符腾堡州柯尼希斯费尔德镇

---

* 《黄皮书》(*The Yellow Book*),英国文学季刊,1894—1897 年在伦敦发行。
** 《萨沃伊》(*The Savoy*),关于文学、艺术、评论的杂志,1896 年 1—12 月在伦敦发行了 8 期,杂志的特色即发表叶芝、康拉德、马克斯·比尔博姆等人的作品。
*** 即亨利·德·图鲁斯-劳特累克(Henri de Toulouse-Lautrec,1864—1901),法国画家,身高约 1.37 米。

(Königsfeld)的摩拉维亚学校(Moravian School)读书。他曾在英国、法国、美国的商船队航行,后来才成为杰出的记者、战地记者,以及诗人、作家、小说家。吉本为《第一现场》日报(*Natal Witness*)报道布尔战争,其间经历过被捕和逃亡;1902年加入《兰德每日邮报》(*Rand Daily Mail*),在南非待了很多年。他的第一部诗集是《非洲事物》(*African Items*,1903),随后相继出版了讲述种族关系的《被奴役的灵魂》(*Souls in Bondage*,1904)和关于布尔人的《维鲁·格罗贝拉尔的核心案件》(*Vrouw Grobelaar's Leading Cases*,1905)。后两本书都深受康拉德影响。他将自己的小说《玛格丽特·哈丁》(*Margaret Harding*,1911)献给了康拉德夫妇,四年后,康拉德将《胜利》"献给珀西瓦尔和梅茜·吉本"。

1912年11月,吉本提前24小时收到通知,要去荒凉的保加利亚为《每日新闻》报道巴尔干-土耳其战争。1915年年中,他在俄国前线待了5个月,然后从法国为《每日纪事报》发回报道。在英国休假期间,他向康拉德讲述了"他亲眼所见的恐怖场景,那真是世界上最血腥的故事,厉声控诉了俄国人的作战方式及他们对待平民的方式",这番话使康拉德更强烈地感受到了心底最深处的憎恨。1918—1919年,吉本成为英国皇家海军陆战队的一名少校,并在意大利为英国情报局工作。

战争期间,诺曼·道格拉斯在罗马见过吉本,非常不喜欢他。喜欢揭露英国人的虚伪假面的道格拉斯并不知道吉本(像福特和柯尔一样)和他长着淡褐色眼睛的美丽妻子婚姻出现了问题,吉本也不知道道格拉斯是同性恋。在《独身》(*Alone*)里,道格拉斯或许觉得吉本军人的趾高气扬让人难以接近,相当不公平地将他刻画成醉酒、粗俗、好战、淫荡的样子:

> P. G. 先生,英国绅士的巅峰,住着一个房子,大宅,就

第十三章　卡普里、蒙彼利埃与《间谍》(1905—1909)

在北伦敦的高处，享受微风轻拂，那一次毫无疑问是醉了……很快便如酒后吐真言的醉汉，开始向我的耳朵里灌一大堆粗言俗语……

脱去这个庸人的假面，这真是一场丰富的活动，与此同时，谢天谢地，我不像他那样……我听着他倾吐疯言疯语和污言秽语……

因为我拒绝陪他去某个玩乐之所，他终于想和我打一架了……站都站不住了，他还指望到那儿做什么呢？

吉本个子小但充满活力，皮肤黝黑，阳刚，有时显得野蛮，长着厚重的蓝黑色头发和细腻的嘴巴。众所周知，他性格强势，才智机敏，观点强硬，但他对康拉德始终如子女般孝顺，甚至心怀崇敬。1912年，在评论《个人记录》时，他赞扬好友"性格温暖，拥有闪光、高尚的智慧"，并称这部自传是"最重要的鲜活之作，生动讲述了那一个人的故事，真正的康拉德"[20]。

康拉德大约是在1908年遇见吉本的，当时还住在卢顿附近，随后，他年轻的朋友很快便在1909年5月的《英国评论》上发表了《欧洲血统南非人回忆录》（"Afrikan der Memories"），还成了平克的客户。吉本两个小女儿琼和乔伊斯与约翰差不多年纪，（就像福特的女儿们）成了两个家庭的纽带。1910年早期，崇拜吉本的杰茜谈起康拉德的重病时，说吉本的情感支持给了她力量："要不是珀西瓦尔·吉本经常过来，而且似乎总是出现在关键时刻，我肯定撑不过来。"那年6月，搬往卡佩尔之家的时候，她安全地送走康拉德，让他住在吉本家里，她称两人的友谊"或许是最亲近的，而且对约瑟夫·康拉德和我来说，都是［我们所拥有的］最亲密的关系"。

这次拜访期间，康拉德因吉本而振奋不已，吉本分享了他在俄国的经历和他对大海的了解,克莱恩也曾让康拉德如此兴奋,因为这两个年轻人都懂得玩乐,能驱散他的阴霾,让他高兴起来。康拉德笑容灿烂地告诉高尔斯华绥:"他让我坐在他的跨斗摩托车里,带着我到处冲,疾驰上山坡,飞奔下山谷,就像有魔鬼在追他。我不知道这是否神经特别好,但结束旅行回来后,我感觉好似一个棉布袋,被通了气,饿得不行,但又几乎困得无法吃饭。"[21]

第二年,"天才海盗"搬去了附近的迪姆彻奇(Dymchurch),就在肯特郡的海岸上,靠近罗姆尼沼泽,而康拉德回应了吉本的仰慕,如父亲般关心他的幸福,两人经常见面。他们共同的熟人埃德加·杰普森(Edgar Jepson)讲述了他听两个老水手无休止地讨论每个经过迪姆彻奇的汽轮的独特标志时,有多么无聊,难以忍受。康拉德试图引起平克对吉本的文学事业的兴趣,说吉本固执但谦虚,对未来感到不安,甚至有点恐慌。为了帮助吉本,也是为了给自己激励和陪伴,1913 年春,康拉德计划根据吉本的非洲故事与他合作一部戏剧。虽然吉本对演员了如指掌,技法直接,风格简洁,而且似乎很渴望和康拉德合作,但他们从没有推进这个项目。早在战争前,吉本就长期婚姻不幸,彼时显然已经婚姻破裂。和吉本一样对摩托车和汽车感兴趣的博雷斯,意义含混地写道,吉本的生活以悲剧收场。吉本 46 岁在海峡群岛早逝时,"他刻意抛弃了所有其他朋友,或被他们抛弃了,独自脏兮兮地活着"[22]。

六

1908 年 8 月,康拉德遇见吉本之时,出版了他的第四部故事集《六部一套》,确实有六个故事,但并不是一套。康拉德给出版商阿尔杰农·梅休因(Algernon Methuen)写了一封颇有误导性的信,

第十三章　卡普里、蒙彼利埃与《间谍》(1905—1909)

夸大了其中的爱情趣味，坚称这些故事只是逗乐的，并不压抑。这些他所说的轻松爱情故事包括《野兽》("The Brute")中一艘船被毁；《告密者》("The Informer")中一群伦敦无政府主义者遭遇爱情和朋友的背叛；《无政府主义者》("The Anarchist")中一个人遭遇不公，被送去了罪犯流放地（这暗指政治对无辜好事者的危险影响）；《贾斯珀·鲁伊斯》(《诺斯特罗莫》的后传）中一个无辜男人的毁灭，他在抬炮架时背部断裂；《伯爵》("Il Conde")中一个病人的恐怖主义；以及《决斗》("The Duel")中漫长得荒谬的暴力。"所有故事都是关于事件——行动——而非分析，"他告诉梅休因，"所有故事的戏剧张力适度，但绝不是黑暗的那种。所有故事，除了两个，其意义都在于爱情趣味——不过当然，它们不是传统意义上的爱情故事。它们不是研究——它们不触及任何问题。它们只是一些故事，我尽我所能做到简单有趣。"但无论康拉德多么努力，他都不可能做到"简单有趣"。

在《伯爵》这篇轶事里，一名波兰贵族［基于齐格蒙特·申贝克伯爵（Count Zygmunt Szembek），康拉德在卡普里见过他，康拉德错误地给了他一个西班牙头衔而非意大利头衔*］为了自身健康住在那不勒斯湾。伯爵在一家怡人的室外咖啡馆遭遇抢劫，抢劫犯是克莫拉组织**的意大利人，他用一把长匕首威胁伯爵，"［乐队］的单簧管独奏即将结束，［伯爵解释道，］我向你保证我能听见每个音符。然后乐队奏响了最强音，那家伙翻了个白眼，穷凶极恶地对着我咬牙切齿，发出嘶嘶声响：'安静！不要发出声响，否则——'"[23]。伯爵被迫上缴了钱包和手表后，意大利人突然消失，与此同时乐队复杂的终曲也以一声巨响收尾，这场相当从容的抢劫就这样结束了。这个故事受《包法利夫人》中由公众的陈词滥调和私下的诱惑挑逗构

---

* 小说名中的 conde 是指西班牙地区的贵族。
** Camorra，1820 年前后在意大利那不勒斯组成的秘密团体。

成的复调影响,康拉德讽刺地将两线并置:乐队和谐的巨大音浪流淌在那看似平静的夜晚;歌剧风格的恶人实施了一场危及生命的抢劫,他翻着白眼、咬牙切齿地恐吓生病的伯爵,将他赶出唯一能保全他生命的环境。在他的故事里,作为题词的意大利谚语——"朝至那不勒斯,夕死可矣"(Vedi Napoli, e poi mori)——可谓一语成谶。

其中最有趣的故事是《决斗》,发生在1801—1817年,深受普希金《射击》("The Shot",1831)影响。迪贝尔(D'Hubert)融合了普希金的伯爵和西尔维奥(Silvio)这两个角色。他像伯爵一样,决斗前冷静地吃了些水果(他剥了个橘子,吮吸果汁,而普希金的主人公吃了樱桃),而且在订婚后才开始珍惜生活。和西尔维奥一样,他经受了对方射过来的两枪,拒绝杀死手无寸铁的人,并通过归还那被剥夺的生活证明了他高尚的道德。正如莱蒙托夫(Lermontov)《当代英雄》(A Hero of Our Time,1840)中的毕巧林(Pechorin)——其"灵魂已适应了风暴和战斗,当他被抛到岸上,无论那成荫的树林如何引诱他,他都感觉无聊且压抑"——这两名法国军官进行决斗是为了在战争间隙保持战斗激情。但他们的对决是不合时宜的荒谬行径。

康拉德的故事基于决斗史上的真实事件,以讽刺的笔法刻画了映射拿破仑时代浪漫主义精神的天真的英雄主义和幼稚的情感激昂。因为拿破仑不赞同决斗,所以进行决斗的军官都冒着被打败、被羞辱的风险;但迪贝尔和费罗(Feraud)既不担忧后果,也不感到懊悔。一次无伤大雅的挑衅——克制的北方人迪贝尔惹恼了正在和一位夫人交谈的脾气火爆的南方人费罗——让迪贝尔不得不战斗以免被奚落。他们进行了一系列无意义的决斗:刀、剑、枪无一不用,马上、马下都是他们的战场。决斗跨越了16年;地点从法国经德国到俄国,最终回到原点;伴随着两人从中尉升到上将;见证

第十三章　卡普里、蒙彼利埃与《间谍》（1905—1909）

了拿破仑的兴亡；最后经历了君主复辟。这些决斗需要一种嗜杀的严酷心境，展现了革命的血腥狂热，也是拿破仑毁灭性的暴力征伐的缩影。

前四次决斗胜负不明，给他们留下了道道伤痕，看起来这场争斗显然只能通过死亡来了结。第五次决斗，两人在树林里用手枪进行了一场复杂的机动战，共和党人费罗两射不中，而保皇党人迪贝尔——多年来为费罗的野蛮残忍震怒不已，但在拿破仑倒台后英勇地保护他的敌人免受政治报复——拒绝杀他。但费罗拒绝和解，一旦战斗结束他的生活也失去了意义。

迪贝尔得知悲伤欲绝的未婚妻冲去拯救他脱离危险，终于明白了她深深的爱。他告诉她，他人生中最炽烈的时刻属于费罗，并隐讳地将他的浪漫激情投射到他荒谬的敌人身上："要不是因为他愚蠢的暴行，我很可能要花数年才能找到你。这个人以某种方式成功地将自己捆绑在我深层的情感上。"

1909年3月上旬，《六部一套》出版7个月后，也是在卢顿度过了不愉快的18个月后，康拉德一家最后一次搬家，回到了肯特郡，回到了阿什福德和海斯之间的奥尔丁顿村。福特莫名其妙地给他们租了四间狭小破败的房间，就在一家肉店楼上，靠近教堂。生活环境极其简陋。康拉德的书房是一间无窗斗室；火炉点燃后浓烟滚滚，热量却没多少；水需要从屋外的水井中汲取，然后搬回屋内；花园棚里的水桶就是厕所。博雷斯谈起康拉德忍受了15个月的嘈杂、难闻的地方："那是一栋布局凌乱的房子的二楼，一楼住着我们的房东，一名猪肉屠夫，他的店也在这栋房子里。屠宰场和加工处理培根的棚子位于房子后部，就在卧室窗户下面。每周一次的宰杀日传来的猪的号叫，加上老式加工棚的气味，必定让人难以忍受。"[24]奥尔丁顿的惨状让康拉德深刻明白了他世俗的失败和暗淡的前景。

七

与忠心的吉本的亲密友谊让他在无法忍受福特的所作所为，决意斩断与他的关系时能轻松一些。1909 年，福特发掘了三名天才——D. H. 劳伦斯、温德姆·刘易斯（Wyndham Lewis）和埃兹拉·庞德，并让他们的作品发表在《英国评论》上，这本杂志由他和马伍德一起创办，他在康拉德（康拉德提议杂志用这个名字）的帮助下担任主编。福特在一则立意高远的通告中表达了杂志的编辑方针："《评论》筛选作品的唯一标准将是……要么有独特的个性或信念的力量，要么有文学天赋或目标坚定，无论目标是什么——录用标准是用词清楚，表达的观点具有力量或启蒙价值。"1908 年 12 月的第一刊——囊括托尔斯泰、哈代、詹姆斯、康拉德、高尔斯华绥、哈德森、韦尔斯的作品——即树立了其英国文学顶级刊物的地位。

康拉德后来欣慰地回忆起创办一本全新杂志所带来的思想上的兴奋，当时福特带着助手道格拉斯·戈德林（Douglas Goldring）和秘书托马斯小姐来到萨默里之家：

> 早期的《英国评论》（*E. R.*）是我唯一关心的事。你借杂志持续不断地对我轻柔施压，从我当时深深的灰心失望中挖掘出《个人记录》中的内容，单这一点就让这段回忆如此可贵……
>
> 想回忆一下我们是如何在卢顿附近的农舍里完成第一辑的编辑的吗？一天晚上，你带着你和善的追随者和装着稿件的包裹来了。我永远不会忘记那晚的寒冷、黑色的壁炉、忽明忽暗

第十三章　卡普里、蒙彼利埃与《间谍》(1905—1909)

的烛火、暗淡的油灯、房子里绝望的寂静,女人和孩子恬静地睡着,凌晨两点你在我晦暗的书房找到我,让我立马专心看看关于[阿纳托尔·法朗士(Anatole France)]《企鹅岛》(*Île des Pingouins*)的两页通知。编辑暴政史中精彩绝伦的一刻!我猜你自有道理。第一期《英国评论》不可能留两个白页就出刊。那必定会轰动一时。我早就原谅你了。

杰茜的回忆却大相径庭。她讨厌有人突然闯入萨默里之家,也不认为福特的手下(她得给他们做饭)有多么和善,并且声称女人们都痛苦地难以入眠,并非"恬静地睡着":

> 楼下的每个房间都灯火通明——绝无省钱之意。只提前一个小时左右通知我要给四五个陌生人找个房间住,这真不是件让人觉得舒服的事。只有婴儿和女仆才能在那个晚上入睡。他们隔着房间叫嚷着各种指令、指示或建议。一整晚喧嚣不断,第二天房子一片狼藉。我一个月的食物储藏很快就被吃掉了,必须用油灯和蜡烛也是一大麻烦。不过,噩梦终于到头了——我丈夫口中那首刊中的杰作就是在我们家编辑完成的。[25]

《英国评论》一举成功,加之福特在文学界新获得的权力和声望,让他得以改头换面,但对他的性格产生了负面影响。正如大卫·加尼特有趣地写道:"只消一两年,福特就成了伦敦文学界的杰出人物——身着华丽皮衣,戴着浮华的大礼帽,驾着租来的马车,在所有文学大师的聚会上都能看到他露出仁慈、居高临下的笑,展现他光鲜的容貌、生小牛肉般的肤色、醒目的蓝眼睛和兔牙。"韦尔斯发现,福特困惑于自己的身份,"各种虚伪的人格面具和夸大的自我,成就了这样一个奇特的混合体"。而在《英雄之死》

（*Death of a Hero*，1929）中讽刺地把福特刻画为肖布（Shobbe）的理查德·奥尔丁顿，强调了他的自负、浮夸、自私、虚伪和劣迹斑斑的私生活："他反复告诉我，他是'过去三百年来唯一的诗人''英国最伟大的知识分子！'……自己过上安逸生活后，他真正在意的只有他的散文风格和文学名声。他还是一个十分有趣的了不起的骗子——可以说是文学界的福斯塔夫*。至于他和女人的风流韵事——我的天哪。"[26]

1901年，福特和妻子的妹妹玛丽·马丁代尔开始了婚外情，埃尔茜1905年7月才发现。尽管如此，福特还是一直和玛丽有染，直到1908年，他为了维奥莱特·亨特（在此之前，她一直是韦尔斯的情人）抛弃了她。到了1909年，他仍和维奥莱特及他鹅蛋脸的德国"秘书"格特鲁德·施拉布洛夫斯基（Gertrud Schlablowsky）保持着情人关系，同时想尽办法迫使埃尔茜和他离婚。

维奥莱特比福特大7岁，是"一个长得像毒蛇的美女，长着长长的尖下巴和炽热、深陷的棕色眼睛"。D. H. 劳伦斯在1910年7月一封诙谐的信中讥讽维奥莱特的奇装异服和怪异行为："她穿着蕾丝裙，显得身宽体胖，戴的帽子缠着蓝色羽毛，仿佛缠着一条巨蟒。她确实看上去十分俊美。她展现出自己最佳的社交礼仪。她十分敏捷，灵巧：轻抛出一个聪明的问题，抬眉作沉思状，眼睛从右边的男士扫到左边的女士，微笑，鞠躬，突然——急速落幕——她走了，短短一秒钟之前，她还属于我们，现在她完全是别人的了。"[27]

1909年夏，已经做了十数年亲密朋友的康拉德和福特发生了争吵，在接下来的两年里，两人完全形同陌路。一个导火索（福特认为）是原定康拉德应提交《个人记录》中一章的内容，用于《英

---

* 莎士比亚《亨利四世》中的喜剧人物，爱吹牛撒谎，纵情声色，毫无道德荣誉观。

第十三章 卡普里、蒙彼利埃与《间谍》(1905—1909)

国评论》1909年7月刊,但他食言了——因为他渴望远离或脱离福特。在那一期杂志中,福特登载了一则错误说明,惹恼了康拉德:"很遗憾,由于约瑟夫·康拉德先生身患重疾,我们不得不推迟发表其下一期回忆录。"另一个表面上引起两人争执的原因是康拉德对福特的俄国内兄大卫·索斯凯斯(David Soskice)博士充满敌意,而索斯凯斯是坐拥《英国评论》的财团之首。索斯凯斯能干,勤奋,在俄国取得了律师执照,因无政府主义活动被沙皇政权投入监狱,后逃离俄国,在英国加入了加尼特的流亡者团体,一直在帮助康斯坦丝翻译康拉德的眼中钉陀思妥耶夫斯基的作品。

但两人激烈争吵及康拉德拒绝再把他的作品给《英国评论》的真实原因复杂得多。正如亨利·詹姆斯曾害怕康拉德精神不稳定,康拉德也担心福特(正如他担心阿瑟·西蒙斯)的狂妄自大和神经崩溃。他注意到了福特性格的负面转变。而且他讨厌被卷入福特的性丑闻,他告诉高尔斯华绥(所用的话正是伊莉莎·奥热什科瓦对康拉德的评价):"最近我已经受够了这种关系,以致一想到它我就想吐。"

1909年3月,埃尔茜到访康拉德家,(在福特的支持下)指控阿瑟·马伍德对她意图不轨。康拉德相信马伍德是"个完全意义上的英勇之士——绝不可能行任何阴暗的背信弃义之事",并且他也害怕受这起"可怕丑事"的牵连。"这般扭曲生活现实,便形成了一种阴谋、指控、怀疑的氛围,"他告诉福特,"污浊的环境让我无法呼吸,我深感厌恶。"提到马伍德,他觉得自己有必要劝告福特:"最近,你一直在以奥林匹亚式的严厉惩罚仰慕你的朋友,其实你耿耿于怀的事可能只是行事不够圆滑,甚至只是过于粗心大意……我有义务告诫你,到了不惑之年,你会发现身边只余友谊的碎片。"

最重要的是,在康拉德因为不喜欢被随意到访的客人打扰,而拒绝与薇拉·凯瑟(Willa Cather)见面后,福特把康拉德的信

（他写给埃尔茜的）直接寄给了这位美国作家。康拉德自然为福特的鲁莽、狡猾、心计恼怒不已，他坦白告诉福特（福特后来透露，他原本指望通过凯瑟和麦克卢尔公司的关系获得对《英国评论》的支持）："你的信就像晴天霹雳，信中的诸多事情我先前并不知晓——你之前甚至从没向我暗示过——它们却成了你责备我的原因！告诉我我的态度太差了！！……福特，别跟我扯这些有的没的。真是难堪。我无法忍受事情变成这样。"[28]

最终决裂发生在7月。康拉德拒绝写更多章节，门徒被激怒，大胆批评大师未完成的回忆录。康拉德傲慢地回应："如果你认为我辱没了你和《评论》，那为什么非得如此？站在 E. R. 主编的立场，我们就此打住，条件是我不想再听到关于此事的任何言论。但既然我写信的对象拥有出色的形式感，并且多年来，对我的文学意图如何展开了如指掌，我希望就这几个字进行抗议——糟糕的境况。"

这场纷争以相当滑稽的方式收场：福特四处宣扬他"点名康拉德"进行决斗。"他的行为让人难以忍受，"康拉德向平克抱怨，"他狂妄自大，幻想自己在管理宇宙，每个人都以最阴暗的忘恩负义待他。他的冷静是迷惑人的伪装，其下藏着怨气满满的极度虚荣……我敢说有些没那么严重的病例都在接受治疗。"

福特坚持最高的文学标准，加上他毫无经商才能，不可避免地遭遇了经济危机。1909年12月，《英国评论》已亏损2800英镑，金融家阿尔弗雷德·蒙德爵士（Sir Alfred Mond）以低价收购了它，解除了福特的主编一职。劳伦斯如此总结福特的缺点与优点："许弗活在永恒的迷雾中。他在各个方面都天赋异禀，却永远活得像个该死的傻瓜……确实是个傻瓜，但他是推动我前进的第一人，而且他是个善良的人。"[29]

福特讽刺地将康拉德刻画成《受限的简单生活》中的西蒙·布

兰斯登和《有些不》(*Some Do Not*, 1924) 中的麦克马斯特 (Macmaster)，以此报复康拉德拒绝供稿。在前一部作品中，布兰斯登因殴打刚果的"黑鬼"铁路工而健康受损后成了作家："他的懒惰和淡漠，他多毛的身体、湿冷的双手及下垂的眼皮让他'长得像半盲的东方白痴'。"在后一部作品中，麦克马斯特——留着带灰的黑色尖胡子，他戴的单片眼镜给他一种稍显痛苦的表情，也让他在想给人留下深刻印象的时候，拥有近距离观察他人的特权——还有一个致命弱点：喜欢脸色红润的大胸女店员。

尽管福特如此讥讽，康拉德对他的前合作者还是一直保有好感，并且热情赞颂了《好兵》——这本书恰好在福特（超龄且身体欠佳）入伍前上市。康拉德欣赏福特小说中出色的女性、完美呈现的主题及其风格中忧伤的韵律。不过康拉德再也没与福特和好如初。1920 年，埃尔茜突然想恢复两家的往来——彼时她已经在诉维奥莱特·亨特自称许弗夫人案中胜诉，但康拉德怀疑她的动机和真诚。康拉德害怕和这位怨怼的妻子纠缠，冷酷拒绝了她伸出的橄榄枝。1924 年，福特出面，康拉德的态度有所软化，还想邀请他喝茶。但杰茜恨意难消，坚决拒绝接待他。"再次让他亲近有什么用？"她问平克的儿子埃里克，"我极度厌恶他。"[30]

第十四章

崩溃与成功（1910—1913）

一

康拉德专注于调动思想、意志和良知，奋力投入创作，抹除了外部世界，屏蔽了"一切能让生活变得可爱、温柔之物"，正是如此，他才得以在1904年完成《诺斯特罗莫》。后来，他以斯威夫特式的反讽写道："我在以热情好客而闻名的拉丁美洲待了差不多两年。回程时，我发现（带着点格列佛船长的风格说道）我的家人一切安好，得知尘埃落定，妻子万分欣喜，在我离开期间，我的小儿子也长大了好多。"但《在西方的注视下》的创作之苦在1907年12月开始了，来得比以往更强烈，导致康拉德在1910年1月刚刚完成这部作品后就彻底陷入了精神崩溃。

创作这部小说期间，慢性痛风和一直悬在头上的经济压力时时折磨着康拉德。通常，他开始小说创作时没有明确的计划，也不知道该如何收尾——或何时写完。和《吉姆爷》与《诺斯特罗莫》一样，《在西方的注视下》一开始是一部短篇小说，但很快就让康拉德沉迷其中，一发不可收。虽然这部小说一直扩展，也不太可能很快完成,他还是反复告诉平克就快写完了。1909年夏,平克不满康拉德没能拿出期待已久的手稿,威胁要断了两人的商业往来。12月,危机爆发,平克拒绝再给康拉德提供资金,而康拉德威胁要将手稿付之一炬,愤怒地呼喊:"你似乎是在给我一点甜头,但你表现出来的完全就是蔑视——下周一定!——就好像你是在用骨头诱使狗用后腿站立。"

故事即将收尾,康拉德也快走投无路了,平克从版税中扣除了一部分用于偿还巨额欠债,但康拉德觉得他扣得过多了,为此气愤不已,他在一封自怨自艾的信中向高尔斯华绥倾诉这部小说如何吸干了他的生命:

> 这真让人震怒。他认为我是那种能在一周内写完故事却不愿意这么做的人吗?你是这么看的吗?为什么?出于什么原因?难道我习惯于无所事事地醉他个好几天,却不工作?⋯⋯我在书桌旁坐12个小时,睡6小时,剩下的时间都在担忧,感受岁月的流逝,看看我爱的人。两年了,我没看过一幅画,听过一个音符,没有享受过片刻和人的交往——真的没有。而他谈的却是定期交稿。[1]

最终,他们同意,康拉德每提交一千字文稿,平克就要预付不多于3英镑的钱,以刺激生产力。即便如此,康拉德还是担心这部雄心勃勃的小说卖不出去,而且它微薄收益的大部分还要用来偿还他欠平克的巨款。

二

《在西方的注视下》设定在约1904年,故事始于一场俄国革命

运动和沙皇秘密警察之间的冲突。1908年1月,即完成这部小说前两年,康拉德在一封给高尔斯华绥的信中阐述了他最初的构想:

> 我试图捕捉俄国特质的精髓……
>
> 听听故事主题。学生拉祖莫夫(K亲王的私生子)秘密向警察告发他的同窗哈尔丁,哈尔丁在犯下一桩政治罪行(应该是谋杀了P先生)后躲在他家。圣彼得堡的第一场运动。(当然,哈尔丁被绞死了。)
>
> 第二场运动在日内瓦。学生拉祖莫夫在海外与哈尔丁的妈妈和妹妹见面,爱上了后者,还娶了她,一段时间后,向她坦白自己在她哥哥的被捕中扮演了什么角色。
>
> 导致拉祖莫夫背叛哈尔丁、向妻子坦白实情及这些人死亡(主要的原因是他们的孩子很像过世的哈尔丁)的心理活动构成了这个故事的真正主题。

然而,康拉德在真正写作这部小说时,拉祖莫夫在第四部分就向娜塔莉·哈尔丁坦白了,两人没有结婚(虽然她原谅了他),也没有孩子。第一部分集中讲述拉祖莫夫背叛哈尔丁的动机。拉祖莫夫厌恶哈尔丁假定自己认同他的追求并且会帮助他逃跑,同时害怕被卷入这场犯罪,毁了事业,于是他背叛了哈尔丁,但被秘密警察胁迫为俄国政府监视日内瓦的革命者。小说剩下的部分集中讲述这次事件后他的遭遇。当拉祖莫夫同时向他在日内瓦碰到的革命者坦白他的背叛时,尼基塔——后来被揭穿是警察的探子——通过惩罚性地打破拉祖莫夫的耳膜来表达自己的"忠诚"。拉祖莫夫永久性耳聋了,还被电车撞到残疾,成为一个废人回到俄国。拉祖莫夫和日内瓦的革命者旨在"捕捉俄国特质的精髓":虚伪和盲目的破坏;背叛、忏悔、自我贬低的冲动,以重拾逝去的荣誉;陀思妥耶夫斯基式本性的怯懦，融合对精神救赎的痛苦渴求。

《在西方的注视下》的主题、情节和结构与《吉姆爷》类似。小说的第一部分聚焦不光彩的行为，剩下的部分转换地点，描写主人公在经过道德上的耻辱后企图重建自尊。马洛对吉姆的著名评价——"我们当中的一个"——讽刺地出现在康拉德的俄国小说中，用于描述革命战友情。康拉德最伟大的作品都专注于揭开隐藏的负罪感、坦白可耻的行为。库尔茨通过制造他几乎无法表达的"恐怖"背叛了他的殖民使命；吉姆承认他在船破时逃生，背叛了身为船员的职责；诺斯特罗莫偷了矿里的银子；维罗克牺牲了史蒂夫；《秘密的分享者》中的莱格特谋杀了不听话的水手。而《在西方的注视下》中的拉祖莫夫难以摆脱坦白这一"俄国特色"执念，首先向娜塔莉亚，然后向革命者坦白。

虽然康拉德告诉高尔斯华绥，哈尔丁的犯罪基于俄国反动官员维亚切斯拉夫·德·普列夫（Vyacheslav de Plehve）遇刺案——1904 年，普列夫被一个名叫萨索诺夫（Sasonov）的大学生炸死，但这个情节或许还有另一个来源（发生在日内瓦的历史事件，暗示了拉祖莫夫对哈尔丁的背叛），不过康拉德并没有提到。1869 年，性感、迷人的虚无主义者谢尔盖·涅恰耶夫从日内瓦（俄国革命者的精神家园）回到莫斯科，"谋杀了他所属的［小规模秘密］组织中的一名学生，或许是因为他害怕背叛，或者可能只是为了展现他凌驾于其追随者之上的权力，随后逃回日内瓦……1872 年被捕，并被引渡回俄国，十年后死于狱中"。[2] 涅恰耶夫谋杀伊万诺夫（Ivanov）发生在 1869 年 11 月 21 日，给了陀思妥耶夫斯基创作《群魔》(*The Possessed*，1872) 的灵感。涅恰耶夫是米哈伊尔·巴枯宁*（康拉德小说中彼得·伊万诺维奇的原型）的革命战友，娜

---

* 米哈伊尔·巴枯宁（Mikhail Bakunin, 1814—1876），俄罗斯早期无产阶级革命者，著名无政府主义者。

塔丽·赫尔岑（Natalie Herzen）*生命中的恶魔和潜在诱惑者，1870年他在日内瓦遇见她，她的名字和娜塔莉·哈尔丁的名字惊人地相似。

康拉德选择英语教授作为小说的叙述者，树立了一个客观视角，他所描绘的俄国精髓带着西方人滤镜。在一封写给一名波兰同胞的重要信件里，他强调了他的双重遗产及他在小说中运用的双焦点："在海上和陆地上我都采用了英国人的视角，但不应该由此得出我已经变成了英国人这一结论。事情不是这样。就我而言，双重人（homo duplex）不止一重含义。"

第一部分（小说中最有力的部分）和第四部分的最后一章发生在圣彼得堡，剩余部分发生在日内瓦。一个是压迫之城，一个是自由之城，但瑞士庇护的共产主义革命者将在1917年让俄国变得比在沙皇统治下更压抑。康拉德不仅将暴力之人和祥和的环境并置，而且（受博雷斯近期在尚佩尔生病的刺激）讽刺日内瓦的资产阶级美德："在那个标致而不够雅致、殷勤而缺少同情的城市，在栏杆围成的草地和树木的那个长方形空间，衬着整齐可见的斜坡屋顶，只有些微春天般的风和日丽**……他看见那些绿色斜坡，衬着那个小湖，处在染色硬纸板做成的处处令人惊叹的平淡乏味的诗情画意中***。"语言老师以精确、平淡的话表达了小说的政治主题（将影响奥威尔的《动物农场》和《1984》）：

> 暴力革命首先落到那些心胸狭窄的盲信者和专横暴虐的伪君子手中。然后就轮到这个时代所有那些自命不凡、才智不足的人。这些人就是领袖和领导。你会注意到我把那些十足的流

---

* 亚历山大·赫尔岑的长女。
** 《在西方的注视下》，卷二第四部分。
*** 《在西方的注视下》，卷三第四部分。

民给排除了。那些天性审慎公正，那些天性高贵、仁慈而虔诚的人；那些无私而聪明的人会发起一场运动——但它会离他们而去。他们不是革命的领导人。他们是革命的牺牲品：反感的牺牲品，幻灭的牺牲品——常常是悔恨的牺牲品。希望遭到荒诞不经的背叛，理想遭到讽刺——这就是革命成功的定义。*[3]

三

20世纪初，随着《吉姆爷》《青春》《台风》的出版，康拉德声望到达顶峰，但他更成熟、更具野心的小说——《诺斯特罗莫》《间谍》和《在西方的注视下》——都遭遇了口碑滑铁卢。虽然加尼特在《国家》杂志（Nation）上给予《在西方的注视下》好评，但他在私人信件中的批评激得康拉德愤怒回应关于自己仇视俄国人的指控。康拉德在回应中提到康斯坦丝和爱德华身边的革命者，他写道："亲爱的，你如此俄罗斯化，以至就算亲眼所见，你也不明白真相为何——除非这真相是白菜汤味的，它立刻就能获得你最深切的敬意。我想我们必须体谅你俄国驻文学共和国大使的身份。"两人针锋相对的政治观同样导致了友情的冷淡。

康拉德的俄国小说和俄国人物引发了两个密切相关的问题：他懂俄语吗？他对俄国小说家（屠格涅夫、托尔斯泰，尤其是陀思妥耶夫斯基）的态度是什么？出于身为波兰人的骄傲，康拉德一直否认他懂俄语，尽管1862—1867年间，他在沃洛格达和切尔尼科夫度过了5年半的流放时光。虽然他对俄语，甚至俄语字母表的一无所知显得不可思议，但康拉德向亲俄的加尼特提过，阿波罗刻意让

---

* 《在西方的注视下》，卷二第三部分。

他远离俄语的恶性影响,并在流亡者的小社群中教他波兰语:"我对俄国人的了解少得可怜,几乎可以算没有。在波兰,我们和他们没有任何关联。我们知道他们在,这就够让人不快的了。流亡时,就算不可避免,也会尽可能减少接触。十岁时,我跨过俄国边界〔回到波兰〕。没去过学校,我也就没学俄语。就算为了保命,我也无法区分小俄国人(乌克兰人)和大俄国人*。"但奈德复述了1893年康拉德造访波兰时塔德乌什给的指示——"到了布热希奇(Brzesc)发电报找马车,但要用俄语,因为奥拉蒂夫(Orativ)不接受也不接收用'外语'写的信息",还令人信服地说"康拉德必定懂一点俄语。他会读俄语字母表"。[4]

康拉德唯一仰慕的俄国人是亨利·詹姆斯的朋友伊万·屠格涅夫,但他是一名西化的作家,住在法国。1899年,康拉德欣然接受康斯坦丝·加尼特将她翻译的屠格涅夫的《绝望之人》(*A Desperate Character*)献给他,他还把《猎人笔记》作为《大海如镜》的模板。康拉德在其晚期文章《屠格涅夫》("Turgenev",1917)中表达出的热情,与他对詹姆斯和克莱恩的冷漠形成了醒目对比。而且他对屠格涅夫傲人天赋的描述,截然不同于《独裁与战争》中所定义的俄国特质,表达了他在自己最伟大的作品中所达到的理想标准:"绝对理智与最深刻的情感,最清晰的远见与最迅速的反应,一针见血的洞察力,以及永远不轻易下判断,敏锐觉察有形世界,能凭直觉准确发现重要之物,即男男女女的生活之本,最清晰的头脑,最温暖的心,最广博的同情心。"康拉德还用这篇文章来对比屠格涅夫仁慈的同情之心和"痉挛、惊恐的陀思妥耶夫斯基"畸形的反常心理:"〔屠格涅夫〕创造的一切,幸运的和不幸的、受压迫者和压迫者,都是活生生的人,而非动物园里奇怪的野兽或那些在

---

* 主要指居住于俄罗斯欧洲部分中部和北部的斯拉夫人,即所谓正统俄国人。

充满神秘矛盾的沉闷黑暗中将自己撕成碎片的被诅咒的灵魂。"

康拉德同样敌视托尔斯泰。他质疑托尔斯泰的反感觉主义,认为他那一派基督教令人反感。他谈到《伊凡·伊里奇之死》("The Death of Ivan Ilych")临终忏悔那一幕中不必要的暴行,以及《克莱采奏鸣曲》("The Kreutzer Sonata")中令人震惊的愚蠢——嫉妒的丈夫因怀疑妻子不忠而将她杀害,"明显的堕落之人,不值得多看一眼,不仅完全不适合婚姻生活,而且不适合任何生活,却被呈现为一个讨人喜欢的人,因为本该活在他内心深处的神圣真相而成了可怜的受害者"。乔斯林·贝恩斯说,"在一个被删减的片段里,作者讽刺地暗指彼得·伊万诺维奇是《叶戈尔复生》[('The Resurrection of Yegor')即托尔斯泰的最后一部长篇小说《复活》]和那部'有名得多的廉价清唱剧'(《克莱采奏鸣曲》)的作者,这表明康拉德至少还是想到了托尔斯泰的"[5]。在《在西方的注视下》的最后,彼得·伊万诺维奇通过与一个农家女孩结合达成了托尔斯泰的社会主义理想。

不同于对屠格涅夫坦白直接的欣赏及对托尔斯泰的厌恶,康拉德既反感陀思妥耶夫斯基,又受他吸引。陀思妥耶夫斯基革命密谋,他被捕、被放逐至罪犯流放地,他极端的情绪、宗教神秘主义、对赎罪的渴望,这一切不可避免地让康拉德想到阿波罗一败涂地的事业和病态的性格。同样地,陀思妥耶夫斯基的癫痫唤起了康拉德对自己童年疾病的恐惧。他不喜欢陀思妥耶夫斯基的艺术特质,或许也会赞同弗拉基米尔·纳博科夫所说,他"没有品位,对遭受前弗洛伊德情节之人的处理单调乏味,沉溺于人类尊严的悲剧遭遇——所有这一切都很难让人欣赏"。康拉德还讨厌陀思妥耶夫斯基的主导思想:他强烈的俄国民族主义,他救世主式的基督教信仰,以及他坚信神圣俄罗斯在西欧的救赎使命。康拉德在理念上难与同样受过政治革命创伤的陀思妥耶夫斯基契合,但面对彼时的政治动乱,两人反应相同。他认同陀思妥耶夫斯基对人类身上邪恶与灵性这两面的体察,认同他热情的保守主义,认同他对社会混乱、无政府状态和虚无主义根深蒂固的恐惧。

陀思妥耶夫斯基像大多数俄国小说家一样,极度仇视波兰人。《白痴》里,阿格拉雅(Aglaya)嫁给了假波兰"伯爵",改宗天主教,而天主教教义正是信奉东正教的陀思妥耶夫斯基所厌弃的。《卡拉马佐夫兄弟》里,陀思妥耶夫斯基暗示波兰女人道德败坏,一个引诱过格露莘卡(Grushenka)的不知名波兰人五年后再次出现,成了贪得无厌的骗子和老千。他假装成军官,穿着油腻的衣服,收下了一笔贿赂,要离开格露莘卡,但后来又要索取更多的钱才愿意完成交易。康拉德批评这部小说不够清晰,有一种野蛮的病态,模棱两可地称那部小说"糟糕透顶,令人震撼,使人恼怒。不仅如此,我还不明白陀氏代表了什么或揭示了什么,但我深知他对我而言太俄罗斯了。此书在我听来就像史前时代的激烈咒骂"[6]。正如康拉德拒斥梅尔维尔是因为他自己就被定义为海洋作家,他拒斥陀思妥耶夫斯基——和梅尔维尔一样,也是个神秘的小说家——是因为他也被定义并限定为斯拉夫人。

尽管如此水火不相容,博雷斯提到陀思妥耶夫斯基"是他父亲研读得最认真的作家之一"。而且《罪与罚》对康拉德的影响超过了福楼拜、莫泊桑、屠格涅夫和亨利·詹姆斯的作品。《在西方的注视下》和陀思妥耶夫斯基的小说一样,讲述的是一个俄国人饱受折磨的良知在犯罪后经历了从痛不欲生、与世隔绝、忏悔到坦白和赎罪的过程,并且主人公在一名谦逊的女性照料下,最终找到了某种平静。拉尔夫·马特洛(Ralph Matlaw)发现在康拉德的作品中,陀思妥耶夫斯基"就是恶魔,只有利用想象力对令人不快的事物进行改造,才能驱除它"[7]。

四

康拉德因《在西方的注视下》所产生的失望、沮丧和焦虑，以及他一直以来对钱的担忧、对自己作品的不满和身体疲劳，都生动地记录在阿瑟·西蒙斯1911年2月的信中："[康拉德]说，我的小说（《在西方的注视下》）让我得到了300英镑的连载版税，想想那些拿着成千上万版税的蹩脚作家。这本书总共或许能让我赚1000英镑，我总是处在水深火热中。（他抽着烟，来回走动着。）我不满意我的小说，它没有结束。我不得不坐在书桌前，为一个短篇故事写好几千次——为了钱，这真让我恶心。（他把手放在额头上！一切就位！）但我该如何继续？"[8]

1910年1月，完成这部小说后，康拉德去了平克的伦敦办公室。他为平克的威胁、含沙射影及拒绝汇款愤恨不已，两人爆发了激烈争吵。争吵期间，康拉德不是说了一个外语词就是愤怒到让人难以理解，而同样气急败坏的平克打到了他的软肋，宣称"他就该说英语，如果他会的话！"5个月后，他冷冰冰地给平克写信："想必你不会忘记上次我们见面时你说我'没对你说英语'，所以我请了罗伯特·加尼特（爱德华的兄弟兼律师）来做我的发言人——至少到我的语言能力改进到能被人接受。"这次冲突后，康拉德和平克疏远了两年。

回到奥尔丁顿的家后，康拉德立刻精神崩溃。家人和自己的重疾（《吉姆爷》之后的每一部长篇小说都让他献出了一颗牙），和福特令人心力交瘁的争吵，缓慢的写作进程与长期的创作压力，和俄罗斯元素激烈的情感纠缠，长期的经济问题，担心收到对自己小说的负面评价，以及最后一根稻草——和平克的争吵，这一切最终让他的精神垮了。杰茜说,这次崩溃伴随着严重的躯体症状,很像蜜月期他经历的高烧导致的精神错乱,康拉德把他对平克的咒骂混入了他的天主教童年和父母之死等可怕的回忆中:

> 显然他病得很重,他的喉咙肿得和下巴尖齐平,真是触目惊心,过了一会儿,他明显进入谵妄状态,用自己的语言不停胡言乱语,激烈地咕哝着对平克先生的怨恨:"说英语……如果我会的话……他会怎么说我写的所有东西。"……
>
> 我日夜守护着他,害怕我一转身他就会逃离房间。我在唯一的门前放了一个沙发,抓住仅有的那点时间在那上面睡一会儿。不止一次,我睁开眼发现他摇摇晃晃地向我走来,在找某样他梦到的东西……
>
> 在他本应该已经呼吸了至少12次的时间里,他似乎只呼吸了一次,冷汗就爬满他全身,他仰卧着,虚弱地呢喃着关于葬礼的事。

虽然康拉德的创作精力可以维持到他完成小说,但他既不能对小说进行修订,也无法让自己摆脱那个想象之境的控制。杰茜告诉《布莱克伍德杂志》的编辑大卫·梅尔德伦:"可怜的康拉德病得很重,哈克尼(Hackney)医生说他需要很长一段时间才能进行耗费脑力的活动……手稿已经完成,但没有校对,而他强烈拒绝任何人碰他的作品,连我都不行。书稿就放在他床角的桌子上,他混乱地活在书的场景里,与他笔下人物对话。"[9]

5月中旬,康拉德开始出现好转的迹象,他那时写给休·克利福德和诺曼·道格拉斯的信件揭示了他还没意识到自己病得有多重,他仍需紧紧控制住自己,以防神经再次崩溃:

第十四章 崩溃与成功（1910—1913）

我有点全身发抖，似乎我一直都病得很重。当时我不相信，但现在我开始信了。不仅如此，我开始明白过去两年可怕的神经紧张（甚至我的妻子都不知道）必定会走向这样的结局……

你可以想象被夺走四个月的生命是怎样的感觉。我仍全身发抖；我感觉就像一个从地狱回来的人，惊恐地看着这活人的世界。[10]

五

1910年2月至5月，康拉德正从崩溃中恢复，《在西方的注视下》也正在经受媒体的评议，其间，他又结交了新朋友，包括三个美国人和一个法国人：阿格尼丝·托宾（Agnes Tobin）、沃林顿·道森、约翰·奎因和安德烈·纪德。阿格尼丝·托宾1864年生于一个庞大的天主教家庭，其父是旧金山成功的律师和银行家。她是语言学家，彼得拉克和拉辛的译者，还是艾丽斯·梅内尔（Alice Meynell）和阿瑟·西蒙斯（他把她介绍给了康拉德）的朋友，她特别乐意结识知名作家、艺术家。她认识乔治·梅瑞狄斯（George Meredith）、埃德蒙·戈斯、弗朗西斯·汤普森、W. B. 叶芝、安德烈·纪德、G. K. 切斯特顿（G. K. Chesterton）、埃兹拉·庞德和奥古斯塔斯·约翰（Augustus John）——其中许多人都夸赞她的性格和作品。

阿格尼丝激发艾丽斯·梅内尔写下《牧羊女》（"The Shepherdess"）一诗。弗朗西斯·梅内尔（艾丽斯之子）赞美过她精致的头颈，夸她"美丽，强大，优雅，关心孩子"。1904年叶芝的美国演讲之旅行至旧金山，他在那里第一次见到了阿格尼丝，并把她的译作推荐给了西蒙斯:"我觉得它们非常精致,十分优美,有一种奇特、强烈的销魂之感,要不是我不懂意大利语,我也会为它们写评论。"他对格雷戈里夫人*夸张地说阿格尼丝是继沃尔特·惠特曼后最伟大的美国诗人。西蒙斯说轻浮、善变、古怪、娇美的阿格尼丝是"如她名字一般的丰满小个子"(托宾让人想到托比啤酒杯**),"聪明,热心,非常健谈;十分有趣"[11]。1911年8月,阿格尼丝写信给她所仰慕的康拉德,引荐约翰·奎因,奎因是个富有的收藏家,他在接下来的十年里买下了许多康拉德的手稿。同年10月,康拉德充满感激地将《在西方的注视下》献"给阿格尼丝·托宾,她将自己的交友天赋从(加利福尼亚)最遥远的西海岸带到了我们面前"。

沃林顿·道森1878年生于南卡罗莱纳州,是康拉德首位年轻门徒。和泰迪·罗斯福***在东非打猎时,道森认识了特德·桑德森,桑德森时任内罗毕(Nairobi)的市政办事员,正是他介绍两人认识。他有着反动的社会思想和文学品味,深受马克斯·诺尔道(Max Nordau)《堕落》(*Degeneration*,1892)一书中对现代艺术的批判的影响,反对他所认为的现代艺术的不道德性。1913年,道森没能引起康拉德对新风艺术社(Fresh Air Art Society)那些癫狂的宗旨的兴趣;1924年,他将《夜晚的冒险》(*Adventures in the Night*)"献给我的朋友约瑟夫·康拉德";1927年出版了他的蹩脚小说《绯红的棺罩》(*The Crimson Pall*),书中有几封康拉德写给他讨论小说艺术的信。道森成了《金箭》里南卡船长J. K. 布伦特的原型,和乔治先生争夺丽塔·德·拉斯陶拉的爱。

---

* 即奥古丝塔·格雷戈里夫人(Lady Augusta Gregory,1852—1932),爱尔兰戏剧民俗研究者、剧院经理。与叶芝和爱德华·马丁共同创办了爱尔兰文学剧院。
** 托比啤酒杯(Toby jug),形似头戴三角帽、手拿烟斗的老人的啤酒杯。
*** 即西奥多·罗斯福,美国第26任总统。

第十四章 崩溃与成功（1910—1913）

约翰·奎因（康拉德从没见过）是名成功的关税律师，1870年生于俄亥俄州，在哈佛读书。他是福特、乔伊斯、庞德的艺术赞助人兼朋友，他按康拉德开出的价格买下了1911年到1919年间康拉德出卖的所有手稿，并且这些年里还给了康拉德数目可观的补贴。康拉德把秃头、薄嘴唇、神色严肃的奎因玩弄于股掌之上，用新的美好前景刺激他贪婪的本性，而且不断在旧橱柜和抽屉里发现"遗失的"手稿。两人的异地友情不是单纯靠手稿买卖来维系；奎因欣赏康拉德，还会给康拉德的美国出版商弗兰克·道布尔迪提供友善的建议和帮助。战争期间，康拉德写了一系列有趣的长信，谈论世界政治和罗杰·凯斯门特的审判，大大丰富了奎因的收藏。

1911年7月，阿格尼丝·托宾把康拉德引荐给她朋友圈中除亨利·詹姆斯外最伟大的作家——安德烈·纪德。纪德《拉夫卡迪奥的冒险》第四部分的题词就出自《吉姆爷》，并且那部小说里的"无端行为"这一概念就取自《间谍》。1919年，纪德想过请康拉德为《窄门》（Strait is the Gate）作序，而且整个20世纪20年代，他都在不断夸赞康拉德的作品。他认为《救援》虽"累赘"，却是康拉德最杰出的作品之一，"触及我内心最敏感的地方"。纪德将《刚果之行》（Travels in the Congo，1927）用以"纪念约瑟夫·康拉德"，而且在那本书里表达了康拉德的反帝国主义主题。他欣赏《台风》的艺术技巧（他把这本书拙劣地译成了法语），称赞康拉德"在让读者感受过无以复加的恐怖后，在可怕的［第二场风暴］来临前让故事戛然而止，使读者可以充分发挥想象力"。同时他——亲临非洲——肯定了康拉德的非洲中篇小说的伟大和影响力："我在第四遍重读《黑暗的心》。只有在亲眼见过这个国家后，我才意识到这个故事有多棒。"纪德在其1930年2月的杂志中谈论了《在西方的注视下》严肃的主题和复杂的结构，康拉德若是读到这篇评论应该会很欣慰："人们不知道哪一方面更值得欣赏：出色的主题、故事的整体性、向困难挑战的勇气、故事铺陈的耐心、对主题的完全理解和彻底探讨。"[12]

1919年11月，康拉德和纪德产生了巨大分歧，当时纪德正在监督他的作品的法语翻译，康拉德认为纪德对《金箭》（或许对《台风》也是如此）不太上心。纪德的回信深深冒犯了康拉德，让他觉得不太舒服，康拉德告诉他的法国门徒让-奥布里，他试图说服纪德放弃困难重重、麻烦不断的翻译："我恐怕和纪德大吵了一架。我请他让你翻译《金箭》，但他的回答非常敷衍，就好像他不把我当回事。我向他指出了这点，明确地说他的表现就好像他把我当傻瓜。与此同时，令我心烦的还有他对三位［不知名的法国］女性的翻译风格都有各种顾虑！……我无须告诉你，面对这一切，我试图表现出受伤而非愤怒的一面。"一周后，康拉德告诉让-奥布里，现在的情形依然让他烦心，这些女性让他成了她们的"牺牲品"，他决心要将翻译权从她们手上抢过来。这场与纪德的争执显然是康拉德获胜。到了第二年，两人的怒火已平息，又开始热情赞颂对方的作品。备受争议的《金箭》法译本最终由让-奥布里于1929年推出。

1910年6月，在认识了阿格尼丝·托宾和沃林顿·道森，并从崩溃中恢复后，康拉德有理由基于健康考虑多花点钱（每年45英镑的租金）搬到奥尔丁顿以东50英里的卡佩尔之家，就在肯特郡的奥尔斯通镇（Orlestone），靠近阿什福德镇，他在那里度过了接下来的九年。卡佩尔之家——17世纪的建筑，花园环绕——实际上是把"三间村舍打通变成一个套房——房间的天花板很低，有橡木横梁，地板出奇地不平"。虽然没有电、热水和电话，"舒适的老式家具让［小小的房间］看上去十分温馨。一楼是餐厅、起居室、男孩们的房间，这里被称为洞穴，全是各种工具、石头，简言之，这里有各种宝藏。二楼是卧室和一间客房——屋顶低矮的大房间，宽大的窗户正对着花园"[13]。更宽阔的住所让康拉德能更轻松地接待他众多的客人和仰慕者。

六

康拉德告诉平克他1912年1月出版的那本比较随意的回忆录《个人记录》旨在"让波兰生活进入英国文学"。安杰伊·布札曾指出波兰文学对康拉德作品的影响：19世纪晚期的移民故事对《艾米·福斯特》的影响，《卡瑞恩》里出现了密茨凯维奇一首叙事诗的情节，《胜利》中有斯特凡·热罗姆斯基（Stefan Żeromski）的小说《罪恶的历史》（*The History of a Sin*）的影子。[14]但在《个人记录》中，康拉德描述了他在波兰的生活，探讨了他从马赛到婆罗洲的航海事业，揭露了其第一部小说的起源，却将自己与俄罗斯斯拉夫传统对立。写完父亲和离开波兰的原因后，他描述了去乌克兰看望塔德乌什舅舅［他的《回忆录》（*Memoirs*）为这本自传中的几段内容提供了素材］的旅程，以及和伯外祖父尼古拉斯·博布罗夫斯基难忘的会面，伯外祖父在拿破仑的军队中担任军官时，饥饿难耐的他吃了立陶宛猎犬。《个人记录》和《大海如镜》中小说化的航海回忆虽然有趣，但通常都不可信，而且康拉德试图表现得很坦白时讲的事情恰恰是最不能信的。

1909年10月，康拉德创作《在西方的注视下》期间，卡洛斯·马里斯意外现身——他在槟榔屿（Penang）娶了一位马来公主，在东方待了21年——让康拉德的思绪回到了亚洲。马里斯的到访启发他写下了《幸运一笑》《秘密的分享者》《七岛之芙蕾雅》这三个故事——收入《陆地与海洋之间》（错误地献给了"C. M. 哈里斯船长"），这本书等同于《青春》和《台风》中的故事。

"一个来自马来海域的人来找我，"康拉德告诉平克，"这就像众多亡人复生——他们对我而言已死，因为他们住在远方，甚至会读我的书，还会想曾经在这里转悠记笔记的家伙是谁……这一切最棒的部分是，所有这些22年前的人都对这个他们生活和冒险的记录者备感亲切。他们将看到更多他们喜闻乐见的故事。"康拉德尤其感恩能得到水手的认可，他们能欣赏场景的精确和气氛的营造。

《幸运一笑》——基于康拉德在"奥塔戈号"上的经历——融合了童话（一个野性的美丽女孩被困在一个异域花园里）、爱情失意的故事，以及关于毛里求斯资产阶级尊严的社会讽刺。作为自传主人公的船长在追求一个异常阴郁、沉默的私生女（他其实亲了她）的过程中，女孩的船具商父亲迫使他买下了17吨土豆。虽然在下一个港口他靠卖这些土豆大赚了一笔，但他觉得自己因为性与商业的交易堕落了，于是辞去船长一职以避免回到岛上。

《秘密的分享者》刻画了双重自我或潜在的邪恶自我，康拉德也曾在马洛与库尔茨、吉姆与绅士布朗、哈尔丁与拉祖莫夫身上探索这一主题。故事基于19世纪80年代发生在"卡蒂萨克号"* 上的真实事件。但康拉德的版本发生在犯罪之后，并且暗示当年轻的船长冒险让他的船靠近高龙岛〔（Koh-rong）在柬埔寨海岸附近，金边以南〕时，夜晚偷潜上船的谋杀犯莱格特，即他的内疚感和自我认识的秘密分享者，下到水里去接受他的惩罚。巴兹尔·霍尔（Basil Hall）重述了启发康拉德写下这个故事的事件：

> "卡蒂萨克号"的大副显然是个恶名在外的暴虐专横之人。一个名叫约翰·弗朗西斯的黑人，很不称职，两次违背了他的命令，当他前去处理弗朗西斯，这个不听话的海员用绞盘杆攻

---

* "卡蒂萨克号"（Cutty Sark），唯一幸存至今的英国高速运茶船。

击他;经过一番打斗,大副拿到了杆子,重重地向弗朗西斯脑袋上打去,弗朗西斯再也没能恢复意识,三天后就过世了。尽管如此,据传"卡蒂萨克号"的船长——他绝不是个粗汉——说弗朗西斯罪有因得,他帮助大副逃脱了法律制裁。大副最终被捕,受审,他的谋杀罪被宣判不成立,法官"沉痛地"以过失杀人判他七年徒刑。

康拉德确认了消息来源,并补充说"这个游泳者是'卡蒂萨克号'……上的年轻二副向我建议的,他不幸在甲板上杀了一个人。但他的船长是个正派人,在船通过安耶尔海峡[(Anjer Straits)位于爪哇岛和苏门答腊岛之间]时,船长让他游上爪哇海岸。甚至在我的时代,这个故事依然被从事海运的人津津乐道"。康拉德很少感到高兴,但这个关于同情、良知、道德审判的故事让他欢欣,他向加尼特保证他已经实现了他的创作意图——不过他谦虚地将之归功于幸运而非技巧:"悄悄告诉你,《秘密的分享者》就是它了。嗯?那儿没有那些和女孩耍的该死的花招(书中剩下的故事也是如此)。嗯?每个词都契合,没有一个不确定的语气。运气,我的朋友。纯属运气。"[15]

康拉德在针对加尼特错误地用来定义他和解释其作品的斯拉夫标签为自己辩驳时,告诉他的老友,《七岛之芙蕾雅》——他最好的浪漫爱情故事——如《秘密的分享者》一样,也是基于一起真实事件:"那是不到五年前,我在新加坡时,发生在'哥斯达黎加号'上的故事。那人的名字是萨顿(Sutton)。他以那样的方式死去——但我不认为他死于斯拉夫秉性。他马上就要回家娶一个女孩(他曾向所有人、任何人说起她)并把她带到这儿来,但他的船被一艘荷兰炮艇的船长开得撞上了一处暗礁,就因为他在某些事上得罪了那个船长。他在马达加斯加的沙滩上游荡了数月,埋葬在那里的堡垒里。"就像轻信的惠利船长遇到了背信弃义的马西,邪恶的海姆斯凯克摧毁了贾斯珀·艾伦的船和他的生命。

在这个迷人但悲惨的故事里(正如在《伯爵》这个故事里),康拉德运用不和谐的音乐来表达性堕落,并且与行动形成讽刺的呼应。芙蕾雅的名字取自爱、美、生育之神,日耳曼神话中瓦尔基里女武神的首领,她喜欢"在耀眼的闪光中"演奏瓦格纳风格的音乐。她和英俊的贾斯珀订了婚,打算结婚后就住在他心爱的双桅船"鲣鱼号"(Bonito)上。为了抵挡令她厌恶的荷兰追求者海姆斯凯克上尉讨厌的求爱攻势,芙蕾雅冲向钢琴,让游廊上回荡着"充满困惑的喧嚣之声"。当海姆斯凯克命令她停止演奏,她无视了他的要求,但"无法让钢琴的声音盖过他提高的嗓门"。随后他又命令她停止,把她整个人抬离钢琴凳并亲吻了她的脖子。后来,芙蕾雅发现当她向"鲣鱼号"上的贾斯珀挥手致意时,海姆斯凯克正监视着她,被发现后,他还企图逃之夭夭,于是她决定惩罚他:让"那红木怪兽用恼怒的低音野蛮地咆哮……然后她用她昨晚演奏的东西追逐着他——一曲激烈的现代情歌……她带着胜利的恶意增强音乐的节奏"[16]。

但在这个故事里,艺术绝非生活的解药。海姆斯凯克(探险家阿贝尔·塔斯曼*的船名)嫉妒芙蕾雅对贾斯珀的爱,报复性地让"鲣鱼号"在望加锡附近的一块礁石上搁浅。贾斯珀认为他的双桅船有生命且是他自己的延伸,而他对芙蕾雅的爱让他无能为力。随着他失事的船被洗劫,他逐渐憔悴,而芙蕾雅则在香港死于肺炎和心碎。这个故事里没有牺牲自己救赎他人的瓦格纳式女主人公,邪战胜了正。

---

* 阿贝尔·塔斯曼(Abel Tasman, 1603—1659),荷兰航海家、商人,他是第一个到达新西兰的欧洲探险家。

第十四章 崩溃与成功（1910—1913）

七

1912 到 1913 年，康拉德收获了两名年轻门徒，结识了两位杰出贵族，他们都到卡佩尔之家进行了"朝圣"，在那里享受与他的交流，感受他的热情好客。理查德·柯尔 1883 年生于苏格兰梅尔罗斯镇，在惠灵顿学院受教，担任《每日邮报》（*Daily Mail*）的助理编辑和专栏作者。其子写道，他"无法克制地四处旅行，受某种内心追求的驱使，但他从来没有阐明这追求为何，甚至他自己也不清楚"，他在匆匆不停的云游期间拜访了许多康拉德知道的东方地带，并写下了游记。与同样婚姻不幸的珀西瓦尔一样，柯尔也是个情绪化，有时十分难相处的人。"他不时就会陷入深度抑郁，不理智的罪恶感逼迫着他，他会不可理喻地对完全不会引起争议的话提出异议，还会和认识多年的人断交。"然而，面对康拉德，他总是表现完美。

1912 年 10 月，柯尔通过加尼特给康拉德寄去了两篇赏析［11 月即出现在《凡人》（*Everyman*）杂志及凯瑟琳·曼斯菲尔德（Katherine Mansfield）和米德尔顿·默里（Middleton Murry）的小杂志《韵律》（*Rhythm*）上］。虽然康拉德有些气恼柯尔将他比作陀思妥耶夫斯基，强调他的斯拉夫特质，突出他关于大海的作品，但柯尔的聪明和批判性见解让康拉德欣喜，（他认为）柯尔的评论让其他对他作品的阐释看上去像"满篇废话"。康拉德想见见柯尔，于是加尼特在他一场每周一次的文学午餐会上介绍两人认识，地点就在苏豪区杰勒德街的勃朗峰餐厅。康拉德很快就喜欢上了这个高大、富有的苏格兰人，说他是个善良、敏感的家伙，还分析了他性格的优缺点。柯尔虽然不太成熟，有些天真，但他绝非傻瓜。他对生活和艺术都有着天生的精明，并且急切地想成为一名严肃作家。

两人的友情迅速升温，到了1919年，康拉德告诉柯尔："除家人外，你就是我在思想和情感上最关心的人。"第二年，柯尔准备到东方的一家报社工作时，康拉德表达了他父母般的关心，悲伤地坦承："一想到你可能要去印度，我就无法平静……我只能预感你的决定必定会密切影响［我的生活］，感觉生活失去了某种深层价值。"[17]1919年，康拉德将《金箭》献给了柯尔，第二年，柯尔回敬以他的作品《漫游》（*Wanderings*）。1912至1964年间，柯尔出版了数十篇/部生平回溯、文献论述和文学评论，以及文章、简介、文集、小册子和书——包括《约瑟夫·康拉德研究》（*Joseph Conrad: A Study*，1912）、《约瑟夫·康拉德的最后十二年》（*The Last Twelve Years of Joseph Conrad*，1928），以及康拉德写给他的书信合集（1928）——这些作品有助于在康拉德去世后的几年里维持他的声望。

约瑟夫·雷廷格生于1888年，比柯尔小5岁，他帮助康拉德重拾对波兰的兴趣——经历过塔德乌什舅舅之死和伊莉莎·奥热什科瓦的攻讦，康拉德对波兰兴致缺缺。雷廷格身为一名成功律师之子，在克拉科夫拿到了法学学位，在索邦大学拿到了人文学科的博士学位，出版了众多文学、政治类书籍。虽然长相丑陋——皮肤蜡黄、牙黄且不对称，但雷廷格新近娶了一个美丽的波兰妻子，在其他女人那儿也是如鱼得水。凯瑟琳·安妮·波特做过他的情人，她在《斜塔》（"The Leaning Tower"，1931）中讥讽地将他刻画成波兰钢琴师塔德乌什·梅："他是个体格较小、脸色惨绿的年轻男子，在光下看，他的眼睛是猪肝色。他看上去有点胆汁过多，说话时，他会一直绕着头顶一绺烧焦了似的头发，嘴角轻轻扯起一丝精明的微笑。"

第十四章 崩溃与成功（1910—1913）

1912 年 11 月，曾在法国见过雷廷格的阿诺德·本涅特将他介绍给康拉德。雷廷格管理着伦敦的波兰办事处，他正试图让法国和英国媒体关注波兰独立。康拉德认为这件事希望渺茫，但还是邀请雷廷格到卡佩尔共度一日。他们用波兰语交谈时，雷廷格注意到康拉德带着抑扬顿挫的乌克兰口音。两人见面后不久，康拉德就称雷廷格为年轻、聪明的文人，还说他的妻子奥托利亚（Otolia）是个迷人的波兰乡村姑娘。正是奥托利亚的母亲在 1914 年 7 月提议，邀请康拉德一家和雷廷格一家去参观她位于克拉科夫郊外的田庄，这注定是一场不幸之旅。1943 年，雷廷格出版了生动但粗略、不可信的书《康拉德及其同代人》(Conrad and His Contemporaries)。[18]

亨利·詹姆斯（詹姆斯认为康拉德是"最奇怪的生物"）不情不愿地把奥托琳·莫雷尔夫人——陆军中将阿瑟·卡文迪什-本廷克（Arthur Cavendish-Bentinck）之女、第六任波特兰公爵*同父异母的妹妹、慷慨的艺术赞助人——介绍给了康拉德。1913 年夏，奥托琳请詹姆斯安排一次会面，他一开始试图阻止她，坚称那个波兰贵族是一个不熟悉文明社会的野蛮人，还说庶民杰茜无法招待贵族："亨利·詹姆斯惊恐地举起双手，焦躁不安地在会客厅走来走去……'但是，亲爱的夫人……但是，亲爱的夫人……他一直生活在海上——亲爱的夫人，他从没见过"文明社会的"女人。是的，他很有趣，但他不会理解您。他的妻子是个好厨师。她和他一样是天主教徒，但是……不，亲爱的夫人，他一直过着粗野的生活，不习惯和（上流人）交谈——'"

奥托琳生于 1873 年，1902 年嫁给了老伊顿人**、律师、自由党下院议员菲利普·莫雷尔（Philip Morrell）。结婚期间，她和数人有染：画家奥古斯塔斯·约翰和亨利·兰姆（Henry Lamb）、艺

---

* 即威廉·卡文迪什-本廷克（William Cavendish-Bentinck, 1857—1943）。
** 指英国伊顿公学的校友。

术评论家罗杰·弗赖伊（Roger Fry）和哲学家伯特兰·罗素。奥斯伯特·西特韦尔（Osbert Sitwell）描述她为"巨型西班牙公主"。奥托琳极其高大、引人注目，头发染成了红色，下巴突出，说话带鼻音，笑声如马嘶，她所穿的华服就像一只珍奇鸟的翅膀。她是个巴洛克风格、浮夸、古怪，甚至丑陋的怪人，有着恶毒的幽默感，对艺术有着高尚的追求，但难辨好坏。虽然自己不是个优秀的谈话高手，但她是鼓舞人心的慷慨女主人。她的沙龙的特点是气氛热烈，立意高远，囊括和平主义、诗歌及一切超现代艺术。

奥托琳对康拉德长相、性格、行为和言论的生动描述，证明詹姆斯的可怕预感是错的：

> 康拉德确实是典型的波兰贵族长相。他的礼仪完美，几乎可以说是过于面面俱到了；他如此紧张，如此能感同身受，以至身上的每一丝纤维似乎都带电，正是这一点让他有了极度精致、教养良好之人的气质。
>
> 他的英语有很重的口音，就好像在说话前，他先把要说的字在嘴里品尝了一遍；不过他的谈话非常棒，虽然他的说话和行为方式总是很像外国人。他长着一张明显是外国人的脸，不时耸动他的高方肩，很难相信这位迷人的绅士曾是英国商船队的船长，而且是一位英语散文大师。他精致地穿着蓝色双排扣夹克。他自由自在地谈论着他的生活——一般的英国人不会允许自己表现得如此轻松，自在。他谈起刚果的惨状，说自己再也没能从刚果带给他的精神和肉体上的冲击中恢复。[19]

康拉德没兴趣加入奥托琳傲人的社交圈——包括 D. H. 劳伦斯和后来闻名的布鲁姆斯伯里团体中的杰出成员，他们汇聚在牛津附近她位于加辛顿（Garsington）的家里。但他确实接受了她在 1913

第十四章 崩溃与成功（1910—1913）

年9月将自己介绍给伯特兰·罗素。罗素是一位英国首相*的外孙，一名伯爵**的弟弟，与怀特海（A. N. Whitehead）合著《数学原理》（*Principia Mathematica*），担任剑桥三一学院（他邀请康拉德到此共度了一个周末）的讲师，他是英国最重要的知识分子之一。两人一拍即合，不常见面却成了好朋友。罗素写给奥托琳的报告热情洋溢，且出人意料地十分动情，因为康拉德通过祖露自己对波兰背景、非洲经历、无根漂泊，以及（一个越发常见的主题）身为作家的精疲力竭等的真切感受，激起了罗素的强烈共鸣：

> 这很奇妙。我爱他，并且我认为他也喜欢我。他谈论了很多他的工作、生活、目标，以及其他作家。一开始，我们都害羞且尴尬——他赞扬了韦尔斯、罗森斯坦和赞格威尔***，而我开始感到绝望。然后我问他对阿诺德·本涅特的看法，我发现他瞧不上本涅特。我胆怯地为他辩护，而他似乎很感兴趣……然后我们去散了个步，不知怎的就变得非常亲近。我鼓起勇气告诉他我在他作品中的发现——刨根究底，挖出事情表面之下的东西。他似乎认为我读懂了他；他停了下来，我们对视了一会儿，然后他说随着年岁增长，他希望能活在表象之上，以不一样的方式写作，而且他害怕了。那一刻他的眼睛流露出内心的痛苦和恐惧，你能感受到那是他一直在斗争的东西。然后他说他厌倦了写作，感觉自己做得够多了，但不得不继续，把故事再讲一遍。然后他谈了很多关于波兰的事，还给我看了他60年代的家庭相册——他说这一切看上去如梦似幻，他有时觉得

---

* 即约翰·罗素（John Russell, 1792—1878），两次担任英国首相，维多利亚女王授予他第一任罗素伯爵的封号。

** 即弗兰克·罗素（Frank Russell, 1865—1931），第二任罗素伯爵。

*** 即伊斯雷尔·赞格威尔（Israel Zangwill, 1864—1926），英国小说家、剧作家，犹太复国运动的领袖。

自己不该有孩子，因为他们没有根，没有传统，没有牵绊。他给我讲了很多他的航海时期、刚果、波兰，以及各种事情。一开始，就算表现得很诚恳，他也有所保留，但当我们去外面散步时，他的保留消失了，他谈起了自己心底的想法。我难以表达自己有多爱他。

1921年11月，罗素也依循一个传统，以这位作家之名为儿子取名，以示敬意（G. H. 霍普也曾如此）。罗素将康拉德与一个著名的英国家族联系到了一起，这份礼物深深感动了康拉德，他写道："发生的所有美好中——某天罗素家族中的一人将以我的名字命名这件事肯定是最不可思议的……我深受感动——难以言表——在那样的场合、那样的时刻，你竟然能想到我。"[20]

八

康拉德的艺术生涯中最讽刺的是，他最伟大的书都销量惨淡，晚期较差的作品（康拉德称之为"二手康拉德风"）却大受欢迎。1909年，休·克利福德偶然在锡兰见到了《纽约先驱报》（*New York Herald*）的戈登·本内特（Gordon Bennett），克利福德说服本内特在他的报纸上连载康拉德的最后一部小说，并且预先买下这本书。早在1898年，康拉德就开始创作《机缘》［当时叫《炸药》（"Dynamite"）］，但不久便放弃了，不过为了丰厚的报酬，他在1911年6月到1912年3月较为轻松地完成了这部小说。3月，康拉德再次向平克详细讲述了那熟悉的痛苦经历——在黑夜的阴影中写完了书："最后几个字写于凌晨3：10，工作油灯的光开始暗淡，壁炉里的火已熄灭。这是我写得最快的作品。9个月零23天，写了约 14 万字。我出了门,在车道上走了半小时。当时下着雨,夜色依然浓郁。"托马斯·布朗爵士论运气的题词是阿瑟·马伍德找到的,心怀感激的康拉德还在题词中将书献给了"休·克利福德爵士,圣米迦勒和圣乔治二等勋爵士(K.C.M.G.),因为他坚定的友谊,此书才能存在"。

《机缘》,因其有多位叙述者且时间点不停切换,成了康拉德所有作品中最难读,也是最不可能受大众欢迎的书。亨利·詹姆斯在其 1914 年的散文《年轻一代》(让康拉德非常痛苦)中言辞犀利地评论书中叙事的混乱:"喜欢繁杂叙事的怪癖",并且"《机缘》中的层层围墙造成主题与主题呈现之间关系混乱"。然而,这部小说在头几个月卖出了 1 万册——与只卖出 4 千册的《在西方的注视下》对比鲜明,以两年 13200 册的销量创了康拉德的历史新高。

尽管叙事晦涩难懂,主题依然是康拉德作品典型的情感疏离,那么是什么因素让《机缘》取得了惊人的成功?除了在《纽约先驱报》上的连载——让最广大的读者群接触到了康拉德,成功的因素还包括年轻、有活力的阿尔弗雷德·克诺夫〔(Alfrd Knopf)当时还为道布尔迪工作〕组织了一次非常成功的宣传;悉尼·科尔文在《观察者报》上写了长篇好评;这是康拉德的虚构作品中第一本也是唯一一本名字、篇章标题好记的书;书籍护封上有一位迷人的女士作的画[21];浪漫、多愁善感的女主人公受到残酷迫害,后来爱拯救了她;而且康拉德少有地选了一个积极(尽管结尾时有两起突然死亡)而非悲剧性的结局。

《机缘》里的弗洛拉·德·巴拉尔的父亲是个已获刑入狱的骗子、金融诈骗犯,弗洛拉受到心怀怨恨的家庭女教师恶劣对待,后来邻居法恩(Fyne)夫妇救了她。弗洛拉认真考虑过自杀,但被法恩太太的兄弟罗德里克·安东尼船长(Captain Roderick Anthony)阻止,罗德里克的父亲是个讨人厌的著名诗人〔基于考文垂·帕特莫尔（Coventry Patmore）］。弗洛拉和安东尼私奔，安东尼带她登上了他的船"弗恩代尔号"（Ferndale），但一直小心谨慎地避免圆房。德·巴拉尔获释后加入了他们，但他十分嫉恨安东尼。"弗恩代尔号"的二副鲍威尔看见德·巴拉尔在安东尼的白兰地中下毒，于是警告安东尼有危险。但安东尼误以为是弗洛拉想毒害他，他说他会在下一个港口让她下船。弗洛拉说她不想离开，然后他们拥抱在一起。德·巴拉尔阴谋失败后喝下毒酒死了。后来，一艘船撞上了"弗恩代尔号"，安东尼和船一起沉没。弗洛拉获救，嫁给了年轻的鲍威尔。

弗洛拉就像詹姆斯《梅茜的世界》（*What Maisie Knew*，1897）中的女主人公，她是受成人世界的腐化所玷污的无辜受害者。弗洛拉的爱本能救赎安东尼，但遭遇了重重阻碍：父亲的罪行和他后来的嫉妒，邪恶女教师对她的残害（小说最出色的一章），她的自卑感，她病态的敏感，让她想自杀的绝望，她嫁给安东尼的可疑动机——为父亲提供庇护所。但她最终冲破了所有阻碍。

臭名昭著的弗雷德里克·亨伯特（Frédéric Humbert）和惠特克·赖特（Whitaker Wright）金融诈骗案即德·巴拉尔诈骗案的原型。但同时还有其他有趣的人物生平来源：韦尔斯是法恩先生的原型，考文垂·帕特莫尔是卡里昂·安东尼（Carleon Anthony）的原型，而康拉德自己——诗人之子，后成为航海船长——则是罗德里克·安东尼的原型。正如托马斯·莫泽所说，最重要的是，康拉德把福特身上一些令人反感的特质赋予了那"冷酷、虚荣、自欺的江湖骗子"德·巴拉尔，他的"长相和所言所行都像福特"。并且（进一步拓展莫泽的论点）福特年轻的女儿克里斯蒂娜和凯瑟琳——她们是福特离开妻子时引起的愤怒和丑闻的受害者，1910年福特因未能支付赡养费被投进监狱，这件事带来的破坏和耻辱让她们再次受伤——必定影响了康拉德对无辜的弗洛拉的刻画。不仅

第十四章　崩溃与成功（1910—1913）

如此，康拉德还告诉过高尔斯华绥，"我对马［伍德］的看法是，他是个完全意义上的英勇之士"，在《机缘》里，他用相同的表述将安东尼船长与阿瑟·马伍德相关联，他写道，安东尼"是法国人口中的英勇之士（un galant homme）"。[22] 嫉妒的福特企图通过指控马伍德试图勾引埃尔茜来"毒害"他的名誉，这件事在《机缘》里被转换成了德·巴拉尔因为安东尼爱他的女儿而真的企图毒杀他。因此，弗洛拉复杂性格的另一面可能就是基于埃尔茜·许弗——一场残酷性争斗的主角，看着马伍德和福特互相厮杀，康拉德备感痛苦。

第十五章

重返波兰与《胜利》(1914—1915)

一

《机缘》的惊人成功为康拉德带来了前所未有的版税,加上雷廷格一家热情邀请,康拉德一家便决定前往奥地利属波兰,这趟旅行之危险、可怕,远超先前的比利时、卡普里和蒙彼利埃之旅。1914年5月29日,康拉德完成了《胜利》,1912年4月刚动笔写这个故事时,康拉德本打算写一个名叫《美元》("Dollars")的短篇小说。现在他渴望旅行,渴望一成不变的生活能有些变化。

他在《独裁与战争》中预言过奥地利和德国将会与俄国产生纷争,他写道:"如今我们身处战争中;无论这次的战争结束得是早是晚,战争都会再次降临。"但1914年7月,当全欧洲的光亮一齐熄灭时,康拉德没能注意到这诸神黄昏(Götterdämmerung),拒绝倾听他所谓的"危言耸听的谣言",在时隔21年后,带着家小重回波兰。6月28日,奥匈帝国王储斐迪南大公及其妻子在萨拉热窝遇刺,康拉德以为中欧遍地是神秘的大公,随便找一个取而代之即可,他漫不经心地告诉理查德·柯尔:"那不重要……他不是什么

第十五章　重返波兰与《胜利》（1914—1915）

特别的人，不会有什么后果。"

为什么天生悲观的康拉德和专精国际问题的雷廷格，会在奥匈帝国向塞尔维亚发出最后通牒两天后，盲目地走入这场大火中？康拉德后来解释，他之所以没有意识到问题的严重性是因为他完全沉浸在自己的作品和计划中，一个月没看过报纸，没能注意到那些凶兆，也没能正确解读它们，根本没想过会有危险。当康拉德身陷已成为敌后战场的一处波兰山区度假胜地时，他向平克陈述了他的辩解之词："我沦落至此并不是因我之过。没人会相信战争的到来，直到最后一刻，我们在克拉科夫碰上了动员令。"[1]

或许是自1815年拿破仑战败后再也没发生过重大的欧洲战争这一事实蒙蔽了康拉德，他任由自己被家人的热情裹挟向前。这个在英国显得如此格格不入、无所寄托的人，急切渴求重回过去，去向他的儿子展示他的根和传统，以享誉国际的成功作家身份重游故乡——不过在波兰，在更多人眼里，他还是阿波罗·科热尼奥夫斯基之子，而非英国小说家。雷廷格迫切想唤起康拉德的爱国回忆，想动员他加入民族大业，于是带着康拉德去了克拉科夫。但他们没能到达奥托利亚父母的家，那里距镇上只有16英里，就在边界另一边的俄国统治区。

在杰茜的请求下，7月25日，康拉德一家和雷廷格一家离开哈里奇（Harwich）前往汉堡，他们穿越北海，选择较长的路线前往欧洲。康拉德一如既往地想给旅伴留下深刻印象，于是试图和一船之长建立航海情谊。但雷廷格说，船长只把康拉德当作家和游客，不太看得起他，"因为只有真正的水手才能鄙视航海新手。康拉德越喋喋不休，船长越鄙视他，最后船长明确告诉他，自己认为他是个骗子……这场面真令人痛苦，还有一些悲怆"。

在游览了汉堡的港口和动物园后，他们继续乘车前往柏林，然后在丢了两个行李箱后，7月28日深夜抵达克拉科夫的大饭店

（Grand Hotel）——当天正是奥地利向塞尔维亚宣战的日子。在克拉科夫（阿波罗生命的最后三个月就住在这儿）住的第一晚，尽管经过了长途跋涉，康拉德仍难以平静，他和博雷斯乘着月光重走来时路，一直走到旧城中心人迹罕至的巨大的市场广场（Market Square）。他在那儿看到了童年的地标建筑：纺织会馆（Cloth Hall）、市政厅塔楼和圣弗洛里安城门（1869年，父亲的葬礼曾经过此地），准点时还听到了圣母玛利亚哥特教堂的尖塔发出的号角声。康拉德在《重访波兰》中用热情洋溢的散文记录了这庄严一刻的明暗对比："在我们右边，圣玛丽教堂形态不一的巨大塔楼直插云霄，四周萦绕着缥缈的光，阴影面很黑，其余地方则闪耀着柔和的磷光。从远处看（向北隔三条街），低矮、厚实且带有尖顶的弗洛里安城门，用旧城墙方肩挡住了街道。"

杰茜更现实，陌生的一切让她震惊，受伤的膝盖让她不能移动，并且由于不会说任何外语而困惑不已，她回忆，进入克拉科夫的第一夜，"地面的铺设看起来极其原始，马厩的臭气、糟糕的排水系统有点令人作呕"。康拉德注意到她流露出的反感，尖锐地说："这不是英国，亲爱的；别指望太多。"10月，他们准备离开这个国家，当他们终于要驶离克拉科夫火车站时——那里收留了很多受伤士兵，杰茜看到了一大桶人的四肢——或许能吸引康拉德食人肉的人物福克。虽然在外国人中间度过两个月是对杰茜神经的严峻挑战，但她说去过了他的国家，她更懂他了："如此多过去的我感觉奇怪、难以理解的特质，可以说都变得合理了。"一个1921年在科西嘉岛碰见康拉德一家的朋友说得更坦率："杰茜讨厌波兰人，觉得他们（就像她经常这样看待康拉德）歇斯底里，精神错乱，邋遢懒散，无可救药，至于道德——他们根本就没有！"[2]

在克拉科夫的第一天——1868年至1874年，康拉德在那里的一所奥地利学校上学，也是在那里，16岁的他开启了新的生活篇

第十五章　重返波兰与《胜利》(1914—1915)

章——他带博雷斯参观了大学和雅盖隆图书馆。图书馆管理员正巧也叫约瑟夫·科热尼奥夫斯基，给他们展示了阿波罗的手稿和信件，康拉德还以为这些东西都遗失了。那些信展现了阿波罗对幼子感人的关怀，让康拉德深受触动。他们刚离开图书馆就听闻德国给俄国下了最后通牒。父子俩还去了拉多维采（Radowice）墓地为阿波罗扫墓，他的墓碑上刻着"俄国暴政的牺牲者"。这是康拉德长大后第一次也是唯一一次跪下祈祷。

第二天，康拉德带着家人去了历史遗址瓦维尔山（Wawel），在那里可以清楚看到老城和维斯瓦河（Vistula River），山上矗立着波兰国王的古老城堡，以及他们进行加冕、安息的神圣大教堂。是夜，康拉德突然在大饭店里认出了满头白发的康斯坦丁·布什琴斯基（Konstantyn Buszczyński），他是他第一个监护人的儿子，也是他的老校友，康拉德上前拥抱了他，他邀请康拉德第二天去参观市区十英里外他兴旺的甜菜地。7月31日，他们从平坦的农田开车回饭店途中，看见了所有被奥地利士兵征用的马匹，它们身上的犁和推车都被卸下。

一旦英国对奥地利宣战，已入英国国籍的康拉德就有可能在战争期间被拘留。8月2日，康拉德害怕被捕入狱或卷入某场战斗，于是带着家人住到了康斯坦诺夫斯卡庄园（Villa Konstantnowska），主人是阿妮埃拉·扎古尔斯卡（康拉德远方表亲亚历山大·波拉多夫斯基的侄女），地点就在塔特拉山脉的度假胜地扎科帕内（Zakopane），距离克拉科夫65英里。他在8月1日的信中向高尔斯华绥解释道，他决定退避到这个偏远但宜人的地方，他在这里还有朋友，而不是试图在刚开战的混乱和骚动中逃离。他们搭上了最后一列可以在接下来的三周里离开克拉科夫的民用火车：

我们在这里遭遇了战争动员。火车只能再供平民用3天：

但考虑到杰茜行动不便,杰克还没完全恢复(发烧),我真的不敢冒险迎接战争大迁徙的恐怖。其他人催着我做决定,也给了我很多建议,经过长时间沉思(24小时),我决定带着自己和所有不幸的族人前往扎科帕内(在山里,距这里约4小时火车车程),远离所有可能发生的军事行动。我宁愿滞留在这儿,这里还有我的朋友,而不愿试图逃走——其结果可能是在某个德国小镇里被军队包围。

在克拉科夫的第五天也是最后一天晚上,康拉德在饭店里与一群波兰知识分子碰面,探讨祖国的命运。在奥地利参战与英国对立之前,康拉德一直支持奥地利,而且感动于同胞对约瑟夫·毕苏茨基(Jozef Piłsudski)的波兰军团的信心——波兰军团一直在为奥地利与俄国作战。他倾听同胞表达他们的希望:分裂波兰的列强进行大战,如果能收回俄国占领的领土,归于奥地利的宽松统治下,再由西方势力作保,或许能让他们最终获得某种形式的独立。但他一如既往地极度悲观。在1918年2月写给奎因的信中,他回忆起自己在那个悲伤的夜晚对那群波兰同胞说的话,并且委婉地解释了当初为何离开波兰:"'如果有人要在这场战争中牺牲,那人将会是你。如果能找到任何获救的方法,那只存在于你的心胸之中,只有凭借内心之力,你才能抵抗俄国的腐朽和德国的卑鄙。而这就是你永远的命运。因为世上没有任何东西能动摇现实的力量。'"

他在《第一新闻》("First News",1918年8月)一文中阐述了现在的局势对那个无依无靠、希望渺茫的国家来说,有多么丑陋,多么危险,它再也不能通过坦然接受自己的悲剧命运来逃避:"我在他们脸上看到了可怕的凄凉之色,他们被一分为三的国家发现自己被卷入了一场争夺战,它毫无自己的意志,就算拼上性命也无力维护自己的权利。过去已逝,且无论发生什么,也无甚未来可

第十五章　重返波兰与《胜利》(1914—1915)

言；任何一条路都会导向精神的湮灭。"

康拉德在扎科帕内度过了刺激但折磨人的两个月，那是一个四周环绕着牧场、清澈的溪流和瀑布的山村，卡齐米日·高尔斯基（Kazimierz Gorski）给他画了一幅彩笔肖像画，他读了大量现代波兰文学。他不停分析关于那变化无常的政治局势的新闻，虽然经过了奥地利政治宣传的过滤，他们还是一点点得到了消息。他忍受着生活在同胞中的压力，他们阴郁地看着自己的所有希望破灭。通过沃尔特·海因·佩奇（Walter Hines Page）——道布尔迪的创始人之一，现任美国驻英国大使，他联系上了弗雷德里克·考特兰·彭菲尔德（Frederick Courtland Penfield）——1913—1917年任美国驻奥匈帝国大使。彭菲尔德1855年生于纽黑文，在普林斯顿受教，是一名天主教徒，他在《哈特福德日报》（*Hartford Courant*）开始了他的记者生涯。他在伦敦和开罗做过外交工作，娶了世界上最富有的女性之一。[3]

10月8日，等了两个月后，康拉德终于在扎科帕内的波兰好友的帮助下，获准乘火车从克拉科夫前往维也纳。午夜后，他们顶着巨大的暴风雪出发，他们坐在敞篷马车上，由两匹狂野、毛发蓬乱的马拉着去往最近的车站，这必定让康拉德想起了19世纪90年代自己坐着无篷雪橇去塔德乌什舅舅的庄园的情景。

他们在维也纳待了5天，其间，杰茜以其顽固的坚持加之翻译的帮助，在火车总站成功追踪并找回7月末在前往柏林的路上遗失的两个箱子。康拉德在维也纳遇见了彭菲尔德大使，在他的帮助下，康拉德一家获准在10月18日离开敌国首都，20日，抵达当时仍然中立的意大利米兰。一周后，康拉德记录道，上面下达命令要把他们扣留在那儿，直到战争结束。他在一封信中激动地向高尔斯华绥描述他们如何抓住战事稍缓的间隙虎口逃生：

德国和奥地利增援部队的大举突袭停止了一段时间，俄国军队在第一次进攻后也开始后撤。于是10月7日凌晨一点，我们冒着暴风雪突然行动，一辆敞篷车带着我们行驶30英里到达一个小车站，在这儿有机会为我的小家庭*找到比马车好一些的交通工具。从那儿到克拉科夫约50英里，我们在一列火车里坐了18个小时，车里全是消毒剂的味道，众人的呻吟回荡其间……我们去维也纳的旅程相比起来犹如光速；通常情况下只需5个半小时的路程，我们花了26小时。但在维也纳，我不得不睡上个5天。我的脚刚能再次落地，我们就立刻启程，前往意大利。

康拉德一家从米兰到达热那亚，参观了老港口——他最后一部小说《悬念》的开头几章有对它的描写，随后于10月25日登上从爪哇驶来的荷兰邮船"冯德尔号"（Vondel）。11月3日回到英国，康拉德因为严重的痛风发作再次卧床。1920年，他将《救援》献给弗雷德里克·彭菲尔德："以纪念他在1914年的世界性大风暴中拯救几位旅人于水火之中。"

1914年，理查德·柯尔给康拉德介绍了几位新朋友：铁路巨头拉尔夫·韦奇伍德（Ralph Wedgwood），来自著名的陶器制造商之家，及其妻子艾丽斯（Iris）。拉尔夫生于1874年，受教于克利夫顿学院和剑桥三一学院，1916年至1919年，他在法国担任准将和港区主管。康拉德将《潮汐之间》（*Within the Tides*，1915）献给韦奇伍德夫妇，"以感谢他们在和平的最后一个月里的盛情款待"，而且拉尔夫还成了康拉德的遗产执行人。回到英国后的几个月里他给韦奇伍德夫妇写的信，表明战争让他焦虑不安，难以专注

---

* 原文为法语 ma petite famille。

写作:"无论理智告诉一个人可以有多乐观,战争的阴霾都如噩梦般压在人的胸口。我痛苦地意识到荒谬的焦虑让我残废,懒散,无用……在这个时候谈论书籍、故事、出版,过于轻浮,几乎可说是一种犯罪。战争如噩梦,让我难以安眠。甚至睡觉时我都感觉压抑,而醒来的那一刻也无法让我解脱。"

卓越的历史学家韦罗妮卡·韦奇伍德夫人——康拉德第一次见她父母时,她才4岁——解释了康拉德和拉尔夫的友情基础,并从孩童的视角展现了康拉德少见的一面:

> 我的父亲欣赏康拉德的写作和不同寻常的性格与历史,而康拉德很可能欣赏我父亲的才智,以及文化、智识上的兴趣。(他曾是剑桥"使徒"*。)理查德·柯尔是他们共同的朋友。
>
> 当时还是小孩的我深深记住了那看上去很有异域情调的人,他有优雅但过于烦琐的礼仪,以及有趣的口音。我对他"很满意",因为他非常关注我这个小孩。我记得有一个相貌堂堂、不是很高的男人偶尔会来幼儿园看我。[4]

二

《胜利》(出版于1915年)是康拉德在"一战"前完成的最后一部重要小说,也是(除1917年的《阴影线》外)他最后一部杰作。在这个故事里,他重回早期小说的背景——马来群岛。大部分故事发生在偏远的桑布兰岛(Samburan),靠近泗水,位于荷属东印度群岛的爪哇北海岸线上。继承父亲悲观主义哲学的阿克塞尔·

---

* 剑桥"使徒"(Cambridge Apostles),也被称为剑桥会谈社,是剑桥大学的精英知识分子秘密社团,成立于1820年。

海斯特试图在那里远离人事纠缠。

在泗水短暂停留期间,阿克塞尔住在恶毒的朔姆贝格(Schomberg*)开的旅店里,丽娜是残暴的赞贾科莫(Zangiacomo)家族开的音乐妓院里的流动妓女,善良的本能驱使海斯特拯救了丽娜,并把她带回岛上。[5] 就像海斯特救了丽娜,康拉德拯救年轻的杰茜摆脱了平凡的人生,带她到一座岛(布列塔尼的格朗德岛)上度蜜月,结果发现自己对她无话可说。

海斯特"偷走"丽娜这件事激怒了朔姆贝格,他派出邪恶三人组——琼斯先生、马丁·里卡多和佩德罗(Pedro),他们一直在他的旅店里赌博,威胁他的客人——去偷走海斯特的财宝(实际并不存在)并毁了他的这位敌人。在那场暴力的对抗中,《胜利》刻画了海斯特既渴望孤独又渴望感情投入的矛盾,以及丽娜为保护他牺牲自我的愿望——这只让他对她更加麻木无情,更加无法回应她。

《胜利》——也是坎宁安·格雷厄姆《十三个故事》(*Thirteen Stories*,1900)其中一个故事的标题——中的主要人物与康拉德早期作品中的人物有密切关联。丽娜和《走投无路》中的惠利船长都有同样错误的乐观,而海斯特和《诺斯特罗莫》里的德科德有着同样愤世嫉俗的悲观。海斯特和《诺斯特罗莫》中的查尔斯·古尔德的父亲都强大、有影响力,强势地给儿子指出了要走的路,但两个儿子都深深伤了父亲的心,他们要与父母给他预设的计划背道而驰,活出自己的人生。

《胜利》在情节和人物上都与《吉姆爷》的后半部分有许多相似之处。善良的德国人施泰因(Stein)配上朔姆贝格(两本书里都有这个邪恶的德国人)进行平衡。小说的叙述者戴维森船长就像马洛船长;海斯特的仆人王就像吉姆的仆人唐·伊塔姆(Tamb

---

* 《吉姆爷》的中译本将这个名字译为"尚伯格"。

第十五章 重返波兰与《胜利》(1914—1915)

Itam)。吉姆在"帕特纳号"上的懦弱行为让他的道德有了缺陷;海斯特相信,"我只知道人一旦和他人有了牵连,那他就完了。腐朽的细菌已经进入他的灵魂",他父亲的负面哲学让他在情感上有缺陷。两人都无法实现自己的理想,躲在偏远的热带岛屿。吉姆救了珠宝,海斯特救了丽娜;他们都调皮地说"请吩咐"。两个女人都爱慕她们的男人,徒劳地试图保护他们。虽然绅士布朗应该是准男爵之子,而海斯特是瑞典男爵,但关系最密切的是绅士布朗和绅士琼斯。两人都是衣衫褴褛地意外乘船来到了岛上。两个恶人都恶狠狠地暗示,主人公和他们有着同样的经历、动机和罪恶感,并强烈谴责他们眼中道德优越性的伪装。《胜利》和《吉姆爷》有相同的设定:"揣想他们有共同的经历;还令人作呕地暗示他们有共同的愧疚,有不能为外人道的心事,它就像一条纽带,将他们的思想和心连在一起"*。[6]两个主人公都手无寸铁,而且因为和一个女人的纠缠而无法保卫自己。吉姆没有杀死绅士布朗的意愿,海斯特没有杀死绅士琼斯的意志,两人都为了理想主义甘愿赴死。

《胜利》是康拉德最被误解、最受低估、最具争议的小说。评论家一成不变地把表面的主题("年轻时心还没学会如何怀抱希望、如何去爱——以及如何相信生活的人——有祸了!")引申为肯定生命的劝诫,并说这正是这本书的典型缺点:明显的意图、呆板的人物和通俗剧的情节。但主题其实比这更复杂。因为海斯特年轻时没有学会心的必修课,长大后他再也不能修这些课了,注定情感枯竭。这部小说并非揭示了康拉德没能成功刻画一段成熟的恋爱关系;它极其细腻、大胆地描绘了一个田园般的世界里爱情的失败。

海斯特情感和性的无能让丽娜的积极回应、去爱的能力和对生活的信心都失效了。一个女人牺牲自我的奉献能救赎一个爱无能的

---

* 《吉姆爷》,第281页。

男人这一思想，也被一个并存的，甚至更有力的主题所动摇：远离正常人类关系、否认生活的男人在劫难逃，无法获得救赎。康拉德谨慎的性暗示展现了显性和隐性主题之间微妙的张力，以及人物的复杂动机。它们还暗示，正是小说表面下涌动的反常的性激情，激发了那毫无节制的情感和暴力行动。

厌恶女人的琼斯是个邪恶的同性恋，但他说出了小说里最强有力、最令人印象深刻的话，康拉德对这个人物的刻画揭示了他对当时人们眼中的性反常既着迷又害怕。但当时的文学和社会传统（让里卡多之类的人物称敌人为"病态的臭鼬""有生命的黄瓜"）让人们无法直接探讨这一主题。麦克唐纳·黑斯廷斯把这部小说改编为戏剧时，请康拉德解释琼斯这个人物，康拉德模棱两可地回答："这位绅士有一种古怪的疯狂。小说仅点到为止。"[7]康拉德既渴望公开书写同性恋，又需要压制这个主题并用沉默和回避包裹小说的性内核，《胜利》便是这两者之间的妥协。这传统的约束夸大了康拉德偏好模糊意义、影射、抽象化的特点。

康拉德的叙事极其复杂，故事的时间点不停切换，而且通常彼此之间没有直接关联，这让读者很难清楚知道莫里森（海斯特救下的航海船长）和海斯特、海斯特和丽娜、丽娜和里卡多或里卡多和琼斯之间发生了什么：所有角色之间的性关系都模糊不明。他们的故事部分由爪哇一个有代表性的白人男性联系到一起，部分由戴维森船长连接——他不可能知道海斯特和丽娜单独在桑布兰岛上时的对话。戴维森是个善良、正常的人，无法理解琼斯和里卡多之间奇怪的性关系，觉得他们是畸形的流氓，对他们嗤之以鼻。他的短浅见识讽刺地突出了传统与密不见光的主题之间的对立。

通过强调他们极致的孤独和异域环境的不真实，康拉德同样凸显了人物的模棱两可。所有人物都出于或卑劣或高尚的动机，彼此欺骗。海斯特、丽娜和朔姆贝格太太欺骗朔姆贝格，朔姆贝格欺骗

第十五章 重返波兰与《胜利》(1914—1915)

琼斯和里卡多,里卡多两次欺骗琼斯,丽娜欺骗里卡多,王欺骗海斯特,而海斯特和丽娜都担心自己被对方骗了。在小说暴力的高潮部分,海斯特、丽娜、琼斯和里卡多在误解的混乱中遭遇死亡。最终,甚至次要的角色都不是他们看上去的那样。赞贾科莫其实是个德国人,胡子是染的;受压迫、担惊受怕的朔姆贝格太太躲藏在面具后,其实有能力果断行事;阳刚、军人做派、留胡子、胸膛宽广的朔姆贝格实际上是个懦夫;"平凡的琼斯先生"既不平凡,也不是绅士,甚至不叫琼斯。[8]

《胜利》的结构基于人际关系中一种反复出现的模式。海斯特救丽娜就像他救莫里森,里卡多侵犯丽娜就像朔姆贝格侵犯丽娜,丽娜依赖海斯特就像里卡多依赖琼斯,里卡多对暴力的佩德罗无力的控制就像琼斯对里卡多的控制。甚至王与妻子的关系——他说服妻子和他私奔,然后把她安全地藏在丛林里——也是嘲仿海斯特不能保护丽娜。这种复杂模式的作用就是把所有人物都绑定在同一个悲剧命运里,并且强调海斯特渴望遗世独立(因为没人能找到他,所以就不会受伤)的想法有多讽刺。

海斯特与莫里森的关系初现小说是作为人们猜测、八卦的话题:"人们对海斯特结交莫里森的缘由有所怀疑。"没人知道他们成为搭档的真正原因,因为两人都想这成为秘密:莫里森是出于尴尬,海斯特则是因为考虑周到。突然有谣言说海斯特"抓住了莫里森的把柄,于是紧紧纠缠着他,正把他吃干抹净",朔姆贝格警告人们不要落入海斯特的圈套。但叙述者说得很清楚,当海斯特把莫里森从帝汶岛上的葡萄牙当权者手中救出时,他安抚了他,分担了他的痛苦。莫里森不像那些在每个港口都有一个妻子的商人,他"非常禁欲"。他像情人一样恳求海斯特不要"唾弃、毁灭他",并力劝海斯特和他做搭档,拿回他的钱,就算莫里森愚蠢的大方已经毁了他的商业冒险。所以性情与莫里森截然相反的海斯特成了莫里森的情感需求的受害者。

莫里森可悲地相信海斯特是他神圣的救星,而海斯特认为自己把莫里森从龙潭中救出来,结果却把他推进了更可怕的虎穴,这让海斯特"相信自己要为莫里森的死负责"。因此当丽娜告诉海斯特,朔姆贝格恶意造谣说两人的同性情谊突然结束是因为海斯特抛弃了莫里森,还把他送到英国去死,这让海斯特愈发敏感,愈发有罪恶感,也让他在面对琼斯的邪恶算计时更加脆弱。

海斯特第一次向丽娜谈起莫里森时,不知道她已经听过朔姆贝格的版本。他提到他人格中有"某个不为人知的弱点",强调他和莫里森的关系与他和丽娜的关系有相似之处:"我用了那个词(cornered*),因为它准确表达出了那个男人的处境,也因为刚刚你自己就用了它。"面对这不经意的指涉,丽娜情绪十分激动:

"你说什么?"深感震惊的她低语,"一个男人!"
海斯特嘲笑她惊奇的目光。
"不!不!我是说他被逼得走投无路。"
"我很清楚这绝不可能有那层意思。"她低声说。[9]

面对丽娜的激烈反应,海斯特勉强挤出笑声来掩饰他的不自在。他安慰丽娜说莫里森被经济问题逼得走投无路,丽娜松了一口气,低声说莫里森不是如她之前担心的那样是个被逼入绝境的同性恋。

当海斯特真的提到了莫里森的名字,丽娜震惊地重复着名字,突然意识到他的拯救者和莫里森有关联,这让她深感苦恼。然后她用朔姆贝格的指控让他大为惊骇:"再也找不到你们俩这样相亲相爱的朋友;后来,你从他身上拿到了所有你想要的,而且彻底厌倦

---

* 即"走投无路"。

了他,于是你一脚把他踢开,让他回家去死。"当然这也正是没有安全感的丽娜担心的事:一旦海斯特厌倦了她黏人的情感需求及表达感激的各种尴尬方式,故事就会在她身上重演。尽管海斯特竭力否认,但他的性格和行为透露出的某种东西让丽娜一直怀疑他和莫里森的可疑关系。她对他品行的怀疑就像是在精神上背叛了他,也削弱了他对琼斯和里卡多的抵抗力。

丽娜是小说中爱情争夺战的焦点,她让朔姆贝格、海斯特和里卡多心潮澎湃,不过他们中没人成功和她发生了性关系。朔姆贝格和海斯特都主动提出要把丽娜从赞贾科莫的奴役中解救出来,给她保护和安定。当然,两者的区别是荒唐的朔姆贝格被迟来的激情俘虏,他粗鲁的性要求让丽娜反感,而更被动、更有绅士风范的海斯特(和朔姆贝格竞争的想法让他退缩)只说了"请您吩咐"。丽娜和海斯特私奔并不是因为她喜欢上了他的秃顶和长胡子,而是因为拼命想逃离赞贾科莫和朔姆贝格。而朔姆贝格太太知道丈夫想摆脱自己,她帮助丽娜并非出于同情和慈善,而是想保护自己的爱情和安定。

虽然在丽娜到来前,朔姆贝格就不喜欢海斯特(因为他和莫里森的纠缠、他超然物外的态度,甚至他克制的喝酒习惯),受挫的激情、受伤的自尊心,尤其是被一个他认为没自己有男子气概的人所欺骗和打败的耻辱,这一切让他的恨意熊熊燃烧。朔姆贝格还认为,琼斯和里卡多像海斯特一样,用他的旅店作为他们密谋反抗他的基地。后来他捏造了海斯特的财宝这一故事,并把复仇的怒火撒向了桑布兰,他希望能借此让自己摆脱这危险的两人,同时毁掉海斯特和丽娜。里卡多代表了朔姆贝格对丽娜的欲望,正如琼斯展现了他对海斯特的仇恨。

海斯特对丽娜矛盾不决的拯救是受一种慷慨之情(他的父亲可能会将之定义为一种叫作怜悯的轻视)的推动,既重复了他对莫里森充满同情的回应,也是不同寻常的冲动之举。海斯特被称为"怪家伙"*,完全禁绝"女色",甚至俗世激情。当戴维森得知自己的朋友和丽娜私奔了,他难以置信地惊呼:"他不是会做这种事的男人……身为一个绅士只会让事情更糟糕。"戴维森的话意义不明,但他和朔姆贝格、里卡多及琼斯一样,似乎在质疑海斯特的男性气概。他通过称海斯特为绅士,强调海斯特和丽娜社会地位的差异,不仅如此,这个词经常被用在琼斯身上,而琼斯嘲弄地用它来称呼海斯特,只是为了把这个瑞典人和自己联系到一起。第一次偷看丽娜时(没有描写她的脸),海斯特"感受到了一种全新的体验"。丽娜挑衅他是否敢做点什么来救她,而海斯特将他的无能为力藏在彬彬有礼的话中:"你希望我做什么?"两人的性别身份就此反转。

无论在泗水还是在桑布兰,海斯特和丽娜都无话可对对方说,两人日常的缺乏交流象征性地表现为岛上的沉寂。海斯特的情感严重压抑,丽娜无法消除他自父亲处继承的对女性的恐惧和不信任。海斯特自我防御似的强调他疑心重,不抱任何幻想,就算他的心"感染了",他也绝不忘记女人会多么轻易地背叛男人。

和丽娜一样,海斯特也从没见过母亲,对父亲忠心耿耿,而父亲年轻时也没学会相信生活。父亲的肖像和藏书占据了海斯特在桑布兰的小房子,强化了父亲对他的永久影响,而丽娜的温柔、爱和自我牺牲无法弥补海斯特精神和情感的匮乏。海斯特一家负面的北欧式阴郁体现为悲伤的氛围、彼此的不幸、理解的缺乏、交流的失败和沉默的绝望。

丽娜告诉海斯特,她会像曾经站在父亲身边那样站在他身旁;在她帮助里卡多从她房间里逃走后,海斯特(没能保护她不受里卡多侵犯)扮演起了父亲的角色,把精疲力竭的女战士安置在床上,

---

* Queerchap,自 20 世纪初始,queer 一词即被恐同的人用来侮辱同性恋者。

就好像她是个孩子。虽然海斯特觉得做父亲比做爱人更舒服，但丽娜拒绝做子女，她将自己被压抑的情感从里卡多转向海斯特，获得了某种替代性高潮："她感受到了女人妥协的需求、投降的甜美……她吃惊地感到一阵倦怠的虚弱感席卷全身，如温水般拥抱她，包裹她，耳中还有大海的波涛声。"[10]

丽娜相当自然地抱怨起她在朔姆贝格旅店中的孤独，而海斯特第一次拥抱她时，她脸色惨白如鬼。但在岛上，当丽娜爱上海斯特时，她依然寂寞难耐，觉得自己的存在依赖于一个男人，而这个男人无法回应她的爱，无法满足她对情感慰藉的极度渴求。王加深了丽娜的恐惧，他似乎从来没有存在过而不是销声匿迹了；她告诉海斯特："如果你不再想起我，我就根本不存在这个世界上……我只能是你脑海中的我。"

丽娜的本体论恐惧和不真实感可能源于她没能和海斯特发生性关系，海斯特曾试过和她上床，但做不到。独自在荒岛上（长达三个月）的两人处于典型的恋人模式，虽然海斯特因为（名义上）占有了一个女人，虚荣心得到满足，丽娜则是因为她相信自己能做到绝对的自我牺牲以满足海斯特复杂难懂的需求，但两人被蒙骗了，并不快乐。海斯特暗指自己有"不为人知的弱点"，他提出是爱阻碍了性，并声称："当一个人的心被攻陷，就像你攻陷了我的心那样，各种各样的弱点都会自由进入。"试图以此来为自己的情感贫瘠和性无能辩护。海斯特的抱怨让丽娜为他的性无能和自己的性欲望而感到愧疚。她相当胆怯地问："你还需要我为你做什么？"他回答："我想是不可能实现的东西。"似乎他想要的是不用为情感负责的陪伴。然后她可悲地道歉："我只希望我能给你更多、更好，或任何你想要的东西。"[11]这表明她既害怕又绝望。

他们对彼此的误解根深蒂固，以至当海斯特为了丽娜的安全，不让琼斯和里卡多接触她时，她以为是他觉得她丢脸。丽娜近乎自杀式的对自我牺牲的渴求直接源于她企图惩罚自己和海斯特"非法"同居,想通过把两人的关系提升到更高层面来弥补海斯特的无能,以及让自己配得上他的爱。卑躬屈膝的丽娜意识到自己永远无法指望能理解或满足海斯特,她为自己的情感而羞愧,"就好像她的激情低级到无可救药,无法平息他高尚灵魂尊贵、易碎的欲望"。这便是丽娜的逻辑,她以此肯定海斯特的冷漠高于她俗人的激情。

丽娜的有罪声明加深了海斯特对性的怀疑和恐惧:"我不是他们所谓的好女孩。"这对她丰富性经验——被抛弃的童年和被贫穷支配的无望的必然产物——的暗示,证实了朔姆贝格的指控(小说里说得很委婉)——丽娜是个妓女:"他脱口而出一个不光彩的词,让戴维森吃了一惊。那女孩就是那样。"丽娜的坦白也给了里卡多声称他和丽娜有许多相似之处(琼斯也这样说过他自己和海斯特)的依据。最重要的是,它迫使海斯特把自己的不近"女色"和丽娜的丰富经验进行比较,这让他烦心,害怕(虽然并不是如丽娜所想出于道德原因)。

海斯特坦承,不论是在意识还是潜意识层面,他都对女人没有欲望,他还直接告诉她:"我从没杀过男人或爱过女人——甚至想都没想过,就算在梦里也不会⋯⋯去屠杀,去爱——一个人一生中最伟大的事业!这两件事我都没经验。"[12]话音刚落,海斯特和丽娜进行了一次显然不太令人满意的性交。"她用手傲慢地示意他让她自己待会儿——他显然没有听从她的要求。"按照小说的传统,下一章开头他们从地上起来,丽娜整理着头发,而海斯特则帮她取回太阳帽。值得注意的是,他不同寻常地主动提出性要求的时候,正是他"憎恨"丽娜轻信朔姆贝格的诽谤,厌恶自己被世上的邪恶所污染的时候。他与她进行性爱并不是因为爱或激情,而是因为他坚定地渴望克服他的无能感,去经历"一生中最伟大的[两大]事业"之一。

第十五章 重返波兰与《胜利》(1914—1915)

从他们后来的对话可以清楚看出,海斯特的性爱没能满足丽娜,只不过让她愈发相信他不爱她。海斯特也愈发觉得自己不完整,感受到"两人的关系在肉体和精神上的不完美"。他们回家后,他直接埋首书籍,试图用父亲充满哲理的讽刺短诗来认可(或合理化)自己的不满:"生活的诡计中最残忍的就是爱的慰藉——也是最难以捉摸的;因为欲望是梦之床。"丽娜坦率的指责似乎是在质疑这傲慢的讥讽之语:"你应该努力去爱我!"海斯特困惑地回答:"努力……但在我看来——"然后就沉默了。虽然他的性尝试没成功,但他用自己最爱的信念来自我安慰:"人一旦和他人有了牵连,那他就完了。腐朽的细菌已经进入他的灵魂。"[13]

丽娜和海斯特对现实的不同看法体现在她渴望一场胜利的自我牺牲,而他相信她已经玷污了他们的伊甸园。当丽娜不顾一切地计划着要夺走里卡多的武器,拯救海斯特,甚至牺牲生命也在所不惜,海斯特(尤其是当他看着里卡多亲吻丽娜的脚那一刻)却把丽娜看作不听话的夏娃,是她唤醒了他内心原初的亚当,并把邪恶引入了他们的天堂。他相当不公平地怪罪她导致了琼斯和里卡多的入侵及王的背信弃义。

海斯特意识到他无法去爱和他无法杀人有关,但当琼斯和里卡多入侵岛屿,当王偷走他的左轮手枪,他却无法维护自己。当里卡多抚摸他的刀,琼斯把玩他的手枪时,海斯特深刻地意识到他没了武器,手无寸铁,"没有做好足够的准备",即在身体和性能力上被阉割、去势。朔姆贝格觉得他失去丽娜时就失去了勇气,而如果丽娜在他身边,他就会成为更强壮的男人,但海斯特觉得丽娜削弱了他,让他变得脆弱,迫使他为了她而撒谎,畏缩,自我羞辱:"如今他的所有防御都被攻破。生活紧紧抓住了他的咽喉。"与之相反,海斯特的爱鼓舞了丽娜,她似乎在肉体和精神上都有所成长。在朔姆贝格的旅店里,她看上去娇小,柔弱,害怕,但里卡多第一次窥见她时,"隐约中,在狭长的房间另一头的她看上去大得奇怪,如影子一般"。

虽然海斯特一直对丽娜没有欲望,但正如她吸引了朔姆贝格,她也吸引着里卡多。里卡多天性中的暴力几乎没有受压制,只不过是受制于琼斯的理性影响;他的激情与琼斯的被动和冷漠形成反差,就像丽娜和海斯特这两级。里卡多看出了他们的相似之处,因为他们都源于人渣,都危险地依赖着有着怪异性癖好的绅士。

丽娜和里卡多的性关系暴露了在他们各自和海斯特与琼斯的关系中被压抑的人格。里卡多强调两人共同的出生,攻击他们各自的绅士,破坏丽娜脆弱的安全感,其实他是在试图说服她,他能给她海斯特给不了的东西。他想展示而非隐藏丽娜,他天真地让她叫自己"丈夫"。虽然里卡多加重了丽娜对海斯特的怀疑,但他同样让她更内疚,更渴望牺牲和救赎。

因为热情的丽娜是个"坏女孩",有着丰富的性经验,而海斯特显然无法满足她的情感和肉体需求,因此她下意识地回应了里卡多的性侵犯。然而,显然,如果丽娜要继续做救赎他人的女主人公并获得讽刺的胜利,她不能真的被里卡多强奸。正如我们意识到戴维森不可能知道他在叙述的事情,而里卡多不会真的像他在小说里那样说话,我们也知道强奸那一幕不会如康拉德描述的那样真的发生。虽然他刻意刻画了女主人公打败坏人的传统场景,他还隐晦但明确无误地暗示了另一个——更可信的——现实。

有大量证据表明里卡多的强奸未遂对丽娜产生的心理和情感影响与真正的强奸无异,而且他认为她从他的暴力攻击中获得了某种满足。尽管康拉德进行了解释,但仍很难相信丽娜能成功抵抗携带武器的里卡多的突然袭击;她的"手指如钢","一身肌肉如巨人",与泗水柔弱、害怕的丽娜那"纤细的白色半身像"、漂亮地交叉在一起的脚形成了惊人对比。里卡多的攻击及她串通帮助他逃跑,让

第十五章　重返波兰与《胜利》（1914—1915）

他们之间有了不同寻常的亲密纽带。他相信"在经过那样的攻击后还能不动声色的女人，已经默默宽恕了这场犯罪"，他温柔地与她交谈，就好像两人已经同了房。实际上，他撕碎了她的纱笼*，看到了她的裸体，他"突然松开那可怕的拥抱"让他很是"沮丧"。

最后，里卡多的刀显然象征着他的阴茎。他夸耀"我随身带着一件相当致命的东西"，丽娜说他只用"把那东西插进我身体"就能强奸她。当丽娜不听海斯特的话，偷偷和里卡多在晚上见面时，那骨柄武器的阳具象征意义明显得让人难以忽视："她的手焦躁地震颤着，急不可耐地要去握紧那可怕之物，只看一眼便难以忘怀。"丽娜以诱惑勾引偷走了里卡多的刀，象征性地完成了他们的性爱战："她让它划入她裙子的褶皱中，并伸出前臂，用手指紧紧抓住膝盖，拼命让它们并在一起。那可怕之物终于看不见了。她感觉一阵潮湿遍布全身。"[14]

虽然里卡多厌恶在琼斯面前俯首称臣，想摆脱主人的性控制，但在丽娜面前贬低自己让他得到了变态的快感，他就自己的幻想发表了一番自相矛盾但很有揭示性的演说："你想要的是个男人，一个能让你把鞋跟放在他脖子上的主人。"里卡多的征服包括劝丽娜满足他的受虐冲动。他用恋足癖代替性交，他告诉丽娜，他"累得就好像我把我的生命力倾倒在这些木板上，为了让你把你白色的脚浸入其中"。当里卡多交出他的刀时，他要求她把脚给他，她慢慢把脚从裙底伸出，他贪婪地扑了上去，"紧握住她的脚踝，嘴唇一遍遍亲吻脚背，喘着气呢喃着，就好像在啜泣，发出的小小声响就像悲痛、忧伤时的声音"[15]。

里卡多对丽娜的侵犯点明了她和海斯特不幸福的关系，以及里卡多和琼斯的关联。虽然里卡多对丽娜的暴力情欲讽刺地映射了海

---

* 纱笼（Sarong），马来西亚人和印度尼西亚人裹在腰或胸以下的长条布，男女均穿。

斯特的性失败,但他和丽娜达到高潮的方式与他和琼斯的关系一样怪异。三个男人(包括朔姆贝格和王)都有共同的厌女症,体现为海斯特的性无能,琼斯的同性恋,以及里卡多的暴露癖、偷窥癖和恋物癖。

所有人都注意到里卡多和琼斯的关系根本就不像秘书和老板。里卡多承认,琼斯"似乎触到了我内心的某个地方",他一有机会就纠缠上他的统治者,而且琼斯猥琐地向海斯特吹嘘,他"完全认同我的所有想法、愿望,甚至突发奇想"。里卡多是琼斯的付费情人,有着"猫的品德",他脸上的痕迹暗示他得了梅毒和天花。里卡多享受欺骗琼斯的感觉,悄悄在外偷情(都没有发展成严肃的关系,琼斯也就容忍了),尝试通过找女人(比如丽娜,他用暴力威胁她,但其实害怕和她上床)做爱来让自己兴奋,巩固自己的男性气概。

康拉德直白地展现了英俊、尖嗓的琼斯的性异常,他穿着华丽的蓝色丝质睡袍病死了。琼斯对女人的恨意强烈,汹涌,他明显女性化的睫毛和用笔画的黄蜂般的眉毛让他看上去"不自然","邪恶","堕落","恶心"。琼斯在墨西哥街头勾搭衣衫褴褛的光腿小脏孩取乐,无所顾忌的女孩问里卡多"小旅馆*里的英国绅士**是不是伪装的修士,或者他是不是向圣母玛利亚***发过誓,不和女人说话,又或者——你能想象口无遮拦的女孩会问什么"[16]。

在海斯特和琼斯对峙时——类似之前海斯特和丽娜、丽娜和里卡多的经历,直接导致了小说的悲剧高潮——琼斯在海斯特身上发现了让他害怕女人、产生负罪感、性无能的同性恋倾向,从而证实了朔姆贝格的指控和丽娜的怀疑。虽然琼斯从未直接指控海斯特是

---

* 原文为西班牙语 posada。
** 原文为西班牙语 caballero。
*** 原文为西班牙语 sanctissima madre。

第十五章　重返波兰与《胜利》(1914—1915)

同性恋，但喜欢把他的受害者卷入他自己的堕落中，总是强调他和他的秘密分享者之间的相似之处。

琼斯苦涩地向海斯特抱怨自己被一群拥有高尚道德情操的人追赶出了社会，并且声称在这个岛上他的存在并不比海斯特的存在更应受道德谴责："某样东西[也]把你赶了出去——或许就是你想法的独创性。或者你的嗜好。"两人最后一次见面时，琼斯坚称他比海斯特更贴近自己的出身、教养和传统："并非所有人都能如你那般轻松地抛弃绅士的偏见。"虽然琼斯对海斯特一无所知，除了他从里卡多那里知道的朔姆贝格散播的恶毒谣言，但他能通过含沙射影唤起海斯特对莫里森的愧疚，从而伤害海斯特。琼斯认为自己比海斯特更开放，更诚实，因为他承认自己的同性恋倾向，而非试图压抑、否认它，因为他在这个世界掠食，而非逃避它。琼斯在逻辑上将琼斯父亲（他也穿着"宽松的蓝色睡袍"）的哲学推向了否认的极端。正如海斯特（和父亲一样）相信人类是邪恶的，地球是"指定的诽谤孵化星球，它生产的诽谤足以装饰整个宇宙"，琼斯也相信他通过暴行和暴力实施惩罚是正确的。

当里卡多正忙于满足自己的受虐倾向时，海斯特唤起了琼斯对他忠诚的秘书的怀疑，就像里卡多唤起了丽娜对海斯特的怀疑，琼斯发现衣冠楚楚的里卡多（他最近开始注重自己的外表）一直在和丽娜欺骗他。被嫉妒之火和厌恶裹挟的琼斯冲出去谋杀里卡多，结果发现他在亲吻丽娜的脚。在那毁灭性的一刻，当琼斯用枪指着他的爱人，然后射杀了丽娜时，海斯特痛苦地意识到自己的性失败，相信是丽娜欺骗了他。

当濒死的丽娜坚称"我永远永远不应该让他……报复"时，即使她不得不刺向里卡多，她仍反复说着爱人和杀人之间的主题关联。海斯特重复道，虽然女人有自己的武器（狡猾），但他一生都是"手无寸铁"（性无能）的男人。然后在海斯特突然暴怒的一刻，他似乎第一次看见了丽娜的肉体存在并重演了里卡多的侵犯:他"开始从正面撕开女孩的裙子",紧盯着她隆起的胸部下子弹造成的"小黑洞"。丽娜在和海斯特病态的圆房中感受到的性兴奋解释了血从她的伤口流出时她隆起的胸部,以及她紧握里卡多的刀"像个急切地够玩具的小孩"这两个画面。尽管海斯特最后宣告了"主题",但他从没放弃"人一旦和他人有了牵连,那他就完了"这一想法;他无法满足丽娜要他把自己抱在怀里的遗愿——即使是作为礼貌性的安慰,这证明她极其讽刺的胜利有多空洞。[17]看着坏人互相残杀,海斯特因为自己的性无能和他对丽娜无意义的牺牲的愧疚而痛苦不已。他"无法忍受看着她的尸体时自己的想法",试图用一场暴烈的死亡来惩罚、净化自己。

同性恋,虽然很少详述,但在《胜利》中起着重要作用。聪明、机智、卑鄙的琼斯是个典型的坏人,犯过谋杀、偷窃、性腐化等罪。但海斯特被压抑的同性恋倾向和性无能,在性层面象征着他对与世隔绝的渴望与他对爱的需求之间的冲突。他和丽娜〔也被称为阿尔玛(Alma)〕的关系代表着精神和性斗争,因为她试图拯救他,不是为了让他避免死亡,而是为了让他摆脱某种行尸走肉般的生活,即他父亲的哲学的悲剧性遗产。康拉德运用同性恋主题来刻画海斯特的情感贫乏及其对生活的否定。海斯特在第一次大发善心冲动行事后,无法回应丽娜的爱,这导致悲观和否定战胜了奉献和牺牲。

1915年3月,《胜利》在美国出版,9月在英国出版,甚至比《机缘》还成功。它的护封甚至更撩人:丽娜穿着纱笼,长发如瀑,垂落胸前,伸手挡着穿睡衣的里卡多,他在强奸未遂后蜷缩在一个箱子上。康拉德很快就赚到了他的巨额预付金——连载版权1000英镑,图书版权850英镑,因为前两次印刷刚上市就卖空了,他这部最激动人心、最凄美动人的小说前三天就卖出了前所未有的

11000 册。《机缘》之前，康拉德的所有英国版作品印数都是 1500 到 3500 册。《机缘》之后，《胜利》的英国初版印了 10000 册，《金箭》20000 册，《救援》25000 册。但身处战争年代，康拉德无法充分利用身为作家的他等待已久的成功。他一直无法摆脱这种沮丧的心情，直到 1916 年他遇见并爱上了美丽的波希米亚美国女记者简·安德森。

第十六章

简·安德森（1916—1917）

一

活泼、轻率的简·安德森被康拉德的传记作者忽视或无视了，她其实对康拉德的生活有着重要影响。[1]他爱上了她，悄悄和她见面，并且——抓住最后一次性浪漫的机会——给她写了激情四射的情书。1916年夏，她成了他的情人，而且是除杰茜外，我们唯一知道和他发生过性关系的人。当他为战争而消沉时，她帮他转移注意力，让他焕发生机，并通过坐飞机、坐船突然出击及书写他的经历，鼓励他加入宣传工作。丽贝卡·韦斯特（Rebecca West）写道，简"经常坐飞机上天，乘潜水艇入海"。简和博雷斯调情，服兵役的博雷斯在巴黎休假时爱上了她。她还成了约瑟夫·雷廷格的情妇，破坏了他的婚姻，并通过激起康拉德的嫉妒心，破坏了他们的友谊。简激发了康拉德对新闻、电影和美国的兴趣。而且她是他战后发表的第一部小说《金箭》中魅惑勾人的丽塔·德·拉斯陶拉的主要原型。[2]

1888年1月6日，简生于佐治亚州亚特兰大市，出生时名叫福

第十六章 简·安德森（1916—1917）

斯特·安德森，是家中唯一的孩子。[3] 母亲埃伦·勒基（Ellen Luckie）是富裕、美丽的社会名流，福斯特·勒基之女，福斯特·勒基在亚特兰大拥有并开发了大量地产，勒基街便是以他的名字命名。简出生后不久，她明显不般配的父母分开了，她粗鲁、可爱的父亲罗伯特·"红"安德森离开去了西南部。简的大学好友凯蒂·克劳福德形容他为"高大、英俊、不羁的男人，嘴里总是说些古怪的玩笑话，眼睛里有蓝色钢铁般的锐利"。雷廷格对简父亲的描述更生动，但无疑有些夸张：

> 我第一次见他时，他 78 岁。他的早餐是一瓶威士忌加 2 磅牛排。安德森是水牛比尔*的伙伴。戈瑟尔斯（Goethals）将军（约 1909—1914）主持修建巴拿马运河时，他是警长，后来在亚利桑那还是准州时**担任亚利桑那警察局长。他曾给我看过他的左轮手枪，上面有 28 个凹痕，他告诉我它们代表他杀过的罪犯，不包括墨西哥人。78 岁时，他有了一个情人，那女人不超过 35 岁，但爱上了他。

这位未来的检察官在 1891 年 5 月 8 日发生在亚利桑那州格洛布的一起事件中暴露了他暴躁的脾气和一丝不苟的良心。他出现在法庭上，指控自己犯了暴力殴打罪，坦白他和另一个人"今早发生了口角，我用拳头砸向他。我不知道打了多少次。我希望就此进行投诉（原文如此），并付罚金"8 美元。[4]

1903 年，简的母亲因一起谋杀案受审，简被送往佐治亚州迪莫雷斯特（Demorest）和外祖母住。虽然埃伦"的从犯罪不成立，

---

* 即威廉·弗雷德里克·"水牛比尔"·科迪（William Frederick "Buffalo" Bill Cody, 1846—1917），南北战争军人、陆军侦察队队长、边境拓垦人、美国野牛猎手。

** 即 1912 年 2 月 14 日正式建州之前。

但大家谣传法官因为她是个迷人的女人而心软了。她的兄弟丹·勒基担下罪责,在前往南美洲前夜供认了谋杀罪"。1903 年到 1904 年,简在迪莫雷斯特的皮德蒙特学院(Piedmont College)学习,"不过不确定她是否完成了一整年的学业,因为据记录显示,她在 1904 年 5 月 13 日被开除了……因为她未经批准离校,当时对此有严格规定"。

埃伦·勒基在这场不光彩的审判后不久就过世了。简被送去和父亲住,那时父亲对她而言几乎算是完全的陌生人。他和一个年迈的墨西哥管家住在亚利桑那州的蛮荒边陲尤马镇(Yuma),靠近加利福尼亚州和墨西哥边界,1904 年到 1908 年他在那里担任小镇警长。[5]虽然孤独地待在荒凉的亚利桑那,但简学会了骑马,爱上了沙漠,并懂得如何观察印第安人的生活方式。她称父亲为"鲍勃老爹";他称她为"宝贝",极其疼爱、溺爱她。约 1906 年,"红"安德森决定简需要一种无法在尤马镇获得的教育,于是让她就读得克萨斯州达拉斯以北的谢尔曼市的基德-基学院(Kidd-Key College)。

露西·基德-基女士是这所真正的女子学院("一战"前就关闭了)的创始人,她是个保守、年迈的南方贵族淑女,嫁给了卸任的卫理公会主教。在基德-基学院读书时,简热爱音乐,勤奋地练习钢琴。在达拉斯听过波兰钢琴家伊格纳齐·帕德雷夫斯基在一场音乐会上的演奏后,她把肖邦作为自己最爱的作曲家,不断练习他的作品,还获得了一张特别的音乐证书。

1908 年 12 月 1 日的《基德-基学院报》——"简·福斯·安德森"(她的本名"福斯特"被缩写,放在名和姓之间)被列为主编——上的自传性故事、诗歌和社论,揭示了这个背井离乡的 20 岁南方女大学生眼中的自己和同龄人眼中的她是什么样的。在她的短篇故事《从 7 点到 9 点的长途电话》("With Long Distance From 7 to 9

第十六章　简·安德森（1916—1917）

p. m."）里，一个穿着优雅的美丽女人遇见了在电话公司营业厅里打长途电话的形形色色的人。她令人震惊地打了一通电话给皇冠与锚酒吧（听上去更像一家英国酒吧而非西部酒吧）："她从头到脚都是丝绸和蕾丝。她的头发就像阳光，皮肤如玫瑰花瓣，大大的眼睛有着六月天空的蓝。"在她俗套的浪漫作品《故事》（"Story"）里，一个西部的牛仔-经济学教授追求一个有着南方做派的现代女孩，她不会表露她对任何男人的感情。但当他冒着受重伤的风险去驱散野马，结果从马背上摔下来时，她冲到他身旁，宣告了她的爱。

一首关于简的打油诗，配上一幅她戴着巨大的帽子、长裙随风飘舞的画像，更加生动地展现了一个蔑视传统、决意给人留下深刻印象的南方淑女形象：

> 如果你想看点趣象
> 那就看看简妮·福斯——
> （我们真不愿说这事情，
> 但她是我们报社的顶头上司。）
> 她戴的帽子如此之大
> 她的脸你都看不见，
> 那形状说是帽子也行吧
> 确实让老师们——心烦。

简第一次为政治发声是在一篇名为《事业》（"Enterprise"）的社论里，文章写于外交政策强硬的泰迪·罗斯福执政时期，它饱含爱国热情地宣称："美国是应受其他国家钦佩和尊重的国家。"

根据简护照上的信息，她身高五英尺七英寸*（比康拉德高一

---

*　约一米七。

点),红头发,蓝眼睛,白皮肤,高额头,鹅蛋脸,鼻子和嘴巴小巧,圆下巴。凯蒂·克劳福德喜爱简,觉得她是自己见过最美的女孩,她写道:"她的脸比较宽,有卷曲的头发修饰,长着大大的蓝紫色眼睛,小巧、上翘的鼻子,还有遗传自南方的无瑕肌肤。高挑、纤瘦、优雅、自信,大眼睛直视他人,她一进入房间就将主导整个场面……如皇后般美得绚烂,外表有一种见过国际性大场面的成熟气度。"

1909年春,简在基德-基遭遇了一场灾难,那必定让她想起1904年春被皮德蒙特开除的事。她读到第四年,"红"安德森的信突然停了。在宠爱和忽视之间摇摆不定的他,没支付她的学费就消失了,在她的人生里第二次抛弃了她。凯蒂注意到,虽然有朋友给她金钱资助,但"这次经历残酷地动摇了她的生活根基"。她没有足够的学分可以毕业,也没有足够的钱继续攻读,但那一年她在法语和英国文学两门课上表现卓越。

学院生活结束后,简去了纽约,她打算在那儿成为小说作家,而凯蒂在圣安东尼奥做了记者。工作期间,凯蒂遇到了生于1885年的杰出作曲家、乐评人迪姆斯·泰勒,并请他帮简找个工作。他帮了忙,然后他们相爱了——泰勒说:"她的脸就像一朵花!"——1910年9月26日结婚。在婚礼上拍的一张照片里,简看上去就像20出头的女人。她穿着黑色长裙,双腿交叠,以某个角度对着照相机,她的手肘放在膝盖上,戴着蕾丝手套的手托着下巴,她光彩照人的脸对着镜头,巨大的黑色软帽下,她如瀑的黄褐色头发垂落肩头。

凯蒂写道,水牛比尔·科迪,"曾经的印第安人侦察员,经营过荒蛮西部表演秀,他是鲍勃老爹的扑克牌牌友,简的深情仰慕者"。科迪上校给了简一封介绍信,收信者是他的一位纽约好友乔治·哈维,《哈珀周报》(*Harper's Weekly*)的编辑,1910年4月到

第十六章　简·安德森（1916—1917）

1913年2月，简在这份周报上发表了八个西部故事。简颇显创作才华但有些滥情、夸张的故事——战前也出现在《芒西》（*Munsey's*）、《科利尔》（*Collier's*）和《哈珀》的月刊上——总是关于爱情路上的阻碍，情节突然转折，障碍就消失了，结局总是大团圆的浪漫故事：坏人被好女人救赎，或妓女被好男人拯救。许多故事都设定在亚利桑那州，关于墨西哥人和印第安人，考验人的勇气，批判不公，对伤残的受压迫者表现出极大同情。

1914到1915年，简还通过为威廉·毕比（William Beebe）写稿赚钱，毕比是博物学家、有名的科学作者、布朗克斯动物园鸟类馆馆长。此时，简告诉凯蒂，她怀疑自己是否有能力写不熟悉的主题，而且她讨厌以别人的名字发表自己的作品："我要为威尔写一整本书……这本书里要写的所有国家我都从没见过——只有上帝知道如果我真的去过那些地方，我会写什么……我要努力在春天到来前写完这本书。我是说这本要和他的专著同时出版的书……我知道我给自己找了个烂买卖——所有人都会认为我的作品失败了，而毕比会因此获得所有赞誉。"[6]

二

1915年9月24日，可能是受到一个迷上她的丹佛男人的资助，简乘坐"波罗的海号"（Baltic）前往欧洲，在伦敦担任战地记者。当一艘德军的齐柏林飞艇被击落在伦敦附近的村落时，她立刻冲到现场，借了一套护士服以接近这场杀戮，"看见很多德国人在某人的牧场里燃烧"，然后写了这个故事。她在《每日邮报》找到了工作，并受《每日快报》（*Daily Express*）的委托写一些文章讲述战争对乡村和农场居民的影响。

简还获准视察一艘损坏的潜水艇，并采访把它安全带回家的军官们。而且她是"第一位坐着国王的空军飞机飞越伦敦的女人"。1916年5月18日，伦敦《泰晤士报》称："下面这篇文章来自美国知名作家简·安德森太太，讲述了一艘英国潜艇上的军官和船员，凭借勇气和航海技术完成的一次壮举。"两周后，《泰晤士报》谈起她颇有成效（但又不会过于直白粗暴）的战争宣传——"一个女人的伦敦上空飞行"："以下内容讲述了坐军用飞机飞过伦敦上空之旅，是简·安德森小姐（不再是'太太'）发表在《纽约论坛报》（*New York Tribune*）上的文章，安德森近期讲述了一艘被水雷击中、严重受损的英国潜艇回港的故事。"[7]这些文章展现了简极大的勇气和进取心，以及她有能力说服政府和军队官员允许她去她想去的任何地方，做她希望的任何事。对一个身处"一战"的女人而言，更了不起的是简无畏地频繁深入战壕和法国前线。

在伦敦时，简和康拉德的朋友阿诺德·本涅特和H. G. 韦尔斯及韦尔斯的情人丽贝卡·韦斯特成了朋友。聪明的韦斯特小姐自己就是个颇有成就的记者，给她留下更深印象的是简的美貌而非思想。她认为简野心勃勃，没什么天赋，也没有政治经验，她依靠和有权势的男人〔如利奥·莫尼（Leo Money）爵士，以及《每日邮报》和《泰晤士报》的所有人诺思克利夫勋爵（Lord Northcliffe）〕上床，才在新闻事业上取得了成功：

> 她非常漂亮，一头橘黄色的头发，我相信这是她本来的发色，纤瘦，令人沉迷的肤色，举手投足魅力无穷……想到她，我就会想到利奥·莫尼，我想正是他把我介绍给她的……
>
> 她是个善良、浮夸的蠢人，我不知道她是个狂热的亲德派，还是只是一个喜欢非凡之物的冒险家……我认为她无法成为一个有用的观察者。大家都看在眼里，她缺少作为记者的专

第十六章　简·安德森（1916—1917）

业知识，我想她无法不引人怀疑地蒙混过去……

我们（韦尔斯和韦斯特）都很喜欢她，我觉得她都分不清交战双方……她头脑太过简单，在战争中无法被当作严肃的采访者。

简的局限、行为和成功类似玛丽·韦尔什（Mary Welsh），即欧文·肖（Irwin Shaw）"二战"时的情人，肖将她刻画成《幼狮》（*The Young Lions*）中的路易丝·麦金伯（Louise M'Kimber）："她似乎认识不列颠群岛上的所有权贵。她灵巧、狡猾地和男人周旋，总是受邀到著名的乡间别墅度周末，那里多嘴的高等级军人似乎向她倾吐了很多危险的秘密。"[8]

诺思克利夫勋爵是英国最有权势的人之一，他生于1865年，是一名都柏林大律师之子。康拉德和福特将他刻画成福克斯先生："圆脸，能言善辩，独断专行……创办报纸非常成功。"他还拥有《晚间新闻》（*Evening News*）、《每日镜报》（*Daily Mirror*）和《观察者报》，1917年受封子爵。诺思克利夫明显为简着迷，而且很可能做了她的情人。1917年7月她写信告诉凯蒂："一周大概两三次，我去他办公室和他饮茶……一种奇妙、矛盾的亲密感萌发，在我们之间存在了一段时间。当然，它结束于一场不必要的争吵……我主要后悔的是诺思克利夫和我之间那种无伤大雅的关系破裂了。"

1915年，简请韦尔斯和诺思克利夫帮她拿到邀请，以便能拜访康拉德。简最后还是自己写了信，附上诺思克利夫的推荐信，那时诺思克利夫还没见过康拉德，但"利用自己的威望口授了这封信"。杰茜回信说他病了，痛风发作，无法见任何人。虽然事实如此，但简把它当成"冷冰冰的谎言，读到它让我觉得格外心寒"。最终她成功受到了邀请，并且在见过康拉德后，有幸将诺思克利夫介绍给他。1916年7月1日（康拉德告诉平克），诺思克利夫在他的第一个战时假期拜访了卡佩尔之家，中午从布罗德斯泰斯抵达肯特海岸，一直待到5点。他看上去非常疲劳，深情地谈起了母亲，与约翰·康拉德和罗宾·道格拉斯都相处得很好，道格拉斯还拉他到外面看鸟巢。后来，康拉德告诉坎宁安·格雷厄姆，诺思克利夫"本人非常真诚。他让我瞥见了一两眼他的灵魂，我深受震动"[9]。

简还告诉凯蒂，"利奥·莫尼爵士和莫尼夫人一直以来都热情地欢迎我"，而且是他们介绍她认识了丽贝卡·韦斯特。利奥·基奥扎·莫尼 1870 年生于热那亚。他是著名经济学家、记者，之前还是自由党激进派中的费边社*成员，创作了《财富与贫穷》（Riches and Poverty，1905）一书。自 1910 年起，他开始担任东北安普敦郡的议员，1915 年获授爵位，1916 年到 1918 年在战时政府工作，担任劳合·乔治（他把乔治首相介绍给了简）的私人秘书。

鉴于后来利奥爵士卷入的丑闻，似乎很明显他对简有"性趣"，可能也做过她的情人。1928 年 4 月，利奥爵士和 21 岁的工厂工人艾琳·萨维奇（Irene Savage）小姐被指控（用那个时代的委婉言语）"涉及在海德公园共行按理来说可能有伤风化之事"。换言之，他们两人坐在树下时，很可能在接吻和彼此爱抚。警察称，利奥爵士被捕时拼命呼喊："我可不是你们常见的不三不四的人。我是有权有势的人。天啊，放我走。"两名被告在莫尼夫人的担保下被取保候审。但是下一个月的一场议会辩论和《泰晤士报》上的三篇先导文章批评警察对萨维奇小姐进行了非法审讯，还坚称她接受了医学检查，而利奥爵士被判向警察支付 10 基尼。

这个"小插曲"本应该早就被人遗忘，但血气方刚的利奥爵士 5 年后和另一个工人阶级女性卷入了类似的事件。1933 年 9 月，63 岁的利奥爵士被指控在一节火车车厢里侵犯了一个女孩——热情地

---

* 费边社（Fabian Society），成立于 1884 年，是一个英国工人社会主义组织，旨在通过在民主体制内实行渐进的改革而非革命推翻，来推动民主社会主义政策。

第十六章　简·安德森（1916—1917）

亲吻她的嘴唇。他承认亲了她的手，但否认了更严重的指控，声称女孩指控他的动机是她最近被抛弃了，对男人有敌意。然而，审判这个案件的法官认为利奥爵士的供认就表示他行为不端。他被判有罪，罚了 2 英镑——两起案件一共创造了 8 英镑 10 便士的净利润——他出于经济原因决定不再上诉。[10]

三

1916 年 4 月，意外事件让简得以实现"[她]人生最大的野心"，与"世界上最伟大的作家"见面。康拉德因为痛风在家养病时，乔·戴维森为康拉德制作的半身像在伦敦展出，杰茜出席了展览，还在那里遇见了迷人的美国记者、《纽约先驱报》的戈登·布鲁斯（Gordon Bruce）。他告诉杰茜，他很快就会飞去法国，主动提出帮她带信给当时在机械运输部队服役的博雷斯。康拉德夫妇邀请布鲁斯 4 月 16 日共进午餐，他立刻接受了，并询问他是否能带一位年轻女士同行。

据杰茜的记录，年轻女士简·安德森给康拉德留下了"非常好的印象"，而且其他人似乎都这么认为。当简坐在火前，她与之调情的已婚法国红十字会官员放了两个插满花的高花瓶在她面前，并深深鞠了一躬。看到此景，康拉德发出了"十分恼怒的笑声"，伸出手帮助他的客人站起来，并在这个过程中打翻了两个花瓶。当时 9 岁的约翰·康拉德还清楚记得这场派对。他认为简无比迷人，身材好，穿着优雅，还提到杰茜后来开始嫉妒她："她很活泼，不介意和我小小地打闹一番，她让我在地上打滚，父亲就在一旁高兴地看着（而且可能他也想一起打滚）。其他所有来的女人都已婚，其中一些还很沉静，几乎每个人都很紧张，试图表现出最好的一面。"

但简以其迷人的佐治亚口音和自由、轻松的美国做派赢得了他们的心。

康拉德和法国军官不是唯一觉得简有性吸引力的人。他们骑车下山丘时，风吹起了简的长裙，刚好露出她的膝盖。简正经地告诉小约翰："当那种事发生的时候，你不应该乱看！"但他直率地回答："哦，为什么不能？我觉得你的腿很漂亮！"简为康拉德演奏音乐，效果甚至比埃米莉·布里凯尔在日内瓦所做的还好。正如罗宾·道格拉斯所写："泰勒［太太］已经迷住了我们，接下来又轻松征服了康拉德夫妇。喝完茶我们进入起居室，'美国飞女郎'边弹边唱棉花田和种植园的黑人之歌。康拉德听着，哀婉的南方曲调让他着迷。"[11]这位佐治亚美人并没有在康拉德（他一直认为音乐就是感官享受）身上尝试她的肖邦波洛内兹舞曲*，但还是用她生机勃勃、无拘无束的表演打动了他。

简也因这次拜访而心动，在写给迪姆斯·泰勒和凯蒂·克劳福德的长信中，小心翼翼地描述康拉德的谈话、口音、外貌，以及他的家、妻子和孩子：

> ［康拉德］说话非常快，同时手和肩膀会做出很大的动作。他的声音清晰，语气恰好，但有一种我从没听过的口音。这种口音影响了每一个字，赋予他的话最奇妙的韵律。而且他的动词永远用不对。如果动词在它们应该在的地方——这种情况很少，它们也没有表现出时态……
>
> 他的头型长得非常好，虽然额头不太高。不过眼睛上方还是有一定的平面。正是他头的姿势——有一些缩在肩膀里——给人一种力量感。他的嘴虽然在灰胡子下看不太清，但饱满且

---

* 即肖邦创作于 1842 年的《英雄波兰舞曲》降 A 大调，OP. 53。

第十六章　简·安德森（1916—1917）

细腻。关键是他的眼睛，那是天才的眼睛。眼睛是深色的，眼皮下垂，除了情绪激动的时候。眼睛是深棕色的，瞳孔看不太出来。而且眼睛里有奇妙的催人入眠的力量……

"我会带你看看，"他说，"那大教堂的尖塔，你可以从这片山上看到——但我的车坏了，所以我们不去了。这就待下一次吧。"*

一天中午刚过——那是周末，我开车去了卡佩尔之家。我要怎么说那间肯特农舍呢？它坐落在一条老护城河内，有一个鲜花争艳的花园，参天松树投下厚重的阴影。噢，我在那里发现的爱与美难以言表！

杰茜·康拉德是这个地球上伟大女性中的一员。她拄着手杖，艰难地走过小客厅来迎接我。她拄着这根手杖行走已经18年（其实是12年）了。她微笑着。杰茜一直微笑着。我爱她。康拉德天才的魔力萦绕在房子里，但杰茜·康拉德的灵魂潜藏在那天才之下。

还有我的弟弟约翰。他正处在朝气蓬勃的10岁（其实是9岁）。那天我们一起走了很远——走下古老的小路，穿过卡佩尔后面的树林去采摘报春花。傍晚，我们把花带回家送给了杰茜。

就这样，卡佩尔之家成了我的家……每个周末我都去那儿，尽我所能帮忙，因为长子在前线，总有一种比松树的树影更沉重的阴影笼罩着卡佩尔。

简还给凯蒂的女儿简·安德森·詹金斯（Jane Anderson Jenkins）送了一个"康拉德夫人"装扮的玩偶。

---

* 简为了表现康拉德的口音，在这里把 the 写成 ze，this 写成 zis，another 写成 anuzzer。

简拜访期间拍了两张照片（可能是戈登·布鲁斯拍的），很能说明问题。第一张照片里，简高挑，瘦削，优雅，长时间曝光让她眨了下眼睛，她身体前倾，拥抱着（虽然她的双手碰不到一起）面无表情、双下巴的杰茜淡漠的庞大身躯，杰茜好像拿着一块抹布。第二张照片里，康拉德戴着漂亮新奇的圆顶礼帽、单片眼镜，穿着擦得锃亮的靴子和皮质绑腿。他的手随意放在高大的汽车敞开的门上，抬起右脚放在脚踏板上，温柔地——也是不同寻常地——对着简绽放笑容。简拿着一件皮草，穿着时髦的尖头靴，戴着插羽毛的高帽，迷人地歪着头，回应着他无比深情的凝望。[12]

琼·吉夫纳注意到，简可以"很有趣，甚至表现得机智诙谐，但其他时候，她病态，过度敏感，容易烦忧"。1916年夏，当简因为过度疲劳、肺炎和精神失常而崩溃，康拉德一家看到了她性格中黑暗的一面。杰茜听说她的病，到伦敦的一间医院里去看她，等她好转了，杰茜（在康拉德的鼓励下）带她回到卡佩尔之家休养了五周。"她见识了太多战争的恐怖，"杰茜写道，"她经历过的事情，除了参与其中的护士，几乎是所有女人做梦都想不到的。她乘坐一艘医疗船穿越海峡，至少近距离见过一次火光四射的德国飞机冲下来……当她经历过这些冒险来到我们身边的时候，整整一个月她几乎没下过床。她的神经显然已经残破不堪，她是个有趣的病人。"[13]简的精神崩溃（或许让康拉德想起自己1910年崩溃的经历）源于艰难、动荡的童年及战争。所以康拉德会关心挂念，杰茜会表现出母性关怀，简能在卡佩尔之家的居家生活中找到一个安全的避难所，让自己远离在前线看到的受伤、残破、死亡的人，也就不足为奇了。

康拉德写给朋友和妻子的信表明，在简康复期间，欲望混合着怜悯，让康拉德爱上了她。1916年8月，简还在养病，他邀请平克来见一个有趣、美丽的年轻女性，这引起了平克的兴趣。那个

第十六章　简·安德森（1916—1917）

月——赞美简，以家长式的关心作为掩饰，直抒胸臆，结尾处甚至不同寻常地提到了《日本天皇》*中的女主人公——他告诉柯尔："我们认识了一位年轻女性。她来自亚利桑那，但（说来奇怪！）她有着欧洲思想。她正努力让我们收养她做大女儿，目前相当成功。简而言之，她非常像云云（yum-yum）。"

9月14日，简身体恢复，回到伦敦后，康拉德去她公寓喝茶，留下来吃了晚饭，而且很可能发生了关系。在写给杰茜——两人表面上的谈话主题——的信中，康拉德描述了他们如何为了这重要的场合精心打扮，以及他如何在她透露她私生活（因为和爱人兼雇主诺思克利夫勋爵的争吵而变得动荡不安）的亲密细节时礼貌地消极以待：

> 我换上了我坐游艇的礼服，然后去了简家，在那儿喝了三杯茶后，我缓过来一些。她留我吃晚饭，为我穿上了迷人的连衣裙，举手投足都散发着魅力。她谈了很多你和男孩们的事。还说了很多自己的事。非常奇妙。当然，说得很模糊。没说具体的事，只谈了很多感受，交流了思想，等等。你知道我的意思——我认为她觉得自己的处境还没摆脱危险（一场剧变），要是知道你，我是说你自己作为一个女人（区别于我们）有可能支持她，她或许会很高兴——我基本不对这些事发表看法。

两周后，一直和简通信的康拉德告诉杰茜她和诺思克利夫目前的关系，维持着那个方便的谎言，即杰茜和简忠诚于彼此，并且使用了他一直喜欢用来描述这两个女人的马的隐喻："收到了你的姐妹谈论诺思克利夫的信。诺明显冷淡了不少。很奇怪，信里没有明

---

*《日本天皇》（*The Mikado*），两幕喜剧歌剧，音乐由阿瑟·沙利文创作，剧本由 W. S. 吉尔伯特撰写，1885 年在伦敦首演。

说，但我似乎看出诺找到了其他的美国奇人。和我料想的一样。但这只能你知我知。这匹可爱的栗色小母马显然被激怒了。我相信最亲爱的深棕色母马能拉住小马的缰绳，让她稳定下来。"他还告诉杰茜，在给简展示他送的礼物时要考虑周到些，以免简吃醋。9月末，康拉德想间接感受和简在一起的快乐，于是告诉杰茜要替他拥抱简："替我向简问好，如果一切顺利，你甚至可以拥抱，或做点诸如此类的事。我希望我能在那儿见证。你知道我从不想看到你亲吻其他女人。但这个女人不一样。"[14]

在她关于康拉德的第一本书里——没有提到简——杰茜称在他们的婚姻里，她慷慨地给予他完全的自由去做他想做的事："我决定不给他太多束缚；实际上，他应该自由自在，仍像单身汉一样。"但当她的想法遭受他对简的性激情的考验时，马夫（采用康拉德的比喻）急拉缰绳，让这匹倔强的种马停下。正如康拉德在《因财而起》中所写："委屈不平的蠢女人比脱去束缚的魔鬼还可怕。"

1916年9月18日，这桩恋情遭遇危机，当时康拉德（坐了一架军用机）与杰茜在福克斯通见面，她一直和约翰及简待在那儿。据杰茜的记载，康拉德抵达后问的第一件事是："和你同马厩的马在哪儿？"得知她没来，他感到失望。或许在一次和杰茜的争吵中，简吹嘘康拉德写给她的情书，让杰茜怀疑起他的忠诚。他"小小的退步"让杰茜怒不可遏，面对他假装清白的样子，她表现得高傲冷漠。这位"美国丽人"还拦截了康拉德经常定期写给杰茜的信，他的妻子谈起简的自私和恶毒，说她"一直拿我寻开心。她很可能从没想过蓄意破坏我们长久以来相互理解的情感这件事有多严重，就算她想过，那很可能她也不会为此烦心"。

回到酒店后，康拉德情绪激烈地和简谈了一次话，而且肯定指责了她的轻率鲁莽。据杰茜所说，后来整理康拉德的书时，她发现了他写给简的情书："那封信可以证明她说的所有事。那是一封言

第十六章 简·安德森（1916—1917）

辞浮夸的书信，没有签名或抬头，但是谁写的，毫无疑问。"面对这罪证，康拉德气愤地"把它扔进了火里，然后转向我说可以给我某样我说过想要的东西。就是这样一种常见的忏悔，后来也没有指责和道歉"[15]。康拉德意味深长地没有否认杰茜对他背叛的指控，用一件她渴望许久的礼物廉价地收买了她。杰茜知道他的婚外情并没有严重威胁他们的婚姻，而且康拉德显然变得比以前更忠诚。

康拉德努力做到简赋予他的英勇角色，但他知道两人没有未来。他不希望如福特和埃尔西那样卷入肮脏、尴尬的公众丑闻。他觉得有必要保全面子，而且相信激情，尤其是年长的男人和年轻女人之间的激情，本质上荒唐可笑，而且很可能是毁灭性的。正如他在《幸运一笑》中所说："雅各布斯（Jacobus）突然迷恋上了（巡回马戏团里）其中一名女骑士。更糟糕的是他已婚。他甚至连掩饰自己激情的风度都没有。"

虽然杰茜不想再让简和他们待在一起，但她还是和康拉德一家住在一起，装作若无其事，直到两天后他们离开福克斯通，而且至少一直到1916年末，还是经常去看望他们。12月中旬，康拉德把她战前的西部故事寄给了平克，讨论了她复杂的性格，分析了她性格中的弱点，并且热情推荐了她的作品：

> 她最好的一点是，虽然对待自己的作品非常认真，但她丝毫不自负……她正在筹备的小说本质上是自传性的，毫无保留的诚挚是它与众不同的特点，我想凭借这一点，小说有可能获得成功：因为那就是她的一大特点。她有天赋，但她的人格深处一团乱麻，没人知道所有这些天赋最终会有何造诣。私下里，她在生活中缺乏判断力和决断力。但我相信她已经尽可能做到坦率、开放，而且她本性就是慷慨宽厚的。她拥有独立的气质，清楚自己的才智，你会发现她是最有可塑性的造物，绝

不是天生忘恩负义之辈。[16]

康拉德和简的情事揭示了他人格中最隐蔽的一面:他的性态度和性生活。霍尔沃森和瓦特认为,"能深入了解一个如此开放、如此有天赋、如此可爱,与他见过的所有人都截然不同的人,这对康拉德来说必定是一次美妙的经历"。他们可能还会补充道,如此不同于拒绝、羞辱过他的循规蹈矩的法国女郎,不同于他无聊的"胖老婆"。

康拉德和简于1916年相遇时,他58岁,她大约28岁。在他们的大部分婚姻里,他和跛腿的杰茜(大概比简大15岁)的性关系必定很有限。除非康拉德一直在小心谨慎地发展婚外情——他强迫症似的工作习惯、缺钱、神经衰弱和折磨人的痛风让他不太可能有这样的机会——否则他很可能一直过着近乎禁欲的生活。约翰书里有一张照片,拍摄于卡佩尔之家的花园里,照片上的简弯下腰拥抱男孩,眼睛看着相机。杰茜——身高只有5英尺2英寸*,体重200磅**,看上去老得可以做简的母亲——用手杖支撑着自己,猜忌地盯着她,而康拉德——穿着运动马甲,戴着金链,拿着香烟——欢欣惬意地对着她灿然微笑。简是康拉德最后一次(也可能是第一次)和出身名门的美丽女人上床的机会。他知道这一点,并抓住了机会。

柯尔记得康拉德告诉他,"一个女人嫁给一个浪荡子要比嫁给一个理想主义者更安全"——虽然康拉德肯定是个理想主义者。坎宁安·格雷厄姆称他为"大众情人"(un homme à femmes),1915年,康拉德坦承,他那颗衰老的心还能心动。两年后,谈起要给《马拉塔的种植园主》的女主人公艾丽斯·雅各布斯的虚构肖像找

---

* 约1米57。
** 约181斤。

第十六章 简·安德森（1916—1917）

一个原型，康拉德想到了简，他写道，寻找"提香红发"* 的过程会很有趣。[17]

康拉德的很多朋友都谈过女人对康拉德的吸引，并且相信简做过他的情人。在《有些不》中，十分了解他的福特如此写麦克马斯特（以康拉德为原型）："他有过这样的经历：一种盲目的非理性攫住了他，让他在面对那种在柜台后咯咯笑着的胸部饱满、脸颊绯红的女郎时说不出话来。"在福特的《受限的简单生活》中，布兰斯登虽然对女人不是特别感兴趣，但有时会带她们到布莱顿度过一个龌龊的周末。

丽贝卡·韦斯特说，康拉德认为简"无与伦比"。约瑟夫·雷廷格认为康拉德有过婚外情，并将它们描述为"肮脏的勾当"（de louches passes）。理查德·柯尔和福特一样，也是康拉德的密友，他说康拉德"总是喜欢看美丽的脸庞和美丽的脚踝"，而且相信"他和那个美国记者产生了柔情**"。格雷厄姆·格林（Graham Greene）对康拉德有浓厚的兴趣，可能知道一些内幕消息，他在他为杰茜第二本书写的书评中坚持认为康拉德"晚年对杰茜不忠"。[18]

然而，最有说服力的证据来自乔治·塞尔迪斯，他是采访过康拉德的专业记者，也认识简，他的弟弟吉尔伯特在1918年到1919年（她和雷廷格分开期间）做过简的情人。1916年联合出版社（United Press）伦敦办公室让乔治·塞尔迪斯请康拉德谈谈英国潜艇的战斗力。简——乔治·塞尔迪斯称她为"美得不可方物"的红发女郎——正住在康拉德家。他礼貌地称她为"我的看护"，但乔治·塞尔迪斯怀疑她其实是他的情人。不同于丽贝卡·韦斯特，乔治·塞尔迪斯和康拉德一致认为简是个头脑聪明的非凡女人。人们

---

* 提香喜欢为其画中的人物画上金红色头发。
** 原文为法语 tendresse。

称她为"优秀的新闻记者",在那个时候这是对一名女记者的极大赞美。乔治·塞尔迪斯还看到了写给简的情书,康拉德以其阅尽世事者极致的机智诙谐写道:"我不明白为什么我的最后一个情人不能是博雷斯的第一个。"[19]

简仰慕康拉德,有着非传统的性态度,乐意和大人物上床;康拉德深受简吸引,和杰茜过着类似禁欲的生活,渴望抓住最后一次放纵的机会;简去拜访时拍的照片;邀请简到他家里休养,为他的家庭生活注入活力;他们在伦敦会面;他在信中谈到简,以及在《金箭》中描写简时不自然的语气;简坦白康拉德对她的爱;他和杰茜为他的"退步"争吵;她发现他的情书时,他愧疚地默认了;杰茜对简的嫉妒;康拉德在雷廷格成为简的情人后和他大吵了一架:这一切似乎都表明简是康拉德的情人。

四

在征服了康拉德、法国军官、小约翰、罗宾和杰茜(只有一段时间)的心后,简蛊惑了博雷斯和雷廷格。她到康拉德家休养之后,在福克斯通摊牌之前,简说她打算到巴黎看看博雷斯,但康拉德想到她可能会勾引博雷斯,严厉地回复:"不可能,你放过那个男孩。"然而,1917年7月,在被迫斩断和简的联系后,他写信告诉博雷斯,简(法语很出色)在奢华的克里永(Crillon)酒店有一间套房,这勾起了博雷斯的兴趣。他总结了她吸引人的地方,提到她和当时住在巴黎的雷廷格有染,还生硬地告诫博雷斯"小心别把自己弄成该死的傻瓜"——康拉德可能觉得自己就是如此。他还带着一种超然的无可奈何告诉平克:"如果他注定要碰到一个'简',那他最好在19岁而非24岁遇见她。"[20]

第十六章 简·安德森（1916—1917）

第一次在巴黎休假期间，博雷斯（大概比简小 10 岁）和"来自亚利桑那州的迷人女士"在酒店、饭店、夜总会度过了 5 天，那是他人生中最幸福的时光，那个笨拙、青涩的年轻人立刻就爱上了她。当他告诉雷廷格他要和简共进晚餐，她的波兰情人说他很失望博雷斯"抛弃"了他。博雷斯和"蛇蝎美人"用餐时，雷廷格的女房东来找他们，"说［他］一直埋头工作，已经有些神经紊乱"。这个病无疑与他和简不愉快的关系有关，简和博雷斯"当晚在他歇斯底里症发作时，努力把他按在床上"。

博雷斯即将回部队之时，简让他惹上了麻烦，然后又帮他摆脱了麻烦。她回酒店道别时迟到了，导致他错过了军队的列车，还因逾期休假被捕。简后来保证："'我立马就能把你弄出来。'她做到了——一小时内，我就回到了她的起居室——她肯定有正好能帮上忙的朋友。"博雷斯多休了一天假。当博雷斯告知他终于回到了前线，康拉德"说他希望敌人能让我忙个不停，以便我能'把简清除出体内'。"

雷廷格和简更为严肃的恋情始于巴黎，随后在美国继续发展。战后，他跟随她去了美国，简和她的朋友凯瑟琳·安妮·波特为争夺他的爱成了情敌。波特觉得雷廷格见多识广，聪明，健谈，尽管体格瘦弱，长得像类人猿，却是"她所见过最有魅力的人"。雷廷格对简的魅力、能力和富有同情心的性格的描述，呼应了康拉德在给平克的信中对简的评价，这也解释了为什么两个波兰人都爱上了她：

> 聪慧又美丽的她，让许多欧洲和她祖国的显要、知名人士回眸。天赋异禀，是个优秀的新闻女记者，写作短篇故事的天赋也高于普通人，而且她极善倾听和理解。自 1916 年到达伦敦，到大约一两年后离开，康拉德经常和她见面。她成了他最

后几部小说之一《金箭》的女主人公其中一个原型。她是少数杰茜无法忍受的人之一……她还在战后导致我和康拉德疏远。[21]

简和《金箭》自传式主人公的情人丽塔·德·拉斯陶拉的相似度，比雷廷格所说的还要高。小说展现的是康拉德战争年代的情欲，而非年轻时在马赛的情事。简是女主人公的南方原型，对应来自南卡罗莱纳州的人物 J. K. 布伦特的南方原型沃林顿·道森。丽塔（Rita）名字拥有"四个神奇字母"，简（Jane）名字也有四个字母，还有在乔治和布伦特的决斗中担任助手的保皇党友人，有一个已婚的姊妹名叫简。简和丽塔都有蓝色的眼睛、铁锈红色的头发。康拉德对丽塔粗略的描写都能表现出他深受其原型的吸引："所有与她有关的事物，给我一种可怕的亲密感，萦绕在我的心头，她的整个身形摆出熟悉的姿势，她身体的颜色、质地，她的眼睛、嘴唇、牙齿的微光，头发似黄褐色的薄雾，光滑的额头，她使用的淡淡的香水。"简"熟悉的姿势"事实上也复刻到了丽塔身上。杰茜写道，"A 小姐如一尊神像坐在火前"；《金箭》里，有人看见丽塔"双腿交叉坐在沙发椅上，姿势就像一尊古老的佛像"。

简"独立的气质"，她和博雷斯调情（部分是为了弥补失去康拉德），她和诺思克利夫勋爵、利奥·莫尼爵士的关系，她"正好能帮上忙"的熟人，高级官员带给她的政治影响，全都展现在《金箭》里，故事以丽塔抛弃乔治先生结尾。康拉德把深具吸引力的丽塔描述为"身心成熟的女人，是自己的情人，拥有自由选择权，思想独立"。布伦特船长说："只要她裙子的沙沙声在门外响起，这个共和国政府里每个光头的头顶都会变得粉红。"

1919 年四五月，即《金箭》在美国出版后不久，康拉德最后一次收到简的消息，她给他发来两封电报，提出要买他小说的电影

第十六章　简·安德森（1916—1917）

版权。收到简第一封商务风格的电报后，康拉德把这件事交给了平克，第二封电报语气更温和，请他扩大选择范围，并奉上她温柔的致意："至爱，简·安德森。"[22]

第十七章
战争年代（1916—1918）

一

除了与简·安德森的那段插曲，战争年代对康拉德及大部分人而言都是阴沉可怖的。和福特一样身处前线的博雷斯，一直是他们的一个焦虑来源。罗杰·凯斯门特的叛国审判和诺曼·道格拉斯的同性恋审判，迫使康拉德与这两位老友割席。虽然短暂的参战让他兴奋不已，但他并没有为英国抗战提供有效宣传。他和约翰·奎因为售卖他的手稿这件事弄得一团糟。他收获了两名新门徒——休·沃波尔和热拉尔·让-奥布里，并且和杰茜的新医生罗伯特·琼斯爵士相处得非常融洽。但杰茜无法治愈的腿疾让他深感苦恼。他出版、创作了几部作品，包括《潮汐之间》和《金箭》，但只有《阴影线》可与他的最佳作品比肩。他被迫就一个排犹攻击做出回应，并且通过雷廷格深度参与波兰事务。但他悲观的预言通常都不准确，当波兰最终于1918年独立时，他很是惊讶。

没能考入谢菲尔德大学的博雷斯（年仅17岁半）自愿参军。在坎宁安·格雷厄姆的帮助下，他获得了一个军官的职务，于1915

第十七章　战争年代（1916—1918）

年9月加入机械运输部队，他专业的汽修知识可以在那里派上用场。1916年2月中旬，博雷斯被配属到阿尔芒蒂耶尔（Armentières）附近的第34旅的重型火炮队。第二个月，康拉德骄傲地写信给高尔斯华绥详述博雷斯的军人职责，并且注意到这和他童年时在海军训练船上的经历有着怪异的相似性：

> 他是先遣支队的指挥，每周只能见长官一两次。他的工作都是些日常事务，但要随时应炮手要求去做任何需要完成的意外之事。工作内容包括夜间操控弹药车队，白天他还要穿着工装裤在车下捣鼓一阵，因为无论白天或黑夜的任何时刻，先遣支队都要处于最高效的状态。他写来的信就像是乐呵呵的小男孩写的，和他在"伍斯特号"上写来的信一个口吻。我们不时给他送个点心盒。就好像他还在上学一样。

福特43岁时自愿参军是为了与他战前令人尴尬的德国沙文主义做切割，以及证明他对英国的拳拳之心。他给康拉德写了几封动人的信，提到两人以前的玩笑："阁下，有几只羊！"并且描述了他对战壕的恐怖纯美学的感受。1916年9月，福特说连续六个星期他都在德国导弹的射程范围内；12月，他中了毒气，患上了炮弹休克症，住在鲁昂的一家医院，他报告说："至于我，我相信我是完了[*]，至少仗是不能打了——我的双肺都被烧焦了，没了。"[1]

康拉德曾经认为君权神授这一过时信仰是正确的，而且严肃怀疑过当代的代议制政府是否能确保自由。但在反抗君主专制的民主战争中，他是热烈拥护英国的爱国主义者。正如《悬念》中，他对主人公父亲查尔斯·莱瑟姆（Charels Latham）爵士的评价："他

---

[*] 原文为法语 "c'est fini de moi"。

热爱他的国家，相信它的伟大、它优越的美德、它无法抵抗的力量。什么都无法动摇他对各种民族偏见的忠诚。"

当老友罗杰·凯斯门特爵士在 1916 年被判犯叛国罪时，他的爱国主义遮蔽了他个人的忠心。自 1896 年两人在晚宴上相识后，康拉德一直没见过凯斯门特，直到凯斯门特来找他帮忙推动刚果改革联合运动。1903 年 1 月 3 日，凯斯门特在日记中写道："去海斯附近的斯坦福彭特农场找康拉德，和他度过了愉快的一天。最终乘坐 8 点 20 的火车返程。"约 1905 年，康拉德一家去看望凯斯门特，在他们家住了一晚。杰茜透露，两人的谈话不可避免地集中于他们在刚果的共同经历：

> 罗杰·凯斯门特爵士，狂热的爱尔兰新教徒，来看我们，在我们家待了两天左右。他非常英俊，留着浓密的黑胡子，眼神犀利但透露出不安。他的人格让我钦佩，吸引我的大约就是他专注地揭露正在比利时属刚果发生的某些暴行时的样子。他站在我们的客厅里激昂地谴责他见过的残酷行径时，谁又能预见战时他自己的可怕命运？[2]

1910 年，凯斯门特重现了他在刚果取得的成果：写出了另一篇全面深入、充满人性关怀、颇有影响力的报告，揭露在秘鲁亚马孙普图马约（Putumayo）地区的香蕉种植园里工作的印第安人所遭受的暴行。1911 年凯斯门特因其在非洲和亚马孙河流域的工作被授予爵位。同年，放下英国驻里约热内卢领事的工作、正在休假的他，偶然在斯特兰德大街碰见了康拉德，这也是他们最后一次见面。

杰茜所说的凯斯门特的"可怕命运"指的是其辉煌事业的最后一个阶段。1913 年，他以健康状况堪忧为由辞去了殖民地的公职，

第十七章 战争年代（1916—1918）

积极投身爱尔兰民族主义运动。随后他去美国寻求对该运动的支持，1914年11月，又从美国去了德国。1916年，正值失败的复活节起义*之际，凯斯门特乘坐一艘德国潜艇登陆爱尔兰海岸。已经破解了德军密码的英国知晓了他的行动，他立刻遭到逮捕。1916年6月，他被判犯有叛国罪，被判处绞刑。尽管他有过卓越的成就，他的上诉依然被驳回，8月即被处决。在凯斯门特生命的最后几个月里，康拉德再次与他站到了一起。

身为爱尔兰民族主义者的约翰·奎因积极争取美国对凯斯门特的支持。从凯斯门特被捕到被审判之间，康拉德给奎因写了一封重要信件，备感幻灭地回忆起凯斯门特反复无常的政治观，尖刻地评价他荒谬行径的徒劳无用：

> 悲痛中的人只会好奇：这一切都是为了什么？如果英国被击垮，德国舰队乘风破浪，爱尔兰独立的阴影可能就会消散。岛屿共和国（如果那就是他们想要的）可能就会仅仅作为德国坚挺的前哨——一个受人鄙视的实现"世界政策"这一最终目标的垫脚石……
>
> 我们从不谈论政治，我认为他没有任何政见。接受索尔兹伯里伯爵资助的自治主义者不会受到认真对待。他是个好伙伴，但在非洲时我就断定他是个严格来说毫无头脑的人。我不是说他蠢。我是说他太情绪化。他利用情感的力量（刚果报告、普图马约等）取得成功，纯粹的性情——真正的悲剧性格：他根本算不上伟大。只是虚荣。但在刚果时这一点还不明显。

---

* 复活节起义（Easter Rising，或Easter Rebellion），是1916年复活节周发生在爱尔兰的暴动，其目的是以武力使爱尔兰从英国获得独立。

康拉德对凯斯门特情绪化、自我牺牲式的民族主义的描述，近似他笔下阿波罗自杀式的波兰爱国精神，这让他备感不适；与凯斯门特在1916年的影响一样，阿波罗参与1863年的起义所带来的后果，在个人和政治层面上都是灾难性的。这惊人的相似性唤起了痛苦不堪的回忆，必定影响了康拉德对凯斯门特的敌视。

雷廷格在凯斯门特受审期间和康拉德关系亲近，他发现康拉德对这个狂热的爱尔兰人的评价不同寻常地严苛："罗杰·凯斯门特……他很鄙视。事实上，我记得战争期间，在他受审并被判刑后，有人——我相信是出版商费希尔·昂温——四处传阅一份赦罪请愿书并请康拉德签名，他情绪激动地拒绝了，他告诉我，他曾和凯斯门特在刚果共住一个小屋，到最后他对他深恶痛绝。"[3] 1916年，在和凯斯门特彻底断交后，康拉德又回头修正了他最初对这位刚果同伴的评价，因为他的"深恶痛绝"和他一开始从这个"聪明、极富同情心的"人身上感受到的温暖与热情截然相反。

无论康拉德认为凯斯门特的行为和人品有多么可鄙，他不愿意拯救一位故友的性命这件事还是很令人失望的。除了让冷静的英国内阁也失控的战争狂热，康拉德态度的巨大转变还有两个主要原因。第一个是政治原因。除了阿波罗和凯斯门特的相似性让他深感不安外，康拉德选择接受把他乡做故乡的外国人那种过分热心的民族主义。但这一点就决定了他会谴责任何背叛英国的行为。正如他向约翰·奎因所揭示的，他身为波兰人对受压迫民族的同情并没有延伸到爱尔兰人身上："因为我见证了英国自80年代早期起，因为渴望和解，就穿上了忏悔者的衬衣，因为懊悔以前做的所有错事，就自掏腰包，给爱尔兰撒了数百万的钱，结果除了永恒的敌意外，没有收到任何回报，所以她会感觉疲倦，我一点都不奇怪。"他不相信凯斯门特会被绞死，还为英国对复活节起义的严酷镇压而辩护，声称她正在和德国殊死搏斗，必须保护自己不被暗箭所伤。康

第十七章　战争年代（1916—1918）

拉德觉得，如果在其他国家，镇压只会更加严酷。后来和亲戚卡罗拉·扎古尔斯卡（Karola Zagorska）交流时，康拉德说凯斯门特罪有应得，以此为自己的行为辩护："凯斯门特在接受英国政府授予的荣誉、勋章、奖赏时没有犹豫，同时又秘密安排了他所涉及的各种事务。简言之，他是在阴谋对抗信任他的人。"[4]康拉德或许不清楚，但这句话是不准确的。凯斯门特一开始接受了他应得的荣誉，但一直到1913年他辞去了领事的工作后，他才开始密谋对抗那些信赖他的人。

康拉德这么做的第二个原因：凯斯门特的性倒错。凯斯门特被捕时，苏格兰场发现了他直白得惊人的同性恋日记，日记的复印件被私下拿给有影响力的人（大使、主教、议员，甚至国王乔治五世）看，目的是抹黑凯斯门特的人品，消除对他的所有同情。他被定罪后，报纸发表了这些私人日记，其中一篇文章称："众所周知，罗杰·凯斯门特爵士是一个毫无荣誉感、不知体面的人。他写下的日记记录了他肮脏的私生活。他道德败坏。"康拉德和1916年的大部分男人一样，厌恶同性恋。就像赫尔曼船长对福克（康拉德同名故事中的人物）的评价："他希望我上岸后对此只字不提。他不想被人知道他曾和一个吃人者——常见的食人族——关系亲密。"[5]同理，康拉德也不想让人知道他曾在刚果和一个臭名昭著的同性恋同住一个小屋。康拉德对凯斯门特的反应同样"太情绪化"，凯斯门特的性倒错暴露在公众面前，摧毁了康拉德最后的同情。

二

在康拉德于1916年4月（凯斯门特被捕的那个月）见到简·安德森之前，她就是一个十分积极的战地记者，报道齐柏林飞艇坠毁、受损的潜艇、飞越伦敦及法国战斗的惨状。她刺激的危险生活让康拉德更受吸引。而且这必定也让这位年轻时历经艰险的前水手感觉——福特和博雷斯都在前线战斗——自己是个无用的老人。维奥莱特·亨特说康拉德直到自己找到了一份危险的战争工作才肯放松。简比任何人都更能激励他向她的成就看齐、测试自己的勇气并向她证明自己。1916年2月，康拉德告诉奎因，尽管他已老朽，但能以某种方式为战争服务可以弥补他无法写作的痛苦，帮助他摆脱沮丧，也能给他一种目的感："事实是我手头拮据，只是因为我最近没办法写出像样的东西。我的身心都深受影响，比我所能想象的更糟糕。或许如果我能以某种方式'出一分力'，我会觉得这场战争没那么难以忍受。但我不能。我慢慢变得越来越残疾——这件事也让我痛苦不已。"

1916年夏，简在康拉德家养病期间，他爱上了她，重获新生、不再"残疾"的康拉德已经准备好献出自己的一分力。9月，海军上将道格拉斯·布朗里格爵士（Sir Douglas Brownrigg）找到康拉德，他"得出结论，现在是时候书写优秀的商船队的事迹了……所以我找到约瑟夫·康拉德先生……他走遍了全国，可以接触到每一艘船，能自由进出每一个皇家海军和商船队合作的港口"。虽然康拉德怀疑自己是否如简那般有能力写出具有说服力的宣传文，但他抓住了参加战争的机会。

9月14日，康拉德到洛斯托夫特参观了东海岸的军港，1878年他就是在这里第一次踏上了英国的土地。他视察了港口，观看了射击练习，那里的人让他感觉轻松自在。9月16日，他乘坐扫雷艇"旅长号"（Brigadier）进行了为期两天的航行。9月18日（在福克斯通，与杰茜和简的危机爆发的那一天），他穿着飞行外套，配上帽子和护目镜，乘坐肖特（Short）航空的双翼飞机，从皇家海军航空站起飞，顶着时速60英里的大风，在雅茅斯（Yarmouth）海岸上空飞行了80分钟。他在《飞行》("Flight",1917)中描述了他的经历,他说虽然他好不容易才爬上那架小飞机,但起飞后蹦出的第一个感受"是安全感,我坐过的任何一艘小船都不能给我这种感觉;就好像万物静止,一动不动"。降落在北海水面后,这位从前的病人病态地想着:"我下一次离开地球表面,就不会是身体翱翔在空中了;正好相反。"[6]

11月初,康拉德从爱丁堡附近的格兰顿(Granton)驶入风暴大作的大海,这艘船是去修补保卫港口免受敌军潜艇攻击的网:

> 不久后,船被冲走,被吹离了她的位置〔康拉德写信告诉杰茜〕。船长是名上尉,他告诉我:"我觉得我们今天无法完成任何工作。"我说:"看在上帝的分上,我们离开这儿吧。"于是我们离开了。在我的航海生涯中,从来没这么高兴能躲进庇护所⋯⋯
>
> 周六,我和准将在福斯湾检阅、进行枪炮测试。过程中,我们三个师的最新驱逐舰从海上抵达。那景象真是无与伦比。

11月6日,康拉德乘皇家海军(HMS)"准备号"(Ready)开启12日巡航,"准备号"是一艘伪装猎潜艇(Q-boat),挂着挪威国旗,伪装商船诱使德国潜艇进入致命陷阱。两天后,他融入战争氛围,学会了流行的学生俚语,他告诉平克:"猎获德国佬的希望很大。"但没有发现任何敌舰,这次航行幸运地风平浪静。康拉德告诉杰茜,11月17日,中校让他在布里德灵顿(Bridlington)的约克郡海岸下船,这个长相怪异的外国人"还没走到12码*就被人拦住、逮捕、扭送警局"。

---

* 约11米。

除了《飞行》，康拉德只给商船队写了些平庸的赞美文章：《做得好》、《传统》[("Tradition") 1918年3月，诺思克利夫的《每日邮报》为这篇文章大方付了250基尼]，以及《没有光亮的海岸》("The Unlighted Coast")，讲述了在一个被雾笼罩的船上射击一架低飞的齐柏林飞艇的故事，这篇文章直到他死后才发表。这次经历诞生的唯一一篇小说是《故事》("The Tale"，1917)，收入他死后出版的小说集《传闻轶事集》。故事发生于"一战"的潜艇战时期，描写了一名英国海军上校如何找到一艘中立船，船上的人声称他们迷失了方向，但他相信他们实际上是在帮助敌军。为了挖掘真相，他让这艘船驶向浓雾中一条有去无回的航线。正直的中立船照做了，船触礁沉没。虽然上校尽了自己的职责，但他仍然觉得极度不安，怀疑自己的道德，产生了负罪感："当时我很肯定。所有人都沉没了；我不知道我是实施了严格的因果报应——还是谋杀；我给那散落神秘海底的尸堆增加的是完全无辜的人还是卑贱的罪人。"

尽管身体疲累，但康拉德的两个月战争服务——就像他和珀西瓦尔·吉本的摩托车骑行——有一种振奋人心的效果。约翰·康拉德注意到，即使到了战后，他的父亲"也不再是我所认识的患痛风的废人，双脚一沾到甲板，他就变成了干练、活力充沛的海员"[7]。

三

诙谐、愤世嫉俗的诺曼·道格拉斯自1905年起就经常拜访康拉德，他14岁的儿子罗宾（他曾注意到简·安德森征服了康拉德）还继续在学校放假后待在卡佩尔之家。虽然道格拉斯和奥斯卡·王尔德一样，结过婚，生了两个儿子，但康拉德很清楚他的性取向，他还因此在意大利卷入了几次大麻烦。1916年11月27日——距罗

第十七章 战争年代（1916—1918）

杰·凯斯门特因其性及政治犯罪被绞死仅过去了三个月，另一位好友也陷入了同性恋丑闻。《泰晤士报》报道称：

> 昨日在威斯敏斯特治安法庭，由弗朗西斯先生主审，诺曼·道格拉斯，一位衣冠楚楚的中年男子，据传是作家……被警察指控为嫌疑人。对该犯人的进一步指控是他侵犯了一名16岁男童，男童的校长签署了起诉书。

男孩作证，11月18日，道格拉斯在自然历史博物馆和他说过话，请他到茶室吃了几块蛋糕，并把他带回了自己的公寓：

> 回到公寓，犯人点燃了煤气炉，坐在椅子上，然后犯下了其被指控的罪行。证人没有说话，但几次试图逃跑，可是被犯人拉回来了。犯人亲吻了他，给了他一先令。

康拉德拼命想保护罗宾，同时不想让自己卷入这场丑闻。博雷斯记得"他父亲看见《泰晤士报》的报道后，第一反应是：'我们必须留下那个男孩，立刻。'……（和道格拉斯）没有任何裂痕。他对此很肯定。不会像他父亲那样。而且也不会瞒着博雷斯［当时正在法国打仗］——一切都开诚布公地谈过"。但康普顿·麦肯齐（Compton Mackenzie）报道称康拉德谨慎地拒绝为道格拉斯交保释金。

罗宾留在学校，直到圣诞假才回到卡佩尔之家。12月上旬，康拉德告诉平克，他害怕自己不得不对可怜的罗宾谎报他父亲消失的原因，他愤怒地大骂道格拉斯："我真希望那家伙能把自己的脑袋炸飞。过去两年他一直在走下坡路，有一两次我十分严肃地要求他考虑下自己的处境。但没办法为他做任何事。最近他一直在躲着我们所有人。"[8]1917年1月,在他的案子经历了第四次听证会后,道格拉斯弃保潜逃,离开了英国,就这样解决了眼下的问题,避免了牢狱之灾。

而康拉德和约翰·奎因之间出现了完全不一样的问题。从1911年阿格尼丝·托宾介绍两人认识起,奎因就一直在买他的手稿。康拉德答应过奎因,只要奎因能保证他所有作品的完整,他就永远不会把自己的手稿卖给别人。奎因遵守了他这一方的承诺。但1918年秋,理查德·柯尔介绍康拉德认识了富有的收藏家、书志学家、(后来发现)臭名昭著的伪造者托马斯·怀斯(Thomas Wise),他劝康拉德交出《金箭》的初稿和《救援》(在打字稿中完成的)未完成的手稿。康拉德当时的产出相对较少,且急需用钱,无疑违背了他对奎因的承诺。

新的诱惑部分在于怀斯连同克莱门特·肖特(Clement Shorter)提出了一份出版兼购买计划,"以其口若悬河抓住了[康拉德的]心"。1898年,肖特身为《伦敦新闻画报》(*Illustrated London News*)的编辑,想连载《救援》。[在1915年10月的《星球报》(*The Sphere*)* 中,他发表了一篇诽谤性评论,导致D. H. 劳伦斯的《虹》被禁,同时在杂志靠后的位置宣传由同一个出版商(梅休因)于同一年出版的康拉德的《胜利》。]1917年2月从康拉德的独幕剧《只待明日》(根据《明日》改编)开始,肖特推出了5本私人印制的康拉德作品的小册子[包括《做得好》《第一新闻》《故事》和《波兰问题》("The Polish Question")],用手工纸印刷,每版25册。1919年,怀斯接手这个项目,并于当年又推出了10篇印刷精美的文章,为康拉德赚了200英镑,这10篇文章后来被收入《生平与书信笔记》(*Notes on Life and Letters*,

---

* 克莱门特·肖特自己于1900年1月创办的新闻画报。

1921）。1919 到 1920 年，康拉德意识到这是一桩划算买卖，从怀斯手上接管了这一事业，印刷了他的八篇文章和两个故事，做成高价限量版。

因此，康拉德不仅可以通过贩卖连载和图书版权，而且可以通过售卖手稿和昂贵的小册子，来实现其作品的最大收益。怀斯已经仿造了 1902 年印刷的《"水仙号"的黑水手》。为回报他们目前利润丰厚的合作，怀斯劝说乐于助人的康拉德授权制作一版假的《机缘》，粘上 1913 年版的版权页，并请他写上："本书版权页是 1913 年原版书的正版页面，一开始被移除，后重新放入书中。"[9] 怀斯 1920 年编写的康拉德书目赋予了这版伪造的书学术价值，还宣传了私人印制版，提升了他自己广泛收藏的康拉德的书籍和手稿的价值。

1919 年 9 月，或许是因为怨恨怀斯把自己赶出了局，肖特到美国旅行时告诉奎因，康拉德一直在向怀斯出售定做的手稿，此举让康拉德陷入了极其尴尬的境地。虽然奎因还想得到康拉德的作品，而且一有机会就继续买入，但他愤怒地质问康拉德为何背信。康拉德只能以最无力的借口回应；更尴尬的是，他答应过要把《金箭》献给奎因，事实上却献给了柯尔。在给奎因的几封信里，康拉德向他困惑、恼怒的赞助人保证，他会转而奉上他计划创作的关于拿破仑的小说。《悬念》未完成，康拉德就过世了，通过柯尔，这部作品才得以出版，而柯尔不喜欢奎因，于是确保奎因无法得到这个献词。

四

博雷斯对文学不感兴趣，学业和航海事业都以失败告终，而且战时也不在家，于是康拉德"收养"了一连串"养子"来弥补缺憾。他们都比康拉德小一辈，通过论述、翻译他的作品来为他的事业助力。他在1910年遇见了沃林顿·道森，1912年遇见了理查德·柯尔，1918年遇见了休·沃波尔和热拉尔·让-奥布里。沃波尔1884年生于奥克兰，其父是一名教士（后成为爱丁堡主教），他在坎特伯雷的国王学校（他在那儿受到了残酷霸凌）和剑桥受教。他天真，帅气，让人怜惜，做过校长及《标杆报》（The Standard）的书评人，1910年出版了第一本小说，战时在俄国红十字会工作。这位中庸但多产的小说家是亨利·詹姆斯的狂热崇拜者，1916年还发表过一篇关于康拉德的简短研究。虽然他没能从他的大师身上学到什么，但詹姆斯在《年轻一代》里宽容地赞扬了沃波尔，同时批评了康拉德的《机缘》。沃波尔和凯斯门特及道格拉斯一样，也是同性恋，后来还声称"他把自己献给了大师，但詹姆斯说：'我不能，我不能。'"。

1918年1月23日，沃波尔通过悉尼·科尔文结识了康拉德，他写道，康拉德通过谈论他的浪漫冒险和早期作品开始了两人的友谊，仿佛是为了树立自己的威望，并且避免讨论任何当代议题：

> 康拉德甚至比我预想的还要好——看上去更老，非常紧张，相当怪诞和夸张——我猜是因为他的眼睛——"一个知识分子型海盗"。他说话很急切，给我讲了他早年的各种事迹。听到我说最喜欢《诺斯特罗莫》，他很高兴，虽然他说《黑水手》才是那本书！咒骂大众分不清创作和摄影。

到了1919年9月，沃波尔已经补上了柯尔（如今在南非）的空缺，康拉德说沃波尔是他的年轻朋友里和他最亲密的。康拉德显然不知道沃波尔的同性恋倾向，他说他会坚持住，直到沃波尔结束美国的演讲之旅回来,或许还带着一位新妻子。1922年,沃波尔将《大教堂》献给了康拉德。但在1928年2月,即康拉德死后4年,他的态度从崇拜转为后知后觉的嘲讽:"康拉德在他最后几年没说过任何有趣的事;他沉迷于金钱和痛风。只有当[身处巨大痛苦中]他发怒,像猴子一样喋喋不休、大叫大嚷时,他才让人觉得可怕。"[10]

热拉尔·让-奥布里比沃波尔大两岁,是一位来自诺曼底的音乐理论家和文学评论家,自1916年起一直住在伦敦。他长着高额头、间隔很远的小眼睛、挺拔的鼻子和饱满的嘴唇,留着大胡子。他是纪德的朋友,康拉德的译者、编辑和传记作家,他在康拉德死后的二十年花费了诸多心力维持康拉德在英、法两国的声望。1918年5月,奥布里来到卡佩尔之家,两人第一次见面,很快他就成了常客和激励人心的伙伴。康拉德敬佩他的博学、勤奋和端正的学术态度,让-奥布里则骄傲地告诉一位朋友:"他善良到能对我表现出兴趣,甚至喜爱,这对我的人生而言意义非凡。"1919年,康拉德推脱了罗伯特·琼斯爵士的晚餐邀请,只为到利物浦的皇家科学研究所参加让-奥布里关于法国诗人的讲座;1921年,他则陪康拉德一家驾车穿越法国。1923年,康拉德将《漂泊者》献给了他:"以示友谊,故事讲述了一个法国的海岸兄弟*最后的日子"[11]。1924年,让-奥布里帮忙把渴望学习法语的约翰安置在勒阿弗尔(Le-Havre)一位牧师家里。

尽管让-奥布里能给人许多帮助,作品也很优秀,但他(就像吉本和柯尔)性格中也有敏感的一面,也会不耐烦,缺乏幽默感。一次,一个婴儿打扰到了他,他大叫:"我讨厌小孩!"把孩子母亲吓了一跳。约翰·康拉德说他"非常严肃,穿着总是无可挑剔,似

---

* "海岸兄弟"指热爱大海的人,致力于不带偏见地互相帮助,因友谊、同情之心和爱而连接。

乎总在把衣服上看不见的灰尘或头发掸走"。他的竞争对手柯尔曾批评雷廷格不断向康拉德借钱，同样尖刻地抨击让-奥布里，柯尔"解释道，他自己只写了《生平与书信》第二卷中［非常］小一部分内容是因为出版商拒绝给他更多预付金"，而他不知怎的，迫切想完成这本书，然后拿到钱。

1917年1月，博雷斯第一次休探亲假时，一直表现得很勇敢。康拉德给奎因写信，似乎很骄傲"他的举止、言谈、思想都透露着温和宽厚、泰然自若的平静——仿佛世界上再也没有什么能吓到他或惹恼他……他看上去体格强健，留着体面的胡子……我们相处得非常融洽。我们不仅谈战争，还谈另外两个W——女人（women）和酒（wine）"[12]。但整个战争期间（包括他在巴黎休假，和简在一起的时候），康拉德一家都为博雷斯牵肠挂肚。1918年10月10日，停战日前一个月，他们终于还是收到了那可怕的消息。第二军在法国东北部的梅嫩-康布雷（Menin-Cambrai）路上推进时，博雷斯吸入了毒气，患上了炮弹休克症。德军的高爆炸药和毒气弹狂轰滥炸，将他和其他几个人部分掩埋。但他从鲁昂的医院（1916年12月，福特也在这里）捎信让他们安心，说他只受了点惊吓。事实上，这次创伤对博雷斯有着严重的心理影响，让他在战争结束后依然无法融入平民生活。

杰茜残疾的膝盖（以及她长期存在的心脏瓣膜缺损）带来的问题和博雷斯的状况一样严重，是另一个不变的忧虑根源。尽管她已经做了一系列糟糕的手术，康拉德还是对医生保持着天真、毫无根据的信心，祈愿杰出的骨外科医生罗伯特·琼斯爵士能最终治好她。

琼斯是一名记者兼编辑之子，生于威尔士里尔（Rhyl），与康拉德同年，在伦敦长大，在锡德纳姆学院接受教育，后到利物浦医学院学习。1878年获得职业资格证书后，他专注于治疗残疾儿童，

第十七章 战争年代（1916—1918）

在利物浦的皇家南方医院每日做的手术多达 25 台。他出版了几本整形外科手术领域的典范之作，树立了其时代最有成就的外科医生这一国际声誉。1896 年，伦琴发现射线后一年，琼斯拍摄了英国的第一张 X 光片。战时，他成为皇家陆军医疗队的少将，1917 年，被授予爵士称号。琼斯和善，有同情心，活力充沛，因循守旧，过度乐观，身宽体胖，面容柔和，额头宽大，眼睛是蓝色的，白色胡子修剪得整整齐齐，戴着活泼的领结。他是个出色的射手、拳击手、板球运动员、马术师。

1917 年 12 月，当情况似乎到了杰茜必须截肢的地步，康拉德一家搬到伦敦玛丽勒本街（Marylebone Road）海德公园小区的一间公寓里住了三个月，以便琼斯治疗她的膝关节。她的膝盖僵硬且有感染，第一次感染是在去波兰的旅途中。第二年 6 月，琼斯终于决定要动手术（自 1904 年她出意外后的第一次手术），于是他们又搬到伦敦住了两个月。琼斯取下膝盖骨，切除软骨，做了一个新的膝盖骨窝。1919 年 12 月，康拉德一家北上到他利物浦的总部做杰茜的第三次手术。但 1920 年 2 月，康拉德向纪德坦承："经历了三年痛苦、三场大手术、三条切口，她走路仍需拐杖。" 3 月，杰茜做完第四次手术后——骨头上切了一条 4 英寸的口，然后剧烈痛了三天——康拉德告诉高尔斯华绥，腿上还留有一个可疑的斑点，需要再做一次手术。杰茜持续的骨膜炎——源于 1918 年的膝盖感染——需要在 1920 年 7 月做第五次手术，康拉德本以为她再也不会被切割，结果 1924 年 6 月做了第六场手术。杰茜是个模范病人（虽然对他人的痛苦感到不耐烦），坚韧、克制地忍受着她绝望的处境。博雷斯解释道，最大的问题是虽然琼斯缓解了杰茜的病症，但"他来得太晚，无法完全修复他前面几任医生造成的损害"。虽然杰茜尝试过锻炼，但她做不到，只能持续长胖。康拉德 1921 年在科西嘉岛呼喊："'她长得巨大……自从我认识她以来，她就很丰满——但现在的她是庞大——庞大',他举起双手,望着天。"

1922年9月末,康拉德夫妇和约翰到利物浦拜访琼斯,琼斯带他们来了一场令人失望的北威尔士和斯诺登山(卢埃林王子埋葬他忠诚的猎犬盖勒特的地方)* 三日游。琼斯的传记作家弗雷德里克·沃森(Frederick Watson)写道:

> 约瑟夫·康拉德在最可怕的一天,被汽车带去看了著名的贝德盖勒特山坳小道(Beddgelert Pass)。不幸的是,这个名字他甚至听都没听过。而且整个山谷都笼罩在湿冷的雾中。康拉德——犯了痛风——颤抖着,四处费力地看,最终又落入我猜想的波兰人的听天由命。但罗伯特·琼斯不屈不挠。他对威尔士历史的传统爱得深沉。我们穿过盘旋的迷雾走上山坳小道时,他激动不已地谈起了盖勒特,而康拉德则瞪着眼,颤抖着,一语不发,那沉默似乎坠入了英国人未曾触及的深处。最终,当我们到达山顶,可以看见风景了,气氛也热络了一些,他才打破沉默。
>
> "这个盖勒特是谁?"他尖刻地问道。[13]

康拉德尽管又病又冷,还是被拽入什么都看不到的山里。他会这么痛苦是自然的,任何人都会,但沃森把他的阴郁表现归因于高深莫测的波兰性,而非旅途中糟糕的环境。这次事件表明康拉德被贴上了抹不掉的外国人标签,经常被英国人误解。

康拉德很快就从他暴躁的情绪中恢复,但杰茜再也没能完全恢复行走的能力。尽管从表面上的成功、乐观的预后到深深的失望、另一个折磨人的手术这一模式不断循环,康拉德还是在1922年给

---

* 北爱尔兰的传说。

琼斯寄去了异常热情、充满感激之情的圣诞问候。

> 我把一切最美好的祝愿都寄给您,以表达我的感激、热爱以及最深的敬意。您是我最大的恩人,您以慷慨之情、温暖之心,运用您的仁慈和技术赋予我们的东西,我们无以为报。
>
> 愿一切美好的事物、所有至亲之人都与您同在,您最亲爱的约瑟夫·康拉德祈愿。

五

1915年2月,《胜利》上市前一个月,康拉德出版了《潮汐之间》——他最差的故事集。《二女巫客栈》("The Inn of the Two Witches")是个叙事怪异的西班牙哥特故事,类似埃德加·坡和史蒂文森《奥拉利亚》("Olalla",1885)的风格。半岛战争*期间,一名英国海军军官在陆地上寻找一个可靠的海员,结果发现他因为自己的钱被谋杀,被二女巫客栈里一张沉重的四柱床压死了("她们的衰老有些怪诞")。同样夸张但更讽刺的《搭档》("The Partner")用密集的短句讲述了毫无疑义的邪恶,会让人想到更精致的前作《走投无路》的情节。《搭档》里,善良船长的兄弟那肆无忌惮的搭档,贿赂大副去把船弄沉,如此一来他就能拿到保险金,开启专利医药业务。搭档后来登上失事的船,把敲诈他的大副锁在船舱里,想让他淹死。船长回到船舱取他留在那儿的钱时,被大副射杀,大副从船上逃离,但无法从搭档那儿拿到他的贿赂。

1923年,康拉德将《因财而起》改编成糟糕的两幕剧《大笑

---

* 半岛战争(Peninsular War,1808—1814),拿破仑战争中的重要战役,交战方是西班牙、葡萄牙、英国与拿破仑统治下的法国,最终以拿破仑战败告终。

的安妮》（*Laughing Anne*）。在这个故事里，戴维森船长——在《胜利》里是阿克塞尔·海斯特的朋友——在富有同情心的大笑安妮的警告下，成功阻止了由他的船运送的政府资金被盗。安妮因为背叛了窃贼而被谋杀后，戴维森拯救了她的儿子。但他的妻子厌恶这个小孩，于是离开了他。（和海斯特一样）他被自己无私的行为毁了，"因为那些旧钱，他将不得不逐渐坠落，无人关心"。

为爱所毁的男人这一主题——康拉德在《吉姆爷》《七岛之芙蕾雅》和《胜利》中都刻画过——再次出现在四个故事中最有趣、最有分量的《马拉塔的种植园主》中。在东方一个伟大的殖民城市里，寂寞的种植园主杰弗里·伦瓦尔爱上了费利西娅·莫尔瑟姆（Felicia Moorsom）。她在寻找以前的未婚夫，他因为受到怀疑而消失，后来才发现他是无辜的。如今她希望拯救嫌疑犯未婚夫并嫁给他，但伦瓦尔知道那人曾是他岛上的助手，已经死在那儿了。伦瓦尔既不愿告诉她真相也无法放弃她，于是带着费利西娅和她的父亲到他的岛上去见那个男人。他向她坦白了真相并且表明了爱意，但因为被欺骗而愤怒不已的女人拒绝了他，于是他自溺而亡——"平静地游出生命的界限"。尽管情节荒谬，示爱场景宛如歌剧，但伦瓦尔的寂寞和苦难里有真实的痛苦，超越了《潮汐之间》其余故事里一心求财的阴谋。1915年行将结束时，康拉德意识到自己后期的作品大不如前，于是向高尔斯华绥抱怨："'单《马拉塔的种植园主》一个故事挣的钱就是《青春》的8倍、《黑暗的心》的6倍。'这真让人不舒服。"[14] 不过如果随着他事业发展，声望日隆，赚的钱却少了，他肯定会更不高兴。

康拉德的最后一部作品《阴影线》，其散文风格更纯粹，出自康拉德自身经历的积淀，展现了一种混乱不安的心境，单这一点就让它比《潮汐之间》里的故事高明许多。它最初名为《首次指挥》("First Command")，（正如我们所看到的）基于康拉德1888年乘

第十七章 战争年代（1916—1918）

坐"奥塔戈号"从曼谷驶向新加坡的经历。新加坡船员之家的主管想摆脱一事无成的汉密尔顿，因为他不付账单，于是鼓励他试试过世船长的工作，并藏起了给叙述者-主人公（这是一个自传性的故事）的入职信。康拉德写道，主管实际的原型是"一个枯瘦如柴的家伙，他总是在为自己的命运叹息，而且确实出于各种原因总想对我使坏"。同样住在船员之家的贾尔斯船长（Captain Giles）运用诡计帮助叙述者得到了这份差事，他的原型是个名人，"名叫帕特森，一个可爱、沉闷的壮汉，因其对苏禄海〔（Sulu Sea）位于婆罗洲东北方〕的了解而声名远播"。小说的标题指的不仅是年轻时的天真自信和成熟后内省的智慧之间的朦胧地带，还指涉暹罗湾的入口，前船长就埋葬在这里，船到了这儿也神秘地因为无风无法靠近高龙岛（它也出现在《秘密的分享者》里）。

起救赎作用的人物兰塞姆（Ransome）是一个坏心肠的海员，只是来船上做厨师的，他和疯狂的大副伯恩斯（Burns）在精神和肉体层面截然相反，伯恩斯希望通过把船带到曼谷，自己能掌控这艘船，因为（他以为）那儿没有合格的船长。兰塞姆和伯恩斯的反差让人想起《"水仙号"的黑水手》里的唐金和辛格尔敦，在那个故事里，死人的葬礼打破了风平浪静的魔咒，而非创造了一个新的魔咒。叙述者-主人公在成为新船长的道路上遇到了非常可怕的阻碍：他们因无风而停滞不前；霍乱和疟疾使抱怨不断的人发烧，无力；药品被偷；大副迷信，不可靠；二副缺乏经验；船长必须时刻保持清醒；兰塞姆可能随时会死。但就像《青春》里一样，年轻的船长死里逃生，通过了严酷的考验，相信"一个人应直面自己的厄运、错误、良知，以及类似的一切。为什么——你还需要反抗什么？"[15]

从1917年7月末到1918年6月14日，《金箭》就写完了，速度相当之快，故事混合了康拉德年轻时在马赛的经历与他和简·安德森的恋情。1917年12月31日,小说已经写了一半,但康拉德并不满意,他向特德·桑德森(已经从非洲回来)哀叹(他也曾向高尔斯华绥倾诉):"每天上午我都在工作,不断唉声叹气,咒骂祈求。你能想象我写出来的是什么玩意儿。没有色彩,没有喘息,没有音调;最透薄的光滑泡沫。等我写完了,我就把它拿到市场上以《黑水手》20倍的价格卖出去。"[16]康拉德后来为他的歌剧剧情辩解,他认为谱完两人的恋爱牧歌,丽塔就放弃了乔治先生,这是高尚的救赎之举:"远离他的世界是她爱的最高证明,比单纯的热情更强烈,也让她不再那么害怕自己和他受苦。"

六

作为在英国写作的外国人,康拉德总是对自己不和谐的角色很敏感。1918年8月,身处战争最后一个阶段弥漫的强烈排外氛围中,康拉德觉得有义务在自由派杂志《新共和》(*New Republic*)上回应弗兰克·哈里斯,哈里斯称他为出版界的犹太人,企图以此羞辱他。在这封信里,康拉德通过提供详尽的文件证据来证明自己不是犹太人,澄清了这件事。他还公开表达他对这个敏感话题诚实、高尚的感受:"我丝毫不觉气恼。如果我是一个以色列人,我绝不会否认自己是这个民族的一员,它在人类宗教史中占据着如此独特的地位。"[17]

由于康拉德反复被指控反犹,他对犹太人的态度这一复杂问题确实值得深究。[18]康拉德和许多犹太朋友私交甚笃:威廉·罗森斯坦,经常借钱给他,还帮助他拿到了政府资助;阿尔弗雷德·克诺夫,他的积极奔走帮助康拉德在1913年凭借《机缘》取得了第一次商业成功;雅各布·爱泼斯坦,给康拉德作过画,康拉德非常欣赏他的作品；布鲁诺·威瑙尔（Bruno Winawer），康拉德称赞过他的戏剧，还在1921年将之翻译成英文。

康拉德在其小说里对犹太角色的间接提及和直接描写全都带着同情之心。《诺斯特罗莫》里，他把来自埃斯梅拉达（Esmeralda）的皮货商人赫希描写为担惊受怕的犹太人。残暴的索蒂略俘虏、折磨他，想找出银矿藏在哪儿。捉拿他的人用绳子绑住他的手腕，然后把绳子挂在木梁上；伴随着一声痛苦和绝望的叫喊，他的双脚被猛的拉离了地面，人就吊在那儿。尽管经受了长时间的折磨和鞭打，赫希依然保持沉默。最终，他忍无可忍，"突然闪现一丝微笑，奋力向前伸着扭曲的肩膀，他猛地向［索蒂略的］脸上啐了一口"——然后立刻被枪杀了。赫希勇敢但自毁的行为是他唯一能做的反抗。

《罗曼亲王》里的犹太旅店老板扬克尔是基于密茨凯维奇的民族史诗《塔德乌什先生》里的犹太人扬基尔（Jankiel）创作的。在那首诗里，扬基尔请他的波兰主人去看一场即兴扬琴音乐会，以庆祝他们都摆脱了俄国统治。密茨凯维奇写道："诚实的犹太人像波兰人一样热爱自己的国家。"在康拉德展现牺牲小我的爱国主义典范的故事中，扬克尔，"一个魁伟、庄严的犹太人，身穿黑色缎面外套，衣摆一直垂到脚跟，系着红色腰带"，就是一个波兰爱国者。他记得拿破仑军队的铁蹄践踏莫斯科时波兰军队所扮演的高尚角色，他告诉罗曼亲王人民起义已经开始，希望"或许这一次，［一个大家共同信奉的犹太-基督］神会伸出援手"。[19]扬克尔是故事里一个重要的配角，康拉德对他的人物刻画，无疑是在对犹太人在1863年起义中所起的作用表示敬意。

1911年10月，《晨报》（*Morning Post*）中一篇夸赞《在西方的注视下》的评论，让康拉德苦恼不已。文章谈到在日内瓦叙述这个俄国革命者的故事的英语语言教师，那位匿名评论者猜测："我们不禁猜想，这个教授必定是个犹太人，保持着东西方的平衡。"一看到这篇书评，康拉德就给高尔斯华绥写了一封怒气冲天、过度敏感的信，声称这篇明确讨论小说中某个角色的文章

> 令人费解，除非它是在暗指，我身为犹太人，尤其适合保持东西方平衡！我相信，前一段时间，荒谬可笑的教皇党人贝洛克就一直在把我和亚伯拉罕联系到一起，是为了伤害我，奉承我，或者只是因为他是个傻瓜——我不知道……这样的处境很是荒诞，因为我相信我对任何一种人类都没有可鄙的偏见，不过，被一个不负责任的饶舌者扒去皮囊，着实让人不快。[20]

康拉德信的开头是一个不理性的误读，他把这篇评论和先前臭名昭著的反犹分子希莱尔·贝洛克〔（Hilaire Belloc）他欣赏康拉德，曾为《阿尔迈耶的愚蠢》写了篇好评，还有人送了他一本有题字的《诺斯特罗莫》〕写的那篇联系到一起，并在结尾处声明自己绝没有可憎的偏见。

战争年代，从1914年8月他在敌后的奥地利加利西亚地区被诱捕，到1918年他关于波兰独立的声明，康拉德与波兰事务关系紧密（传闻中他的犹太背景和反犹情绪的源头）。在克拉科夫和扎科帕内时他对波兰前景的看法是典型的悲观主义，后来他告诉坎宁安·格雷厄姆，"无论会发生什么，这些人看到的只有毁灭和最终灭绝，这种彻底的绝望让人难以忍受"。1914年8月，他在一份备忘录中陈述了自己的观点，虽是波兰语，但是写给英国外交部看的，备忘录揭示了他希望看到一个信奉天主教、相对自由的奥地利：

> 德国（普鲁士），虽然无法被打败，但可以在某种程度上

进行压制，实现这一目的的唯一办法就是支持奥地利有关波兰领土的要求——恰好增加了此帝国体制中的反德元素，同时平衡了普鲁士在欧洲的优势。在这个方面，英国无法依靠俄国——首先，因为俄国将被打败——其次（也是最主要的）因为普鲁士和俄国将在不久后达成共识。

在《关于波兰问题的说明》（"A Note on the Polish Problem"，1916）一文中，康拉德推崇英法保护国作为对新波兰联邦最理想的精神与物质支持。1917年的俄国十月革命后，一败涂地的俄国就在《不列斯特-立陶夫斯克和约》（Treaty of Brest-Litovsk）中与德国达成谅解，退出了战争。

康拉德一直对俄国持否定态度。战争初期，当柯尔表达出对他们的俄国同盟的信心时，康拉德轻蔑地重复道，俄国注定要让英国失望。他对俄国的二月革命并不满意，而且也看不出它可能为波兰带来什么好处。1917年5月，他告诉奎因，俄国依然是那一个靠不住的盟友，从来如此，1918年2月他就预见了革命在西欧蔓延的危险：“无论发生什么，俄国如今已经退出战争了。最重要的是让这场带有腐坏力量的俄国感染远离世界其他地方的社会有机体。”1924年5月，列宁死后不久，康拉德谴责俄国革命的恐怖和愚蠢。福特说康拉德预料到了托洛茨基和奥威尔"被背叛的革命"这一思想，他写道：“他总是宣称一切革命到头来都不过是宫廷阴谋，必定永远如此；要么是为了内部的权力，要么是为了占领宫廷。”[21]

1916年3月，康拉德向其美国编辑强调，美国不应该参战。战后，他承认美国的介入对协约国而言是天大的幸事；但他不信任伍德罗·威尔逊空洞的言谈和幼稚的理想主义，而且觉得波兰会被"某个相当肮脏的妥协方案"所牺牲。1918年11月11日停战日这天，劳合·乔治发表了乏味、敷衍但似乎合乎时宜的感想，除了

1914年起用来为战争正名的狂热爱国主义外，没有任何现实基础："我希望我们可以说：就这样，在这个决定性的早晨，所有战争都结束了。"然而，康拉德对未来有很深的疑虑，他先知先觉地警告刚从俄国回来的休·沃波尔："巨大牺牲已完成——未来会告诉我们这会为地球上的国家带来什么后果。我无法向一个头脑简单的人坦白。巨大而盲目的力量灾难性地遍布全世界。"[22]

1918年，被他国压迫了123年的波兰终获自由，成为公认的独立国家。波兰复国不是以波兰人世代寄望的方式，即通过波兰起义、俄国的对外战争或西方势力的介入，而是通过沙俄内部意外出现的布尔什维克革命，以及一场历时四年，摧毁了土耳其、奥地利、德国、俄国等大帝国的大灾难。康拉德在给他的政治通讯员约翰·奎因的回应中，再次告诫人们警惕俄国的威胁，重复了阿波罗首次在《波兰与莫斯科大公国》中展现的强烈情感：独立之事业"让这个三次遭遇毁灭和贫困的国家得以展现它的力量，即将走出［坟墓去扮演］从前的历史角色，继续捍卫文明，抵御野蛮的威胁，曾经它面对的是鞑靼人和土耳其人，如今情况甚至更糟，因为威胁不再源于游牧民族单纯的野性，而是来自完全道德败坏、群情激昂的广大民众——更有目的地制造暴力"。康拉德根深蒂固的个人和历史悲观主义——这一点将他和波兰与欧洲同代人联系到一起，同时把他和吉卜林、韦尔斯、高尔斯华绥等实证主义的同代人区隔开来——是他对英国文学和英国思想最重要的智识贡献。[23]

第十八章

名望与美国 （1919—1924）

一

写完《阴影线》后，康拉德的精力和能力下降，他开始口述而非写作他的作品，在他人生最后五年里，他开始使用最近收获的财富，依仗从前的成就。他推出了其作品的合集与精装版，继续售卖他的手稿，并且积极关切其作品的法语、波兰语译本。他尽情满足自己对音乐的喜爱，并最终完成了《救援》。他写文学、政治散文，并将它们结集成《生平与书信笔记》，基于《贾斯珀·鲁伊斯》创作了一个默片剧本，翻译了布鲁诺·威瑙尔的波兰语戏剧《约伯记》（*The Book of Job*），把《间谍》改编成舞台剧，还写了两部历史小说：《漂泊者》和《悬念》。他到科西嘉岛、美国豪华游，见到了 T. E. 劳伦斯并接待了他的门徒，被授予荣誉学位和爵士头衔，但他拒绝了，有人为他作画、塑像，他还扮演了一把社会名人。

然而，康拉德很难享受他晚年的成功。他有过悲惨、不幸的童年，在海上、在刚果艰难谋生，作家之路也走得很辛苦。如今他过着奢侈的生活，花钱如流水，没有节制，所以总是缺钱。战争的影响、痛风发作、心脏病让他痛苦不已；他一直为杰茜的膝盖和博雷斯战后的金钱问题忧心忡忡。他仍然觉得很难写作，并且认识到其作品质量急剧下降。刚过六十，他已经精疲力竭，提前衰老，必须时常对抗抑郁发作。痛苦和怀疑的恶魔折磨着他的老年。

卡佩尔之家的房东于1919年初去世，其子希望自己住进去，于是通知了康拉德一家。他们不曾拥有一个自己的家，一直在卡佩尔之家住了十年。3月，他们不得不搬走，到坎特伯雷东北方8英里处的瓦伊村（Wye）的斯普林格罗夫（Spring Grove）住六个月。斯普林格罗夫是一个配备家具的17世纪庄园，有可爱的亚当壁炉，但对这一家人来说太大了，而且康拉德本能地讨厌这里。秋天时，他们在附近的毕晓普斯伯恩（Bishopsbourne）找到了奥斯瓦尔兹（Oswalds），就在坎特伯雷东南方5英里处，10月6日就搬去了那里。

康拉德最后一个房子每年花费250英镑，是所有房子里最好的。它有近百年历史，四周环绕着参天大树和三个花园，花园爬满常春藤的墙上有连通门。这幢两层楼房优雅的正面有九扇高推拉窗和一个由两根圆柱支撑的小门廊。房子配备电力和中央供暖系统，还有两间小屋和一大片草坪。但有一个不足：它坐落在地势凹陷处，被树木环绕，看不到什么风景。分房睡的康拉德和杰茜雇了七个人来照料他们的需求：一个管家、两个园丁、两个女仆、一个厨师和一个护工。仆人和奥斯瓦尔兹的宽敞让康拉德可以尽情发扬波兰的好客传统，他经常请人来共度周末或在这儿住一段时间。在过去十年里，他走出了奥尔丁顿屠宰场旁的四间房，取得了巨大成就。

《机缘》《胜利》和《阴影线》出版后，康拉德越来越受欢迎，文学声望日隆。前有理查德·柯尔（1914）、威尔逊·福莱特（Wilson Follett，1915）和休·沃波尔（1916）的批评研究，后有

第十八章 名望与美国（1919—1924）

托马斯·怀斯的《目录》*（1915），萨瑟兰中校的《与约瑟夫·康拉德的海上岁月》（*At Sea with Joseph Conrad*，1922），鲁思·斯托弗（Ruth Stauffer，1922）和恩斯特·本茨（Ernst Bendz，1923）的赏析，以及克里斯托弗·莫利（Christopher Morley）关于那次美国之行的回忆录《康拉德与记者》（*Conrad and the Reporters*，1923）。

战争初期，弗兰克·道布尔迪曾向康拉德提出，想按照哈代和詹姆斯作品集的形式为康拉德出一套作品集，但作家要求把这一计划推迟到战争结束后。1919年7月，康拉德告诉奎因——他当时在协助（有时会打扰）商谈——有了美国、英国和欧洲杰出之士的赞赏，到1914年，他已经树立了举足轻重、无可置疑的声望。除了每年2000英镑的固定收入，他还收到了1921年780部美国版合集的12000美元预付金，以及1922年英国精装版的10000英镑。康拉德收到了六套英国精装作品集，自己留了一套，剩下的给了博雷斯（他从没读过）、约翰、加尼特、纪德（他对康拉德在英、法的事业发展起了重要作用），以及深受敬佩的外科医生罗伯特·琼斯爵士。康拉德的晚期作品同样收益丰厚。《救援》的连载版权赚了3000英镑，《漂泊者》在英国卖出了26000册。

二

康拉德将音乐与戏剧性的时刻、激昂的情绪和热烈的爱联系起来。他特别喜欢歌剧——尤其是梅耶贝尔、威尔第、比才的作品，并在其作品中广泛运用歌剧造型、语言、主题和情节。这些特点在

---

* 完整书名为《约瑟夫·康拉德著作目录》（*A Bibliography of the Writings of Joseph Conrad*）。

他的晚期作品《救援》中表现得淋漓尽致，这部小说刻意表现得像情节剧和歌剧，虽然并不总是成功。中断了二十年后，在康拉德生命的最后阶段，歌剧技法帮助他完成了这部被低估的小说。他广博的音乐知识，以及他通过歌剧策略来让表达更有力度的企图，都表明了这部作品的精神和模式。

音乐，出人意料地充斥着康拉德的生活和艺术。康拉德父母的恋爱和婚姻都像歌剧情节。埃娃父亲在世时，阿波罗和她的恋爱无法结果，因为父亲不喜欢她这个没有出息的追求者；父亲死后，她等了六年，才最终违背父亲的遗愿嫁给了她爱的男人。1861年，阿波罗因为参与革命活动被关押在华沙城堡期间，翻译了维克多·雨果的戏剧《逍遥王》（*Le roi s'amuse*，1832），即威尔第《弄臣》（*Rigoletto*，1851）的灵感来源。埃娃和小康拉德像歌剧里一样，站在阿波罗的监牢外，跟随他流亡，在前往沃洛格达的漫漫长路上祈求获得医疗援助。而且康拉德的第一个童年记忆就和母亲与音乐有关。在马赛的头几年，他首先听到的是意大利和法国的歌剧。

贾科莫·梅耶贝尔——生于柏林，原名雅各布·贝尔（Jakob Beer），他和康拉德一样，改换姓名，在异国他乡闯出了一番事业——是沃格勒修士〔（Abt Vogler）勃朗宁同名诗的主人公〕的国际弟子。他的《法国新教徒》（*Les Huguenots*，1836）曾得到泰奥菲勒·戈蒂埃*夸赞，康拉德的偶像屠格涅夫也很欣赏，他听过他的情人波利娜·维亚尔多（Pauline Viardot）演唱这部剧中的瓦伦丁（Valentine）及《先知》（*Le Prophète*，1849）中的菲德斯（Fidès）。19世纪晚期，受到理查德·瓦格纳（Richard Wagner）的残酷攻击后，梅耶贝尔惊人的声望下降；1910年6月，保守的康拉德告诉高尔斯华绥："我猜我是这些岛上唯一一个认为梅耶贝尔

---

* 泰奥菲勒·戈蒂埃（Théophile Gautier，1811—1872），法国唯美主义先驱，"为艺术而艺术"的倡导者。

第十八章　名望与美国（1919—1924）

是伟大作曲家的人。"[1]

长年在亚洲水域航行的时候，康拉德极少有机会观看歌剧，但1879年10月，"萨瑟兰公爵号"停泊在悉尼港时，他难得地和一位文雅的英国绅士西尼尔（Senior）先生交谈了几句，"在我们的对话中谈到了科学、政治、博物学和歌剧演员"。1893年，困在他的最后一艘船"阿杜瓦号"上，等待从未出现的前往加拿大的法国移民之际，康拉德（还是个小男孩的他津津有味地读完了沃尔特·司各特*的小说）想起他就停靠在鲁昂歌剧院咖啡馆附近，爱玛·包法利"看完难忘的［多尼采蒂］歌剧表演后，就是在那儿吃了点儿点心，该歌剧就是把［司各特的］拉美莫尔的露契亚的悲剧故事放在柔和的音乐中"。

1888年，康拉德在毛里求斯追求已经订婚的欧仁妮·勒努夫，并向她求婚，他对这个不幸的爱情故事的描写"让人想到肥皂剧或普契尼"。1895年，他在尚佩尔追求埃米莉·布里凯尔，遭遇了同样的失败，这一件事同样伴随着音乐主题。埃米莉在日记中写道，康拉德喜欢听她弹钢琴，而且特别喜欢舒伯特、马斯内和肖邦的曲子。在和埃米莉永远分别前，康拉德给了她卡门的总谱，并在她弹奏时专心为她翻页。

博雷斯称康拉德的私人"曲库仅限于《卡门》和《乡村骑士》（*Cavalleria Rusticana*）** 这两部歌剧中的音乐；前一部里的西班牙斗牛曲是他的最爱……我们住在蒙彼利埃时（1906年），一个巡演剧团要上演歌剧《卡门》，我父亲一听到这个消息就激动不已，坚持要求我们全都去看戏"[2]。杰茜证实，他少有的志得意满的时候或悠闲地洗澡时，会吹《卡门》里的段落。他还给他的狗（斯蒂

---

*　沃尔特·司各特（Walter Scott，1771—1832），英国著名历史小说家、诗人，其历史小说影响深远。

**　意大利作曲家马斯卡尼（Mascagni）的名品。

芬·克莱恩给他的礼物）取名埃斯卡米洛，即歌剧中斗牛士的名字。

虽然最让他感动的是《卡门》，但康拉德的音乐（他把 music 读成 moozik）兴趣和品味实际上比博雷斯所说的更广泛。罗宾·道格拉斯注意到，"他热爱音乐，他会闭上眼睛，舒服地躺下，听妻子弹钢琴"——或许会让他想起与母亲、与埃米莉·布里凯尔共度的美好时光。当简·安德森"边弹边唱棉花田和种植园的黑人之歌"时，他甚至更加陶醉。

康拉德的许多朋友都是严肃的音乐家，而且他结识了他那个时代最优秀的几位钢琴家和作曲家。高尔斯华绥的妻子埃达在德累斯顿学习过钢琴，而且会写歌；康拉德最喜爱的表亲卡罗拉·扎古尔斯卡是名歌手；他的朋友、未来的传记作家热拉尔·让-奥布里是音乐理论家。他的杰出同胞阿图尔·鲁宾斯坦（Artur Rubinstein）经诺曼·道格拉斯介绍，于 1914 年 5 月去看望了康拉德。1898 年 9 月，康拉德在新近发明的留声机上听伊格纳齐·帕德雷夫斯基（其父同康拉德一样，因为参与革命活动被流放，1919 年成为波兰独立后的第一任总理）弹钢琴。1923 年在美国时，伍德罗·威尔逊的顾问豪斯上校*介绍康拉德认识了帕德雷夫斯基。他还在 1923 年 4 月及 10 月的科尔法克斯（Colefax）夫人的伦敦沙龙上见到了莫里斯·拉威尔（Maurice Ravel），他们探讨了诗歌的音调和音乐价值。

康拉德很自然地成了肖邦音乐的崇拜者，肖邦也在年少时永远离开了波兰。他有时会用口哨吹玛祖卡舞曲或夜曲中的动机，并且认为波兰性是肖邦音乐与众不同的特点。崇尚斯拉夫文化的爱德华·加尼特在其为《间谍》写的书评中，将康拉德比作 19 世纪最

---

* 即爱德华·豪斯（Edward House, 1858—1938），美国外交官，威尔逊总统的智囊高参。

第十八章　名望与美国（1919—1924）

著名的波兰人："它有着伟大斯拉夫作家们那种深刻、残酷的真实，混合着令人难忘的魅力，这种魅力常让我们想到他的同胞肖邦。"1920 年，美国钢琴家、作曲家约翰·鲍威尔（John Powell）提出想为康拉德演奏肖邦，于是这位小说家在他家里安排了一场独奏会。他也在公开音乐会上听过鲍威尔演奏。

康拉德的小说不仅受加尼特赞赏，还吸引了他杰出的同代人克洛德·德彪西。在 1910 年 7 月 8 日的一封信里，德彪西注意到康拉德冷酷的讽刺，他写道："你读了《时报》（*Le Temps*）上康拉德的小说《间谍》吗？里面有一群十分讨喜的恶棍，结局令人赞叹。它以一种最冷静、疏离的方式讲述，只有在你细想了之后，你才会对自己说：'可是这些人是恶魔啊！'"[3]康拉德有广博的音乐知识，音乐与感官之乐及他生命中最重要的某些时刻相关：对母亲最初的记忆，刚到法国的几个月，与埃米莉·布里凯尔的恋爱以及他对简·安德森的爱。

康拉德的歌剧风格小说《救援》，他最具代表性的作品，将他的写作生涯首尾相连。正如他在 1918 年 10 月所告诉托马斯·怀斯的，这部小说展现了"20 年来，我的判断、品味及风格的转变，几乎涵盖了我一生的整个写作阶段"。康拉德在 1896 年 3 月蜜月期开启了这部小说，但直到 1919 年才完成。[4]托马斯·莫泽表示，康拉德放弃这个小说是"因为主题不适宜，因为他无法写林加德和伊迪斯的爱情故事"。但还有一个更实际的原因。S. S. 麦克卢尔已经付钱买下了美国版权，而他总是经济拮据，不得不完成其他项目，以增加更多进账。

康拉德一直以来的意图或许可以从他写给编辑的信中看出。1897 年 9 月，他告诉威廉·布莱克伍德，小说刻画了一种势不可挡、毫无理性的激情及一个冒险故事的常见元素："我想在故事的情节里表现在一种情绪的影响下，一个人的压力与欣喜，他无法理解这种情绪,但它真实到可以让他不计后果地前行……当然故事的各种元素都是用烂了的。游艇、海难、海盗、海岸——所有这一切都用了无数次"——他和福特合著《罗曼史》时还会再用一次。两年后,仍在和这个小说苦苦纠缠的他,告诉布莱克伍德的伦敦编辑大卫·梅尔德伦:"一切都有了——描写、对话、反思——一切——都有了,除了信仰、信念,只需要有这一样东西,我才能下笔。"

出版商弗兰克·道布尔迪在他的康拉德回忆录中回忆起这本拖了许久的小说吸引了众多读者:"20 年后……我收到康拉德的信,他说他如今已找到完成《救援》的方法……没人看得出来原来的部分在哪儿结束,新的部分从哪儿开始……卖出 5000 册——这样的销量康拉德闻所未闻。"康拉德在作者注中解释道:"情节我看得明明白白。我当时缺的是找到正确表达方式的感觉,唯一适合的方式。"经过许多实验与挫败,康拉德终于在 1918 年找到了那个方式,即情感强烈的歌剧模式,以及恐怖和激情之间不可调和的矛盾这一歌剧主题。林加德船长"拯救了白人,但似乎在尝试的过程中丢失了自己的灵魂"[5]。

在他未完成的最后之作《悬念》里,康拉德写到了"满是辉煌与罪恶、暴政与背叛及野心或爱的黑暗戏剧的东方宫廷"。就像威尔第的《阿伊达》(*Aida*)和普契尼的《图兰朵》,康拉德认为歌剧模式——浪漫、辞藻华丽、夸张做作——特别适合异域、原始的东方背景。

《救援:浅滩浪漫史》(*The Rescue: A Romance of the Shallows*)[6]有很多优点,故事里拯救受害者的人自己成了他拯救的女人的受害者。汤姆·林加德为两件事左右为难。一方面,他许诺要帮助一位年轻的马来王子重新统治他的国家,另一方面是他和伊迪斯·特拉弗斯(Edith Travers)的情感纠葛,伊迪斯和丈夫及友人

第十八章　名望与美国（1919—1924）

达尔卡塞尔（d'Alcacer）乘坐的游艇在这个群岛的某个偏远的岛上沉没了。书中的四艘船各代表一个独立的世界和价值体系：特拉弗斯的"隐士号"（Hermit）、约尔延森（Jörgenson）的"野玫瑰号"（Wild Rose），以及漂浮的堡垒、炸药桶"爱玛号"（Emma），它是汤姆·林加德的"闪电号"（Lightning）的反面、回音和戏仿。（《七岛之芙蕾雅》中的贾斯珀·艾伦悲剧性地始终忠诚于他的船，但林加德把他的热情从心爱的双桅船转移到了伊迪斯·特拉弗斯身上。）特拉弗斯和伊迪斯表达他们对彼此的憎恨的场景（第五部分，第一章）堪比《间谍》和《机缘》中出色的社会讽刺。《阿尔迈耶的愚蠢》和《海隅逐客》探究的是林加德职业生涯的后半段，《救援》不同，它没有刻画热带地区对白人的腐化，而是描写了被困在热带的堕落白人污染了这个地方。达尔卡塞尔和《诺斯特罗莫》中的德科德一样，也是一个迷人、讽刺、厌世的欧洲知识分子，面对不熟悉的暴力和死亡威胁，他向伊迪斯表达了太过人性的弱点："我想得到一个警告，只需要某个东西能给我时间让自己振作起来，平静下来。我希望你向我保证，如果天平向不利于我们的方向倾斜，你会给我一个信号。"

安德烈·纪德身为一个有天赋的钢琴家，很欣赏《救援》，看出了其中的音乐结构，他向康拉德写道："主题本身，那秘密的歌曲，只有在后面才出现，可一旦有人开始察觉这非凡的旋律——特拉弗斯太太和林加德的二重奏，我们就能清楚看到，它的全部意义不能在前面展现出来，并且我们也可以为自己的拖延庆贺。"

小说中最重要、最能揭示主题的场景即林加德和伊迪斯的亲密交谈（与她和丈夫的痛苦谈话截然不同），他们讨论了歌剧，强调小说戏剧化的一面，并介绍了幻觉和现实的主题。伊迪斯的马来服装——她将之换成了欧洲服装，她丈夫也很排斥——就是这个幻想的一部分。它让她脱离了过去，变成了林加德奇怪、陌生的世界的

一部分。伊迪斯解释道,当她挽着林加德的手走出围栏时,

"我感觉自己走在一部歌剧某个场景的华丽舞台上,这场精彩的表演能让观众屏气凝神。你绝对猜不到这看上去有多么不真实,我感觉自己有多么矫揉造作。一部歌剧,你知道的……"

"我知道,我淘过金。我们中的几个人过去常常钱包满满地来到墨尔本。我敢说与你必定看过的那些相比,这糟透了,但我去过一场那样的表演。那是个音乐故事。所有人都一直唱到最后。"

"你的现实感肯定受到了严重冲击,"特拉弗斯太太说着,还是没看他,"你不记得那歌剧的名字了?"

"是的,我从不费脑子记那些。我们——我们这群人从来不会这么做。"

"我不会问你故事讲了什么。你肯定觉得那是对所有真理的蔑视。"……

"我向你保证,那是我看过的为数不多的表演里最真实的。比生活中的一切都真实。"

特拉弗斯太太想起大部分歌剧剧本致命的空洞,被他的这些话感动。

伊迪斯强调幻觉的主题及他们存在的不真实,她告诉林加德,她的整个人生一直都像一场表演,但她一直没有(如他那般)入戏。林加德讲话让她想起一名伟大演员的声音,她冷眼看着马来殖民地"就像看着窗帘上的一幅画"。后来,达尔卡塞尔强化了不真实的主题,他警告林加德伊迪斯那样的女人带领男人跳起了一场虚幻的仪式之舞,男人严肃以待,但那无关真实、诚心或荣誉:

"打破它的人有祸了。他们一离开盛会就迷路了。"[7] 林加德的悲剧在于他错把幻觉当现实。他受伊迪斯蛊惑,丧失意志,(像吉姆爷和阿克塞尔·海斯特一样)再也无法对真实世界做出反应。

《救援》的起源不但可以追溯到 1896 年的手稿,而且能追溯到 1874 年康拉德在马赛第一次接触比才和梅耶贝尔。同时代的凯瑟琳·曼斯菲尔德为这部小说写了篇极富洞察力的正面评价,曼斯菲尔德把伊迪斯·特拉弗斯描绘成蛇蝎美人的化身:"她是腐败之花,只能以他人生命为食的有毒藤蔓。而林加德是她心甘情愿的完美猎物。"事实上,伊迪斯是林加德版唐·何塞的卡门,径直带他走向耻辱与毁灭。小说结尾,林加德发现约尔延森炸毁了"爱玛号",杀死了哈希姆(Hassim)和伊马达(Immada),而林加德曾许诺要为他们复国,他借《特里斯坦与伊索尔德》(*Tristan and Isolde*)*中的爱情催化剂自问:"谁能分清这世上何为真?他环视四周,眼花缭乱;他喝了一大口他夺来的忘情水,仍然醉着。没错——但是她让他一把抓起了酒杯。"

康拉德认为梅耶贝尔是伟大的作曲家;作为小说悲剧性高潮的"爱玛号"爆炸("我至今收集到的所有枪炮和火药都存放在船上")就直接取材自梅耶贝尔的《先知》结尾处发生的爆炸。早在 1899 年,正在创作《救援》的康拉德就计划和福特合著"一部关于再洗礼派**教徒的精彩小说"[8]。歌剧里,明斯特城的地牢成了火药库。在最后一个场景(第 5 幕,第 2 场)里,假先知让决定——正如《救援》里的约尔延森——带着所有邪恶的再洗礼派教徒自杀。他在宴会厅燃起了火,当他的所有敌人都在场时,火药爆炸,

---

* 瓦格纳的歌剧。
** 宗教改革时期诞生的一个激进的天主教教派,他们反对婴儿受洗,认为信徒只有在表明对上帝的信仰后才能受洗。1534 年,明斯特城的再洗礼派发动起义,一度控制了该城,英勇坚持了 16 个月后,于 1535 年 7 月战败。

宫殿倒塌。

康拉德在为《救援》收尾时，再次向他的首位文学导师爱德华·加尼特征求意见。加尼特对《吉姆爷》第二部分严厉但公正的批评让康拉德很受伤，所以18年来他都没有把他的作品拿给加尼特看。1919年6月，加尼特以其特有的洞察力发现了小说中的歌剧情绪和凝滞的情节之间的不对等。他用一个音乐隐喻告诉康拉德："表达的音调或许无法与戏剧情节协调。"第二年，小说出版，广受赞誉，康拉德为林加德最后的放弃辩解，强调他的艺术良知，解释了爆炸的情感影响，并且承认加尼特的批评是对的：

> 如果我让特拉弗斯太太搂着林加德的脖子五分钟（在最后一次见面时），[书评人]或许就会心满意足了。对她，我只能委婉地提出人必须考虑事实。"爱玛号"爆炸是事实。这不仅骤然摧毁了他们的整个情绪化的状态，对我也是如此。在发生了那样的事后继续生活，不是件容易的事。不过还是要立刻做点什么！我太关心特拉弗斯太太，不愿捉弄她，让她在[歌剧的]英勇与柔情间摇摆；而且由于害怕说得不恰当，我没能公平对待她——我想并不是在情节上，而是在表达上。[9]

三

戏剧的激动人心和经济回报；高尔斯华绥作为剧作家的成功；麦克唐纳·黑斯廷斯把《胜利》改编成舞台剧，1919年3月26日在伦敦环球剧场开幕，巡演出乎意料地成功，一直演到了6月；平克把他作品的电影版权卖出了惊人的3000英镑；受如此一系列因素刺激，康拉德晚年开始对电影和戏剧感兴趣。因为对摧毁一切联想暗示的行业心存疑虑,他告诉柯尔:"电影就是给蠢人看的愚蠢噱头——但戏剧[甚至]更低级,它能在想象和智识层面歪曲一部作品的灵魂。"

尽管如此,1920年秋,受美国名演员-拉斯基(Famous Players-Lasky)电影公司委托,他和平克合作为一部默片写了剧本,打印稿共81页,但未发表。剧本基于他的南美革命故事《贾斯珀·鲁伊斯》,取名《壮汉》。1920年11月,康拉德阐述了这个项目的美学依据,并且告诉怀斯他如何构思了故事里的场景:"这绝不是注释堆砌,而是用一系列描写连贯展开这个故事,我第一次从纯粹视觉的角度构思主题时,脑海中浮现的就是这个样子。这样的创作方式对我而言非常新奇,我觉得有必要把它全部写下来,赋予它明确的形状,这样我才能把它拓展成一篇翔实的作品,供电影的文学编辑审读。"

虽然奈德明确地说康拉德的电影剧本"没留存下来",但手稿在耶鲁,打印稿在科尔盖特,目录上写着:"剧本写于声带出现之前。因此对白简化为提纲性的字幕,并且相应地利用了视觉叙事:身体运动、舞台造型和象征性动作,如举起十字架,放下十字架,树倒下。"[10]剧本讲述的是一个回溯性的框架故事,描写了主人公人生的六个方面:居家,当兵,做逃犯,成为军官,变成游击队队长,沦为战争的牺牲品。《壮汉》多记叙,戏剧性不强,充满陈腐的句子、空洞的修辞和歌剧的浮夸,令人联想到《罗曼史》和《救援》。明示于扉页上的主题即贾斯珀对一个女人的爱和他不公的命运。

康拉德用一系列简短的描述性场景表现主题,与原故事的情节大致相同。贾斯珀保护船长的女儿多娜·埃尔米尼亚(Dona Erminia)不被一棵倒下的树砸到,他被强行招入革命军,埃尔米尼亚的家被叛军霸占。贾斯珀被保皇党抓住,后又落入革命军手里,被判处死刑。这个异常强壮的男人弄弯了监狱的铁栅,好让水桶可以通过;经过一阵枪炮齐射后,身受重伤的他装死逃过了处决。他爬回埃尔米尼亚身边,从脖子上的剑伤中恢复过来,保皇党搜寻他的时候,他带埃尔米尼亚从一场地震中逃生,但她的父母都在地震中丧生。后来他向革命军首领提出他要做一件英勇的事来救赎自己、证明他的忠诚。埃尔米尼亚鼓励他表白,他们结了婚,她生下了一个孩子。如今她成了反叛者的妻子,遭到背叛,被保皇党逮捕。贾斯珀围攻城堡,重型枪炮已经到达,但它们的运载车掉入了悬崖。后来这些枪炮被绑在贾斯珀结实的身躯上,当保皇党军队赶来解救守军时,他发出三发炮弹后,背部受伤而死。这样的悲剧让埃尔米尼亚发了疯,她把孩子交给一个朋友,然后(像托斯卡*一样)纵身跳入深渊。

以下列举康拉德的一段对话及他的一个描述性片段,或许可以展现何为骄傲的西班牙人浓烈但虚假的情感:

> "你是叛军。我会让人枪毙了你。"
> "我不在乎。我是被迫参军。"
> 多娜·埃尔米尼亚拿着一盘煮玉米,里面还有一把木勺,沿着小路走去。她冷若冰霜地把玉米递给他,他感激谦卑地接了过去。

毫不奇怪,这外行之作会正如康拉德害怕的那样在1921年初被名演员-拉斯基公司弃用。[11]

大约从1919年11月到1920年3月,康拉德都忙着把《间谍》改编成戏剧。他给平克和高尔斯华绥的信揭示了种种问题:构思站

---

* 普契尼歌剧《托斯卡》(*Tosca*)中的女主人公。

不住脚；把小说转变成戏剧不可避免的艺术缺失；错误地试图放入所有事件。而且，他怀疑这个项目只是徒劳：

> 随着我继续改编，剥去书中故事艺术表达和一贯讽刺的外衣，我更清楚地明白，注定广大观众会一致认为这是个只有可怕和肮脏的故事，它会让观众对作家本人及他对主题的道德层面的态度产生最坏的印象……
>
> 我已经成功地把所有东西都塞了进来，除了真正的出租马车（温妮的妈妈坐着出租马车去往救济院）。这样做很有趣——但完全无用。

康拉德完成剧本两年半后，这部剧才做出来。1922年6月30日，首演之夜前四个月，康拉德想到黑斯廷斯在《胜利》上取得的成功，天真地希望这部剧能巡演两个月，并收获良好的口碑和赞美。康拉德无法忍受出席11月2日的首演，但他和年轻作家R. L. 梅格罗兹（R. L. Mégroz）在附近的柯曾（Curzon）酒店度过了那个夜晚，梅格罗兹写道：康拉德的"精神状态在任何人看来都属于极度兴奋。他说话时柔和的声音和他焦躁不安的动作形成了鲜明对比。我们坐在吸烟室里，他会不时离开到办公室打听消息，大概是来自大使剧院的消息。约八点，他说他无法和我吃任何东西，因为他头痛欲裂。他只喝了咖啡，抽了无数法国香烟"[12]。

康拉德［或许想起了亨利·詹姆斯1895年在他的戏剧《盖伊·汤姆威尔》（*Guy Domville*）首演时丢脸的事］害羞、紧张到无法出席首演，但喜欢戏剧的杰茜很乐意"代表公司"前往。虽然她谦卑地称"只要嫁给了名人，妻子就必须满足于沾丈夫的光"，但她那晚精心打扮，好在今后做大作家的贵妇人。五天后，康拉德告诉一个朋友，包厢外人群的赞美和崇敬，以及谢幕后舞台上恭敬的讲话让杰茜非常受用,她享受了人生的高光时刻。

尽管首演之夜广受好评,但康拉德的朋友说演员的表演很糟糕,这部戏没能抓住观众。剧评人的评价也不好,他们认为舞台艺术有缺陷,缺乏戏剧张力。康拉德坦承:"就算是犯罪行为也不会受到如此严厉的谴责。"仅一周后,演出就草草收场。不过一直都很欣赏康拉德作品的阿诺德·本涅特,不认同对《间谍》的负面定论,他像1905年萧伯纳夸赞《只待明日》一样夸赞了这出戏,他告诉平克的儿子:"我认为第一幕和第二幕的前两场戏精彩极了。在我看来第二幕第三场(即第二场,与副局长和总巡官希特的那一场戏)相对较弱,而且阐释者也没能很好地理解作家的意图。第三幕比不上第一幕,但也非常好,除了最后一场有点太长了。妻子杀死丈夫之前两人的对手戏精彩绝伦。这出戏妙趣横生,不仅各种心理细节处理得很好,戏剧性也很足。"[13]

四

1920年7月28日——在完成《间谍》的舞台剧版和写《壮汉》的电影剧本的间隙,坎宁安·格雷厄姆带着 T. E. 劳伦斯到奥斯瓦尔兹和康拉德见面。休·沃波尔当时也在那儿度周末,他形容劳伦斯"文雅、矮小、谦虚,眼睛很漂亮。说关于他的(阿拉伯战争*)传说全都是假的。谈到了[精美的]印刷和十字军东征"。他们坐在带围墙的花园里时,康拉德踏过草地走来,说眼前的那个人就是他戏里的恶人:"维罗克刚走。"沃波尔回头恰能看到"一个肥胖、佝偻的人影走出大门——某个来自坎特伯雷的记者"。

---

* T. E. 劳伦斯被称为"阿拉伯的劳伦斯",在1916到1918年的阿拉伯大起义中起了重要作用。

第十八章 名望与美国（1919—1924）

1935年1月，劳伦斯死前四个月，他生动地回忆起这次会面，向印刷工布鲁斯·罗杰斯〔(Bruce Rogers) 他根据沃尔特·蒂特尔 (Walter Tittle) 的画像为康拉德刻了一樽木质艏饰像〕描述了康拉德上下唇的尖胡子，他因痛风走路一瘸一拐的样子，还有他耷拉的眼睛："那康拉德可真幸运，能拥有那流线型的脸……要么就是他脸上的毛发。让我难忘的是他一瘸一拐地走路，还拿着手杖辅助，还有他满是皱纹的脸突然上提，露出眼皮下热切的双眼。我们在花园散步时，他的眼皮耷拉在眼眶上，太阳把它们照得通红。"

在创作其杰作《智慧七柱》时，劳伦斯对康拉德的技法极感兴趣，他在写给弗兰克·道布尔迪（他后来推出了劳伦斯讲述阿拉伯起义的平装本图书）的信中夸赞这位作家富有韵律感、引人联想、魔咒般的风格：

> 你知道出版康拉德必定是件难能可贵的乐事。他的散文绝对是最让人难忘的：我渴望知道他写的每个段落（你是否注意到他写的都是段落：他很少写一个单独的句子?）是如何做到在读完后如中音钟的乐音一样余音绵绵。它并非按照普通散文的韵律写就，而是源于某种只存于他脑海里的东西，而且由于他永远无法说出他想说的是什么，他的一切都悬而未决，让人意犹未尽，仿佛有某件他无法说、无法做或无法想的事。所以他的书看上去总是比实际的更博大。他和吉卜林旗鼓相当：他是主观世界的巨人，吉卜林则是客观世界的巨人。他们恨对方吗？

1923年12月，劳伦斯在给另一个共同的朋友悉尼·科克雷尔 (Sydney Cockerell) 的信中说，虽然康拉德已经完成了他最伟大的作品，但他疲软而深刻的告别小说《漂泊者》中仍有充满力量的篇章。"一个人已经写完了他想写的一切,推动他的只有过去的努力的惯性,这是一种多么了不起的尝试。值得赞扬。他可以在睡梦中写作。"[14]

见过 T. E. 劳伦斯,完成了电影剧本,康拉德转而追寻地中海的太阳和拿破仑的氛围,以启发自己创作最后的小说《漂泊者》和《悬念》。1921 年 1 月 23 日,他和杰茜带着一名护工和司机乘汽车前往科西嘉。1769 年,拿破仑就生于这个椭圆形的法国小岛,这里仍保留着流血冲突和杀人越货的野蛮传统,有着欧洲最壮观的风景。东海岸的地势平,中部是险峻的多山地带,西海岸都是崎岖的岬角和悬崖。

约翰在汤布里奇上学;博雷斯一直陪着他们到阿尔芒蒂耶尔(Armentières),在那里,他对战斗过于生动的描述让康拉德心烦意乱。博雷斯回英国工作后,取代他的让-奥布里,一直陪着他们去了里昂。随后他们沿罗讷河(Rhône)河谷而下前往马赛,1874 年,康拉德正是在那里开启了他的航海生涯。2 月初,他们乘船渡河来到阿雅克肖(Ajaccio),住在优雅但过于正式的大饭店(Grand Hôtel),他们在那儿遇见了平克一家。

灾难的波兰之行后的第一次国外旅行,和康拉德的前几次旅行一样,相当悲催。他向让-奥布里抱怨,他既不能休息也不能工作:"我紧张,愤怒,无聊……我们还没进行过一次远足。下午很冷,饭店可憎。科西嘉人可爱,但那里的山惹得我心烦,山路蜿蜒崎岖。让人想咆哮。"在阿雅克肖,他还碰见了年轻的法国作家 H. R. 勒诺尔芒(H. R. Lenormand),勒诺尔芒发现"疲惫和创造力迟钝的幽灵缠着他"。康拉德常坦言:"我再也无法工作了!……我找不到能表达我思想的文字。我从不确定我肯定的是什么。我已经疯了。"[15]

尽管疑虑重重,灰心失望,但康拉德仍自律地工作直到最后一刻。4月10日,他回到奥斯瓦尔兹,6月,翻译了布鲁诺·威瑙尔的讽刺剧《约伯之书》。在英国和科西嘉,他广泛阅读,为他的拿破仑小说查找背景资料,10月9日开始写《漂泊者》,1922年6月27日完成,1923年11月出版。

与书同名的罗弗就是老佩罗尔,即多米尼克·塞沃尼的另一个虚构化身,塞沃尼是年轻的康拉德在马赛认识的英勇的水手、走私者。经历了一生的冒险,佩罗尔到土伦〔(Toulon)位于法国南海岸,马赛以东〕附近归隐田园,在那里吹嘘过去的功绩,但其实他渴望在岸上休息一段时间。农场主是美丽、年轻的阿莱特(Arlette),其父母在法国大革命中被谋杀,她勾起了佩罗尔超越父女情的情愫。但年轻少校雷亚尔(Réal)带着颠覆英国地中海舰队的秘密任务来到了农场,阿莱特爱上了他,佩罗尔自告奋勇承担起在法国舰队的部署上欺骗英军的危险任务,并且为了拯救阿莱特的雷亚尔,牺牲了自己。小说的结局很像《机缘》的结尾——年长的安东尼船长与他的船一同沉没,放手让弗洛拉嫁给年轻的鲍威尔。《漂泊者》里也有对简·安德森的暗指。阿莱特见证了法国大革命的血腥屠杀,而简见证了"一战"的恐怖;老水手佩罗尔把阿莱尔让给年轻的雷亚尔,康拉德则把简让给了(就其结果而言)他年轻的对手雷廷格。虽然可读性很强,但《漂泊者》是个老套的冒险故事,让人联想到《罗曼史》,正如《救援》让人想到《阿尔迈耶的愚蠢》和《海隅逐客》中的婆罗洲背景和主题。

康拉德对地中海风景的精彩描写——就像电影中的长摇摄镜头,从天空和高山移到平原上的树木以及农舍红色的瓦片屋顶——对欧内斯特·海明威产生了直接影响,小说一上市海明威就读了,并在三年后的《太阳照常升起》中对之进行了模仿:

> 天际线上有倾斜的松树,山口处,一堵黄墙背靠深色的柏

树,墙下是一片片银绿色的橄榄树林,还有房子的红色屋顶,那里似乎是个农场。(康拉德)

　　山上树木丛生,云雾缭绕。绿色平原朝前伸展着,被栅栏割成一块块,两道纵贯平原直指北方的树行之间显现出一条白色大道。当我们来到高岗的边缘,我们看见前边平原上布尔戈特的一连串红顶白墙的房屋。*(海明威)

康拉德在《漂泊者》最后引入了一个真实的历史人物:俘获老佩罗尔的船的英国船长文森特,在纳尔逊勋爵的旗舰"胜利号"(Victory)上受到了接见。纳尔逊身体疲惫不堪,一边焦虑自己对土伦舰队的封锁,一边担心拿破仑远征埃及的计划,他预言了自己的死亡:"他的空袖子还未别在胸前,每次他走路转身时都会轻轻晃动。他稀疏的头发平直地垂在他苍白的脸颊上,休息时,他的整张脸露出痛苦的神色,与一只眼睛射出的火光形成鲜明对比……'我会坚守我的任务,或许直到敌人射出的枪炮为一切画上句点。'"纳尔逊的勇气和智慧深深震撼了文森特船长,他"离开了'胜利号',如同所有接触过纳尔逊勋爵的军官,他也觉得刚刚好像是在和一个朋友交谈;总司令脆弱的身体里蕴藏着的伟大海军军官的灵魂,重又让他肃然起敬"[16]。

1922年2月8日,仍在创作《漂泊者》的康拉德突然失去了一位挚友。J. B. 平克尽管身患流感还是为了工作乘坐"阿基塔尼亚号"(Aquitania)去了美国。到达纽约时,他已经得了肺炎,死于比尔特莫尔(Biltmore)酒店,享年58岁。失去这样一个一直为自己提供经济和情感支持的朋友,康拉德深感震惊,他给继承父业的

---

　　* 海明威《太阳照常升起》,赵静男译,上海译文出版社,2009年,第137页。

平克之子埃里克写信说:"二十年的友谊,大部分时间里,我们都一直交换着最私密的思想与情感,这铸造了一种最亲近的关系。但你能理解我们的悲痛之深,以及我们失去至亲的无可挽救之感。"[17]

早在 1912 年 1 月,康拉德就有了最后一部小说《悬念》的灵感,他告诉平克他想好了故事,但无法决定是把小说设定在 1793 年英国舰队占领土伦期间,还是 1796 年的热那亚之围,或者 1815 年拿破仑逃离厄尔巴。其情节的主要来源是布瓦涅伯爵夫人的《回忆录》。在那本书里,就像在康拉德的小说里一样,女主人公(就像《间谍》里的温妮·维罗克)为了给家人提供保障同意嫁给一个年龄偏大的男人。就像在《犯罪的本质》里一样,《悬念》预示但未解决主人公之间的乱伦之爱,也没有解释阿黛尔·达尔芒(Adèle d'Armand)是如何摆脱老伯爵蒙特韦索(Montevesso),以便嫁给她年轻帅气、同母异父的兄弟兼儿时玩伴科斯莫·莱瑟姆(Cosmo Latham)的。[福特最后在他的拿破仑小说《仅次于神》(*A Little Less Than Gods*, 1928) 中展现了无罪的乱伦之爱这一主题。]

和《漂泊者》一样,《悬念》同情保皇党,强烈批判嗜杀的革命者。故事开篇的背景是在热那亚,拿破仑被囚禁于厄尔巴岛期间(早于百日王朝及兵败滑铁卢),意大利人正密谋释放他,以从奥地利独立出来。小说明显缺少书名所许诺的特质,即所谓"悬而未决的状态,从最低到最高的所有阶层都在等待着接下来会发生什么。他们的思想都集中在波拿巴身上"。小说讲到科斯莫加入阿蒂利奥(最后一个塞沃尼式人物)和一群意大利阴谋家之列,就戛然而止。在人生的最后阶段,康拉德没什么要说的,只是出于习惯继续写作,在这部无足轻重的作品里,他几乎实现了詹姆斯·瑟伯(James Thurber)嘲弄亨利·詹姆斯时表达的理想:"写一部不仅无事发生,而且没有人物的小说。"[18]

五

1916年3月（美国参战前），约翰·奎因建议康拉德——像狄更斯和王尔德一样——在美国做一场功成身就后的演讲之旅，但他不喜欢这个想法，回复了一个相当敷衍的借口："全世界最让我高兴的事莫过于朗读我的小说——但这是不可能的。大约五年前，由痛风引起的嗓子不适让我彻底失了声。就算是普通的谈话，时间长了也不行。像演讲和朗读这样费时费力的事绝不可能。"[19]康拉德更坦白地告诉另一位美国记者，他对他的外国口音很敏感，随着他年龄的增长，口音也越来越重（保罗·瓦莱里震惊于他"可怕的"英语口音），所以他不愿意给观众留下尴尬、不利的印象。

但战后其作品集和晚期作品的成功，让康拉德更愿意接受弗兰克·道布尔迪坚持不懈的邀约，道布尔迪没说要做巡回演讲，而是承诺会照顾好他，而且极具说服力地论证，好的宣传会大大增加他的图书销量。为了测试自己公开演讲的能力并评估对观众的影响，1919年12月，康拉德在利物浦大学俱乐部纪念商船队的宴会上，发表了他的处女演讲。四年后的1923年4月，出发前夕，他在伦敦风神厅举行的救生艇协会年会上发表了简短的贺词。对自己的声音和演讲能力自信满满的康拉德，接受了道布尔迪的邀请。本打算在1893年12月通过乘"阿杜瓦号"从鲁昂前往加拿大而实现的跨大西洋航行，终于在1923年春完成了。

约瑟夫·雷廷格和休·沃波尔错误地声称，康拉德"对美国人的态度明显很冷淡，他很少邀请他们去他家里"，而且"在美国卖自己的书时，他感觉自己就像卖玻璃珠给非洲原住民的商人"[20]。几名美国评论家听信了他们的话。1921年美国人弃用他的电影剧

第十八章 名望与美国（1919—1924）

本时他很生气，平克（比他小六岁）最近死在美国的事也让他很忧虑。但他绝对没有讨厌美国人。事实上，美国作家、外交家、资助人、出版商的善意和慷慨，让康拉德受益良多；而且他有众多美国熟人和朋友，他们经常享受康拉德的热情招待。

埃德温·马卡姆（Edwin Markham）欣赏他的作品；西奥多·德莱塞和杰克·伦敦（两人会通信）在一本1913年的宣传册里赞美《机缘》；H. L. 门肯（H. L. Mencken）和詹姆斯·吉本斯·赫尼克（他在1912年10月见过）反复欣赏他已出版的书；克里斯托弗·莫利会出版一本关于他美国之行的小册子以表赞美。约翰·鲍威尔曾在他家里为他演奏，并将《黑人狂想曲》献给了他；沃尔特·蒂特尔会为他作画，雅各布·爱泼斯坦会为他塑像。康拉德通过亨利·詹姆斯认识了欧文·韦斯特（Owen Wister），为伊迪丝·华顿的书出了一分力，还在奥斯瓦尔兹接待埃伦·格拉斯哥。戈登·本内特在《纽约论坛报》上连载《机缘》，帮助他树立了在美国的声誉；阿尔弗雷德·克诺夫和弗兰克·道布尔迪造就了他的第一次出版成功。他将《在西方的注视下》献给了阿格尼丝·托宾，托宾介绍他认识了安德烈·纪德（他的法语翻译）和约翰·奎因（十年丰富生活的源泉）；将《机缘》献给了弗雷德里克·考特兰·彭菲尔德，他联合沃尔特·海因·佩奇大使，在战争爆发后把他从波兰救了出来，让他免于在奥地利受数年拘留。他非常崇拜亨利·詹姆斯，是斯蒂芬·克莱恩的挚友，喜欢沃林顿·道森，经常拜访格雷斯和凯瑟琳·威拉德（Grace and Catherine Willard），爱上了简·安德森。康拉德在人生的最后27年里与美国人有着亲密、愉快的交往。所以他在1923年4月21日乘船前往美国，在那里受到皇室般的待遇和热烈欢迎，这是很自然的。

康拉德从格拉斯哥启程，乘坐26000吨重、可承载1300名乘客的"图斯卡尼亚号"（Tuscania），他和艺术家缪尔黑德·波恩

(Muirhead Bone)共享一个连通客舱,缪尔黑德的兄弟大卫是这艘船的船长。波恩船长极其殷勤,急于取悦他的乘客,于是命令他的船员称康拉德为"康拉德船长"。同伴友好,旅途顺利,而且(只有48名头等舱乘客)住处宽敞。但康拉德不喜欢这艘巨型汽轮和上面的无数机械装备,它们几乎把船员的工作变成了室内职业——不比在糟糕的天气中驾驶电车更难。在风格反常的诙谐散文《远洋航行》("Ocean Travel",1923年5月)中,严厉的"老水手"声讨起奢华、闲散的生活:

> [一个人]在他的船里看到了常见的那种宾馆,它试图提供各种虚假的舒适,不仅有群居生活的所有弊端,还增添了无法从中逃离的焦虑……
>
> 现代乘客或许可以于一天里在他的船上走好几英里,但这是他和货舱里的货物唯一的不同。

虽然康拉德不让他的名字出现在乘客名单上,试图避免曝光,但5月1日,他停靠纽约时,还是爆发了一场混乱。"我不会尝试向你描述我上岸的场景,因为那无法描述,"他告诉杰茜,"40个人拿着40台相机对着你(看上去就好像他们是从贫民窟出来的)是一种让人心慌意乱的体验。当我们从混乱的人流——以及另一群记者——中逃出来,就连道布尔迪都看上去精疲力竭。然后一个波兰代表团——有男有女(其中一些长得很标致)——急匆匆推着我上了码头,往我手里塞了好几大束花……我就像做梦一样,被推着走,最后躲在道布尔迪的车里。"康拉德哮喘发作,感觉很难受,沃尔特·蒂特尔注意到:"[他]看上去很疲惫,很虚弱,走得很慢。声音很沙哑。"[21]

康拉德住在道布尔迪位于长岛奥伊斯特湾(Oyster Bay)的房

第十八章　名望与美国（1919—1924）

子里。他在一场新闻发布会上接受了无关痛痒的采访，而且据他的主人说，"甚至试图向我们的几位部门领导发表讲话，但差不多搞砸了……他说的[英语]非常难懂。两个速记员试图记下他在花园城的演讲，但他们只能听懂几个词"。康拉德到访期间，斯科特·菲茨杰拉德专程从附近的大颈（Great Neck）赶来，闹了一场幼稚的笑话：他和林·拉德纳（Ring Lardner）喝醉了，就在道布尔迪的草坪上跳舞向小说家致敬。但菲茨杰拉德被管理员抓住，他还没能闯入屋内、引起康拉德的注意，就因为擅自闯入被扔了出去。

这次旅行最重要的事就是5月10日，康拉德要面对200名观众进行演讲和朗读。这次亮相就在派克大街和69街交界处的奢华府邸里，所有人是超级富豪、著名铁路巨头阿瑟·柯蒂斯·詹姆斯（Arthur Curtiss James）。对这次盛会的报道五花八门。康拉德强调这次活动的高雅和影响力，称"在柯蒂斯·詹姆斯太太家度过的这一夜是上流社会的盛事——也是一次真正的成功。我发表了演讲，朗读了《胜利》。共一小时十五分钟，结束时掌声雷动。他们全情投入。在恰当的地方大笑；在我读到丽娜之死那一章时，抽泣"。

在一本由道布尔迪出版的热情洋溢的小册子里，克里斯托弗·莫利似乎证实了那场演讲（显然与《"水仙号"的黑水手》著名的前言有关）确实很精彩：

> ［康拉德提供了］对艺术家的真实思维过程最惊人的再现……［展现了］观察、直觉、推测是如何做到一刻不停：他如何终其一生到最出人意料、最不可思议的地方收集素材和建议；分散的灵感，相隔数年，距离千山万水，是如何通过艺术整合被编织到一起。

但莫利让原本枯燥、冗赘的演讲听上去比实际的更有趣，更有条理。康拉德在《作者与电影机》[("Author and Cinematograph")部分基于他写《壮汉》剧本的经历]里更加平淡地宣布：

> 视觉与动画的一般基本条件适用于所有创造艺术的大师——也适用于一些不是大师的人……
>
> 从根本上说，文字创作者的目标是一幅动人的图画——打动眼睛、头脑和我们复杂的感情，简言之——心……
>
> 我不介意坦承我的诸多志向都集中在图像的视觉性和精确性上。[22]

弗兰克·道布尔迪显然一直在帮助他惊恐万分的客人为这场公开的酷刑做准备，他生动地回忆道："他已经神经崩溃，我也快了。我记得我上台做介绍时精神恍惚，我惊讶地听见自己说（不是很准确）：'这是康拉德先生第一次公开讲话；求求你了，上帝，如果这件事与我有任何关联，那这将是他最后一次公开讲话。'那确实是最后一次。极度紧张把他折磨得要死。"

帕尔菲女伯爵*的记述是最生动，或许也是最准确的（虽然她把豪宅的地址写成了第五大道，还把康拉德实际讲话的时间拉长了一倍），帕尔菲犀利的眼睛捕捉到了一种微妙的氛围——富贵庸人努力向高雅文化的雄狮靠近，却失望而归：

> 三位各不相同的女强人——以三个不同的"有趣"家族而闻名——联合起来邀请客人。一位银行家的妻子，蜚声国际，一个可爱的知识分子（道布尔迪太太），以及慈善机构和社区福利基金运动最富有的女赞助人（柯蒂斯·詹姆斯太太）……

---

* 即埃莉诺·帕尔菲（Eleanor Palffy）。

第十八章 名望与美国（1919—1924）

那儿有一小群醒目的白头发和单调的蓝色晚礼服。

即使对一个第五大道的豪华宅邸而言，这个舞厅也算得上巨大了。非常美丽、非常古旧的西班牙挂毯——图案是一个"半岛"房，带喷泉的中庭被放置在钢结构中间——已经干洗过，正确消了毒；原始的物件都涂上了清漆……

在枝形吊灯上悬挂的电灯发出的刺眼亮光下……一个留着胡子的男人站在升高的讲台上。他满脸惊恐，就像一只被捕获的野兔，马上就要被偷猎者勒死。他气喘吁吁，声音颤抖……不过真遗憾啊，他的发音太糟糕……[他]讲英语带着波兰语的喉音。Good 响亮地说出来就成了 gut，blood 成了 blut，这奇妙地契合他的语言那种复杂的美……

他现在已经讲了两个半小时……[最后，女主人公丽娜死的时候]，"抓住了为爱赴死的刺痛"，康拉德的声音哽咽了……[他]突然被感动到泪流满面。康拉德，以及所有跟随他来到这儿的人，都为康拉德心醉神迷。

休息了几日后，道布尔迪夫妇带康拉德进行了为期十天的汽车之旅，穿越新英格兰，游览了纽黑文、波士顿、剑桥和康科德，住在一栋乡间别墅里。5月24日，他回到奥伊斯特湾，6月2日，和热心的道布尔迪夫妇乘"庄严号"（Majestic）出航，一周内即抵达南安普敦。三个月后，在写给布鲁诺·威瑙尔的一封信里，他把这次旅行——如梦一般开始，却差点用善意杀死他——比作他1916年9月在水上飞机上享受的梦幻飞行："从头到尾我都感觉自己坐在飞机上*，在迷雾里，在云里，在理想主义者的遣词造句里；我迷失了，困惑，愉悦——但也很害怕……显然有某种力量潜藏在

---

* 原文为法语 dans un avion。

后——毫无疑问是巨大的力量——而且无疑很健谈。他的喋喋不休让人想到训练有素的鹦鹉。那让我颤抖！……我对那里的许多人都怀有深厚的友谊……确实，一个月不足以理解如此复杂的机器。或许一生也不够。"[23]

在美国的一个月里，康拉德见了很多人，但刻意回避他之前的恩人约翰·奎因。在1923年11月写给爱尔兰剧作家格雷戈里夫人的信里，著名而有影响力的奎因，臭名昭著的反犹分子，因为被自己曾经崇拜但从未见过面的作家拒绝，愤怒不已："康拉德在这儿的时候，他见了所有二等新闻记者，出席了道布尔迪太太和一个名叫詹姆斯太太的土豪安排的欢迎会，犹太商人都受邀出席，但他们就没邀请我。"奎因不得不接受康拉德把手稿卖给怀斯的事，一边继续从康拉德那儿买手稿，一边耐心等待他将《悬念》献给他。但康拉德由于身体不适且急于避开令人不快的冲突，害怕酝酿已久的愤怒爆发（奎因在他的信中已有所表达）。福特解释道："康拉德害怕见他……他本来就病了……他被［道布尔迪］告知，奎因先生脾气暴躁……出版商建议他不要见他……我上一次见康拉德时，他告诉我，他已经拒绝与奎因见面。但他对此心怀歉疚。"[24]

1923年11月，即他写信给格雷戈里夫人的那个月，也是康拉德离开美国后六个月，奎因在纽约安德森画廊举办的盛大拍卖会上卖掉了他所有题字的书和手稿。奎因不需要钱，拍卖的动机也很复杂。公开的解释是他要搬去小一点的住处，不再有空间安放他壮观的文学、艺术藏品。但他也病得很重，行将就木，想处理完他的事务。此外，对康拉德美国之行的宣传提高了他手稿的价值，奎因想在康拉德声名鼎盛时卖出。最重要的是，康拉德和道布尔迪夫妇如此对他，让他怒不可遏——他给奥伊斯特湾打了好几通电话，但从没收到回电——不再把康拉德的作品奉为珍宝，想报复他们的无礼。

231部康拉德的作品,达到了惊人的价格,奎因以10000美元买入,以111000美元卖出。费城的A. S. W. 罗森巴赫(A. S. W. Rosenbach)花72000美元买了大概四分之三。《青春》的手稿,奎因以75美元买入,以2000美元卖给了作曲家杰尔姆·克恩(Jerome Kern)。道布尔迪谴责奎因牟取暴利,说他应该把部分收入给康拉德。奎因本就因康拉德的作品集与道布尔迪有过争执,作为报复,他说这位非犹太人出版商是个犹太人。

虽然康拉德至少对一个熟人说过"手稿被(奎因)出卖,他伤透了心",但在给挚友的信里,他一直表现得很淡然。11月21日,康拉德写信给爱德华·加尼特和悉尼·科克雷尔,他似乎觉得既然自己违背了承诺,奎因也有权利食言,而且他看得很透彻,这次交易实际上提高了他的声誉:"是的,奎因许诺完整保留手稿——但热情消退,承诺也随之消失……我没什么可抱怨的。奎因按我索要的价格付了钱——自1912年(即1911年)起共2000英镑,或者再多一点,而且当时钱来得正是时候。确实,我从没取得过这样的成功。过去从没听说过我的人,现在也知道我的名字;其他无法读完我的一页书的人,确信我是个伟大的作家。"[25]

6月9日,康拉德从美国返回,听到了一则令人震惊的消息。博雷斯1919年4月因病退伍,(柯尔说)"从战场回来后郁郁寡欢,沉默寡言,显然在精神上已经完全变了个人"。战后,他满心期待着从康拉德那儿继承一大笔钱,变得挥霍无度。博雷斯在汽车行业干过几份工作,但都失败了,债台高筑,被逼迫还钱时,就告诉债权人他的父亲为他在美国投资了1000英镑。康拉德虽然总是负债,但还钱时总是一丝不苟,当他发现自己与儿子的谎言有牵连,他心如刀绞。

就在康拉德出发前往美国之前,博雷斯告诉杰茜,他偷偷娶了战时他在法国军官餐厅遇见的女孩。杰茜聪明地瞒着康拉德这个令人不安的消息,直到他回来,然后在他们的伦敦酒店房间里,尽可能婉转地告诉他真相。果不出所料(杰茜说),康拉德大发雷霆,拒绝接受现实,很愤怒之前没人告诉他:

> 当我想和他格外亲近时,我习惯叫他"孩子"。"亲爱的孩子……博雷斯结婚了。"……约瑟夫·康拉德突然从床上坐起来,粗暴大力地抓着我的手臂。"你为什么告诉我,你为什么不把这样的消息藏在心里?"……
>
> "我猜你很确定你告诉我的事?"我有点吃惊,立刻回答"很确定",接着解释他一出发前往格拉斯哥坐船,我就采取了哪些方法验证这则消息。他粗暴地打断我。"我不想知道更多。就这样吧,我被当成了该死的傻瓜,真是的……
>
> "他要靠什么养活妻子?让我告诉你我不喜欢这事就这么悄悄地办了。我当时不知道,现在又为什么要知道?"[26]

虽然杰茜从没解释为什么博雷斯秘密结婚,但可以猜到他的理由。长期的经济问题和战后不稳定的职业发展,让博雷斯害怕他的父母会认为他无法养活妻子,而且不同意他的选择。他想像一个独立的青年而非听话的孩子一样行事,不用征求他们的同意,自己做决定。

康拉德很快就接受了他的儿媳妇,但博雷斯的金钱问题依然如故。1927 年 7 月,康拉德死后三年,博雷斯经营着一个汽车修理厂,欠了投资人很多钱,他的挥霍无度酿成了大祸。他一直在进行一项诈骗,欺骗一个朋友:他告诉多萝西·贝文(Dorothy Bevan)太太,他有 2900 英镑,如果她再给他 1100 英镑,他就能以 4000 英镑买下父亲的手稿,然后再转卖,立刻就能赚 1000 英镑。贝文太太把钱给了他。但博雷斯既没有 2900 英镑,也没有手稿的卖家和买家。他用她的钱还清了他的紧急债务,然后罪行暴露,被判处一年监禁。

六

1912年5月,康拉德热情地给奎因写信:"我在我的报纸上看到亨利·詹姆斯将成为牛津大学的文学博士,荣誉学位。干得好,牛津!"但是当1923年牛津、剑桥、爱丁堡、利物浦、达勒姆等大学授予康拉德同样的荣誉时,他拒绝了。他2月18日写给剑桥大学校长的信,虽然措辞优雅,但并未解释他"晦涩难懂的"拒绝原因:"承蒙您考虑周到,私下向我传达贵校参议院委员会的意向。一种复杂的情感迫使我放弃学位,它或许源于我敏锐地意识到了生活的内在一致性,如今或许可以坦白说,这种生活已经活过了。"因为康拉德和詹姆斯一样是外国人,柯尔的解释——"他一直拒绝是因为他认为这些荣誉应该留给英国出生的人"[27]——似乎有道理。虽然他在剑桥和伯特兰·罗素度过了一个愉快的周末,也很乐意受到学术界评论家的认可,但这位老水手不像詹姆斯,没有读完高中,也没上过大学。因此,他谦虚地认为,远离大学正统,才是内在的一致。

第二年,即1924年5月,康拉德收到了一个官方长信封,他以为是要求交税的,但其实是工党的首相拉姆齐·麦克唐纳(Ramsay MacDonald)要授予他一个爵士头衔。出身于较低阶层的杰茜[自豪地把诺思科特(Northcote)夫人和米莱(Millais)夫人算作她的本地好友]必定给了康拉德很多压力,让他接受爵士头衔。令人惊讶的是,这位忠诚的爱国者竟然拒绝国王乔治五世主动授予他的恩赐。他有五位密友已经接受了爵士头衔:1909年的休·克利福德，1911年的罗杰·凯斯门特和悉尼·科尔文，1917年的罗伯特·琼斯，1924年的拉尔夫·韦奇伍德。另外六位将在以后获封：1925年的埃德蒙·戈斯，1931年的威廉·罗森斯坦，1934年的悉尼·科克雷尔，1937年的休·沃波尔，1946年的大卫·波恩，1954年的雅各布·爱泼斯坦。或许是受几年前吉卜林和高尔斯华绥拒绝爵士册封的影响，康拉德想保持独立。他可能不想从一个社会主义政府那儿接受这份荣誉，而是有着更大的目标：功绩勋章（Order of Merit）和诺贝尔奖。

1923年11月，在拒绝爵士称号前，他因为法国人和瑞典人都属意他拿诺贝尔而备受鼓舞。他天真地幻想《漂泊者》能提高他的机会，他告诉让-奥布里："叶芝得了诺贝尔。我的看法是，这是文学界对新爱尔兰自由邦的认可（我就是这么看的），但这并不会让我失去在一两年内得奖的机会。"两个略逊一等的波兰作家——亨里克·显克维奇（Henryk Sienkiewicz）和瓦迪斯瓦夫·雷蒙特（Władysław Reymont）——分别在1905年、1924年（康拉德希望在这一年得奖）获奖；朋友中，吉卜林1907年获奖，高尔斯华绥将在1932年获得，纪德1947年。但这个奖通常都颁给安全的平庸之辈，而康拉德和大多数同时代的伟大作家——托尔斯泰和契诃夫、易卜生和斯特林堡、左拉和吐温、梅瑞狄斯和斯温伯恩、哈代和詹姆斯，以及福特、福斯特、乔伊斯、温德姆·刘易斯、伍尔夫、劳伦斯、弗罗斯特、史蒂文斯、庞德、普鲁斯特和瓦莱里——都没得奖。[28]

1924年3月，另一种荣誉找到了康拉德：缪尔黑德·波恩劝说他花21天、每个上午几个小时为雅各布·爱泼斯坦做模特。约翰·康拉德如此写这位纪律严明的航海船长："我的父亲对坐下来让别人作画有非常僵硬的想法。……他坚持认为，一旦他摆好了姿势，他就应该一动不动。"乔·戴维森、缪尔黑德·波恩、威廉·

第十八章　名望与美国（1919—1924）

罗森斯坦、沃尔特·蒂特尔，以及很多次要的艺术家都分别为康拉德创作过塑像、绘画、蚀刻、雕刻、漫画，但爱泼斯坦悲苦的半身像是 26 幅康拉德的图像中最出色的。

爱泼斯坦（和 T. E. 劳伦斯、H. R. 勒诺尔芒一样）注意到康拉德耷拉的眼皮和其作品中根深蒂固的绝望感：

> 康拉德的左眼有一种魔鬼的神色，而他的右眼则被下垂的眼皮覆盖，但眼睛里燃烧着强烈的情感。下垂、疲倦的眼皮加深了沉思的表情。从他的头可以看出，他是个饱经苦难的人……
>
> 康拉德给我一种挫败感；不过是以勇气应对挫败。风湿让他残疾，脾气暴躁，神经紧张，病痛缠身。他对我说："我完了。"他从抽屉里拿出他最后的手稿，向我展示他仍在工作，这画面透着一种感伤。不过，在他看来，没有胜利，他说他不知道他是否能完成它。"我油尽灯枯了，"他说，"我油尽灯枯了。"……他看上去就是个孤独、沉思的人，没有任何愉快的思想。

但康拉德非常满意爱泼斯坦极富力量的肖像。"以勇气应对挫败，"他告诉柯尔，"爱泼的半身像真的成了不朽之作。这件雕刻品拥有绝妙的力量，其中蕴含的东西甚至比精妙的阐释还要丰富。……能像这样传给子孙，真是太好了。"[29]

爱泼斯坦提到，康拉德患上了因痛风引发的高血压，做模特时，出现了轻度心脏病发作。在他人生的最后几年，他常常抱怨身体不适，这让他狂暴，厌世，悲观，他还经常说渴望死亡。1923年11月12日（就是这个月发生了奎因出售手稿这件让人痛心的事），附近阿什福德的福克斯医生"以其可怕的方式"告诉他，他有一个"无力的心脏"。虽然康拉德担心身体崩盘，死而不得，但他也相信痛风病人会突然死去。一周后，他告诉休·沃波尔，自己是个身患痛风的可怜人，蹒跚，踉跄，战栗，颤抖，老朽，肮脏。杰茜说，1924年，他抑郁症发作，严重到几乎说不出话来。他告诉柯尔，他知道自己死期将至，他对此并不难过。1924年7月3日，他重述了1905年10月他在写给H. G. 韦尔斯的一封绝望的信里用过的表达，他告诉欧内斯特·道森："我感觉（可能看上去也是）完全软弱无力，精神也萎靡不振。你已经知道这可怕的真相。但我已经病了好久了，只能你知我知，我开始感觉像一只走投无路的老鼠。"

理查德·柯尔、博雷斯、他的妻子琼，还有他们六个月大的儿子于8月1日到达奥斯瓦尔兹，共度周末的公共假期，他们发现康拉德明显好转了。第二天，康拉德开车带柯尔去看他正在考虑租下来的新房子。虽然他突然胸口痛——另一个轻微的心脏病发作——但他坚持要求继续这段旅程。但当他们走到离房子不到一英里半的地方时，他感觉更糟了，于是同意掉头回去。

福克斯医生将心脏病诊断为急性消化不良。第二个医生给他开了一瓶氧气，说康拉德应该尽快拔掉他的牙齿，这名医生也认为没必要惊慌。那天晚上，康拉德已经预感到最坏的结局，他告诉博雷斯："你知道这一次我真的病了。"8月3日，周日，早上8：30，康拉德和杰茜（做完另一起手术后在床上无法动弹）独自在他们相通的房间里。他喘息着命令："这里……你"，她听到他沉重地拖着脚走路的声音，一声沉闷的碰撞，然后就安静了。他的心脏停止了跳动，他从椅子上滑到了地上，猝死，享年66岁。

虽然康拉德没有宗教信仰，但杰茜为他安排了一场天主教葬礼，她因为无法行走，没能出席葬礼。8月7日这天是坎特伯雷板球节，人潮涌动，彩旗飘扬，这场葬礼于其中显得很不和谐。康拉

第十八章 名望与美国（1919—1924）

德的儿子们、爱德华·加尼特、坎宁安·格雷厄姆、休爵士、克利福德夫人、艾丽斯·罗森斯坦、理查德·柯尔、让-奥布里、拉尔夫爵士、韦奇伍德夫人、亚历克和欧内斯特·道森、詹姆斯和缪尔黑德·波恩、W. W. 雅各布斯和爱德华·拉钦斯基［（Edward Raczynski）他代表波兰部长］出席了在圣托马斯天主教堂举行的弥撒。在坎特伯雷公墓的坟墓旁，谢泼德神父主持了天主教葬礼仪式。"所以我们告别了他，"格雷厄姆写道，"他的帆都已整齐卷起，缆索已收好，锚牢牢地固定在肯特郡宽容的大地上。"出自斯宾塞《仙后》（*The Faerie Queene*）的动人题词——康拉德曾用在《漂泊者》的扉页上——如今被刻在灰色花岗岩上：

> 劳累后的睡眠，暴风后的港口，
> 战乱后的和平，生命后的死亡，让人备感欢欣。[30]

附录一： 简·安德森的后半生 （1918—1947）

一

在人生的头三十年里，简·安德森——在佐治亚州和亚利桑那州度过的怪异童年包括她出生上流社会的母亲被卷入一起谋杀案，两次被狂野的父亲抛弃——出落成绝世美人，成为有开拓精神的记者和大人物的情人。后三十年则经历了间谍活动、有名无实的婚姻解体、酗酒、药物成瘾、身体状况恶化、穷困潦倒、被监禁、受折磨、为西班牙法西斯分子站台、为纳粹叛国、在奥地利被捕——随后即她第二次出狱，然后神秘消失。

简和有影响力的政客及英法高级官员的性关系，对新闻业和间谍活动而言都十分宝贵。丽贝卡·韦斯特听说，"一战"期间，简是一名德国间谍。而她的联邦调查局和陆军情报档案部分证实了这个传言，档案写道："1917年12月3日，我们的大使馆报告，简·安德森·泰勒太太在巴黎盟国司令部的嫌疑人名单上，并且和巴黎日本大使馆的职员过从甚密……1917年，她在克里永酒店有一间套房，虽身为年轻、美丽的女人，但她扮演的角色至关重要。她和意大利、日本的大使都关系紧密"——意、日均为协约国。

1917年冬，迪姆斯·泰勒因两人长期分离而备感不安，于是到巴黎看望简，但她肯定是觉得他的存在限制了她，两人的关系没有改善。1918年春，在担任了三年战地记者后，她回到美国休养。她在"罗尚博号"（Rochambeau）上遇见了哈佛毕业生、作家吉尔伯特·塞尔迪斯，他正准备回美国参军。他爱上了她，船抵达纽约时，他们举行了一场订婚派对。迪姆斯·泰勒的女儿后来听说，简"从海外回来，到［泰勒］家时，一个门卫告诉她，他已经娶了别人（假的），她立刻离开，没见他一面，就起诉离婚（1918年）"。简患上了战后肆虐的流感，开始酗酒，服用巴比妥酸盐*，而且据威廉·毕比所说，"回到了纽约，居住在最恶劣的环境中。她需要有人来拯救她"[1]。

1918年夏，简联系上了她在基德·基学院的室友凯蒂·克劳福德·詹金斯，凯蒂此时正在科罗拉多州调养肺结核。两人商议决定在沃森庄园合租，那是夏延山（Cheyenne Mountain）上的一幢夏日小屋，靠近科罗拉多斯普林（Colorado Springs），不久后，吉尔伯特·塞尔迪斯、凯蒂的得克萨斯好友凯瑟琳·安妮·波特都住了过来。但在科罗拉多斯普林的生活并不尽如人意。简推崇欧洲的一切，贬低美国，她认为波特是没有教养的粗野乡下人。简精神高度兴奋，无法休息，一刻也停不下来，她想成为演员，经常去好莱坞，她还试图在那儿售卖康拉德作品的电影版权。她盗用了凯蒂的医用威士忌，拒绝分担家庭开支。在1918年写给凯蒂的一封信里，她承认了自己的过错、她过度膨胀的野心、她对男人的宠爱的依赖："我傲慢，虚荣，自私。我是个边缘人——多多少少是我自愿的。普通的生活无法承载我庞大的野心……历经沧桑的我明白了如

---

* 属于中枢神经系统的镇静剂，有成瘾性。

果曾有男人或深或浅地牵涉其中,没有女人会帮助我。"

简的精神状态和身体状况一样糟糕。她在科罗拉多斯普林弄伤了脚。她还染上了药瘾,药是一位伦敦医生开给她治疗神经紧张和失眠的,结果却让她做出各种不负责任、失去理性的行为。琼·吉夫纳写道,每天晚上,简在吉尔伯特·塞尔迪斯的床上待5个小时,"然后回到自己的床上,吃下巴比妥酸盐(即5粒佛罗拿)治疗她的'战争紧张',药物的镇静效果一直持续到第二天中午"。

波特在《愚人船》(*Ship of Fools*,1962)中提到简后来嫁给了一个西班牙贵族,并以她为原型刻画了掠夺成性的伯爵夫人,她是个政治流亡者,从古巴被驱逐到特内里费岛。伯爵夫人美艳无双,极度紧张,嗑药,爱抚自己的身体,对男人有强大的魔力,据传和古巴的医学生上床,勾引、腐化了舒曼医生,说服他为她提供麻醉剂。船长分析了她的自毁人格:"我听说她是个危险的革命者、国际间谍,她在暴动、叛乱的温床间传播煽动性信息,激起动乱……我的看法是,她属于无所事事的有钱贵妇人之流,喜欢刺激,喜欢不断搞破坏,却丝毫不知后果如何……最后惹火上身。"[2]

在吉尔伯特·塞尔迪斯告诉朋友,出了点问题,他和简的关系结束了之后,雷廷格从墨西哥来到美国,继续他和简不幸福的恋情。她在华盛顿的拉菲特酒店把他介绍给父亲。雷廷格的朋友写道,他"陷入了热恋,但他丝毫感觉不到快乐。相反,这份爱让他痛苦,给他惹上了大麻烦,影响了他的健康"。琼·吉夫纳写道:"据他女儿所说,[雷廷格]性欲低下,一直是一个不太热情的爱人。和其他领域一样,在爱的领域里,他也偏爱神秘的气氛和复杂的情景……他悲剧的核心在于,他相信因为爱上了美丽却不可及的简·安德森,他背叛了自己的国家和理想。"[3]战争期间,诺思克利夫勋爵嫉妒雷廷格成功赢得了简的芳心,急切地想报复,于是选择不再支持一个对波兰利益至关重要的计划。雷廷格因为心脏病需要吃药，曾尝试通过过量服药自杀。20世纪20年代早期，他和简谋划了几起完全不切实际的政治计划：在巴黎和会中帮助巴尔干半岛诸国，把犹太人安置在多米尼加共和国，组建一支波兰海军，制定一个简所谓"简单、可行的"刺杀列宁计划。雷廷格从简的生活中消失后，简和伍德罗·威尔逊的前竞选经理威廉·麦库姆斯（William McCombs）及得州政客斯蒂芬·奥斯汀（Stephen Austin）都有过暧昧关系。

1921年，正在向演员之路迈进的简，因没有支付酒店账单在洛杉矶被捕。1922年年中，她借钱返回欧洲。《每日先驱报》（*Daily Herald*）的外国记者 W. N. 尤尔（W. N. Ewer）说："20年代初，[我]第一次见到简，中间人是我的好友戴·巴卢塞克（Dai Ballusek），他当时是一名年轻的报社通讯员，后来成了荷兰驻联合国代表以及荷兰驻莫斯科大使。他们订婚了，但很快就取消了。她高挑，留着一头古铜色的秀发，非常俊美，聪明且迷人。总是散发着神秘的气息……她曾是诺思克利夫的门生。有人说不只是门生，这我就不知道了……我们第一次见面后不久，她就开始和一个名叫博耶（Boyer）的加拿大人交往。"20世纪30年代早期，在她第二次结婚之前，尤尔"收到了简从一家法国修道院写来的信。她说自己身陷巴黎的黑社会、毒品、犯罪等。修女拯救了她。现在她又找回了自己"。简当时是"个蓬头垢面的女人，醉得非常厉害"[4]。

二

天主教修女让简部分恢复了正常后，她在巴黎的美国大使馆举办的一次接待宴上遇见了西恩富戈斯侯爵。在1933年4月写给

H. G. 韦尔斯的一封信中，她夸赞了西恩富戈斯的敏感、富有、实事求是和英俊的外貌："你会喜欢侯爵的。他能精确感知书面文字之美，并且对你的作品心怀敬畏……他抽雪茄，赚成百上千万法郎，不会为不切实际的事物烦心。尽管如此，他好看的皮囊和他的灵魂很相配，他让我活在现实中。"

侯爵当年的一张照片展现出一个衣冠楚楚的西班牙人，穿着双排扣大衣，戴着软呢帽、手套、拿着手杖。简穿着皮草，紧抱着他的手臂，她往昔的美貌已不复存在，成了矮胖丑陋的妇女。[5] 根据联邦调查局的档案，1934 年 10 月 23 日，她在塞维利亚大教堂嫁给了西恩富戈斯侯爵爱德华多·阿尔瓦雷斯（Eduardo Alvarez）。

联邦调查局还提供了简第二任丈夫的生平信息。1896 年 4 月 13 日，他出生于西班牙巴达霍斯省（Badajoz）米亚哈达斯市（Miajadas），在国王阿方索十三世（Alfonso XIII）家担任护卫队队长超过 20 年。文件中说他是个富有的西班牙人，拥有并经营软木种植园，但 1940 年，他住在哈瓦那的林肯酒店，并负责管理酒店，他在这儿还拥有一家专业赌场。他的财富必定经历了巨大起伏，因为简告诉 H. G. 韦尔斯他"赚成百上千万法郎"，但（据丽贝卡·韦斯特所说）她也曾写信给巴黎一位名字不详的朋友"说她和她的西班牙丈夫住在那儿的一间宾馆里，如果他能借她一点钱，她会非常高兴"。

西班牙的参考资料中有可靠信息表明（如果联邦调查局档案是正确的），娶了简·安德森的爱德华多·阿尔瓦雷斯不是西恩富戈斯侯爵。真正的第三任西恩富戈斯侯爵何塞·玛丽亚·德佩尔铁拉·冈萨雷斯-阿莱格雷（José María de Pertierra y González-Alegre）于 20 世纪初出生于奥维耶多（Oviedo），1915 年袭爵，1942 年 7 月 12 日迎娶卡罗琳娜·费尔南德斯·德埃内斯特罗萨·查瓦里（Carolina Fernández de Henestrosa y Chávarri），1944 年 9

月 19 日身故，无后。[6]记载中完全没有提到简，真正的侯爵的出生地点和日期、基督教名、妻子的名字、结婚日期、死亡日期和简的丈夫截然不同。这一条新的证据验证了联邦调查局的最终结论：它"相信他不是真正的伯爵……他没有任何明显的经济来源，也没有已知的职业……简言之，这个人似乎是个小白脸或寄生虫"。

1936 年 7 月，西班牙内战爆发，简身为右翼保皇党的丈夫，有几名亲戚被右翼保皇党处决，他自然站到了佛朗哥的法西斯主义阵营。简接受了他的政治观。她以前东家《每日邮报》记者的身份回到西班牙，9 月 23 日在马德里被保皇党逮捕，被指控犯了间谍罪。关于简在狱中的遭遇有一些疑问（因为她是唯一的信息源）。两边的平民都受到了格外严格的对待，暴行时有发生。但可以肯定的是她在狱中的经历——加上她动荡的童年、战争时期的崩溃、战后药物成瘾，以及 20 世纪 30 年代早期在巴黎的崩溃——摧残了她的情感，破坏了她的身体，把她变成了一个狂热的反共分子。

简结婚时显然已经不再信仰新教，她无视对自己的间谍指控，声称（据联邦调查局所说）她"因为身为天主教徒而被折磨，两次被判处死刑"。在一篇宣传文中，在西班牙与佛朗哥并肩作战的爱尔兰法西斯党领袖约恩·奥达菲（Eoin O'Duffy）引用简的话说："被捕后我要求被带到西班牙政府面前。23 岁的红党女司令回答道：'政府！这手枪就是政府。你以为你在和谁说话？你知道我是谁吗？你知道我已经杀了多少人了吗？我杀了 189 个人。'"另一个作家坚称，简"侥幸逃过了一支行刑队"。美国司法部的维克多·韦海德（Victor Woerheide）（他可能从简那儿听到了这个故事）告诉凯蒂·克劳福德，"保皇党抓住她后，剥光了她的衣服，把她这个唯一的女人全身赤裸地扔进了有 150 个男人的大房间"。因为简从没提过自己被强奸，这个故事似乎很可疑。威廉·斯科菲尔德（William Schofield）有些夸大地写道，简"进监狱时是西班牙美人。等她出来时，她因坏血病而憔悴不堪，被老鼠咬得伤痕累累。她的脸上布满皱纹。她的眼睛里有一种近乎疯狂、近乎恐惧的光芒，一直伴随了她几个星期"[7]。在美国政府代表其公民介入后，1936年10月13日，简在被羁押了三周后获释，条件是她立刻离开西班牙。

1937年9月（欧内斯特·海明威在纽约和洛杉矶为反法西斯大业发声），简——在丈夫的陪伴下，由全国女天主教徒理事会资助并由纽约演讲联盟组织——结合政治和商业在美国发表了一系列演讲。她在诸如费城圣婴教堂这样的地方演讲，鼓励人们去西班牙看看共产党在内战期间制造的恐惧，并且热情支持轴心国对抗俄国。《天主教文摘》（*The Catholic Digest*）说她是"在对抗共产主义的战斗中，世界上最伟大的女演说家"，广受欢迎且有影响力的富尔顿·希恩（Fulton Sheen）阁下称她为"活着的烈士之一"。一位大学友人在1938年的纽约见到了简，她显然很厌恶简的政治观点，她告诉凯蒂·克劳福德，简"又大又胖，眼球凸出……她退化成了冷漠、无灵魂的生物，对他人完全没有感情，丝毫不关心。很明显她吸毒。真是糟糕透顶！"[8]

三

1938年秋，纽约律师、国家经济委员会（反对罗斯福新政的社会立法）主席默温·哈特（Merwin Hart）向法西斯宣传部推荐了简。1939年初，她回到西班牙，接受邀请担任佛朗哥的间谍。随后，1940年2月8日，她乘坐波多黎各航运公司的船经南美前往纽约，似乎于1940年秋返回西班牙，在那儿一直待到1941年春，然后她去了柏林，住在库菲尔斯滕达姆大街（Kurfürstendamm）

上的大陆裴斐酒店（Pension Continental）。纳粹宣传部的约瑟夫·戈培尔*（他肯定是从西班牙同事那儿听说了简，并且意识到了她的作用）在其 1939 年 10 月 21 日的日记中写道："安德森在纽约的讲话仍旧轰动。"5 月 10 日，简迷住了戈培尔，给他留下了深刻印象，戈培尔记下了两人的会面："与美国女郎简·安德森及冯·比洛先生（Herr von Bülow）探讨在美国利用短波广播进行新一轮宣传活动。我打算从现在开始投入更多私心在这个领域。"[9]

刚开始简为英语纳粹宣传杂志《德国新闻》（*News from Germany*）写稿，在她的要求下，E. U. 冯·比洛把杂志送给了马德里的菲律宾领事。1941 年 4 月 14 日，距离美国参战还有 9 个月，她开始向美国广播纳粹宣传。每个周日和周二晚 9 点，她在柏林郊外的帝国广播站广播，给她的介绍是"世界知名天主教徒，两次被西班牙行刑队判处死刑，她在美国的演讲受到华盛顿大主教推崇"。简身穿西班牙红十字会制服——深蓝色披肩、巴斯克贝雷帽，以激昂的散文强调战时共产主义的暴行，谴责反基督的赤色分子因为小孩信仰上帝就把他们打得鼻青脸肿："西班牙街头尸体的气味和景象，就像克里姆林宫里戴着珠宝的手奉上的异教酒的芬芳，将激起一报还一报的野蛮淫欲和激情。"简试图使她的听众相信，美国人民正在被好战的犹太财阀领导者愚弄，而"希特勒是不朽的斗士、挚爱上帝之人，反击了全人类的公敌"，德国"将其剑的力量、财富的重量和法律的保护赋予教会"。[10]

简的宣传演讲里没有她迷人的南方口音，取而代之的是歇斯底里、蛊惑民心、带着鼻音的刺耳声音。监控这些广播节目的联邦调查局探员注意到她惊人的词汇量、复杂的长句和渐次加强的谩骂：

---

* 保罗·约瑟夫·戈培尔（Paul Joseph Goebbels，1897—1945），纳粹德国的国民教育与宣传部部长，被称为"纳粹喉舌"，是希特勒最亲近、最忠心的助手之一，被认为是"创造希特勒的人"。

"随着她的演说到达高潮,她逐渐白热化,她说出的字一个紧压着另一个翻滚而出,好似在瀑布上飞驰的圆木。"以下这一段典型的话混合隐喻和夸张的修辞,表明她的论证不太有说服力:

> 美国智囊团——这陌生的东西被生搬硬套到星条旗飘扬的土地上——不过是国际秘密超级大国的一个分支,苏联、财阀统治的英国、罗斯福治下的美国都被掌控在它血统不纯的手心里……罗斯福从裤子后袋里掏出了一支军乐队,又从智囊团燕尾服的衣摆下弄出了一个集中营*……罗斯福联合丘吉尔同时对日宣战……所以美国人民参战是为了拯救斯大林这个国际银行家……[罗斯福]支持共产主义领导的中国所扮演的角色,他把美国的财富献给斯大林——现代史上最有权势的杀人犯——做踏板。

《时代周刊》1942年4月6日刊载的一个故事(听上去很像美国的战争宣传)引用简描述自己在一家奢华的鸡尾酒吧用餐的话,解释了为什么她的广播节目突然终止:"银质大浅盘上是糖果和饼干。我吃了土耳其饼干,我非常喜欢的美食。我的朋友点了装满香槟的大高脚酒杯,还往里加了些法国白兰地,好让味道更烈。糖果和饼干,不赖!"然后《时代周刊》声称,美国战争情报办公室翻译了她的讲话,并将之转播到德国,使得战争期间忍饥挨饿的民众士气低落:"简停止了广播,从此再没听到她的消息。"[11]联邦调查局报告,从1942年3月17日开始(4月26日,德国人宣布:"安德森太太尚无法继续她的演说"),简不再发声,一直到1944年6

---

* 指日裔集中营。1942年2月19日,即日本偷袭珍珠港两个月后,罗斯福总统签署第9066号行政命令授权陆军部在国内最贫瘠荒芜的地方划定"军事区",即专门给日裔侨民划定的聚居区。

月 12 日到 19 日，她打破了沉默。她其中一场演讲提到了约瑟夫·康拉德，让一名线人认出了她就是简·安德森。

1941 年 6 月 12 日，纽约自由派报纸 PM 上的一篇文章警告美国政府注意简的广播。美国 1941 年 12 月参战后，当局开始搜集她的罪证。1943 年 7 月，简、埃兹拉·庞德及其他六人被指控叛国，广播德国和意大利不利于美国及其战时盟国的政治宣传。简在 1944 年 6 月 19 日最后一次广播后从柏林消失。她一开始住在巴登-巴登（斯图加特以西的疗养胜地）和德国南部，后来和丈夫一起跨越边境来到奥地利蒂罗尔州（Tyrol），躲在埃尔瓦尔德［(Ehrwald) 在因斯布鲁克的西北方］，一直到 1945 年 5 月战争结束。她至少两次尝试进入瑞士。她要求西班牙红十字会将她从奥地利西北角布雷根茨（Bregenz）森林中的埃格（Egg）村遣送回西班牙，结果让美国军方知晓了她的行踪。

1947 年 4 月，在躲避了宪兵两年后，简被捕，被囚于萨尔茨堡，等待回美国接受审判。但 6 个月后的 10 月 27 日，曾因美国政府的介入而从保皇派监狱获释的简，从美国监狱获释。华盛顿的联邦地区法院因为证据不足，撤销了对她的叛国指控。两年后的 1949 年，凯瑟琳·安妮·波特——她猜测简于 1948 年回到了西班牙（她战后就尝试过），受佛朗哥庇护，这个可能性极大——愤怒地抗议简做了叛国的广播，却逍遥法外：

> 就在一两年前，美国法院判一个女人无罪开释，她毫无才华，只会玩低级的政治阴谋。她在柏林通过收音机为希特勒工作，这正是庞德在意大利为墨索里尼所做的事……她在西班牙无疑过得安逸自在，而在她缺席的情况下判她自由的法官实际上传达了这样一个观点：即使她是在为纳粹主义工作，最重要的也是，她是在捍卫宗教和道德。我没听到过任何对这个案子

的不满，而且即使她深陷低劣的宗教狂热，我也从没听人说过她疯了。

迪姆斯·泰勒的女儿"隐约记得20世纪50年代有人写信告诉她，简在欧洲某处的小公寓"[12]。讽刺的是，她的人生恰好例证了康拉德小说中的主题：摇摆不定、监禁、堕落、不忠、背叛。简死于何时、何地，无人知晓。

附录二： 追寻简·安德森

写作一部传记时，为传主生命中的某些人物着迷，甚至念念不忘，是常有的事，他们获得了独立的存在，似乎值得进行全面研究。试图厘清简生命的各个阶段，理解她新奇的性格，搜集证据证明她是康拉德的情人，是我这次的研究中最有趣、最复杂的部分。我因此有幸实现了几个突破，发现了一些主要信息来源：凯蒂·克劳福德的资料、迪姆斯·泰勒的资料，以及简的 446 页联邦调查局档案。

1989 年夏，我在伯克利重读康拉德的作品和关于他的传记，坐在阳台上眺望旧金山湾，其间，我采访了伊恩·瓦特，康拉德研究的泰斗，他曾做过教师。瓦特教授给了我几条珍贵的线索。他告诉我，战争期间，简和利奥·莫尼爵士（这个人"有些古怪"）有牵连；她曾是吉尔伯特·塞尔迪斯的情人；她曾是凯瑟琳·安妮·波特的朋友，琼·吉夫纳的传记里也提到了她。伊恩·瓦特还说，他和之前的学生约翰·霍尔沃森经过长期酝酿，写了一篇关于简的文章，一旦文章被录用、可以发表，他就会把打印稿寄给我。霍尔沃森和瓦特合著的论文引用了约翰·爱德华兹的重要文章，还引用了迪姆斯·泰勒写的一封信、简对她第一次与康拉德见面的长篇描述、丽贝卡·韦斯特对简性格的透彻分析，以及 W. N. 尤尔对 20

世纪 30 年代的简的回忆。

我在撰写关于温德姆·刘易斯的作品时结识的德斯蒙德·哈姆斯沃思勋爵，无法告诉我简和他伯伯诺思克利夫勋爵的关系。但在翻看我英国现代史方面的藏书时，我偶然在 A. J. P. 泰勒的《英国史（1914—1945）》中发现了涉及利奥·莫尼的丑闻的内容，接着我又按图索骥找到了《泰晤士报》上对两起事件的记载。在浏览索引的过程中，我还找到了简发表在《泰晤士报》上的两篇战争报道。

吉尔伯特·塞尔迪斯的儿子蒂莫西是一名文学经纪人，他对简一无所知。但约翰·爱德华兹送来了吉尔伯特写的回忆录。我在撰写海明威生平之时采访过吉尔伯特的哥哥乔治·塞尔迪斯。我给住在佛蒙特的乔治·塞尔迪斯打了电话，乔治已经 99 岁了，仍精神矍铄，还清楚记得有关简的往事，我在他的自传《世纪见证者》（*Witness to a Century*）中读到了更多关于她的故事。西蒙与舒斯特出版社并没有把我的信转给琼·吉夫纳，但当我在萨斯喀彻温省（Saskatchewan）首府里贾纳（Regina）市给她打电话时，她给了我很多帮助。她给我寄来了许多页传记素材及附在本书中的简的美丽照片，还给了我凯蒂·克劳福德的女儿简·安德森·詹金斯的地址。和詹金斯女士及其女儿通了几次电话后，她们慨然同意给我寄凯蒂资料的复印件，其中包含照片、剪报、《基德-基学院报》、简写给凯蒂的信，以及凯蒂对简的回忆录。

弗吉尔·汤姆森的早期作品首次在伯克利上演时，我就坐在这位生机勃勃的、九十余岁高龄的作曲家旁边，询问他海明威与格特鲁德·斯泰因的关系。现在我希望汤姆森或许能帮助我联系上迪姆斯·泰勒的女儿，在他最近写的其中一封信里，他建议我写信给美国作曲家、作家、出版商协会，泰勒在那儿担任过主席。他们把我的信转给了琼·肯尼迪·泰勒，她回答了我有关她父亲和简的问题,还从纽约回到她位于西马萨诸塞州的避暑别墅,给我展示他的资料。

我依据1989年8月的《信息自由法案》(Freedom of Information Act)申请查阅简的联邦调查局档案(我也曾申请查看海明威的档案),但直到1990年1月都没收到文件。我给蒂莫西·沃思参议员写信讲述这件事耽搁了很久,随后联邦调查局档案和陆军部报告立刻就送过来了。文件描述了侯爵,追溯了简在美国、西班牙、德国的政治宣传工作,充分展现了她的性格。

最有潜在价值的发现是康拉德写给简的信。为了找到它们并了解她死于何时、何地,我用尽各种办法联系她丈夫的后人。马拉加的一位友人和华盛顿的西班牙大使馆都说继承爵位的女人是女侯爵唐娜·伊莎贝尔·佩尔铁拉·冈萨雷斯(Doña Isabel Pertierra y González),她住在西班牙奥维耶多市的西班牙酒店(Hotel España)。我给奥维耶多的酒店写了两封信,未收到任何回复,而后又尝试过打电话。但提供西班牙电话信息的接线员整整一周都没接电话——而且她似乎永远都不会接。终于,我从一个旅游代理那儿拿到了西班牙大酒店(Gran Hotel España,没有西班牙酒店)的电话号码。我给酒店打电话时,却被告知他们从没听说过女侯爵,她肯定不住那儿。我请前台帮忙在当地的电话簿里查找她的地址,她回答:"奥维耶多有太多西恩富戈斯!"等我得知女侯爵搬去了奥维耶多的首席大酒店(Hotel Principal),一切都晚了:未婚的她在1989年身故,无后。

《西班牙内战》的作者休·托马斯曾帮助我研究海明威。他建议我给马德里负责爵位的部门写信。但司法部特赦事务负责人说《贵族与爵位官方指南》(*Guía Oficial de Grandezas y Títulos*)中女侯爵的地址只有一个"西班牙酒店,奥维耶多"。又回到了原点,但我迫切想找到女侯爵的后人,于是写信给伊恩·吉布森,他住在马德里，我刚在《美国学者》（*American Scholar*）上为他给加西亚·洛尔迦写的传记撰写了一篇书评。伊恩·吉布森对我的探寻很感兴趣，他寄来的信息，经过与联邦调查局档案中记载的事实进行交叉比较，可以证明简的丈夫是假侯爵。

虽然我的主要目标已实现，但仍有其他线索需要追踪。佐治亚人口记录部说他们没有1919年之前的出生记录，所以简的出生日期无法确认。亚利桑那历史学会告诉了我"红"安德森何时做过警察局长，但尤马历史学会、尤马警察局和尤马县执法机关历史学家都没有给我回信。关于乔治·戈瑟尔斯和水牛比尔·科迪的书都没提到"红"安德森，除了一本关于亚利桑那历史的书里有他的记载，我找不到更多关于他的信息。耶鲁收藏的丽贝卡·韦斯特的资料没有提及简；雷廷格女儿玛丽亚〔（Marya）生于1927年〕没有给我回信，伦敦电话簿上也再找不到她的信息；他的编辑约翰·波米安不清楚他的女儿马利娜（Malina）和斯塔夏（Stasia）在哪儿，他合上了另一个闭环：他建议我联系伊恩·瓦特，"因为他知道的远比我多"。但纽约公共图书馆寄来了简发给康拉德的电报的复印件。而且档案保管员玛丽·莱恩（Mary Lane）提供了关于简的家庭背景、谋杀案审判，以及简在皮德蒙特学院那一年的有趣新资料。最后，我试图追查简在德国的战时活动记录。我写信给慕尼黑当代史研究所、科布伦茨联邦档案馆、波恩联邦外交部政治档案馆、波茨坦中央国家档案馆和法兰克福德国广播档案馆。他们的分类归档都做得非常出色，且回复迅速，但没找到关于简的记录。传记作者拥有调查记者的精神，他探寻蛛丝马迹，细致缜密，顽强坚持，依靠经验和运气，凭着一腔对侦查的热忱，借助许多重视他的工作、愿意帮忙的人的慷慨，才能有所发现。

注 释

第一章 波兰遗产

1. Norman Davies, *Heart of Europe: A Short History of Poland* (Oxford, 1984), pp. 308, 174.

2. Joseph Conrad, "Autocracy and War" in *Notes on Life and Letters*, and *A Personal Record*, Kent Edition, 26 volumes (Garden City, New York, 1926), 3.86 and 6.46. 以下所有引用中提到的卷数和页数均指此版本。

3. Piotr Wandycz, *The Lands of Partitioned Poland, 1795 – 1918* (Seattle, 1974), pp. 180 – 181; "Prince Roman," *Tales of Hearsay*, 26.48, 29; Zdzislaw Najder, "Conrad's Polish Background," *Conradiana*, 18 (1986), 4. 关于密茨凯维奇及其同代人的讨论,详见 Czeslaw Milosz, "Romanticism," *The History of Polish Literature*, 2nd ed. (Berkeley, 1983), pp. 195 – 280。

4. 转引自 G. Jean-Aubry, *Joseph Conrad: Life and Letters* (Garden City, New York, 1927), 2.194; "Author's Note" (1919) to *A Personal Record*, 6.ix; Davies, *Heart of Europe*, p. 331。

5. *Conrad Under Familial Eyes*, ed. Zdzislaw Najder, trans. Halina

Carroll Najder (Cambridge, England, 1983), p. 16; *A Personal Record*, 6. ix.

6. Zdzislaw Najder, *Joseph Conrad: A Chronicle*, trans. Halina Carroll-Najder (Cambridge, England, 1983), p. 5, and Introduction to *Familial Eyes*, p. xiii. 埃娃的出生日期尚有争议。Gérard Jean-Aubry, *The Sea Dreamer*, trans. Helen Sebba (Garden City, New York, 1957), p. 19, and Najder, *Familial Eyes*, p. xiii, 说她生于 1831 年。Jocelyn Baines, *Joseph Conrad: A Critical Biography* (London, 1959), p. 6; Frederick Karl, *Joseph Conrad: The Three Lives* (London, 1979), p. 36; and *The Collected Letters of Joseph Conrad*, ed. Frederick Karl and Laurence Davies (Cambridge, England, 1983–88), 2.245——以下简称 *Letters*——将她的出生日期定为 1833 年。我认为 1833 年更准确。埃娃 23 岁结婚，32 岁去世。在引用康拉德 1908 年之前的信件时，我采用的都是这本出色的剑桥版康拉德《书信集》。

7. 转引自 Gustav Morf, *The Polish Shades and Ghosts of Joseph Conrad* (New York, 1976), pp. 11, 41, 7。

8. Czeslaw Milosz, "Joseph Conrad in Polish Eyes," *The Art of Joseph Conrad*, ed. Robert Stallman (1960; Athens, Ohio, 1982), p. 38; 转引自 Andrzej Busza, "Conrad's Polish Literary Background and Some Illustrations of the Influence of Polish Literature on His Work," *Antemurale* (Rome), 10 (1966), 119。

第二章　波兰童年

1. 不同资料中记载的人口数不同。The *Encyclopedia of Ukraine*, ed. Volodymyr Kubijovyc (Toronto, 1984), 1.204, 书中给出的别尔季切夫 1860 年的总人口数为 51 500, 那么犹太人的数量（若按 85%计算）则

约为43 775。The *Encyclopedia Judaica*（Jerusalem，1971），4.590，该书列出的1861年的犹太人口数量为46 683。The *Entsiklopedicheskii Slovar*，ed. F. A. Brokgauz and I. A. Efron（Petersburg，1891），3a. 490 - 492，该书称1864年的犹太人口数量是62 000，或占77 000总人口的80%。［该条目由尤金·彼得里夫斯基（Eugene Petriwsky）翻译。］如果所有数据都是对的，那么别尔季切夫的犹太人口在19世纪60年代增长迅速。关于伊萨克·本·列维拉比，详见H. M. Rabinowicz，"The Great Defender，" *The World of Hasidism*（New York，1970），pp. 49 - 54。

2. *Familial Eyes*，pp. 32 - 33；Busza，"Conrad's Polish Literary Background，" p. 191；Joseph Conrad，"The First Thing I Remember"（1921），*Congo Diary and Other Uncollected Pieces*，ed. Zdzislaw Najder（Garden City，New York，1978），p. 98.

3. 转引自Andrzej Walicki，*Philosophy and Romantic Nationalism: The Case of Poland*（Oxford，1982），p. 338；A. P. Coleman，"Poland Under Alexander II: The Insurrection of 1863，" in *The Cambridge History of Poland*，ed. W. F. Reddaway（Cambridge，England，1950），p. 369。

4. *A Personal Record*，6. ix；R. F. Leslie，*Reform and Insurrection in Russian Poland*，1856 - 1865（London，1963），p. 122；转引自Baines，*Joseph Conrad*，p. 10。

5. *A Personal Record*，6. 24；*Familial Eyes*，pp. 81，63；Najder，*Joseph Conrad*，p. 21.

6. Ford Madox Ford，*Joseph Conrad: A Personal Reminiscence*（London，1924），p. 74；*Familial Eyes*，p. 66；*Under Western Eyes*，22. 33.

7. *Entsiklopedicheskii Slovar*，7. 59 - 60；*Familial Eyes*，pp. 66 - 68.

8. *Familial Eyes*，p. 70；Edward Crankshaw，"Conrad and Russia，" in *Joseph Conrad: A Commemoration*，ed. Norman Sherry（London，1974），p. 98.

9. 转引自Jean-Aubry，*Life and Letters*，1. 8；*The Arrow of Gold*，

1.18; *Suspense*, 25.23, 105。

10. Coleman, "Poland Under Alexander II," p.384; Honoré de Balzac, *Cousin Bette*, trans. Anthony Bonner (New York, 1961), p.197. 巴尔扎克关于波兰人与波兰的其他评论, 详见 pp.35, 55, 97, 195 and 197; *Letters*, 3.492。

11. D. H. Lawrence, *The Rainbow* (New York, 1964), p.45; Norman Davies, *God's Playground: A History of Poland* (New York, 1982), 2.352, 356; 转引自 Leonard Schapiro, *Turgenev: His Life and Times* (Cambridge, Mass., 1982), p.203。

12. R. F. Leslie, *History of Poland since 1863* (Cambridge, England, 1980), p.38; Peter Brock, "Polish Nationalism," in *Nationalism in Eastern Europe*, ed. Peter Sugar and Ivo Lederer (Seattle, 1969), p.329.

13. 转引自 Czeslaw Milosz, "Joseph Conrad's Father," *Emperor of the Air* (Berkeley, 1977), p.176; Najder, *Joseph Conrad*, p.18; 详见 H. Sutherland Edwards, *The Private History of a Polish Insurrection* (London, 1865), 1.199-202。

14. *Familial Eyes*, pp.77-78, 84, 79; Thomas Mann, *The Magic Mountain*, trans. H. T. Lowe-Porter (1924; London, 1957), p.241.

15. *A Personal Record*, 6.24; *Familial Eyes*, pp.91-92.

16. *Familial Eyes*, pp.98, 100, 102, 105.

17. Milosz, "Joseph Conrad's Father," p.181; 转引自 Jean-Aubry, *Life and Letters*, 2.289; *Letters from Joseph Conrad, 1895-1924*, ed. Edward Garnett (Indianapolis, 1928), p.245。

18. *Familial Eyes*, p.120; "Poland Revisited," *Notes on Life and Letters*, 3.168-169; *Letters*, 2.247; Søren Kierkegaard, *Journals*, ed. and trans. Alexander Dru (London, 1938), p.132; Zdzislaw Najder, Introduction to *Conrad's Polish Background: Letters to and From Polish*

Friends (London, 1964), p. 11.

19. 转引自 Baines, *Joseph Conrad*, p. 109; *A Personal Record*, 6. 45。

20. 转引自 Baines, *Joseph Conrad*, pp. 22 - 23; Quoted in Najder, *Joseph Conrad*, p. 35。

21. *Lord Jim*, 21. 6; *The Letters and Journals of James Fenimore Cooper*, ed. James Franklin Beard (Cambridge, Mass., 1960), 2. 124 - 125.

22. 转引自 B. L. Reid, *The Man from New York: John Quinn and His Friends* (New York, 1968), p. 360; *Familial Eyes*, p. 201; 转引自 Jean-Aubry, *Life and Letters*, 2. 289。

23. *'Twixt Land and Sea*, 19. 183.

第三章　马赛与卡洛斯派

1. *A Personal Record*, 6. xvi.

2. *A Personal Record*, 6. 124 - 125; Najder, *Joseph Conrad*, p. 41.

3. *A Personal Record*, 6. 122 - 123; 137.

4. *The Mirror of the Sea*, 4. 152 - 153; 转引自 Karl, *Joseph Conrad*, p. 143; *The Mirror of the Sea*, 4. 162 - 163。

5. 转引自 Karl, *Joseph Conrad*, p. 145; *Victory*, 15. xii。

6. 转引自 Jean-Aubry, *Life and Letters*, 1. 39n。

7. *Polish Background*, pp. 59; 37 - 38. 根据《百科词典》[*Entsiklopedicheskii Slovar*（1893），10a. 932]所写，当时1俄国卢布价值1.33美元、3.3法郎、27便士。5法郎当时价值1美元，25法郎等于1英镑。

8. *Polish Background*, pp. 39 - 40, 42.

9. J. H. Retinger, *Conrad and His Contemporaries* (New York,

1943),p. 30.

10. Raymond Carr, *Spain*, *1808 - 1975*, 2nd ed. (Oxford, 1982), pp. 184 - 185, 188. 参见 Edgar Holt, *The Carlist Wars in Spain* (London, 1967), and Martin Blinkhorn, *Carlism and Crisis in Spain* (New York, 1975)。

11. *The Arrow of Gold*, 1. 4 - 5; 详见 Robert Bernard Martin, "The Valley of the Cauteretz, 1830," *Tennyson: The Unquiet Heart* (London, 1980), pp. 114 - 122。

12. *The Mirror of the Sea*, 4. 157; Busza, "Conrad's Polish Literary Background," p. 179; Ford, *Joseph Conrad*, p. 83.

13. *The Mirror of the Sea*, 4. 158 - 159; 164; 172, 179 - 180.

14. G. F. W. Hope, "My Life at Sea and Yachting"(unpublished typescript), pp. 200 - 201, 转引自 Norman Sherry, *Conrad's Western World* (Cambridge, England, 1971), p. 124; 转引自 Jean-Aubry, *Life and Letters*, 2. 228。

15. *Polish Background*, pp. 176, 41, 177.

16. *Chance*, 4. 183; *Letters*, 1. 191; John Conrad, *Joseph Conrad: Times Remembered* (Cambridge, England, 1981), p. 181.

17. *Polish Background*, pp. 54, 177.

18. *A Personal Record*, 6. 122.

第四章　英国水手

1. *Letters*, 2. 35; *Notes on Life and Letters*, 3. 155.

2. *Notes on Life and Letters*, 3. 150, 152 - 153; 转引自 Dale Randall, "Conrad Interviews, No. 2: James Walter Smith," *Conradiana*, 2 (1969 - 70), 88。他在以下这本书中也讲了这个轶事:"Conrad for

'Movies' But Can't Sell One," *New York Times*, May 8, 1923, p. 16。

3. *Polish Background*, pp. 60, 62.

4. Robert Foulke, "Life in the Dying World of Sail: 1870‑1910," *Journal of British Studies*, 3（1963）, 118; *A Personal Record*, 6.35; *Polish Background*, p. 179.

5. Foulke, "Dying World of Sail," p. 110; Retinger, *Conrad and His Contemporaries*, p. 50; *Lord Jim*, 21.10.

6. 转引自 Norman Sherry, *Conrad's Eastern World*（Cambridge, England, 1966）, pp. 238n, 317; Jessie Conrad, *Joseph Conrad as I Knew Him*（New York, 1926）, p. 45。

7. 在"欧罗巴号"和"埃蒂夫湾号"之间的空歇期，康拉德在陆地上待了 7 个月（1880 年 1—8 月）；在"埃蒂夫湾号"和"巴勒斯坦号"之间的空歇期，待了 5 个月（1881 年 4—9 月）；在"巴勒斯坦号"与"河谷号"之间的空歇期待了 6 个月（1883 年 3—9 月）；在"水仙号"与"蒂尔赫斯特号"之间的空歇期待了 6 个月（1884 年 10 月—1885 年 4 月）；在"蒂尔赫斯特号"与"高地森林号"之间的空歇期待了 8 个月（1886 年 6 月—1887 年 2 月）；在"奥塔戈号"与"比利时国王号"之间的空歇期待了 17 个月（1889 年 3 月—1890 年 8 月）；在"比利时国王号"与"托伦斯"号之间的空歇期待了 14 个月（1890 年 9 月—1891 年 11 月）。12 年里总计在陆地上待了 5 年，除去航程间待在外国港口的时间。

8. *Polish Background*, p. 63; *Letters*, 1.15; 详见 Andrew De Ternant, "An Unknown Episode in Conrad's Life," *New Statesman and Nation*, 31（July 28, 1928）, 511。

9. 转引自 Najder, *Joseph Conrad*, p. 64; Richard Curie, *Caravansery and Conversation*（London, 1937）, p. 160。

10. *The Mirror of the Sea*, 4.139, 45, 139; 详见 Joseph Conrad, "Christmas Day at Sea"（1923）, *Almayer's Folly and Last Essays*〔London

(1957)], p. 252。

11. *Polish Background*, pp. 73 – 74, 71 – 72。

12. *Youth*, 16. 5, 14, 16, 23, 40 – 41。

13. 转引自 Baines, *Joseph Conrad*, p. 74; Jean-Aubry, *Life and Letters*, 2. 183。

14. 转引自 Sherry, *Conrad's Eastern World*, pp. 297 – 298; 转引自 Najder, *Joseph Conrad*, p. 78。

15. *Polish Background*, p. 93; *Letters*, 1. 7 – 8。

16. R. L. Cornewall-Jones, *The British Merchant Service*（London, 1898）, p. 292; Geoffrey Ursell, "Conrad and the *Riversdale*," *TLS*, July 11, 1968, pp. 733 – 734; Rupert Hart-Davis, *Hugh Walpole*（1952; London, 1985）, p. 179. 在《康拉德先生不是犹太人》["Mr. Conrad Is Not a Jew," *New Republic*, 16（August 24, 1918）, 109]一文中, 康拉德无视"河谷号"的解聘书, 写道, 他作为海员和主管"在英国商船队工作, 一直到1894年的个人历史, 被一系列解聘书记录在案（'品行'优秀, 能力优秀）"。

17. Jean-Aubry, *Life and Letters*, 1. 76 – 77; 转引自 Paul Kirschner, "Conrad: An Uncollected Article," *Notes & Queries*, 25（August 1968）, 294; Jean Aubry, *Life and Letters*, 1. 77 – 78。

18. Najder, *Joseph Conrad*, p. 85; *Letters*, 1. 17。

19. 转引自 Muirhead Bone, "Joseph Conrad—A Modern Ulysses," *Living Age*, 322（September 13, 1924）, 553; *The Mirror of the Sea*, 4. 10。

20. 转引自 Baines, *Joseph Conrad*, p. 85; 转引自 Najder, *Joseph Conrad*, p. 91; *Polish Background*, pp. 113 – 114。

第五章　从二副到船长

1. *A Personal Record*, 6. 116 – 117, 112 – 114。

2. *Chance*, 2.4-6.

3. *A Personal Record*, 6.114-116.

4. Conrad, "Outside Literature," *Last Essays*, pp.260-261.

5. *A Personal Record*, 6.117; Hans van Marle, "Plucked and Passed on Tower Hill: Conrad's Examination Ordeals," *Conradiana*, 8 (1976), 105, 斜体为我所标; John Georgeson Sutherland, *At Sea with Joseph Conrad*, Foreword by JosephConrad (London, 1922), p.127.

6. *Typhoon*, 20.20; *Notes on Life and Letters*, 3.219-220.

7. Najder, *Joseph Conrad*, p.66, 所给出的地址就是码头街。弗雷德里克·卡尔和劳伦斯·戴维斯主编的《书信集》(*Letters*, I.214n)说学校在韦尔街的水手之家。

8. Najder, *Joseph Conrad*, pp.65-66; *A Personal Record*, 6.112; *Notice of Examinations* (London: HMSO, 1870), p.4.

9. Conrad, "Memorandum…," *Last Essays*, p.298. 关于这个主题的权威著作是 Robert Stevens, *On the Stowage of Ships and Their Cargoes* (Plymouth, 1858)。

10. *The Mirror of the Sea*, 4.52-54. 斯特恩的呼喊:"惠利船长!跳啊!……往上拉一点……跳!你会游泳。"(*Youth*, 16.333)让人想起吉姆爷跳下"帕特纳号"的那一幕,就好像惠利口袋里装着铁片沉没的情节,呼应了布莱尔利船长的自杀。康拉德着迷于惠利的船的名字——索法拉〔(Sofala)位于莫桑比克东北海岸的贝拉市(Beira)的旧称〕——那令人愉悦的读音和意涵,在后来的十年里用了三次这个名字的变体。《罗曼史》的女主人公叫塞拉菲娜〔(Seraphina)小天使〕,《黑人大副》里邦特的船叫"蓝宝石号"(Sapphire),《秘密的分享者》里莱格特的船叫"赛弗拉号"〔(Sephora)微风(zephyr)〕。或许,对康拉德而言,这些名字意味着索菲亚〔(sophia)希腊语中的"智慧"〕,即基辅主教堂的名字(距他的出生地只有100英里),也是乌克兰贵族阶层喜欢用的名字。

11. *Notice of Examinations*, p. 7; Edward Blackmore, *The British Mercantile Marine* (London, 1897), pp. 186, 243.

12. 康拉德无法用波兰语写需要用到专业术语的航海小说。

13. Alfred Henry Alston, *Seamanship* (London, 1860), p. 8.

14. *Lord Jim*, 21.136.

15. Jean-Aubry, *Life and Letters*, 1.156.

16. *Letters*, 2.323.

第六章　东行之旅

1. 详见 Gerald Morgan, "Conrad's Unknown Ship [the *Falconhurst*]," *Conradiana*, 12 (1980), 187–195; 转引自 Gene Moore, "Conrad in Amsterdam," *Conradiana*, 21 (1989), 85。

2. *The Mirror of the Sea*, 4.49, 51, 54.

3. *Lord Jim*, 21.12; *The Mirror of the Sea*, 4.55.

4. Jean-Aubry, *Life and Letters*, 1.94; *The Shadow-Line*, 17.4; Unpublished letter to R. H. Fitzherbert October 15, 1922.

5. Jean-Aubry, *Life and Letters*, 2.186; *A Personal Record*, 6.74; 转引自 Sherry, *Conrad's Eastern World*, p. 115.

6. David Steinberg, ed., *In Search of Southeast Asia: A Modern History* (NewYork, 1971), p. 74; Graham Irwin, *Nineteenth-Century Borneo: A Study in Diplomatic Rivalry* ('s-Gravenhage, 1955), pp. 174, 153, v. 第一次瓜分划定了马来西亚和印尼婆罗洲现在的边界。

7. J. S. Furnivall, *Netherlands India* (Cambridge, England, 1934), p. 223; Amry Vandenbosch, *The Dutch East Indies: Its Government, Problems and Politics* (Berkeley, 1942), p. 154. 关于荷兰殖民统治的其他方面，详见 Frank Marryat, *Borneo and the Indian Archipelago* (Lon-

don, 1848), 康拉德以此作为他创作马来小说的原始资料; E. S. de Klerck, *History of the Netherlands East Indies*, 2 vols. (Rotterdam, 1938); Bernard Vlekke, *Nusantara: A History of the EastIndian Archipelago* (Cambridge, Mass., 1943); J. S. Furnivall, *Colonial Policy and Practice: A Comparative Study of Burma and Netherlands India* (Cambridge, England, 1948); Nicholas Tarling, *Anglo-Dutch Rivalry in theMalay World*, 1780‒1824 (London, 1962); and Nicholas Tarling, *Piracy and Politics in the Malay World* (Melbourne, 1963).

8. *Letters*, 2.230; *'Twixt Land and Sea*, 19.148. 对荷兰殖民主义的强烈谴责, 详见 E. D. Dekker's *Max Havelaar* (1860), D. H. 劳伦斯在 1927 年为之写过书评。详见 D. H. Lawrence, *Phoenix*, ed. Edward McDonald (London, 1936), pp. 236‒239。

9. *The Shadow-Line*, 17.4; *Lord Jim*, 21.13; 转引自 Jean-Aubry, *Life and Letters*, 1.101n, 2.103。

10. *The Shadow-Line*, 17.47‒48; "Falk" in *Typhoon*, 20.188.

11. 转引自 Sherry, *Conrad's Eastern World*, p.216; Cornewall-Jones, *The British Merchant Service*, p.289。

12. "Falk" in *Typhoon*, 20.155; John Conrad, *Joseph Conrad*, p.189; Bertr and Russell, *Autobiography*, *1914‒1944* (1968; New York, 1969), p.226.

13. Conrad, "Geography and Some Explorers" (1924), *Last Essays*, pp.236‒237; 转引自 Karl, *Joseph Conrad*, p.256。

14. *'Twixt Land and Sea*, 19.34‒35, 56.

15. 转引自 Baines, *Joseph Conrad*, p.98; *'Twixt Land and Sea*, 19.81。

16. Jean-Aubry, *Life and Letters*, 1.116; *Polish Background*, p.126.

17. *A Personal Record*, 6.68; 转引自 Busza, "Conrad's Polish

Literary Background," p. 188. 让-奥布里在他那一版康拉德《法语书信集》(*Lettres françaises*, Paris, 1930) 中纠正了许多错误。详见 René Rapin, "Le Français de Joseph Conrad," *Lettres de Joseph Conrad à Marguerite Poradowska* (Genève, 1966), pp. 15 - 53。

18. Thomas Mann, "Joseph Conrad's *The Secret Agent*," *Past Masters and Other Papers*, trans. H. T. Lowe-Porter, (New York, 1933), p. 233; Ottoline Morrell, *Memoirs*, *1873 - 1915*, ed. Robert Gathorne-Hardy (New York, 1964), p. 237; Jean-Aubry, *Life and Letters*, 2.206 (参见 2.296)。

第七章 深入刚果

1. *A Personal Record*, 6.13 [康拉德极其喜欢这则轶事,在《黑暗的心》(1899)、《青春》(16.52) 和《地理与探险者》("Geography and Some Explorers," 1923, *Last Essays*, p. 235) 里都提到过]; Youth, 16. xi, 51 - 52.

2. 转引自 Albert Lubin, *Stranger on the Earth: The Life of Vincent Van Gogh* (1972; London, 1975), pp. 260, 251; *Letters*, 1.84。

3. Jessie Conrad, *Joseph Conrad and His Circle* (New York, 1935), p. 70. 在奈德的《康拉德》里,阿妮埃拉和玛格丽特的照片是放在对页上的。

4. *Youth*, 16.53; *Letters*, 1.55, 70.

5. *A Personal Record*, 6.26, 22; 转引自 Najder, *Joseph Conrad*, pp. 119 - 120。

6. 转引自 G. Jean-Aubry, *Joseph Conrad in the Congo* (London, 1926), p. 41; *Letters*, 1.52。

7. Conrad, "Geography and Some Explorers," *Last Essays*, p. 236;

The Inheritors, 5.31‑32. In *Letters*, 1.49（May 1890），康拉德向他的波兰友人梅尔施夫妇致以问候，他们的名字和梅尔施公爵一样。

8. *Letters*, 1.52. 在《黑暗的心》（16.61）里，康拉德写道：我们驶过了"贸易点——叫什么大巴萨姆啊、小波波啊之类的"。为了与大巴萨姆平衡，他将大波波（Grand Popo）改成了小波波，那里本是达荷美（现为贝宁）的一个港口。

9. Conrad, *Congo Diary*, p.7; *The Inheritors*, 5.181.

10. 转引自 Sherry, *Conrad's Western World*, p.34; *Letters*, 3.101‑102; Conrad, *Congo Diary*, p.7。

11. 转引自 Giovanni Costigan, "The Treason of Roger Casement," *American Historical Review*, 60（1955），288; Roger Casement, "The 1903 Diary," in Peter Singleton-Gates and Maurice Girodias, *The Black Diaries of Roger Casement*（New York, 1959），p.164。

12. *Black Diaries*, pp.190, 100, 104, 152, 118.

13. *Black Diaries*, pp.104, 188, 193; 转引自 H. Montgomery Hyde, *The Trial of Sir Roger Casement*（London, 1960），p.cxxx。

14. Conrad, *Congo Diary*, p.7; Albert Thys, *Au Congo et au Kassai*（Bruxelles, 1888），转引自 Jean-Aubry, *Life and Letters*, 1.128。

15. Conrad, *Congo Diary*, pp.9, 15; *Youth*, 16.71.

16. *Youth*, 16.73; *Polish Background*, p.128; W. Holman Bentley, *Pioneering in the Congo*（London, 1900），1.210，转引自 Sherry, *Conrad's Western World*, p.60。

17. E. D. Morel, *King Leopold's Rule in Africa*（London, 1904），转引自 Najder, *Joseph Conrad*, pp.134‑135; Conrad, "Geography and Some Explorers," *Last Essays*, p.235. Otto Lütken, "Joseph Conrad in the Congo," *London Mercury*, 22（May 1930），42，这篇文章提到了最臭名昭著的阿拉伯奴隶主蒂普-蒂布（Tipoo-Tib），他也是刚果自由邦的正式政府官员，他当时掌控着斯坦利瀑布之上的刚果地区。在《黑暗的

心》里，公司贸易站、中央贸易站、内地贸易站分别对应马塔迪、金沙萨、斯坦利瀑布。

18. 转引自 Sherry, *Conrad's Western World*, p. 110；转引自 Enid Starkie, *Rimbaud in Abyssinia* (Oxford, 1937), p. 132。

19. *Letters*, 1. 62 – 63；*Youth*, 16. 49 – 50.

20. *Polish Background*, p. 133；转引自 Jean-Aubry, *Conrad in the Congo*, p. 71。

21. 转引自 Lütken, "Conrad in the Congo," p. 41；*A Personal Record*, 6. 14。

22. G. F. W. Hope, "My Life at Sea and Yachting," 转引自 Sherry, *Conrad's Western World*, p. 90。

23. Garnett, Introduction to *Letters from Conrad*, p. 8；*Letters*, 1. 75.

第八章　从水手到作家

1. *The Mirror of the Sea*, 4. 133；*Polish Background*, pp. 147 – 148；*Letters*, 1. 189.

2. Basil Lubbock, *The Colonial Clippers*, new ed. (Glasgow, 1948), pp. 133 – 134；Conrad, "The *Torrens*: A Personal Tribute," *Last Essays*, p. 242；*A Personal Record*, 6. 17 – 18.

3. William Rothenstein, *Men and Memories* (1931；New York, 1934), 2. 164；转引自 James Gindin, *John Galsworthy's Life and Art* (Ann Arbor, 1987), pp. 65 – 66。

4. John Galsworthy, "The Doldrums," *From the Four Winds* (1897), 再版 *Forsytes, Pendyces and Others* (London, 1935), pp. 188 – 190, 193 – 194；John Galsworthy, *Castles in Spain* (London, 1927),

pp. 74, 87, 75。

5. *Polish Background*, p. 169; *Letters*, 1. 130.

6. *A Personal Record*, 6. 11, 5.

7. Frank Bullen, *The Men of the Merchant Service* (London, 1900), pp. 26, 91; Blackmore, *The British Mercantile Marine*, p. 169; David Bone, Introduction to *The Nigger of the "Narcissus" and Other Tales* (London, 1959), p. viii.

8. Sutherland, *At Sea with Conrad*, p. 134; Ford, *Joseph Conrad*, p. 237; Ford Madox Ford, "Conrad and the Sea," *Portraits from Memory* (1936; Chicago, 1960), p. 76; *Notes on Life and Letters*, 3. 55.

9. *A Personal Record*, 6. 68, 98 – 99; *Notes on Life and Letters*, 3. 13; Henry James, *Letters*, *1895 – 1916*, ed. Leon Edel (Cambridge, Mass., 1984), 4. 419.

10. *Letters*, 1. 148; *A Personal Record*, 6. 31.

11. *Letters*, 1. 86; *Polish Background*, pp. 165, 148; *Letters*, 1. 129.

12. *Letters*, 1. 111, 151; Marcel Proust, *Swann's Way*, trans. C. K. Scott Moncrieff (New York, 1956), p. 66.

13. *Letters*, 1. 163 – 164; Mabel Edith Reynolds, *Memories of John Galsworthy* (London, 1936), p. 26; *Letters*, 1. 153.

14. *Letters*, 1. 165, 173, 180.

15. *The Letters of D. H. Lawrence*, *1901 – 1913*, ed. James Boulton (Cambridge, England, 1979), 1. 362; John Conrad, *Joseph Conrad*, p. 58; David Garnett, *The Flowers of the Forest* (New York, 1955), p. 155.

16. Garnett, Introduction to *Letters from Conrad*, pp. 2 – 3n, 12, 9.

17. *Letters*, 2. 198; *The Inheritors*, 5. 46.

18. 转引自 *Letters*，2. 130 n2；Sir Hugh Clifford，*A Talk on Mr. Joseph Conrad and His Work*（Colombo，1927），p. 4。虽然克利福德自诩马来语专家，但他的马来语词典第一卷饱受恶评，以致他不得不放弃了三卷本计划。详见 Harry Gailey，*Clifford: Imperial Proconsul*（London，1982），p. 32。

19. 主要的参考资料：Captain Edward Belcher，*Voyage of the H. M. S. Semarang*（1848）；Alfred Russel Wallace，*The Malay Archipelago*（1869）；以及 Major Fred McNair，*Perak and the Malays*（1878）。通过提及1873年到1904年荷兰人与亚齐人在苏门答腊交战并最终战败，康拉德将这部小说置于当时的历史语境中。详见 *Almayer's Folly*，11. 48。

20. *Letters*，2. 130，180.

21. *Almayer's Folly*，11. 179，195，88 – 89.

第九章　恋爱与婚姻

1. Desmond MacCarthy，"Conrad," *Portraits*（London，1931），p. 68；Henry Durand Davray，"Joseph Conrad," *Mercure de France*，175（octobre 1，1924），33 – 34.

2. Ford，*Joseph Conrad*，p. 57；Jo Davidson，*Between Sittings*（New York，1951），p. 118.

3. Vio Allen，"Memories of Joseph Conrad," *Review of English Literature*，（April 1967），79，82；1989年10月26日，亚当·柯尔写给杰弗里·迈耶斯的信；H. G. Wells，*Experiment in Autobiography*（New York，1934），p. 525；Jessie Conrad，*Conrad as I Knew Him*，p. 103。

4. *Lord Jim*，21. 238；*Typhoon*，20. 187；*The Rescue*，12. 95；Jean-Aubry，*Life and Letters*，2. 125.

5. John Conrad，*Joseph Conrad*，pp. 78 – 79.

6. Wells, *Experiment in Autobiography*, p. 525. 参见: Arnold Bennett, *Letters*, ed. James Hepburn (London, 1970), 3.315; Ford, *Joseph Conrad*, p. 18, and Ford, "The Other House" [review of Jean-Aubry's biography], *New York Herald Tribune Books*, October 2, 1927, VII. 2; Richard Curle, *The Last Twelve Years of Joseph Conrad* (London, 1928), p. 10; Henry Newbolt, *My World as in My Time* (London, 1932), p. 300.

7. *Letters*, 2.44; 1.211; 284, 287.

8. 转引自 Baines, *Joseph Conrad*, p. 288; 转引自 Rupert Hart-Davis, *Hugh Walpole*, p. 286; *Typhoon*, 20.169; *Tales of Unrest*, 8.136。

9. "Freya of the Seven Isles," *'Twixt Land and Sea*, 19.156; *Joseph Conrad and Warrington Dawson*, ed. Dale Randall (Durham, N. C., 1968), p. 198; *LordJim*, 21.272.

10. *Letters*, 1.223; 转引自 Najder, *Joseph Conrad*, p. 178; *Letters*, 1.236-237。奈德复制了一张埃米莉的照片。

11. 转引自 Najder, *Joseph Conrad*, pp. 179, 185; *Letters*, 1.244; Najder, *Joseph Conrad*, p. 189。

12. *Lord Jim*, 21.156; Borys Conrad, *My Father, Joseph Conrad* (London, 1970), p. 13; *Letters*, 2.29.

13. Violet Hunt, *I Have This to Say* (New York, 1926), p. 195; Borys Conrad, *My Father*, p. 18; 转引自 George Jefferson, *Edward Garnett: A Life in Literature* (London, 1982), p. 268。

14. Jocelyn Baines, *Joseph Conrad*, p. 171; Jessie Conrad, *Conrad as I Knew Him*, p. 3; Jessie Conrad, *Conrad and His Circle*, p. 12; Jessie Conrad, *Conrad as I Knew Him*, p. 105; Joseph Conrad, "Marriage," in George Keating, *A Conrad Memorial Library* (Garden City, New York, 1929), p. 448.

15. *Within the Tides*, 10. 209; *Letters*, 1. 265 – 266; Jessie Conrad, *Conrad and His Circle*, p. 271; *Youth*, 16. 287.

16. *Letters*, 1. 274, 272; 271.

17. *The Oxford Textbook of Medicine*, ed. D. J. Wetherall *et al.*, 2nd ed. (Oxford, 1987), 9. 127; Jessie Conrad, *Conrad as I Knew Him*, p. 35.

18. *The Mirror of the Sea*, 4. 101; *Letters*, 1. 305; Jessie Conrad, *Conrad and His Circle*, pp. 43 – 44; Garnett, Introduction to *Letters from Conrad*, p. 24.

19. Richard Curle, *Last Twelve Years of Conrad*, p. 145; John Conrad, *Joseph Conrad*, pp. 157 – 158.

20. *Letters*, 2. 240 – 241; Jessie Conrad, *Conrad as I Knew Him*, p. 130.

21. Jessie Conrad, *Conrad as I Knew Him*, p. 44; David Garnett, "Joseph Conrad," *Great Friends* (New York, 1980), p. 16.

22. 转引自 John Halverson and Ian Watt, "Notes on Jane Anderson, 1955 – 1989," *Conradiana* (forthcoming); Virginia Woolf, *A Writer's Diary*, ed. Leonard Woolf (New York, 1953), p. 25; Morrell, *Memoirs*, p. 233; Letter from Dame Veronica Wedgwood to Jeffrey Meyers, September 23, 1989。

23. *Letters*, 1. 370; *Chance*, 2. 159.

24. Jessie Conrad, *Conrad as I Knew Him*, p. 118; *Typhoon*, 20. 113, 107, 135; Jessie Conrad, *Conrad and His Circle*, p. 26; *Typhoon*, 20. 139, 142.

25. Norman Sherry, ed., *Conrad: The Critical Heritage* (London, 1973), pp. 47, 6, 53.

26. *An Outcast of the Islands*, 14. xi – xii; *Letters*, 1. 171; 185; 245. 参见 *Letters*, 1. 330 and Jessie Conrad, *Conrad as I Knew Him*, p. 144.

27. *An Outcast of the Islands*, 14. 250; 360（省略号为康拉德所加）；*Critical Heritage*, pp. 8, 79, 74 - 76.

28. *Letters*, 1. 279; 281; G. Jean-Aubry, ed., *Twenty Letters to Joseph Conrad* (London, 1926), n. p.

29. Lawrence, *Letters*, 1. 144; Conrad, *Letters*, 2. 138; *Chance*, 2. 37; Wells, *Experiment in Autobiography*, p. 527.

30. 转引自 Hart-Davis, *Hugh Walpole*, p. 168; Wells, *Experiment in Autobiography*, pp. 528, 530; H. G. Wells, *Boon* (New York, 1915), pp. 136, 147; Siegfried Sassoon, *Diaries, 1923 - 1925*, ed. Rupert Hart-Davis (London, 1985), p. 236。

31. *Letters*, 1. 288, 296; 301; Max Beerbohm, "The Feast," *A Christmas Garland* (1912; New York, 1960), p. 242.

32. *Tales of Unrest*, 8. ix; *Letters*, 1. 294; *Tales of Unrest*, 8. 89.

33. *The Inheritors*, 5. 51, 88.

第十章 文学友谊与艺术突破

1. *Letters*, 1. 416 - 417; Ford, *New York Herald Tribune Books*, VII. 2; Ford Madox Ford, *Return to Yesterday* (1932; New York, 1972), p. 34; Jean Aubry, *Life and Letters*, 2. 206.

2. *Letters*, 1. 307; 342; 转引自 Leon Edel, *Henry James: The Master, 1901 - 1916* (Philadelphia, 1972), p. 48; Ford, *Return to Yesterday*, p. 31; Edouard Roditi, *Meetings with Conrad* (Los Angeles, 1977), p. 16。

3. *The Inheritors*, 5. 17 - 18; *Notes on Life and Letters*, 3. 17, 11; 转引自 Reid, *The Man from New York*, p. 244; *Letters*, 2. 174。

4. James, *Letters*, 4. 232; 转引自 Simon Nowell-Smith, *The Legend*

of the Master (London, 1947), p. 135; 转引自 Reid, *The Man from New York*, p. 245。

5. James, *Letters*, 4.703; *Henry James and Edith Wharton: Letters, 1900-1915*, ed. Lyall Powers (New York, 1990), p. 345; 转引自 Reid, *The Man fromNew York*, p. 245。

6. "Stephen Crane: A Note Without Dates" (1919), *Notes on Life and Letters*, 3.50; *Letters*, 1.415; "Stephen Crane" (1923), *Last Essays*, p. 321.

7. *The Nigger of the "Narcissus,"* 23.155; *Twenty Letters to Joseph Conrad*, n. p.; Stephen Crane, "Concerning the English 'Academy,'" *Bookman*, 7 (March 1898), 23; John Berryman, *Stephen Crane: A Critical Biography*, revised ed. (1962; New York, 1977), p. 201.

8. "Stephen Crane," *Last Essays*, pp. 337, 319; *Letters*, 1.416.

9. *Notes on Life and Letters*, 3.50-51; 康拉德未发表的信件藏于国会图书馆,既无日期也无收信人。

10. "Stephen Crane," *Last Essays*, pp. 322, 317; *Notes on Life and Letters*, 3.52; *The Correspondence of Stephen Crane*, ed. Stanley Wertheim and Paul Sorrentino (New York, 1988), p. 651.

11. Ford, *Return to Yesterday*, p. 45; Frank Harris, "Cunninghame Graham," *Contemporary Portraits*, 3rd series (New York, 1920), p. 45; T. E. Lawrence, *Letters*, ed. David Garnett (London, 1939), p. 750.

12. *Letters*, 2.25, 1.424-425; Rothenstein, *Men and Memories*, 2.44; 转引自 A. F. Tschiffely, *Don Roberto* (London, 1937), p. 263。

13. *Letters*, 2.17, 427, 30, 70; 359.

14. D. H. Lawrence, "*Pedro de Valdivia* by R. B. Cunninghame Graham," *Phoenix*, p. 356; *Joseph Conrad's Letters to Cunninghame Graham*, ed. C. T. Watts (Cambridge, England, 1969), p. 180; 转引自 Herbert West, *AModern Conquistador: Robert Bontine Cunninghame*

Graham (London, 1932), p. 114。

15. *Letters*, 1. 367; 2. 17; Jessie Conrad, *Conrad and His Circle*, pp. 57 – 58; *Letters*, 2. 173.

16. *Letters*, 2. 24; 详见 Karl, *Joseph Conrad*, pp. 416 – 417; Najder, *Joseph Conrad*, p. 225; and Najder, Introduction to "The Sisters," *Congo Diary*, p. 45。关于"博雷斯"这个名字的历史和意义，详见 *Ukraine: A Concise Encyclopedia*, ed. Volodymyr Kubijovyc, 2 vols. (Toronto, 1963, 1971), 1. 978 – 979, 2. 120, 137; *A Thousand Years of Christianity in Ukraine*, ed. Osip Zinkewych and Andrew Sorokowski (New York, 1988), pp. 24, 31, 51; *The Millennium of Ukrainian Christianity*, ed. Nicholas Chirovsky (New York, 1988), pp. 92, 229, 337。感谢尤金·彼得里夫斯基提供该信息。

17. *A Personal Record*, 6. 25; *The Nigger of the "Narcissus,"* 23. xiv.

18. Robert Lowell, "Ford Madox Ford," *Notebook*, revised ed. (New York, 1970), p. 120; *Letters to Garnett*, p. 214; *Letters*, 1. 252. 劳伦斯还相信："煤炭象征着灵魂中的某样东西，古老，黑暗，丝滑，自然。"(*Collected Letters*, ed. Harry Moore, New York, 1962, p. 852)

19. Warrington Dawson, *The Crimson Pall: A Novel*, with Letters Exchanged on "Critical Novelists" by Joseph Conrad and the Author (Chicago, 1927), p. 24; *Letters*, 2. 85, 3. 100; Robert Lowell, "The Severed Head," *For the Union Dead* (1964; New York, 1967), p. 53.

20. *Letters*, 3. 488; C. Lewis Hind, *Naphtali* (London, 1926), p. 73.

21. Najder, *Joseph Conrad*, p. 116; *Heart of Darkness*, in *Youth*, 16. 50; 93. 对康拉德风格中的波兰语特色的讨论，详见 Gustav Morf, *The Polish Heritage of Joseph Conrad* (London, 1930); A. P. Coleman,

"Polonisms inthe English of Conrad's *Chance*," *Modern Language Notes*, 46 (1931), 463-468; Busza, "Conrad's Polish Literary Background" (1966); Adam Gillon, "Polish and Russian Literary Elements in Joseph Conrad," *Proceedings of the Vth Congress of the International Comparative Literature Association* (Amsterdam, 1969), pp. 685-694; and I. P. Pulc, "The Imprint of Polish on Conrad's Prose," *Joseph Conrad: Theory and World Fiction*, ed. Wolodymyr Zyla and Wendell Aycock (Lubbock, Texas, 1974), pp. 117-139。

22. *Critical Heritage*, p. 93; *Letters*, 1. 308; 2. 71.

23. *Letters*, 2. 88; Conrad, *Lettres françaises*, p. 78; *Conrad to a Friend: 150 Selected Letters from Joseph Conrad to Richard Curle* (Garden City, NewYork, 1928), p. 147.

24. *Critical Heritage*, p. 63; *Letters*, 3. 408; Jacob Epstein, *An Autobiography*, 2nd ed. (New York, 1963), p. 76.

25. D. H. Lawrence, *Studies in Classic American Literature* (London, 1924), p. 132; Lawrence, *Letters*, 1. 465; Epstein, *Autobiography*, p. 76.

26. *Letters*, 1. 410; *The Nigger of the "Narcissus,"* 23. ix.

第十一章　福特与彭特农场

1. David Garnett, *The Golden Echo* (New York, 1954), p. 36; *The Nigger of the "Narcissus,"* 23. 31; *Letters*, 2. 131-132.

2. Arthur Mizener, *The Saddest Story: A Biography of Ford Madox Ford* (NewYork, 1971), p. 18; 转引自 Thomas Moser, *The Life in the Fiction of Ford Madox Ford* (Princeton, 1980), p. 39。

3. *Letters*, 2. 107; Ford, *Joseph Conrad*, p. 37; 转引自 Edel, *The*

Master, p. 47; Ford, *Joseph Conrad*, p. 51; Wells, *Experiment in Autobiography*, p. 531.

4. Ford, *Joseph Conrad*, p. 238; Ford, *Return to Yesterday*, p. 290; *Letters*, 3.9.

5. Ford, "Stephen Crane," *Portraits from Memory*, p. 45; Ford Madox Ford, *Letters*, ed. Richard Ludwig (Princeton, 1965), p. 127; Hunt, *I Have This to Say*, p. 38.

6. Ford Madox Ford, *Memories and Impressions* (1911; New York, 1985), p. 219; Jessie Conrad, *Conrad and His Circle*, p. 66; *Letters*, 2.219; 408.

7. Ford, *Return to Yesterday*, pp. 240, 280; Ford, *Joseph Conrad*, p. 118; *Letters*, 2.287; Jessie Conrad, *Conrad and His Circle*, p. 71.

8. *Letters*, 2.257; *Notes on Life and Letters*, 3.15; *Romance*, 7.169; 383; 105.

9. Ford, *Joseph Conrad*, pp. 147-148; *The Arrow of Gold*, 1.109.

10. Jessie Conrad, *Conrad and His Circle*, p. 74. 关于康拉德与高尔斯华绥和克利福德的友情，详见 Gindin, *John Galsworthy's Life and Art*, and Gailey, *Clifford: Imperial Proconsul*。

11. Brock, "Polish Nationalism," p. 333; Milosz, "Joseph Conrad in Polishyes," p. 42; Eliza Orzeszkowa, "The Emigration of Talent," *Kraj*, 16 (April3, 1899), 转引自 Ludwik Krzyzanowski, "Joseph Conrad: Some Polish Documents," *Joseph Conrad: Centennial Essays*, ed. Ludwik Krzyzanowski New York, 1960), p. 114. 1869 年，阿波罗在克拉科夫帮忙创办了一家报纸，也取名《乡村》，但与圣彼得堡的杂志没有任何关联。

12. 转引自 Jerzy Illg, "'Polish Soul Living in Darkness': Letters from Joseph Conrad-Korzeniowski to Wincenty Lutoslawski," *Conradiana*, 14 (1982), 9; *Letters*, 2.323。1939 年，本来因其同性恋

倾向可以免服兵役的 W. H. 奥登同样因为移民美国被谴责背叛了国家。在 1940 年的《旁观者》周刊上，圣保罗学校的院长写了一首尖刻的打油诗：

> "这个欧洲真恶臭"，你哭喊着——急忙抛弃你饱受苦难、深陷厄运的祖国。你或许不在乎，但我仍要宣布，因为你离开了我们，这里的恶臭也少了一些。

转引自 Humphrey Carpenter, *W. H. Auden: A Biography*（Boston，1981），p. 291。

13. *Letters to Curle*，pp. 112 - 113。海明威的《永别了，武器》、格雷夫斯的《向那一切告别》（*Good-bye to All That*）、奥尔丁顿的《英雄之死》（*Death of a Hero*）和雷马克的《西线无战事》都出版于 1929 年。

14. E. D. Morel, *Red Rubber*（London，1907），p. 46；Herman Melville, *Typee*（1846；London，[1907]），p. 13；J. A. Hobson, *Imperialism*（1902；Ann Arbor，1965），p. 214；William Cornwallis Harris, *The Wild Sports of Southern Africa*（1838；London，1852），p. 288。

15. 索尔·贝娄的《塞姆勒先生的行星》（Mr. *Sammler's Planet*，New York，1969，p. 137）中的一个片段点出了《黑暗的心》和 20 世纪更巨大的恐怖之间的关联："［阿道夫·］艾希曼证实他走过一座相似的新坟，他鞋子边涌出的鲜血让他恶心。他不得不在床上躺了一两天。"

16. *Youth*，16. 48. 详见 Rudyard Kipling, "The Man Who Would Be King"（1888），*Works*，Outward Bound Edition（New York，1907），5.44："它们是地球上的黑暗之所，充满了不可想象的残酷。" *Youth*，16. 50；Cornelii Taciti, *De Vita Agricolae*, ed. R. M. Ogilvie and Sir Ian Richmond（Oxford，1967），p. 111。

17. Henry David Thoreau, *Walden*（1854；New York，1956），pp. 142 - 143；*Youth*，16. 115。

18. Carl Jung, "The Psychology of the Unconscious," *Collected Works*, ed. Herbert Read and Michael Forham (New York, 1953), 7.18; Carl Jung, *The Undiscovered Self*, trans. R. F. C. Hull (New York, 1957), p. 93.

19. *Youth*, 16.151 - 152; *Letters*, 2.417; V. S. Naipaul, *A Bend in the River* (New York, 1980), p. 53.

20. Stanhope White, *Lost Empire on the Nile: Stanley, Emin Pasha and the Imperialists* (London, 1969), p. 137; Henry M. Stanley, *In Darkest Africa* (New York, 1890), 2.230, 1.446. 参见 Olivia Manning, *The Remarkable Expedition* (London, 1947)。

21. *Letters*, 2.284; *Notes on Life and Letters*, 3.252.

22. *Typhoon*, 20.4; *Lord Jim*, 21.113; Ernest Hemingway, Introduction to *Men at War* (New York, 1942), p. xxvii.

23. *Lord Jim*, 21.50; 66.

24. *Lord Jim*, 21.214; *Under Western Eyes*, 22.10; *Within the Tides*, 10.85; *'Twixt Land and Sea*, 19.143; *Letters*, 2.302 - 303.

25. *Letters*, 2.428; Ford, *Joseph Conrad*, pp. 243 - 244; *Youth*, 16.298. 详见 Sophocles, *Oedipus the King*, *Greek Tragedies*, ed. David Grene and Richmond Lattimore, trans. David Grene (Chicago, 1960), 1.176: "不要说一个凡人是幸福的/在他没有跨过生命的界限，还没有得到痛苦的解脱之前。"*

26. *Letters*, 2.163; 194.

第十二章　J. B. 平克与《诺斯特罗莫》

1. 最终，昂温、梅休因和登特每个出版商各出版了6部作品，海涅

---

* 索福克勒斯《悲剧二种》，罗念译，人民文学出版社，1979年，第112页。

曼3部,布莱克伍德2部,史密斯·埃尔德、哈珀和伊夫利·纳什(Eveleigh Nash)各一部。

2. *Letters*, 2. 195; Frank Swinnerton, *Background with Chorus* (London, 1956), p. 128; *Letters*, 3. 60. Frederick Karl, *Joseph Conrad*, p. 488, 说平克是犹太人,但没有证据可证明。

3. *Letters*, 2. 318; 370–371; 转引自 Najder, *Joseph Conrad*, p. 337; Jessie Conrad, *Conrad as I Knew Him*, p. 22。

4. 转引自 Najder, *Joseph Conrad*, p. 302; *Letters*, 3. 335; 154。

5. Wells, *Experiment in Autobiography*, p. 530; *Letters to Garnett*, pp. 25–26.

6. Conrad, *Lettres françaises*, p. 84. 在过去的二十年里,我一直试图寻找康拉德寄给《展望》周刊(edited by Percy Hurd at 69 Fleet Street, London EC4)后不见踪影的那篇文章。康拉德的出版商 J. M. 登特无法给我提供任何信息;文章不在主要存放康拉德手稿的纽约公共图书馆、耶鲁大学和罗森巴赫基金会。康拉德的儿子博雷斯,研究吉卜林的学者查尔斯·卡林顿、埃利奥特·吉尔伯特(Elliot Gilbert)和托马斯·平尼(Thomas Pinney),以及研究康拉德的学者乔斯林·贝恩斯、托马斯·莫泽、伯纳德·迈耶(Bernard Meyer)、诺曼·谢里、弗雷德里克·卡尔和兹齐斯拉夫·奈德都不知道它在哪儿。《展望》的前资助人 V. S. 普里切特(V. S. Pritchett)和道格拉斯·赫德(英国外务大臣、珀西·赫德之子,他检查了威尔特郡家里父亲的资料)都找不到。如果在1940年之前这篇文章都一直保存在《展望》的档案里,那么它很可能在伦敦大轰炸时毁于纳粹对弗利特街*的轰炸中。Paul Kirschner's "Conrad's Missing Link with Kipling," *Notes & Queries*, 217 (September 1972), 331, 令人信服地驳斥了认为一篇论吉卜林的短文是出自康拉德之手的观点, by Theodore Ehrsam in *A Bibliography of Joseph Conrad*

---

* Fleet Street, 因弗利特河得名, 又译作"舰队街",曾是英国传统报业中心。

(Metuchen, New Jersey, 1969), p. 277。

7. Charles Carrington, *The Life of Rudyard Kipling* (Garden City, New York, 1955), p. 261n; *Letters*, 1. 369 – 371; *Critical Heritage*, p. 9.

8. *Letters*, 2. 207; Ford, *Joseph Conrad*, p. 241; Retinger, *Conrad and His Contemporaries*, pp. 124, 54.

9. Letter about Kipling from Thomas Pinney to Jeffrey Meyers, May 15, 1989; *Familial Eyes*, p. 162.

10. Max Beerbohm, "Enoch Soames," *Seven Men* (London, 1919), pp. 4 – 5; Rothenstein, *Men and Memories*, 2. 41 – 44, 157 – 158; Hugh Walpole, 转引自 E. V. Lucas, *The Colvins and Their Friends* (London, 1928), pp. 350 – 351。

11. Ford, *Return to Yesterday*, pp. 190 – 191; *Letters*, 3. 132.

12. *Letters*, 3. 184; 293; *Nostromo*, 9. 372.

13. Jessie Conrad, *Conrad as I Knew Him*, p. 118; *Typhoon*, 20. 34; *Notes on Lifeand Letters*, 3. 190 – 191.

14. 研究康拉德的学者发现《诺斯特罗莫》的主要来源如下：

Alexandre Dumas, ed., *Garibaldi: An Autobiography* (1860); Edward Eastwick, *Venezuela: or Sketches of Life in a South American Republic* (1868); George Frederick Masterman, *Seven Eventful Years in Paraguay* (1869); Frederick Benton Williams, *On Many Seas: The Life and Exploits of a Yankee Sailor* (1897), 讲述了满满一船银子的偷窃案。

15. George Barringer, "Joseph Conrad and *Nostromo*: Two New Letters," *Thoth*, 10 (1969), 24; *A Personal Record*, 6. 100, 98 – 99.

16. 转引自 Mizener, *The Saddest Story*, pp. 90 – 91; *Letters*, 3. 158, 165。

17. *Nostromo*, 9. 84; 221 – 222.

18. *Nostromo*, 9. 171; 261, 263, 275.

19. *Nostromo*，9. 498；292；552（斜体由我所加）。

20. Barringer,"Conrad and *Nostromo*," p. 22; *Nostromo*, 9. 417‑418.

21. *Nostromo*, 9. 511; 521.

22. Jessie Conrad, *Conrad as I Knew Him*, p. 120; *Critical Heritage*, p. 177. 厄普顿·辛克莱在《拜金艺术》（*Mannonart*, Pasadena, 1925, p. 375）中刻意挑衅的马克思主义文学批评完全没抓住小说的主旨，他辩称康拉德在航运利益面前卑躬屈膝，把"资本家对海上运输的所有权和掌控力"视为他的上帝。

第十三章　卡普里、蒙彼利埃与《间谍》

1. *Letters*, 3. 209; 241; Retinger, *Conrad and His Contemporaries*, pp. 120‑121; Norman Douglas, *Looking Back* (London, 1931), p. 416. In *Proust: The Later Years* (Boston, 1965), p. 227, 乔治·佩因特 (George Painter) 说："于米埃尔沉默、谦逊的妻子带着襁褓中的女儿，似乎……'默默承受着一个巨大的苦涩幻想所带来的压力'。［罗贝尔·德·］孟德斯鸠 (Robert de Montesquiou) 在一首怨毒的双韵体短诗中写道：'你把儿子留给了于米埃尔？最好确保灯还亮着。'即将爆发的丑闻让于米埃尔不知所措，于是他要求被派往前线的轻步兵团，并且抓住第一个机会向自己的死亡冲锋。"

2. 转引自 Mark Holloway, *Norman Douglas: A Biography* (London, 1976), pp. 39, 102; D. H. Lawrence, Introduction to Maurice Magnus' *Memoirs of the Foreign Legion* (London, 1924), p. 12; 转引自 Charles Doyle, *Richard Aldington: A Biography* (London, 1989), p. 144。

3. Jean-Aubry, *Life and Letters*, 2. 67‑68; 转引自 Edward McDonald's *A Bibliography of Norman Douglas* (Philadelphia, 1927),

p. 73; Norman Douglas to G. Jean-Aubry, November 30, 1924, 转引自 Conrad, *Letters to Warrington Dawson*, p. 57; Norman Douglas, review of Richard Curie's *Joseph Conrad*, *English Review*, 17 (July 1914), 569。

4. Letter from Mark Holloway to Jeffrey Meyers, June 12, 1989; 转引自 Holloway, *Norman Douglas*, p. 185; Jean-Aubry, *Life and Letters*, 2.133 – 134。

5. Robin Douglas, "My Boyhood with Conrad," *Cornhill Magazine*, 66 (January 1929), 23; 转引自大卫·福尔摩斯的书商目录, *The Raymond Sutton Collection of Joseph Conrad* (Philadelphia, 1985), part II, p. 9。关于切里奥家族的记载,详见 *An Impossible Woman: The Memories of Dottoressa Moor*, ed. Graham Greene (London, 1957), pp. 118 – 120。

6. *Letters*, 3.227; *Notes on Life and Letters*, 6.83 – 84, 90 – 91, 86, 89.

7. *Letters*, 3.246 – 249; 259.

8. *Letters*, 3.287; 315; Henry James, *A Little Tour in France* (1884; Oxford, 1984), p. 118; *Letters*, 3.316.

9. *Letters*, 3.343; 403; 444.

10. *Letters*, 3.420 – 421; 460, 462.

11. Jessie Conrad, *Conrad and His Circle*, p. 104; In *The Truth about My Father* (London, 1924), p. 74, 据托尔斯泰所说,虽然他父亲喜欢教授他的孩子数学,但他也是个没有耐心的可怕老师:"他出题让我们解,解不出来的人就会遭殃。一旦出现这样的情况,他就会怒火中烧,痛哭并陷入阵阵绝望。他的愤怒会让我们的脑子一片空白。"

12. 转引自 Karl, *Joseph Conrad*, p. 47; Jean-Aubry, *Life and Letters*, 2.135; 转引自 Ottoline Morrell, *Memoirs*, p. 236; John Conrad, *Joseph Conrad*, p. 165。

13. *Letters*, 3.470; Jean-Aubry, *Life and Letters*, 2.64; 转引自

Baines, *Joseph Conrad*, p. 347。

14. *The Secret Agent*, 13.262; 181; Jessie Conrad, *Conrad as I Knew Him*, pp. 53 - 54; Jessie Conrad, *Conrad and His Circle*, p. 122.

15. *The Secret Agent*, 13.6, 153; 159 - 160; Jessie Conrad, *Conrad and His Circle*, p. 90; Fyodor Dostoyevsky, *Crime and Punishment*, trans. Jessie Coulson (New York, 1964), p. 56.

16. *The Secret Agent*, 13.33; 31; 303; George Orwell, *Collected Essays, Journalism and Letters*, ed. Sonia Orwell and Ian Angus (New York, 1968), 3.389.

17. *Letters to Curle*, p. 114; *Critical Heritage*, p. 21; Jean-Aubry, *Life and Letters*, 2.65.

18. Moser, *Ford Madox Ford*, p. 93; John Conrad, *Joseph Conrad*, p. 74; Ford Madox Ford, *It Was the Nightingale* (1933; New York, 1984), pp. 207 - 208; 转引自 Mizener, *The Saddest Story*, p. 156.

19. Jean-Aubry, *Life and Letters*, 2.65; Thomas Hardy, *Collected Letters*, ed. Richard Purdy and Michael Millgate (Oxford, 1987), 6.282. 他们的第二次会面载于 Florence Hardy, *The Later Years of Thomas Hardy* (London, 1930), p. 124, 实际上这就是由哈代本人所写。

20. Retinger, *Conrad and His Contemporaries*, p. 89; Norman Douglas, *Alone* (London, 1926), pp. 138 - 140; Perceval Gibbon, "Conrad," *Bookman*, 42 (April 1912), 27. 参见他同样热情洋溢的 "Joseph Conrad—An Appreciation," *Bookman*, 39 (January 1911), 177 - 179。

21. Jessie Conrad, *Conrad and His Circle*, pp. 144, 132; Jean-Aubry, *Life and Letters*, 2.112. 参见 Jessie's "A Personal Tribute to the Late Perceval Gibbon and Edward Thomas," *Bookman*, 78 (September 1930), 323 - 324。

22. Borys Conrad, *My Father*, p. 61. 许多康拉德写给吉本的信及吉

本的所有手稿都毁于第二次世界大战纳粹占领根西岛期间。人们还没有认识到吉本对康拉德的重要性（p. 677，卡尔说"他们甚至不算好朋友"），关于吉本更多信息，详见他的条目 in *Who's Who* (1926)；他的讣告 in *The Times*, June 1, 1926, p. 19; Lucas, *The Colvins and Their Friends* (1928); David Garnett, *The Golden Echo* (1953); *Cassell's Encyclopedia of World Literature*, ed. John Buchan-Brown (New York, 1973), p. 538; Holloway, *Norman Douglas* (1976); *Dictionary of South African Biography*, ed. D. W. Krüger and C. J. Beyers (Capetown, 1977), 3.324–325; and John Conrad, *Joseph Conrad* (1981)。

23. Jean-Aubry, *Life and Letters*, 2.66; *A Set of Six*, 18.280.

24. Mikhail Lermontov, *A Hero of Our Time*, trans. Vladimir Nabokov (New York, 1958), p. 180; *A Set of Six*, 18.266; Borys Conrad, *My Father*, p. 57.

25. 转引自 Douglas Goldring, *South Lodge* (London, 1943), p. 24; 转引自 Karl, *Joseph Conrad*, pp. 654, 658–659; Jessie Conrad, *Conrad and His Circle*, p. 131。

26. David Garnett, *The Golden Echo*, p. 129; Wells, *Experiment in Autobiography*, p. 526; 转引自 Doyle, *Richard Aldington*, p. 34; Richard Aldington, *Death of a Hero* (Garden City, New York, 1929), p. 132。

27. David Garnett, *The Golden Echo*, p. 183; Lawrence, *Letters*, 1.170. 1915 年，维奥莱特将《镜屋》(*The House of Many Mirrors*) 献给了康拉德。

28. 转引自 Jean-Aubry, *Life and Letters*, 2.98; 转引自 Karl, *Joseph Conrad*, pp. 665–667。

29. Jean-Aubry, *Life and Letters*, 2.101; 转引自 Baines, *Joseph Conrad*, pp. 350–351; Edward Nehls, *D. H. Lawrence: A Composite Biography* (Madison, 1958), 2.412–413。

30. Moser, *Ford Madox Ford*, p. 98；转引自 Najder, *Joseph Conrad*, p. 488。

第十四章　崩溃与成功

1. *Nostromo*, 9. x；转引自 Najder, *Joseph Conrad*, p. 355；转引自 Baines, *Joseph Conrad*, pp. 359-360。

2. Jean Aubry, *Life and Letters*, 2. 64-65；James Joll, *The Anarchists* (1964; New York, 1966), p. 96. 参见 Edward Carr, "The *Affaire Nechaev*; or the First Terrorist," *The Romantic Exiles* (1933; Boston, 1961), pp. 290-310; "Nechaev, Sergei Gannadievich (1847-1882)," *Great Soviet Encyclopedia*, ed. A. M. Prokhorov, 3rd ed. (New York, 1978), 17. 406; and Philip Pomper, *Sergei Nechaev* (New Brunswick, New Jersey, 1979). "One of us" appears in *Under Western Eyes*, 22. 208 and 271。

3. *Letters*, 3. 89；*Under Western Eyes*, 22. 141, 288；134-135. 将《在西方的注视下》的开头段落和托马斯·曼的《浮士德博士》(1947)进行比较，可发现，曼小说中故意表现得缺乏感知力的塞雷奴斯·蔡特布罗姆，其谦卑、学究式的语调直接取自这位语言老师。

4. *Letters to Garnett*, p. 234；*Polish Background*, p. 170 and note. 康拉德的其他否认详见 *Letters to Garnett*, p. 248, Jean-Aubry, *Life and Letters*, 2. 336 and Retinger, *Conrad and His Contemporaries*, p. 95。出于类似的原因，康拉德一直告诉博雷斯他只会说几个德语单词，但1914年他们从奥地利跨越边境前往意大利时，他说着一口流利的德语。

5. *Notes on Life and Letters*, 3. 47-48；Jean-Aubry, *Life and Letters*, 2. 77；Baines, *Joseph Conrad*, p. 372.

6. Vladimir Nabokov, *Lectures on Russian Literature*, ed. Fredson

Bowers (New York, 1981), p. 104; *Letters to Garnett*, p. 240.

7. 转引自 Paul Kirschner, *Conrad: The Psychologist as Artist* (Edinburgh, 1968), p. 253 n3; Ralph Matlaw, "Dostoevskij and Conrad's Political Novels," *American Contributions to the Fifth International Congress of Slavists* (The Hague, 1963), 2. 213。对陀思妥耶夫斯基影响的讨论, 详见 Baines, *Joseph Conrad*, pp. 360-361, 369-371（注意字句的呼应）; Morton Dauwen Zabel, Introduction to *Under Western Eyes* (Garden City, New York, 1963), pp. lilii; Karl, *Joseph Conrad*, pp. 678-679。

8. *Letters to Garnett*, pp. 232-233; Arthur Symons, *Selected Letters, 1880-1935*, ed. Karl Beckson and John Monro (Iowa City, 1989), p. 217.

9. 转引自 Baines, *Joseph Conrad*, p. 373; Jessie Conrad, *Conrad and His Circle*, pp. 142-144; Joseph Conrad, *Letters to William Blackwood and David S. Meldrum*, ed. William Blackburn (Durham, North Carolina, 1958), p. 192。

10. Jean-Aubry, *Life and Letters*, 2. 109, 113.

11. Francis Meynell, 转引自 *Agnes Tobin: Letters—Translations—Poems, With Some Account of Her Life* (San Francisco, 1958), p. xvii。这一卷里包含奥古斯塔斯·约翰给阿格尼丝画的素描（p. xiii），以及朱莉娅·卡梅伦的一幅画（p. 3）; W. B. Yeats, *Letters*, ed. Allan Wade (New York, 1955), pp. 458-459; Yeats to Lady Gregory, July 3, 1906, 转引自 David Greene and Edward Stephens, *J. M. Synge* (New York, 1959), p. 211; 转引自 Karl Beckson, *Arthur Symons: A Life* (New York, 1987), p. 238; Arthur Symons, *Confessions* (New York, 1930), p. 61。其他关于阿格尼丝的信息, 详见 Edward O'Day, "Agnes Tobin," *Varied Types* (San Francisco, 1915), pp. 286-288; Celia Tobin Clark's obituary, "Agnes Tobin," *San Francisco Monitor*, February 25, 1939, p. 10; and Lorna Strachan, "Agnes Tobin, Translator of Petrarch," un-

published master's thesis, St. John's University, Brooklyn, New York, 1953。

12. André Gide, *Selected Letters of André Gide and Dorothy Bussy*, ed. Richard Tedeschi (Oxford, 1983), p. 77; André Gide, *Travels in the Congo*, trans. Dorothy Bussy (Berkeley, 1962), pp. 14, 292-293; André Gide, *Journals*, trans. Justin O'Brien (New York, 1949), 3.94.

13. 转引自 Frederick Karl, "Conrad and Gide: A Relationship and a Correspondence," *Comparative Literature*, 29 (1977), 168 n14; Robin Douglas, "My Boyhood with Conrad," p. 20; Otolia Retinger, 转引自 Najder, *Joseph Conrad*, p. 383。

14. Jean-Aubry, *Life and Letters*, 2.87; 详见 Busza, "Conrad's Polish Literary Background," pp. 224, 241。

15. 转引自 Karl, *Joseph Conrad*, p. 675; Basil Hall, *The Log of the Cutty Sark*, 3rd ed. (Glasgow, 1928), p. 357; 转引自 Sherry, *Conrad's Eastern World*, p. 254; *Letters to Garnett*, p. 243。

16. *Letters to Garnett*, p. 231; *'Twixt Land and Sea*, 19.194, 205-206。

17. Adam Curle, "Memoir of the Author," in Richard Curle, *The Last of Conrad* (Farnham, Surrey, [1975]), p. 1; *Letters to Curle*, pp. 63, 80。

18. Katherine Anne Porter, *The Leaning Tower and Other Stories* (New York, 1970), p. 159. 经历过20世纪二三十年代的冒险生活后,雷廷格拥有了较大政治影响力,他担任瓦迪斯瓦夫·西科尔斯基(Władysław Sikorski)将军的私人助理,西科尔斯基是"二战"时期波兰流亡政府的总理。1944年,56岁的雷廷格空降被纳粹占领的波兰。在《波兰在欧洲的地位》(*Poland's Place in Europe: General Sikorski and the Origin of the Oder-Neisse Line, 1939-1943*, Princeton, 1983, pp. 196n-197n)中,萨拉·特里(Sarah Terry)写道:

自雷廷格于20世纪20年代成为西科尔斯基的好友兼顾问后，他们似乎在很多事情上都看法一致，尤其是关于联邦这一问题，雷廷格是联邦的热烈拥趸。他甚至参与波兰政治，他和波兰社会党（PPS）及工会运动都有关联，但他志在国际政治。他在英国工党圈内有着良好的人脉……战争早期，西科尔斯基不确定自己还能信赖何人，于是他成了总理的左膀右臂。

正是雷廷格安排了他与英国领导的机密会议——包括1940年6月他与丘吉尔戏剧性的第一次会面，以及他和［欧内斯特·］贝文（Ernest Bevin）的几次见面；而且，雷廷格似乎是除西科尔斯基本人外，唯一一个知道西科尔斯基在前往俄国的旅途中将他的一份秘密报告给了英国外交部的波兰人。1942年中期之后，雷廷格的地位似乎降低了，可能是因为他支持从苏联撤出波兰军队。之所以对他扮演的角色有如此多怀疑和疑团，很可能是因为其激进的亲工党倾向和他敢于冒险的行事风格，也正因如此，他不时发现自己在德国、法国、英国、美国（美国国务院一度将他视为"墨西哥特工"，以及"头号麻烦、可疑之人"）成了不受欢迎之人（persona non grata）。

其他关于雷廷格政治生涯的信息，详见 Stanislaw Kot, *Conversations with the Kremlin and Despatches from Russia* (Oxford, 1963), pp. 2, 13, 47, 161, and Joseph Retinger, *Memoirs of an Eminence Grise*, ed. John-Pomian (Brighton, Sussex, 1972)。

19. Wells, *Experiment in Autobiography*, p. 525; Morrell, *Memoirs*, p. 232; Osbert Sitwell, *Laughter in the Next Room* (Boston, 1951), p. 18; Morrell, *Memoirs*, p. 233.

20. 转引自 Ronald Clark, *The Life of Bertrand Russell* (New York, 1976), p. 212; 转引自 Russell, *Autobiography, 1914-1944*, p. 201。

21. 转引自 Najder, *Joseph Conrad*, p. 374; Henry James, "The New

Novel"（最初叫《年轻一代》），*Selected Literary Criticism*，ed. Morris Shapira（London, 1963），pp. 333, 338。《机缘》的护封上，一名穿着海军制服的军官正将一条披巾裹在一个女人身上，她坐在折叠椅上，帽子上系着围巾，双腿裹着毛毯。

22. Thomas Moser, "Conrad, Ford and the Sources of *Chance*," *Conradiana*, 7（1976），215；转引自 Karl, *Joseph Conrad*, p. 666；*Chance*, 2. 233。

第十五章　重返波兰与《胜利》

1. *Notes on Life and Letters*, 3. 110；转引自 Curle, *Last Twelve Years*, p. 171；Jean-Aubry, *Life and Letters*, 2. 161。

2. Retinger, *Conrad and His Contemporaries*, p. 149；*Notes on Life and Letters*, 3. 166；Jessie Conrad, *Conrad as I Knew Him*, p. 68；Vio Allen, "Memories of Joseph Conrad," p. 89.

3. Jean-Aubry, *Life and Letters*, 2. 158；转引自 Reid, *The Man from New York*, p. 361；*Notes on Life and Letters*, 3. 178。详见彭菲尔德的讣告，*NewYork Times*, June 20, 1922, p. 19。

4. Jean-Aubry, *Life and Letters*, 2. 163；162, 168；Letter from Dame Veronica Wedgwood to Jeffrey Meyers, September 23, 1989. 详见拉尔夫·韦奇伍德爵士的讣告，*The Times*, September 6, 1956, p. 15。

5. J. F. 范·本梅伦（J. F. van Bemmelen）和 G. B. 胡耶（G. B. Hooyer）在他们的《荷属东印度指南》（*Guide to the Dutch East Indies*, London, 1897, p. 71）中提到两个泗水的旅馆——温费尔德和新邦（所有人：布林克曼先生），但他们不鼓励游客在那个镇逗留，因为那里"没有很多值得游览的地方。气候也实在不太健康，且非常热。他们还没能成功挖出自流井，而地表水很糟糕……因此我们建议游客若非必要,不要在泗水逗留"。康拉德的赞贾科莫女子管弦乐队的原型是沙捞越女王非传统的英国管弦乐队,该乐队成立于 1903 年,旨在为女王的儿子觅得合适的妻子。详见 Jeffrey Meyers,"The Ranee of Sarawak and Conrad's *Victory*," *Conradiana*, 18 (1986), 41–44。

6. *Victory*, 15.199–200; *Lord Jim*, 21.387.

7. 转引自 Bernard Meyer, *Joseph Conrad: A Psychoanalytic Biography* (Princeton, 1967), p.325。康拉德还相当模棱两可地告诉黑斯廷斯,琼斯或许自己就害怕女人,但必定也害怕女人对里卡多的影响(科尔盖特大学图书馆中未发表、无日期的信)。

8. Morgan, "Conrad's Unknown Ship," p.190,写到康拉德在 1886 年航行过的"福尔肯赫斯特号":"他见到了可怕的琼斯船长,预备役中尉,他在上两趟航行中各裁掉了两个大副。"康拉德或许就是用了琼斯船长的名字来命名他书中的坏人,并把他"预备役中尉"的作风给了朔姆贝格。

9. *Victory*, 15.197.

10. *Victory*, 15.308.

11. *Victory*, 15.210–211.

12. *Victory*, 15.212.

13. *Victory*, 15.199–200.

14. *Victory*, 15.400.

15. *Victory*, 15.401.

16. *Victory*, 15.160.

17. 丽娜之死刻画细致,有很强的画面感,稍显伤感,这一幕模仿了圣殇,以及 A. W. 戴维斯(1806)和本杰明·韦斯特(1808)所创作的关于纳尔逊上将之死的历史画,康拉德肯定在格林尼治博物馆的纳尔逊厅见过这两幅画。详见 Jeffrey Meyers,"Lord Nelson and Conrad's *Victory*," *Papers on Language and Literature*, 19, (1983), 419–426。

第十六章　简·安德森

1. Jean-Aubry，*Life and Letters* and *The Sea Dreamer*，and Jerry Allen's *The Thunder and the Sunshine*，甚至没提到简；贝恩斯给了她一段内容，迈耶给了她一句话。卡尔给了简两页（共913页），奈德四页（共495页）。

2. 转引自 Halverson and Watt，"Notes on Jane Anderson，1955 - 1989，" *Conradiana*，23（Spring 1991）。简·安德森和埃丝特·安德鲁斯有着惊人的相似之处，安德鲁斯在1916年和D. H. 劳伦斯产生了情感纠葛。两人都是年轻、魅力十足、非传统的美国记者。两人的性格都很戏剧化，都希望成为专业演员。两人都和一个男人维持着若即若离的关系。两人都是文学猎头，认识许多知名作家，情人众多。两人都仰慕一位著名小说家，在他们的家里住了很久，引起了他们对美国的兴趣。两位小说家都非常喜欢那高挑、纤瘦、迷人、活泼、机智、有趣的女人。两个女人都激起了结实、微胖的妻子的嫉妒，但妻子们最终战胜了她们年轻的对手。劳伦斯和康拉德分别在他们的小说里刻画了埃丝特和简。详见 Jeffrey Meyers，*D. H. Lawrence: A Biography*（New York，1990），pp. 199 - 204，414 - 415，其中包含一张埃丝特的照片。

3. 简的出生日期和她生平的许多其他细节都很难确定。诸多事实未经证实，被众多作家循环利用，它们要么内容不一致，要么干脆就自相矛盾。皮德蒙特学院的玛丽·莱恩和简·安德森·詹金斯（凯蒂·克劳福德的女儿）认为她生于1888年。其他作家给出的年份在1890到1893年之间。

简1924年10月15递交国务院的护照申请上说她生于1893年1月6日。但这个信息是简自己提供的（没有证明文件），她有理由把自己弄得比实际年龄更小。因为亚特兰大没有1919年之前的出生记录，这个日期也就无法核实。不过，既然简 1903 年进入皮德蒙特学院，1910 年第一次在《哈珀周报》上发表自己的故事，那她就不可能生于 1893 年。446 页未编号的联邦调查局文件中，关于简的信息重复率极高，收入了很多人匿名提供的未经证实的信息。

4. Kitty Barry Crawford, "About Jane Anderson," p. 5, unpublished typescript, courtesy of her Estate; Retinger, *Memoirs of an Eminence Grise*, p. 38; 转引自 Jess Hayes, *Sheriff Thompson's Day: Turbulence in the Arizona Territory* (Tucson, 1968), p. 26。

5. Isabel Chrisler, *Demorest in the Piedmont* (Privately printed, 1968), p. 25; Letter from Mary Lane, Archivist of Piedmont College, to Jeffrey Meyers, March 13, 1990; Letter from the Arizona Historical Society to Jeffrey Meyers, July 28, 1989.

6. 凯蒂·克劳福德资料。简还告诉凯蒂："我最近接了《大西洋月刊》约稿，写一篇关于蚂蚁的学术文章。"这篇文章可能就成了毕比的 "With Army Ants Somewhere in the Jungle," *Atlantic Monthly*, 19 (April 1917), 514-522。

7. Jane Anderson and Gordon Bruce, *Flying, Submarining and Mine Sweeping* (London, 1916), p. 13; Jane Anderson, "Submarine's Fine Achievement. Voyage Home After Being Mined. 300 Miles of Peril," *The Times*, May 18, 1916, p. 3; Jane Anderson, "A Woman's Flight Over London. 'Looping the Loop.' Mile-and-a-Half Above Hyde Park," *The Times*, June 2, 1916, p. 6.

8. 转引自 Halverson and Watt, "Notes on Jane Anderson"; 转引自 John Edwards, "Atlanta's Prodigal Daughter: The Turbulent Life of Jane Andersonas Expatriate and Nazi Propagandist," *Atlanta Historical Journal*, 28 (1984), 26。在 1945 年娶了玛丽·韦尔什的海明威有一次轻蔑地指责她"为了在《时代周刊》上发表一篇故事就和各个将军上床"[转引自 Jeffrey Meyers, *Hemingway: A Biography* (New York, 1985),

pp. 392, 394]。

9. *The Inheritors*, 5. 35, 19; *Letters to Cunninghame Graham*, p. 194.

10. 详见"Hyde Park Regulations Charge Against Sir Leo Money," *The Times*, April 25, 1928, p. 13; "Hyde Park Case. Sir Leo Money Acquitted. Magistrate and Police Methods," *The Times*, May 3, 1928, p. 13; Leading articles on May 19, 1928, p. 15 and May 22, 1928, p. 17; and "Sir Leo Money Fined. Alleged Incidents in Train. Shop-Girl in Assault Charge," *The Times*, September 12, 1933, p. 6。

11. John Conrad, *Joseph Conrad*, pp. 108–109; Robin Douglas, "My Boyhood with Conrad," p. 25.

12. 转引自 Najder, *Joseph Conrad*, pp. 411–412; Halverson and Watt, "Noteson Jane Anderson"; Kitty Crawford papers。照片详见 Borys Conrad, *My Father*, p. 96 背面。

13. Joan Givner, *Katherine Anne Porter: A Life* (New York, 1982), p. 121; Jessie Conrad, *Conrad and His Circle*, pp. 204–205.

14. *Letters to Curle*, p. 44; 转引自 Karl, *Joseph Conrad*, p. 790; Conrad, *Letters to His Wife*, pp. 21–22, 19。

15. Jessie Conrad, *Conrad as I Knew Him*, p. 3; *Within the Tides*, 10. 210; Jessie Conrad, *Conrad and His Circle*, pp. 206–208.

16. *'Twixt Land and Sea*, 19. 36; 转引自 Najder, *Joseph Conrad*, p. 421。

17. Halverson and Watt, "Notes on Jane Anderson"; Curle, *Last Twelve Years*, p. 55; Unpublished letters of July 5, 1915 and April 20, 1917; 相关内容由弗雷德里克·卡尔和劳伦斯·戴维斯提供。

18. Ford Madox Ford, *Some Do Not* (1924; New York, 1964), p. 19; Richard Curle, 转引自 Vincent Brome and Douglas Cleverdon, "Recollections of Joseph Conrad," unpublished transcript of BBC Third

Programme, November 29, 1957, 由伊恩·瓦特提供; Richard Curle, 转引自 Halverson and Watt, "Notes on Jane Anderson"; Graham Greene, "The Domestic Background," *Collected Essays* (New York, 1969), p. 186.

19. Interview with George Seldes, August 21, 1989; George Seldes, *Witness to a Century* (New York, 1987), p. 56.

20. Jessie Conrad, *Conrad and His Circle*, p. 205; Borys Conrad, *My Father*, p. 118; 转引自 Najder, *Joseph Conrad*, p. 421.

21. Borys Conrad, *My Father*, pp. 120–122; Givner, *Katherine Anne Porter*, p. 151; Retinger, *Conrad and His Contemporaries*, p. 98.

22. *The Arrow of Gold*, 1.164; Jessie Conrad, *Conrad and His Circle*, p. 196; *The Arrow of Gold*, 1.91; 210; 158; 57. 电报存于纽约公共图书馆。关于简·安德森的晚年,详见附录1。

第十七章　战争年代

1. 转引自 Karl, *Joseph Conrad*, p. 781n; Ford, *Letters*, p. 79。

2. *Suspense*, 25.20; Casement, "The Congo Diary," in Singleton-Gates and Girodias, *The Black Diaries of Roger Casement*, p. 189; Jessie Conrad, *Conrad and His Circle*, pp. 103–104.

3. 转引自 Reid, *The Man from New York*, pp. 234–235; Retinger, *Conrad and His Contemporaries*, p. 49。在这份请愿书上签名的有本涅特、柯南·道尔、高尔斯华绥、曼斯菲尔德等许多人。

4. 转引自 Reid, *The Man from New York*, p. 360; Unpublished letter to John Quinn, July 15, 1916; 转引自 *Familial Eyes*, p. 248。

5. 转引自 René MacColl, *Roger Casement: A New Judgement* (London, 1956), p. 268; *Typhoon*, 20.222。关于凯斯门特的详细讨论,详见

Jeffrey Meyers, "Roger Casement," *A Fever at the Core: The Idealist in Politics* (London, 1976), pp. 59–88。

6. 转引自 Karl, *Joseph Conrad*, p. 780; Admiral Sir Douglas Brownrigg, *Indiscretions of the Naval Censor* (London, 1920), p. 64; *Notes on Life and Letters*, 3.211, 209.

Borys Conrad, *My Father*, pp. 111–112 忽视康拉德的文章这一证据，强调他的反常，为这个故事添油加醋，说康拉德固执地拒绝"和他的圆顶硬呢帽分别，当他要去乘飞机飞越北海的时候……但最终同意用丝质围巾缠绕帽子，把它绑在下巴下面"。几年后的 1922 年 9 月，海明威也经历了第一次飞行，关于此次飞行的比较描述，详见 "A Paris-to-Strasbourg Flight," *Dateline: Toronto*, ed. William White (New York, 1985), pp. 205–207。

7. Jean-Aubry, *Life and Letters*, 2.177; 179; 转引自 Jessie Conrad, *Conrad and His Circle*, p. 203; *Tales of Hearsay*, 26.80; John Conrad, *Joseph Conrad*, p. 139。

8. 转引自 Holloway, *Norman Douglas*, pp. 229, 231; Mark Holloway, Notes on his interview with Borys Conrad, January 1, 1969; 转引自 Najder, *Joseph Conrad*, p. 421。

9. 转引自 Baines, *Joseph Conrad*, p. 421; 转引自 Wilfred Partington, *Forging Ahead: The True Story and Upward Progress of Thomas J. Wise* (New York, 1939), p. 211。

10. 转引自 Edel, The Master, p. 407; 转引自 Hart-Davis, Hugh Walpole, pp. 168; 286。这 14 部献给康拉德的作品记述了他的友情史，包括：高尔斯华绥的《乔斯林》（1898）、康斯坦丝·加尼特翻译的屠格涅夫的《绝望之人》（1899）、坎宁安·格雷厄姆的《进步》（1905）、福特的《第五位女王》（1906）、吉本的《玛格丽特·哈丁》（1911）、雷诺兹的《真相》（*How 'Twas*, 1912）、爱德华·托马斯的《沃尔特·佩特》（*Walter Pater*, 1913）、维奥莱特·亨特的《镜屋》（1915）、西蒙斯的

《世纪名人》(1916)、约翰·鲍威尔的乐曲《黑人狂想曲》(1918)、高尔斯华绥的《骑虎》(1920)、柯尔的《漫游》(1920)、沃波尔的《大教堂》(1922),以及道森的《夜晚的冒险》(1924)。

11. Valery Larbaud and G. Jean-Aubry, *Correspondance*, *1920 – 1935*, ed. Frida Weissman (Paris, 1971), p. 12. 康拉德将他有生之年出版的所有书(除《个人记录》和《生平与书信笔记》外)都献给了家人和朋友,但没有题献给父母、儿子约翰、科尔文、克莱恩、道布尔迪、福特、纪德、詹姆斯、马伍德、平克、波拉多夫斯卡、奎因、雷廷格、罗森斯坦或沃波尔的书。

12. John Conrad, *Joseph Conrad*, p. 205; Halverson and Watt, "Notes on Jane Anderson"; 转引自 Najder, *Joseph Conrad*, p. 423。

13. Conrad, *Lettres françaises*, p. 151; Borys Conrad, *My Father*, p. 108; 转引自 Vio Allen, "Memories of Joseph Conrad," p. 78; Frederick Watson, *The Life of Sir Robert Jones* (Baltimore, 1934), pp. 283 – 284。

14. *Within the Tides*, 10. 211; 85; Jean-Aubry, *Life and Letters*, 2. 164.

15. 转引自 Sherry, *Conrad's Eastern World*, p. 317; *The Shadow-Line*, 17. 132. 福特把康拉德的主题句作为《队列之末》第三卷的标题:*Parade's End* Tetralogy: *A Man Could Stand Up* (1926)。

16. Jean-Aubry, *Life and Letters*, 2. 271; 转引自 Najder, *Joseph Conrad*, p. 426。

17. Conrad, "Mr. Conrad Is Not a Jew," *New Republic*, p. 109. 康拉德是犹太人这一谣言或许始于福特在《受限的简单生活》(London, 1911, p. 69)中讽刺性地将他刻画为西蒙·布兰斯登:"可能是波兰人,可能是立陶宛人,可能是小俄国犹太人。"这封公开的信里没提到弗兰克·哈里斯,但托马斯·怀斯在 *A Bibliography of the Writings of Joseph Conrad（1895 -1921）*, Second Edition, Revised and Enlarged (London,

1921；1964），pp. 117 - 118 中明确了说的就是他。韦尔斯在 1895 年到 1896 年间发表《阿尔迈耶的愚蠢》和《海隅逐客》的好评时，哈里斯是《周六评论》的编辑。1910 年 10 月，康拉德第一次见到他。

18. 详见 Baines, *Joseph Conrad*, p. 374；Meyer, *Joseph Conrad*, p. 352；Adam Gillon, "Joseph Conrad：Polish Cosmopolitan," *Joseph Conrad: Theory and World Fiction*, p. 55。

19. *Nostromo*, 9.449；详见 Davies, *God's Playground*, p. 257, and Adam Mickiewicz, *Pan Tadeusz*, trans. George Rapall Noyes（London, 1917), pp. 95, 326；*Tales of Hearsay*, 26.39。

20. *Critical Heritage*, p. 232；Jean-Aubry, *Life and Letters*, 2.136；详见 Robert Speaight, *The Life of Hilaire Belloc*（London, 1957), p. 253。1908 年，康拉德在加尼特于勃朗峰餐厅举办的周二午餐会上见到了贝洛克。

21. *Letters to Cunninghame Graham*, p. 179；"Joseph Conrad：Some Polish Documents," in *Joseph Conrad: Centennial Essays*, p. 124；转引自 Najder, *Joseph Conrad*, p. 430；Ford, *Joseph Conrad*, p. 59。

22. Lloyd George, 转引自 *Hansard*, November 11, 1918；Jean-Aubry, *Life and Letters*, 2.211。D. H. 劳伦斯和康拉德有同样的担忧，他在一场停战日派对上告诉爱德华·加尼特的儿子大卫："我猜你觉得战争已经结束了，我们就要回到之前你生活的那个世界。但战争还未结束。如今仇恨、邪恶更甚从前。很快战争将再次爆发，将你淹没。"（转引自 David Garnett, *Flowers of the Forest*, p. 190。）

23. Jean-Aubry, *Life and Letters*, 2.237。

第十八章　名望与美国

1. Jean-Aubry, *Life and Letters*, 2.110。

2. *The Mirror of the Sea*, 4.123; *A Personal Record*, 6.5; Karl, *Joseph Conrad*, p.259; Borys Conrad, *My Father*, pp.32, 49.

3. Robin Douglas, "My Boyhood with Conrad," pp.24-25; *Critical Heritage*, p.193; 转引自 Jean-Aubry, *The Sea Dreamer*, p.259。

4. Jean-Aubry, *Life and Letters*, 2.209. John Gordan, *Joseph Conrad: The Making of a Novelist* (Cambridge, Mass., 1941), p.211, 说康拉德"1899年2月停止写作时,第四部分的手稿至少写了24页"。康拉德在《个人记录》(6.69)中描述《阿尔迈耶的愚蠢》手稿中的一页,他写道:"大约有两百字,在我15年的写作生涯中,每一页一直保持着这样的字数。"卡尔反驳康拉德,说他的"手书很少超过每页100—150字"(p.638)。每页150字,那第四部分就有3600个字,每页200字,那就是4800个字。虽然《救援》未修订的原始手稿和印刷版之间没有确切的对应关系,但手稿就在第四部分第四章结束。

唯一一部可与之匹敌的拖延了许久的虚构作品是托马斯·曼的《费利克斯·克鲁尔》(*Felix Krull*),他从1911年开始写,1954年才完成,风格、语气始终统一。

5. Thomas Moser, *Joseph Conrad: Achievement and Decline* (Cambridge, Mass., 1957), p.68; *Letters*, 1.381; 2.191; F. N. Doubleday, "Joseph Conradas a Friend," *World Today*, 52 (July 1928), 145; *The Rescue*, 12. x; 453.

6. *Suspense*, 25.123. Irwin, *Nineteenth-Century Borneo: A Study in Diplomatic Rivalry*, pp.1-2, 证实了小说对河的描写是真实的:"一些较大的河有数百英里可航行,但有一两处例外,它们的河口被沙洲堵塞,只有在涨潮时才能过船,而且只能通过吃水浅的船。"

7. *The Rescue*, 12.319; 转引自 G. Jean-Aubry, "Conrad and Music," *The Chesterian* (London), 6 (November 1924), 41; *The Rescue*, 12.300-301; 412。

8. Katherine Mansfield, *Novels and Novelists* (1930; Boston, 1959),

p. 217；*The Rescue*，12.431；116；*Letters to Blackwood*，p. 44.

9. 转引自 Carolyn Heilbrun，*The Garnett Family*（London，1961），p. 118；*Letters to Garnett*，p. 271。

10. *Letters to Curle*，p. 88；Jean-Aubry，*Life and Letters*，2.250；Najder，*Joseph Conrad*，p. 456；Neill Joy，"Catalogue of a Memorial Exhibition of the MSS，Letters，Editions and Memorabilia of Joseph Conrad,"*Philobiblion*（Colgate University），10（1974），17.

11. "The Strong Man,"pp. 13，27，courtesy of Colgate University Library.

虽然名演员-拉斯基公司拒绝了康拉德的剧本，但它的头两部作品（共18部）确实是受康拉德作品的启发，而且对他的读者和声望都有深远影响：《胜利》(1919)、《吉姆爷》(1925)、《银矿》(*The Silver Treasure*，基于《诺斯特罗莫》，1926)、《浪漫之路》(*The Road to Romance*，基于《罗曼史》，1927)、《救援》(1929)、《危险天堂》(*Dangerous Paradise*，基于《胜利》，1930)、《破坏》(*Sabotage*，基于《间谍》，由阿尔弗雷德·希区柯克执导，奥斯卡·霍穆尔卡和西尔维娅·悉尼饰演维罗克夫妇，1936)、《拉祖莫夫》(基于《在西方的注视下》，由马克·阿莱格雷执导，让-路易·巴罗饰演哈尔丁，1936)、《胜利》(锡德里克·哈德威克饰演琼斯，弗雷德里克·马奇饰演海斯特，贝蒂·菲尔德饰演丽娜，1940)、《海隅逐客》(最优秀的康拉德电影，由卡罗尔·里德执导，特雷弗·霍华德、罗伯特·莫利、拉尔夫·理查德森和温迪·希勒主演，1951)、《面对面》(*Face to Face*，它的第一个故事基于《秘密的分享者》，詹姆斯·梅森主演，1952)、《大笑安妮》(1954)、《吉姆爷》(彼得·奥图尔主演，1964)、《漂泊者》(1967)、《阴影线》(由安杰伊·瓦伊达执导，1976)、《决斗者》(*The Duellists*，基于《决斗》，1977)、《现代启示录》(*Apocalypse Now*，基于《黑暗的心》，1979)、《恶魔的天堂》(*Devil's Paradise*，基于《胜利》，1986)。罗伯特·博尔特为《诺斯特罗莫》写了个电影剧本，目前正由大卫·里恩拍摄。

12. Jean-Aubry, *Life and Letters*, 2.233 – 234, 238; R. L. Mégroz, *Joseph Conrad's Mind and Method* (1931; New York, 1964), p. 25.

13. Jessie Conrad, *Conrad and His Circle*, p. 85; Jean-Aubry, *Life and Letters*, 2.287; Bennett, *Letters*, 1.317.

14. 转引自 Hart-Davis, *Hugh Walpole*, p. 195; 转引自 Keating, *Conrad Memorial Library*, p. 165; T. E. Lawrence, *Letters*, pp. 843; 301 – 302; 转引自 Sir Sydney Cockerell, *Friends of a Lifetime*, ed. Viola Meynell (London, 1940), pp. 360 – 361。

15. Conrad, *Lettres françaises*, pp. 163 – 164; H. R. Lenormand, "Note on a Sojourn of Conrad in Corsica" (1924), reprinted in *The Art of Joseph Conrad*, ed. R. W. Stallman, pp. 5 – 6.

16. *The Rover*, 24.17; Ernest Hemingway, *The Sun Also Rises* (1926; New York, 1954), p. 108; *The Rover*, 24.273; 276 – 277. 详见 Jeffrey Meyers, "Conrad's Influence on Modern Writers," *Twentieth Century Literature*, 36 (Summer1990), 186 – 206。

17. Jean-Aubry, *Life and Letters*, 2.265. 虽然平克最终通过康拉德赚了不少钱，留下了 40000 英镑的遗产，但是他的儿子们把生意做垮了。埃里克擅长体育，嗜好赌博，20 世纪 30 年代在美国创立分部："本来一切都很顺利，直到 E. 菲利普斯·奥本海姆无法拿到埃里克欠他的 100000 美元版税。埃里克 [因挪用公款] 被判处到辛辛监狱服刑。"他的弟弟拉尔夫跟随埃里克前脚进入公司，后脚进入监狱。他私吞客户的钱，以一般渎职和侵吞公款罪被起诉，1939 年，公司破产，他被判处到苦艾丛监狱（Wormwood Scrubs）服刑。详见 Sybille Bedford, *Aldous Huxley: A Biography* (New York, 1974), p. 396。

18. *Suspense*, 25.189; James Thurber, "Recollections of Henry James," *NewYorker*, 9 (June 17, 1933), 13.

19. 转引自 Reid, *The Man from New York*, p. 244。

20. Retinger, *Conrad and His Contemporaries*, p. 97; 转引自 Hart-

Davis, *Hugh Walpole*, p. 203. Eloise Hay, *The Political Novels of Joseph Conrad* (Chicago, 1963), p. 167, 谈到"康拉德对美国政治、制度、品格无法抑制的反感";而 Mizener, *The Saddest Story*, p. 157, 直截了当地说康拉德"不喜欢美国人"。

21. *Last Essays*, pp. 254 – 255, 257; Jean-Aubry, *Life and Letters*, 2.307; 转引自 Richard Veler, "Walter Tittle and Joseph Conrad," *Conradiana*, 12 (1980), 96。

22. Doubleday, "Joseph Conrad as a Friend," p. 146; *Letters to Curle*, p. 143; Christopher Morley, *Conrad and the Reporters* (Garden City, New York, 1923), pp. 47 – 48; 转引自 Arnold Schwab, "Conrad's American Speeches and His Reading from *Victory*," *Modern Philology*, 62 (1965), 345 – 346。

23. Doubleday, "Joseph Conrad as a Friend," pp. 146 – 147; Eleanor Palffy, "Drunk on Conrad," *Fortnightly Review*, 132 (October 1929), 534, 536 – 538; *Polish Background*, pp. 292 – 293.

24. 转引自 Reid, *The Man from New York*, p. 568; Ford, *It Was the Nightingale*, pp. 309 – 310。

25. Seymour Leslie, *The Jerome Connection* (London, 1964), p. 147; *Letters to Garnett*, p. 295; 转引自 Cockerell, *Friends of a Lifetime*, p. 325。康拉德的主要手稿及其价格清单,见 Matthew Bruccoli, *The Fortunes of Mitchell Kennerley*, *Bookman* (New York, 1986), pp. 153 – 154. 1927 年 4 月 28 日,理查德·柯尔在纽约美国艺术协会画廊,以近 8000 英镑的价格卖出自己收藏的有康拉德题字的作品。

26. 转引自 "Joseph Conrad's Son Gets Year in Prison for Swindling a Friend Out of £1,100," *New York Times*, July 23, 1927, p. 2 [参见 *The Times* (London), July 2, 1927, p. 9, and July 23, 1927, p. 9]; Unpublished letter to Richard Curle, July 25, 1922; Jessie Conrad, *Conrad and His Circle*, pp. 255 – 256.

27. 转引自 Reid, *The Man from New York*, p. 127; 转引自 Karl, *Joseph Conrad*, p. 881; Curle, *Last Twelve Years*, p. 127。

28. Conrad, *Lettres françaises*, p. 193; 详见 Jeffrey Meyers, "The Nobel Prize and Literary Politics," *Dictionary of Literary Biography Yearbook: 1988*, ed. J. M. Brook (Detroit, 1989), pp. 188–192。吉卜林和高尔斯华绥都被授予了功绩勋章;吉卜林拒绝了,而高尔斯华绥选择接受。

29. John Conrad, *Joseph Conrad*, p. 89; Epstein, *An Autobiography*, pp. 74–75, 77。爱泼斯坦所作半身像的照片出现在 pp. 3c and 31。关于其他艺术作品,详见 Jeffrey Meyers, "Joseph Conrad: An Iconography," *Bulletin of Bibliography*, 47 (March 1990), 33–34。

30. *Letters to Curle*, p. 172; 转引自 Najder, *Joseph Conrad*, p. 490; Borys Conrad, *My Father*, p. 162; Cunninghame Graham, "*Inveni Portum*: Joseph Conrad," *Redeemed* (London, 1927), p. 171; Edmund Spenser, *The Faerie Queene*, 1.9.40。

福特在《无人能敌》[*No Enemy* (1929; New York, 1984), p. 292] 的结尾引用这几句诗时稍有错误:"他用沉重、疲惫的声音说,'劳累后的休息*,暴风后的港口……'他停了一会儿后说:'让人**备感欢欣!'"

《泰晤士报》(*The Times*, November 17, 1924, p. 17),报道,一直为钱而焦虑痛苦的康拉德,留下了多达20000英镑的遗产。他的遗产执行人是理查德·柯尔和拉尔夫·韦奇伍德爵士。

康拉德死后,杰茜十分享受文学遗孀的身份。1927年8月25日,埃伦·格拉斯哥说:"和康拉德太太饮茶,真是糟糕。她变得巨大无比,还沾沾自喜,可怜人儿,紧紧抓着他投射在她身上的名誉的阴影。"

---

* 福特此处用的词是 rest,原文为 sleep。
** 福特此处用的词是 do,原文为 does。

(*Letters*, ed. Blair Rouse, New York, 1948, p. 88) 杰茜最后的家是距离坎特伯雷约一英里的一个小地方,她用康拉德的船"托伦斯号"为它命名。1929年2月,她的膝盖又经受了一次手术,她勇敢地告诉沃林顿·道森:"如今我已经直面手术刀12次了。"7个月后,她幻想着:"我想在纽约找几个房间,让康拉德所有的朋友和崇拜者在那儿待上一个月……我或许可以发发言,就算不是真的演讲。"(转引自 *Letters to Warrington Dawson*, p. 113)

在写给《泰晤士报文学增刊》(*Times Literary Supplement* of December 4, 1924, p. 826)的一封信里,杰茜挑衅她的老对手,质疑福特草草写成的"可憎的书"《约瑟夫·康拉德:私人回忆》(*Joseph Conrad: A Personal Remembrance*),损害他的名声——不过关于福特和康拉德的关系,最后普遍流传的是福特的版本,而非杰茜的。1926年,她出版了错误百出但仍有价值的《我所知道的约瑟夫·康拉德》(*Joseph Conrad as I Knew Him*),1935年,扩充了她在《约瑟夫·康拉德及其朋友圈》中所写的回忆录。格雷厄姆·格林(非常崇拜福特)在评论后一本书时说,杰茜的脑子"特别记仇",而她的书则"不堪卒读"("The Domestic Background," p. 185)。爱德华·加尼特(和柯尔一样)一直嫌恶杰茜,他给她写了封信,强烈抨击她,释放了他一辈子的恶毒:"我认为这是一个妻子写过的关于其丈夫的最可憎的书。你以你卑劣的恶毒让康拉德和你自己沦为笑柄,他活着时他对你发的火,你全都铭记在心;你总是表现出比他优越的自满和自负,真是可笑,难堪。"(转引自 Jefferson, *Edward Garnett*, p. 266) 1936年12月6日,杰茜死于伦敦盖伊医院,享年63岁。

附录一:简·安德森的后半生

1. Interview with George Seldes; Letter from Joan Kennedy Taylor

to Jeffrey Meyers, October 26, 1989; Beebe's letter in the Kitty Crawford papers.

2. Givner, *Katherine Anne Porter*, p. 121; Katherine Anne Porter, *Ship of Fools* (Boston, 1962), p. 107.

3. John Pomian, in Retinger, *Memoirs of an Eminence Grise*, p. 38; Givner, *Katherine Anne Porter*, p. 152.

4. William Ewer, 转引自 Halverson and Watt, "Notes on Jane Anderson."

5. 转引自 Edwards, "Atlanta's Prodigal Daughter," p. 31。简及其丈夫的照片在凯蒂·克劳福德的资料里。

这个两次被父亲抛弃的女人至少和11个男人有染：迪姆斯·泰勒、诺思克利夫勋爵、利奥·莫尼爵士、约瑟夫·康拉德、约瑟夫·雷廷格、吉尔伯特·塞尔迪斯、威廉·麦库姆斯、斯蒂芬·奥斯汀、戴·巴卢塞克、加拿大人博耶和西恩富戈斯。

6. Rebecca West, 转引自 Halverson and Watt, "Notes on Jane Anderson"; Letter from Dr. Ian Gibson（加西亚·洛尔迦的传记作家）to Jeffrey Meyers, February 6, 1990。

7. 转引自 Eoin O'Duffy, *Crusade in Spain* (Dublin, 1938), p. 73; H. Edward Knoblaugh, *Correspondent in Spain* (New York, 1937), p. 194; William Schofield, *Treason Trail* (New York, 1964), p. 219。

8. 转引自 "Lady Haw-Haw," *Time*, 39 (January 19, 1942), p. 30（该标题暗指英国广播界的叛国者威廉·乔伊斯，他广播纳粹宣传，被称为"哈哈伯爵"，战后被处决）; 转引自 Edwards, "Atlanta's Prodigal Daughter," p. 33。

联邦调查局的档案还有其他几份匿名文件谴责简毫无道德可言的贪婪："他所听过的最大的骗子""唯利是图、渴望权力""任何她觉得有钱可赚的计划，她都会冒险投身其中"。联邦调查局探员总结道，她"情绪化到了极点……可以一夜就转变想法"。

9. *The Goebbels Diaries*, *1939 - 1941*, trans. and ed. Fred Taylor (New York, 1983), pp. 26, 357.

10. Charles Rolo, *Radio Goes to War* (New York, 1942), p. 105; 转引自 Derek Sington and Arthur Weidenfeld, *The Goebbels Experiment: A Study of the Nazi Propaganda Machine* (New Haven, 1943), pp. 187 - 188; 转引自 Harold Ettlinger, *The Axis on the Air* (New York, 1943), p. 53; 转引自 Edwards, "Atlanta's Prodigal Daughter," p. 36。

11. 转引自 *Time*, January 19, 1942, p. 30; 转引自 "Germany Sweets and Cookies," *Time*, 39 (April 6, 1942), p. 32。

12. Katherine Anne Porter, "A Letter to the Editor of the *Saturday Review of Literature* [about Ezra Pound]," *Collected Essays* (New York, 1973), pp. 212 - 213; Letter from Joan Kennedy Taylor to Jeffrey Meyers.

康拉德的参考文献

Aubry, G. Jean. *Joseph Conrad: Life and Letters*. 2 vols. Garden City, New York, 1927.

——. *The Sea Dreamer: A Definitive Biography of Joseph Conrad*. Trans. Helen Sebba. 1947; Garden City, New York, 1957.

Baines, Jocelyn. *Joseph Conrad: A Critical Biography*. London, 1959.

Conrad, Borys. *My Father: Joseph Conrad*. London, 1970.

Conrad, Jessie. *Joseph Conrad as I Knew Him*. Garden City, New York, 1926.

——. *Joseph Conrad and His Circle*. New York, 1935.

Conrad, John. *Joseph Conrad: Times Remembered*. Cambridge, England, 1981.

Curle, Richard. *The Last Twelve Years of Joseph Conrad*. London, 1928.

Ehrsam, Theodore. *A Bibliography of Joseph Conrad*. Metuchen, N. J., 1969.

Ford, Ford Madox. *Joseph Conrad: A Personal Remembrance*. London, 1924.

——. *Return to Yesterday*. 1932; New York, 1972.

Gordan, John. *Joseph Conrad: The Making of a Novelist*. Cambridge, Mass., 1941.

Guerard, Albert. *Conrad the Novelist*. Cambridge, Mass., 1966.

Karl, Frederick. *Joseph Conrad: The Three Lives*. London, 1979.

Keating, George. *A Conrad Memorial Library*. Garden City, New York, 1929.

Lohf, Kenneth, and Eugene Sheehy. *Joseph Conrad at Mid-Century*. Minneapolis, 1957.

Meyer, Bernard. *Joseph Conrad: A Psychoanalytic Biography*. Princeton, 1967.

Moser, Thomas. *The Life in the Fiction of Ford Madox Ford*. Princeton, 1980.

Najder, Zdzislaw. *Joseph Conrad: A Chronicle*. Trans. Halina Carroll-Najder.

Cambridge, England, 1983.

——, ed. *Conrad's Polish Background: Letters to and From Polish Friends*. London, 1964.

——, ed. *Conrad Under Familial Eyes*. Trans. Halina Carroll-Najder. Cambridge, England, 1983.

Retinger, J. H. *Conrad and His Contemporaries*. New York, 1943.

Sherry, Norman. *Conrad's Eastern World*. Cambridge, England, 1966.

——. *Conrad's Western World*. Cambridge, England, 1971.

——, ed. *Conrad: The Critical Heritage*. London, 1973.

Watt, Ian. *Conrad in the Nineteenth Century*. Berkeley, 1979.

Wise, Thomas. *A Bibliography of the Writings of Joseph Conrad* (1895–1921). Second Edition, Revised and Enlarged, London, 1921.

简·安德森的参考文献

一、简·安德森的著作

"Editorial: Enterprise," *Kidd-Key Journal* (Sherman, Texas), December 1, 1908, p. [1].

"With Long Distance [Calls] From 7 to 9 p.m.," *Kidd-Key Journal*, December 1, 1908, pp. 13–14.

"Story," *Kidd-Key Journal*, December 1, 1908, pp. 17–20.

"The Keeper of the Well," *Harper's Weekly*, 54 (April 23, 1910), 17.

"The Burying of Lil," *Harper's Weekly*, 54 (August 13, 1910), 18–19.

"The Gift of the Hills," *Harper's Weekly*, 55 (October 21, 1911), 24–26.

"The Spur of Courage," *Harper's Weekly*, 56 (January 13, 1912), 16–18.

"El Valiente," *Harper's Weekly*, 56 (June 22, 1912), 16–17, 24.

"Red King," *Harper's Weekly*, 56 (July 13, 1912), 16–18.

"The Reckoning," *Collier's*, 49 (July 13, 1912), 16–17, 27.

"Bob-o-loo," *Harper's Weekly*, 56 (December 14, 1912), 19–20.

"Children of the Dust," *Munsey's Magazine*, 48 (January 1913), 577–583.

"Forbidden Road," *Harper's Weekly*, 57 (February 8, 1913), 16–18.

"Son of Hagar," *Collier's*, 50 (March 8, 1913), 18–19, 35.

"Mr. Warner," *Harper's Monthly*, 127 (June 1913), 18–27.

"Ich Dien," *Munsey's Magazine*, 49 (August 1913), 786–793.

"Submarine's Fine Achievement. Voyage Home After Being Mined. 300 Miles of Peril," *The Times*, May 18, 1916, p. 3. Also in *DailyMail*.

"A Woman's Flight Over London. 'Looping the Loop.' Mile-and-a-Half Above Hyde Park," *The Times*, June 2, 1916, p. 6. Also in *New York Tribune, Globe, Sketch, News of the World, Pall Mall Gazette, Westminster Gazette, Standard, Chronicle, Express, Daily News* and *Daily Mirror*.

and Gordon Bruce. *Flying, Submarining and Mine Sweeping: In the "Daily Mail," the "New York Tribune" and the "New York Sun."* London, 1916. 36 pp.

"Human Interest Stories. Sacrifice of People in War. Most Emphasize Women's Role in War," *Daily Mail*, June 14, 1916.

"The Lost Legion," *The Winnie Post* (a spoof newspaper), London, June 14, 1916, p. 1.

"Our German Prisoners. How We Treat Them," *Daily Mail*, June 28, 1916.

"Over the North Sea in a Messroom Chair," *New York Tribune Magazine*, August 27, 1916, pp. 1, 8.

"They Keep Their England Merry Still," *New York Tribune Magazine*, October 1, 1916, pp. 1, 6.

"A Woman in the Trenches," *Daily Express*, December 27, 1916.

"My Day in the Trenches. Thunderous Waves of Firing That Never Ceased. The Awful Business of War," *Daily Express*, December 28, 1916.

"English War Workers. An American Point of View," *The Times*, no date.

"I Came to Scorn But I Stayed to Marvel. How Visit to England Changed an American Girl's Views," *Daily Mail*, no date.

"The English Way. An American View," *Daily Mail*, no date.

"The Golden Hart. One British Village in War Time," *Daily Mail*, no date.

"The Leave Train and the Brave Women of England," *Daily Mail*, no date.

"The Boy on the Farm. A Ten-Year-Old Man," *Daily Mail*, no date.

"The Happiest Man in the World," *Century*, 99 (January 1920), 330–343.

"Horror in Spain," *Catholic Digest*, 1 (August 1937), 69–74.

二、关于简·安德森的未发表资料

Kitty Barry Crawford papers, courtesy of her Estate.

Joan Givner papers, courtesy of Professor Givner.

Deems Taylor papers, courtesy of Joan Kennedy Taylor.

FBI file. 446 pages.

Letter from Mary Lane, Piedmont College, Demorest, Georgia.

Letters from Dr. Ian Gibson, Madrid, about Jane's second husband, the Marqués de Cienfuegos.

三、关于简·安德森的已发表资料

"Germans' Lady Haw-Haw Is Native of Atlanta," *Atlanta Journal*, January 20, 1942.

Boelcke, Willie. *Die Macht des Radio: Weltpolitik und Auslandsrundfunk, 1924–1976*. Frankfurt, 1976. Pp. 379–380, 383–385.

Carlson, John Roy. *Under Cover*. New York, 1943. Pp. 457, 469.

——. *The Plotters*. New York, 1946. P. 279.

Chrisler, Isabel. *Demorest in the Piedmont*. Privately printed, 1968. Pp. 25–26.

Conrad, Borys. *My Father: Joseph Conrad*. London, 1970. Pp. 117–122.

Conrad, Jessie. *Joseph Conrad and His Circle*. New York, 1935. Pp. 195–197, 204–208.

Conrad, John. *Joseph Conrad: Times Remembered*. Cambridge, England, 1981. Pp. 107–109.

Conrad, Joseph. *The Arrow of Gold*. London, 1919.

——. *Letters to His Wife*. London, 1927.

"Free 3 Who Broadcast for Hitler," *Daily Worker*, October 28, 1947, p. 3.

Douglas, Robin. "My Boyhood with Conrad," *Cornhill Magazine*, 66 (January 1929), 24.

Drake, Frank. "Lady Haw-Haw's Girlhood Recalled by Atlanta Kinsmen," *Atlanta Constitution*, January 20, 1942, p. 2.

Edwards, John. "Atlanta's Prodigal Daughter: The Turbulent Life of Jane Anderson as Expatriate and Nazi Propagandist," *Atlanta Historical Journal*, 28 (1984), 23–42.

Ettlinger, Harold. *The Axis on the Air*. New York, 1943. Pp. 52–53.

Givner, Joan. *Katherine Anne Porter: A Life*. New York, 1982. Pp. 114–115, 117, 120–123, 146, 151–152, 157, 160, 229, 360, 415, 523–524.

The Goebbels Diaries, 1939–1941. Trans. and ed. Fred Taylor. New York, 1983. Pp. 26, 357.

Halverson, John and Ian Watt. "Notes on Jane Anderson, 1955–1989," *Conradiana*, 23 (Spring 1991).

Hayes, Jess. *Sheriff Thompson's Day: Turbulence in the Arizona Territory*. Tucson, 1968. Pp. 24–25.

Knoblaugh, H. Edward. *Correspondent in Spain*. New York, 1937. P. 194.

Neville, Charles. "The Georgia Peach Who Became Lady Haw-Haw," *New York Journal American*, May 5, 1943.

"U.S. Drops Treason Charge Against Hitler's Lady Ha-Ha [*sic*]," *New York News*, December 10, 1947.

New York Times, October 11, 1936, p. 35.

New York Times, October 15, 1936, p. 2.

New York Times, February 28, 1938, p. 3.

New York Times, January 14, 1943, p. 1.

New York Times, July 27, 1943, pp. 1–2.

New York Times, September 20, 1945, p. 10.

New York Times, October 19, 1946, p. 7.

New York Times, October 28, 1947, p. 27.

O'Duffy, Eoin. *Crusade in Spain*. Dublin, 1938. P. 73.

"These People Joined [Merwin] Hart in Crying 'Communist,' " *PM*, June 12, 1941, p. 16.

Porter, Katherine Anne. "A Letter to the Editor of the *Saturday Review of Literature*" (1949). *Collected Essays*. New York, 1973. Pp. 212–213.

——. *Ship of Fools*. Boston, 1962. Pp. xii, 105, 107, 114–116, 117–122, 171–173.

——. *Letters*. Ed. Isabel Bayley. New York, 1990. P. 354.

Retinger, J. H. *Conrad and His Contemporaries*. New York, 1943. P. 98.

Retinger, Joseph. *Memoirs of an Eminence Grise*. Ed. John Pomian. Brighton, Sussex, 1972. Pp. 37–39, 45.

Rolo, Charles. *Radio Goes to War*. New York, 1942. Pp. 105–106.

Schofield, William. *Treason Trail*. New York, 1964. Pp. 25, 202–222.

Secor, Robert and Marie. *The Return of the Good Soldier: Ford Madox Ford and Violet Hunt's 1917 Diary*. Victoria, B.C., 1983. P. 71.

Seldes, George. *Witness to a Century*. New York, 1987. Pp. 53–57.

Shirer, William. "The American Radio Traitors," *Harper's*, 187 (October 1943), 397–404.

Sington, Derek and Arthur Weidenfeld. *The Goebbels Experiment: A Study of the Nazi Propaganda Machine*. New Haven, 1943. Pp. 187–188.

Thrapp, Dan. *Al Sieber: Chief of Scouts*. Norman, Okla., 1964. Pp. 390–391.

"Lady Haw-Haw," *Time*, 39 (January 19, 1942), 30.

"Germany: Sweets and Cookies," *Time*, 39 (April 6, 1942), 30.

"Death Penalty Urged for U.S. 'Haw-Haws,' " *Washington Post*, August 27, 1942.

"1943 Charges of Treason Dropped Against 3 Americans," *Washington Times Herald*, December 10, 1947, p. 5.

Weekly People, January 24, 1942.

Weyl, Nathaniel. *Treason: The Story of Disloyalty and Betrayal in American History*. Washington, D.C., 1950. Pp. 374–376.

Winchell, Walter, *Daily Mirror*, January 22, 1942.

译名对照表

（按汉语拼音顺序排序）

阿波利奈尔，纪尧姆　Apollinaire, Guillaume

阿蒂利奥　Attilio

阿尔玛　Alma

阿尔迈耶，卡什帕　Almayer, Kaspar

阿尔瓦雷斯，爱德华多，西恩富戈斯侯爵　Alvarez, Eduardo, Marqués de Cienfuegos

阿方索十二世　Alfonso XII

阿方索十三世　Alfonso XIII

阿盖尔，詹姆斯　Argyle, James

阿格拉雅　Aglaya

阿吉　Archie

阿莱格尔　Allègre

阿莱格雷，马克　Allégret, Mark

阿莱汉姆，肖洛姆　Aleichem, Shalom

阿莱特　Arlette

阿里斯笃船长　Allistoun, Captain

阿鲁，普罗斯珀　Harou, Prosper

阿马德乌斯国王　Amadeus, King

阿曼德　Armand

阿萨特　Arsat

阿申多夫，伊格纳茨·冯　Aschendorf, Ignatz von

阿韦兰诺斯，安东尼娅　Avellanos, Antonia

阿韦兰诺斯，何塞　Avellanos, José

埃达　Ada

埃尔德，史密斯　Elder, Smith

埃尔米尼亚，多娜　Erminia, Dona

埃尔韦，阿尔万　Hervey, Alvan

埃尔扎姆，西奥多　Ehrsam, Theodore

埃利斯，亨利　Ellis, Henry

埃明帕夏（爱德华·施尼策尔）　Emin Pasha (Eduard Schnitzer)

埃斯卡拉　Escarras

埃斯卡米洛　Escamillo

艾伦，贾斯珀　Allen, Jasper

艾略特　Eliot

艾萨　Aissa

艾希曼，阿道夫　Eichimann, Adolf

爱德华兹，约翰　Edwards, John

爱泼斯坦，休　Epstein, Hugh

爱泼斯坦，雅各布　Epstein, Jacob

安德鲁斯，埃丝特　Andrews, Esther

安德森，简　Anderson, Jane

安德森，罗伯特　Anderson, Robert

安东尼，卡里昂　Anthony, Carleon

安东尼，罗德里克船长　Anthony, Captain Roderick

安南，T. R.　Annan, T. R.

昂温，T. 费希尔　Unwin, T. Fisher

奥本海姆，E. 菲利普斯　Oppenheim, E. Phillips

549

奥布赖恩　O'Brian

奥达菲，约恩　O'Duffy Eoin

奥登，W. H.　Auden, W. H.

奥地利女大公玛丽亚·特蕾西亚　Maria Theresa of Austria

奥尔丁顿，理查德　Aldington, Richard

奥尔梅耶，威廉·查尔斯　Olmeijer, William Charles

奥尔斯顿，阿尔弗雷德·亨利　Alston, Alfred Henry

奥格尔维，比阿特丽斯　Ogilvy, Beatrice

奥拉　Oratow

奥兰多，费利佩　Orlando, Felipe

奥廖利，皮诺　Orioli, Pino

奥热什科瓦，伊莉莎　Oreszkowa, Eliza

奥斯本，劳埃德　Osbourne, Lloyd

奥斯汀，简　Austen, Jane

奥斯汀，斯蒂芬　Austin, Stephen

奥图尔，彼得　O'Tool, Peter

奥威尔　Owell

巴巴拉奇　Babalatchi

巴尔扎克，奥诺雷·德　Balzac, Honoréde

巴枯宁，米哈伊尔　Bakunin, Mikhail

巴莱斯蒂尔，沃尔科特　Balestier, Wolcott

巴里，詹姆斯·马修爵士　Barrie, Sir James Matthew

巴里奥斯　Barrios

巴卢塞克，戴　Ballusek, Dai

巴伦，约瑟夫　Barron, Joseph

巴罗，让-路易　Barrault, Jean-Louis

巴洛，巴兹尔　Barlow, Basil

白耳发　Belfast

邦特　Bunter

包特莫　Podmore

保林，悉尼　Pawling, Sidney

鲍尔斯，J. F.　Powers, J. F.

鲍威尔，约翰　Powell, John

贝茨，H. E.　Bates, H. E.

贝恩斯，乔斯林　Baines, Jocelyn

贝尔，雅各布（即贾科莫·梅耶贝尔）　Beer, Jakob

贝克，A. G. 船长　Baker, Captain A. G.

贝克特，萨缪尔　Beckett, Samuel

贝娄，索尔　Bellow, Saul

贝洛克，希莱尔　Belloc, Hilaire

贝文，多罗西　Bevan, Dorothy

贝文，欧内斯特　Bevin, Ernest

本·列维，伊萨克　ben Levi, Isaac

本茨，恩斯特　Bendz, Ernst

本梅伦，J. F. 范　Bemmelen, J. F.

本内特，戈登　Bennett, Gordon

本内特，桑福德　Bennett, Sanford

本涅特，阿诺德　Bennett, Arnold

本托，古兹曼　Benton, Guzman

比才　Bizet

比尔，托马斯　Beer, Thomas

比尔博姆，马克斯　Beerbohm, Max

彼得拉克　Petrarch

彼得里夫斯基，尤金　Petriwsky, Eugene

毕比，威廉　Beebe, William

毕巧林　Pechorin

551

毕苏茨基，约瑟夫　Piłsudski, Jozef

波米安，约翰　Pomian, John

波恩，大卫船长　Bone, Captain David

波恩，缪尔黑德　Bone, Muirhead

波尔汉普顿　Polehampton

波拉多夫斯基，亚历山大　Poradowski, Alexander

波拉多夫斯卡，玛格丽特　Poradowska, Marguerite

波拿巴，拿破仑　Bonaparte, Napoleon

波尼亚托夫斯基，约瑟夫　Poniatowski, Jozef

玻利瓦尔，西蒙　Bolívar, Simon

波特，凯瑟琳·安妮　Porter, Katherine Anne

波特兰公爵　Duke of Portland

伯顿，理查德　Burton, Rchard

伯恩斯　Burns

博布罗夫斯基，卡齐米日　Bobrowski, Kazimierz

博布罗夫斯基，尼古拉斯　Bobrowski, Nicholas

博布罗夫斯基，斯特凡　Bobrowski, Stefan

博布罗夫斯基，塔德乌什　Bobrowski, Tadeusz

博布罗夫斯卡，埃娃　Bobrowska, Eva

博尔顿，迈克尔　Bolton, Michael

博尔特，罗伯特　Bolt, Robert

博恩，查尔斯　Born, Charles

博纳尔　Bonnard

博耶　Boyer

博伊德，伊恩　Boyd, Ian

布尔丹，马夏尔　Bourdin, Martial

布尔斯，查尔斯　Buls, Charles

布莱尔利船长　Captain Brierly

布莱克，E. J. 船长　Blake，Captain E. J.

布莱克莫尔，爱德华　Blackmore，Edward

布莱克伍德，威廉　Blackwood，William

布兰斯登，西蒙　Bransdon，Simon

布朗，福特·马多克斯　Brown，Ford Madox

布朗，托马斯爵士　Browne，Sir Thomas

布朗里格，道格拉斯爵士 Brownrigg，Sir Douglas

布劳内尔，莫里斯　Brownell，Morris

布里凯尔，埃米莉　Briquel，Émilie

布鲁克，詹姆斯　Brooke，James

布鲁斯，戈登　Bruce，Gordon

布鲁斯，詹姆斯　Bruce，James

布伦，弗兰克　Bullen，Frank

布伦特，约翰·梅森·基　Blunt，John Mason Key

布什琴斯基，康斯坦丁　Buszczyński，Konstantyn

布什琴斯基，斯特凡　Buszczyński，Stefan

布瓦涅伯爵夫人　Contesse de Boigne

布札，安杰伊　Busza，Andrzej

蔡特布罗姆，塞雷奴斯　Zeitblom，Serenus

查尔斯五世　Charles V

达尔卡塞尔　d'Alcacer

达尔芒，阿黛尔　d'Armand，Adèle

达夫雷，亨利-迪朗　Davray，Henry-Durand

达莱斯基，H. M.　Daleski，H. M.

戴维森，乔　Davidson，Jo

戴维斯，A. W.　Davis，A. W.

戴维斯，劳伦斯　Davies，Laurence

戴维斯，诺曼　Davies，Norman

553

道布尔迪，弗兰克　Doubleday, Frank

道格拉斯，罗宾　Douglas, Robin

道格拉斯，诺曼　Douglas, Norman

道森，欧内斯特少校　Dawson, Major Ernest

道森，沃林顿　Dawson, Warrington

德·巴拉尔，弗洛拉　de Barral, Flora

德埃内斯特罗萨-查瓦里，卡罗琳娜·费尔南德斯　de Henestrosay Chávarri, Carolina Fernández

德彪西，克洛德　Debussy, Claude

德尔科缪内，卡米耶　Delcommune, Camille

德科德　Decoud

德莱塞，西奥多　Dreiser, Theodore

德莱斯唐，让-巴蒂斯特　Delestang, Jean-Baptiste

德莫夫斯基，罗曼　Dmowski, Roman

德佩尔铁拉·冈萨雷斯-阿莱格雷，何塞·玛丽亚　de Pertierray González-Alegre, José María

德于米埃尔，维孔特·罗贝尔　d'Humieres, Vicomte Robert

登特　Dent

邓南遮，加布里埃尔　D'Annunzio, Gabriele

迪贝尔　D'Hubert

迪内森，伊萨克　Dinessen, Isak

迪泰伊　Duteil

笛福，丹尼尔　Defoe, Daniel

狄更斯，查尔斯　Dickens, Charles

蒂茨，布鲁斯　Teets, Bruce

蒂金斯，克里斯托弗　Tietjens, Christopher

蒂普-蒂布　Tipoo-Tib

蒂斯，阿尔贝　Thys, Albert

蒂特尔，沃尔特　Tittle，Walter
丁尼生　Tennyson
都德，阿尔封斯　Daudet，Alphonse
杜斯特船长　Duhst，Captain
多尼采蒂　Donizetti
法恩　Fyne
法戈　Fagot
法朗士，阿纳托尔　France，Anatole
法因　Fyne
范登博什，阿姆里　Vandenbosch，Amry
菲茨杰拉德，斯各特　Fitzgerald，Scott
菲德斯　Fidès
菲尔德，贝蒂　Field，Betty
腓特烈大帝　Frederick the Great
斐迪南七世　Ferdinand Ⅶ
费罗　Feraud
费希特，理查德　Fecht，Richard
冯·比洛，E. U.　von Bülow，E. U.
佛朗哥　Franco
芙蕾雅　Freya
弗拉基米尔　Vladimir
弗赖斯莱本，约翰内斯　Freiesleben，Johannes
弗赖伊，罗杰　Fry，Roger
弗兰西斯，约翰　Francis，John
弗劳德船长　Froud，Captain
弗雷蒂尼　Frétigny
弗罗格特，凯文　Froggatt，Kevin
弗罗斯特　Frost

弗尼瓦尔,J. S.　　Furnivall, J. S.

福尔摩斯,大卫　　Holmes, David

福尔摩斯,歇洛克　　Holmes, Sherlock

福克,罗伯特　　Foulke, Robert

福莱特,威尔逊　　Follett, Wilson

福楼拜,古斯塔夫　　Flaubert, Gustave

福斯塔夫　　Falstaff

福斯特　　Forster

福特,福特·马多克斯(许弗)　　Ford, Ford Madox (Hueffer)

盖勒特　　Gelert

盖利,哈利　　Harry, Gailey

冈萨雷斯-德尔-瓦勒,路易　　Gonzalez-del-Valle, Luis

高尔斯华绥,艾达　　Galsworthy, Ada

高尔斯华绥,约翰　　Galsworthy, John

高尔斯基,卡齐米日　　Gorski, Kazimierz

戈比拉　　Gobila

戈德林,道格拉斯　　Godldring, Douglas

戈登,查尔斯将军　　Gordon, General Charles

戈蒂埃,泰奥菲勒　　Gautier, Théophile

戈培尔,保罗·约瑟夫　　Goebbels, Paul Joseph

戈瑟尔斯,乔治　　Goethals, George

戈斯,埃德蒙　　Gosse, Edmund

格拉博夫斯基伯爵　　Crabowski, Count

格拉斯哥,埃伦　　Glasgow, Ellen

格兰德,阿尔伯特　　Grand, Albert

格兰德,亨利　　Grand, Henry

格兰杰　　Granger

格雷,斯蒂芬　　Gray, Stephen

格雷厄姆，格林　Graham, Green

格雷厄姆，罗伯特·邦廷·坎宁安　Graham, Robert Bontine Cunninghame

格雷夫斯，罗伯特　Robert, Graves

格雷戈里，奥古丝塔夫人　Gregory, Lady Augusta

格林，唐纳德　Greene, Donald

格露莘卡　Grushenka

古德哈特，尤金　Goodheart, Eugene

古尔德，查尔斯　Gould, Charles

古尔德，唐·卡洛斯　Gould, Don Carlos

古尔德，伊米莉亚　Gould, Emilia

古拉尔，扬科　Goorall, Yanko

哈代，托马斯　Hardy, Thomas

哈德森，W. H.　Hudson, W. H.

哈德威克，锡德里克　Hardwicke, Cedric

哈尔丁，娜塔莉　Haldin, Nathalie

哈勒姆，阿瑟　Hallam, Arthur

哈里斯，弗兰克　Harris, Frank

哈里斯，威廉·康沃利斯　Harris, William Cornwallis

哈罗，普罗斯珀　Harou, Prosper

哈洛斯，丽莲　Hallowes, Lilian

哈姆斯沃思，德斯蒙德　Harmsworth, Desmond

哈克尼　Hackney

哈特，默温　Hart, Merwin

哈维，乔治　Harvey, George

哈希姆　Hassim

海，埃洛伊斯　Hay, Eloise

海明威，欧内斯特　Hemingway, Ernest

557

海姆斯凯克　Heemskirk

海涅　Heine

海涅曼，威廉　Heinemann，William

海斯特，阿克塞尔　Heyst，Axel

汉密尔顿　Hamilton

汉斯卡，埃维莉娜　Hanska，Evelina

豪斯，爱德华　House，Edward

赫德，道格拉斯　Hurd，Douglasse

赫德，珀西　Hurd，Percy

赫尔岑，娜塔丽　Herzen，Natalie

赫尔岑，亚历山大　Herzen，Alexander

赫尔曼船长　Captain Hermann

赫尔南德斯　Hernandez

赫尼克，詹姆斯·吉本斯　Huneker，James Gibbons

赫希　Hirsch

黑斯廷斯，麦克唐纳　Hastings，MacDonald

亨伯特，弗雷德里克　Humbert，Frédéric

亨利，威廉·欧内斯特　Henley，William，Ernest

亨特，维奥莱特　Hunt，Violet

胡耶，G. B.　Hooyer，G. B.

虎克船长　Hook，Captain

华顿，伊迪丝　Wharton，Edith

怀斯，托马斯　Wise，Thomas

怀特海，A. N.　Whitehead，A. N.

惠弗，埃尔西　Hueffer，Elsie

惠弗，克里斯蒂娜　Hueffer，Christina

惠利船长　Whalley，Captain

惠特，吉姆斯　Wait，James

惠特曼，沃尔特　Whitman，Walt

霍布森，J. A.　Hobson，J. A.

霍迪斯特，阿瑟　Hodister，Arthur

霍尔，巴兹尔　Hall，Basil

霍尔罗伊德，约翰爵士　Holroyd，Sir John

霍尔沃森，约翰　Halverson，John

霍华德，特雷弗　Howard，Trevor

霍吉科，维克托　Chodzko，Wiktor

霍洛韦，马克　Holloway，Mark

霍明斯基，斯坦尼斯瓦夫　Chomiński，Stanisław

霍穆尔，奥斯卡　Homolka，Oscar

霍普，G. F. W.　Hope，G. F. W.

霍普，杰克　Hope，Jack

基德-基，露西　Kidd-Key，Lucy

基廷，乔治　Keating，George

吉本，珀西瓦尔　Gibbon，Perceval

吉卜林，鲁德亚德　Kipling，Rudyard

吉布森，伊恩　Gibson，Ian

吉尔伯特，埃利奥特　Gilbert，Elliot

吉夫纳，琼　Givner，Joan

吉姆　Jim

纪德，安德烈　Gide，André

加里波第，朱塞佩　Garibaldi，Giuseppe

加利钦亲王　Golllitzen，Prince

加尼特，爱德华　Garnett，Edward

加尼特，奥利维娅　Garnett，Olivia

加尼特，大卫　Garnett，David

加尼特，康斯坦丝　Garnett，Constance

加尼特，罗伯特　Garnett, Rovert
加谢，保罗医生　Gachet, Dr. Paul
贾尔斯船长　Giles Captain
杰克逊　Jackson
杰普森，埃德加　Jepson, Edgar
金丁，詹姆斯　Gindin, James
金斯利，查尔斯　Kingsley, Charles
卡尔，弗雷德里克　Karl, Frederick
卡尔，雷蒙德　Carr, Raymond
卡拉宾，基斯　Carabine, Keith
卡莱尔　Carlyle
卡利耶　Carlier
卡林顿，查尔斯　Carrington, Charles
卡伦　Callan
卡罗尔，刘易斯　Carroll, Lewis
卡明斯，威廉　Cummings, William
卡帕夫兰卡，何塞·劳尔　Capablanca, José Raúl
卡斯特罗　Castro
卡文迪什-本廷克，阿瑟　Cavendish-Bentinck, Arthur
凯普斯，哈丽雅特　Capes, Harriet
凯瑟，薇拉　Cather, Willa
凯瑟琳大帝　Catherine the Great
凯斯门特，罗杰爵士　Casement, Sir Roger
凯斯特勒，阿瑟　Keostler, Arthur
凯耶茨　Kayerts
康拉德，博雷斯　Conrad, Borys
康拉德，菲利普　Conrad, Philip
康拉德，杰茜　Conrad, Jessie

康拉德，约翰　Conrad，John

康拉德，约瑟夫　Conrad，Joseph

康诺特公爵　Duke of Connaught

康沃尔-琼斯，R. L.　Cornewall-Jones，R. L.

考比兰神父　Father Corbelan

柯布登　Cobden

柯尔，理查德　Curle，Richard

柯尔，亚当　Curle，Adam

柯普，W. H. 船长　Cope，Captain W. H.

柯斯丘什科，塔德乌什　Kosciuszko，Tadeusz

科迪，"水牛"比尔　Cody，"Buffalo" Bill

科尔法克斯　Colefax

科尔曼，A. P.　Coleman，A. P.

科尔文，悉尼爵士　Colvin，Sir Sidney

科克，卢兹维船长　Koch，Captain Ludwig

科克雷尔，悉尼爵士　Cockerell，Sir Sydney

科佩尔尼基　Kopernicki

科普，W. H.　Cope，W. H.

科普兰，珍妮特　Copeland，Janet

科热尼奥夫斯基，阿波罗　Korzeniowski，Apollo

科热尼奥夫斯基，卡齐米日　Korzeniowski，Kazimierz

科热尼奥夫斯基，罗伯特　Korzeniowski，Robert

科热尼奥夫斯基，斯特凡　Korzeniowski，Stefan

科热尼奥夫斯基，特奥多尔　Korzeniowski，Teodor

科热尼奥夫斯基，希拉里　Korzeniowski，Hilary

科热尼奥夫斯基，约瑟夫　Korzeniowski，Jozef

科热尼奥夫斯基，约瑟夫·特奥多·康拉德·纳文奇　Korzeniowski，Jozef Teodof Konrad Nałęcz

科热尼奥夫斯卡,埃娃·博布罗夫斯卡　Korzeniowska, Eva Bobrowska

科苏特,拉约什　Kossuth, Lajos

科辛斯基,耶日　Kosinski, Jerzy

克恩,杰尔姆　Kern, Jerome

克尔凯郭尔,索伦　Kierkegaard, Søren

克拉克,布鲁斯医生　Clarke, Dr. Bruce

克莱恩,科拉·泰勒　Crane, Cora Taylor

克莱恩,斯蒂芬　Crane, Stephen

克莱恩,沃尔特　Crane, Walter

克莱因,乔治·安托万　Klein, Georges Antoine

克兰克肖,爱德华　Crankshaw, Edward

克劳福德,凯蒂·巴里　Crawford, Kitty Barry

克雷格,詹姆斯船长　Craig, Captain James

克里格,阿道夫　Krieger, Adolf

克利福德,休爵士　Clifford, Sir Hugh

克利什切夫斯基,斯皮里迪恩　Kliszczewski, Spiridion

克诺夫,阿尔弗雷德　Knopf, Alfred

克斯特勒,阿图尔　Koestler, Arthur

肯尼,大卫　Kenny, David

肯普,约翰　Kempt, John

孔德,奥古斯特　Comte, Auguste

库柏,费尼莫尔　Cooper, Fenimore

库柏,詹姆斯·费尼莫尔　Cooper, James Fenimore

库尔茨　Kurtz

库珀曼,谢尔登　Cooperman, Sheldon

奎因,约翰　Quinn, John

拉德纳,林　Lardner, Ring

拉坎巴　Lacamba

拉钦斯基，爱德华　Raczynski, Edward

拉斯科尔尼科夫　Raskolnikov

拉斯陶拉，丽塔·德　Lastaola, Rita de

拉威尔，莫里斯　Ravel, Maurice

拉辛　Racine

拉祖莫夫　Razumov

莱奥诺拉　Leonore

莱恩，玛丽　Lane, Mary

莱佛士爵士　Raffles, Sir Stamford

莱格特　Leggatt

莱蒙托夫　Lermontov

莱瑟姆，查尔斯　Latham, Charles

莱瑟姆，科斯莫　Latham, Cosmo

赖特，哈格贝里　Wright, Hagberg

赖特，惠特克　Wright, Whitaker

兰波，阿蒂尔　Rimbaud, Arthur

兰多，沃尔特·萨维奇　Landor, Walter Savage

兰金，詹姆斯　Rankin, Captain James

兰姆，亨利　Lamb, Henry

兰塞姆　Ransome

兰斯基，莉迪亚　Lensky, Lydia

朗格卢瓦，保罗　Langlois, Paul

劳伦斯，D. H.　Lawrence, D. H.

劳伦斯，T. E.　Lawrence, T. E.

勒基，埃伦　Luckie, Ellen

勒基，丹　Luckie, Dan

勒基，福斯特　Foster

勒诺尔芒，H. R.　Lenormand, H. R.

勒卡雷，约翰　Le Carré, John

勒努夫，欧仁妮　Renouf, Eugénie

勒斯科姆，杰拉尔德　Luscomber, Gerald

雷马克，埃里希·玛丽亚　Remarque, Erich Maria

雷蒙特，瓦迪斯瓦夫　Reymont, Władysław

雷诺兹，斯蒂芬　Reynolds, Stephen

雷廷格，奥托利亚　Retinger, Otolia

雷廷格，马利娜　Retinger, Malina

雷廷格，玛丽亚　Retinger, Marya

雷廷格，斯塔夏　Retinger, Stasia

雷廷格，约瑟夫　Retinger, Joseph

雷亚尔　Réal

里比热　Ribiera

里德，B. L.　Reid, B. L.

里德，S. W.　Reid, S. W.

里德，卡罗尔　Reed, Carol

里恩，大卫　Lean, David

里弗斯，奥尔斯顿　Rivers, Alston

里卡多　Ricardo

里维埃，雅克　Rivière, Jacques

理查德森，拉尔夫　Richardson, Ralph

丽娜　Lena

利　Lea

利奥波德二世　Leopold II

利尔，爱德华　Lear, Edward

利斯特，约瑟夫　Lister, Joseph

利文斯通，大卫　Livingstone, David

列戈　Riego

林加德，威廉船长　Lingard, Captain William

林加德，吉姆　Lingard, Jim

林加德，汤姆　Lingard, Tom

林加德，约书亚　Lingard, Joshua

留里克　Ryurik

刘易斯，温德姆　Lewis, Wyndham

龙勃罗梭，切萨雷　Lombroso, Cesare

卢埃林王子　Llewelyn, Prince

卢伯克，巴兹尔　Lubbock, Basil

卢托斯瓦夫斯基，文岑蒂　Lutosławski, Wincenty

鲁宾斯坦，阿图尔　Rubinstein, Artur

鲁德，唐纳德　Rude, Donald

鲁伊斯，贾斯珀　Ruiz, Gaspar

伦敦，杰克　London, Jack

伦瓦尔，杰弗里　Renouard, Geoffrey

罗伯特，安德森（"红"）　Anderson, Robert（"Red"）

罗迪蒂，爱德华　Roditi, Edouard

罗弗　Rover

罗杰斯，布鲁斯　Rogers, Bruce

罗塞蒂，丹蒂·加布里埃尔　Rossetti, Dante Gariel

罗塞蒂，克里斯蒂娜　Rossetti, Christina

罗森巴赫，A. S. W.　Rosenbach, A. S. W.

罗森斯坦，威廉　Rothenstein, William

罗森斯坦，约翰　Rothenstein, John

罗斯　Ross

罗斯福，泰迪　Roosevelt, Teddy

罗斯金，约翰　Ruskin, John

罗素，伯特兰　Russell, Bertrand

罗素，康拉德　Russell, Conrad

罗西尼　Rossini

洛厄尔，罗伯特　Lowell, Robert

洛尔迦，费德里科·加西亚　Lorca, Federico Gracía

马丁代尔，埃尔茜　Martindale, Elsie

马丁代尔，玛丽　Martindale, Mary

马丁代尔，威廉　Martindale, william

马尔，汉斯·范　Marle, Hans van

马尔勒，汉斯·凡　Marle, Hans van

马洪，H.　Mahon, H.

马卡姆，埃德温　Markham, Edwin

马克尔，迈克尔　Markel, Michael

马克惠船长　Captain MacWhirr

马里斯，卡洛斯船长　Marris, Captain Carlos

马里亚特，弗雷德里克　Marryat, Capitain Frederick

马林诺夫斯基，布罗尼斯拉夫　Malinowski, Bronislaw

马鲁拉，戴恩　Maroola, Dain

马洛，查理　Marlow, Charlie

马奇，弗雷德里克　March, Fredric

马斯内，儒勒　Massenet, Jules

马斯卡尼，皮埃特罗　Mascagni, Pietro

马特洛，拉尔夫　Matlaw, Ralph

马伍德，阿瑟　Marwood, Arthur

马西　Massy

马志尼，朱塞佩　Mazzini, Giuseppe

迈耶，伯纳德　Meyer, Bernard

迈耶斯，杰弗里　Meyers, Jeffrey

迈兹纳，阿瑟　Mizener, Arthur

译名对照表

麦金伯，路易丝　M'Kimber, Louise
麦金莱，威廉　McKinley, William
麦卡锡，德斯蒙德　MacCarthy, Desmond
麦卡锡，约翰　McCarthy, John
麦克惠船长　Captain McWhirr
麦克劳克兰，朱丽叶　McLauchlan, Juliet
麦克卢尔，S. S.　McClure, S. S.
麦克伦登，M. J.　McLendon, M. J.
麦克马斯特　Macmaster
麦克唐纳，拉姆齐　MacDonald, Ramsay
麦克唐纳，劳伦斯　McDonald, Lawrence
麦肯齐，康普顿　Mackenzie, Compton
麦库姆斯，威廉　McCombs, Willam
曼，托马斯　Mann, Thomas
曼里科　Manrico
曼斯菲尔德，凯瑟琳　Mansfield, Katherine
芒罗船长　Munro, Capitain
芒宁斯，威廉　Munnings, William
梅，塔德乌什　May, Tadeusz
梅尔德伦，大卫　Meldrum, David
梅尔罗斯，安德鲁　Melrose, Andrew
梅尔施公爵　Duc de Mersch
梅尔维尔，赫尔曼　Melville, Herman
梅格罗兹，R. L.　Mégroz, R. L.
梅内尔，艾丽斯　Meynell, Alice
梅内尔，弗朗西斯　Meynell, Francis
梅内尔，威尔弗里德　Meynell, Wilfrid
梅诺卡尔，小马里奥　Menocal, Mario, Jr.

梅日温斯基，瓦迪斯瓦夫　Mierzwiński, Władysław

梅瑞狄斯，乔治　Meredith, George

梅森，詹姆斯　Mason, James

梅休因，阿尔杰农　Methuen, Algernon

梅耶贝尔，贾科莫（原名雅各布·贝尔）　Meyerbeer, Giacomo

门肯，H. L.　Mencken, H. L.

蒙德，阿尔弗雷德爵士　Mond, Sir Alfred

蒙汉姆　Monygham

蒙特韦索　Montevesso

孟德斯鸠，罗贝尔·德　Montesquiou, Robert de

米尔盖特，迈克尔　Millgate, Michael

米尔斯　Mills

米哈伊尔，莱蒙托夫　Lermontov, Mikhail

米莱　Millais

米勒，黛西　Miller, Daisy

米洛内，宝拉　Milone, Paula

米切尔船长　Mitchell, Capitain

密茨凯维奇，亚当　Mickiewicz, Adam

莫泊桑　Maupassant

莫尔瑟姆，费利西娅　Moorsom, Felicia

莫雷尔，埃德蒙　Morel, Edmund

莫雷尔，奥托琳夫人　Morrell, Lady Ottoline

莫雷尔，菲利普　Morrell, Philip

莫里斯，威廉　Morris, William

莫利，克里斯托弗　Morley, Christopher

莫利，罗伯特　Morley, Robert

莫尼，利奥·基奥扎爵士　Money, Sir Leo Chiozza

莫泽，托马斯　Moser, Thomas

墨卡托　Mercator

默里，米德尔顿　Murry, Middleton

纳博科夫，弗拉基米尔　Nabokov, Vladimir

纳博科夫，季米特里　Nabokov, Dimitri

纳尔逊，霍雷肖　Nelson, Horatio

纳米尔，刘易斯　Namier, Lewis

纳什，伊夫利　Nash, Eveleigh

奈保尔，V. S.　Naipaul, V. S.

奈德，兹齐斯拉夫　Najder, Zdzislaw

尼尔森　Nielsen

尼基塔　Nikita

尼科尔，大卫　Nicholl, David

尼娜　Nina

涅恰耶夫，谢尔盖　Nechaev, Sergei

纽博尔特，亨利　Newbolt, Henry

纽顿，约翰　Newton, John

诺布尔，爱德华　Noble, Edward

诺尔道，马克斯　Nordau, Max

诺福克公爵　Duke of Norfolk

诺思科特　Northcote

诺思克利夫勋爵　Northcliffe, Lord

诺斯特罗莫　Nostromo

欧文，格雷厄姆　Irwin, Graham

帕德雷夫斯基，伊格纳齐　Paderewski, Ignacy

帕尔菲，埃莉诺　Palffy, Eleanor

帕克，芒戈　Mungo, Park

帕默斯顿勋爵　Lord Palmerston

帕特莫尔，考文垂　Patmore, Coventry

帕特森　Patterson

派斯　Páez

庞德，埃兹拉　Pound, Ezra

佩德罗　Pedro

佩尔铁拉·冈萨雷斯，唐娜·伊莎贝尔　Pertierra y Gonzalez, Doña Isabel

佩罗尔　Peyrol

佩皮斯，塞缪尔　Pepys, Samuel

佩奇，沃尔特·海因　Page, Walter Hines

佩因特，乔治　Painter, George

彭菲尔德，弗雷德里克·考特兰　Penfield, Frederick Courtland

彭妮　Penny

皮萨罗　Pizarro

平克，埃里克　Pinker, Eric

平克，拉尔夫　Pinker, Ralph

平克，詹姆斯·布兰德　Pinker, James Brand

平尼，托马斯　Pinney, Thomas

珀杜，威廉　Purdu, William

普尔曼，亚当　Pulman, Adam

普拉克斯　Prax

普里切特，V. S.　Pritchett, V. S.

普列夫，维亚切斯拉夫·德　Plehve, Vyacheslav de

普鲁斯特　Proust

普契尼　Puccini

普希金　Pushkin, Alexander

奇森，W. H.　Cheeson, W. H.

契诃夫　Chekhov

乔伊，尼尔　Joy, Neil

乔伊斯　Joyce

乔志昂，卢德维克　Georgeon，Ludwik

乔治，埃塞尔　George，Ethel

乔治，大卫·劳埃德　George，David Lloyd

乔治，多莉　George，Dolly

乔治，杰茜　George，Jessie

乔治，劳合　George，Lloyd

乔治，奈莉　George，Nelly

切利奥，伊尼亚奇奥　Cerio，Ignazio

切斯特顿　Chesterton，G. K.

琼斯　Jones

琼斯，罗伯特爵士　Jones，Sir Robert

让-奥布里，热拉尔　Jean-Aubry，Gérard

热罗姆斯基，斯特凡　Żeromsk，Stefan

荣格，卡尔　Jung，Carl

萨顿，小雷蒙德　Sutton，Raymond，Jr.

萨尔杜，维克托里安　Sardou，Victorien

萨金特，约翰·辛格　Sargent，John Singer

萨默维尔　Somerveille

萨瑟兰，约翰中校　Sutherland，Commander John

萨瑟兰，詹姆斯　Sutherland，James

萨松，西格夫里　Sassoon，Siegfried

萨索诺夫　Sasonov

萨特　Sartre

萨维奇，艾琳　Savage，Irene

塞尔迪斯，蒂莫西　Seldes，Timothy

塞尔迪斯，吉尔伯特　Seldes，Gilbert

塞尔迪斯，乔治　Seldes，George

塞拉菲娜　Seraphina

塞塔姆布里尼　Settembrini

塞沃尼，多米尼克　Cervoni, Dominic

塞沃尼，塞萨尔　Cervoni, César

桑德森，爱德华　Sanderson, Edward

桑德森，海伦　Sanderson, Helen

桑德森，凯瑟琳　Sanderson, Katherine

桑德森，特德　Sanderson, Ted

桑古什科，罗曼亲王　Sanguszko, Prince Roman

桑切斯，托瓦尔德　Sanchez, Thorwald

瑟伯，詹姆斯　Thurber, James

沙逊，西格弗里德　Sassoon, Siegfried

申贝克，齐格蒙特伯爵　Szembek, Count Zygmunt

施拉布洛夫斯基，格特鲁德　Schlablowsky, Gertrud

施尼策尔，爱德华　Schinitzer, Eduard

施泰因　Stein

史蒂夫　Stevie

史蒂文森，罗伯特·路易斯　Stevenson, Robert Louis

史蒂文斯　Stevens

史密斯，罗兰　Smith, Rowland

史密斯，亚伦　Smith, Aaron

叔本华　Schopenhauer, Arthur

朔姆贝格　Schomberg

司各特，沃尔特　Scott, Walter

斯宾塞　Spenser

斯捷普尼亚克，谢尔盖　Stepniak, Sergei

斯科菲尔德，威廉　Schofield, William

斯克里布，欧仁　Scribe, Eugène

斯梅,约瑟夫·德 Smet, Joseph de

斯纳登,约翰 Snadden, John

斯皮克,约翰 Speke, John

斯泰因,格特鲁德 Stein, Gertrude

斯坦利,亨利·莫顿 Stanley, Henry Morton

斯坦因 Stein

斯唐,桑德拉 Stang, Sondra

斯特里 Sterry

斯特林堡 Strindberg

斯图尔特,威廉船长 Stuart, Captain William

斯托弗,鲁思 Stauffer, Ruth

斯托沃西,乔恩 Stallworthy, Jon

斯温伯恩,阿尔杰农·查尔斯 Swinburne, Algernon Charles

斯温纳顿,弗兰克 Swinnerton, Frank

斯沃瓦茨基,尤利乌什 Slowacki, Juliusz

梭罗,亨利 Thoreau, Henry

索蒂略 Sotillo

索恩 Soane

索拉里,巴蒂斯坦 Solary, Baptistin

索斯凯斯,大卫 Soskice, David

塔斯曼,阿贝尔 Tasman, Abel

塔西佗 Tacitus

泰勒,迪姆斯 Taylor, Deems

泰勒,科拉 Taylor, Cora

泰勒,琼·肯尼迪 Taylor, Joan Kennedy

汤姆森,弗吉尔 Thomson, Virgil

汤普森,弗朗西斯 Thompson, Francis

汤普森船长,P. Thompson, Captain P.

唐·何塞　Don José

唐·卡洛斯　Don Carlos

唐庚　Donkin

特拉弗斯，伊迪斯　Travers, Edith

特蕾西亚，玛丽亚　Theresa, Maria

特里，萨拉　Terry, Sarah

图鲁斯-劳特雷克，亨利·德　Toulouse-Laurec, Henri de

屠格涅夫，伊万　Turgenev, Ivan

吐温，马克　Twain, Mark

托宾，阿格尼丝　Tobin, Agnes

托尔斯泰，列夫　Tolstoy, Leo

托马斯，休　Thomas, Hugh

托斯卡　Tosca

陀思妥耶夫斯基　Dostoyevsky

瓦格纳，理查德　Wagner, Richard

瓦莱里，保罗　Valéry, Paul

瓦特，伊恩　Watt, Ian

瓦伊达，安杰伊　Wajda, Andrzej

王尔德，奥斯卡　Wilde, Oscar

威尔第　Verdi, Giuseppe

威尔逊，A. N.　Wilson, A. N.

威尔逊，伍德罗　Wilson, Woodrow

威拉德，格雷斯　Willard, Grace

威拉德，凯瑟琳　Willard, Catherine

威廉斯，奥古斯丁·波德莫尔　Williams, Augustine Podmore

威廉斯，彼得　Williams, Pierter

威瑙尔，布鲁诺　Winawer, Bruno

维奥拉，吉塞尔　Viola, Giselle

维奥拉，琳达 Viola, Linda

维奥拉，乔治奥 Viola, Giogio

维奥拉，特里萨 Viola, Teresa

维罗克，阿道夫 Verloc, Adolf

维尼，阿尔弗雷德·德 Vigny, Alfred de

维亚尔多，波利娜 Viardot, Pauline

韦恩赫尔，尤利乌斯爵士 Wernher, Sir Julius

韦尔什，玛丽 Welsh, Mary

韦尔斯，H. G. Wells, H. G.

韦海德，维克多 Woerheide, Victor

韦奇伍德，艾丽斯 Wedgwood, Iris

韦奇伍德，拉尔夫 Wedgwood, Ralph

韦奇伍德，韦罗妮卡 Wedgwood, Veronica

韦斯特，本杰明 West, Benjamin

韦斯特，丽贝卡 West, Rebecca

韦斯特，欧文 Wister, Owen

温妮 Winnie

温斯坦，兰迪 Weinstein, Randy

温特伯恩 Winterbourne

文森特 Vincent

沃波尔，休 Walpole, Hugh

沃茨，锡德里克 Watts, Cedric

沃茨-邓顿，西奥多 Watts-Dunton, Theordore

沃德，威廉 Ward, William

沃格勒修士 Vogler, Abt

沃森，弗雷德里克 Watson, Frederick

沃特森 Wauters

沃思，蒂莫西 Wirth, Timothy

伍尔夫，弗吉尼亚　Woolf，Virginia

西恩富戈斯侯爵　Cienfuegos，Marqués

西尔维奥　Silvio

西格斯　Siegers

西科尔斯基，瓦迪斯瓦夫　Sikorski，Władysław

西洛内，伊尼亚奇奥　Silone，Ignazio

西蒙斯，阿瑟　Symons，Arthur

西尼尔　Senior

西特韦尔，奥斯伯特　Sitwell，Osbert

西特韦尔，弗朗西丝　Sitwell，Francis

希恩，富尔顿　Sheen，Fulton

希格登，里昂　Higdon，Leon

希勒，温迪　Hiller，Wendy

希区柯克，阿尔弗雷德　Hitchcock，Alfred

希思，内莉　Heath，Nellie

悉尼，西尔维娅　Sidney，Sylvia

夏勒，威廉　Shirer，William

显克维奇，亨里克　Sienkiewicz，Henryk

肖，艾丽斯　Shaw，Alice

肖，欧文　Shaw，Irwin

肖邦，弗雷德里克　Chopin，Frédéric

肖布　Shobbe

肖特，克莱门特　Shorter，Clement

肖特非船长　Shotover，Captain

萧伯纳　Shaw，George Bernard

谢尔韦尔索夫　Seliversov

谢里，诺曼　Sherry，Norman

辛格尔顿　Singleton

辛克莱，厄普顿　Sinclair，Upton

许迪赫，扬　Hudig，Jan

许弗　Hueffer

雅各布斯　Jacobus

雅克，W. H.　Jacques，W. H.

雅里，阿尔弗雷德　Jarry，Alfred

扬基尔　Jankiel

扬克尔　Yankel

叶芝，W. B.　Yeats，W. B.

伊马达　Immada

伊莎贝拉二世　Isabella Ⅱ

伊塔姆，唐　Itam，Tamb

伊万诺夫　Ivanov

伊万诺维奇，彼得　Ivanovich，Peter

易卜生　Ibsen

尤尔，W. N.　Ewer，W. N.

尤内斯库，欧仁　Ioneso，Eugène

于格，克洛维斯　Hugues，Clovis

于米耶尔，罗伯特·德　Humières，Robert d'

雨果，维克多　Hugo，Victor

约尔延森　Jörgenson

约翰，奥古斯塔斯　John，Augustus

赞格威尔，伊斯雷尔　Zangwill，Israel

赞贾科莫　Zangiacomo

扎古尔斯基，卡罗尔　Zagorski，Karol

扎古尔斯卡，阿妮埃拉　Zagorska，Aniela

扎古尔斯卡，卡罗拉　Zagorska，Karola

扎列斯基，斯坦尼斯瓦夫　Zaleski，Stanisław

577

詹金斯，简·安德森　Jenkins, Jane Anderson

詹金斯，凯蒂·克劳福德　Jenkins, Kitty Crawford

詹姆斯，阿瑟·柯蒂斯　James, Arthur Curtiss

詹姆斯，比利　James, Billy

詹姆斯，亨利　James, Henry

詹姆斯，柯蒂斯　James, Curtiss

张伯伦，约瑟夫　Chamberlain, Josef

左拉，埃米尔　Zola, Émile